한국 독자들에게

한국의 독자 여러분,
안녕하십니까?
이렇게 지면으로 만나 뵙게 되어 반갑습니다.

저는 2007년 한국을 방문해 한국의 산악인들 몇몇과 함께 서울 근교의
아름다운 산을 오르며 즐거운 하루를 보낸 좋은 추억이 있습니다. 그날
저녁 그들이 저에게 베푼 호의 또한 잊지 못합니다. 한국의 맥주와 풍미
가 깊고 매운 음식도 마음에 들었지만, 무엇보다도 서로가 경험한 등반의
일화를 나누고, 산에서 느끼는 엄청난 즐거움을 공유한 것이 가장 기분 좋
았습니다. 그날 하루 제가 경험한 한국의 산은 스코틀랜드에 있는 영국의
산을 떠올리게 했습니다. 우리는 모험에 대한 사랑과 환경에 대한 존중으
로 하나가 되는 기분이었습니다.

이제 저는 두 번째로 한국을 방문하게 되었습니다. 제가 2018년 울주세
계산악영화제에서 '세계산악문화상'을 받게 된 것이죠. 저는 크나큰 영
광으로 알고, 그 기쁨을 함께 나누기 위해 저의 아름다운 아내 로레토와
함께 방한하기로 했습니다. 그러나 그보다도 더 기쁜 것은 저의 자서전
『ASCENT: 알피니즘의 살아 있는 전설 크리스 보닝턴 자서전』이 때맞추
어 하루재클럽의 노력으로 나왔다는 것입니다. 외국어로서는 한국어판이
처음입니다.

제 감정과 개인적인 삶뿐만 아니라 제가 경험한 등반도 자세히 서술되어
있는 제 자서전을 한국 독자 여러분들께서 즐겁게 읽어주시기를 희망합
니다.

2018년 7월
콜드벡Coldbeck에서
크리스 보닝턴

ASCENT

＊ 이 책은 ㈜한국저작권센터(KCC)를 통한 저작권자와의 독점계약으로 '하루재클럽'에서 출간되었습니다. 저작권법에 의하여 한국 내에서 보호를 받는 저작물이므로 무단전재 및 복제를 금합니다.

＊ 이 도서의 국립중앙도서관 출판예정도서목록(CIP)은 서지정보유통지원시스템 홈페이지(http://seoji.nl.go.kr)와 국가자료공동목록시스템(http://www.nl.go.kr/kolisnet)에서 이용하실 수 있습니다.(CIP제어번호: CIP2018026591)

알피니즘의 살아 있는 전설
크리스 보닝턴 자서전

ASCENT

초판 1쇄 2018년 8월 31일

지은이 크리스 보닝턴Chris Bonington
옮긴이 오세인

펴낸이 변기태
펴낸곳 하루재 클럽
주소 (우) 06524 서울특별시 서초구 나루터로 15길 6(잠원동) 신사 제2빌딩 702호
전화 02-521-0067
팩스 02-565-3586
이메일 gitae58@hotmail.com
출판등록 제2011-000120호(2011년 4월 11일)

윤문 김동수
편집 유난영
디자인 장선숙

ISBN 979-11-962490-6-9 03900

＊ 책값은 뒤표지에 있습니다.

ASCENT

알피니즘의 살아 있는 전설

크리스 보닝턴 자서전

크리스 보닝턴 지음 오세인 옮김

하루재클럽

나의 어머니 헬렌과 웬디와 로레토에게 바칩니다.

목 차

4부 에베레스트를 넘어서

올드 맨

'올드 맨 오브 호이Old Man of Hoy[01]'는 영국을 이루고 있는 섬들 가운데 가장 높은 돌기둥sea stack[02]이지만, 처음에는 붉은 절벽들이 띠를 이루어, 펜트랜드Pentland 만灣의 거친 조류로 인해 돌출되어 있는 사암절벽으로 그인생을 시작했다. 시간이 지나면서 파도와 바람의 침식작용으로 그 사암덩어리 절벽에는 구멍이 뚫렸고, 그 구멍은 점점 커져 거대한 아치가 된후 무너져 내렸다. 결국 그렇게 남은 것이 거친 북대서양에 우뚝 서 있는137미터 높이의 바늘같이 뾰족하고 가는 타워이다. 그 타워가 현재는 단단한 암반 위에 있기 때문에 무너지지 않고 있는데, 그 모습을 바라보는클라이머라면 누구나 가느다란 손가락으로 유혹하고 있다고 느낄 것이다. 그러나 바람이 불면 그 타워는 흔들리기라도 하는 것처럼 느껴져, 우리는 영원한 것은 없다는 진실을 다시금 되새기게 된다.

올드 맨 오브 호이는 마치 극장용으로 만들어진 것 같다. 반대편의절벽 꼭대기는 관람객이 앉는 특별석의 모양을 완벽하게 보여주며, 한때타워를 본토와 연결시켰던, 암석으로 된 무질서한 지협地峽은 1층 앞자리의 불편한 구역 같다. 잔디는 젖어 미끄럽고 좁고 구불구불한 길을 따라조심스럽게 바닷가의 바닥까지 내려가다가 나는 발아래를 보고 현기증을느꼈다. 내가 그 길을 처음으로 따라 내려간 것은 거의 반세기 전이었다.

그때 나는 서른두 살로 전성기를 구가하고 있었다. 그러나 이제 여든이 된 나에게는 발걸음을 내딛는 것조차 고역이었다. 흐린 하늘에서 이슬비가 내리고 있었다. 도대체 내가 무엇을 하고 있는 걸까, 하는 생각이 든 것은 물론 이번이 처음은 아니었다.

그 등반은 리오 하울딩Leo Houlding[03]의 제안으로 이루어졌다. 열한 살의 나이에 올드 맨 오브 호이 최연소 등반기록을 세우기도 한 리오는 영국에서 가장 재능이 넘치는 젊은 클라이머였다. 그의 제안을 받았을 때는 솔깃했지만, 나는 그때 내 인생 최대의 위기에 처해 있었다. 2012년 12월 운동신경질환[04] 판정을 받은 아내 웬디Wendy가 끔찍한 말기를 겪고 있었기 때문이다. 등반은 고사하고 나는 아내 곁을 떠날 수 없었다. 그녀는 2014년 7월 24일 세상을 떠났다. 나는 슬픔을 억누를 수 없었기 때문에 사실 그 등반은 위안을 받기 위한 일종의 도피에 가까웠다.

올드 맨을 등반하기 위해 오크니Orkney제도까지 찾아 들어가는 여정은 매력적이었다. 나는 전에도 그와 같이 황량하고 쓸쓸한 지역에서 위로를 받았다. 스코틀랜드 산악계의 걸출한 인물이자 절친한 친구인 톰 페이티Tom Patey[05]는 나의 첫 아들 콘래드Conrad가 세 살 때인 1966년 물에 빠져 비극적인 죽음을 맞이한 지 얼마 지나지 않아, 올드 맨의 초등에 나를 초청했었다. 아마도 그는 리오와 마찬가지로, 내가 괴로운 상실의 감정을 견딜 수 있도록 도와주고 싶었던 것 같다. 그렇게 해서 나는 리오의 제안을 받아들였고, 8월 말에 다시 한번 올드 맨을 오르기 위해 길을 떠났다.

리오와 나는 많은 면에서 비슷한 길을 걷고 있다. 우선, 우리 둘 다 모험에 대한 강연을 하고 영상을 찍으면서, 좋아하는 등반을 통해 생계를 꾸려가고 있다는 점을 들 수 있다. 나이로 따지면 리오는 나의 손자뻘이지만, 그와 나는 등반의 순수한 즐거움도 함께 느낀다고 생각한다. 아웃도어 브랜드인 버그하우스Berghaus를 통해 서로를 알게 되었는데 나는 20

년간 그 회사의 비상임 회장을 맡았고, 리오는 그곳에서 후원하는 최고의 클라이머였다. 그는 팀의 리더로 발군의 실력을 발휘하면서 영국의 등반을 세계에 알리는 중요한 역할을 해왔다. 그러나 무엇보다도 그에게는 온정과 유머감각이 있었다.

우리가 올드 맨 오브 호이를 오른다고 하자, BBC TV의 매거진 프로그램인 「디 원 쇼The One Show」가 등반 전문 진행자 앤디 토벳Andy Torbet을 파견해 취재에 나섰다. 일정이 빡빡했는데, 날씨와 상관없이 올드 맨의 등반과 촬영을 나흘 만에 모두 마쳐야 해서 상황이 좋지 않았다. 첫날은 촬영을 위해 루트에 장비를 설치해야 했기 때문에 나의 활동은 사전 정찰 정도로 국한되었다. 1966년에 BBC의 인기 있는 야외 프로그램이 텔레비전 생중계를 하는 가운데 올드 맨을 처음 올랐을 때는 방송기술이 좋지 않아 엄청난 물량이 투입되었었다. 이제는 모든 과정이 가벼운 디지털 카메라로 찍혔고, 그렇게 찍힌 영상은 무선으로 전송되어 컴퓨터로 편집되었다.

그러나 여전히 인간이 바꿀 수 없는 것은 날씨였다. 우리가 올드 맨의 반대편 절벽 꼭대기까지 힘들게 걸어 올라가는 동안 폭우가 쏟아지면서 세찬 바람이 불었다. 과연 등반을 해낼 수 있을까? 일단 나는 몸이 상당히 좋지 않았다. 웬디를 간병하는 동안 나는 등반은커녕 운동할 시간도 없었다. 게다가 집을 떠나기 바로 전에 가구를 옮기다 허리를 삐끗했다. 나는 자신이 없었다. 카메라 앞에서 망신만 당하지는 않을까? 여든 살에 그런 곳을 오르는 것이 가능하기는 한 걸까?

절벽 꼭대기에서 올드 맨의 정상부를 보자 과거의 기억이 떠올랐다. 아주 오래전에 촬영에 임했던 친근한 얼굴들…. 스코틀랜드 산악계 최고의 개척자라고 할 수 있는 톰 페이티, 날카로운 유머와 비석에 새겨진 듯한 미소를 지닌 암벽등반의 마술사 조 브라운Joe Brown, 그날 조의 패기 넘치는 파트너였던 이안 맥노트 데이비스Ian McNaught-Davis, 그리고 환상적인 신루트를 개척하던 차세대 클라이머 피트 크루Pete Crew와 두걸 해스턴 Dougal Haston. 그중 의욕이 대단했던 해스턴은 수수께끼 같은 인물이었지만, 나의 절친한 친구가 되었을 뿐만 아니라 1975년 에베레스트의 정상에 오를 때까지 나의 원정대에서 계속 핵심적인 역할을 했다.

리오와 나는 곧 절벽 끝에 서서 올드 맨을 바라보았다. 길쭉한 타워는 다소 위협적으로 보였고 높이도 아찔했다. 단체로 사진도 찍고 전략도 논의한 우리는 다음 날 아침 등반에 나서기로 했다. 기상은 그날과 비슷하게 그다음 날도 아침에는 좋지만 점차적으로 나빠진다고 예보되었다. 그때 나는 결심을 굳히고 나서 프로듀서에게 말을 건넸다. 이런 조건에서는 절대로 등반에 나설 수 없으니 하루를 더 기다려보자고. 그는 난색을 표했지만 나는 주장을 굽히지 않았다. 결국 우리는 다음 날에는 인터뷰를 하고, 등반은 그다음 날에 하기로 타협을 보았다.

다음 날 아침은 날씨가 괜찮았다. 물론 등반과 촬영이 잘 될 수도 있겠지만, 나는 절대적으로 휴식이 필요했다. 리오가 인터뷰하는 동안, 나는 마음을 가라앉히고 나의 삶을 되돌아보았다. 나의 삶 한가운데에는 언제나 등반이 있었다. 수직의 암벽에 매달릴 때 느끼는 스릴과 거칠고 황량한 자연에 대한 도전, 그리고 산과 사회생활에서 맞이한 수많은 기회들… 심지어는 해변을 걷던 일이라든가, 파도에 닳아 반질반질해진 바위 사이를 뛰어넘던 일 같이 사소한 것들까지도 나의 마음을 치유해주는 듯했다. 그날이 끝나갈 때쯤 나는 평온한 마음을 되찾았다.

그다음 날 아침에는 다시 구름이 끼면서 가끔씩 가는 이슬비가 내렸지만, 바람은 그리 세지 않았다. 나는 등반에 나설 수밖에 없어 마음의 준비를 단단히 했다. 고층빌딩처럼 우뚝 솟아오른 올드 맨의 밑에 도착해 나는 심호흡을 했다. 암벽화를 신고 안전벨트를 차고 방수복의 지퍼를 올리자 부피가 커서 거추장스러웠지만, 무선 마이크는 내가 텔레비전 쇼에 나온다는 사실을 새삼 확인시켜 주었다. 리오가 가볍고 빠르게 첫 피치를 올랐다. 1966년에 나는 그곳을 단독으로 올랐었다. 그러나 이제는 시작하자마자 허리가 좋지 않았다. 동작 하나하나를 할 때마다 통증이 밀려왔고, 다리를 넓게 벌려 두 발로만 버텨야 할 때는 무척 고통스러웠지만, 특별한 대책이 없었기 때문에 나는 그냥 위로 올라갈 수밖에 없었다.

두 번째 피치는 가장 어려운 곳으로, 상당한 도전이 요구되는 곳이었다. 툭 튀어나온 오버행 아래를 어정쩡한 자세로 횡단해, 절벽 동쪽의 음침한 곳으로 나아가야 했다. 다시 말하면, 소용돌이치는 바닷물 30미터 위에서 불안한 허공을 횡단해야 했다. 클라이머들은 이를 돌출부라 부르는데, 보통은 고도감과 공포심이 뒤섞여 오싹한 느낌이 든다. 그 횡단 등반은 내 몸보다는 좁고 주먹보다는 넓은 오버행 크랙에서 끝이 났다. 처음에 나는 무난하게 적응하면서, 허리의 통증에도 불구하고 꽤 잘 올라갔다. 리오가 로프를 팽팽하게 당겨주었지만, 도움이 많이 되지는 않았다. 그는 중요한 지점마다 슬링을 남겨두어, 내가 붙잡고 올라갈 수 있도록 해주었다. 사실 등반에서는 속임수를 쓴 것이라고 할 수 있겠지만, 나는 그런 것들을 이용하면서 마음속 깊이 고마움을 느꼈다.

촬영 등반을 하면 시간이 많이 걸려 짜증이 날 수도 있다. 그러나 이번에는 쉴 때마다 촬영 팀의 옛 친구들과 이야기를 나눌 수 있어, 촬영 등반이 반가웠다. 나는 '커비Cubby'로 더 많이 알려진 데이브 커스버트슨Dave Cuthbertson과 영화를 여러 편 찍었는데, 그는 카메라맨으로서의 기술을 갈고닦은 훌륭한 암벽 등반가다. 그는 이번 프로젝트에서 등반을 근접 촬영했다. 리오가 「디 원 쇼」의 진행자인 앤디를 끌어올리는 동안 우리는 함께 과거를 회상했고, 리오가 곧바로 시야에서 사라져 다음 피치를 선등하면 우리는 그를 따라 다시 올라갔다.

나는 등반이 비교적 수월해질 것이라고 생각했지만 바위가 젖어 미끄러웠다. 루트를 약간 벗어난 리오는 높은 곳에 확보물을 걸어 놓고, 반반해 보이는 오른쪽 벽으로 횡단해 시야에서 사라졌다. 이제 내 차례였다. 만약 실수를 하면 나는 시계추처럼 흔들리며 추락할 것이 분명했다. 설상가상으로 풀머갈매기fulmar 새끼 한 마리가 경사진 바위 턱에 앉아 쉬고 있었다. 풀머갈매기는 위협을 가하는 존재들에게 비린내 나는 담즙을 토해내면서 자신을 보호하는데, 클라이머라고 해서 예외는 아니다. 내가 횡단할 길을 찾으며 애를 먹는 동안 그 새끼 갈매기는 나에게 담즙을 토해내려고 슬금슬금 다가왔다.

마지막 피치 직전에 있는, 홀드가 많은 가파른 모퉁이에서 우리는 한 번 더 휴식을 취했다. 그 피치는 1966년 초등을 할 때 내가 선등으로 오른 곳이었는데, 가장 쉬우면서도 아름답고 만족스러운 곳이었다. 마침내 올드 맨의 꼭대기에 다시 오른다는 생각에 나는 벅찬 기쁨을 느꼈다. 나는 이번에도 그 피치를 선등하고 싶었지만, 그렇게 하기에는 몸이 좋지 않았다. 이제는 움직일 때마다 고통스러워, 허리의 통증이 곧 심해질 것 같다는 불길한 예감도 들었다.

촬영기사들이 마지막 장면을 담기 위해 위치를 잡으면서 또 한 번의 길고도 반가운 휴식을 한 다음 나는 등반에 나섰다. 느리고 서툰 나는 위에서 로프를 당겨준다는 생각에 편안한 마음이 들기도 했지만, 사실 팽팽하게 하지 않아도 오를 수 있었다. 정상에 오르자 기쁨과 슬픔이 동시에 몰려왔고, 리오가 나를 껴안아주었다. 그리고 그는 순식간에 앤디를 끌어 올리더니 배낭에서 샴페인 한 병을 꺼냈다. 태양이 구름 사이를 오락가락했다. 우리는 오크니 페리가 멀리서 지나가는 모습을 바라보며 축배를 들었다. 그러자 내 마음속에 있던 모든 의구심이 깨끗이 사라졌다. 힘들었던 등반과 고통은 이제 아무렇지도 않았다.

2014년 올드 맨 오브 호이를 오른 리오 하울딩과 나. 그는 열한 살의 나이로 최연소 등반기록을
세웠다. 그렇다면 여든 살의 나이로 그곳을 오른 나는 아마 최고령자일지 모른다. (크리스 보닝턴)

　　BBC의 인터뷰 담당자에게 고백한 것처럼, 늙으면 몸이 뻣뻣해지고
둔해져 이전에 했던 것도 해낼 수가 없다. 올드 맨의 꼭대기에 오르면서,
여전히 나는 무슨 일이든 계속할 수 있다는 자신감을 얻었다. 10년이라는
세월이 지나면 나는 아흔이 될 것이다. 그리고 그런 생각이 들자 정신이
번쩍 들었다. 아, 그때가 되면 등반은 더 이상 계속할 수 없겠구나. 그래서
나는 80대의 하루하루를 의미 있게 보내고 싶어졌다. 나는 산책을 하거나
산을 오르고, 손주들과 즐거운 시간을 보내고, 일도 계속하면서 가능하면
보람 있고 재미있게 살고 싶다. 이런 생각이야말로 우리가 앞으로 계속
나아갈 수 있는 힘이 아닐까?

1부

시작

제 1 장

나는 누구인가

우리의 성격과 삶의 궤적은 물려받은 유전자와 성장환경으로부터 과연 얼마나 많은 영향을 받는 것일까? 물론 이 두 가지 요소가 복합적으로 작용하겠지만, 유전자 구조는 매우 강력한 영향력을 가지고 있으며, 그로 인한 특성은 어릴 때부터 드러나기 시작한다. 내 직계 조상들을 보면, 확실히 많은 분들이 다양한 방식으로 모험심을 양껏 발휘했다는 것을 알 수 있다. 그분들은 위대한 탐험가나 스포츠맨은 아니었지만, 나름대로의 독특한 삶을 개척했다. 어린 시절의 나를 키워준 낸Nan이라는 이름의 외할머니는 12남매 중 열 번째로 태어나 수녀로 일생을 보냈다. 외할머니의 아버지 티모시 도란Timothy Doran은 웩스퍼드 카운티Wexford County의 에니스코시Enniscorthy에서 1814년에 태어났는데, 그 당시에 막 시작된 골드러시로 떼돈을 벌 수 있다는 이야기에 빠져, 젊은 나이에 시드니로 향했다. 골드러시가 있기 전까지 호주로 이주한 사람들은 대부분 기결수 범죄자들이었다.

티모시에게 그것은 미지의 세계로 향하는 모험이었다. 그 여행은 비좁은 범선을 타고 망망대해를 건너는 4개월간의 끔찍한 항해였다. 희망봉을 돌아 망망대해인 남인도해를 건너면서, 폭풍우가 몰아치면 며칠 동안 선창에 갇혀 소금물을 마시고 바구미가 들끓는 식량으로 음식을 해 먹어야 했다. 그분은 호주에서 20년을 살았지만, 간혹 단편적인 이야기만 전해질 뿐 자세한 것은 알려지지 않았다. 그분은 주로 시드니에서 지냈다고 하고 때때로 위험을 무릅쓰고 무법천지인 금광지대로 나가기도 했는데, 텐트 밖에서 그림자가 어른거리면 우선 총을 쏜 다음 밖으로 나가 살펴보았다고 한다.

이런 이야기도 전해진다. 그분이 호주에서 의적으로 알려진 무법자이며 갑옷을 입고 다니는 산적 네드 켈리Ned Kelly의 장물아비였다는 것이다. 소와 양을 치는 부유한 영국인 농부들을 털고, 대부분 아일랜드인이었던 소규모 자작농들의 땅을 침입하는, 로빈 후드 같은 존재였던 네드 켈리는 결국 교수형을 당했다. 티모시가 금을 찾아다녔다는 이야기는 전혀 들어보지 못했다. 그분은 금광 채굴에 부수적으로 붙어 있던 '상인'에 가까웠는데, 식량과 도구를 팔거나, 채굴업자들에게 돈을 빌려주기도 했다. 암시장에는 확실히 손을 댄 것 같다. 진실이 어떻든 간에, 그분은 1860년대 초 영국으로 돌아와 리버풀에 정착했고, 상당한 재산을 축적한 덕분에 집을 두 채 사고 전당포도 여러 개 열었다.

그분은 당시 열아홉 살에 불과했던, 내 외할머니의 어머니 헬렌Helen을 만났는데 자신의 나이를 호적보다 스무 살이나 낮춰, 1865년 서른한 살의 나이로 결혼에 성공했다. 헬렌은 20년간 12명의 자녀를 낳아, 그중 2명만 빼고 중간이름을 모두 시드니라고 지었다. 헬렌은 겨우 쉰 살에 세상을 떠나셨다. 아마 기력이 다하셨던 듯하다. 워털루 전투가 있기 1년 전인 1814년에 태어난 티모시는 1903년 여든아홉의 고령으로 돌아가셨다.

청교도이기도 했던 증조외할아버지 프랜시스 스토리Francis Storey 역시 아일랜드 출신이었다. 그분의 아버지는 ─ 이름이 역시 프랜시스였는데 ─ 위클로우 카운티Wicklow County에서 태어나고 자랐다. 증조외할아버지는 왕립아일랜드보안대Royal Irish Constabulary에 들어갔고, 그 후 모험심이 발동해 1865년 호주로 이주했다. 티모시 도란에 비해 체제 순응적이었던 그분은 호주 기마보병단Australian Mounted Infantry에 들어가 산적을 잡아들이고 주류 밀매점을 적발해 폐쇄하는 등 흥미진진하고 활기찬 삶을 살았다. 그분은 자신이 산적 네드 켈리의 동생인 댄 켈리Dan Kelly를 체포하기 위해 파견된 장교들 중 하나였다고 주장했다. 1881년 경 영국으로 돌아온 그분은 머지Mersey강 남쪽에 있는 뉴브라이튼New Brighton에 정착했다. 그리고 리버풀 사람들의 당일치기 휴양지였던 그곳 부두 반대편에 프랜시스는 '봉마르셰Bon Marché'라는 수익성 좋은 가게를 열었다. 그분은 또한 수년 동안 지역의회에서 중요한 역할을 했고, 결국에는 월러시Wallasey의 시장이 되었다. 1940년대 후반 언젠가, 나는 그분을 기리기 위해 이름 붙인 페리를 타고 가면서 자긍심을 느낀 적도 있었다.

그분의 장남이자 나의 외할아버지인 프랜시스 휴버트Francis Hubert 역시 방랑벽이 있었다. 그분은 렉섬Wrexham에서 의학을 공부하던 중 나의 외할머니 낸을 만났다. 프랜시스는 결혼을 했지만 한자리에 머물지 못했고, 영국 식민지부Colonial Service의 나이지리아 의사로 취직했다. 그분은 3년에 한 번씩 6개월의 휴가를 얻어 집으로 돌아왔지만, 외할머니와 두 딸 — 나의 어머니 헬렌Helen과 이모 시아Thea — 등 여자들만 있는 집에서 항상 외톨이로 시간을 보냈다. 그때는 나의 이모할머니이자 평생 독신으로 살며 입주 가정부 역할을 한 폴리Polly도 함께 살고 있었다. 프랜시스는 1930년대 중반에 조기 은퇴했는데, 아마도 위스키를 과다하게 마신 것이 이유였던 것 같다. 그분은 은퇴를 한 후에도 집에 붙어 있지 않고, '블루퍼널라인Blue Funnel Line'이라는 무역회사에 선상 의사로 다시 취직해, 제2차 세계대전 내내 대서양 호송 선단에서 근무한 후 물러났다.

아버지 쪽으로도 모험의 유전인자는 많이 발견된다. 할아버지인 맥시밀리언 크리스천 보니히Maximilian Christian Bonig는 1874년 슐레스비히 홀스타인Schleswig-Holstein에서 태어났다. 그분은 자신이 덴마크 혈통이라고 항상 주장했는데, 1864년 비스마르크Bismarck[06]가 침공하기 전까지는 그곳이 덴마크 영토였기 때문이다. 하지만 홀스타인에는 주로 독일인들이 살고 있었고, 할아버지의 친척들 역시 모두 독일인이었다. 할아버지가 영국인들을 위해 일을 하고 결국 영국 국적까지 취득하면서 아마도 성을 '보닝턴'으로 바꾼 것 같다.

맥시밀리언은 농부 집안 출신이었지만, 육지에서의 생활에 싫증을 느꼈다. 그분은 열 살 때 가출해 범선을 타려고 시도했지만 창피하게도 집으로 다시 끌려왔다. 그러나 증조할아버지·할머니는 결국 한 발 양보해서 할아버지를 조선 업자에게 견습공으로 보냈다. 맥시밀리언은 그 조치를 받아들이기는 했지만, 바다를 향한 갈망만은 숨길 수 없었다. 열여섯 살이 되던 1890년, 그는 부두로 내려가 모리셔스Mauritius섬으로 향하는 바크형 범선의 목수 일을 맡았다. 그분의 파란만장한 모험은 이렇게 시작된다. 그분은 뉴베드포드New Bedford에서 포경선을 타고 몇 개월 동안 바다에서 보냈고, 미국 동부 해안으로 가는 노바스코샤Nova Scotia의 배에 강제로 태워지기도 했는데, 그 배에는 건방진 붉은 머리의 애꾸눈 선장과 밧줄걸이로 선원들을 때리는 항해사가 있었다.

맥시밀리언은 스물한 살에 중형 범선의 항해사가 되었지만, 범선이 뉴브런즈윅 부근에서 좌초해, 파도에 휩쓸려 범선 밖으로 떨어져나갔다. 그분은 모래밭에서 의식을 잃은 채 발견되었고, 돛으로 피신한 다른 선원들은 다음 날 얼어 죽은 채 발견되었다. 그 후 그분은 미 해군에 입대했으나 전망도 없어 보이고 고향집도 그리워 다시 슐레스비히 홀스타인으로 돌아왔다. 바다는 그분을 다시 유혹했다. 그리하여 그분은 '하일랜드 글렌Highland Glen'이라는 비운의 배를 만났다. 그 배는 '포효하는 40도Roaring Forties'[07]에서 순탄하게 항해하던 중 너울성 파도를 만나, 맥시밀리언은 또

배 밖으로 튕겨져 나갔다. 그러나 천만다행으로 맨 앞 중앙 돛을 고정시키는 밧줄에 매달려, 배가 기우는 틈을 이용해 갑판으로 끌어올려졌다. 그분은 마침 캘커타에서 하선했는데, 그 배는 서인도제도로 등유를 운반하는 그다음 항해에서 실종되었다.

조금 더 안정적인 일자리를 찾던 맥시밀리언은 사실상 침몰이 불가능하다고 소문난 신형 철제 증기선인 군 수송선 '워런 헤이스팅스Warren Hastings'에 승선했다. 1897년 1월, 뭄바이Mumbai에서 모리셔스섬까지 1,000명의 군인과 그 가족들을 태우고 가던 그 배는 짙은 안개 속에서 항로를 이탈해 레유니옹Réunion섬 쪽으로 향했고, 자정이 막 지난 시간에 좌초했다. 할아버지는 침대에서 뛰쳐나가 갑판으로 올라갔는데, 선수는 암초에 걸려 있었고, 선미 아래는 수심이 55미터나 되었다.

배에 바닷물이 들어차는 상황에서도 기관사들은 보일러에 불이 꺼지지 않도록 자신의 자리를 지켰다. 그들이 대피할 수 있는 시간을 벌기 위해서는 높은 밀폐성 출입문을 닫아야만 했다. 맥시밀리언은 맨발에 잠옷 바람으로 인도인 선원 몇 명과 아래로 내려가, 구석에 있는 선박 출입구에서 거의 1시간 동안 애를 써서 무거운 출입문들을 닫고 밸브를 돌려 선박의 둥근 창들까지 잠근 후 배 뒤쪽으로 빠져나왔다. 그때 불빛이 깜빡이더니 퍼드덕거리며 돌아가던 발전기 소리가 멈추면서 사방이 어두워졌다. 그러나 출입문을 모두 닫은 것이 주효했다. 선원들과 여자들 그리고 어린아이들이 먼저 해안으로 대피한 다음 군인들은 배 앞쪽으로 탈출했다. 결국 승선자 중에서 사망한 사람은 2명에 불과했다.

맥시밀리언은 용맹을 인정받아 포트 블레어Port Blair 항만의 부항만장 자리를 얻었다. 그곳은 안다만제도Andaman Islands의 주요 도시이자 행정 중심지였는데, 당시 영국의 통치를 받은 인도의 남녀 기결수들을 보내 호주와 같은 방식으로 만든 항구도시로, 죄수들은 그곳에서 '가출옥 허가'

안다만제도에서의 할아버지 맥시밀리언 (크리스 보닝턴 사진자료집)

를 받아 자유로운 몸으로 목재산업에 종사했다. 열대우림과 맹그로브 늪
지대로 뒤덮인 안다만제도는 가장 오랫동안 고립되어 있던 인종인 피그
미족의 거주지이기도 했다. 그들은 피부가 검고 평균 신장도 137센티미
터밖에 되지 않았다. 농업을 전혀 모르는 수렵인이었던 그들은 할아버지
가 살던 시대를 기준으로 3만 년 전 인간의 모습을 보여주는 듯했다. 맥시
밀리언이 그곳에 갔을 때 피그미족의 수는 수백 명에 불과했는데, 해안가
의 피그미족은 우호적이었지만, 정글에 사는 자라와Jarawa족은 자신들의
사냥터에 들어오는 침입자들을 죽였다.

　　할아버지는 그곳에서의 새로운 삶에 만족했다. 특히 조선업에 종사
하며 수백 톤에 달하는 배의 건조를 감독하는 일을 좋아했다. 그분은 포

트 블레어에서 열아홉 살의 미녀 앨리스 파킨슨Alice Parkinson을 만났다. 그녀의 아버지는 영국 와튼공병대Royal Engineers의 원사 출신이었다. 그분들은 사랑에 빠져 1908년 결혼했고, 결혼생활 내내 서로에게 충실했다. 그분들은 포트 블레어 항만 내의 유럽인 관료들이 사는 로스섬Ross Island의 목제 방갈로에 신혼살림을 차렸다. 그곳에는 두 개의 클럽이 있었는데 하나는 나이 든 관리들, 다른 하나는 젊은 관리들의 모임이었다. 저녁때는 백인 아이들이 각자의 '인도인 유모'를 대동하고 잔디밭으로 나와 함께 놀았다. 테니스장과 도서관에 야외 연주무대도 있었는데, 무대에서는 기결수들이 흰색과 푸른색으로 된 유니폼을 멋지게 차려입고 금관악기를 연주하기도 했다.

7년 후 할아버지는 산림부Forestry Department로 자리를 옮겨, 안다만제도와 니코바르제도Nicobar Islands의 7,770평방킬로미터에 달하는 넓은 땅을 모두 조사했다. 그분이 가장 행복했던 곳은 문명과 식민지 생활의 사교모임에서 멀리 떨어진 바로 그 정글이 아니었을까, 하는 생각이 든다. 또한 그분은 원주민들을 담당하는 관리로서 해안가의 우호적인 부족들을 돌보고 내륙의 사나운 부족들은 외부인과의 접촉을 피하도록 하는 데 최선을 다했다. 그 당시 할아버지는 그들의 생각을 어떠한 백인들보다도 더 잘 이해하는 사람이었던 것 같다. 그들은 나의 할아버지를 신뢰해서 자신들과 같이 대해주었다.

제1차 세계대전 당시 40대 초반이었던 맥시밀리언은 안다만제도 북부에 새로운 정착촌을 만들어 그곳의 원시림을 활용하는 임무를 맡았다. 그분은 스튜어트 사운드Stewart Sound라고 불리는, 보호가 잘되어 있는 항구를 부지로 선택했다. 인도 정부가 정착민들에게 그곳을 권유했기 때문에 그곳에는 인도 본토 출신의 이주민들이 많이 살았다. 그들은 천막에 기거하면서 큰 나무들을 베고 맹그로브 습지의 물을 빼냈다. 맥시밀리언과 간호조무사 한 명은 말라리아나 콜레라에 걸린 사람들을 간호했다. 그들은 인도에서 코끼리를 들여와 통나무를 인근의 조류 계곡까지 운반하는 데 이용했다. 그리고 그곳에서부터는 뗏목에 묶어 새로 지은 제재소로 운반했다. 정착촌으로 번성한 그곳은 맥시밀리언의 인상 깊은 리더십을 기려 포트 보닝턴Port Bonington이라는 이름이 붙었다. 1930년에 은퇴한 할아버지는 대영제국 장교 훈장(OBE)을 받았다. 그 후 그분은 더블린의 블랙록Blackrock에 정착해, 1956년에 돌아가실 때까지 그곳에서 살았다.

그분의 아들이자 나의 아버지인 찰스Charles는 1910년 로스섬에서 태어났는데, 위로 마저리Marjorie와 루시Lucy라는 두 누이가 있었다. 찰스는 자신의 미완성 회고록에 남편을 죽인 혐의로 기소된 한 여성이 자신을 잘 돌보아주었다고 밝혔다. "그녀의 이름은 찬드 비비Chand Bibi였는데, 힌두스타니어로 달의 딸이라는 뜻이었다. 마흔 살 정도의 그녀는 작고 땅딸막한 데다 피부는 가죽처럼 질긴 느낌이었지만, 내가 어렸을 때 그녀는 나에게 엄마나 다름없었다."

아버지 찰스의 어린 시절은 독특했다. 찰스가 여덟 살이었을 때 할아버지는 유럽인들이 없기 때문에 아들을 벗 삼아야 한다는 핑계로, 할머니를 내버려둔 채 찰스를 새로운 정착촌으로 데리고 갔다. 나는 혹시 맥시밀리언이 너무나도 사랑한 아들에게 에드워드 7세 시대의 엄격한 가치로 점철된 로스섬과는 다른 세계를 보여주려 했던 것은 아닐까, 하고 생각해보았다. 아버지는 이런 기록을 남겼다. "나의 아버지는 나에게 언제나 훌륭한 분이었다. 체벌은 어머니에게 맡긴 채 아버지는 나를 절대 때리지 않았다. 안다만제도 북부의 정글캠프에서 보낸 4년은 나의 생애에서 가장 행복한 시기였다. 나는 하루 종일 피그미족들과 놀며 시간을 보냈다. … 그들의 카누를 타고 암초 사이를 누비며 낚시와 수영을 하고, 거북이를 잡기도 했다."

찰스는 열 살이 되자 영국으로 돌아와 사소한 규칙 위반에도 회초리를 사용하는 엄격한 가톨릭 사립학교에 들어갔고, 그 후 가톨릭 공립학교인 앰플포스Ampleforth로 옮겼다. 할아버지와 할머니는 3년마다 있는 긴 휴가기간 동안 집으로 오셨는데, 그런 때를 제외하면 아이들은 주로 친척들과 지냈다. 그 후 찰스는 옥스퍼드로 올라갔고, 그곳에서 어머니를 만났다. 어머니는 월러시에서 매우 다른 종류의 훈육을 받았다. 사내아이 같았던 어머니는 인형보다는 '메카노와 혼비Meccano and Hornby'라는 회사에서 나온 기차 세트를 더 좋아했다. 검은 머리카락에 마른 체형의 어머니는 예쁘다기보다는 잘생긴 편이었다. 시아로 알려진 이모 도로시Dorothy는 금발의 고수머리에 용모가 매우 단정했는데, 어머니와는 달리 주로 인형을 가지고 놀았다.

어머니는 열두 살 때 노트르담여고를 다니기 시작했다. 어머니는 공부뿐만 아니라 운동도 잘했다. 그러나 반항아 기질이 있던 어머니는 2년이 걸리는 고교과정을 1년 안에 끝내야 한다고 통보한 학교와 마찰을 빚었다. 어머니는 그 과정을 성공리에 마쳐 서로 다른 장학금을 3개나 받고 옥스퍼드로 진학해 영문학을 전공했다. 어머니는 그 학교에서 옥스퍼드에 입학한 첫 졸업생이었다.

어머니는 그런 성공을 믿고 우쭐했는지, 파티에 자주 참석했고 섹스의 쾌락도 발견했으며 강의는 거의 듣지 않고 아버지와 사랑에 빠졌다. 아버지는 어머니보다 훨씬 더 자유분방해 2학년 때 학교를 중퇴하고 버마Burma로 돌아갔다. 그곳에서 할아버지는 아버지를 목재회사에 취직시켰다. 어머니는 3등급으로 간신히 졸업했는데, 빼먹은 강의 수를 생각하면 그렇게 나쁜 결과는 아니었다.

옥스퍼드를 졸업한 어머니는 외할머니를 설득해, 월러시의 집을 팔고 런던으로 함께 이사했다. 어머니는 비서교육을 받은 후 베이커가Baker

Street에 있는 서점의 점원으로 취직했다. 아버지와 어머니는 애정 어린 편지를 꾸준히 주고받았다. 1933년 초 할아버지 맥시밀리언은 아버지의 영국행 비용을 대주었고, 그 후 일주일에 4파운드의 용돈을 주었다. 아버지와 어머니는 서로 깊은 사랑에 빠져 동거를 시작했고, 부모님께 알리지 않고 켄싱턴Kensington 등기소에 가서 몰래 결혼신고를 했다. 그리고 나서 두 분은 햄스테드Hampstead의 작은 아파트 지하방으로 거처를 옮겼다.

어머니는 학교를 졸업한 후 교회에 다니지 않았지만, 햄스테드의 작고 사랑스러운 세인트 메리 교회St. Mary's Church에서 축복을 받아야겠다고 고집을 부렸다. 어머니는 곧 임신을 했다. 그리하여 런던에서 가장 높은 지대에 있는 화이트스톤Whitestone 연못 옆의 엘리자베스 가렛 앤더슨 병원Elizabeth Garret Anderson Hospital에서 1934년 8월 6일 내가 태어났다. 어머니는 나 역시 같은 교회에서 세례를 받도록 했고, 자신의 가문 이름도 집어넣어 내 이름을 '크리스천 존 스토리 보닝턴Christian John Storey Bonington'이라고 지었다.

부모님의 허니문은 그리 길지 않았다. 경기침체가 극에 달해 아버지 찰스는 일자리를 구할 수가 없었다. 어머니는 아버지가 술을 너무 많이 마시고 하루 종일 빈둥댄다고 투덜댔다. 살림이 궁핍해졌다. 어머니는 성공적인 로맨틱 소설 작가 버타 럭Berta Ruck의 임시직 비서 자리를 간신히 얻을 수 있었는데, 그녀의 비서가 그녀의 남편인 유령소설 작가 올리버 어니언스Oliver Onions와 눈이 맞아 도망갔기 때문이다. 어머니의 삶은 고된 투쟁의 연속이었다. 밤새도록 우는 아이를 돌보고, 유모차를 끌고 좁은 계단을 힘겹게 올라가야 했으며, 매일매일 지역 탁아소에 나를 맡기고 늦은 오후에 누추한 아파트로 다시 돌아와야 했다.

부부싸움이 갈수록 심해져, 결국 경제문제로 심하게 다투다가 어머니가 아버지를 부지깽이로 내려치는 사고가 발생했다. 아버지는 의식을

아버지 찰스의 호주 방랑 (존 하비John Harvey)

잃고 바닥에 쓰러져 피를 많이 흘렸다. 어머니는 아버지를 욕실로 끌고 가 머리를 구식 온수장치 아래에 놓았다. 그런 뒤 아버지가 죽었을까 봐 걱정이 된 어머니는 블라우스와 치마가 피범벅이 된지도 모르고 가까운 공중전화로 달려갔는데, 이런 소동이 일어나는 동안에도 나는 아파트에 서 곤히 자고 있었다고 한다. 혼자서 아파트로 돌아올 용기가 없었던 어 머니는 외할머니가 도착할 때까지 공중전화 옆에서 기다렸다. 어머니가 다시 돌아왔을 때 나는 여전히 잠들어 있었는데, 그 사이에 아버지는 온 데간데없이 사라졌다.

  어머니는 나를 데리고 외할머니 집으로 들어갔고, 할아버지는 아비지가 인도로 올 수 있도록 비용을 대주었다. 어머니는 아버지의 소식을 오랫동안 듣지 못했다. 아버지는 안다만제도에 남아 할아버지 밑에서 일했고, 그 후 호주로 건너가 퀸즈랜드Queensland와 뉴사우스웨일스New South Wales를 도보로 여행했다. 아버지는 짧은 기간 동안 시드니의 신문사에서 일하기도 했고, 여행도 많이 다녔으며, 다양한 친구들도 사귀면서 자신이 그토록 바란 대로 책임감에서 벗어난 생활을 즐겼다.

영국의 어머니는 새로운 삶을 꾸려갔다. 외할머니가 나를 돌보는 동안 어머니는 일에 매달렸는데, 처음에는 타자 사본을 작성하는 일을 하다가 나중에는 작은 광고대행사 경영인의 비서가 되었다. 그는 어머니의 언어적 재능을 알아차리고 곧 카피라이터로 승진시켰다. 어머니와 외할머니는 탄자 거리Tanza Street의 넓은 정원이 딸린 커다란 1층 아파트로 이사했는데, 그곳은 햄스테드 히스Hampstead Heath에 있는 팔러먼트 힐Parliament Hill의 비탈길 아래쪽을 등진 곳이었다. 그로써 우리는 편안한 생활로 접어들었고, 어머니의 생활도 나아졌다. 어머니는 외할머니 낸과 탄자 거리의 아파트에서 같이 지내면서도, 마고Margo라는 호주 출신 여성 저널리스트와 연인 사이가 되었다.

아주 어렸을 적 기억은 흐릿해, 영문을 모르는 이미지들만 남아 있다. 다만 세 살쯤 되었을 때의 기억 하나가 매우 선명하게 남아 있는데, 어떻게 보면 그것이 나의 첫 모험이었다. 정원에서 또래 여자아이와 놀던 나는 그 아이와 대문을 빠져나가 햄스테드 히스로 간 다음 몇 시간을 그곳에서 보냈는데, 걱정이 된 외할머니는 지역 경찰에 신고를 했다. 우리가 놀고 있는 것을 발견한 경관이 벨사이즈 파크Belsize Park 경찰서로 우리를 데려갔고, 나는 그곳에서 경위의 책상 위에 있는 우유를 몽땅 쏟고 말았다.

나무 타기를 무척 좋아했던 나는 자유로운 야외활동이 아이들에게

위: 햄스테드의 정원에서 외할머니 무릎에 앉아 있는 나. 외할머니 낸과 어머니는
나를 서로 차지하려 했다. 아래: 나를 안고 행복해하는 어머니 (크리스 보닝턴 사진자료집)

좋다고 믿는 크뢰머Kroemer 부인의 '건강유치원Health Kinder Garten'에 다녔다. 외할머니가 나를 너무 감쌌다고 느낀 어머니는 나에게 일종의 훈육이 필요하다고 생각했던 것 같다. 하지만 먹고살기 위해 밖에 나가 일하면서 나를 돌보는 일을 대부분 외할머니에게 맡긴 어머니가 질투를 한 것은 아닌지, 하는 의심이 든다. 어머니의 직업 경력은 탄탄대로였다. 어머니는 당시 최고의 광고대행사 중 하나였던 '런던 프레스 익스체인지London Press Exchange'에서 카피라이터로 일했다.

철이 없던 나는 어머니와 외할머니 사이의 갈등이나 우리를 향해 다가오는 전쟁에 대해서는 전혀 알지 못했다. 반면 어머니는 상황을 예의주시하고 있었다. 정치의식이 점점 강해진 어머니와 마고는 나치 독일의 공격과 파시즘에 직면한 영국에서 자신들의 정치성향을 극좌파로 규정했다. 전쟁이 선포되자 어머니는 나를 런던 밖으로 보내려고 안간힘을 썼고, 결국 턴브리지 웰스Tunbridge Wells 근처의 가우드허스트Goudhurst에 있는 파인우드Pinewood라는 작은 기숙학교를 찾아냈다. 겨우 다섯 살이었던 나는 적응하는 데 약간 애를 먹었지만, 결국은 그곳 생활에 매우 만족했다. 프랑스가 점령되고 독일의 침략 위협이 높아지자, 여자 교장선생님이었던 리드Reid는 영국 남쪽에 있는 자신의 학교가 위험하다고 여기고 웨스트모랜드Westmorland의 커크비 론스데일Kirkyby Lonsdale 인근에 있는 무어랜스Moorlands라는 또 다른 학교와 통합하기로 결정했다. 새로 옮긴 학교의 위층 창문에서는, 나무가 늘어선 길고 구불구불한 차로를 따라가다 보면, 서쪽으로는 호수 남쪽으로 낮은 산들이, 동쪽으로는 요크셔 데일스Yorkshire Dales의 언덕들이 보였다.

휴일에는 외할머니 낸이 찾아왔는데, 그분은 엄격한 채식주의자였기 때문에 우리는 보통 그래스미어Grasmere에 있는 채식주의자 전용 게스트하우스에 머물렀다. 어머니는 일을 쉴 수 있을 때 잠깐씩 찾아왔다. 레이크 디스트릭트의 낮은 산들은 나의 잠재의식에 그 어떤 것들보다도 더 큰 영향을 끼쳤다. 기본적으로 도시 근교에 사는 평범한 여성이었던 외할머니는 시골의 야생지역으로는 절대 나가지 않았다. 우리는 산보를 나가도 페어필드Fairfield의 언덕 너머로는 잘 가지 않았다. 그러나 비가 오는 어느 날 그래스미어 바로 바깥에 있는 이즈데일Easedale의 사우어 밀크 길Sour Milk Ghyll을 따라 걸었던 기억이 난다. 사람의 손이 전혀 닿지 않은 야생 지역이었는데, 그 이미지는 아직까지도 생생하다. 한번은 외할머니를 보트에 태우고 그래스미어 가운데에 있는 섬까지 노를 저어 갔다. 나는 따사로운 햇볕 아래 꾸벅꾸벅 조는 외할머니를 섬에 남겨둔 채 보트를 타고 여기저기를 돌아다녔다. 그러나 내가 수영도 못하고 구명조끼도 없었기 때문에 외할머니는 그 일을 언짢아했다.

1941년 아버지가 전쟁포로로 붙잡히면서, 어머니와 아버지는 다시 한번 연락이 닿았다. 아버지는 전쟁이 발발하자 호주 육군에 자원했고, 이집트로 배치된 후 영국군 연대로 전입해, 진급을 한 후 새로 창설된 영국 공군 특수부대Special Air Service에 자원했다. 소규모의 그 부대는 엉뚱한 계획을 가지고 있던 카리스마 넘치는 젊은 장교 데이비드 스털링David Stirling이 모집한 7명의 장교와 기타 계급의 군인 60명으로 조직되어 있었다. 서른두 살로 부대에서 최고 연장자였던 아버지가 그 특수부대에 들어갈 수 있었던 것은 아버지의 독특한 과거 이력 때문이 아닌가, 하는 생각이 든다.

그들의 첫 번째 작전은 끔찍했다. 장교 1명과 부하 10명으로 구성하여 5개 조로 나눈 부대는 메서슈미트Messerschmitt[08] 전투기가 들어찬 토브루크Tobruk의 소형 비행장 인근 두 곳에 투입될 예정이었다. 낙하지점 상공이 바람이 세고 시야가 나빠, 5대의 비행기 모두 대원들을 제대로 낙하시키지 못했고, 결국 대원들은 수 킬로미터 떨어진 곳으로 낙하했다. 그

과정에서 여러 명이 사살되거나 부상을 입어 겨우 22명만이 사막의 집결지로 모일 수 있었다. 그곳에서 그들은 원거리 사막정찰대Long Range Desert Group에 의해 구출되었다.

아버지가 탄 비행기는 메서슈미트 전투기에 요격되어 불시착했다. 어깨에 큰 부상을 당한 아버지는 다른 생존자들과 함께 붙잡혀, 전쟁의 나머지 기간을 독일에서 보냈다. 아버지는 여러 번 탈출을 시도했지만 한 번도 성공하지 못했다. 아버지는 포로수용소에서 나에게 편지를 보냈는데, 나만의 탈출 계획을 세워보라고 격려해주셨다. 어떤 면에서 그것은 나의 첫 탐험이자 나의 지도력을 연습한 계기가 되었다. 아마 여덟 살 때였던 것 같다. 나는 도망자 역할을 할 친구 서너 명을 모은 뒤, 아침식사 때 베이컨 껍질을 뒤져 찾았다. 우리가 이룬 가장 큰 성취는 다음 날 방문하기로 되어 있는 예비부모들과의 오후 티타임에 쓸 과일빵 한 덩어리를 훔친 것이었다.

우리는 점심시간에 몰래 빠져나가 들판을 가로질러 1시간 이상을 가다가 개울의 둑 근처에서 오후 내내 함께 놀았다. 우리는 차를 곁들여 과일빵을 먹고 나서 어디서 잘지를 궁리했다. 개울가에는 큰 나무가 하나 있었다. 그 나무의 가지들 사이에서 자면 야생동물들을 피할 수 있었다. 하지만 그렇게 자는 것이 얼마나 불편한지 알게 되기까지는 결코 많은 시간이 걸리지 않았다. 날이 점점 어두워져 우리는 근처의 도로까지 걸어갔다. 리드 교장선생님이 자신의 모리스 마이너Morris Minor 차를 끌고 도로를 훑으며 우리를 찾고 있었는데, 그분은 마침내 우리를 찾게 되자 화를 내면서도 안도의 한숨을 내쉬었다.

나는 무어랜스학교가 좋았지만 어머니는 학업의 수준에 대해 걱정했다. 어머니는 자신이 쉽게 방문할 수 있는 런던 근처의 학교라면 내가 더 잘할 것이라고 생각했고, 결국 런던 바로 북쪽에 있는 레치워스Letchworth

의 진보적인 기숙학교를 택했다. 채식주의 학교였기 때문에 외할머니가 좋아한 그 학교는 남녀공학에 교복도 없었다. 또한 규모도 훨씬 더 큰 학교였는데, 기억이 잘 나지는 않지만 나는 따돌림을 받았던 것 같다. 1학기 방학을 보내고 나서 학교로 돌아간 날 밤, 어머니는 일기에 이렇게 썼다. "아들이 통통하니 건강해진 것 같다. 하지만 눈은 비밀스럽고 사람을 피하는 듯하다. 씩씩하고 행복해 보이는 아이가 밤이 되면 학교에 돌아가지 않게 해달라고 투정을 부린다." 어머니는 결국 내 소원을 들어주었다. 나는 집에 머물렀지만, 어머니는 걱정이 된 나머지 정신감정을 위해 타비스톡Tavistock 클리닉에 나를 데리고 갔다. 그러나 특별히 이상한 점은 나타나지 않았고, 대신 나의 아이큐가 143으로 측정되자 어머니는 몹시 놀랐다.

전쟁이 일어나고 얼마 지나지 않아, 내가 기숙학교로 가자 어머니는 탄자 거리의 아파트에서 나와 다운서 힐Downshire Hill의 세인트 요한 교회 St. John's Church 옆에 있는 아파트의 지하와 1층에서 마고와 살림을 꾸렸다. 그곳에는 뒤뜰과 앤더슨Anderson 방공호도 있었다. 그 집에는 다른 세입자들도 3명이 있었고, 흙으로 덮인 땅속의 물결무늬 강철 터널에 이층침대 2개가 놓여 있는 방이 있었다. 이듬해 나는 그곳을 잘 알게 되었다. 런던 대공습은 끝났지만, 야간공습은 계속해서 주기적으로 이루어지고 있었다. 어머니는 방공호가 나에게 끼칠 영향에 대해 걱정하면서, 아이들을 폐쇄공포증에서 멀어지게 하는 방법에 대한 글들을 읽었다.

어머니의 삶은 곡절이 많았다. 1943년에는 결핵 판정을 받아 요양소에서 보내기도 했다. 어머니는 회복을 하자마자, 나를 기숙학교가 아닌 집에서 키우기로 했다. 그리고 집에서 2킬로미터 정도 떨어진 햄스테드 히스 꼭대기의 작은 남녀공학 사립학교를 택했다. 그곳의 여자 교장선생님인 마일스Miles는 나에게 질문이 있느냐고 물었다.

"예. 있어요. 이 학교에는 규율이 있나요?"

"물론, 있지. 관대하지만 확고한 규율이 있단다."

"그럼, 이 학교로 할래요."

선택은 좋았다. 열 살이던 나는 순조롭게 적응했고, 처음부터 학교에 걸어서 등교했으며, 친구들도 사귀고, 수업도 재미있게 들었다. 그런데 나는 더 이상 외할머니를 볼 수 없다는 말을 들었다. 나는 그 이유를 알 수 없었지만, 아이들이 보통 그러하듯 곧 현실을 받아들였다. 그러나 로슬린 힐Roslyn Hill에 있는 외할머니 낸의 아파트에서 먹었던 요리와 점심이 그립기는 했다. 머랭을 얹은 외할머니의 퀸 오브 푸딩스queen of puddings[09]는 정말 기가 막혔다.

어머니는 일기에 이렇게 썼다. "수주가 지나면서 크리스의 살이 다시 붙고 있다. 지나치게 가까웠던 외할머니와의 관계가 끝나자, 그는 성장이 늦은 식물이 새로운 환경을 만난 것처럼 정신적·육체적으로 갑자기 자라나는 것처럼 보인다. 매일 밤 어머니가 꿈에 나타난다. 어머니는 어두운 방에서 나를 꾸짖는다. 하지만 나는 낮 동안에는 큰 안도감을 느끼고, 나역시 성숙해졌다는 황당한 생각도 하게 된다."

다운서 힐의 집에서는 직장에 다니는 마고가 주방일을 도맡았다. 그때 그녀는 영국 내의 러시아 선전매체인 『소비에트 위클리 뉴스Soviet Weekly News』에서 편집 조수로 일하고 있었다. 나는 어머니와 마고가 서로를 향한 사랑을 노골적으로 보여준 일은 없었다고 생각한다. 어머니는 내 방과 이중문으로 연결된, 이전에 거실로 사용된 적이 있는 1층 방에서 잤다. 마고는 지하의 부엌 겸 거실로 사용하는 곳에 있는 편안한 소파에서 잤는데, 그곳에서는 뒤뜰이 내다보였다. 그분들은 고양이 한 마리를 키웠고, 러시아 대사의 이름을 따서 '마이스키Maisky'라고 불렀다.

보통 저녁식사 후에는 서로 다른 배역을 맡아 셰익스피어의 희곡을 읽었다. 어머니는 밤에 자주 책을 읽어주었고, 나의 생일과 크리스마스 때 각별한 노력을 기울여 혼비 기차세트, 납 병정 인형들과 심지어는 골동품 권총도 찾아서 선물해주었다. 나는 나의 가족들이 편했지만 친구들의 가족과는 많이 다르다는 것을 분명히 알고 있었던 것 같다. 그로 인해 나는 속으로 수줍음을 많이 타고 사회적인 자신감이 떨어졌다. 어머니의 말씀에 따르면, 어떤 아이를 두려워한 내가 그 아이를 만날까 봐 친구의 생일잔치에 가지 않기 위해 절름발이인 척 연기를 해서 어머니가 나를 혼냈었다고 한다.

"엄마는 날 서른 살 먹은 어른으로 취급한단 말이야!"라고 나는 대꾸했다. 그때 나는 열 살이었다.

어머니는 일기에 이렇게 적었다. "아들에게 상당한 수준의 자기인식을 기대했다는 것에 대해 진심으로 미안하게 생각한다. 지금이라도 아들에게 겸허한 마음으로 사과하고 싶다. 불행하게도, 아들에게 사소한 일들이 있을 때마다 다양한 핑계를 대면서 종종 자신의 책임을 회피하곤 했던 애 아버지 찰스에 대한 나쁜 기억이 떠오른다."

그 시기에 대해 가장 생생하게 기억에 남아 있는 것은 독일의 야간공습이다. 공습이 있는 날에는 우리 모두 뒤뜰에 있는 방공호로 대피했다. 아주 가까운 곳에서 폭탄이 터지는 소리가 들려왔고, 요란한 방공포 소리가 들려왔으며, 조금 더 먼 곳에서는 하늘을 나는 폭격기의 비행 소리도 들려왔다. 나는 겁이 나면서도 그런 상황에 호기심을 느껴, 방공호 밖으로 나가 모든 것을 보고 싶었다. 그러나 어른들은 나와 생각이 달랐다. 방공호 옆에서 크게 '쿵!' 하는 소리가 났지만 폭발로 이어지지는 않았다. 공습해제 사이렌이 울린 어느 날, 우리는 밖으로 나가 불발 소이탄 하나를 찾아냈다.

학교생활이 끝나갈 때쯤, 어머니는 내가 중등학교에 들어갈 가능성이 거의 없다는 것을 알게 되었다. 나를 제대로 교육시키고 싶었던 어머니는 우리 지역의 공립학교인 유니버시티 칼리지 스쿨University College School에 지원서를 냈다. 그곳에는 입학시험이 필요 없는 초등부가 있었다. 그곳에 들어가기만 하면 중등학교는 자동으로 올라갈 수 있었다. 나는 교장선생님과의 면접을 통과하기만 하면 되었는데, 어머니는 그를 '심상치 않은 레이크Lake 박사'라고 불렀다. 큰 키의 그는 백발에 삐쩍 마른데다 짙은 눈을 가지고 있었다. 나는 나의 이름을 언급하며 덴마크 혈통이라고 말했다.

"그래, 크리스천은 덴마크 소년이구나. 덴마크 수도가 어디지?"

"예, 교장선생님. 베오그라드Belgrade입니다."

나는 그의 질문에 대한 답을 다 알지는 못했지만, 부동자세로 서서 그의 눈을 쳐다보았고, 어머니에게 고개를 돌려 애써 답을 확인하려 하지 않았다. 나는 입학허가를 받았다. 그리고 곧 그곳에 적응해 친구도 몇 명 사귀었지만, 누구와도 특별히 가깝게 지내지는 않았다. 나는 수업에 충실했다. 그러나 학업성적은 신통치 않았다. 특히 철자를 엉망으로 썼기 때문에 어머니가 걱정을 많이 했다.

그해 여름 전쟁이 끝나자, 포로수용소에서 풀려난 아버지는 우리의 생활 속으로 돌아왔다. 드디어 아버지와 만나게 된 나는 흥분을 감추지 못했다. 아버지는 나에게 SS 단검과 구리로 된 U-보트 평면 모델을 가져다주었다. 어머니는 단검의 끝을 무디게 만들어, 내가 나 자신이나 다른 사람들을 찌르지 않도록 해야 한다고 강력히 주장했다. 아버지는 어머니와 다시 합치려 노력했지만, 어머니가 관심을 보이지 않았다. 아버지는 두어 번 찾아온 후에는 더 이상 오지 않았다. 나를 보고 싶다고 말해놓고 정작 나타나지는 않은 것이다. 그로 인해 받은 상처는 아직까지도 생생하다. 아버지는 자신의 삶을 살아가기 위해 떠났고, 결국 메리Mary라는 여자를 만나 아들 하나와 딸 셋을 낳았다.

그로부터 1년이 지나, 어머니는 내가 여름 동안 데본Devon에 있는 썸머캠프에 갈 수 있도록 예약을 해주었다. 나는 열두 살이었고, 유니버시티 칼리지 스쿨이 남자학교였기 때문에 그 전 2년간은 여자아이들을 거의 만나지 못했다. 나는 그곳에서 만난 여자아이와 몰래 목욕을 하면서 느낀 스릴을 아직까지도 기억한다. 농장에서는 승마교육도 받았다. 그곳에는 흰 족제비가 몇 마리 있어 내가 보살펴주었다. 즐거운 방학이 끝나자, 나는 기차를 타고 패딩턴Paddington으로 돌아왔는데, 놀랍게도 외할머니와 다시 만나게 되었다. 나는 그전 2년 동안 외할머니를 보지 못했다. 외할머니는 어머니가 아파 입원해 있으며, 회복이 될 때까지 함께 지낼 것이라고 이야기해주었다.

나는 어머니가 책을 쓰기 위해 모아둔 노트들을 읽고 나서야 무슨 일이 일어났는지 자세히 알게 되었다. 어머니는 런던 대공습의 공포, 나를 키우며 빚은 외할머니와의 갈등, 일에 대한 스트레스로 인해 심한 압박감을 느끼고 있었다. 어머니는 창작 그룹의 팀장으로 승진했지만, 남성 동료들이 전쟁에서 돌아오자 새롭게 경쟁을 해야 했다. 많은 일 중 어머니가 가장 힘들어했던 것은 마고가 직장의 한 남성 동료와 사랑에 빠져, 결국 어머니와 사이가 멀어진 것이었다.

어머니는 일기에 이렇게 썼다. "직장에서는 내 마음을 치유할 수가 없다. 내 머릿속은 축축하고 검은 솜으로 가득 찬 것 같다. 종을 울려 의사를 부르면 그녀는 회진 중이고, 점심시간이 끝나 수술실에 들러도 그녀는 그곳에 없었다. 일찍 퇴근해서 보이는 내 모습 역시 대부분 강박적이고, 관례를 치르는 듯하다. 설거지를 할 때는 컵을 모두 돌려 손잡이가 반대 방향으로 가도록 해야 직성이 풀린다. 마고는 집에 오면 나에게 잠을 좀 자라고 한다. 마고가 어머니에게 전화를 하면, 어머니는 아버지를 보낸다. 아버지는 어둠 속에서 오랜 시간 환각에 빠져 악몽을 꾸는 내 옆에 밤새 앉아 있다. 아침이면 마고가 보이지 않는다. 나는 아버지에게 집에 가라고 조른다. 아파트에 혼자 남은 나는 자살을 결심한다. 나는 부엌 창문을 닫고 열쇠구멍을 막은 뒤, 가스밸브를 열고 내 머리를 오븐에 집어넣는다."

다행히도 사태의 심각성을 외할아버지가 외할머니에게 말하자마자 외할머니는 한걸음에 달려왔다. 외할머니는 가까스로 가스밸브를 잠갔고, 어머니는 병원으로 후송되어 정신병원에 수용되었다. 어머니는 18개월간 그곳에 머물렀다. 어린아이가 자신에게 일어나는 사건을 받아들이는 방식은 흥미롭다. 외할머니의 집은 에드워드 7세 시대풍의 저택 안에 있는 아파트 1층이었다. 그럴듯한 방을 차지한 나는 모아놓은 납 병정 인형들을 가지고 놀았다. 외할아버지와 외할머니는 각각 매우 작은 침실을 썼다. 어머니가 더 이상 일을 하지 않았기 때문에 외할머니는 아버지에게 연락해 나의 학비를 위한 경제적 지원을 요청했지만, 아버지는 가정을 새로 꾸려 그럴 여유가 없었다.

나는 비록 하급반이기는 했지만 중등학교로 올라갔고, 생활은 예전과 마찬가지로 유지되었다. 그때 어머니가 병원에서 퇴원했다. 어머니의 담당의사는 전두엽에서 특정 신경을 잘라내 극심한 우울증을 치료하는 외과수술인 전두엽 절제술을 어머니에게 시술했다. 수술은 성공적이었다. 어머니는 개인적인 욕구가 약간 사라지기는 했지만, 지능은 온전했다. 어머니는 오히려 더 친절하고 따뜻한 사람이 되었다.

외할머니의 아파트에는 어머니가 쓸 방이 없어, 어머니는 인근의 단칸방에 세를 들었다. 어머니는 '런던 프레스 익스체인지'에서 휴직한 상태였는데, 회사는 복직에 관심을 보이지 않았다. 그러나 어머니는 재빨리 다른 일을 찾았고, 자연스럽게 어머니로서의 역할을 다시 하고 싶어 했다. 그래서 나는 어머니의 단칸방으로 거처를 옮겼다. 어머니가 처음 맞닥뜨린 문제는 요리였다. 어머니 주변에는 요리를 대신해줄 사람이 항상 있었다. 처음에는 외할머니가, 나중에는 마고가 대신했다. 어머니는 나의 투정을 듣고 나서야 요리를 배우기 시작했다. 하지만 그것보다 중요했던 것은 어머니가 나에게 영국 고전들을 소개하면서 나의 독서 의욕을 크게 부추겼다는 것이다. 그렇게 해서 나는 브론테 자매Brontës, 제인 오스틴Jane Austen, 디킨스Dickens, 새커리Thackeray 등의 작품을 읽었고, 그 후에는 러시아 작가들인 톨스토이Tolstoy, 투르게네프Turgenev, 고골Gogol을 읽었으며, 프랑스 문학으로 에밀 졸라Emile Zola의 『제르미날Germinal』과 볼테르의 『칸디드Candide』를 읽었다. 나는 내가 어머니로부터 얼마나 많은 은혜를 입었는지, 그리고 나에 대한 어머니의 사랑이 얼마나 컸는지를 최근에서야 제대로 이해하게 되었다.

어머니와 외할머니의 관계는 훨씬 더 좋아졌다. 나는 두 분 모두의 사랑을 받을 수 있었다. 경제적으로 궁핍했지만, 몇 개월이 지나 우리는 사회복지사업을 통해 어머니가 겨우 부담할 수 있는 수준의 집세로 꽤 큰 아파트 3층을 얻을 수 있었다. 그곳에서 외할머니 집까지는 걸어서 몇 분도 안 걸렸고, 학교까지도 15분이면 되었다. 어머니는 엄청나게 빠른 속도의 회복력을 보였다. 어머니는 퇴원을 하자 마고가 있는 곳을 이리저리 수소문했는데, 그녀의 유부남 연인이 소련에 있는 가족에게 돌아가 버리자, 슬픔을 이기지 못한 마고가 끝내 자살했다는 사실을 알게 되었다.

나는 무척 내성적인 아이였다. 나보다 나이가 약간 더 많은 그 지역의 한 우유배달부는 교복을 입고 다니는 나를 보고 상류층 아이 정도로 여겼다. 그가 나를 위협하기 시작해, 나는 그를 피하기 위해 할 수 없이 멀리 돌아서 학교에 다녔다. 어머니는 나에게 맞서 싸우라고 하면서 권투 교습을 시켜주기도 했다. 하지만 나는 교습소에 다니기 싫다고 하면서,

불량배든 누구든 때리고 싶지는 않다고 말했다. 결국 나는 어쩔 수 없이 오래 걷는 것을 택했다. 나는 심지어 게임을 할 때조차도 내성적이었다. 나는 크리켓을 지루해했으며, 딱딱한 공에 맞는 것을 두려워했고, 럭비수업은 꾀를 부리며 피했다.

기록 때문에 나는 럭비시합이 끝날 때마다 카드에 서명을 해야 했다. 따라서 나는 시합에 참가하기 시작했고, 많은 아이들과 뒤섞이며 몸을 던져 상대방에게 태클을 가하기도 했다. 경기에 몰입할수록 덜 다친다는 사실을 깨달은 나는 갑자기 경기를 즐기기 시작했다. 나는 공에 대한 감각과 반사 신경이 떨어져 좋은 선수가 되지는 못했지만, 윙 포워드로 활약하면서 결국 3부 팀의 주장이 되었다. 그 자리는 실력은 좀 부족하지만 열정이 많은 사람에게는 안성맞춤이었다.

중등학교 2학년 때 나는 나와 비슷한 친구를 만났다. 데이비드라는 그 아이는 수줍은 성격에 게임은 전혀 못했으며 샌님을 캐리커처로 그려놓은 듯한 아이였지만, 나는 우리가 많은 면에서 비슷하다고 느꼈다. 나는 티타임에 그를 초대해 다소 조심스럽게 나의 병정 장난감을 가지고 놀고 싶은지 물어보았다. 그가 나의 말에 기뻐해, 우리는 좋은 친구가 되었다. 우리는 군의 역사에 매료되었고, 차링 크로스 거리Charing Cross Road에 있는 포일스Foyles 서점의 중고 판매대에서 조금씩 책을 사 모았다. 나는 박물관도 좋아했다. 내가 가장 좋아한 곳은 화이트홀Whitehall에 있는 종합군사박물관United Services Museum이었다. 그 박물관에는 워털루 전투의 중요한 과정을 거대한 모형으로 보여주는 전시물이 있었다.

시사문제에도 관심이 깊었던 나는 좌파 성향이 있었는데, 그 유래는 어머니와 마고가 모두 공산당의 열성 당원이었던 다운셔 힐의 시절로 거슬러 올라간다. 전쟁이 끝난 후에는 두 분 다 자신들의 신념에 회의감을 느꼈고, 어머니는 좌절을 겪은 후 공산당을 완전히 탈퇴해 원래의 가톨릭 신앙으로 돌아왔다. 나는 실제로 공산주의청년연맹Young Communist League에 가입했는데, 어머니는 현명치 못한 처사라고 나무랐다. 나는 단지 흥미진진하다는 이유로 시위에 나가기도 했다. 그러나 연맹의 회의와 회의를 주재하는 어른들은 따분하고 음울하기까지 했다. 수백만 명의 사람들이 시베리아의 강제노동수용소로 끌려가 살해되었다는 것을 점차 알게 된 나는 공산주의에 환멸을 느꼈다.

햄스테드 히스는 언제나 나의 어릴 적 놀이터였다. 아주 어렸을 때 처음 히스로 도망친 이래, 나는 여러 친구들과 어울리며 신비로운 그곳을 탐험했다. 켄우드 하우스Kenwood House의 숲과 결투장, 낙엽송이 있는 히스 북부를 주로 찾아다녔고, 골더스 힐Golders Hill과 그곳의 사슴 사냥터까지도 가 보았으며, 햄스테드 연못Hamstead Ponds에서는 수영도 했다. 아홉 살 때는 구름다리 아래에 있는 어두운 터널에서 처음이자 마지막으로 담배를 피워보기도 했다. 나는 아직까지도 그런 곳을 돌아다니는 것을 좋아한다.

나는 런던 부두까지 탐험을 이어갔는데, 당시만 해도 그곳은 여전히 세계 제일의 항구였다. 그곳의 일요일은 기묘할 정도로 고요했다. 화물선들이 부두에 나란히 정박해 있었고, 크레인은 움직이지 않았으며, 창고들은 굳게 잠겨 있었다. 나는 돈을 모아 드롭 바 핸들과 기어가 달린 자전거를 사서 멀리까지 타고 나가기 시작했다. 유스호스텔협회에 가입했고, 주말에는 도버Dover 인근까지 멀리 떨어져 있는 성들을 바라보았다. 나는 어느 정도 방랑자가 되었다. 그리고 데이비드라는 좋은 친구도 있고 학교도 잘 다녀, 무척 행복한 듯 보였다. 그러나 나의 삶에는 알 수 없는 무엇인가가 빠져 있었다.

제 2 장

열정을 발견하다

사람은 어떤 경험을 통해 인생의 항로를 바꾸는 것일까? 보통은 하나의 경험이 모든 것을 바꾸기도 하고, 시간이 지나면서 방향이 전환되기도 한다. 나의 경우는 후자였다. 1951년 여름 나는 할아버지를 방문했다. 그분은 1930년대 말에 은퇴한 후 아일랜드에 칩거하고 있었다. 독일 태생이라는 것이 마음에 걸린 할아버지는 다가오는 전쟁에서 아일랜드가 분명 중립을 지킬 것이라는 점도 고려했던 것 같다. 나는 유스턴Euston역에서 홀리헤드Holyhead역까지 증기기관차를 타고 간 다음, 그곳에서 페리를 이용해 던 레아리Dún Laoghaire까지 갔다. 시콤Seacombe에서 리버풀까지 페리를 타고 머지강을 건너는 것도 매우 흥미진진했지만, 아일랜드로 건너가는 일은 전혀 색다른 모험이었다. 바다를 건너 외국으로 가는 것이었기 때문이다. 할아버지의 집은 더블린 남쪽의 조용한 교외지역인 블랙록에 있었다. 그 집의 뒤뜰에서 위클로우산맥Wicklow Mountains 북쪽의 바위들이 보였다. 그곳은 웨일스의 낮은 산들처럼 극적인 모습은 아니었지만, 그중 풀로 뒤덮인 균형 잡힌 피라미드 모양의 가장 가까운 산은 특히 매혹적이었다.

어느덧 70대 후반이 된 할아버지는 열대지역에서 세월을 보내며 쪼글쪼글해져 키가 매우 작았다. 그러나 한창 때는 매우 강건하셨을 것 같았다. 어깨와 가슴은 여전히 넓었고, 강한 개성도 물씬 풍겼다. 할머니는 몇 년 전에 돌아가셨지만, 가정부인 페기Peggy가 우리에게 훌륭한 식사를 차려주었다. 할아버지는 기력이 넘치셨고, 지역사회에서 활발하게 활동하셨으며, 정원과 온실에서 부지런히 일하셨다. 그리고 무엇보다도 사람들이 잘 따랐다. 그러나 주변에는 젊은 사람들이 없었다. 나의 시선은 점점 더 산 쪽으로 향했다. 나는 집으로 돌아가기 며칠 전 모험에 나섰는데, 목적지에 가장 가깝게 가는 버스를 타고, 지도도 없이 길을 찾아 335미터 높이의 리틀 슈가 로프Little Sugar Loaf 능선마루까지 올라갔다. 비록 보잘 것 없는 성취였지만, 그것은 분명 내가 처음으로 산을 오른 경험이었다.

집으로 오는 길에 나는 웨일스 북부 해안을 돌아 콘웨이Conway를 지나면서, 에드워드 1세가 반항적인 웨일스인들을 저지하기 위해 지은 웅장한 성을 보았다. 그 순간 나는 산을 오르면서 처음으로 느꼈던 열정이 활활 타오르기 시작했다. 성 너머로는 카르네다우Carneddau산맥이 바다까지 뻗어 있었다. 나는 마차를 타고 창문 밖을 바라보면서 그 광경에 사로잡혔다. 깊고 황량한 계곡이 산과 어우러진 모습은 묘하게도 흥미를 북돋았다. 그곳에는 절벽 대신 공허와 미지의 느낌을 주는 둥근 언덕들만 있었다.

나는 윌러시에 있는 이모할머니 폴리의 집에 들렀다. 할머니의 여동생인 폴리는 독신이었고, 우체국에서 일하다 은퇴한 후 작고 예쁜 아파트 2층에 살고 있었다. 그분의 친구들은 다 나이가 많아, 그곳에서도 젊은이들은 만날 수가 없었다. 그분들이 한 친구의 집에서 대화를 나누는 동안, 나는 빈둥거리며 스코틀랜드의 산 사진이 가득 실린 책을 하나 집어 들었는데, 그 책을 보자 갑자기 내가 이전에는 경험하지 못한 상상력이 마구 솟구쳤다. 그 책에는 케언곰스Cairngorms 지역의 크고 둥근 산들을 찍은 사진들이 있었고, 스카이Skye섬의 쿨린Cuillin 지역에 있는 톱니 모양의 바위와 꼬불꼬불한 능선들을 찍은 사진들도 있었지만, 가장 인상적이었던 것은 아득한 언덕과 계곡들이 지평선에 희미하게 모습을 드러낸 가운데 글렌코Glen Coe 위로 우뚝 솟은 비디안 남 비안Bidean nam Bian의 정상에서 찍은 사진이었다. 나에게 그곳은 때 묻지 않은 야생이었지만 갈 수 없는 곳도 아니었다. 나는 혼자서 그 산들을 탐험하는 상상에 사로잡혔다. 만약 알프스나 히말라야의 봉우리들에 관한 책을 보았더라면, 가기 어렵다고 느꼈을 것이기 때문에 그런 인상은 받지 못했을 것이다. 나는 그 책을 빌려, 남은 방학기간 동안 책에 있는 사진들을 하나하나 살펴보았다. 나는 가상의 전투를 기획하는 일을 그만두고 대신 산속에서의 탐험 계획을 세웠다.

학교로 돌아온 나는 꿈을 실현시키는 작업에 착수해 크리스마스 휴일 동안 산을 하나 오르기로 결심했다. 이전에는 전혀 알지 못했던 강렬한 목적의식이 생긴 것이다. 첫 번째 과제는 파트너를 찾는 일이었다. 나는 같은 반 친구 안톤Anton에게 탐험대에 들어오라고 설득했다. 스코틀랜드보다는 웨일스가 접근이 더 쉬워 보였고, 깊고 황량한 계곡에 대한 기억이 나를 사로잡았다. 웨일스에서 가장 높은 스노든Snowdon(1,085m)이라면 최고의 목표일 것 같았다. 우리는 제대로 된 장비가 필요했다. 나는 군용 잉여물품 판매점으로 달려가 과거 육군성에서 쓴 징이 박힌 부츠 한 켤레를 샀다. 안톤은 일단 학교 신발을 신기로 했다. 우리 둘 다 학교 우의는 가지고 있었다. 어머니와 안톤의 부모님은 놀랍게도 우리의 계획을 전혀 문제 삼지 않았는데, 그때는 사람들이 그런 종류의 활동에 대해 거의 알지 못했을 뿐더러 언론에도 전혀 나오지 않았기 때문이었을 것이다. 우리는 새해 첫날 출발해 고속도로와 간선도로가 놓이기 이전이었던 당시에 히치하이킹으로 A5 도로를 따라 올라갔다. 그날 밤에는 웨일스의 경계선 바로 너머에 있는 랭골렌Llangollen에 도착했고 유스호스텔에 묵었다. 우리가 처음 산으로 향한 그해 겨울은 몹시 추워, 다음 날 아침에는 도로에 차가 다니지 않았다. 스노도니아Snowdonia의 중심에 있는 카펠 큐릭 Capel Curig까지 가는 데 하루 종일이 걸렸지만, 그런 것은 아무래도 좋았다. 모든 것이 새롭고 스릴이 넘쳤다. 시골지역이 점점 더 음산해지고 눈으로 하얗게 뒤덮인 낮은 산들이 점점 높아지고 있었지만, 차를 얻어 타는 사이사이에 걷는 것조차 신이 났다.

그날 밤 안톤과 나는 유스호스텔에 묵으며 계획을 세웠다. 우리는 등반 활동에 어떤 것들이 필요한지 전혀 알지 못했다. 휴게실에 있는 자신감 넘치는 도보 여행자들과 클라이머들을 모두 둘러본 나는 우리가 아주 풋내기라는 생각이 들었다. 아무것도 모른다는 사실을 깨달은 우리는 한껏 움츠러들었다. 우리는 전혀 클라이머처럼 보이지 않았다. 나는 징이 제대로 박힌 등반용 부츠, 진짜 등반용 반바지, 뜨개질이 잘 된 스웨터가 있으면 얼마나 좋을까, 하고 생각했다.

아침에 우리는 카펠 큐릭에서 걸어 나와 스노든으로 향했다. 그리고 지금은 국립산악센터 플라시브레닌Plas y Brennin으로 바뀐 로열호텔을 지나 드디어 처음으로 산을 보게 되었다. 얼어붙은 리나우 밈비르Llynau Mymbyr 너머 11킬로미터 떨어진 곳에 스노든 호스슈Snowdon Horseshoe의 세 봉우리들이 외진 곳에 솟아 있었다. 그 봉우리들은 에베레스트 단층지괴 같은 웅장함을 온전히 갖추고 있었다. 다만 차이가 있다면, 이곳에는 우리가 성취할 수 있는 도전이 있다는 것이었다. 우리는 스노든의 입구인 페니패스Pen y Pass까지 차를 얻어 타고 올라갔다. 우리의 지도에는 피그 트랙Pyg Track이라는 등산로가 표시되어 있었는데, 그 길은 정상까지 이어져 있었다. 문제는 등산로가 눈에 덮여 잘 보이지 않는다는 것이었는데, 설상가상으로 구름이 몰려와 더 많은 눈이 내리기 시작했다. 이쯤에서 포기하려는데 3명의 클라이머들이 피켈을 들고 우리 곁을 지나갔다. 그들

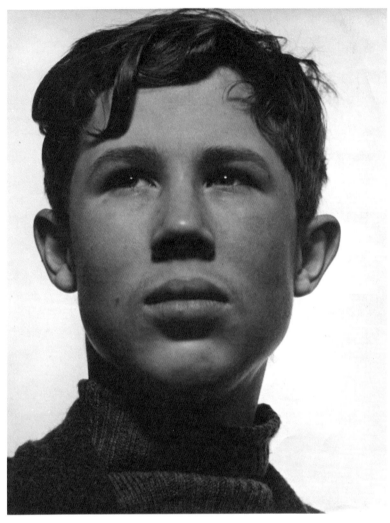

열여섯 살의 나. 그때 나는 암벽등반의 세계를 처음 알았다. (크리스 보닝턴 사진자료집)

이 방향을 잘 알고 있는 것 같아 우리는 그들 뒤를 따라갔다.

눈보라가 사방에서 몰아쳐 위치를 알 수 없었고, 눈이 허리까지 차올라 눈 속에서 허우적거렸다. 나는 발의 감각을 느낄 수 없었다. 안톤은 학교 신발을 신고 있었기 때문에 상황이 훨씬 더 안 좋았다. 우리는 계속 미끄러졌다. 우리 앞에 있던 사람들의 희미한 모습이 휘몰아치는 눈보라 속으로 금세 사라졌다. 위쪽으로는 음침한 절벽이 솟아 있었고, 아래쪽으로는 가파르게 깎아지른 흰 비탈길이 구름과 하나가 되어 있었다. 그리고 글래스 린Glas Llyn의 칙칙하고 검은 표면이 이따금씩 시야에 들어왔다. 그때 갑자기 우리 주변의 모든 것이 움직인다는 느낌이 들었다. 눈사태에 휩쓸린 우리는 넓은 사면을 따라 급경사의 비탈을 정신없이 쓸려 내려갔다. 우리는 상황이 얼마나 위험한지, 또는 절벽 너머로 떨어지면 어떤 결과가 기다리고 있는지 전혀 알지 못했다. 우리는 웃고 떠들며 굴러 떨어졌고, 결국 얼어붙은 호수 바로 위에서 멈추었다. 전문가처럼 보였던 그 클라이머들도 눈사태에 휩쓸려 내려와, 우리는 모두 인근의 도로까지 힘겹게 걸어갔다.

그날 밤 유스호스텔에 도착했을 때 나는 흠뻑 젖은 데다 녹초가 되어 있었지만 행복하다는 느낌이 들었다. 나는 위험 속에서 마약 같은 쾌락을 맛보았다. 그러나 안톤은 나와는 다른 반응을 보였다. 그는 다음 날 차를 얻어 타고 집으로 돌아가 다시는 산을 오르지 않았다. 나는 계속 남아서 글라이더 포르Glyder Fawr를 올랐다. 그러나 구름이 몰려와 지도를 보거나 나침반을 사용하는 데 자신감이 없었던 나는 발길을 돌렸다. 유스호스텔은 사람들로 만원이었다. 우연히도 나는 2명의 정식 클라이머들이 묵고 있는 숙박시설 — 아침식사까지 제공되는 — 에서 작은 침대 하나를 얻을 수 있었다. 사람들이 북적대는 유스호스텔에서 나는 수줍음을 많이 타 대화에 끼어들 수 없었으나, 그곳에서는 이야기를 듣고 질문도 할 수 있었다. 나는 암벽등반이 스포츠로 존재하고 있다는 사실조차 몰랐지만, 그들과 이야기를 나누면서 그것이야말로 내가 가야 할 길이라는 것을 본능적으로 느꼈다.

그렇지만 런던이라는 곳에서 어떻게 꿈을 이룰 수 있다는 말인가? 학교에는 등반을 하는 사람이 하나도 없었고 아웃도어 활동은 전혀 고려대상이 아니었으며, 등산학교도 소중한 가이드도 없었다. 그러나 행운이 다시 찾아왔다. 시아 이모의 집에서 하숙을 하는 사람이 프로 사진가였는데, 클리프Cliff라는 예감 좋은 이름을 가진 그의 조수가 마침 클라이머였다. 친절하게도 그는 턴브리지 웰스 근처의 해리슨스 록스Harrison's Rocks라는 사암으로 나를 데려가겠노라고 약속했다. 실제의 등반은 내가 상상했던 것과는 전혀 달랐다. 숲을 가로질러 절벽에 접근해 그 꼭대기에 올라가면 10~15미터 높이의 사암 절벽을 내려다볼 수 있었는데, 그곳은 완전한 수직이었다. 바위가 워낙 부실하고 잘 부서져서 클라이머들은 그 바위를 선등으로 오르지 않았다. 그들은 대개 꼭대기에 있는 나무에 로프를 걸고 아래에서 확보를 봐주는 톱로핑 방식으로 등반했다. 그런 방식은 매우 안전했다. 따라서 클라이머들은 해리슨스 록스의 어려운 곳들을 부상의 두려움 없이 도전했다.

대부분은 내가 오를 수 없는 루트들이었다. 나의 시도는 거의 곧바로 실패해 나는 로프에 매달린 채 아래로 내려지기 일쑤였다. 그날이 끝날 때쯤 내 손가락들은 축 늘어진 긴 고무조각같이 변했고 내 몸무게를 지탱하기는커녕 잼이 든 병도 열 수 없을 정도였다. 팔다리가 모두 욱신거렸다. 그러나 나에게는 굉장한 날이었다. 바위와 하나가 된 듯한 나는 무의식적으로 균형을 잡았다. 그 절벽은 그다지 높지 않아 고도감이 상당하지는 않았지만, 그렇다 해도 나는 전혀 두렵지 않았다. 오히려 아찔하다는 느낌이 나에게는 자극이 되었다. 마침내 내가 좋아하는 것을 찾은 것이다. 나의 몸과 기질이 등반과 잘 어울린다는 생각이 들자, 나는 무척 행복했다.

해리슨스 록스에서 보낸 그날 이전까지 나는 육체적으로 완전한 해방감을 느껴본 적이 없었다. 럭비를 즐기기는 했지만, 럭비공에 대한 본능적인 두려움이라든가 느린 반사 신경 같은 한계가 있었다. 체조를 할

턴브리지 웰스 근처에 있는 해리슨스 록스에서의 첫 등반 (헨리 로저스Henry Rogers)

때도 나의 한계는 명확했다. 빠르고 정확하게 팔다리를 제어할 만큼 반응 속도가 좋지 못했고, 그래서인지 도약을 하거나 공중돌기를 할 때 언제나 갑작스러운 공포를 느꼈다. 그로 인해 나는 멈칫하게 되면서 종종 착지를 잘못하거나 팔다리가 제멋대로 꼬인 채 훈련을 끝내는 경우가 많았다. 그러나 등반은 처음인데도 불구하고 나는 그런 한계를 전혀 느끼지 못했다. 대신 그전에 경험해보지 못한 자신감과 격렬한 쾌감을 느꼈다. 드디어 내 삶을 이끌 열정을 발견하게 된 것이다.

런던으로 돌아가면서 나는 클리프에게 물었다. "이번 부활절에 웨일스로 등반하러 가지 않을래요?"

"그랬으면 좋겠는데 밀린 일이 너무 많아. 톰 블랙번Tom Blackburn에게 얘기해보지. 난 거의 언제나 톰과 등반했는데, 아마 그 친구라면 가능할 거야."

클리프는 그 주에 나를 데리고 톰 블랙번에게 갔다. 나는 마치 중요한 일자리의 지원자가 된 듯한 기분이었는데 좋은 인상을 남겨 등반에 초청받고 싶다는 마음이 간절했다. 톰은 교사였기 때문에 부활절 휴가가 꽤 길었지만 결혼해서 아이가 셋이나 있었다. 하지만 그는 부활절이 끝나면 며칠간 나와 함께 웨일스에서 보내면서 적어도 등반의 기초지식은 알려주기로 약속했다. 나는 너무나 기뻤다. 전혀 알지도 못하는 사람이 등반에는 완전히 초보자에 불과한 학생을 — 특히 나 같은 학생들을 학교에서 가르친 후에 — 기꺼이 떠맡아 주겠다는 약속이 믿어지지 않았다.

나는 그 학기의 남은 기간 동안 학교공부는 거의 하지 않고 산에 대한 꿈에 사로잡혀 시간을 보냈다. 나는 돈을 조금 모아 런던에 있는 등산장비점 블랙스Blacks에 갔다. 그곳에서 내 발보다 약간 크고 징이 단단히 박혀 있는 멋진 등반용 부츠를 샀다. 클리프는 나에게 마닐라 삼으로 된 낡은 로프를 주었는데, 하도 닳아서 빅토리아시대의 개척자들이 사용했던 것처럼 보였다. 내가 마지막으로 갖춘 장비는 외할머니가 마치 아노락 anorak[10]처럼 보이도록 잘라 준 학교 우의였다.

마침내, 진정한 첫 등반을 떠날 시간이 다가왔다. 나는 차를 얻어 타고 란베리스Llanberis 고개에 있는 '클라이머스 클럽Climbers' Club'의 산장 이니스 에투스Ynys Ettws까지 올라갔다. 그곳에서 톰 블랙번을 만나기로 한 것이다. 산장으로 걸어 올라가면서 나는 마치 신입생처럼 마음이 들떴다. 그곳에 얼마나 많은 사람들이 있을지, 그리고 어떤 사람들이 있을지 무척 궁금했다. 나는 내가 경험이 없다는 사실을 잘 알고 있었기 때문에 블랙번이 나보다 먼저 그곳에 와 있기를 간절히 바랐다. 그러나 그의 모습은 보이지 않았다. 대신 "아이들이 유행성 이하선염에 걸려 목요일에 도착할 것 같다."라는 전보가 나를 기다리고 있었다.

산장에는 20대 중반의 청년 한 사람만 있었다. 주방 겸 홀로 쓰는 넓은 곳에서 그는 활활 타오르는 장작불 앞에 앉아 있었다. 그는 마치 그 산장의 터줏대감처럼 그곳을 점유하고 있다는 인상을 은근히 풍기고 있었기 때문에 진짜 클라이머가 확실해 보였다. 말하는 것을 들어보니 그는 그 지역에 대해서도 잘 알고 있는 것 같았다. 나의 추측은 정확했다. 그는 대단한 클라이머 토니 물람Tony Moulam이었다. 한 번도 등반을 해본 적이 없는 10대 소년과 함께하게 된 것에 기분이 좋을 리가 없었을 텐데도 그는 나를 인내심 있게 대해주었고, 특히 무지가 드러나는 나의 질문에도 대답을 잘 해주었다.

나는 그다음 며칠간 낮은 산들을 돌아다니며 시간을 보냈다. 날씨는 계속 좋지 않았다. 암장으로 데려가 달라는 나의 노골적인 암시에도 불구하고, 물람은 어린 풋내기와 등반을 하러 가기보다는 장작불 앞에 앉아 있는 것을 더 좋아했다. 그러나 톰 블랙번이 마침내 도착해 나는 그럴듯한 암장에 갈 수 있었다. 날씨가 좋아지자 토니도 우리와 합류했다. 그는 지난 몇 년간 등반을 하지 않아 선등으로 선뜻 나서지 못한 톰을 대신해 두어 개 루트에서 우리를 이끌어주었다. 그 후 톰은 유행성 이하선염에 걸린 아이들에게 돌아가야 했다. 내가 다른 루트에 데려가 달라고 토니를 조르자, 그는 산장 근처에 있는 끔찍한 루트 '크레비스Crevice'를 선택했다. 그 루트는 나에게 너무 어려워 나는 처음으로 끌려올라가다시피 했다. 꼭 대기에 도착한 나는 숨도 제대로 쉬지 못할 정도로 헉헉거렸다. 당시 나는 자신감이 넘쳐흘렀기 때문에 아직 부족하다는 것을 절실히 깨달은 그 등반은 나에게 많은 도움이 되었다.

그날 밤, 나는 장작불 앞에서 내 안의 용기를 모두 끄집어내 토니에게 내가 클라이머스 클럽에 가입할 수 있는지 물어보았다. 19세기까지 거슬러 올라가는 길고 차별화된 역사를 가지고 있는 그 클럽은 영국 내의 기라성 같은 클라이머들이 모인 곳이었다. 나는 따뜻하고 편안한 그 산장에 머무는 것도 좋았지만 그보다도 정식 클라이머가 되어 소속감을 가지고 싶었다. 토니는 나의 말에 상당히 당황한 듯 보였다. 그는 나의 나이를 거론하면서 내가 너무 어리기도 하고 초보자라서 클럽에 가입할 수 없다고 말했다.

"크리스! 너처럼 대단한 열정을 갖고 등반을 시작한 애들은 많아. 그런데 처음 이삼 년 동안은 열심이지만 그 후에는 등반을 집어치우고 다른 데로 관심을 돌리지. 지금 네가 어떤 생각을 갖고 있든 너도 그렇게 될 수 있어. 네가 5년 뒤에도 등반을 계속하고 있다면, 그때는 클라이머스 클럽에 들어오는 것을 고려해보지." 나는 조용히 앉아서 비참한 심정으로 그의 말을 들었다. 영구 추방을 선고받는 느낌이었다고나 할까. 이니스 에투스에서 만나고 몇 년이 지난 후 토니는 내가 몇 개월 안에 자살을 하거나, 아니면 계속해서 대단한 일을 해나갈 것이라고 생각했었다고 말했다.

다음 날 아침, 나는 긴 여정의 다음 단계에 착수했다. 여러 산줄기를 지나 오그웬 계곡Ogwen Valley에 있는 이드왈 코티지Idwal Cottage 유스호스텔에 묵으면서 함께 등반할 사람을 찾기로 한 것이다. 구름 한 점 없이 맑고 아름다운 날이었다. 그렇게 움직이자 전날 밤에 느꼈던 실망감이 슬며시 사라졌다. 나는 글라이더 포르Glyder Fawr의 남쪽 비탈을 오른 다음 클로권이그로찬Clogwyn y Grochan과 카렉 와스테드Carreg Wasted를 지나 가파른 풀밭과 여기저기 튀어나온 바위들을 타고 꼭대기까지 올라갔다. 그러고 나서 글라이더 포르와 이 가른Y Garn 사이의 낮은 고개까지 내려간 후 그곳에서부터 바위가 많고 가파른 길을 따라 데블스 키친Devil's Kitchen 옆으로 내려갔는데, 현기증이 날 정도로 움푹 파인 계곡과 폭포들 그리고 이끼가 덮인 수직의 바위가 그늘 속에 깊이 자리 잡고 있었다. 그 야생의 자연은 위협적이었지만 한편으로는 매혹적이기도 했다. 그 후 계속 내려가 린 이드왈Llyn Idwal의 호숫가에 도착했는데, 나는 그곳에서 멈추어 이드왈 슬랩Idwal Slab을 자세히 관찰했다. 비교적 완만한 경사로 바위가 펼쳐진 그곳은 부츠의 징에 긁힌 자국들이 바위 여기저기에 나 있는 것으로 보아 암장인 것이 틀림없었다. 나 혼자서 그중 한 곳을 오를 수 있을까? 약간 패인 곳이 있는 루트는 긁힌 자국도 많고, 다른 곳에 비해 손으로 잡을 수 있는 곳도 더 많아 보였다. 나는 앉아서 오랫동안 그 루트를 뚫어지게 바라보았다. 그리고 용기를 내어 징이 박힌 나의 등반용 부츠를 신고 그곳에 도전했다.

멋진 경험이었다. 그곳은 손으로 잡고 발로 디딜 곳이 많았다. 나는 아래쪽으로 펼쳐진 급경사는 일부러 쳐다보지 않고 기어올라 결국 슬랩 꼭대기를 가로지르는 바위 턱에 도착했다. 나는 잠시 의기양양했지만 내려갈 일이 막막했다. 사방이 가파른 데다, 위로도 아래로도 길이 잘 보이지 않았다. 할 수 없이 올라온 곳으로 내려가기로 했다. 내려갈 때는 모든 것이 어색했고, 아래쪽의 급경사도 신경이 더 쓰였지만, 달리 선택의 여지가 없어 그냥 계속 내려갈 수밖에 없었다. 출발지점에 도착하자 두려운 마음이 사라지면서 뿌듯한 안도감이 찾아왔다.

그곳에는 클라이머 셋 — 선생님 한 분과 학생 둘 — 이 있었는데, 학생들은 그날 예정된 등반을 모두 끝낸 상태였다. 그 선생님은 나에게 루트를 하나 오르지 않겠느냐고 물어보았다. 그래서 나는 초보자인 데다 선등을 해본 적이 없다고 실토했다.

"그래? 이드왈 슬랩을 혼자서 오르내릴 실력 정도라면 잘할 수 있을 거야. 좋은 루트가 있지. 이곳에서 가장 멋진 곳인데 쉬운 편이야. '희망'과 '신념' 그리고 '자비'라는 세 루트를 연결해서 등반해보면 어떨까?"

그 선생님의 이름은 찰스 베렌더Charles Verender였다. 그는 첫 피치를 선등한 후 나를 끌어올려주었고, 두 번째 피치는 어렵지 않을 것이라고 말하며 나에게 선등을 권유했다. 그래서 그 피치는 나의 첫 선등이 되었다. 로프의 맨 앞에서 루트를 찾아 올라가고 추락하면 거리가 상당할 것이라는 묘한 두려움, 아니 도취감을 발견하며 나는 그 등반을 완벽하게 해냈다. 그 당시는 로프를 허리에 묶고 확보용으로 슬링 두어 개를 목에 감고 오르던 시절이었다. 꼭대기에 오르자 찰스가 쉽지만 복잡한 길을 안내해 우리는 절벽에서 무사히 내려왔다. 더욱 좋았던 것은 그가 남은 휴가 기간 동안 자신들과 함께 등반하자고 제안한 것이었다. 그 역시 토니와 톰처럼 '클라이머스 클럽' 회원이었는데, 그들은 그 클럽의 오그웬Ogwen 산장인 헬리그Helyg에 머물고 있었다.

찰스는 나의 중요한 멘토였다. 그는 나에게 선등을 하도록 격려해주었을 뿐만 아니라 나를 믿고 자신의 학생 하나를 보살피도록 했다. 그래서 나는 초보자 하나를 보살피고 심지어는 가르치는 막중한 책임감을 느끼면서 남은 휴가를 보냈다. 아마 그런 일은 오늘날에는 있을 수 없을 것이다. 나나 그 학생이나 여러 가지 자격증이 필요할 것이고, 어쨌든 열여섯 살이었던 나는 너무 어려서 자격증들을 따지도 못했을 것이다. 휴가가 끝나갈 무렵 나는 유능한 선등자가 되어 있었고 '클라이머스 클럽'의 다른 회원들과 선등을 나누어 맡기도 했다. 그리하여 나는 본격적으로 등반에 입문하게 되었다.

런던에 돌아온 나는 기회가 날 때마다 등반을 했다. 주말에는 주로 해리슨스 록스에 갔고 다른 사람들과도 사귀었다. 그 시기에는 내가 가까스로 살아남은 위험을 많이 겪기도 했지만, 여러 가지 측면에서 최고의 시기였다. 또한 모든 것이 색다르고 묘해서 계속 무엇인가를 발견해 나가는 과정이기도 했다. 나는 차츰 등반의 난이도를 올리기 시작했는데, 'VD(매우 어려운)' 등급에서의 첫 선등, 처음으로 경험한 'S(격렬한)' 등급의 등반, 스코틀랜드로의 첫 여행, 트리판Tryfan에서의 첫 얼음 걸리gully 등반 등 모든 단계 하나하나가 엄청난 모험이었다. 그때는 세상에 다시 태어난 듯한 기분에 10대만이 느낄 수 있는 신선함이 있었다.

란베리스 고개에 처음 간 지 1년 후, 나는 아직 학교에 다니던 또래 친구 데이브 풀린Dave Pullin과 그곳을 다시 찾았다. 우리는 디나스 못Dinas Mot 아래에 있는 큰 바위 밑에서 잠을 잤고 젊음의 열정을 한껏 불사르며 매일 3개 이상의 루트를 등반했다. 어두워지기도 전에 바위에서 내려오면 나는 아쉬움을 금치 못했다. 술집에서 저녁시간을 보내는 것은 꿈도 꾸지 못했다. 무엇보다도 우리는 그렇게 할 수 있는 돈이 없었다. 우리는 란베리스 고개에 있는 'VS(매우 격렬한)' 등급의 루트들을 차츰 시도하기 시작했다. 그리고 '클로기Cloggy'라고도 불리는 '클로귄 두르 아르두Clogwyn d'ur Arddu'의 음침한 바위에 가보기도 했다. 우리에게는 그곳이 아이거Eiger 북벽만큼이나 무서웠다.

이제 등반이 나의 삶을 완전히 지배했다. 암장에 있을 때뿐만 아니라 집으로 돌아와서도 마찬가지였다. 집에서는 등반에 관한 것이면 무엇이

든 닥치는 대로 읽었다. 그와 동시에 나는 진로를 고민할 때가 되었다는 사실을 깨달았다. 학교에서는 마지막 학기가 시작되었는데, 학기말에는 A-레벨 시험을 치러야 했다. 대학진학은 너무나 당연시되어, 나는 유니버시티 칼리지 런던University College London에서 내가 제일 좋아하는 과목인 역사를 전공하면 어떻겠느냐는 제안을 받았다. 나는 이제 시험만 통과하면 되었고, 역사 외의 다른 과목으로는 영어와 라틴어가 있었다.

대학을 졸업한 후에 무엇을 해야 할지 알지 못했지만, 나는 전통적인 직업을 찾아야 한다는 생각을 당연한 듯 가지고 있었다. 공산주의를 버린 지 오래된 나는 식민지부에서 일하는 것을 고려해보았다. 나는 존 버칸 John Buchan, H. 라이더 해거드H. Ryder Haggard, 에드거 월리스Edgar Wallace 의 책을 열정적으로 읽으며, 아프리카 한가운데서 지역 관리가 되는 꿈을 꾸었다. 어머니는 수년 안에 식민지가 남아 있기나 하겠느냐면서 현명한 의구심을 나타냈다. 나는 역사 공부를 좋아해서 대학 준비과정 초기에는 역사과목에서 상도 받았지만, 교사로서의 학구적인 경력을 추구한다거나 고등교육을 받는 것은 나의 일이 아니라고 여겼다. 나는 직업에 대한 본격적인 고민보다는 대학산악부에 가입해 등반에 몰입할 3년의 시간을 확보하는 데 정신이 팔려 있었다.

나는 정말로 대학에 가고 싶어 A-레벨 시험공부를 열심히 했다. 같은 반 친구들은 모두 옥스퍼드나 케임브리지를 목표로 하고 있었지만, 나에게 그런 대학들은 어머니의 경제에 너무 부담을 주는 곳이었다. 어머니는 현실적이어서 내가 장학금을 받을 가능성은 거의 없다는 것을 잘 알고 있었다. 나는 약에 의존해야 할 정도로 심각한 시험 불안증에 시달렸지만 그런 위기를 잘 극복했다. 나는 긴 주말 동안 오그웬 계곡Ogwen Valley까지 차를 얻어 타고 가 그곳에서 시간을 보낼 수 있도록 어머니에게 병결 증명서를 써달라고 부탁했다. 원래대로라면 학교로 복귀해야 하는 월요일에 나는 스코틀랜드의 젊은 클라이머 믹 눈Mick Noon과 함께 등반에 나섰다. 그는 크리그두산악회Creagh Dhu Mountaineering Club의 회원이었는데, 그 산악회에는 글래스고Glasgow 조선소에서 일하는 사람들이 많아 거칠기로 유명했다.

우리는 트리판의 서쪽을 절반 정도 올라가면 나타나는 테라스 월 Terrace Wall로 향했다. 그곳은 높이가 60미터 정도 되는 밋밋한 암장으로, 그 당시 가장 어려운 루트 몇 개가 있었다. 우리는 '자국Scars'이라는 루트를 선택했다. 그곳은 그때의 'VS(매우 격렬한)' 등급으로, 나는 충분히 오를 수 있다고 자신했지만, 확실히 어려운 루트였다. 손가락으로 잡고 발로 디딜 수 있는 곳들이 작았고 조금이나마 바위가 튀어나온 곳들도 얼마 없었지만, 나는 그런 곳들에 확보물을 설치했다. 나는 계속 올라가다가, 경사진 바위의 모서리에서 손가락으로 버티며 몸을 뒤로 젖히고 발을 약간 움푹 팬 곳에 댔다. 그때 한쪽 발이 빠지면서 다른 발도 미끄러졌다. 나는 뒤로 획 하고 날아가 선등자로서 처음 추락을 맛보았다. 12미터 정도 추락했는데, 중간에 설치한 확보물들이 모두 빠졌다. 나는 떨어지면서 머리를 세게 부딪쳤고, 팔다리를 바위에 긁혔다. 그러고 나서 암장 아래의 풀이 난 비탈로 떨어져 굴러 내렸다. 피투성이가 된 나는 어지러움을 느끼며 일어나 앉았지만, 부러진 곳은 없는 것 같았다.

다행히 주변에 사람들이 많이 있어서, 산악구조대를 부를 필요도 없이 그들이 나를 도로까지 데려다주었다. 나는 누군가의 차를 얻어 타고 베데스다Bethesda까지 간 다음, 그곳에서 치료를 받았다. 다음 날 나는 머리에 붕대를 감고 팔에도 팔걸이 붕대를 한 채 차를 얻어 타고 런던으로 돌아왔는데, 불쌍한 내 몰골로 인해 차는 쉽게 얻어 탈 수 있었다. 집에서 이틀 정도 쉰 다음, 나는 지독한 감기를 회복하고자 자전거를 타다 넘어졌다는 내용의 메모를 가지고 학교로 돌아갔다. 어머니가 나를 키우는 방식은 환상적이었다. 어머니는 나를 소유하려 하거나 과잉으로 보호하려 하지 않고 절대 넘지 말아야 할 선만 제시했다. 그 추락 전까지 나는 추락을 상상해본 적이 없었다. 그 추락으로 주눅이 든 것은 아니지만 나도 추락할 수 있다는 사실을 깨달았다. 나는 더욱 주의를 기울이며 확보물을 설치했고, 등반을 밀어붙일 때 나타날 수도 있는 결과를 조심스럽게 판단했으며, 때로는 후퇴도 고려했다.

몇 주 후, 완전히 회복한 나는 스코틀랜드 여정에 나섰다. 이번에는 파트너가 있었다. 대학교 1학년생인 토니 테일러Tony Taylor는 해리슨스 록스에서 만난 산친구였다. 우리는 차를 얻어 타고 스코틀랜드의 하일랜드까지 곧바로 갔는데, 그곳은 위압적인 글렌코나 바위투성이의 쿨린 지역보다도 훨씬 더 강력한 주문呪文으로 우리를 유혹했다. 확 트인 그곳은 산과 바다와 하늘이 완벽하게 조화를 이루어 나를 매료시켰다. 우리는 등반을 많이 했지만, 그중 하루는 결코 잊을 수 없었다.

우리는 아신트Assynt 호수로 튀어나온 작은 반도에 있는 부서진 아드브렉 성Advreck Castle의 둥근 천장 밑에서 야영했다. 다음 날 우리는 호숫가 마을인 로킨버Lochinver까지 차를 얻어 타고 가서, 늪지대를 오랫동안 걸어 수일벤Suilven까지 갔다. 수일벤이라는 산은 긴 고래 등같이 생겼지만, 서쪽에서부터 정면으로 접근하면서 보면 마치 고래의 머리처럼 보이는 곳이었다. 넓은 사암 기둥이 루이스Lewis 편마암 기반 위에 서 있는 형국인데, 그 편마암은 스코틀랜드의 하일랜드에서 강도가 가장 세면서도 오래된 암석 중 하나로 천 년 이상 그 산이 침식되는 것을 막아왔다. 우리는 마주보는 버트레스buttress를 따라 오르고 싶었다.

야영장비와 여름 내내 입을 옷이 들어 있는 무거운 배낭을 어깨에 짊어진 채 우리는 버트레스까지 걸어 올라가 등반을 시작했다. 우리가 가진 루트 개념도가 지나치게 개략적이어서, 나는 그때 우리가 우연히 신루트를 개척한 것은 아닌지 하는 생각이 든다. 낡아빠진 중고 마닐라 삼 로프와 징이 박힌 등반용 부츠는 이미 그 전해 여름에 나일론으로 된 굵은 로프와 비브람Vibram 창의 등반화로 바뀌어 있었다. 대부분의 사암과 마찬가지로 지층은 수평이었고, 각 지층 사이에는 보호받을 수도 없이 수직으로 튀어나온 부드러운 계단이 있었다. 그때는 그 지역에 구조대가 없어 사고가 나면 속수무책이었다. 바위에서 루트를 찾아 올라가는 것은 어렵기도 하고 집중력이 필요하기도 했지만 상당히 만족스럽기도 했다. 우리는 자신의 운명을 스스로 좌우하는 지휘관이었다.

오후 늦게 우리는 꼭대기에 도착했다. 고래 등을 따라 걷던 우리는 주변을 둘러보았고 출렁이는 늪지와 연못도 내려다보았다. 그곳은 연한 회색 편마암 암초들이 사방으로 튀어나와 있어 독특한 풍광을 자아냈다. 북쪽과 남쪽에 사암으로 된 깎아지른 듯한 섬들이 있었는데, 북쪽으로는 퀴나그Quinag가, 남쪽으로는 사이오나스케이그Sionascaig 호수에 넓게 박혀 있는 섬들 너머로 바위투성이인 스택 폴레드Stac Pollaidh가 있었다. 우리는 고래의 반대편으로 돌아가 배낭을 챙긴 뒤, 호숫가를 쭉 돌아서 스택 폴레드의 기슭까지 건너가기로 계획을 세웠다. 칠흑 같은 어둠 속에서 길을 나섰는데 길도 인적도 없었다. 스택 폴레드의 동쪽까지 난 밀렵꾼의 길을 따라간 우리는 20시간 동안 산을 오르고 능선을 가로지르며 거친 지형을 뚫고 수십 킬로미터를 걷고서 완전히 녹초가 된 채 새벽이 되어 폐허나 다름없는 간이숙소를 우연히 발견했다. 지난날의 수많은 등반 중, 그날은 내 생애에서 가장 황홀한 날이었다.

토니는 런던으로 돌아가야 했기 때문에 나는 차를 얻어 타고 스카이섬까지 내려갔다. 나는 남은 휴가 기간 동안 그곳에 있는 글렌브리틀Glenbrittle 유스호스텔에 묵을 계획이었다. 단단하고 거친 반려암斑糲岩으로 된 블랙 쿨린Black Cuillin은 영국에서 바위가 가장 울퉁불퉁한 산악지대인데, 남쪽의 스카베이그Scavaig 호숫가로부터 북쪽의 균형 잡힌 피라미드 모양의 스거르 난 길리언Sgurr nan Gillean까지 들쭉날쭉한 봉우리들이 날카롭게 펼쳐져 있다. 대부분의 정상들은 기어 올라가야 하고, 스거르 디어그Sgurr Dearg의 '접근불가 피너클Inaccessible Pinnacle'은 정식으로 등반을 할 만한 곳인데 난이도는 중간밖에 되지 않았지만 아찔한 곳이었다.

나는 베티Betty와 팀을 이루었다. 나이가 나보다 조금 더 많은 그녀는 이미 대학산악부 활동을 하고 있었다. 우리 사이에 연인의 감정 같은 것은 없었다. 그러나 서로 편하게 느끼면서 공유하는 것이 많아 우리는 곧 친구가 되었다. 그녀는 훌륭하고 끈기 있는 클라이머여서 내가 올라갈 수 있는 곳은 어디든 따라왔고, 좀 더 쉬운 곳에서는 선등을 하기도 했다.

A-레벨 시험 결과가 나오는 날이 다가올수록 불안하고 초조했다. 고급 라틴어 시험은 낙제할 각오를 하고 있었지만 영어와 역사는 상당히 자신이 있었다. 어머니로부터 편지가 올 때마다 나는 떨리는 마음으로 편지를 열어야 했다. 어느 날 베티와 나는 블랙 쿨린에서 가장 높은 봉우리인 스거르 알래스데어Sgurr Alasdair 등반을 기분 좋게 마쳤다. 그곳에서 하산할 때는 그레이트 스톤 슈트Great Stone Chute에서 바위 부스러기들을 밟으며 거칠게 뛰어내려왔는데, 크게 뛰어오른 다음 헐거운 바위에 착지하고 나서 몇 초간 바위를 타고 미끄러지다가 또다시 뛰어오르곤 했다.

저녁식사를 위해 여유 있게 돌아온 나를 기다리고 있는 것은 어머니의 편지였다. 나는 편지를 열어보는 것을 미루고 조용히 밖으로 나갔다. 파멸이 임박했다는 느낌이 들었다. 그와 동시에 그 소식이 라틴어에 관한 것일지도 모른다고 생각했기 때문에 설령 낙제 소식이라 하더라도 받아들일 준비가 되어 있었다. 그러나 내가 낙제한 것은 라틴어가 아니라 영어였다. 자신이 있었던 과목에서 낙제를 하고 보니 뒤통수를 세게 얻어맞은 느낌이 들었다. 결과를 수긍하지 못한 나는 몸을 숙이고 앉아 울었다.

나는 저녁식사를 할 생각도 잊어버리고 유스호스텔 뒤에 있는 완만한 잔디 언덕을 걸어 올라갔다. 태양은 여전히 빛나고 있었고, 웨스턴 아일스 Western Isles 특유의 부드러운 반투명 공기가 피부에 가볍게 와 닿았다. 나는 따뜻한 잔디에 앉아 브리틀Brittle 호수 너머 멀리에 있는 아우터 헤브리디스Outer Hebrides제도를 바라보며 고요한 아름다움 속에서 위안을 찾았다.

휴가는 아직 끝나지 않았다. 날씨는 좋았고 등반할 곳도 많았기 때문에 나는 당분간 시험에 대해서는 생각하지 않기로 했다. 다음 날 베티와 나는 여느 때와 마찬가지로 다시 등반을 하러 갔다. 그렇지만 햄스테드의 집에 돌아오니 학교를 1년 더 다녀야 한다는 현실이 어깨를 무겁게 짓눌렀다. 친구들은 하나도 없어, 나는 가정교사를 두고 혼자 공부해야 했다. 어머니는 나를 조용히 지원해주었는데, 이것저것 묻기도 하고 선택 가능한 방법들을 의논하기도 했지만 결국은 나 스스로 앞날을 결정할 수 있도록 배려해주었다. 나는 학기 중의 휴가기간까지는 버텼지만 그 이상은 힘들었다. 나는 군에 입대하기로 결심했다. 그리고 영국 공군을 선택했는데, 영국 공군(RAF) 산악구조대 중 한군데에 들어갈 수 있을지도 모른다는 가능성을 고려한 것이었다. 나는 군복무를 마치고 나서 어떤 직업을 가질지 전혀 생각하지 않았지만, 단 하나 절대 잃지 않을 열정을 찾았다는 것은 확실했다. 입영통지가 오기 전까지의 등반을 계획하면서 나는 무한한 해방감을 느꼈다.

제 3 장

멘토

어느 날 저녁 등반을 마치고 내려오자, 글렌코의 부아샤리 에티브 모르 Buachaille Etive Mòr 기슭에 있는 작은 산장 라간가브Lagangarbh에 불이 켜져 있었다. 나는 런던에서 사귄 친구 존 해몬드John Hammond와 함께 산을 온통 뒤덮은 깊은 신설 속에서 허우적거리며 이틀을 보낸 터였다. 주중이라서 산에는 아무도 없었는데 1950년대에는 일반적인 현상이었다. 산장에 불이 켜진 것을 보니 누군가 있는 것이 분명했다. 그런데 억세 보이는 클라이머 셋이 화롯가에 둘러앉아 차를 — 바로 우리의 것을 — 마시고 있었다. 그들은 우리를 무시했다. 그러자 존이 말을 꺼냈다.

"아주 좋은 날이었지요?"

"그래."

"여기 머무르는 건가요?"

"우린 도로변의 간이숙소를 써. 공짜거든."

산장 안은 바깥과 마찬가지로 쌀쌀했다. 존은 그들 중 덩치가 가장 큰 사람을 주시했다. 다소 거칠어 보이는 그 사나이는 지푸라기색 같은 머리에 광대뼈가 툭 불거져 나온 데다 눈동자는 초점 없이 흐릿했다. "어디서 본 것 같은데요. 지난해 여름 샤모니에 있지 않았나요? 다리에 깁스를 하고 머리에 붕대를 감고…."

"맞아, 나야." 그렇게 대답한 그는 샤모니에 있는 침봉들을 단독으로 등반하다가 15미터를 추락한 사고 이야기를 주절주절 늘어놓았다. "운이 좋아 살아남았지. 머리만 좀 깨졌어. 기분이 좋지 않아 그날 밤 교회 종탑을 올라가는데 홈통이 떨어져 나가 다리를 다친 거야."

여전히 기성 산악인들에게 경외심을 가지고 있던 나는 그들의 이야기를 듣는 것만으로도 만족했다. 나는 그 사람이 20대 초반인데도 이미 스코틀랜드 산악계의 전설이 된 해미시 매키네스Hamish MacInnes일 것 같다고 생각했다. 해미시는 전쟁이 끝난 직후인 학생 시절부터 등반을 시작했는데, 그리넉Greenock에 있는 자신의 집에서 글렌코까지 자전거를 타고 가서 시행착오를 겪으며 스스로 등반을 익혔다. 그는 오스트리아에서 군 생활을 할 때 카이저게비르게Kaisergebirge의 가파른 석회암 벽에서 바위보다는 피톤에 매달리며 인공등반을 배웠다. 그는 그 기술을 스코틀랜드로 가져와 바위에 거리낌 없이 피톤을 박았고 그로 인해 '맥피톤MacPiton'이라는 별명을 얻었다. 스코틀랜드산악회는 그런 행위를 불쾌하게 여겼지만 해미시는 아랑곳하지 않았다. 그는 전형적인 개인주의 성향을 보였는데, 크리그두의 노동자 계층 클라이머들과 등반을 시작했기 때문에 기성 산악계를 거스르는 일에 신경 쓰지 않았다.

그날 저녁 무렵 존은 그에게 "내일은 어디로 가나요?" 하고 물었다.

그는 "라노크 월Rannoch Wall에 갈 거야."라고 하면서 동계초등을 노리고 있다고 설명했다. 존이 다시 물었다. "우리가 따라가도 되나요?"

그러자 해미시의 눈이 번득였다. "좋아, 노미Gnomie를 데려올 수만 있다면." 노미는 그들 중 막내로, 아직 크리그두의 정회원이 아니었다. 견습 기간을 마치지 못한 그는 다른 사람들이 시키는 대로 따라야 했다. 셋이서 함께 등반하는 것은 여간 성가신 일이 아니었지만, 우리끼리는 꿈도 꾸지 못할 초등이라면 그 정도 수고로움은 기꺼이 감수할 수 있었다.

다음 날 우리는 해미시와 그의 동료들이 일찍 나타나기를 기다렸다. 그러나 그들은 오전도 한참이 지나고 나서야 도착했다. 회색 베일 속의 부아샤리는 음산해 보였다. 하늘에서 눈발이 날려, 산장은 따뜻하고 편안하게 느껴졌다.

"날씨가 나빠지고 있네요."라고 존이 말했다.

그러자 해미시는 "그럼 더 재밌지. 어쨌든 바로 출발하는 게 좋겠어. 6시만 돼도 어둡거든." 하고 말했다.

산꼭대기에 있는 라노크 월까지는 먼 길을 걸어가야 했다. 우리는 나란히 출발했다. 해미시는 길게 경사진 빙판길 앞에서 멈추어 섰다. "어떤 얼간이가 지난주에 여기를 혼자 건너려다 머리가 떨어져 나갔지. 저기로! 우리는 그놈의 뇌를 삽으로 퍼서 머리에 다시 집어넣어야 했어. 정말 개판이었지." 우리는 그의 묘사를 마음속에 새기면서 커브드 리지Curved Ridge를 오르기 시작했다. 산을 올라가는 길은 평탄했지만, 나는 자존심을 버리고 로프를 꺼낼 것을 그랬나, 하는 후회를 했다. 한참을 끝없이 가다 보니 마침내 라노크 월이 시야에 들어왔다. 그곳은 오버행과 홈이 파인 갈비뼈 모양의 검은 바위들이었고, 텅 빈 듯한 우리 아래로는 가파른 걸리가 길게 나 있었다.

해미시는 '아가그의 그루브Agag's Groove'라는 루트를 오를 계획이었는데, 여름철에는 인기가 있는 곳이었지만 겨울철이었던 그 당시는 눈과 얼음으로 뒤덮여 있었다. 겨울에 그곳을 오른 사람은 아무도 없었다. 로프가 서서히 풀려나가면서 구석진 건너편의 보이지 않는 곳에서 그가 부르는 아일랜드 반군가가 들려왔다. 우리는 느슨한 로프가 팽팽해질 때까지 옹송그려 모여앉아 우리가 나설 때를 기다렸다.

우리는 왜 해미시가 노미를 슬쩍 떼어놓고 싶어 했는지 금방 알아차렸다. 그는 참기 어려울 정도로 느렸다. 나의 윈드재킷은 얼음으로 덮여 마치 흰 갑옷처럼 보였고, 안에 입은 옷은 땀으로 흠뻑 젖었다. 나는 밋밋한 절벽을 오르기 시작했는데 막다른 곳으로 들어설 것 같다는 두려움에 사로잡혔다. 해미시와 그의 파트너는 보이지 않았다. 그러나 아래쪽에서 들리는 소리를 듣고 나는 안심했다. 그들은 이미 꼭대기에 도달한 후 걸리를 따라 아래로 내려가 있었다.

"야, 거기서 밤샐 작정이야? 북벽에 대비해서 비박훈련을 하기에는 좋지."라고 해미시가 소리쳤다.

나는 기분이 좀 언짢았다. "여기서 어디로 가나요?"

"왼쪽으로 가면 피톤이 하나 있을 거야. 얼음이 있어서 조금 어려워."

그의 말은 애매하게 들렸지만, 6미터쯤 떨어진 곳에 피톤이 하나 보였고 해미시의 흔적도 있었다. 손에 감각이 없던 나는 너무 떨어서 거의 추락할 뻔했지만 피톤에 도달하자 자신감을 찾았다. 존은 재빨리 뒤따라왔다. 노미가 피톤에 도달하자 또 한 번의 고함이 아래에서부터 울려 퍼졌다.

"피톤 빼는 거 잊지 마."

아래쪽에서 미친 듯이 해머질 하는 소리가 들렸다. "피톤이 빠지지 않아요, 해미시. 크랙 안에서 구부러졌어요. 손이 딱딱하게 얼어붙었다고요."

"피톤을 빼기 전까지는 올라가지 못해. 하룻밤 거기서 샌다고 무슨 일이 있겠어? 그 친구 올려주지 마, 크리스."

나는 속으로 '피톤이 뭐길래.'라고 생각했지만, 해미시는 무자비했다. 노미가 해머질을 하는 동안 우리는 추위에 떨면서 욕을 했다. 그때 승리에 찬 외침이 희미하게 들렸다.

"됐어요, 해미시!"

마침내 노미가 올라와, 우리는 막대기처럼 딱딱하게 얼어버린 로프를 사린 후 절벽을 힘들게 내려갔다. 우리끼리는 결코 길을 찾을 수 없었을지 몰라, 우리는 해미시가 기다려준 것에 대해 고맙게 생각해야 했다.

해미시 매키네스와의 긴 우정은 그렇게 시작되었다. 크리그두에서 온 그들 셋은 그날 밤 가버렸지만, 존이 런던으로 돌아간 그 주의 끝 무렵에 해미시가 다시 돌아왔다. 눈은 여전히 깊이 쌓여 있었다. 늘 그렇듯 그는 상황에 맞는 '작고 훌륭한 과제'를 몰래 준비했는데, 이번에는 '크로베리 직등Crowberry Direct'의 동계초등이었다. 나는 이미 그곳이 어디든 그를 따라갈 결심이 서 있었다. 나는 스코틀랜드 최고의 클라이머와 등반하게 될 줄은 꿈에도 알지 못했다. 바위에 얼음이 얇게 덮여 있는 그 루트는 무서웠다. 해미시는 어느 지점에서는 등반용 부츠를 벗고 양말만 신고 올라가야 했다. 초조한 순간이었지만, 그는 등반 조건이 자신이 걱정했던 것보다는 좋다고 말했다.

"내일 우리는 대단한 곳에 도전할 거야. 바로 '까마귀 걸리Raven's Gully'지. 만약 우리가 성공한다면, 그곳은 이 협곡 최고의 루트가 될 거야."

나는 까마귀 걸리에 대한 이야기를 이미 소문으로 알고 있었다. 그리고 해미시가 그곳을 두 번 등반했다는 것까지도. 바로 그 전해에 크리그두에서 온 빅 빌Big Bill이라는 사나이가 첫 오버행 꼭대기에서 뒷걸음질을 치다가 걸리를 따라 300미터를 추락했다. 해미시는 그가 살 가망이 없다고 생각했지만, 그는 곧바로 일어나 동료들에게 괜찮다고 소리쳤다. 한 달 전에는 해미시가 그 루트에 재도전했는데, 도중에 날이 저물었다. 청바지를 입고 아노락 안에 얇은 셔츠만 입은 그는 얼어 죽을 위험에 처해 있었다. 누군가가 그의 플래시 불빛이 계곡에서 새어나오는 것을 발견했고, 사람들이 위에서 그를 구조했다. 그가 로프도 없이 8시간 동안 꼼짝달싹 못하고 기다린 곳을 보고, 나는 해미시가 얼마나 강인한 사람인지 알게 되었다. 그리고 그렇게 얇은 옷을 입고도 버텼다는 것이 무척 신기했다.

스코틀랜드에서 가장 무서운 벽의 옆면에 깊이 베인 상처같이 나 있는 까마귀 걸리는 인상적이었다. 처음 맞닥뜨린 장애물은 빅 빌이 추락한 곳인 커다란 촉스톤chockstone이었는데, 내가 바람도 불지 않는 그곳에서 추위에 떨며 기다리는 동안 해미시는 옆쪽 바위에서 얼음을 긁어내며 기어 올라갔다. 그다음이 더 힘들었다. 걸리 안쪽에 물이 흘러 우리는 흠뻑 젖었다. 차가운 물이 목을 따라 흘러 나의 열정이 식어가는 동안 해미시는 한 번 더 등반용 부츠를 벗어야 했다. 내가 그의 마지막 피톤에 도달해 보니, 로프는 사선을 그리며 풀려 나가 있었다. 피톤을 뽑다가 추락하면, 나는 로프에 매달린 채 10미터 아래의 걸리 바닥으로 그네를 타듯 곤두박질치게 될 터였다.

"이봐, 홀드를 이용해. 그네처럼 날아도 다치지는 않아. 그 피톤 2실링이나 주고 샀단 말이야."

"이 빌어먹을 피톤 값 내가 물어줄게요. 나 건너갑니다."

내가 해미시가 있는 곳에 가자, 그는 양말만 신은 채 바위 끝의 눈이 쌓인 곳에 서 있었다.

"발 시리지 않아요?"

"아니, 감각이 없어. 귀찮아서 부츠를 다시 신지 않고 다음 피치도 양말바람으로 올라갈 거야. 대단한 루트야, 그렇지?"

그가 동상에 걸리지 않은 것은 기적이었다. 나는 양말을 두 겹이나 신었는데도 발이 얼음덩어리처럼 차가웠다. 그가 다음 피치를 선등하도록 허락해주어, 나는 한 달 전에 그가 비박했던 자리를 자세히 볼 수 있었다. 그곳은 마치 바닥이 없는 관처럼 생긴 침니였다. 나는 한쪽으로 붙었는데, 운이 좋게도 이전에 해미시가 왔을 때는 얼음으로 뒤덮였던 곳이 바위를 드러내, 그곳을 밟고 올라갈 수 있었다. 우리는 곧 부아샤리의 정상 근처에 도달했다. 흠뻑 젖은 우리의 옷은 햇빛을 받자 김이 모락모락

났다. 나는 영광스러운 행복을 느꼈다.

스코틀랜드에서 돌아온 지 얼마 지나지 않아 입영통지서를 받은 나는 1953년 3월 초 영국 공군에 입대했다. 산악구조대 창설자 중 하나였던 조니 리스Johnnie Lees를 비롯해 스노든 정상의 카페에 같이 있던 친구들과 새해 전날 밤을 소란스럽게 보냈기 때문에 나는 속으로 영국 공군의 산악구조대에 들어갈 수 있다는 희망을 품었다. 학위 자격 덕분에 나는 장교 과정에 자동으로 들어가게 되었고, 그 후 선발위원회를 통과했다. 또한 단순히 병역의무를 다하는 것이 아니라, 정규직 군인이 될 수 있는 기회를 얻게 되었다. 직업이 필요했던 나는 그에 응했고, 행정부서보다 더 흥미로워 보인 영국 공군 연대를 택했다.

　장교선발위원회에 있던 장교 하나가 나에게 "조종사가 될 생각은 없는가?"라고 물었다. 나는 비행에 관심이 없다고 말하는 것은 좋은 답이 아니라고 생각했는데, 내 추측은 정확히 들어맞았다.

　"저는 제 반사 신경이 빠르지 않다고 생각합니다."

　"걱정 말게. 그런 걸 알아보라고 우리가 봉급을 주는 전문가들이 있으니까. 자네를 항공승무원으로 분류해 놓겠네."

　"감사합니다. 저는 항상 비행을 꿈꿔왔습니다!"

　나는 그것을 별일 아니라고 생각했다. 적성검사를 통과할 가능성이 전혀 없었기 때문이다. 하지만 나는 적성검사를 통과했고, 곧 조종사가 되어야 하는 말도 안 되는 상황에 직면했다.

　나는 우선 캐녹 체이스Cannock Chase에 있는 영국 공군 헨즈포드Hednesford 기지에서 군사훈련을 받아야 했다. 나는 그 전해에 스카이섬에서 함께 등반했던 베티와 란베리스 고개에서 만나 선등을 번갈아 하며 몇몇 고전 루트들을 올랐고, 디나스 못의 '더 크랙스The Crcaks'도 올랐다. 날씨가 좋지 않아 축축한 데다 바람도 셌지만, 당시에는 나쁜 날씨 따위는 아랑곳하지 않았다.

휴가 마지막 날 우리는 크립 고크Crib Goch에서부터 시작해 스노든 호스슈에 도전했다. 날씨도 좋아 헨즈포드와는 전혀 다른 세상이었다. 리웨드Lliwedd에서 내려오면서 우리는 또 다른 커플을 따라잡았는데, 베티는 그들 중 여자를 알고 있었다. 그녀는 함께 있던 키가 크고 호리호리한 남자를 우리에게 소개시켜주었지만, 나는 그의 이름을 기억하지 못했다. 우리는 리웨드 끝에 있는 넓고 가파른 능선을 따라 내려가기 시작했다. 나는 하산을 할 때 항상 걸음이 빨랐기 때문에 키가 큰 그 남자가 내 뒤에 바싹 붙어 따라오는 것을 보고 놀랐다. 나는 속도를 내서 바위 사이를 크게 뛰어넘으며 산기슭까지 왔는데, 페니패스의 주차장까지는 여전히 2킬로미터 정도가 남아 있었다. 나는 속도를 한껏 올려 그보다 앞서나갔다. 우리는 주차장에 도착해 손을 무릎에 대고 숨을 헐떡였다.

마침내 그가 입을 열었다. "조금 천천히 뛰어야 했습니다. 다음 주에 중요한 경기가 있거든요." 그제야 나는 그가 누구인지 알았다. 내가 흘려들었던 그의 이름은 로저 배니스터Roger Bannister로, 그는 1953년에 이미 유명한 육상선수였다. 그는 그해 봄 처음으로 1,600미터를 4분 이내에 뛰는four-minute mile 시도를 했다. 나는 몇 년 뒤에 그를 만나 그때의 일을 여러 번 말했지만, 그는 전혀 기억하지 못했다.

헨즈포드에서의 훈련이 끝나고 나는 링컨Lincoln과 그랜섬Grantham 사이에 있는 크랜웰Cranwell의 영국 공군대학으로 옮겼는데, 그곳은 클라이머에게 썩 좋은 장소가 아니었다. 첫 두 학기 동안 우리는 비행기 근처에는 가지도 않은 채 기초훈련을 더 했다. 일단 비행에 들어가자 적성에 대한 나의 판단이 조교들의 판단보다 더 정확했다는 사실이 드러났다. 조종이 상당히 서툴렀던 나는 비행기의 조종과 연관 지어 거리와 고도를 판단하는 능력이 현저히 떨어졌다. 나는 외할머니에게 이렇게 편지를 썼다. "어제 첫 비행을 했습니다. 마치 자전거를 타듯 이 놀라운 기계를 조종해야 한다니 불가능해 보이기만 합니다." 나의 예감은 적중했다. 내가 칩멍크Chipmunk 훈련기를 유조선에 처박을 뻔한 후, 조교는 육지에서조차 나를 신뢰하지 않았다.

나는 비행이 전혀 즐겁지 않았다. 마치 높은 곳을 끔찍이 싫어하는 사람이 억지로 등반을 하는 것과 같았다. 나는 실패가 두려웠지만, 내가 속한 그룹에서 단독비행을 할 능력이 없는 유일한 사람이라는 사실은 고통스러웠다. 선임 비행교관으로부터 마지막 평가를 받을 때 나는 산뜻하게 이륙한 후 기지 주변의 익숙한 경로를 따라갈 준비를 했다. 크리켓 막사를 돌아서 시계탑에서 엔진을 끈 후 연병장에서 보조익을 내리면 문제가 없을 것 같았다. 그러나 교관은 눈치가 빨랐다.

그는 헤드셋을 통해 이렇게 말했다. "우리 비행 좀 해볼까? 내가 잠깐 조종을 맡겠다." 그러고서 그는 나를 다른 비행장으로 데려가 "여기에 착륙해봐."라고 말했다. 그러나 비행기가 활주로 끝에 도달했는데도 여전히 지상에서 150미터는 떠 있었다. 다음 시도 때는 지상 30미터 높이까지 접근할 수 있었다. 통과를 못하는 것이 너무나 확실해서 나는 더 이상의 평가에 관심을 기울이지 않았다. 단지 안전하게 착륙하기만을 바랐다. 세 번째 시도에서는 기지에서 몇 킬로미터 떨어진 곳에서부터 지상 15미터 높이를 유지해 실속속도stalling speed로 느리게 날아갔다. 활주로가 나타나자 나는 조종간을 뒤로 잡아당기면서 연료밸브를 잠갔다. 비행기는 활주로에 콩 소리를 내며 내려앉았고, 양쪽 바퀴가 미친 듯이 번갈아 튀어 올랐다.

그때 피곤한 목소리가 헤드셋을 통해 둔탁하게 들려왔다.

"차라리 내가 하는 게 낫겠다."

우리는 굉음을 내며 크랜웰의 기지로 다시 날아갔다. 나의 뺨은 눈물 범벅이 되었다. 평가를 통과하지 못한 나의 비행경력은 그렇게 끝이 났다. 나에게는 항해사가 되거나 지상 근무로 옮길 수 있는 기회가 주어졌지만, 항해는 기술적인 면이 부족했고 지상 근무는 책상에 붙어 앉아 일해야 한다는 점을 견딜 수 없었다. 그래도 나는 군 생활을 즐겼고 크랜웰에서도 행복하게 보냈기 때문에 육군으로 옮기기로 결정하고 샌드허스트 Sandhurst 육군사관학교에 지원했다.

한여름이었다. 샌드허스트의 새 학기는 9월에야 시작되기 때문에 나는 두 달간 하는 일 없이 주급 3파운드를 받으며 행복한 과도기를 보냈다. 영국을 벗어나지만 않으면 무엇을 하든 상관없었다. 나는 스노도니아로 가서 디나스 크롬렉Dinas Cromlech 기슭의 큰 바위들 옆에 있는 도로 정비기사들의 오두막에 묵었는데, 클라이머들에게 인기 있는 곳이었다.

주말에는 오두막에 사람들이 넘쳐났지만, 그곳에 장기간 머물고 있는 사람은 부수수한 머리털에 늑대같이 날카로운 미소를 지닌 거친 인물 하나뿐이었다. 이름이 진저 케인Ginger Cain인 그 사람은 면접을 기다리고 있다는 점에서 나와 상황이 비슷했다. 나는 장교선발위원회와 면접이 예정되어 있었고, 그는 양심적 병역거부자위원회에서 면접을 보기로 되어 있었다. 그는 우리가 그해 여름에 만끽했던 나태하고 무책임한 삶을 내가 왜 포기하려 하는지 이해하지 못했다. 지금 되돌아보면 나 역시 이해하기 힘들지만, 내가 일정한 경력과 안정을 항상 원했다는 것은 변함없는 사실이다.

다행히 우리 둘 다 7월 말에 각자의 면접에 통과했다. 나는 군인이 될 예정이었고, 진저는 정식으로 양심적 병역거부자가 되었다. 우리는 술집으로 달려가 자축했다. 그해 여름은 우중충했다. 따라서 루트들도 대체로 축축하고 끈적끈적한 상태였기 때문에 술집에서 보내는 시간이 많았는데, 술을 마시는 것보다는 페니귀리드Pen y Gwryd에서 일하는 여성들에게 추파를 던지는 것에 관심이 더 많았다. 날씨가 좋아지면서 우리는 전설적인 록앤드아이스산악회Rock and Ice Club가 개척한 몇몇 루트에 도전했다. 특히 맨체스터 건축업자의 친구인 조 브라운Joe Brwon이 개척한 루트에 관심이 많았는데, 그는 신비에 가까운 인물이었다. 우리는 클로귄이그로찬의 바위에서 그의 루트인 '낫Sickle'을 등반했다. 그곳은 'ES(극단적으로 격렬한)' 등급이 아닌 'VS(매우 격렬한)' 등급에 불과했지만, 조 브라운의 기준으로 VS 등급이었기 때문에 결과적으로 난이도가 무시무시했다.

　나는 조는 물론이고 록앤드아이스산악회의 회원 어느 누구도 알지 못했다. 그들은 멀찌감치 떨어져 있는 신비스러운 톱 클라이머였던 반면, 나는 산악계의 변방에 있는 사람에 불과했다. 남쪽에서 온 나는 조와 그의 파트너인 돈 윌런스Don Whillans가 등반을 시작한 사암에서는 등반을 해본 경험이 없었다. 그들의 루트에 도전하는 것은 미지의 세계에 발을 들여놓는 것이나 다름없었다. 그해 여름에 우리가 정복한 루트 중 최고는 클로귄이그로찬에 있는 또 다른 루트 '쉬르플롱Surplomb[11]'이었다. 그 당시 클라이머들은 작은 플레이크flake[12]에 슬링을 걸고 매달려 쉬다가, 가파른 크랙을 타고 기어 올라가 V자 모양의 홈통으로 접어들었는데, 그곳은 올라가면 올라갈수록 노출이 심할 뿐더러 홈통의 맨 위는 공포감을 느끼기에 충분했다. 지상에서 상당히 높은 곳에서 확보도 거의 없이 홈통을 과감하게 가로질러 발바닥으로 바위를 비벼대며 몸을 돌려 끌어올려야 했기 때문이다. 내가 등반한 루트들 중에서는 가장 어려운 곳이었지만, 조가 징이 박힌 등반용 부츠만 신은 채 눈보라를 뚫고 그곳을 초등했다는 이야기를 듣고 나서 나는 자존심이 조금 상했다.

그 후 두 달간, 나는 샌드허스트 육군사관학교 연병장에서 왕실 근위대

선임하사관들의 고함소리를 들어야 했다. 사치스럽게도 나는 개인 방이 있었고, 여섯 명당 한 명 꼴로 하인을 배정받았다. 우리를 맡은 하인은 확실히 잘난 체 하기를 좋아하는 인물이었다. 그는 과거에 자신이 맡았던 젊은 후보생들에 대해 이야기하는 것을 매우 좋아했다. "지금보다 훨씬 좋은 계급 출신에 정말 훌륭한 젊은 신사 분들이었습니다. 전부 다 공립학교 출신이었고요. 요즘은 사관학교가 옛날만 못해요." 내 옆에 있던 후보생은 윈체스터Winchester대학 출신이었기 때문에 그의 취향에 잘 맞았다. 그 후보생은 근위 보병 제3연대에 들어갈 예정이었는데, 그는 주중에 있는 사교계 데뷔 파티나 여우 사냥꾼 무도회에 참석하러 런던으로 황급히 달려가곤 했다.

나 역시 그런 파티나 무도회에 가보고 싶었다. 그리고 무엇이 용납되고, 또 무엇이 안 되는지에 대한 불문율이 있는, 자신감 넘치는 그 상류층 사람들을 부러워하지 않을 수 없었다. 평범한 중산층 출신인 우리들은 그들의 생활방식을 흉내 냈다. 나는 촌티 나는 내 옷들을 옷장 깊숙한 곳에 숨기고 샌드허스트의 여가활동용 제복을 구했다. 그리고 꽉 끼는 캐벌리트윌cavalry twill 바지에 색깔이 있는 민무늬 조끼와 트위드 재킷을 마련했고, 런던에 갈 때 쓸 중고 중산모도 구입했다. 상류사회에 맞추고 싶었던 나는 거의 무의식적으로 나의 런던 북부 억양에 공립학교 말투를 겉치레로 얹었다.

하지만 나는 샌드허스트를 사랑했고, 적극적인 열의를 가지고 모든 일에 참여했다. 어렸을 때 나는 전쟁 연구에 대한 열정이 있었는데, 이제는 캠벌리Camberley 뒤쪽의 숲에서 카우보이들과 인디언들처럼 병정놀이를 하면서 실제 총과 모의 수류탄을 사용했다. 할아버지는 더블린에서 나에게 다음과 같은 편지를 보냈다. "네가 샌드허스트를 사랑한다니 기쁘구나. 네가 공군을 떠나서 내가 안심했다는 건 알지? 요즘 비행기 추락 이야

샌드허스트에서의 간부후보생 시절 열병식 경연대회를 연습하는 장면. 사진의 앞줄 맨 왼쪽이 나로, 그때 나는 스무 살이었다. (크리스 보닝턴 사진자료집)

기를 많이 들어서 말이야." 할아버지는 할머니 집안이 국왕 친위 스코틀랜드 국경수비대 대표를 172년간 배출했다는 점을 상기시켜주었다. 가문의 자존심이 회복되는 순간이었다.

나는 훈련을 잘 받아서 하급 사관이 되었고(그로 인해 열병식 때 칼을 찰 수 있었다.) 대략 500명 중에서 17등의 성적으로 과정을 수료했다. 나는 등반을 하러 갈 시간이 무척 많았다. 그리고 동료 클라이머들의 소모임에도 참석할 수 있었는데, 그 모임의 구성원 중 한 명은 나와 같은 소대의 매우 똑똑하고 재미있는 젊은이였다. 마이크 톰슨Mike Thompson이라는 그 청년은 레이크 디스트릭트 북부지역 출신으로, 미등의 루트를 찾아내는 뛰어난 안목을 가지고 있었다. 우리는 자주 에이번 협곡Avon Gorge으로 달려갔는데, 그는 나에게 손길이 전혀 닿지 않은 바위들을 알려주곤 했다.

샌드허스트를 졸업한 후 영국 전차연대에 들어간 나는 독일 북서부의 뮌스터Münster에 배치되었다. 나는 장교가 되기 위해 보낸 2년이라는 세월이 작은 부대 하나와 50톤 무게의 센추리온Centurion 탱크 세 대를 지휘할 준비를 하는 데 거의 도움이 되지 않는다는 사실을 금방 알아차렸다. 나의 전임자는 좀 게으르기는 했어도 호감이 가는 인물이었지만, 나는 모든 것을 바로잡기 위해 상당히 애를 써야 했다. 나는 자존심이 강해 하사의 조언을 듣지 않는 경우도 종종 있었고 어깨에 붙어 있는 계급장을 지나치게 의식하기도 했다. 멜빌Melville 하사는 경험이 많은 베테랑으로, 사막과 이탈리아에서 전투에 참가한 경험이 있었다. 나의 완고함으로 인해 처음 몇 주간 부대에 끼친 피해를 복구하는 데만 1년이 걸렸다. 샌드허스트의 강사들이 우리들에게 지나치게 친밀해져서는 안 된다고 경고하는 것은 일리가 있었지만, 움직이는 강철 박스 하나를 다른 세 사람과 같이 쓰는 것은 — 만약 그들의 존경을 받아야 한다면 — 전혀 다른 접근법이 필요했다.

나는 기갑부대에 있었기 때문에 러시아가 쳐들어오지 않는 한 실제 작전에 나갈 일은 거의 없었다. 물론 그런 일이 일어난다면 상당히 분주해지겠지만 말이다. 우리는 독일과의 전면전을 대비해 훈련했다. 가상의 핵폭탄이 터지면 우리는 해치를 모두 닫고 찜통 같은 탱크 안에서 낙진을 피하는 척했다. 특히 대규모 훈련을 할 때는 아주 재미있는 게임을 하는 것 같았다. 우리는 시골을 가로질러 강력한 탱크로 벽을 부수며 달렸고 헤드셋을 통해 수시로 전투 상황을 보고했다. 나는 무척 흥분하곤 했다. 우리는 퇴각훈련도 많이 했는데, 한번은 훈련 중에 가상의 러시아 추격군이 포격을 하기도 전에 우리 탱크의 절반이 부서지기도 했다.

나는 승리를 쟁취하는 순간도 경험했다. 대형을 이룬 대규모 전차부대를 이끌고 야간훈련을 하면서 길을 잃지 않은 것이다. 훈련이 끝날 때쯤, 베르겐 벨젠Bergen-Belsen에 있는 과거 나치 강제수용소 근처에 있을 때 우리는 미군 대령 한 명을 만찬에 초대했다. 그는 미군의 화려한 새 탱크가 놀라운 정확도를 가지고 있다고 자랑했고, 나는 그에게 대결을 신청했다. 그리하여 완벽한 복장을 갖춘 승조원들과 함께 새벽에 미군의 새 탱크가 도착했다. 우리의 탱크는 훈련을 막 끝낸 터라 여기저기 부딪치면서 생긴 자국들로 얼룩져 있었다. 또한 우리의 승무원들은 의무복무를 하고 있는 꾀죄죄한 집단이었다. 하지만 우리는 그들을 제압했다.

군 생활은 재미있었지만 나는 한 번도 소속감을 느껴보지 못했다. 기초훈련을 받을 때는 웨일스로 도피라도 할 수 있었지만, 기갑부대에 있을 때는 근처에 산이 없어 그런 도피조차 거의 불가능했다. 정규직 장교들도 그다지 마음에 들지 않았는데, 그들은 나와 다른 가치체계와 야심을 가지고 있었다. 나는 어머니에게 "영국의 정규직 장교는 진지한 군사적 주제를 논하지는 않고, 주둔지의 가십거리와 한담을 즐깁니다."라고 설명했다. 우리는 독일 현지 주민들은커녕 다른 부대 출신 사람들도 거의 만나지 못했다. 장교들은 현지 여성들에게 데이트를 신청할 생각은 꿈도 꾸지 못한 채 많지도 않은 영국 간호사들을 쫓아다녔다. 같은 부대에 있던 몇몇 하위계층 병사들, 특히 대학에 진학한 사람들은 독일 여자 친구를 사귀었고, 이는 결국 그들의 독일어 구사 능력 향상으로 이어졌다. 나는 그렇게 하기에는 수줍음을 많이 타 영국 간호사 한 명과 교제했고, 그녀와 첫 섹스를 즐겼다.

이런 인간관계는 클라이머들의 자유롭고 편안한 관계와는 판이하게 달랐다. 솔직히 말하자면 나는 그 당시에 매우 외로웠다. 나는 해미시에게 편지를 보내 알프스에서 등반할 의향이 있는지 물어보았다. 그가 엽서를 보내 스위스로 가서 아이거 북벽에 도전해보자고 제안했을 때 절박한 심정이었던 나는 그 제안을 곧장 받아들였다. 나는 그것이 나의 알프스

등반 경력을 멋지게 시작할 수 있는 지름길이라고 생각했다. 1957년 당시 아이거 북벽은 12번의 등반에 14명의 사망자를 기록했다. 그러니 알프스에 가보지도 못한 나는 사실 그 제안을 그냥 웃어넘겼어야 했다.

등산열차가 그린델발트Grindelwald 바로 바깥지역의 산록을 돌아들어 갈 때 아이거 북벽이 보였다. 그늘 깊숙한 곳에 음울한 얼음과 바위가 층층이 쌓인 아이거 북벽은 나의 상상 이상으로 큰 벽이었다. 나는 두려움에 떨었고, 해미시의 계획에 끼어든 것을 진심으로 후회했다. 나는 어떤 장비가 필요한지도 제대로 알지 못했다.

해미시는 "두벳duvet은 있어?"라고 물었다.

"그게 뭔데?"

"오리털이 들어간 재킷이지. 침낭을 하나 가져갈 수 있어. 비박색은?" 나는 더 어리벙벙할 수밖에 없었다. 해미시는 커다란 비닐 색을 하나 꾸렸다. 우리는 아이스피톤이 없었지만, 두어 개를 간신히 구입할 수 있었다. 나의 아노락은 알프스의 등반보다는 일요일의 산책에 더 잘 어울렸다. 해미시는 배낭이 찢어져 나의 비상 배낭을 사용했다. 우리가 도전할 루트에 대한 유일한 자료는 그가 그날 아침에 산 엽서가 전부였다.

해미시를 만난 지 3년이 지났는데, 그동안 그는 뉴질랜드로 이민을 갔고 남부 알프스에서 몇몇 신루트를 개척했으며, 그 후 두 명으로 팀을 꾸려 히말라야 원정도 했다. 그는 이렇게 말했다. "우리는 에베레스트에 도전하고 싶었지. 1952년에 스위스인들이 사우스콜South Col까지 올라가는 루트에 식량을 잔뜩 남겨놓았거든. 존 헌트John Hunt와 그의 대원들이 에베레스트를 먼저 등정한 것이 못내 아쉬웠어." 해미시는 대신 바로 옆에 있는 푸모리에서 6,700미터까지 올라갔다. 해미시가 터프가이라는 것은 의심의 여지가 없었지만, 나도 그런지는 확실하지 않았다. 나는 날씨가 나빠 등반을 하지 않아도 되기만을 바라야 했다.

불행히도 아침에 날씨가 완벽해서 우리는 장비를 챙긴 뒤 클라이네 샤이덱Kleine Scheidegg으로 가는 등산열차를 잡아탔다. 그곳에서부터 북벽 밑까지는 걸어갔는데, 북벽은 알프스의 초원에서 곧바로 솟아 있었다. 그러니까 한 순간에는 푸른 잔디밭에 있다가, 바로 다음 순간에는 거대한 북벽에 매달리게 되는 것이다. 우리는 쉬운 구간에서 최대한 높이 올라간 다음, 다음 날 일찍 어려운 구간을 시작하기로 계획을 짰다. 아니, 그것은 오직 해미시의 생각이었고, 나는 대신 비가 오기를 바랐다. 나는 배낭을 멘 채 등반을 해본 적이 없었다. 하지만 우리의 배낭 무게는 18킬로그램이나 되었다. 다행히도 그날 저녁 엷은 회색구름 덩어리들이 나타나, 나는 내려가겠다고 선언했다. 해미시는 나를 따라 내려올 수밖에 없었는데, 틀림없이 속으로는 겁쟁이 잉글랜드 놈이라고 욕했을 것이다. 날씨가 좋았다면 우리는 등반에 성공했을지도 모른다. 해미시는 분명 해냈을 것이고, 나도 바위 피치에서는 선등을 할 수 있었을 것이다. 그러나 만약 중간에 날씨가 나빠지면, 우리는 절망적인 위험에 빠질 수도 있었다. 나는 너무나 무지해서 내가 감수할 뻔한 위험이 어떤 종류인지도 제대로 알지 못했다.

해미시의 다음 목표는 또 다른 거대한 북벽 그랑드 조라스Grandes Jorasses의 워커 스퍼Walker Spur였다. 폭풍설로 인해 레쇼Leschaux 산장에 갇혀 있던 우리는 상황이 좋지 않다는 것을 인정해야 했다. 해미시는 인근에 있는 에귀 뒤 타퀼Aiguille du Tacul에서 신루트를 개척하자는 대안을 제시했다. 나는 그의 인내심에 놀랐다. 그는 자신의 침낭 속에 들어가 반혼수상태로 오랜 시간 동안 누워 있으면서 식량을 아끼는 능력을 발휘했다. 그와는 반대로 나는 식량이 점점 줄어드는 가운데 산장 밖을 초조하게 걸어 다녔다. 우리는 신루트를 개척했는데, 특별히 어렵거나 훌륭한 루트는 아니었지만 진정한 모험이 가져다주는 즐거움은 매우 좋았다. 우리에게는 사람이 규정한 한계 대신 우리만의 길을 선택할 수 있는 자유가 있었다. 뮌스터로 돌아가는 기차를 타고 덜컹거리며 독일을 가로지르던 나는 벌써 다음 해 여름에 대한 꿈에 부풀어 있었다.

해미시는 다음 해 여름을 위해 근사한 계획을 하나 세웠다. 그리하여 우리는 샤모니Chamonix 계곡 위에 있는 몽땅베르Montenvers 근처의 한 양치기 오두막으로 이동했다. 해미시는 "여기라면 돈을 쓰고픈 유혹을 물리칠 수 있을 거야. 벽에 더 가깝기도 하고."라고 말했다. 그는 히말라야에서 예티를 찾으며 겨울을 보내서 그런지 무서울 정도로 야위어 보였고, 가는 콧수염으로 인해 움푹 들어간 뺨이 더욱 도드라져 보였다. 내가 연습 루트를 오르자고 고집을 부려, 결국 우리는 푸앙트 알베르Pointe Albert 서벽을 등반했다. 해미시는 뻔뻔스럽게도 더 어려운 상황에 대비해야 한다는 핑계로 뽑을 수 있는 피톤은 모두 다 뽑아서 챙겼다. 그 후 그는 또 다른 신루트에 도전하자고 주장했는데, 이번에는 푸앙트 드 레피네이Pointe de Lépiney에 있는 루트였다. 그는 "거기는 딱 네 스타일이야."라고 큰소리쳤다. "한 번 멋지게 해봐. 그 근처는 전혀 등반된 적이 없어."

우리의 목표가 처음으로 시야에 들어왔을 때 나는 왜 등반된 적이 없는 곳인지를 한눈에 알아보았다. 60미터 높이의 슬랩들이 늘어선 곳 끝에는 화강암으로 된 거대한 탑이 기울어져 있었는데, 그 중간쯤에는 오버행이 두드러지게 튀어나와 있었다.

나는 해미시에게 "저기는 절대 못 올라가."라고 말했다.

해미시는 "아래에서 올려다보면 언제나 훨씬 더 힘들게 보이는 법이야."라고 대답했다. 그러나 이번에는 그렇지 않았다. 실제 등반은 보이는 것만큼이나 힘들었고 우리는 결국 오버행 아래에서 비박을 하게 되었는데, 튀어나온 바위 뒤쪽에 관처럼 생긴 후미진 곳에 몸을 집어넣었다. 음울한 밤이 지나고 나서 우리는 딱딱한 빵과 연한 차로 아침식사를 했다.

그리고 나서 오버행을 공략했다. 나는 나무 쐐기가 크랙에서 빠지는 바람에 발목을 삐었다. 나는 곧바로 다시 붙어 그 피치를 끝냈지만 그 위가 오히려 더 어려워 보였다. 회색구름이 몰려와 우리는 후퇴했고, 폭포 밑에 피톤을 박고 작은 바위 턱에서 등반을 마쳤다. 등반은 또 한 번 실패로 돌아갔다. 설상가상으로 나는 하산하면서 독감까지 걸렸다.

나는 우리가 묵는 오두막의 구석에 처박혀 침낭 속에서 코를 훌쩍거리며 누워 있었다. 그러는 동안 해미시는 새로 도전할 어려운 신루트를 구상했다. "해미시, 네가 구상하는 신루트는 너나 올라가. 난 알프스에 남은 최후의 대과제라 해도 관심이 없으니까. 난 그저 훌륭한 고전 루트 한두 개를 확실히 오르고 싶을 뿐이야."라고 나는 말했다. 밖에서 비가 쏟아지는 동안 침낭 속에서 코를 훌쩍이던 나는 그와 입씨름을 벌였다. 결국 우리는 모종의 합의에 도달했다. "어디든 따라갈게. 이미 등반이 된 곳이라면…." 나는 그렇게 굴복하고 말았다.

골똘히 생각에 잠긴 해미시가 마침내 입을 열었다. "드류Dru 남서 필라pillar 어때?"

1958년 당시 그곳은 세계에서 가장 어려운 루트 중 하나였는데, 발터 보나티Walter Bonatti가 5일간 단독등반에 성공한 걸작 루트였고, 3년 전그의 초등 이후 네 팀만이 등반에 성공한 곳이기도 했다. 나는 그 계획이흥미롭기도 했지만 무섭기도 했다. 바위의 상태가 좋다고 하지만 엄청난 과제인 것은 틀림없었다. 하지만 우리 아래쪽에 있는 산장에 오스트리아 클라이머 둘이 도착하자 나는 자신감을 얻었다. 그중 한 명은 비엔나에서 공부하는 수학자 발터 필립Walter Philipp[13]으로, 그는 동부 알프스에서 여러 초등 기록을 세워 이미 확고한 명성을 얻고 있었다. 그의 파트너 리처드 블라흐Richard Blach는 겨우 열아홉에 불과했지만 필립과 마찬가지로 등반에 재능이 있었다.

프티 드류Petit Dru 밑으로 접근해나갈 때 바위가 석양을 반사하며 주황색을 띠었다. 우리는 자리를 만들어 야영했는데, 프리무스Primus 스토브의 활활 타오르는 불꽃 옆에서 꽤 편하게 지냈다. 주위가 어둠에 잠기기 전 작은 점 두 개가 모레인 지대를 건너 우리가 있는 바위 쪽으로 천천히 올라오는 모습이 보였다.

"아마 월런스일 거야. 그가 필라에 대해 물어보고 다닌다고 들었거든. 우린 꽤 대단한 팀이 되겠는걸…." 하고 해미시가 말했다.

그를 만나는 것은 반가운 일었다. 나는 돈 월런스가 클라이머로서 얼마나 용감무쌍한지 귀가 아프게 들었다. 3년 전 그는 조 브라운과 프티 드류 서벽을 올랐는데, 그것은 그 루트의 네 번째 등반이었다. 앞장선 사람은 작은 키에 근육질의 몸매로 납작한 모자를 쓰고 있었다. 그가 멘 큰 배낭의 덮개 아래에는 바게트 빵들이 수직으로 튀어나와 있었다. 돈 월런스가 틀림없었다. 그의 뒤에는 키는 비슷하게 작지만 몸이 더 호리호리한 사람이 있었는데, 그는 레이크 디스트릭트의 뛰어난 클라이머 폴 로스Paul Ross였다. 우리가 잠시 이야기를 나누는 동안 월런스는 우리에 대해 마음속으로 판단을 내린 듯했다. 그는 경사면을 오르면서 "내일 봐!"라고 어깨 너머로 소리쳤다.

나는 기대감과 두려움 사이를 오가며 거의 잠을 이루지 못했다. 새벽 2시에 알람이 울리자 발터 필립은 구름이 낀 것에 대해 투덜댔고, 해미시는 날이 밝을 때까지 기다리며 상황을 지켜보자는 그의 제안에 동의했다. 안도감을 느낀 나는 깊은 잠에 빠져들었는데 얼마 지나지 않아 누군가가 나를 흔들어 깨웠다.

"크리스, 일어나! 구름이 다 사라졌어. 오늘 날씨 끝내주겠는걸." 하고 해미시가 말했다.

돈 월런스 역시 출발을 늦게 한 모양이었다. 우리는 그가 위험한 쿨르와르를 올라가는 것을 보았는데, 그곳은 우리의 머리 위에 있는 플람 드 피에르Flammes de Pierre라 불리는 톱니 모양의 능선으로 이어진 곳이었다. 처음에 우리는 각자 올라갔다. 그러나 경사는 가파르지 않아도 손으로 잡을 곳이 마땅치 않은 데다 작은 돌들이 뒤덮여 있었기 때문에 나는 해미시가 멈추어 서서 로프를 꺼내는 것을 보고 커다란 안도감을 느꼈다. 우리 중 크램폰을 차고 있는 사람이 하나뿐이어서 그는 피켈로 발판을 깎기 시작했다. 윌런스와 폴은 둘 다 크램폰이 있어서 우리를 앞서나갔다. 나는 우리 머리 위에 있는 필라를 바라보았다. 아침햇살에 빛나는 필라는 쿨르와르라는 얼음 감옥을 탈출하고 싶어 하는 듯했다. 그러나 우리는 신중해야 했다. 우리가 필라 밑에 도달하기도 전에 시간은 이미 오전 11시 30분을 지나고 있었다.

우리의 머리 위로는 600미터 높이의 고난이도 암벽등반 루트가 펼쳐져 있었다. 나는 그런 종류의 바위는 생전 처음이었다. 화강암이 갈라져 부드러운 크랙과 홈통들이 만들어져 있었고, 까마득하게 치솟은 바위가 우리가 방금 전에 올라온 가파른 걸리까지 쭉 이어져 있었다. 내가 선등을 하면서 박은 피톤을 해미시가 후려쳐 뽑으며 뒤따라왔는데, 나는 겨우 60미터를 오르고 나서 지쳐버렸다. 계속 올라갈 수 있을까? 그때 위쪽에서 외치는 소리가 들렸다. 내가 튀어나온 바위 옆으로 고개를 내밀고 보니 윌런스와 폴이 아침햇살을 받으며 쉬고 있었다. 그들은 리처드가 피톤에 줄사다리를 걸고 거대한 오버행을 건너가는 것을 바라보고 있었다. 선등으로 나선 윌런스는 두 발의 마찰력만 이용해 슬랩을 건너갔다. 그의 동작 하나하나는 사전에 계산이 된 듯 겉보기에는 전혀 힘들어 보이지 않았다. 내 차례가 되었을 때 나는 바위가 마치 나를 밀쳐내는 듯해서 균형을 잃을 뻔했다.

"여기로 올라갔어?" 하고 내가 외쳤다. 나는 끝없이 펼쳐진 홈통을 올려다보았는데, 피톤이나 나무 쐐기가 보이지 않았다.

"그래."

"어려워?"

"조금 힘들긴 해."

그 후에 오른 피치는 내가 선등한 피치 중에서 가장 어려운 곳이었다. 크랙이 넓어지자 손이 자꾸 빠졌다. 나는 크랙 안쪽 깊숙한 곳까지 팔을 뻗어 밀어 넣고 나 자신을 끌어올렸지만, 쉴 곳도 서 있을 만한 곳도 없었다. 로프는 15미터 밑에 있는 나의 마지막 피톤까지 깨끗한 곡선을 그리며 늘어져 있었다. 만약 추락한다면 그 거리가 상당할 것 같았다. 나는 크랙에 끼어 있는 돌멩이에 로프를 감으려고 애쓰면서 심각한 상황에 직면할 때 항상 그렇듯 혼자 중얼거리기 시작했다. 나는 마침내 바위 턱에 올라서 폴 옆에 쓰러졌다.

"월런스의 변형 루트 어땠니? 저 녀석이 루트를 벗어나 그리로 올라왔거든." 그러더니 그는 피톤과 나무 쐐기가 잔뜩 박혀 있는 또 하나의 홈통을 가리켰다.

나는 바위 턱에 앉아 이런 일이 앞으로도 계속될 것인지 궁금해했지만, 오후가 지나자 자신감을 되찾았다. 그리고 월런스 변형 루트도 더 이상 없었다. 월런스가 아래쪽을 향해 소리쳤다. "여기 바위 턱은 무도장만 해." 그의 말은 농담이 아니었다. 내가 바위 턱에 올라서고 보니, 월런스는 프라이팬에 눈을 올려놓고 가스스토브로 녹이고 있었다. 어두워지려면 아직도 1시간 이상이나 남아 있었지만, 그런 바위 턱은 더 이상 없을 것 같았다. 다음 날 아침 우리가 그대로 머무는 동안 오스트리아 클라이머들이 우리를 앞질러나갔다. 어두워질 때쯤 우리 아래의 쿨르와르에서 굉음이 들려왔다. 바위의 턱 너머로 고개를 내밀어 보니, 엄청난 양의 바윗덩어리들이 빙하로 떨어지면서 불꽃을 내고 있었다. 사방에서 유황 냄새가 진동했다.

월런스는 "저것들이 오늘 아침에 굴러 떨어지지 않은 게 오히려 천만다행이군."이라고 말했다.

그러나 잠시 동안의 깊은 정적을 깨고 돌멩이 하나가 요란한 소리를 내며 떨어졌다. 우리는 몸을 피했지만 '탁!' 하는 소리가 났다. 이어 해미시가 머리를 움켜잡았고, 그의 손가락 사이로는 피가 흘러나왔다. 다행히 내 배낭에 붕대가 있었다. 우리는 그 붕대로 지혈을 해주었다. 우리는 그 넓은 바위 턱이 죽음의 덫이라는 사실을 깨달았는데, 결국 최대한 안쪽으로 몸을 바짝 붙여 포격지대에서 피신하는 방법밖에 없었다. 뼛속까지 추위를 느낀 나는 샤모니 마을의 불빛을 간절히 바라보면서 그날 밤을 보냈다. 저 마을 사람들은 레스토랑에서 식사를 하고 나서 안락한 침대로 기어들어가고 있을 텐데….

새벽에 우리는 노인들처럼 비틀거렸다. 나는 해미시에게 "다친 데는 좀 어때?" 하고 물었다.

"아주 안 좋아. 계속 어지럽네. 하지만 괜찮을 거 같아."라고 대답했다. 우리 중 어느 누구도 그 끔찍한 쿨르와르로 후퇴하고 싶은 마음은 없었지만, 나는 내가 해미시를 도와줄 수 있을지 확신할 수 없었다.

나는 월런스에게 이렇게 말했다. "해미시를 데리고 올라가는 게 어때? 나보다는 나을 거야. 폴과 나는 피톤을 회수하며 뒤따라갈게."

월런스는 나의 제안에 흔쾌히 동의했다. "좋은 생각이야. 어서 출발하자."

월런스는 그날 내내 발터 필립과 리처드를 따라 오르면서 해미시를 돌보았다. 해미시는 이따금씩 로프를 붙잡고 힘든 기색을 내보였지만 계속해서 올라갔다. 그는 그 후 오랫동안 어지러움을 호소했다. 그러나 그런 위기상황에도 불구하고 등반은 매우 훌륭하게 이어졌다. 손가락을 크

영국인 최초로 프티 드류 남서 필라를 오르며 첫 비박을 하는 모습. 폴 로스 뒤쪽에 머리를 다쳐 붕대를 감은 해미시 매키네스가 보인다. (크리스 보닝턴)

랙에 끼우고 다리를 허공에 놀리며 일련의 홈통을 올라간 것이다. 정오쯤 월런스와 해미시는 편안한 바위 턱에 큰대자로 누운 채 발터 필립이 튀어 나온 바위 구간을 힘들게 오르는 모습을 지켜봤다. 월런스는 "저기가 아 닌데…. 해미시, 로프 좀 잡아줘. 모퉁이 너머를 좀 보고 올게."라고 말했 다. 그가 시야에서 사라진 지 얼마 후 승리의 함성이 울려 퍼졌다. "그럴 줄 알았어!" 월런스는 우리를 본래의 루트로 이끌어주었지만, 시간이 너 무 늦어 그날은 어떤 것도 더 할 수 없었다. 나는 월런스의 비닐 비박색을 같이 썼는데, 그가 밤새도록 담배를 피워대는 통에 혹시 그 안에서 질식 사하는 것은 아닌지 걱정하기도 했다.

그는 이렇게 말했다. "그래도, 얼어 죽는 거보다는 낫잖아."

우리는 다음 날 정상에 올랐지만 하산을 하기 전에 한 번 더 비박을 해야 했다. 윌런스는 등반을 하면서 일관된 자세를 유지했다. 거칠고 자기만족적인 그는 어떤 일이 있어도 서두르지 않았다. 윌런스와 발터 필립이 있었기에 우리는 그 루트를 오를 수 있었다. 하산할 때는 윌런스가 팀 전체를 이끌었다. 해미시와 나는 기력을 회복했지만, 리처드는 기진맥진해서 말도 제대로 하지 못했다. 영국에서 나는 내 등반을 한계까지 밀어붙이며 상황을 통제하는 데 익숙해져 있었다. 이제 나는 더 이상 확신을 가지지 못한 채 마음속에 의구심만 가득했다. 나는 처음부터 끝까지 긴장해야 하는 등반이 싫었다. 그러나 자신감이 넘치는 윌런스의 모습은 나에게 묘한 감흥을 불러일으켰고, 그에게서 나는 무엇인가를 배울 수 있었다. 필라에서의 경험을 통해 나는 상황이 얼마나 악화되든, 그리고 무슨 일이 벌어지든 탈출할 수 있는 방법이 있다는 것을 배웠다. 나는 더 이상 미지의 위험에 대한 막연한 두려움으로 고통 받지 않았다. 공포는 내가 행동을 통해 줄이거나 쫓아낼 수 있는 것이었다. 그리고 이런 것들을 가르쳐준 윌런스에게 고맙다는 생각이 들었다.

견습 기간

제 4 장

신들의 거처

독일로 돌아온 나는 일상생활에 환멸을 느꼈다. 나는 어머니에게 이렇게 편지를 썼다. "군이 너무 싫어졌습니다. 특히 탱크는 혐오스럽기까지 합니다. 평화의 시기에 군인이라는 직업에 헌신할 만큼 제 소명의식이 충분치 않은 것 같습니다. 앞으로는 등반을 전문 직업으로 삼기 위해 노력할 작정입니다. 등반이 오래할 수 있는 직업은 아니라 하더라도 제가 무척 좋아하고, 잘 한다는 생각이 듭니다. 군은 분명 제가 있을 곳이 아닙니다."

어머니는 나의 생각을 그다지 달가워하지 않았다. 당시에는 전문 산악인이라는 것이 없었기 때문이다. 어머니는 내가 훌륭한 직업에 정착해 안정적인 생활을 하기를 바랐다. 물론 어머니가 아버지를 통해 겪은 고통을 생각하면 충분히 이해가 되고도 남았다. 어떤 면에서는 나 자신도 그런 길을 원하고 있었다. 나는 상황이 안정돼 보이면 그에 만족하거나 게으름을 피우는 편이었는데, 군에서는 특히 더 그렇게 되기가 쉬웠다. 한편 군 생활은 견디기 힘들 때가 많았다. 나는 군에 대한 흥미를 유지하기 위해 많은 노력을 기울였다. 나는 스키를 탈 줄도 몰랐지만, 그 전해 겨울에는 스스로 스키장교에 지원해 우리 병사 6명에게 장거리 스키경주를 가르쳐줄 노르웨이군의 스키강사가 있는 알프스로 3개월 동안 도피할 수 있었다. 우리는 바이애슬론처럼 소총을 가지고 스키를 타는 사단의 정찰

시합에서 상당히 좋은 성적을 거두었다. 심지어 우리는 좋은 공립학교 출신으로 어릴 때부터 스키를 탄 병사들로 구성된 기병연대 한두 곳을 누르기도 했다.

나의 상사였던 '거만한' R. G. 선더스Saunders 중령은 시대에 뒤떨어진 전차부대 요원으로, 내가 분주히 움직이는 것을 참지 못했다. 그는 나를 보빙턴Bovington으로 보내 통신 관련 강의를 듣도록 했는데, 나에게는 유익한 강의였다. 나는 부대로 돌아와 통신망을 재편성했고, 그 일을 좋아했다. 그러나 통신장교로 살아가는 하루하루는 재미가 없었다. 나는 일련의 강의과정을 견딜 수 없어 했고, 정비라는 개념 자체를 끔찍이 싫어했다. 주어진 일에 내가 질려버려 상황은 나빠지기만 했다. 어느 날 대대 사무실에서 일일명령을 훑어보던 나는 웨일스 서쪽의 티윈Tywyn에 있는 육군 아웃워드바운드학교Army Outward Bound School에서 강사를 모집한다는 내용을 우연히 보게 되었다. 그 학교에 대해 들어본 적은 없었지만 나는 그곳이 민간 아웃워드와 비슷할 것이라고 생각했다. 산악지대에서 일하면서 등반을 가르칠 수 있다는 전망은 무척 고무적이었다.

선더스 중령은 "이봐! 그 일은 말이야, 자네 경력에 좋지 않아."라고 경고했다. 그는 몇 년 동안 연대에서 더 근무한 후 하급 참모를 맡거나, 당시 영국군과 연계된 부대 중 유일하게 전투를 치르던 오만협정국 정찰대Trucial Oman Scouts에 파견근무를 나가라고 조언했다. 나는 후자의 경우도 마음에 끌리지 않았다. 그 지역에는 여자도 별로 없을 것 같았고, 당시 오만이 등반과 관련된 어떤 실적을 거둔 것 같지도 않았을 뿐더러, 적어도 그 지역에 대해 전혀 아는 바가 없었기 때문이다. 따라서 선더스 중령은 끝내 고집을 꺾지 않은 나를 놓아주었다. 나는 1959년 1월 연대를 떠났다. 그때는 내색하지 않았지만, 나는 그곳으로는 결코 돌아가지 않겠노라고 다짐했다.

티윈에서의 생활은 독일과 비교하면 상당히 경이로운 편이었다. 기차에서 내리자 '호전적인 잭Fighting Jack'이라는 별명을 가진 부대 지휘관 처칠Churchill 중령과 학생들이 나를 맞이했다. 처칠은 전장에서 긴 활을 마지막으로 쓴 주인공으로 종종 알려져 있었는데, 그는 1940년 프랑스에서 그 대궁으로 독일군 부사관 한 명을 죽였다고 한다. 그는 날이 넓은 칼도 잘 사용했으며 백파이프 연주도 곧잘 했다. 그는 나를 마중 나오면서도 백파이프 세트를 몸에 지니고 있었다.

"아, 자네가 보닝턴인가? 난 이 친구들을 먼저 보내야겠어. 나중에 뒤풀이자리에서 보세."라고 그는 말했다. 그가 말한 '이 친구들'은 역 앞에 늘어선, 세 계급에 걸친 젊은이들로, 그들은 새로운 환경의 주위를 두리번거리며 평소와는 다르게 자신들에게 고함치는 사람이 없다는 사실에 다소 어안이 벙벙해 있었다. 그들은 잭의 백파이프 소리에 맞추어 킬트Kilt[14]를 펄럭이며 모르파Morfa 기지 쪽으로 행진했다.

그 학교는 설립된 지 1년밖에 되지 않았는데, 군에서는 이례적으로 전체 참모들의 협조를 받아 완성되었다. 지휘관이든 선임교관이든 그곳에 부임하기 전에 아웃워드 훈련이나 기초적인 등반 경험을 쌓은 사람은 거의 없었다. 경험이 가장 많은 교관이 '믹 퀸Mick Quinn'이라 불리는 특수부대 요원이었고, 그의 열정과 지식 덕분에 학교가 운영되고 있다고 해도 과언이 아니었다. 부사관 6명과 하급 장교 2명도 있었는데, 그들은 10명씩으로 조직된 분대를 하나씩 맡고 있었다. 우리는 모두 서로 성을 빼고 이름으로만 불렀다. 여러 계급의 사람들이 다함께 모여 정책을 논의했고 때로는 격렬한 논쟁도 벌였는데, 이는 다른 부대에서는 찾아볼 수 없는 화합의 분위기를 조성했다. 학생들은 정책을 논의하는 시간에는 군복을 입을 필요가 없었다. 학교에서 두각을 나타낸 학생들은 고무적이면서도 힘든 수업을 받는 육군 견습생 출신들이었다. 그러나 초급간부 연대에서 온 학생 몇몇은 글을 간신히 읽는 수준이었다.

각각의 수업은 3주의 일정으로 진행되었다. 첫 수업에서는 체력단련, 기본적인 독도법, 응급처치, 약간의 암벽등반, 카누 타기, 야간 야영 등이 다루어졌다. 우리는 2주차에 수업의 강도를 끌어올려 스노도니아에서 등반과 하이킹을 했고, 3주차에는 소규모로 원정을 떠났는데, 학생들은 혼자의 힘으로 사흘 동안 산악지대에서 65킬로미터를 걸었다. 부사관들 중한 명인 이안 쿠퍼Ian Cooper는 첫 번째 집단의 학생들에게 이렇게 말했다. "너희들 중 몇몇은 분명히 아웃워드가 인성을 키워준다는 말을 들었을 것이다. 나는 3주 안에 너희들의 인성을 키워주려 애쓰진 않겠지만, 너희들은 자신의 자아를 찾을 수 있을 것이다. 너희들은 절대 불가능하다고 생각했던 일들을 하게 될 것이다." 야외교육에 대한 평가로서 나는 그의 말이 옳다고 생각했다. 그 수업은 조금은 수줍고 스포츠에 천부적으로 뛰어나진 않지만 지적인 능력은 충분한 학생들에게 특히 유익했다. 솔직히 말하면 나 같은 사람들에게….

나는 교실수업과 공습훈련도 하고, 기지에서 2킬로미터 정도 떨어진 해벽으로 등반 활동도 하러 나갔다. 그러자 시간이 빨리 흘러갔다. 나는 나 자신의 등반 활동에 너무 흥미를 느껴 내가 좋은 강사가 되지 못한다는 사실을 금방 깨달았다. 학생들을 데리고 쉬운 루트를 반복해 오를 수밖에 없는 상황은 절망스러웠다. 나는 좀 더 어려운 루트를 해보고 싶은 마음이 간절했다. 그러나 대부분의 소년들에게는 등반이 수업의 하이라이트였는데, 아마도 육체적으로 고되지 않으면서도 신나는 활동이기 때문이었을 것이다.

육군 아웃워드바운드학교에서 보낸 2년을 통해, 나는 영국 산악계로 돌아갈 수 있었다. 나는 마치 오랜 잠에서 깨어난 립 반 윙클Rip van Winkle[15] 같았다. 술집에는 낯선 얼굴들이 있었고, 산에는 사람들로 넘쳐났다. 뿐만 아니라 분위기도 이전과는 사뭇 달랐다. 내가 샌드허스트를 떠난 1955년에는 조 브라운과 돈 윌런스의 루트들이 여전히 미신에 가까운 경외심을 자아내고 있었다. 나는 디나스 크롬렉의 유명한 루트인 '새너태프 코너Cenotaph Corner'[16]에 도전한 일을 아직도 기억하는데, 그때 나는 몇 동작을 제대로 하지도 못하고 허겁지겁 도로 내려왔었다. 1959년 여름에는 꽤 많은 사람들이 그 루트를 올랐다. 나의 실력이 그들 정도는 될 것이라는 자신감을 가지고 나는 다시 그곳을 찾았다. 내가 없는 동안 그 루트는 마치 홀드가 새로 돋아난 것처럼 보였다. 나의 등반 실력이 확연히 늘었기 때문이 아니라 루트의 신비가 사라져버렸다는 느낌이 들었기 때문이다. 그 루트가 진정으로 어렵다고 느낀 것은 오직 내 상상 속의 산물이었다는 사실을 나는 깨달았다.

장비 역시 변화가 많았다. 1955년에는 대부분이 발에 꽉 끼는 체조용 신발을 신었었다. 그러나 1959년에 나는 현대적인 암벽화의 전신인 'PA'를 처음으로 구입했다. 그 암벽화는 체조용 신발이 미끄러질 만한 바위의 미세한 스탠스에 잘 달라붙었다. 확보기술 역시 상당히 개선되어 있었다. 1955년이라면 나는 덧장바위flake에 슬링 하나 달랑 걸었을지도 모른다. 그러나 선등자가 추락해서는 안 된다는 기본원칙은 제2차 세계대전 이전과 마찬가지로 확실했다. 나는 주머니에 작은 돌멩이를 넣고 다니며 크랙에 끼워 사용했는데, 그것은 조 브라운이 공들여 완성한 방식이었다. 그러나 그 후 곧 강철로 된 피톤이 등장했다. 안전의 폭이 점점 더 넓어지기 시작한 것이다.

그해 여름 나는 프랑스에서 엔지니어로 활동하던 건 클락Gunn Clark과 팀을 이루어 돌로미테에서 등반했다. 클락과는 캠프사이트에서 우연히 만났는데, 그는 로빈 스미스Robin Smith와 그랑드 조라스의 워커 스퍼를 영국인으로서 처음 오르고 돌로미테에 와 있었다. 그 후 그와 나는 치마 그

란데Cima Grande 북벽의 대담한 루트인 브란들러 하세Brandler Hasse를 영국인으로서 처음 올랐다. 그 등반은 돌로미테에서 초기에 영국 산악인들이 한 가장 어려운 것 중 하나였고, 그 후 그 지역의 등반을 촉진시켰다. 그런 흥분과 성취의 세계에 비해 군 생활은 막다른 골목처럼 느껴졌다. 나의 연대는 이제 리비아에 주둔하고 있었다. 그러나 나는 리비아에는 정말 가고 싶지 않았다.

다행히도 나는 미래에 대한 고민을 한동안 미룰 수 있었다. 이듬해 봄에 네팔의 안나푸르나2봉에 도전하는 합동원정대에 초청된 것이다. 그 당시 미등으로 남아 있던 그 봉우리는 고도가 거의 8천 미터에 달했으며 안나푸르나1봉에서 동쪽으로 16킬로미터 떨어진 곳에 있었다. 안나푸르나1봉은 마법의 숫자인 8천 미터를 살짝 넘는 고도로, 1950년에 초등되었다. 영국인들과 네팔인들로 이루어진 우리 합동원정대는 지극히 고령인 장군 두 명의 머리에서 나온 아이디어였다. 그들은 그때 막 전역한 육군원수 제럴드 템플러 경Sir Gerald Templer과 인도군 총사령관인 코단데라 수바야 티마야Kodandera Subayya Thimayya 장군이었다. 그 봉우리에 대한 세부사항은 구르카부대의 장교이자 카트만두의 영국 대사관 무관인 지미 로버츠Jimmy Roberts에게 일임되었다. 그는 빌 틸먼Bill Tilman[17]과 함께 1950년에 안나푸르나2봉을 탐사한 적이 있었는데, 그것은 위대한 산악인 빌 틸먼의 마지막 원정이었다. 지미는 그곳에 다시 가고 싶어 했다. 안나푸르나2봉은 1950년 이후 4개의 원정대가 도전했을 정도로 모두가 선망하는 목표였다.

　나는 히말라야 원정이 처음이라서 무척 설레었다. 그때는 배를 타고 갔다. 1960년 초, 나는 인도로 향하는 증기선 SS 실리시아Cilicia 호를 타고 겨울의 영국을 빠져나왔다. 항해는 일장춘몽 같은 여흥의 연속이었는데, 오랜 시간을 느긋하게 지내면서 선상 로맨스를 즐길 수 있었다. 뭄바이에서부터는 기차를 타고 북쪽으로 이동했다. 모든 것이 새로운 가운데 우리는 우리가 수송하는 엄청난 양의 물자에 약간의 흥분을 느끼기도 했다. 결국 그해 2월 말 우리는 카트만두에서 하나의 팀으로 모두 집결했다.

원정대는 다양한 사람들로 구성되어 있었다. 영국에서 파견된 6명 중 해병대 출신인 딕 그랜트Dick Grant만이 이전에 히말라야를 탐험해본 적이 있었고, 그 외에는 2명이 알프스를 어느 정도 경험한 적이 있었다. 지미는 자신이 관리해야 할 사람들을 냉정하게 평가했다. 훗날 그는 이런 기록을 남겼다. "사공이 너무 많다는 것이 이런 원정대의 단점 중 하나다. 양쪽에서 모인 사람들이 공정하게 의사표시를 할 수 있어야 효과가 나는 법인데, 결국 원정대는 균형 잡힌 모습이라기보다는 다양한 경험을 가진 개개인의 집합체에 가까웠다." 그때 나는 지미로부터 많은 것을 배웠다.

원정대는 효율적으로 통제되지 않았지만, 지미가 모집한 셰르파 9명의 역할이 중요했다. 그들은 거의 모두 같은 마을에서 온, 경험이 많은 베테랑들이었다. 그들은 이미 에베레스트나 칸첸중가Kangchenjunga, 마칼루Makalu 등 네팔의 주요 고봉들을 경험해본 적이 있었고, 대부분이 거의 8,000미터까지 올라본 적이 있었다. 그들의 경험 앞에서 우리는 부끄러운 처지가 되었다.

우리는 군대조직이었기 때문에 한 명씩 개인 셰르파를 배정받았다. 베이스캠프까지 걸어 들어가는 16일간의 여정 중 첫날 아침에 유쾌한 타시Tashi가 김이 모락모락 나는 차가 담긴 머그잔을 들고 내 텐트 입구에 나타났다. 아침 날씨는 화창했다. 텐트 문을 통해 눈이 부시도록 하얀 산을 배경으로 북쪽 지평선 전체에 걸쳐 펼쳐진 날카로운 녹색 능선들과 갈색 산들이 시야에 들어왔다. 나는 텐트에서 기어 나와 지미에게 갔다. 그는 마치 자신이 주인이나 되는 것처럼 산들이 그려내는 실루엣을 애정 어린 표정으로 바라보고 있었다.

그는 서쪽으로 멀리 떨어진 하얀 피라미드를 가리키며 "저게 히말출리Himalchuli야. 그리고 잘 보이진 않겠지만 아마 저게 안나푸르나2봉일 거야."라고 나에게 말했다.

서쪽으로 멀리 160킬로미터나 떨어진 안나푸르나2봉은 작은 점으로밖에 보이지 않았지만, 나에게는 그때가 원정기간 중 가장 흥분된 순간이었다. 나는 스노든을 처음 마주한 10대로 돌아간 기분이었다. 목표물을 처음 보는 순간은 정상에 오르는 것보다 훨씬 더 마음이 들뜬다. 마치 미래의 향기가 눈앞에서 어른거리는 것처럼. 그 후 며칠 동안도 새로운 경험으로 즐거움에 빠져 나는 거의 비슷한 수준의 흥분을 느꼈다. 계곡을 걸어 들어갈수록 경치 또한 계속 변했는데, 아열대 기후의 풍요로운 녹색지대가 사라지면서 소나무 숲들이 나타나는가 하면 그 후에는 돌들이 널린 고산지대의 비탈과 지붕이 납작한 가옥들이 나타나기도 했다. 마주치는 사람들의 얼굴 역시 변했다. 처음에는 카트만두 짐꾼들의 고운 얼굴을 대했지만 나중에는 깊은 계곡에 사는 티베트 인종의 넓은 얼굴을 보게 되었다

우리의 목적지는 마낭Manang이었다. 그 마을은 안나푸르나 산군 북쪽에 있어 네팔의 나머지 지역과는 동떨어져 있었다. 지금은 험한 길을 따라 지프로 접근할 수 있지만 그 당시는 외진 곳이었고, 달라이라마가 그 전해에 그곳으로 도피하면서 티베트 난민들이 따라 들어와 상당히 무질서한 곳이기도 했다. 한번은 현지 주민들이 여러 위반사항을 들먹이며 우리에게 2,000루피의 벌금을 요구했는데, 바랄Bharal[18]을 죽이고 담배를 피웠다는 혐의를 뒤집어 씌웠다. 몇몇 대원들이 담배를 피우기는 했지만 바랄을 잡은 일은 없었다. 그들은 벌금을 곧바로 내면 무려 50루피로 줄

여주겠다고 제안했다. 내 기억으로는 30루피에 합의했던 것 같다.

　루트는 특별히 어렵지는 않았지만 긴 데다 모험적인 시도를 해야 하는 곳이었다. 그때는 시즌 초라서 우리는 안나푸르나4봉 정상 — 그곳을 우리는 우회할 생각이었는데 — 바로 밑에 있는 7,300미터 높이의 숄더[19]까지 깊은 눈을 헤치며 캠프를 설치해나갔다. 그곳부터는 약간 내려서서 안나푸르나2봉 정상능선 쪽으로 횡단했다. 우리들의 임무 중에는 힘든 일도 많았지만, 최소한 딕 그랜트와 나는 루트를 찾아나가는 흥미로운 작업을 맡았다. 4월 말쯤 우리는 6,400미터 지점에 커다란 설동을 파 3캠프를 구축했는데, 그곳에서부터 정상까지는 여전히 1,500미터가 남아 있었다.

　우리의 셰르파 중에는 1953년의 성공적인 에베레스트 원정에 참가한 앙 니마Ang Nima도 있었다. 1953년 이후 그는 말라야Malaya에 주둔한 영국군 부대에서 식당 웨이터로 일하고 있었다. 그는 마치 어떤 부정적인 면을 간파라도 한 것처럼 경멸스러운 눈빛으로 우리를 바라보았다. 그러나 타시는 정반대로 항상 긍정적인 태도를 보이며 지속적으로 우리를 도와주었다. 타시는 50대였을 때 전전戰前의 여러 에베레스트 원정대에서 일한 경험이 있었다. 딕과 내가 그에 대해 느낀 감정은 단순히 '좋다'라는 말로는 부족했다. 우리는 그를 무척 좋아했다. 우리의 아버지뻘이었던 타시는 산에 머무르는 내내 우리에게 너무나 잘해주었다. 긴 하루가 끝나고 우리가 침낭 안으로 들어가 쓰러지면, 그는 프리무스 스토브와 싸우며 저녁식사를 만들어주었다.

　원정등반이 그 단계에 이르렀을 즈음 나는 실의에 빠졌다. 고소에 제대로 적응하지 못한 나는 다른 사람들을 힘겹게 따라잡았다. 그런 순간에 나를 밀어붙인 것은 정상 공격조에서 탈락할지 모른다는 두려움이었다. 숄더에 올라서기 위한 첫 번째 시도에서 4캠프를 설치했는데 그날 밤 우리는 끔찍한 고통에 시달렸다. 다음 날 우리는 거센 바람을 맞아 목표 지점까지 도달하지도 못하고 6,700미터에서 발길을 돌려야 했다. 여전히 지쳐 있던 나는 미련없이 도망치듯 뒤돌아섰다. 우리는 텐트를 거두어 배낭에 집어넣고 설동으로 내려왔다. 그곳에서 우리는 마지막 정상 공격을 위해 지미가 철수 명령을 내렸다는 사실을 알았다. 우리는 고된 노력을 뒤로 하고 휴식을 취하기 위해 모두 철수했다.

이틀이 지나고 나자 나는 다시 올라가고 싶은 마음이 굴뚝같았고 날씨가 좋아졌기 때문에 기회를 놓칠까 봐 안절부절못했다. 지미는 자신의 입장을 고수했다. 우리를 캠프로 복귀시킨 그는 충분한 휴식을 취해야 한다는 결심에서 한 발도 물러서지 않았다. 그것은 어려운 결정이었다. 그리고 그의 그런 결정은 리더로서의 자질을 충분히 보여주었다. 훗날 그는 그해 봄의 가장 좋은 날씨를 활용하지 못할까 봐 노심초사했었다고 고백했다.

우리는 마치 야전에서 군사훈련을 하듯 연필과 공책을 손에 들고 반원으로 둘러서서 그의 명령을 기다렸다. 그는 유인원을 닮은 듯 기묘한 느낌을 주었다. 주름진 소년 같은 모습의 그는 흥분하면 목소리가 높아지는 경향이 있었다. 그러나 그는 강인한 사람이었다. 그는 등반 기간 내내 몸이 좋지 않았지만, 그 영향이 우리에게 미치지 않도록 각별히 신경 썼다. 그가 마지막 공격계획을 세우면서 정상 공격조에 나를 포함시킨 것을 확인하고 나는 안도의 한숨을 내쉬었다. 정상 공격조에는 앙 니마와 지휘를 맡을 딕이 포함되었다.

결국, 충분히 쉬기로 한 지미의 결정은 효과가 좋았다. 우리가 다시 위쪽으로 올라갔을 때 무려 엿새 동안이나 완벽한 날씨가 계속된 것이다. 우리는 숄더의 7,300미터 약간 못 미치는 지점에 5캠프를 세웠다. 지미는 4캠프부터는 산소를 사용하라고 지시했는데, 산소를 마신 나는 완벽하게 활력을 되찾았다. 그러나 그때부터 날씨가 나빠지기 시작했고 밤사이에 남쪽에서 구름이 몰려들었다. 아침이 되자 격렬한 폭풍이 텐트를 뒤흔들었다. 딕은 6캠프를 세울 물자를 수송하기 위해 정상능선 아래쪽으로 횡단하자고 말했다. 구름 속에 묻힌 채 바람을 뚫고 나아가면서 나는 그런 곤란한 상황을 오히려 즐기는 나 자신을 발견했다. 그러나 힘들게 사면을 올라 숄더에 있는 5캠프에 도착했을 때 우리 둘은 패배에 가까운 좌절감을 느꼈다.

나는 딕에게 "좋은 날씨의 마법이 다 된 것 같은데. 더 일찍 올라왔어야 했어."라고 말했다. 그는 프리무스 스토브 위로 수그려 산소통의 고장난 레귤레이터 밸브를 녹이려 했다.

나보다 더 무기력하게 보인 그는 이렇게 말했다. "상황이 아주 나쁘진 않아. 이틀 정도 더 기다려보자." 나는 딕에게 화를 내본 적이 없었던 것으로 기억한다. 물론 그 역시 설사 절망감을 느꼈을지라도 나에게 그런 내색은 일절 내보이지 않았다. 내가 그의 침낭에 수프를 쏟았을 때조차도…. 그는 어느 누구와도 잘 지내는 부류의 사람이었다. 나는 그의 산소장비가 걱정되어 대체용을 올려 보내도록 하자고 제안했다. 그는 내 말에 동의하면서도 "어떻게든 해낼 거야."라고 덧붙였다. 그날 그는 거친 숨을 내쉬면서도 불평 한 마디 하지 않았다. 아마 나라면 그렇게 계속하지는 못했을 것이다.

그날 밤 우리는 보통 대담한 시도를 하기 전에 찾아오는 팽팽한 긴장도 없이 잠을 잘 잤다. 우리는 침낭 속에서 하루를 보내며 폭풍이 지나가기를 기다렸다. 몸과 뇌가 저산소증으로 둔감해진 상태였기 때문에 나는 일어나고도 한참이 지나서야 바람이 멎었다는 사실을 알았다. 텐트 밖으로 머리를 내밀고 보니 북쪽에서 상층구름이 대거 몰려오고 있었다. 나는 나중에 날씨가 나빠질지도 모른다고 걱정했다.

"구름이 어느 쪽에서 온다고 했지?"

"북쪽!"

그는 몸을 꼿꼿이 세워 앉았다. 그쪽 방향에서 날씨라는 변수가 다가 오는 것은 처음 있는 일이었다. 그는 "오히려 좋아진다는 징조일지도 몰라." 하고 말했다.

"아, 그런 생각은 미처 못 했군. 오늘 6캠프까지 올라가는 게 좋겠어."

"6캠프라니? 정상까지 가야지."라고 그는 말했다.

그렇게 결정을 내린 우리 셋은 재빨리 텐트에서 기어 나와 오전 7시 30분에 출발했다. 5캠프에 있던 셰르파들이 6캠프용 텐트를 가지고 우리 를 뒤따를 예정이었다. 우리는 곧 밝은 햇살을 받으며 능선마루 바로 아 래를 따라 정상능선으로 향했다. 수백 미터의 까마득한 낭떠러지 밑에는 현수빙하가 복잡하게 얽혀 있었다. 딕의 산소 장비는 여전히 말썽을 부렸 다. 2시간 뒤에 우리가 정상능선에 올라서자, 그는 나를 불러 앞장서도록 요구했다. 정상은 여전히 수직으로는 760미터, 거리로는 1,600미터나 떨 어진 곳에 있었다.

그때 남쪽에서부터 거대한 적란운이 일기 시작했고, 북쪽에서 밀려 온 짙은 상층구름은 우리 뒤쪽의 능선을 가로질렀다. 날씨의 조짐이 안 좋았지만 우리는 후퇴를 고려하지 않았다. 우리는 정상에 오를 작정이었 다. 단단한 눈을 수백 미터 헤치고 나아가자 다 낡은 집의 부실한 타일 같 은 바위지대에 도달했다. 서로를 확보 봐줄 시간이 없었다. 따라서 우리 는 아무것도 건드리지 않도록 조심했다. 그 장애물을 넘어서자 능선마루 에 걸린 리본 모양의 눈이 나타났다. 나는 그곳을 앞장서 나가며 피켈을 휘두르고 한 발을 올린 다음 숨을 헐떡거리는 동작을 무한히 반복했다. 이제 나는 뒤쪽에서 몰려오는 구름 따위에는 더 이상 신경 쓰지 않았다. 마침내 정상이 눈에 들어왔다. 그러나 정상이라고 생각한 곳에 올라서자 긴 능선이 또 다시 이어져 있어 너무나 실망한 우리는 몸과 마음이 축 늘어졌다. 우리는 마침내 눈으로 된 작은 원뿔에 도달했는데, 그곳은 사방이 아래쪽으로 향하고 있었지만 나는 내가 정상에 올라섰다는 것이 믿기지 않았다.

나는 감격에 겨웠다. 아마도 내가 처음으로 초등한 미등의 고봉이었기 때문에 그렇기도 했겠지만, 우리가 다함께 너무나도 잘해냈기 때문에 그 감격이 더욱 크게 다가온 것 같다. 우리는 구름바다로 다른 사람들과 단절된 채 우리가 차지한 외딴 정상에 주저앉았다. 오후 4시라서 어두워지기 전에 캠프까지 내려갈 시간은 충분했다. 앙 니마는 완전히 고립되어 있다는 느낌을 한순간도 지우지 못하는 것 같았다.

그는 "사힙sahib, 내려가요."라고 졸랐다.

그때부터 하산은 고난이 되어 의기양양했던 마음이 모두 어디론가 사라졌다. 우리는 정상에 올라서기 위해 온갖 위험을 무릅썼지만 이제는 아무런 목표도 없이 내려가야 했다. 산소가 떨어지자 로프가 풀리는 것을 바라보기도 힘들었다. 그때 딕이 미끄러졌고, 내가 대응을 하기도 전에 나 역시 이끌려 떨어지며 그를 지나쳤다. 딕은 간신히 멈추었고, 로프가 팽팽해지자 나 역시 멈추었다. 우리는 한 마디 말도 없이 계속 내려갔지만 얼마나 위험천만한 순간이었는지는 서로가 잘 알고 있었다. 마침내 캠프에 도착하자 우리를 애타게 기다리던 우르케인Urkein과 밍마Mingma가 머그잔에 차를 따라 건네주었다. 피로와 긴장에 찌들어 침낭 속으로 쓰러지다시피 기어들어 갔다. 한밤중에 인후염과 호흡곤란으로 고통을 느낀 나는 죽을 것만 같았다. 딕을 깨워 내 마지막 순간을 함께해달라고 부탁했다. 그는 아무 일 없을 것이라고 나를 안심시킨 뒤 다시 잠들었다.

베이스캠프로 내려온 지 3일이 지난 후에도 나는 여전히 맥이 빠진 느낌으로 인해 불안에 떨었지만 예상치 못한 방식으로 그 기분에서 빠져

나올 수 있었다. 베이스캠프를 기록적으로 빠른 시간 내에 정리한 다음, 원정대는 온 길과는 다른 곳을 통해 포카라Pokhara로 돌아가기로 결정한 것이다. 즉, 북서쪽으로 향해 지금은 인기 좋은 트레킹 코스가 된 소롱 라Tholong La를 넘어 순례자의 마을인 묵티나트Muktinath를 거친 후, 남쪽으로 방향을 틀어 칼리 간다키Kali Gandaki강을 따라 내려가자는 것이었다. 하지만 지름길도 있었다. 틸리초Tilicho 고개를 넘어 얼어 있는 호수를 건너는 길로, 1950년 모리스 에르조그Maurice Herzog가 거쳐 간 곳이었다. 모리스의 보고서를 읽은 적이 있는 나는 그 길을 따라가고 싶었다. 나는 지미에게 내가 타시와 둘이서 그 길로 가도 되는지 물었다. 그리고 그 길을 따라간 것은 내 생애에서 가장 만족스러운 트레킹이 되었다.

셰르파들은 마을에 다다르자 토속주인 락시rakshi를 취할 때까지 마시며 우리 합동원정대의 성공을 축하했다. 우리가 안나푸르나2봉을 오르는 동안 우르케인과 밍마는 안나푸르나4봉을 올랐는데, 이는 셰르파들만으로 등정에 성공한 첫 사례가 되었다. 그래서 끔찍한 숙취에 시달리는 그들을 돌보아주기 위해 타시를 마낭에 내버려둔 채 내가 먼저 출발했다. 나는 그가 뒤따라오는 동안 책을 읽고 있었는데, 마침내 나를 따라잡은 그는 "미안해요, 미안해요. 사힙! 락시는 안 좋아요."라고 말했다.

그 전주의 긴장과 극적인 사건이 머릿속에서 서서히 지워졌다. 대신 내 앞에 펼쳐질 미지의 지역을 상상하자 나는 기분이 한결 좋았다. 타시는 중간에 멈추어 현지 여성들과 잡담을 나누고 차에 곁들여 먹을 꿩알을 샀는데, 나는 그들이 나누는 대화를 한 마디도 알아들을 수 없었지만 마치 내가 그들과 하나가 된 듯한 느낌을 받았다. 우리는 트레킹 첫째 날 밤에 조그만 불을 피워놓고 그 옆에서 별들을 바라보며 잠들었고, 그다음 날은 황량한 야생지대를 넘어 호숫가에서 야영했다. 가장 가까운 인간의 거주지에서 불과 20킬로미터밖에 떨어져 있지 않았지만, 밤하늘이 주위의 높은 산으로 둘러싸여 있어 놀라울 정도로 적막하고 외진 느낌이 들었다. 정상에서보다 그곳에서 나는 더 뿌듯한 행복과 만족을 느꼈다. 다시 두 번째 고개를 넘으면서 나는 산에서 느끼는 고독을 떠나 이상한 곳의 이방인들과 어울리게 되어 애석한 마음이 들었다. 그러나 나의 마음은 너무나 평온했다.

웨일스로 돌아온 나는 익숙한 문제에 부딪혔다. 장래에 대한 혼돈스러운 먹구름이 드리워진 것이다. 육군 아웃워드바운드학교에서의 임기는 몇 개월 내로 끝날 예정이었지만, 나는 더 이상 연대에서 복무하고 싶지 않았다. '거만한' 선더스 중령의 예언처럼 웨일스에서의 복무로 인해 나는 불이익을 당했고 대위 진급에 지장을 받았다. 그때 한 가지 생각이 떠올랐다. 나는 육군 공수특전단 대령에게 특별한 경로를 통해 편지 한 통을 보냈다. 군에서의 생활을 좋아는 하지만 연대에서는 모난 돌 같은 존재였던 나 같은 사람에게 공수특전단은 방향을 제시해줄 수 있을 것 같았다. 그러나 상황이 좋지 않을 수도 있었다. 필수적인 보안검사에서 공산주의 청년연맹에 가입한 이력이 드러날 것이 확실했는데, 1950년대에는 공산주의에 대한 피해망상이 심각한 수준이었다. 어쨌든, 공수특전단에 간다면 탱크를 사용할 때와는 달리 직접적이고 개인적인 방식으로 사람을 죽여야만 할 터였다. 공수특전단은 나에게 답장을 보내 지원해보라고 제안했다. 그러나 나는 군을 떠나기로 결심했다.

나는 또 다른 히말라야 원정대에 초청되었다. 이번에는 군이 아닌 민간 원정대였다. 조 웜슬리Joe Walmsley는 북서부 출신의 유명한 클라이머로, 몇 해 전 카라코람Karakoram에 있는 아주 어려운 봉우리인 마셔브룸Masherbrum으로 원정대를 이끌기도 했었다. 돈 윌런스가 그 원정대에 참가해 정상 가까이까지 올라갔고, 그것만으로도 대단한 시도였다. 그해 가을 산악인들의 만찬에서 조를 만났는데, 그는 에베레스트 바로 앞의 7,800미터가 넘는 눕체Nuptse에 도전할 대원들을 모집하고 있다고 말했다. 윌런스는 이미 그의 계획에 포함되어 있었다.

"대원들을 모두 구했습니까?" 내가 물었다.

"왜요? 같이 가고 싶은가요?"

나는 길게 고민하지 않았다. 군이야 어떻게 되든 상관없었다. 군에서 허가를 받아야 한다는 생각 따위는 떠오르지 않았다. 그리고 그들이 나에게 휴가를 더 줄지도 의문이었다. 물론 안나푸르나2봉에 나를 보낸 것은 군이었지만, 결국 군은 등반경력을 쌓기에는 부적절한 곳이었다.

"물론입니다. 자리가 있다면요."

나는 이제 다른 일자리를 찾을 때가 되었다고 생각했다. 하지만 안정적인 군에 익숙해져 있던 나는 본능적으로 또 다른 — 그것이 무엇이든지 간에 — 큰 조직에 들어가고 싶었다. 그렇게 해서 나는 마가린 판매원이 되었다.

나는 대기업들에 지원서를 냈는데, 유니레버Unilever와 예비 면접을 보게 되었다. 나는 면접을 멋지게 통과했다. 기업으로 자리를 옮기는 것은 그리 어려워 보이지 않았다. 다음은 유니레버의 선발위원회를 통과해야 했는데, 샌드허스트에 들어가기 위해 내가 거쳤던 곳과 비교하면 좀 더 지적인 위원회였다. 악어가 우글대는 군의 습지대 대신 비누 제조업자를 가정한 면접이 진행되었다. 그 과정을 거친 다음 나는 마가린을 파는 자회사 반 덴 버그Van den Bergh의 상무이사 앞에 서게 되었다. 그의 양쪽에는 다른 이사 둘이 있었다.

한 사람이 질문을 던졌다. "자네는 떠돌이 같은 느낌이 드는군. 처음엔 공군, 그다음엔 육군, 그리고 이젠 우린가?" 자존심이 상한 나는 얼굴을 조금 붉히고 나의 입장을 변호했다.

그러자 또 다른 이사가 입을 열었다. "그래? 그런데 왜 마케팅을 선택했지?" 나는 안나푸르나 원정에서 쓸 장비를 구하기 위해 '카운터 마케팅 기술'을 쓴 일을 조금 과장되게 설명했다.

"우리한테 애원하는 것처럼 들리는구먼. 얼마 안 있어 자네가 또 다른 원정에 가지 말란 보장이 없지 않나?"

"눕체가 저의 마지막 원정이 될 겁니다."라고 나는 약속했다. "평생 동안 등반만 하는 걸 제 경력으로 삼을 수 없다는 것쯤은 잘 알고 있습니다." 그 회사가 어떤 곳인지는 확실치 않았지만 나는 좋은 회사일 것이라고 생각했다. 그들은 내게 일자리를 주었다. 나는 곧 경제계에서 길고도 성공적인 경력을 쌓아갈 참이었다. 9월까지는 일을 시작할 필요가 없었기 때문에 나는 눕체 원정이라는 백조의 노래를 부를 수 있었다. 또한 원정을 끝내고 집으로 돌아가는 길에 알프스에서 몇 주를 보낼 수도 있었다.

몇 주 뒤 나는 가파른 설사면을 힘겹게 걸어올라 7,300미터에 있는 어려운 바위지대 바로 밑의 6캠프로 향했다. 그러나 기분 좋은 나의 낙관주의는 사르라니 가라앉고 말았다. 나는 레스 브라운Les Brown과 함께 움직였는데, 스톡포트Stockport 출신의 젊고 키가 큰 그는 이미 알프스에서 훌륭한 등반기록을 쌓은 클라이머였다. 나는 레스가 좋아 사이좋게 지냈지만 결국 험악한 싸움에 휘말렸다. 전날 밤 나는 레스와 언쟁을 벌였다. 그는 져 날라야 할 짐이 있는데도 내가 왜 선두에 나서는지 모르겠다고 투덜댔고, 나는 내가 베이스캠프에서 쉬며 몸을 추스르는 동안 왜 전진이 신통치 않았느냐고 의문을 제기했다. 조 윔슬리가 우리의 어리석은 말다툼을 종결지었지만, 원정등반에서는 모두가 이기적이라는 느낌이 들었다.

그날 저녁, 우리는 데니스 데이비스Dennis Davis와 그 전해에 내 좋은 친구였던 타시 셰르파가 바위지대 밑으로 곧장 올라가는 것을 목격했다. 레스와 내가 숨을 헐떡이며 가장 높은 캠프로 올라가는 동안 나는 그들이 바위지대를 넘어설 수 있는 길을 찾아내기를 바랐다. 우리가 그 마지막 장애물을 돌파한다면 정상에 갈 수 있는 위치를 선점하게 될 터였다. 우리가 캠프에 도착했을 때도 그들은 여전히 올라가고 있었다. 그래서 우리는 텐트를 칠 수 있도록 눈을 다진 후 그곳에서 기다렸다. 환상적인 저녁이었다. 마침내 우리는 주위를 둘러싼 산들보다도 높은 곳에 있었다. 아마다블람Ama Dablam의 뾰족한 봉우리가 뒤쪽 산들을 배경으로 모습을 드러냈다. 서쪽에 있는 8천 미터급 고봉 초오유Cho Oyu의 둥근 정상도 우리가 있는 곳보다 그리 높아 보이지 않았다.

데니스는 어스름이 질 무렵 텐트로 돌아왔다. 그는 내가 마지막으로 만났을 때보다 더 여위고 피로로 인해 초췌해 보였지만 눈빛에는 승리감이 서려 있었다.

"바위지대를 돌파했어. 그 위쪽은 그다지 힘들어 보이지 않아."

"어느 정돈데?"

"우리가 생각했던 것보다는 훨씬 쉬워." 데니스는 바위지대를 가로질러 곧장 횡단하는 길을 찾아냈는데, 그가 애를 먹은, 얼음으로 뒤덮인 침니가 유일하게 어려운 곳이었다. 나는 그곳에서부터 정상에 올라설 수 있는지 큰 소리로 물어보았다.

"그건 모르겠어. 그곳부터 정상까지는 꽤 멀어." 몇 주 전부터 나는 데니스를 싫어하면서도 존경했다. 덥수룩한 콧수염이 난 그는 기골이 장대하고 강건한 사람으로, 고된 일도 절대 마다하지 않았다. 날씨가 나빴던 지난 며칠간 그는 루트를 열심히 개척했다. 하지만 그는 불쾌감을 주기도 했는데, 냉소적이며 가시 돋친 말을 내뱉어야만 직성이 풀리는 성격이었다. 그 순간도 예외는 아니었다. "너희들에게 무슨 일이 있었는지 궁금해지기 시작했지. 지난 며칠간 아무 일도 없었잖아? 타시랑 그냥 치고 올라갈까도 생각했어. 힘든 일은 우리가 다 한 거 아냐?"

지금 생각해 보면 우리의 충돌은 필연이었다. 데니스는 잔소리꾼으로, 자신이 하는 모든 일에 정확을 기했고 이는 현장기술자로 일하는 그에게는 당연한 것이었다. 그는 또한 사물정리에 강박관념이 있었다. 그는 한밤중에도 텐트 안이 완벽하게 정리되어 있지 않으면 가만히 있지 못했다. 그와 정반대였던 나는 게으른 편으로, 일을 해나가는 데 있어서 최소한만 하는 것을 좋아했고 어질러진 텐트의 불결한 환경에서도 편안함을 느꼈다. 때에 따라서는 더러운 접시에 밥을 먹어도 상관없었다. 우리는 산의 아래쪽 설사면에서 루트를 뚫으며 일주일을 함께 보냈는데, 그때 빙벽 아래를 횡단하거나 바위에 아슬아슬하게 붙어 있는 얼음덩어리를 오르는 초조한 작업을 계속했었다. 내가 일기에 썼듯 그 작업이 끝나갈 때쯤 나는 그의 얼굴을 한 대 후려갈기고 싶었다. 물론 그도 나와 같은 심정이었을 것이다.

원정대는 전체적으로 단합이 안 되었다. 이는 돈 윌런스와 관련이 있는 것으로 보였는데, 그가 오토바이 교통사고를 당하고 나서 원정대에서 빠졌기 때문이다. 원정대원들은 대부분 윌런스의 인맥이었고, 트리니다드Trinidad에서 태어나 케임브리지에서 권투선수 대표를 한 존 스트리틀리John Streetly도 그중 하나였다. 존은 체격이 윌런스와 비슷했다. 그러나 기질은 사뭇 달라, 호감이 가고 역동적이며 자신감 넘치는 인물이었지만 이따금 속내를 알 수 없는 사람이기도 했다. 아마도 윌런스가 있었다면 대원들 사이에 서로에 대한 공감대가 형성되었을지도 모른다. 나는 내가 주제넘고 자기중심적인 모습을 내보인다는 것을 잘 알고 있었다. 나는 원정대를 위해서라면 편견과 야심을 버려야 한다는 점을 그때는 잘 모르고 있었다. 그러나 대원 하나가 내가 원정대의 자금을 가지고 알프스로 도망가 여름 시즌을 보낼 수도 있다면서 존에게 나를 잘 감시하라고 경고한 사실을 알고 나는 무척 화가 났다.

당시 나는 조의 리더십을 상당히 낮게 평가했다. 그는 매사에 매우 명료하고 결단력이 있었던 그 전해의 원정대장 지미 로버츠와는 크게 대조되는 인물이었다. 조는 아마도 대원들 간에 성격상 마찰을 빚고 있어서 그랬는지 훨씬 더 신중한 자세를 취했다. 지금 되돌아보니 사실 그는 인내심을 발휘한 것뿐이었다. 이기적인 사람들로 구성된 원정대가 대원들 사이의 분쟁을 스스로 해결하는 동안 조용히 등반에 필요한 물자를 산의 위쪽으로 조금씩 올려 보낸 것이다. 그는 귀국하자마자 더 이상 원정대를 맡지 않을 것이라고 언론에 발표했는데, 나는 그를 탓하지 않았다. 서른여덟의 나이에 갓 꾸린 가정이 있었기에 그는 다른 일들에 신경 쓸 여유가 없었다. 그와 나는 35년이라는 세월이 흐른 뒤 다른 원정대에서 한 번더 의기투합해 많은 것을 성취했다.

1961년의 눕체 남벽 등반은 불가능에 가까운 도전이었고 많은 면에서 시대를 앞서간 것이었다. 우리가 안나푸르나 남벽 등반을 계획할 때 눕체 등반은 방향을 잡는 데 큰 도움을 준 획기적인 사건이었다. 우리의 루트는 창의적이었지만 길었고, 썩은 눈과 얼음으로 돌출된 버트레스를 오르는 것이었다. 루트는 그 꼭대기에서 바위지대를 따라 왼쪽으로 돈 다음, 정상 밑에 있는 걸리 쪽으로 계속 횡단하고 이어 능선에 올라서서 정상으로 향하는 것이었다. 사실 말로는 쉽지만 엄청나게 힘든 등반이었다. 모두 8개의 캠프를 구축해야 했는데, 고정로프가 떨어져 현지에서 급히 조달한 낡은 마닐라 삼 로프에 의지해야 했다.

등반을 하면서 생긴 언쟁과 루트의 규모에도 불구하고, 우리는 끝까지 등반을 이어갔다. 바위지대에서부터는 레스와 내가 번갈아 앞장섰고, 7캠프 위쪽은 얼음에 발판을 깎아가며 전진했다. 여기서도 데니스는 참지 못하고 한 마디를 내뱉었다. 그는 우리가 7캠프로 돌아오자 "최악의 루트를 골랐어."라며 차를 한 잔 건네주었다. 우리는 다음 날 걸리에 8캠프를 설치하기로 했다. 우리가 데니스와 타시의 텐트와 장비를 가지고 뒤따라 올라가는 동안 그들은 발판을 깎으며 전진했다. 그다음 날 그들은 발판을 더 많이 깎아 만들면서 걸리를 치고 올라가 여러 명이 정상에 도전할 수 있는 토대를 마련했다. 그러나 레스와 내가 짐 스왈로우Jim Swallow, 펨바Pemba 셰르파와 함께 계획대로 8캠프에 도착했을 때 데니스와 타시는 그곳에 없었다. 우리가 텐트를 설치할 장소의 눈을 다지고 있을 때쯤 날이 어두워지고 있었는데도 그들은 여전히 모습을 드러내지 않았다.

"그 녀석들이 정상에 간 게 틀림없어. 서두르지 않으면 꼼짝없이 비박을 해야 할 텐데…." 그들의 외침이 들렸을 때는 이미 저녁 8시가 지나고 있었다.

"해냈어?" 내가 데니스에게 물었다.

"물론이지."

"잘 했어. 정상은 마땅히 네 몫이었으니까." 내 말은 진심이었다. 우리들 중 데니스가 가장 나았을 뿐더러 투지도 훌륭했기 때문이다. 사실 그 순간이 그의 등반경력에서는 절정이었다.

다음 날 아침에는 우리가 도전에 나섰는데, 발판을 하도 잘 만들어놓아서 로프를 사용하지 않고도 올라갈 수 있었다. 내가 앞장서나갔고, 펨바가 내 뒤에서 따라왔다. 내 앞의 걸리는 끝이 없었다. 나는 여섯 발자국을 간 다음 한 번 쉬었는데 눈이 깊어 헉헉거렸다. 나는 펨바가 나를 앞지르지 못하도록 하리라고 굳게 마음먹었다. 그리고 걸리의 꼭대기가 여전히 멀게만 보였기 때문에 시선을 바로 눈앞에만 두었다. 나는 나 자신을 채찍질했다. '이번에는 열 발자국을 가는 거야.' 그러나 나는 겨우 여덟 발자국을 간 다음 설사면에 기댄 채 가쁜 숨을 내몰아쉬었다.

마침내 걸리의 꼭대기가 눈앞에 보였다. 내가 느릿느릿 열 발자국을 올라가자, 두 달간의 노력이 결실을 맺으며 온 세상이 나의 것이 되었다.

웨스턴 쿰Western Cwm이 내려다보였고, 그 건너편으로 에베레스트가 보였다. 내 눈앞에 펼쳐진 광경은 거대하고 끝없는 공간, 웅장한 산 너머로 넓게 펼쳐진 갈색 평원, 그리고 멀리 지평선까지 아득히 뻗어간 산들과 그 사이사이에 간간이 모습을 드러낸 하얀 산들이었다. 흐릿하게 보이는 것은 아무것도 없었다. 멀리까지 굽이치는 지형 하나하나가 차갑고 희박한 공기 속에서 선명하게 드러났다. 정상은 눈처마였다. 나와 펨바는 그 위에 주저앉았다. 나는 마침내 사투가 끝난 것에 감사했다. 그리고 이곳보다 거의 1,000미터나 더 높은 에베레스트 정상을 산소 없이 올라가는 것은 불가능하다고 생각했다. 또한 그때 내 눈앞에 펼쳐진 검은 바위로 된 삼각형의 에베레스트 남서벽에 내 삶의 대부분을 바치게 되리라고는 상상조차 하지 못했다. 눕체 정상에서의 기억은 황량하고 건조한 갈색의 티베트 고원뿐이었다.

제 5 장

새로운 인생

아이거 북벽 아래의 알피글렌Alpiglen에 있는 텐트 밖에서 감자 껍질을 까고 있는 나에게 돈 윌런스가 말했다. "크리스! 문제는 말이야, 네가 너무 의욕이 넘친다는 거야. 그러니 언제나 네가 나보다 일이 많지."

우리 중 누가 식사 준비를 할 것인지는 정기적으로 우리의 인내력을 시험했는데 보통은 내가 그에게 졌다. 우리는 날씨가 좋아지기를 기다리며 북벽 밑에서 2주일이나 그런 식으로 버티고 있었다. 폭풍이 몰아치고 폭설이 내리면 희망이 무너져 내리고 구름이 걷히면 희망이 다시 고개를 들었지만, 우리가 장비를 챙기면 어느새 먹구름이 다시 끼곤 했다. 그런 기다림은 지루하기 짝이 없었다. 그러나 눕체 원정등반을 끝내고 오랜 시간 동안 차를 몰고 왔던 나에게는 오히려 체력을 회복할 수 있는 좋은 기회이기도 했다.

파리 떼에 시달리고 타이어가 터지는 고초를 겪으며 나는 1만 킬로미터가 넘는 길을 카트만두에서부터 차로 달려온 끝에 알프스에서 윌런스를 만났다. 그는 자신의 키만큼 큰 배낭을 메고 맨체스터에서부터 히치하이킹으로 사흘 만에 곧장 아이거 북벽 밑에 도착했다. 단순히 신체 적응을 하기 위해 쉬운 루트를 오르는 것은 그의 철학과 맞지 않았다. 나는 스위스로 가기 전에 에귀 델 엠Aiguille de l'M을 연습으로 오르자고 그를 설득했는데, 사실은 내 컨디션을 알아보고 싶었기 때문이었다. 벽을 중간쯤 올랐을 때 다리가 떨리고 무거운 몸이 아무 짝에도 쓸모없게 되자 나는 내 판단이 정확했다는 사실을 깨달았다.

"넌 빌어먹을 할망구처럼 등반하고 있다고."라고 윌런스가 소리쳤다.

정상에 올랐을 때 나는 그에게 내 몸이 그렇게까지 망가진 줄은 미처 몰랐다고 고백할 수밖에 없었다.

"괜찮을 거야. 조 브라운이 칸첸중가에서 돌아왔을 때도 너랑 비슷했 거든. 아이거 북벽에서 훈련하면 돼. 정상에 올라갈 때쯤에는 체력이 돌아오거나, 아니면 죽어 있겠지!"

시간이 지나자 돈이 떨어졌다. 존 스트리틀리는 친절하게도 내게 20 파운드를 빌려주었는데, 눕체를 떠난 후 10파운드밖에 남아 있지 않았던 내게는 큰 도움이 되었다. 돈 윌런스는 "그걸로 민간인 생활에 적응할 수 있을 거야. 군에서 얼마나 안이하게 지냈는지 너는 잘 모를걸."이라고 말했다. 하지만 몇 주간 감자를 튀겨도 먹고 카레에 섞어서도 먹고 삶아도 먹은 끝에, 나는 스위스 클라이머 막스 아이젤린Max Eiselin의 초청을 받아들여 루체른Lucerne까지 차를 얻어 타고 그를 방문하자고 윌런스를 설득했다. "거기 가면 그가 훌륭한 요리를 대접해줄지도 모르잖아."

인터라켄Interlaken까지는 차를 얻어 타기가 하늘의 별 따기였지만, 그곳에서는 우리가 엄지손가락을 들기도 전에 폭스바겐 한 대가 우리 옆에 멈춰 섰다.

운전을 하는 사람이 "태워줄까요?"라고 말했다. 젊고 매력적인 그녀는 사귀는 사람이 없는 것이 확실해 보였는데 미국인 억양을 구사했다. 윌런스가 배낭을 가지고 뒤쪽에서 부루퉁해 있는 동안 나는 조수석 쪽으로 다가갔다.

"미안하지만, 멀리 가지는 않습니다. 어디까지 가세요?"

"루체른이요. 한데 출발하기 전에 커피나 한 잔 하시죠?" 하고 내가 말했다.

루체른에 대한 생각이 머릿속에서 싹 가셨다. 짙은 머리칼의 앤Anne은 큰 키에 강인하면서도 따뜻한 인상이어서 나는 곧바로 그녀에게 매력을 느꼈다. 차에서 처음 대화를 나눌 때부터 나는 그녀와 함께 있는 것이 편안했다. 그녀는 프랑스어를 공부하기 위해 유럽에 머물고 있었다. 루체른까지 함께 가자고 그녀를 설득하는 데 실패한 윌런스와 나는 그녀의 유스호스텔 바깥에서 별을 바라보며 그날 밤을 보냈다. 다음 날 우리는 투르네르제Thurnersee 호수에서 함께 수영을 했고, 앤은 제네바로 돌아가는 길에 우리가 원래 출발했던 그린델발트에 내려주면서 다시 돌아오겠다고 약속했다.

며칠 후 우리는 아이거 북벽을 오르기 시작했다. 아래쪽의 쉬운 구간은 로프 없이 올랐지만 턱이 진 바위들에 눈이 잔뜩 쌓여 있어 크램폰을 착용해야 했다. 나는 우리 앞쪽의 바위 형태를 잘 알고 있어서 5년 전에 해미시와 등반할 때 느꼈던 두려움 따위 없이 나 자신의 능력에 자신감을 가질 수 있었다. 또한 나는 윌런스를 전적으로 신뢰하게 되었다. 그는 '힘든 크랙Difficult Crack'이 시작되는 곳에 배낭을 내려놓고 사실상 수직의 스케이트장으로 변한 빙벽에 붙어 1시간 동안 사투를 벌였다. '힌터슈토이서 트래버스Hinterstoisser Traverse'는 눈이 붙어 있는 가파른 벽이었다.

"저기에 붙은 눈이 언제 녹을까?"

"며칠은 걸릴 거야. 낙석이 떨어지기 전에 내려가자."라고 윌런스는 말했다.

로프를 타고 내려가면서 우리는 며칠 전 캠프사이트로 들어온 4명의 폴란드 클라이머들을 만났다. 그전까지는 서로 거리를 두었지만 우리는 북벽의 경험을 공유하면서 가까워졌다. 그들 중 한 명이 배낭을 떨어뜨려, 그와 그의 파트너는 우리와 함께 내려왔다. 그날 오후 우리는 '알프스 호텔Hotel des Alpes'에서 무사히 내려온 것을 자축하며 귀한 맥주를 마시고 있었는데 전화가 걸려왔다.

"오늘 아침 아이거에 있었습니까?" 전화기 반대편에 있는 사람의 목소리가 들렸다. "저는 『데일리 메일Daily Mail』 기자입니다."

다음 날 아침 스위스의 한 프리랜서가 내가 본 것 중 가장 깨끗한 등반용 반바지를 입고 나타났다. 윌런스는 대뜸 결론을 내렸다. "군기가 빠졌군." 그 일은 아이거 북벽에 대한 미디어의 집착을 내가 처음으로 경험한 사건이었다.

"기삿거리를 공짜로 얻으려 할지 몰라." 윌런스는 경계심을 늦추지 않았다. "그렇게 해서 기사를 얼마나 쓴다고…."

"우리 스스로 뭔가 이야기를 만들어내지 못할 이유도 없지. 우리가 아무 이야기를 안 해도 신문들은 이야기를 만들어낼 거야. 그리고 우리도 돈이 좀 필요하잖아?" 우리에게 남은 돈은 이제 6파운드뿐이었다.

"자, 등반을 먼저 하자. 등반 이야기를 파는 것은 그다음 일이야."

북벽에 남아 있던 두 명의 폴란드인들이 그날 아침 초라한 몰골로 캠프사이트로 돌아왔는데, 옷도 흠뻑 젖은 데다 장비도 엉망진창이었다. 그들과 친해지자 우리의 식단도 갑작스레 좋아졌다. 그들은 요리도 잘했고 식량도 넉넉했다. 그러나 폴란드 햄을 먹으며 체중을 불린 2주 동안에도 날씨는 좋아지지 않았다.

"내 생각엔 우리가 그냥 시간만 낭비하고 있는 것 같아. 프레네이 중앙 필라Central Pillar of Frêney에 대해 아는 거 있니?" 나는 그곳이 몽블랑의 높고 외진 곳에 있으며, 몇 년 전에 로빈 스미스가 시도한 적이 있다는 것 정도만 알고 있었다. 윌런스는 말을 이었다. "난 멋진 신루트를 내고 싶어. 그곳은 남쪽을 향하고 있어서 날씨가 빨리 좋아질 거야." 폴란드인들도 캠프사이트를 떠났다. 그들 중 둘은 마터호른Matterhorn으로 향했고 다른 하나는 집으로 돌아갔지만, 영어를 제일 잘 하는 얀 드워고시Jan Długosz는 우리와 함께 등반할 수 있는지 물었다. 앤은 폭스바겐으로 우리를 프랑스까지 데려다주었다.

프레네이 중앙 필라는 위대한 발터 보나티가 오랫동안 집착한, 악명 높은 곳이었다. 그리고 그해 초여름, 그가 이끌던 7명이 거센 폭풍설에 휘말려 후퇴하다가 4명이 목숨을 잃은 곳이기도 했다. 우리는 그 끔찍한 재앙에 대해 대충 알고 있었다. 다른 사람들은 보나티의 훌륭한 기술과 산에 대한 정확한 지식 덕분에 살아남을 수 있었다. 그 후 또 다른 프랑스인 둘이 그곳에 도전한 일이 있었는데, 우리는 그중 한 명인 국립스키등산학교(ENSA)École Nationale de Ski et d'Alpinisme 강사 피에르 줄리앙Pierre Julien을 만나러 갔다. 얀은 "내가 그를 잘 알아. 함께 가자고 하는 것은 어때?" 하고 말했다. 마침 한 명이 더 필요했던 우리는 그가 같이 가지 못해도 최소한 그에게서 정보는 얻을 수 있었다. 줄리앙은 너무 바빠서 같이 갈 수 없다고 했지만 루트에 대한 정보를 우리에게 알려주었다. 그는 특히 자신이 도달한 최고점 이후의 난관에 대해 설명해주었다.

그는 "왼쪽으로 가면 크랙을 벗어날 수 있습니다."라며 다음과 같이 덧붙였다. "커다란 나무 쐐기가 필요할 겁니다." 캠프사이트로 돌아가던 우리는 평소 알고 지내던 이안 클로프Ian Clough와 마주쳤는데, 그는 돌로미테에서 오는 길이었다. 이안은 요크셔의 베일던Baildon 출신으로, 자신의 집 근처에 있는 사암에서 등반을 시작한 클라이머였다. 그는 나처럼 산악구조대에 들어가겠다는 일념으로 영국 공군에서 복무한 경험이 있었다. 그는 치마 오베스트Cima Ovest의 어려운 루트를 영국인 최초로 오르기도 했다. 그러나 사람들은 그 사실을 미처 알지 못했다. 운이 좋게도 이안은 내가 같이 등반할 수 있었던 사람들 중 가장 겸손했다. 많은 톱 클라이머들은 자존심이 강했지만 그는 그런 부류의 사람이 아니었다. 그는 우리와 함께 등반하기에 딱 알맞은 사람이었다.

며칠 뒤 우리는 에귀 뒤 미디Aiguille du Midi 정상까지 가는 마지막 케이블카에 올라탔다. 그런데 케이블카의 문이 닫히려는 순간 짐을 잔뜩 짊어진 클라이머 셋이 문을 억지로 열고 들어왔다. 나는 그들 중 피에르 줄리앙을 곧바로 알아보았다. 안은 다른 두 사람이 프랑스의 톱 클라이머 르네 드메종René Desmaison과 이브 폴레 빌라르Yves Pollet-Villard라고 속삭였다.

"저 친구들의 행선지는 분명하군." 하고 월런스가 말했다. 줄리앙이 사람들을 밀치고 우리에게 다가와 말을 걸었다.

"프레네이에 갑니까?"

"그럴 겁니다. 당신은요?"

"아마, 그럴 겁니다."

케이블카의 상부 정류장에서 그들은 작은 텔레페리크téléphérique를 타고 발레 블랑슈Vallée Blanche를 건너 토리노Torino 산장으로 갔다. 우리 중 어느 누구도 그들이 왜 그쪽으로 가는지 이해하지 못했다. 프레네이는 그쪽이 아니었기 때문이다.

"헬기를 탈 모양이네."라고 월런스가 말했다. 줄리앙은 속임수라는 비판을 받으면서도 이전의 시도에서 헬기를 이용했었다. "어쨌든 그런다고 해서 우리가 할 수 있는 게 없잖아." 우리는 콜col 쪽으로 가서 작은 비박산장으로 향했다.

비박산장에 도착하기는 했지만 사람들이 많아서 우리는 밖에서 저녁 식사를 준비했다. 나는 그랑 필리에르 당글Grand Pilier d'Angle 건너편의 둥근 몽블랑 정상부를 이고 있는 거대한 버트레스에서 눈을 뗄 수가 없었다. 우리가 오르고자 하는 필라는 보이지 않았지만, 콜 드 퓨트레이Col de

프레네이 중앙 필라에서 비박하는 윌런스와 나 (크리스 보닝턴)

Peuterey까지 이어지는 우리의 루트는 눈에 들어왔다. 내가 주위를 둘러보고 있는 동안 버트레스의 높은 곳에서 '펑!' 소리가 나더니 연기가 하늘 높이 솟아올랐다. 연기는 버섯 모양으로 퍼졌고 갈색 바위 조각들이 아래쪽 빙하로 떨어져 내렸다. 그 순간 빙하의 움푹 들어간 곳에서 귀청이 떨어질 듯한 굉음이 들려왔다. 그리고 2킬로미터 떨어진 비박산장 옆의 우리에게까지 유황 냄새가 진동했다. 우리는 칠흑 같은 밤에 버트레스 아래쪽을 걸어서 지나가야 했기 때문에 그것은 좋지 않은 징조였다.

우리는 어느 누구도 쉽게 잠들지 못한 채 비박산장의 바닥에서 사람들 틈에 끼어 그냥 누워 있었다. 드디어 출발할 시간이었다. 커피를 끓여 보온병에 넣은 다음 배낭을 어깨에 걸머지고 어둠 속으로 나갔다. 밤하늘에 별이 빛났지만 오히려 따뜻하다는 느낌이 들었다. 나는 루트를 바꾸자고 말했지만 월런스는 내 말을 무시했다.

"이미 정해진 거잖아."

브렌바 벽으로 가는 익숙한 길에서 벗어나 프레네이 중앙 필라로 가는 관문인 콜 드 퓨트레이로 방향을 틀자, 나는 안도감이 들기 시작했다. 월런스는 쿨르와르 아래쪽의 이상한 모습으로 튀어나온 얼음에 발판을 만들며 위쪽으로 올라갔고, 그 후 우리는 각자 떨어져 개별적인 빛의 웅덩이 속에서 속도를 높였다. 비박산장을 출발한 지 4시간 뒤 우리는 콜에 도착했다.

"해가 나기 전에 필라 밑에 가봐야 별 볼일 없어. 차나 한 잔 마시지."라고 월런스가 말했다. 우리는 아침햇살이 필라를 타고 내려오는 동안 스토브 주위에 웅크리고 앉아 있었다. 그때 이안이 우리 뒤를 따라 올라오는 클라이머 2명을 발견했다. 재빨리 움직여야 했다. 우리는 프레네이 빙하 위쪽을 건넌 다음 베르크슈룬트bergschrund를 넘어 등반을 시작했다. 바위는 단단했고 따뜻하기까지 했다. 일련의 크랙으로 이어지는 루트를 선택해 올라가는 등반은 흡사 관능적인 쾌감을 주었다. 콜을 내려다보니 좀 전에 보았던 클라이머 2명은 야영을 위해 텐트를 치고 있었고, 그들에 더해 4명이 더 합류했는데 그들 중에는 프랑스인도 있는 것 같았다.

우리는 이제 필라의 450미터까지 올라 '샹텔chandle' 또는 '캔들candle'이라는 이름으로 알려진, 필라에서 가장 인상적인 120미터 높이의 반반한 바위 탑 밑에 도착했다. 화강암으로 된 12미터 높이의 바위가 필라에 기울어져 받침대를 형성하고 있었다. 보나티 일행은 그 위에서 폭풍을 견뎌냈는데, 그곳에는 빈 가스통, 코펠, 나무 쐐기 등 그들의 고난이 남긴 가슴 아픈 잔해들이 남아 있었다. 월런스는 그곳에서 주운 나무 쐐기 몇 개를 이용해 우리가 크럭스$_{crux}$[20]라고 생각한 오버행을 힘들게 올라갔다.

그는 "내 생각엔 다른 사람들이 여기까지밖에 못 올라온 거 같아."라고 아래쪽을 내려다보며 소리쳤다. 그리고 나서 왼쪽으로 조금씩 이동해 모퉁이를 돌아 사라졌다. 내 손에 잡혀 있던 로프가 거의 20분 동안이나 움직이지 않더니 그가 다시 나타났다. "이쪽으로는 안 되겠는데." 그는 다시 오른쪽으로 이동해 내 바로 위까지 왔고, 조금씩 몸을 끌어올리면서 손발을 벌려 뾰족하게 돌출된 바위를 넘어갔다. 나는 오리털 재킷을 입고 밤을 보낼 수 있도록 그가 다시 내려오기를 간절히 바랐다. 날씨는 몹시 추웠다.

월런스는 "여기도 괜찮은데."라고 소리친 후 마지막 피톤의 카라비너에 로프를 걸고 하강해 내려왔다. 이안은 밤을 보낼 수 있도록 차를 끓였다. 밤사이의 추위로 인해 다리가 뻣뻣했지만, 우리가 있는 곳이 높아서 아침햇살이 금방 우리를 비추었다. 전날 밤에 월런스가 박은 피톤을 이용해 나는 오버행 아래의 확보지점까지 재빨리 올라갔다. 그곳에서는 900여 미터 아래의 빙하가 까마득히 내려다보였다. 월런스는 모퉁이를 돌아 사라졌고 로프에 매달려 크랙에 아주 작은 피톤 하나를 박으려 했다. 그는 해머로 피톤을 내려쳤지만, 해머가 옆을 치면서 피톤이 빠져 허공에서 빙그르 돌더니 아래쪽으로 사라졌다. 그는 다른 피톤을 다시 한번 박았고, 이번에는 그럴듯해 보이자 그것을 이용해 계속 올라갔다.

월런스는 나에게 조금 아래쪽에서 멈추어 편안한 자세로 확보를 보라고 말했다. 그리고 나서 그는 침니로 인해 한쪽이 쪼개진 4미터 높이의 오버행 밑까지 올라갔다. 월런스는 자신의 눈앞에 있는 크랙에 피톤을 박으려 애썼지만 바위에서 손을 뗄 수 없었다. 그때 나보다 15미터 위에 있던 그의 발이 바위에서 미끄러지기 시작했다.

"추락!" 그는 잠시 동안 버티는 듯했지만 이내 팔다리를 허우적거리며 아래로 떨어졌고 거꾸로 매달린 채 나와 얼굴을 마주했다. 그의 아까운 지폐와 담배가 허공으로 날아가며 아래쪽 빙하로 사라졌다.

"젠장, 저기서 떨어졌네."라고 윌런스가 말했다. 그러나 나는 날아간 지폐가 더 아까웠다.

"괜찮아?"

그는 내 물음에 대한 대답으로 작은 예비 배낭에서 담배를 꺼내 불을 붙였다. 그는 손을 몹시 떨고 있었다. 추위에 떨며 확보 보는 것에 지친 나는 내가 해보겠다고 말했다. 내가 환상에 빠진 것은 아니었다. 윌런스가 자유등반으로 올라가지 못하는 곳이라면 나 역시 불가능할 터였다. 그러나 나는 인공등반을 조금 이용하면 오를 수 있을 것이라고 생각했다. 그때 프랑스 팀이 우리를 따라잡았다. 나는 아래의 이안에게 소리쳐 쓸 만한 장비가 그들에게 있는지 알아보라고 했다.

"빌려줄 수 있을 거라고 해. 다른 쪽을 먼저 살펴보고 나서."

시간이 한없이 흘러갔다. "젠장, 그 친구들 아직도 결정을 안 내렸대?"

"우리가 루트를 벗어났대. 그리고 장비는 자신들이 전부 써야 한대."

"그럼 꺼지라고 하지, 뭐." 나는 슬링 몇 개를 달아 올렸다. 그리고 크랙 속에서 돌멩이를 끄집어내 옆으로 끼워 넣은 다음, 슬링을 걸고 줄사다리에 올라섰다. 새로 확보한 좋은 위치에서는 피톤을 단단히 때려 박을 수 있었다. 이제 침니가 좁아져, 나는 수백 미터의 허공 위에서 다리를 넓게 벌린 채 작은 홀드를 붙잡고 올라서야 했다. 겁을 잔뜩 집어먹은 나는 필사적으로 달라붙어 올라갔다. 그렇게 바위 턱에 올라선 다음 기쁨에 넘쳐 소리를 질렀다. 우리가 마침내 그곳을 넘어선 것이다. 윌런스가 올라와 내 위쪽의 더 좋은 스탠스에 자리 잡았다. 이안과 얀은 우리가 비박했던 곳에 여전히 머물러 있었다.

프레네이 중앙 필라를 오른 뒤 몽블랑 정상 근처에서 쉬고 있는 윌런스와 나. 우리는 헬기를 타고 온 한 기자가 건네준 샌드위치를 먹었다. (크리스 보닝턴)

"푸르지크prusik 매듭으로 로프를 타고 올라와!"라고 윌런스가 아래쪽으로 소리쳤다. 그들이 출발 준비를 할 때 드메종은 이안에게 피톤 몇 개를 건네주면서 자신들이 다음 날 아침 올라갈 수 있도록 오버행 위에 로프를 고정시켜 달라고 부탁했다. 우리는 우리 넷만이 겨우 서 있을 수 있는 작고 경사진 바위 턱을 찾아냈지만 더 이상 그들에게 신경 쓰지 않았다. 우리의 등반은 이미 끝난 것이나 다름없었다. 다음 날 아침 우리가 마지막 두 피치를 오르고 있을 때 경비행기 2대가 우리 머리 위를 돌면서 사진을 찍었다. 그리고 정상 근처에서 기자 한 명이 헬기에서 내리더니 힘들게 걸어 올라가는 우리를 기다렸다. 그는 적포도주 한 병과 과일 주스 캔 몇 개 그리고 샌드위치를 건네주었다. 덕분에 우리는 약간 취기가 오른 채 샤모니까지 먼 길을 내려가야 했다.

샴페인을 곁들인 축하의 점심식사 자리에서 프랑스 클라이머들을 만났지만 나는 이미 다음 등반을 생각하고 있었다. 반 덴 버그에서 일을 시작해야 할 때까지 나흘의 여유가 있었고, 날씨 또한 너무 좋았기 때문이다. 루트 하나를 더 오를 시간은 충분했다. 하지만 그렇게 하려면 비행기를 타고 돌아가야 했는데, 나에게는 그럴 만한 항공료가 없었다. 프랑스 잡지인 『파리 마치Paris Match』가 우리의 사진을 원해, 나는 대표로 사진들을 팔았다. 그런데 『르 도피네Le Dauphiné』에서도 인터뷰를 원했다. 스토리만 좋다면 분명 거래를 할 수 있었다. 그날 밤 나는 데스몬드 츠바Desmond Zwar라는 호주 출신의 『데일리 메일』 기자를 만나 와인을 한 병 비우며 독점기사를 제공하는 대가로 귀국 항공료를 지원받기로 했다.

시간이 없었다. 다음 날 아침 앤이 그린델발트까지 태워다주어 그날 오후 늦게 우리는 알피글렌으로 돌아왔다. 자신의 신분을 잊지 않은 『데일리 메일』의 기자는 진하게 포옹하도록 우리를 꼬드겼다. "그보다 더 진하게 할 수는 없어요? 좀 더 정열적으로 해보세요." 그 장면은 '아이거 앞에서의 키스'라는 머리기사로 보도되었지만, 등반 시도는 실패로 끝났다. 컨디션이 최상이었던 월런스와 나는 비박을 할 수 있는 '제비의 집Swallow's Nest'까지 빠르게 올라갔지만, 밤에도 따뜻할 정도로 기온이 올라가는 바람에 썩은 돌멩이들이 벽에서 떨어져 내렸다. 산의 상태를 언제나 직감적으로 알아채는 월런스는 게임이 끝났다는 것을 인정했지만, 신문사와의 거래에 압박을 느낀 나는 조금 더 높이 올라가자고 그를 설득했다.

"조금 더 올라가자고 밀어붙이는 사람들이 아이거에서 일어난 사고에 대해 절반의 책임이 있다는 거 알아? 내년에 다시 오면 돼."라고 그는 말했다.

귀국 준비를 하는데, 운명이 또 다시 우리의 앞길을 가로막았다. 관광객 하나가 우리에게 달려와 아이거에서 사람이 추락한 것 같다고 말했다. 그의 말을 믿을 수 없었던 우리는 돌아가서 확인해보는 것이 좋겠다고 판단했다. 잘난체하는 관광객 하나가 담요에 덮여 있는 시신 앞에 서 있었다. 그는 과장된 몸짓으로 담요를 들어 올려 높은 곳에서 추락한 사람의 몰골을 내보였다. 흥분한 그의 모습에서 아이거에 떠도는 관음증이 보였다. 나는 그때 그 관광객을 한 대 후려치고 싶었다.

몇 시간 후 나는 사람들이 그리 붐비지 않는 공항의 라운지에서 앤과 마지막 포옹을 나누었다. 우리는 크리스마스 때 파리에서 다시 만나기로 했지만, 어쩐지 마지막이 될 것 같다는 예감이 들었다. 5시간 후, 말끔히 면도를 하고 샤워를 한 나는 어두운 색 계통의 정장을 차려입고 수많은 사람들이 밀려들어가는 커다란 오피스텔 건물 앞에 섰다.

나는 도대체 무슨 생각으로 관리자 양성교육을 받았던 것일까? 어느 정도는 성장배경 탓에 내가 그런 일을 택한 것 같다. 어머니는 안정된 직장의 가치를 확실히 높게 평가했다. 어머니는 여전히 런던의 잘 나가는 광고대행사에서 카피라이터로 성공적인 경력을 쌓아나가고 있었고, 이따금 광고를 할 때 나를 이용하곤 했다. 산에서 갓 돌아온 젊고 대담한 사람이 관리직 임원이 되어 승진해나가는 이미지가 나에게 매력적으로 보였던 것만은 확실하다. 하지만 나는 군에서도 사무직은 싫어했다. 마찬가지로 민간인이 되어서도 그런 점은 바뀌지 않았다.

나는 다른 사람들이 하는 일에 대해 수없이 많은 강의를 들으며 6개월간의 양성교육을 받았다. 그러고 나서 영업사원으로 직무를 부여받았다. 식료품점들은 마가린 주문을 나에게 전적으로 위임했는데, 나는 언제나 틀리기 일쑤였다. 마가린을 50상자나 더 받은 가게 주인들이나, 주중에 마가린이 떨어진 가게 주인들은 당연히 나에게 화를 냈다. 나는 처음 6 개월 동안 새로운 거래처를 확보하기는커녕 10여 곳의 기존 거래처를 잃고 말았다. 내가 마가린 영업을 그만둘 즈음에는 금요일에 방문해야 하는 거래처 수가 셋으로 줄어들었고, 그로 인해 산으로 도피하는 일이 더 쉬워지기도 했다.

1962년 새해 첫날은 강의가 잡혀 있었다. 지각을 밥 먹듯이 하던 나는 허겁지겁 기차에 올라탔다. 그때 내 슬라이드들이 사방으로 쏟아졌는데, 젊은 여성 하나가 자리에서 일어나 나를 도와주었다. 우리는 자연스럽게 대화를 이어갔다. 우리 집에서 모퉁이를 돌면 곧바로 나오는 잉글랜드 거리England Road에 사는 그녀는 아파트 친구들과 함께 십이야Twelfth Night 파티[21]를 계획하고 있었다. 그녀는 나를 그 파티에 초대했다. 그때 그녀는 모험을 좋아하는 친구가 하나 있다는 사실을 말하지는 않았지만, 내가 그녀와 잘 어울릴 것 같다는 생각을 했었다고 한다. 그녀의 친구인 웬디 머천트Wendy Marchant는 검은 머리에 체구가 작았고, 짧고 진한 색상의 드레스를 입고 있었다. 우리가 앉아서 대화를 나누는 동안, 나는 서로 오랫동안 알고 지낸 사람같이 친근함을 느꼈다. 춤을 추면서 나는 그녀를 꼭 껴안았다. 마치 교태를 부리는 듯한 그녀는 매우 섹시했다. 나는 그녀와 떨어지기 싫었다.

웬디는 내 짐작보다도 더 많은 모험을 갈구하고 있었다. 그녀의 아버지인 레스Les는 침례교 목사였지만 종교 조직에 환멸을 느끼고 삽화가 일을 하고 있었다. 그녀는 전통적인 가정과는 사뭇 다르게 사랑과 안정이 넘치는 환경 속에서 자랐다. 브라이튼Brighton에서 학교에 다니던 열두 살 무렵 그녀는 친한 친구에게 장차 아웃도어를 좋아하는 사람과 결혼할 것이라고 말했다고 한다. "사무실에서 일하는 사람은 내 취향이 아니야." 내가 남은 인생 동안 마가린이나 팔아야 한다는 생각은 나만큼이나 웬디에

1962년 5월 햄스테드 등기소에서 결혼식을 올린 나와 웬디 (크리스 보닝턴 사진자료집)

게도 끔찍했다. 아버지처럼 그녀도 아동서적에 삽화를 그리는 미술가로 일하고 있었지만, 그녀는 더 넓은 세상을 경험하고 싶어 했다.

친구가 아웃도어를 좋아하는 사람이 파티에 온다고 했을 때 웬디는 캐나다의 벌목꾼 같은 사람을 상상했다고 한다. 따라서 스물여덟의 나이에도 불구하고 뺨이 불그스레할 만큼 소년 같은 나의 모습에 처음에는 약간의 적응이 필요했다. 내 생각에, 그녀는 삶을 열정적으로 즐기는 내 모습에 가장 크게 반한 것 같다. 나는 억센 외모를 가지지는 않았지만(내가 반 덴 버그를 떠나자마자 턱수염을 기른 것은 우연이 아니었다. 그 후 나는 턱수염을 한 번도 밀지 않았다.) 그런 기질은 다분했다. 그녀와 처음으로 만난 이후 우리는 떼려야 뗄 수 없는 관계가 되었다. 그리고 그해 5월 우리는 결혼했다.

내가 아침에 가게들을 급히 돌아야 해서 우리는 약간 늦은 시간에 함께 등기소register office에 갔다. 어머니와 아버지가 이미 그곳에 와 있었는데, 어머니가 아버지에게 결별을 선언한 1946년 이후 두 분이 다시 만난 것은 처음이었다. 웬디의 부모님인 레스와 릴리Lily, 나의 이모와 이모부 그리고 나의 친구인 빌리 윌킨슨Billy Wilkinson과 에릭 볼라Eric Vola도 있었지만, 신랑 들러리는 없었다.

나는 사랑하는 사람과 나의 열정을 함께 나누고 싶었다. 웬디와 나는 결혼을 한 지 얼마 지나지 않아 피크 디스트릭트Peak District로 등반을 하러 떠났다. 우리는 '프로가트 에지Froggatt Edge'라고 불리는 그렇게 어렵지 않은 사암 절벽으로 향했다. 나는 그녀의 허리에 로프를 묶어주었다. 그녀는 열정적이었지만 두려움을 나타내기도 했다.

"됐지? 이 루트는 디프Diff일 뿐이야."라고 내가 말했다.

"디프가 뭔데?"

"어렵다는 뜻이지."

"더 쉬운 곳으로 가면 안 돼?"

"디프가 쉬운 거야. 이상하게 들리는 거 나도 알아. 하지만 여기보다 더 쉬운 곳은 그냥 걷는 거나 마찬가지야. 넌 이제 'VS(매우 격렬한)' 난이도에 도전하게 될 거야."

나는 그녀에게 그 루트가 얼마나 쉬운지를 보여주기 위해 뛰다시피 올라갔다. 하지만 웬디는 자신의 차례가 되자 긴장한 나머지 초보자들이 보통 그렇듯 바위를 껴안았다. 나는 등반이 너무 쉽다고 생각해 루트를 벗어나 좀 더 어려운 곳으로 올라가 있었다. 그 결과 로프가 대각선이 되면서 웬디의 확보 상태가 좋지 못했다.

"맙소사! 미끄러지지 마. 널 붙잡아 줄 수 있을지 잘 모르겠어."

그 말을 들은 웬디는 당연히 크게 당황했고, 슬랩을 가로질러 내 발을 덥석 움켜잡았다. 나는 가까스로 그녀를 절벽 꼭대기까지 끌어 올리는 데 성공했지만, 등반은 이미 엉망진창이었다. 그리고 그것이 웬디의 마지막 등반이었다. 하지만 그녀는 야생지대를 좋아했고, 바위 밑에 앉아 있는 한이 있더라도 등반에 나서는 나를 따라다니기를 좋아했다. 그보다 더 중요했던 것은 내가 그녀에게 했던 것처럼 그녀 역시 나와는 별도로 자신만의 취향을 발전시켜 나와 공유했다는 것이다. 그런 교류는 우리의 결혼생활을 탄탄하게 해준 기반이 되었다.

웬디는 수줍은 편이었지만, 어떤 일에 전념하면 깊이 파고드는 성격이었다. 어린 시절에 그녀는 말에 관심이 많았는데, 과거에 묘기를 부린 조랑말을 찾아 타보기도 했다. 그녀의 부모님은 그녀의 이런 열린 마음과 호기심을 키워주었다. 그녀의 아버지 레스는 호기심이 강한 데다 사건을 다양하게 보는 방법을 놓고 토론하기를 좋아했기 때문에 나 역시 세상을 다르게 보는 안목을 키울 수 있었다. 그녀의 어머니 릴리는 미술품으로 장식된 거실 탁자에서 타자기로 단편소설을 썼다. 그들은 거실의 난로 옆에 있는 큰 소파에서 저녁시간에 포크송을 부르곤 했다.

우리도 약간은 그렇게 살아보려 노력했다. 우리는 햄스테드의 오스트리아인 노부인에게서 가구가 딸린 방을 6개월간 임차했는데, 그 부인은 프랑스식 창문을 통해 방 안의 어질러진 모습이나 가스불 앞에 쌓인 지저분한 빨랫감을 불만스러운 눈초리로 바라보곤 했다. 웬디는 탁자에서 몸을 구부려 그림을 그렸고, 방바닥에는 여러 가지 그림들이 널려 있었으며, 구석이란 구석은 물건들로 가득 차 있었다. 그 부인은 계단을 쿵쿵 올라가면서 이렇게 불평을 해댔다. "저 사람들, 신경을 전혀 안 쓰네. 방을 너무 어지럽히며 쓰잖아. 짐승처럼 사는 게 아니면 도대체 뭐람."

웬디와의 결혼으로 직장을 그만두고 불안정한 미지의 세계로 첫 발을 뗀 것은 아무래도 아이러니했다. 그러나 그녀는 내 안에 깊숙이 숨어 있는 불만족과 좌절을 알아챘다. 나는 내가 행복을 느낄 수 있는 일을 해야 했다. 그리고 그것은 바로 등반이었다. 나는 나의 열정을 한껏 충족시키면서 살 방법을 찾아야 했다. 그전 가을에 나는 남미의 끝자락에 있는 파타고니아 원정대에 초청된 적이 있었는데, 그때는 새로운 직업에 충실해야 해서 그 제안을 거절했었다. 이제 나는 원정에 나서기 위해 회사에 휴가를 신청했다. 물론 반응은 뻔했다. "단도직입적으로 말하면, 이제 자네가 등반을 그만둘지 아니면 반 덴 버그를 그만둘지를 결정해야 할 때가 된 것 같네." 나 역시 그 정도는 예상하고 있었다.

　기다리는 것은 의미가 없었다. 일을 그만둘 것이라면 지금 그만두어야 했다. 이미 나는 아이거로 돌아갈 계획을 세워놓고 있었다. 나는 또한 미디어의 관심과 그 관심을 활용하는 방법도 잘 알고 있었다. 영국산악회The Alpine Club 내에는 그런 일을 얕잡아보는 사람들이 많았지만, 미디어에 이야기를 파는 일은 나에게 기회를 주었다. 그리고 나의 유전인자에는 이야기를 풀어나가는 능력이 있었다. 어쨌거나 나의 아버지는 저널리스트였다. 한동안 『더 타임스The Times』에서 일한 아버지는 국영 전기사업체의 사보인 『파워 뉴스Power News』의 편집장으로 활동했다. 어머니는 꿈을 이루지 못한 소설가였다. 나 역시 내심 이야기하는 것을 좋아했다. 나는 『데일리 익스프레스Daily Express』와 계약을 맺었는데, 그들은 나와 월런스가

1962년 초여름 돈 윌런스와 아이거 북벽으로 출발하는 모습 (크리스 보닝턴 사진자료집)

오토바이를 타고 알피글렌으로 출발하는 모습을 사진으로 찍었다.

　7월 말 나는 아이거의 '제2설원' 밑에서 넓게 펼쳐져 바위가 울퉁불퉁 튀어나온 회색의 설원을 바라보고 있었다. 윌런스는 내가 만든 발판을 이용해 빠르게 올라왔다. 그때 위쪽에서 낙석 하나가 스치듯 떨어져 내려, 우리는 우리가 위험에 얼마나 많이 노출되어 있는지 새삼 깨달았다. 그 전해에 비해 등반 조건이 나아진 것은 하나도 없었지만 우리는 조금 더 밀어붙이며 위로 올라갔다. 아이거의 정상부는 축축한 회색구름 속에 숨어 있었다. 낙석이 총알같이 빠른 속도로 떨어져 내리고 있어 한시라도 빨리 그곳을 벗어나고 싶은 마음이 간절했다. 나는 폭풍이 다가오고 있는 것 같다고 말했다.

"그래? 그럼 하강하지 뭐."라고 윌런스가 말했다.

그때 우리 쪽으로 클라이머 둘이 올라오고 있었다. 스위스 가이드인 그들은 독일어로 우리를 향해 외쳤다. 그래서 우리는 영어로 대답했다.

그들의 대답이 돌아왔다. "당신 동료 둘에게 문제가 생겼습니다. 그들을 구조하려는데 도와줄 수 있습니까?"

우리는 다시 오르기 시작했지만 그들이 말하는 사람들이 누구인지, 또는 무슨 일이 일어났는지 전혀 알 수 없었다. 우리가 아는 것이라고는 그중 하나가 부상을 당했다는 것뿐이었다. 우리는 발판을 크게 만들며 설원을 건너가기 시작했는데, 부상을 당한 사람을 데리고 내려올 때를 대비한 것이었다. 수십 미터 떨어진 곳에 누군가가 보인다고 말한 윌런스가 그를 향해 소리쳤다. 음울한 회색의 설원 멀리 빨간색으로 모습을 드러낸 그 사람은 윌런스의 외침을 듣지 못한 것 같았다. 하지만 그는 우리 쪽으로 10미터쯤 더 다가와 작은 바위 돌출부에서 멈추었다.

우리는 계속 낙석 소리를 들으며 그쪽으로 갔는데, 여느 때와는 달리 쉬익 하는 소리가 북벽 전체에 울려 퍼졌다. 위쪽을 보니 한 사람이 얼음에서 미끄러져 아래쪽 허공에 매달려 있었다. 충격이 온몸에 퍼지는 동안 나는 이마를 얼음에 대고 큰 소리로 여러 번 욕설을 내뱉었다. 그가 부상을 당한 사람인가? 아니면, 빨간색 옷을 입은 사람? 우리는 끔찍한 위험의 노출에도 불구하고 서둘렀다. 스위스 가이드들은 오래전부터 보이지 않았다. 로프 길이만큼의 거리를 마지막으로 이동하자 그와 가까워졌다. 내가 윌런스에게 뒤돌아서서 조금 건너가 보라고 말하는 순간 그 클라이머가 말을 꺼냈다.

"괜찮아요. 내가 그쪽으로 건너갈 수 있어요."

나는 브라이언 낼리Brian Nally를 만난 적은 없었지만 그에 대해서는 알고 있었다. 그는 톰 카루서스Tom Carruthers와 함께 영국인 최초로 마터호른 북벽을 오른 인물이었다. 나는 이미 죽어 있는 그의 파트너 배리 브루스터Barry Brewster는 확실히 알고 있었는데, 강렬하면서도 훌륭한 암벽 등반가였던 배리는 그때 겨우 스물두 살에 불과했다. 낼리는 브루스터가 크게 추락해 심한 부상을 당했는데, 간밤에 그가 죽음에 이를 때까지 옆에서 지켜보았다고 말했다. 낼리는 자신의 시련은 견디어낸 듯했다. 그의 목에 로프 자국이 심하게 나 있었지만, 그것만 제외하면 괜찮아 보였다.

"정상으로 올라가는 중이에요? 로프를 연결해도 될까요?"

신경이 날카롭게 곤두서 있던 나는 화를 버럭 냈다.

"이 바보 같은 자식아, 우린 너희들을 구조하려고 여기까지 올라온 거야."

"하지만 이왕 여기까지 왔으면 더 올라가지 그래요?"

"네 친구가 죽었어. 도대체 넌 그 사실을 알기나 해?"

낼리는 그제야 상황을 알아차리고 충격에 휩싸였다. 나는 제정신이 아닌 사람에게 화를 내고 있었다. 그는 마치 자동로봇처럼, 시키는 일은 하지만 스스로 사고할 수 있는 능력은 없는 듯했다. 윌런스가 기다리는 동안 나는 그곳에서 거의 20분 동안 엉킨 로프를 풀었다. 우리는 마침내 하강을 시작했는데, 얼음 위로 물이 흐르고 낙석 소리가 끊임없이 울려 퍼졌다. '제2설원' 밑으로 내려오자 폭풍설이 불어 닥쳤다. 그리고 사방에서 우박이 휘몰아쳤다. 흠뻑 젖은 우리의 옷을 찢어갈기듯 바람이 불어오는 동안 우리 셋은 단 한 개의 아이스스크루에 매달려 버텼다. 그때 폭풍설이 갑자기 멈추었다.

그곳에서 윌런스는 자신의 천재성을 다시 한번 발휘했다. 온몸이 흠뻑 젖은 우리는 한시라도 빨리 내려가야 하는 상황이었다. '아이스 호스

Ice Hose'를 로프 하강으로 내려가는 동안 그는 그곳이 아래쪽에서 보았던 폭포의 시원始原이라는 사실을 알았다. 우리가 로프를 타고 곧장 내려가면, '힌터슈토이서 트래버스'를 거꾸로 횡단할 필요 없이 갱도 입구까지 더 빨리 닿을 수 있었다. 만약 1936년에 안데를 힌터슈토이서Anderl Hinterstoisser가 이 사실을 알았다면 비참한 죽음을 면할 수 있었을지도 모른다.

언론은 브라이언 낼리의 생존을 대서특필했다. 스위스 저널리스트 2명은 그를 데리고 내려가기 위해 특별열차를 전세 내기도 했다. 여전히 충격에 휩싸인 그는 언론에 들볶이며 상황을 설명했다. 신문은 그를 불운의 희생자로 만들었고, 하인리히 하러Heinrich Harrer는 『하얀 거미The White Spider』의 개정판에서 낼리와 브루스터는 능력이 없다고 주장했다. 그러나 그것은 터무니없이 부당한 평가였다. 두 사람 모두 아이거에 도전할 만한 자격이 있는 인물이었다. 설상가상으로 스위스 당국은 어마어마한 구조 비용을 그에게 청구했다. 그들은 고작 브루스터의 시신을 수습했을 뿐인데…. 브라이언 낼리는 돈 윌런스와는 친하게 지냈지만 나에게는 원한을 품었는데, 그날 북벽에서 내가 어떤 신문사와 제휴를 맺었느냐고 물어봤기 때문이라고 한다. 그러나 나는 결코 그런 말은 하지 않았다. 아주 심각한 상황에서 내가 그런 말을 했을 리가 없다. 그럼에도 불구하고 쓸데없는 말들이 나도는 영국 산악계에서 그 이야기는 널리 퍼졌고, 수년 동안 나를 따라다녔다.

윌런스와 나는 낼리가 당한 일을 보면서 역겨움을 느꼈다.

윌런스는 그날 밤 호텔에서 이렇게 말했다. "이번 시즌에는 아이거를 포기해야겠네." 우리는 인스부르크로 나와 카이제르게비르게Kaisergebirge와 카르벤델Karwendel에서 암벽등반을 했다. 8월 말경이 되어 돈이 다 떨어진 우리는 오토바이를 타고 영국으로 향했고, 웬디와 윌런스의 부인인 오드리Audrey는 히치하이킹으로 돌아갔다. 도중에 우리는 스위스에 잠깐 들러 브레갈리아Bregaglia의 멋진 화강암 봉우리를 올랐다. 또한 피츠 바딜레Piz Badile의 북벽을 6시간이라는 기록적인 속도로 등반하기도 했는데, 그곳은 한때 아주 어려운 루트였지만 1960년대 초반에 이미 영국 클라이머들에게는 식은 죽 먹기나 다름없었다.

체력과 컨디션이 좋았던 나는 샤모니의 날씨 상태가 얼마나 좋은지 알아보자고 윌런스를 설득했지만, 그는 한 번 결정을 내리면 결코 뒤돌아보지 않는 사람이었다.

그는 이렇게 말했다. "어쨌든 장비가 하나도 없잖아?" 그 말은 사실이었다. 대부분의 장비는 웬디와 윌런스의 부인이 집으로 가져갔기 때문이다. 그러나 나는 무엇인가 중요한 성취를 하지 않고는 집으로 돌아가고 싶지 않았다. 그때 나는 윌런스와 마찬가지로 영국으로 돌아가려는 이안 클로프와 마주쳤다. 루트 하나를 더 하자고 그를 설득하는 것은 그리 어렵지 않았다. 나는 그곳에 남아 있는 몇몇 클라이머들에게 필요한 장비를 빌렸고, 다음 날 아침 유명한 워커 스퍼에 도전하기 위해 그랑드 조라스로 향했다.

그날 밤 우리는 루트를 30미터 정도 오른 다음 비박에 들어갔다. 날씨가 좋아서 그런지 여러 팀이 그곳에 몰려들어 밤을 보내고 있었다. 물론 우리 역시 그중 하나였다. 다음 날 아침 우리는 마치 번잡한 도로에서 교통체증을 기다리지 못하고 추월하는 것처럼 그들을 앞서나갔다. 여러 차례나 아는 사람들과 마주친 우리는 웨일스에 있는 것 같은 기분이 들었다. 그 후 먹구름이 정상을 넘어 몰려들자 다른 팀들은 로프를 타고 내려가기 시작했다. 이안과 나는 후퇴 이야기는 입 밖에 꺼내지도 않았다. 구름이 주위를 둘러싸는 가운데 우리는 날씨가 완벽한 조화를 유지할 것이라고 확신하면서 위로 올라가는 데만 집중했다. 윌런스와 있을 때는 나보다 더 뛰어난 그의 기술과 지혜에 의존했지만, 이안과는 동등하다는 느낌이 들었다. 루트를 찾아나가는 것은 물이 흐르듯 자연스럽게 진행되었고, 등반은 중독이라고 할 만큼 최고조에 달해 있었다. 너무나 완벽한 등반이어서, 우리가 정상에 올랐을 때 나는 그냥 하산하기보다는 그랑드 조라스 정상능선을 종주해보자고 이안을 설득했다. 우리의 긴 등반은 토리노 산장에서 끝을 맺었다.

그러나 그 등반이 끝난 후에도 나의 열정은 식지 않았다. 다음 날 아침 힘든 등반으로 지쳐 침상에 누워 있던 나는 이안을 쿡 찔렀다.

"일어나. 기막힌 생각이 떠올랐어." 그러나 그는 몸을 돌려 내 말을 외면했다. "중요한 거야. 아이거로 가면 어떨까?"

"저리 가. 나중에 얘기하자." 그는 이렇게 말하고 나서 다시 침상에 쓰러졌다.

2시간이 지난 후 나는 다시 그를 설득했다. 그는 하품을 하며 이렇게 말했다. "그것도 괜찮지. 한 번쯤 해보고 싶었는데 제대로 된 파트너를 만나지 못했거든."

36시간이 지난 후 우리는 알피글렌에 도착해 장비를 챙겼다. 그러나 나의 자신감은 조금씩 사그라졌다. 날씨가 예보보다 위험해 보였을 뿐만 아니라 웬디가 그립기도 했다. 여기저기서 나쁜 징조들이 나타났지만 이안을 부추긴 사람은 나였다. 첫 바위지대를 기어오르면서 핏자국과 살점이 붙은 뼛조각을 발견한 나는 이안이 놀랄까 봐 입을 꾹 다물었다. 그 역시 나와 마찬가지의 태도를 보였다.

우리는 '힘든 크랙' 아래쪽의 오버행으로 보호받을 수 있는 양호한 바위 턱에서 멈추었다. 그곳은 1957년에 내가 해미시와 함께 머물렀던, 누구나 이용하는 비박장소였다. 그런데 날이 어두워질 무렵 다른 팀이 우리 쪽으로 올라오고 있었다.

이안이 아래쪽으로 소리쳤다. "누구야?" 선등으로 올라오던 사람은 독일어로 응답했지만, 그의 파트너는 스코틀랜드 사투리의 영어로 소리쳤다.

"그러는 당신은 누굽니까?"

그 사람은 그 전해에 브라이언 널리와 마터호른을 오른 톰 카루서스였다. 그는 파트너가 발목을 삐는 바람에 안톤 모더레거Anton Moderegger라는 오스트리아인과 함께 팀을 이루어 아이거 북벽을 오르는 중이었다. 그러나 내가 보기에는 말도 안 되는 조합이었다. 그들은 서로 의사소통이 전혀 되지 않았다.

우리는 잘 먹고 잘 잤는데, 사실 너무 잘 자고 말았다. 일어나 보니 이미 날이 훤했고, 톰과 안톤이 밤을 보낸 모퉁이 건너편에서는 그들이 이미 등반에 나선 듯한 소리가 들려왔다.

"빨리 출발하자, 이안. 우리가 앞서 나가야 해." 하고 내가 말했다.

'힘든 크랙'에는 얼음이 없어 나는 그곳을 손쉽게 넘어갔다. '힌터슈토이서 트래버스' 역시 건너가기에는 완벽한 상태였다.

"이번이 아니면 기회가 없을 거야."라고 나는 이안에게 말했다.

"너무 일찍부터 낙관하는 거 아냐?" 그가 중얼거렸다.

하지만 우리의 행운은 계속되었다. 북벽은 이전보다 얼음이 현저히 적었고, 이전에 발판을 깎으며 힘들게 전진했던 곳을 이제는 암벽등반으로 빠르게 오를 수 있었다. 나는 '제2설원'을 곧장 치고 올라갔는데, 주로 프론트포인팅²²으로 올랐다. 그리고 설원의 위쪽이 바위에서 밀려나 있어 우리는 그 끝에서 재빨리 옆으로 이동했다. 그 후 우리는 빠른 전진에 대한 대가라도 치르는 양 실수를 저질렀고, 루트를 벗어나 1시간을 허비했다. 아이거가 불러일으키는 익숙한 불안감이 우리를 엄습했다. 그 위는 '플랫 아이언Flat Iron'이었다. 그곳은 쉬운 곳이기는 했지만, 낙석에 무섭게

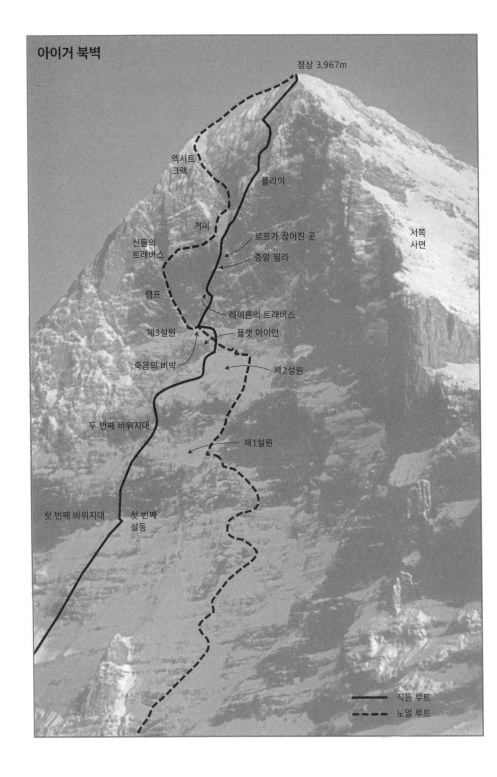

아이거 북벽

정상 3,967m

엑시트
크랙

플라이

거미

로프가 끊어진 곳

신들의
트래버스

중앙 필라

서쪽
사면

램프

레이튼의 트래버스

제3설원

플랫 아이언

죽음의 비박

제2설원

두 번째 바위지대

제1설원

첫 번째 바위지대

첫 번째
설동

━━━ 직등 루트

- - - 노멀 루트

노출된 곳이기도 했다. 그곳에는 브라이언 낼리가 배리 브루스터의 추락을 막기 위해 버틸 때 뒤틀린 피톤이 있었다.

'플랫 아이언' 위에서 아래를 내려다본 우리는 그 두 클라이머가 여전히 '제2설원'에 있는 것을 보고 놀라움을 금치 못했다. 그들은 '제2설원'을 곧장 올라오지 않고 대각선 방향으로 움직이고 있었다.

"저 친구들, 서두르지 않으면 낙석이 떨어지기 시작할 때 '플랫 아이언'에 도착하겠네."

우리는 그들을 향해 조심하라고 큰 소리로 외쳤지만, 그들은 너무 멀리 떨어져 있어 우리의 목소리를 알아듣지 못하는 것 같았다. 그들은 마치 넓게 펼쳐진 회색의 설원 위를 움직이는 두 마리의 작은 개미 같았다. 그들이 처한 위험을 통해 우리도 우리 자신의 상황이 위험하다는 것을 인지하고 루트를 따라 계속 올라갔다. 가파른 '제3설원'에서 이안은 발판을 깎으며 전진했고, 그 후 우리는 북벽의 왼쪽으로 뻗어 있는 좁은 걸리인 '램프Ramp'에 도달했다. 그곳은 아래쪽의 설원에 비해 낙석에 대한 노출이 덜하고, 주위가 온통 바위뿐이어서 우리는 안도감을 느꼈다. 나는 침니의 두 벽을 이용해, 즉 한쪽 벽에는 등을, 다른 쪽 벽에는 발을 대는 자세로 위로 올라갔다. 출발할 때는 추위를 느꼈지만 어느 정도 오르고 나니 몸에서 열이 났다. 이안은 어려운 피치를 맡았는데, 홀드를 덮고 있는 얇은 얼음을 깨내면서 느리고 고되게 '램프'의 꼭대기까지 올라갔다. 그 위쪽 어디엔가 있을 '신들의 트래버스Traverse of the Gods'는 북벽 중심부의 '하얀 거미White Spider'라는 설원으로 이어질 터였다.

그때 위쪽에서 고함소리가 들렸다. 우리 오른쪽으로 구름 속에서 사람의 형상이 나타났다. 그들이 곤란한 상황에 빠진 것일까? 그러나 구조는 거의 불가능한 상황이었다. 스위스인들인 그들은 우리가 다가가자 기분 좋게 미소를 지었지만, 아이거 북벽에서 만날 것이라고 예상하기는 힘든 부류였다. 그들은 그날 하루 종일 등반한 거리가 100미터도 안 될 정도로 끔찍하게 속도가 느렸다. 비박을 하기에는 너무 이른 시간이었음에도 불구하고 그들은 이미 비박 준비를 마친 상태였다. 나는 그들을 도와주어야 한다는 의무감이 들었지만, 그들은 자신들의 상황에 만족해하는 것 같았다.

"우린 지쳤습니다. 여기 있다가 내일 올라갈 겁니다."

우리가 가파른 벽에 매달려 돌 부스러기들이 널려 있는 바위 턱을 횡단할 때 클라이네샤이덱에서 목동들의 구슬픈 호른 소리가 들려왔고, 더 먼 곳에서는 기차 소리가 희미하게 들려왔다. 그런 소리를 들으니 우리가 완전히 고립되어 있다는 느낌이 더욱 강하게 들었다. 이곳에서는 어떤 것도 우리를 도와줄 수 없었다. 트래버스의 끝에서 나는 머리를 내밀어 '하얀 거미'를 쳐다보았다. 그러나 나를 반기는 것은 오직 시끄러운 낙석 소리뿐이었다. 오후의 폭격이 시작된 것이다. 우리는 그날 정상에 올라설 수도 있었지만 굳이 위험을 감수하고 싶지는 않았다.

전날에 비해 비박이 편하지는 않았다. 그러나 옷이 마른 데다 마실 물을 만들 눈도 많았다. 우리는 선잠을 잤는데, 보통 때와는 다르게 밤이 길게 느껴지지는 않았다. 다음 날 아침 우리는 '하얀 거미'의 꼭대기에 재빨리 도달했지만, '엑시트 크랙Exit Crack'으로 들어가는 곳을 제대로 찾지 못했다. 루트가 너무 쉬워 이상하다는 생각이 들었는데, 아니나 다를까 크랙에서 벗어나 불길해 보이는 홈통으로 들어가 버린 것이다. 로프가 20미터쯤 아래에 있는 이안에게까지 죽 늘어진 어떤 곳에서는 헐거운 바위 파편들에 둘러싸인 채 올라가야 했다. 나는 얇은 얼음으로 뒤덮인 바위에 발을 단단히 붙였다.

뒤따라 올라오던 이안은 숨을 헐떡거리면서 "어려운 곳을 해냈구나." 라고 말했다. "루트 맞아? 피톤이 안 보이잖아?" 우리가 루트에서 벗어나

겨울의 아이거 북벽. 왼쪽 하늘에 저녁달이 보인다. (크리스 보닝턴)

아이거 북벽을 영국인 최초로 등반하고 정상에 선 모습 (크리스 보닝턴)

오른쪽으로 올라왔다는 것이 금방 밝혀졌다. 시작은 제대로 했었다. 그러고 나자 등반은 이제 아이들의 놀이처럼 느껴질 정도로 쉬웠다. 우리는 로프를 풀고 정상 설원을 뛰다시피 올라갔다. 거의 2,000미터에 달하는 발 아래쪽으로는 숲과 계곡의 거대한 심연이 펼쳐져 있었다.

"로프를 쓰는 게 좋겠어."라고 이안이 말했다. 나는 전적으로 동의했다. 우리는 우리에게 다가온 행운에 감사하며 조심스럽게 정상으로 올라갔다. 나는 그렇게 음산한 분위기 속에서 등반을 해본 적이 없었다. 나 자신의 어두운 경험 때문이기도 했겠지만, 공포를 한데 집결시키는 원형극장 같은 아이거 북벽의 구조 역시 그런 분위기에 크게 일조했다. 햇빛이 반짝이는 정상에서 우리는 말린 과일을 먹으며 기쁨과 함께 안도감을 만끽했다. 2시간 후 우리는 클라이네샤이덱으로 돌아왔다. 호텔로 들어서

2부 · 견습 기간

자 호텔 주인인 프리츠 폰 알멘이 우리를 자신의 사무실로 불렀다.

"당신 뒤에서 따라 올라가던 클라이머 두 사람의 이름을 아나요?" 우리는 그에게 그들의 이름을 알려주면서 무슨 일인지 물었지만, 어느 정도 추측은 할 수 있었다. "안 좋은 소식입니다. 그 둘이 죽었어요."

그에 의하면, 톰 카루서스와 안톤 모더레거는 우리가 그들을 마지막으로 보았던 지점과 '플랫 아이언' 사이의 어딘가에서 사고를 당했다고 한다. 나는 그들이 단지 시야에서 벗어난 것은 아닌지 의구심이 들었다. 혹시 '램프'에 있지는 않을까?

"아닙니다. 불행히도 그렇지 않습니다. 북벽의 아래쪽을 망원경으로 살펴봤는데, 그들의 시신이 보였습니다."

우리가 누린 완벽한 등반 조건에도 불구하고, 아이거는 여전히 악명을 떨치고 있었다.

제 6 장

나의 길을 가다

아이거 북벽의 등반 효과는 엄청났다. 해럴드 맥밀런Harold Macmillan 수상
은 축전까지 보냈다. "용기 있고 뛰어난 등반에 따뜻한 축하의 박수를 보
냅니다." 바넷Barnet에 있는 어머니의 골프클럽에서도 어머니에게 축하 편
지를 보냈는데, 그 역시 나에게는 나쁠 것이 없었다. 오랫동안 연락이 두
절된 아버지 찰스는 그 일로 나의 존재를 갑자기 의식하기 시작했다. 아
버지는 재혼했다. 나는 제럴드Gerald라는 이복 남동생과 앨리슨Alison, 로
즈메리Rosemary, 리즈Liz라는 3명의 이복 여동생의 존재를 처음으로 알게
되었다. 내가 브리스톨까지 내려가 아이거 이야기를 들려주자 그들은 나
를 따라 등반을 해보기로 했고, 나는 그들을 데리고 에이번 협곡으로 가
서 여기저기를 올라볼 수 있도록 해주었다. 나에게 동생들이 있다는 사실
은 기분이 좋았다. 또한 아버지와의 관계도 새롭게 시작되었다. 그때까지
나는 자식으로서 아버지에 대한 애정을 느껴보지 못했지만, 성인이 된 나
는 아버지와 함께 대화를 나누는 것이 즐거웠다.

아이거 북벽 등반은 1975년의 에베레스트 남서벽 등반을 포함해 내
가 한 어떤 등반보다도 더 많은 언론의 관심을 받았다. 모든 신문이 우리
의 등반을 1면 머리기사로 다루었다. 나는 이미 『데일리 익스프레스』와
계약을 맺은 상태였다. 그들은 "살인적인 북벽에서 승리를 거둔 보닝턴이

자신만의 이야기를 들려준다.”라고 썼다. 그러나 나는 너무 순진했다. 『데일리 익스프레스』는 기사를 독점하기 위해 우리가 영국에 도착하자마자 우리를 시골의 한 호텔로 데려갔다. 나는 그들이 어느 정도로 기사를 취급할지 제대로 알지 못했다. 내가 돈을 받기는 했지만, 신문사가 벌어들인 액수에 비하면 보잘 것 없는 것이었다. 돈 월런스는 내가 언론에 빌붙은 이기적인 사기꾼이 되었다고 생각했고, 그런 자신의 생각을 담은 씁쓸한 편지를 나에게 보내기도 했지만, 사실은 정반대였다. 그러나 그 일을 통해 나는 성공의 첫 발을 내디딜 수 있었다.

강연을 하거나 글을 쓸 수 있는 기회가 동시다발적으로 생겨났다. 더욱 중요했던 것은 자신의 아버지 출판사인 빅터Victor를 실질적으로 운영하던 리비아 골란치Livia Gollancz가 나에게 관심을 보였다는 것이다. 리비아는 그때까지의 등반에 대한 책을 써달라며 선인세를 보냈고, 내가 작가로서 첫 발을 떼는 데 꼭 필요한 후원자가 돼주었다. 당시 나는 등반 관련 잡지에 글을 몇 편 기고하는 정도였다. 나는 사진을 찍는 일에 소질이 있었는데, 프레네이 중앙 필라, 눕체, 아이거 등을 등반한 덕분에 내가 찍은 사진들에 대한 수요가 늘어났다. 나는 군에서의 경험에도 불구하고, 강연자로서 자질이 부족한 편이었다. 등반에 대한 나의 첫 강연은 케임브리지의 젊은 대학생이던 닉 에스트코트Nick Estcourt의 초청으로 이루어졌는데, 그때 나는 군에서 며칠이라도 도피하기 위해 그 기회를 이용했다. 그리고 닉과 나는 곧 친한 친구가 되었다.

신문에서의 저작권과 함께 갑작스럽게 늘어난 강연으로 수입이 생기면서 나는 웬디와 함께 파타고니아에 갈 수 있었다. 내가 그녀를 만난 지 채 1년이 되지 않은 때였다. 더욱이 신혼이라서 그녀와 떨어져 지내는 것은 견딜 수 없었다. 원정대장인 배리 페이지Barrie Page는 자신의 아내인 일레인Elaine과 세 살배기 아들 마틴Martin을 데려갈 예정이었다. 따라서 내가 웬디와 동행하는 것은 전혀 이상해 보이지 않았다. 원정대는 출발하기 전에 『데일리 익스프레스』와 인터뷰를 하면서 그곳에서 내가 보내주기로 한 속보를 어떻게 전달할지 세부사항을 논의했다. 돈 윌런스는 특종기자인 낸시 뱅크스 스미스Nancy Banks-Smith에게 이렇게 말했다. "내 아내는 트리니다드까지만 가는데, 우리들에겐 그것으로 충분합니다." 윌런스는 원정에 여자를 데려가는 것을 끔찍이 싫어했다. 물론 그렇게 생각하는 사람은 윌런스만이 아니었을 것이라고 본다. "여자들은 베이스캠프에 어울리지 않아. 잔소리만 늘어놓거든. 그들은 관심을 받고 싶어 해."라고 윌런스는 말했다. 뱅크스 스미스가 언급했듯이 웬디에게 파타고니아는 바람을 쐬면서 가까운 목장에서 말을 타볼 수 있는 곳에 불과했다.

원정대는 토레스 델 파이네Torres del Paine 국립공원에 있는 장엄한 타워 세 곳을 목표로 삼았다. 파이네는 테후엘체Tehuelche 인디언 말로 '푸르다'라는 의미이다. 그 타워들을 처음 본 여행자는 플로렌스 캐롤라인 딕시Florence Caroline Dixie[23] 귀부인이었는데, 그녀는 마터호른에서 하산하다 추락사한 프랜시스 더글러스 경Lord Francis Douglas의 누이였다. 그녀는 1880년에 그 타워들을 '클레오파트라의 바늘들Cleopatra's Needles'이라고 명명했지만, 그 이름은 그것들의 규모를 제대로 담아내지 못했다. 일반적으로는 가장 남쪽에 있는 타워가 최고봉으로 여겨졌지만, 우리에게는 중앙 타워가 더 탐났다. 북쪽 타워는 1958년 이탈리아 원정대가 등정한 곳이었다.

배리는 2년 전 그 지역을 찾은 영국의 첫 원정대에서 브리스톨대학 산악부 친구인 데릭 워커Derek Walker와 함께 부대장을 맡았었다. 그 원정은 등반보다는 탐사가 목적이었지만, 원정대장 피터 헨리Peter Henry가 탄 작은 보트가 뒤집히면서 익사하는 비극이 일어났다. 기운이 넘치는 배리는 말이 빨라 종종 무슨 뜻인지 이해하기가 힘들었다. 데릭은 좀 더 느긋하고 겸손한 사람이었지만, 사실 원정대를 조직하는 일 대부분은 그가 담

파타고니아 남쪽에 있는 파이네의 타워들. 빅 브레이와 내가 루트를 정찰하고 있다. (크리스 보닝턴)

당했다. 그는 식량 준비도 훌륭하게 해냈다. 1961년 원정에 참가한 빅 브레이Vic Bray가 이번 원정을 영상으로 기록할 예정이었다.

돈 월런스는 나를 원정대에 추천했고, 우리는 더 많은 대원이 필요하다고 생각했다. 그리하여 내가 눕체 원정을 통해 알게 된 존 스트리틀리와 교사연수를 1년 뒤로 미룬 이안 클로프가 합류했다. 나는 월런스와 나 사이의 불편한 감정을 어떻게 풀어야 할지 걱정했다. 월런스는 자신이 나에게 "야, 구름 위에서 놀지 말고 땅으로 내려와."라고 했다는 말까지 데릭에게 전했다. 나의 입장에서는 그의 태도가 불공평하다고 느껴졌는데, 그는 내가 이안과 함께 아이거를 등반하면서 자신을 배신했다는 생각을 가지고 있었던 것 같다. 하지만 그 등반은 그가 참가하지 않았을 뿐이었다. 그보다 1년 전에 그는 나와 이안이 훈련등반을 하는 동안 우리를 떼어놓고 프레네이 중앙 필라로 간 적도 있었다. 그때도 그의 등반이 늦어진 것은 그가 우리를 기다려서가 아니라 날씨가 나빠서였을 뿐이었다.

나는 원정 일기에 이렇게 썼다. "나는 그를 좋아하고 존경한다. 그러나 우리는 의견이 상당히 엇갈리는 편이고 너무나 이질적이어서 나는 그와 어떤 종류의 친근함도 느낄 수 없다. 아마도 많은 문제는 성숙하지 못한 나로 인해 일어났을 것이다. 나는 월런스와 함께 있을 때 마음이 전혀 편하지 않았다. 내가 보기에 그와 가장 가까워질 때는 등반을 하면서 생사의 갈림길에 서게 되는, 정말로 힘든 상황에 처했을 때뿐이다. 그럴 때는 우리가 아주 가까워졌다."

토레스 델 파이네 원정 역시 예외가 아니었다. 우리는 쿠바의 미사일 위기[24]가 최고조에 달한 10월 말에 리버풀에서 발파라이소Valparaiso로 향하는 배를 탔다. 데릭이 자신의 새로운 아내인 힐러리Hilary를 다시 볼 수 있을지 걱정했던 기억이 난다. 우리는 11월 중순에 산티아고에 도착했다. 배리가 허가를 받기 위해 칠레 당국과 서류절차를 밟는 동안, 우리는 이탈리아 원정대가 우리와 같은 목표를 가지고 오고 있다는 소식을 들었다. 우리는 서둘러야 했다.

처음 며칠 동안 파타고니아의 드넓은 초원에서 매우 즐거운 시간을 보냈다. 우리는 낡아빠진 트럭 2대에 나누어 타고 푼타아레나스Punta Arenas를 출발해, 거친 비포장도로를 따라 덜컹거리며 달렸다. 내 옆자리에는 웬디가 탔다. 하늘에는 '포효하는 40도Roaring Forties'[25]에 의해 태평양에서 몰려온 비행선 모양의 구름떼들이 큰 선단을 이루고 있었다. 마지막 검문소에서 깔끔한 회색 군복을 입은 2명의 국경 경비대원들이 권총을 옆에 찬 채 손짓으로 우리를 세운 뒤 배리에게 스페인어로 질문했다. 배리는 우리의 허가서를 보여주었지만, 곧 말싸움이 벌어졌다.

우리가 걱정스러운 마음으로 한데 모여 있는 동안 월런스는 이렇게 말했다. "저 놈들이 왜 우리를 통과시켜주지 않는 거지? 타워를 오를 수 있는 허가서가 있잖아?"

"물론 그건 있지."라고 배리가 대답했다. 그러나 우리가 받은 허가서에는 파이네 산군으로 들어가는 일반적인 허가서로 드러났다. 배리는 당국에 파이네에서 등반을 할 것이라고 말했지만, 그 내용이 문서에 적혀 있지 않았다. 다행히도 검문소 옆에 있는 목장의 영국인 관리인이 와서 우리를 도와주었지만, 그 역시 배리가 말싸움하는 것을 지켜볼 수밖에 없었다. 윌런스는 그 상황을 수상하게 생각했고 '이탈리아인들'이 자신들에게 유리하게 이용할까 봐 걱정했다. 사실 배리는 외판원 같은 느낌을 주었는데, 아무렇지도 않다는 듯 일을 모호하게 처리하는 경우가 많았고 그런 문제는 허가서 외에서도 나타났다.

차고 신선한 아침 공기를 마시며 도로를 달리자니 기분이 좋았다. 트럭이 덜컹거리며 지나갈 때 작은 호수에서 홍학들이 날아올랐다. 우리는 야트막한 언덕에서 멈추었다. 그곳에서부터 초록으로 넘실대는 대초원의 건너편으로 30킬로미터쯤 떨어진 곳에 우리가 등반하기로 한 날카로운 화강암 타워가 서 있었다. 웬디와 나는 햄스테드의 작은 단칸셋방에서 살면서 하루 종일 영업사원으로 일하는 인생의 심한 스트레스로부터 탈출해 새롭고 거대한 세계에 발을 디딘 듯한 느낌이 들었다.

우리의 베이스캠프 터는 산 아래에 있는 또 다른 목장 근처에 있었다. 그 목장은 스코틀랜드의 언덕에 있는 농장을 연상시켰는데, 돌로 된 작은 집들이 주변 경치와 잘 어울렸다. 그날 밤, 슬라브족 출신으로 몸집이 거대한 목장 주인 후안 라딕Juan Radic이 우리를 만찬에 초대해 양꼬치요리를 대접했다. 후안은 도시생활이 몸에 밴 온화한 사업가였고, 농장에서 실제로 일하는 사람은 그의 동생인 페드로Pedro였다. 페드로는 여윈 데다 키가 크고 거친 사람으로, 바람에 찌든 얼굴에는 우울한 기운이 감돌고 있어, 우리가 일반적으로 떠올리는 가우초gaucho[26]의 전형적인 모습을 보여주었다. 우리는 와인을 자루에서 곧바로 입에 부어 목으로 넘기는 파타고니아의 풍습을 처음으로 경험했다. 만찬은 페드로가 우리에게 이상한 물방울을 조금씩 뿌린 후 시작되었다.

다음 날 아침 우리는 끔찍한 숙취를 달래며 파이네 중앙 타워Central Tower of Paine로 향했다. 베이스캠프에서는 그 타워가 둥그런 파이네 치코 Paine Chico(1,861m)에 가려 보이지 않았다. 우리는 고약한 술 냄새가 스민 땀을 흘리고 파리 떼와 싸우면서 파이네 치코의 산등성이를 돌아 넘었는데, 자주 쉬어야만 했다. 그 너머에는 산의 동쪽으로 이어지는 긴 계곡이 있었다. 우리가 있는 곳에서는 그 타워가 난공불락으로 보였다. 타워의 서쪽으로 접근했지만 등반을 시작하기 전에 식량과 장비를 가져다놓을 중간캠프가 필요했다. 우리는 제비뽑기를 했다. 결국 빅과 내가 뒤에 남아서 물자를 나르기로 했다.

그전 2주에 이어 우리가 있을 때도 계속 날씨가 좋았다. 윌런스는 조금 시큰둥하게 "이번 시즌에는 좋은 날씨가 길게 이어지네?"라고 투덜댔다. 그는 전에 파타고니아에 와본 적이 있었지만, 나는 이번이 처음이었다. 파타고니아의 날씨가 얼마나 악명이 높은지는 경험을 해보기 전에는 잘 모른다. 날씨는 그 후에도 사흘 동안 더 좋았는데, 윌런스와 배리가 북쪽 타워와 중앙 타워 사이의 콜까지 올라가기에는 충분한 시간이었다.

윌런스는 우리에게 이렇게 말했다. "잘 될 거야. 크랙이 정상까지 계속 이어져 있어. 대략 4분의 1지점에서 약간 끊길 뿐이지."

12월 4일, 날씨가 나빠지는 상황에서 나는 어쩔 수 없이 선두로 나서야 했다. 타워들이 있는 서쪽으로 가는 길은 무성한 덤불을 헤쳐야 했고, 그 후에는 어지럽게 널려 있는 바위들을 지나 빙하의 모레인 지대를 통과해야 했다. 그곳에서 보는 중앙 타워와 북쪽 타워는 마치 노르만족이 토목공사를 한 듯 난공불락의 요새처럼 치솟아 있었다. 아래의 바위사태 지역을 오르기 시작할 때 눈보라가 몰아치기 시작했다. 뚜렷하게 드러난 콜은 깔때기 역할을 하면서 파타고니아의 빙원을 가로질러 사정없이 몰아치는 분노의 바람을 한데 끌어 모았다.

눈보라가 세게 몰아쳤지만 우리는 장비를 분류했고, 나는 등반을 시작했다. 그러나 차가운 바람에 노출된 내 손은 이내 감각이 없었다. 첫 구간을 오른 나는 피톤을 박은 다음 로프를 타고 내려왔다. 우리는 타워의 첫 4미터만 오른 뒤 표식을 남겨놓고 뒤돌아서서 바위사태 지역을 재빠르게 내려왔다. 그리고 고소캠프에 머물면서 식량을 축내는 것은 아무런 의미가 없었기 때문에 텐트를 접어 눈보라에 노출되지 않도록 숨겨놓고 계곡 아래로 내려왔다.

그 후 몇 주 동안 우리는 쉽게 결단을 내리지 못하고 불평을 늘어놓으면서 기회가 오기를 기다렸다. 파타고니아의 불확실한 날씨는 속으로 고민을 많이 하는 내 습관을 알고 일부러 약 올리는 듯했다. 잘못된 때에 잘못된 곳에 있다는 느낌을 지울 수 없었던 나는 잠깐씩 날씨가 좋아지는 시간을 적절하게 활용하지 못했다. 나는 일기에 이렇게 적었다. "나는 결정을 내리고도 그 결정을 끝없이 심사숙고하는 끔찍한 습관을 가지고 있다. 결국은 내가 잘못된 결정을 내렸다고 결정짓는 경우가 많았다. … 단호한 결정을 내리고 그 결정을 일관되게 따르는 것이 주저하는 경우보다 더 낫다는 점을 깊이 명심하고 실행에 옮겨야 한다."

그러나 말은 행동보다 쉽다. 타워 아래에서 격렬한 폭풍을 맞으며 잠에서 깨어 계곡을 따라 내려왔다가, 날씨가 개는 듯하여 그곳에 머물던 클라이머들이 올라갈 채비를 서두르는 모습을 바라보는 일은 차라리 고통에 가까웠다. 하루는 산에서 오다 뜻밖에도 웬디와 마주쳤다. 우리는 서로를 만나 무척 기뻤다. 그러자 등반에 대한 생각이 머릿속에서 시나브로 사라졌다. 그날 밤 웬디와 한껏 사랑을 나누면서 그녀의 품속에 있자니 초조감이 다시 나를 엄습했다. 하늘이 맑아 별들이 총총했다. 나는 선등 순서에 맞추어 위로 올라가야 했다. 그렇게 초조하고 혼란스러운 가운데 시간이 흘러갔고, 그 사이에 우리는 아무런 진전도 이루지 못하고 있었다.

파이네 원정에서 내가 겪었던 갈등과 압박감을 지금은 이해할 수 있다. 아마도 새로운 인생이 잘 풀려야 한다는 야심과 초조함이 한데 뒤엉켜 나를 괴롭힌 것 같다. 나는 『데일리 익스프레스』에 보낼 속보에 신경이 쓰였다. 아이거에서는 그들이 저널리스트를 고용해 인터뷰 기사를 썼지만, 이야기를 선정적으로 쓰는 바람에 나는 클라이머로서의 체면을 구길 수밖에 없었다. 이번에는 보도되는 이야기를 내가 직접 관리하고 싶었다. 물론 편집부 직원들이 내 글에 조미료를 치듯 선정적인 내용을 추가해, 그렇게 조합된 내용의 글을 본 동료들은 화를 냈다.

웬디와 일레인 그리고 어린 마틴이 베이스캠프에 있는 것도 또 다른 불안 요인이었다. 일레인은 따라가는 것을 단호히 거절했었는데, 배리는 일레인과 마틴, 웬디가 인근의 목장에 머무를 것이라는 모호한 계획을 원정대에 알렸었다. 웬디는 대초원에서 말을 타는 시간을 기대했다. 하지만 배리는 그 계획을 실행에 옮기지 못했다. 충분히 예상된 일이기는 했지만, 목장 주인들은 여자 둘과 어린아이 하나에게 비위를 맞춰주는 일에 넌덜머리를 냈고, 결국 그들 셋은 웬디와 일레인이 음식을 직접 만든다는 조건하에 페드로의 목장으로 거처를 옮겼다. 그러나 그 형제들은 어린아이가 부산하게 돌아다니는 것을 좋아하지 않았고, 배리와 내가 밤을 보내려 들르는 것도 달가워하지 않았다. 결국 여자들은 베이스캠프에 머무르게 되었는데, 원정대원들은 그 꼴을 보기 싫어했다. 여자들은 마치 런던의 클럽에서처럼 식당텐트의 출입이 금지되었다. 그러자 가엾은 마틴이 화풀이 대상이 되었다. 웬디는 원정대에 만연해 있는 심각한 수준의 남성우월주의에 당황스러워했다. 사랑하는 신부와 함께 손을 잡고 대초원을 거니는 것과 거만한 야망 사이에서 나는 갈피를 잡지 못했다.

　이탈리아인들이 도착하면서 상황이 바뀌었다. 그들은 돌로미테 출신의 터프한 사나이들이었는데, 아르만도 아스테Armando Aste[27]라는 거물이 그들의 확실한 중심인물이었다. 그는 남부 파타고니아 탐사원정대가 사실은 자신의 루트라고 여기는 곳을 등반하려 한다는 점을 특히 불쾌하게 여겼다. 배리는 그들에게 와인을 권하면서 살짝 설득해보자는 해결책을 내놓았다. 우리의 로프가 이미 타워에 설치되어 있고, 그렇게 선점을 한 이상 우리가 유리하다고 본 것이다.

　그러나 윌런스는 그런 해결책을 따를 만큼 어리석지 않았다. "이봐, 배리! 그 타워를 오를 수 있는 정당한 허가서가 우리에게 없다면, 그들은 분명 우리 보고 떠나라고 할 거야."

　나는 명확한 해결책을 제시했다. 즉, 경찰의 눈을 피해 산으로 올라가 바위사태의 사면 아래에 있는 숲속의 위쪽으로 캠프를 옮기자는 것이었다.

　그러자 윌런스는 이렇게 말했다. "내 생각엔 그것도 너무 낮아. 타워 바로 아래에 일종의 산장을 만드는 게 좋겠어. 그곳에 두 명이 항상 대기하고 있다가 날씨가 좋아지면 슬쩍 나가보는 거지."

　그렇게 해서 윌런스의 첫 '박스형 텐트'가 탄생했다. 우리는 후안의 와인 가게에서 빼내온 단단한 목재를 뼈대로 대고 무거운 타폴린으로 덮어 폭탄에도 끄떡하지 않을 박스형 오두막을 조립식으로 만들었다. 무게는 거의 90킬로그램에 육박했다. 그러나 모두가 달라붙으면 운반이 가능했다. 우리는 나무로 된 문에 손으로 다음과 같은 문구를 썼다. "브리타니코 호텔: 회원전용HOTEL BRITANNICO─MEMBERS ONLY" 그날 밤 나는 서투른 프랑스어로 이탈리아인들 중 한 명과 대화를 나누었는데, 윌런스의 예상대로 그들은 중앙 타워에서 물러날 뜻이 없었다. 그들은 중앙 타워에 오르기 위해 이곳에 온 것이었다. 그리하여 경쟁이 시작되었다. 상대편은 우리의 식당텐트 밖에 수북이 쌓여 있는 빈 맥주병을 보고 우리가 지리멸렬하고 심지어는 내분에 빠져 있다고 판단했다. 하지만 침입 세력을 마주하게 된 우리는 다함께 단결했다.

새해 첫날, 우리 7명은 술이 덜 깬 상태에도 불구하고 산으로 출발했고 가능한 한 몰래 조립식 오두막을 옮겼다. 오두막을 세우고 나니 앞으로 나아가는 것이 훨씬 더 수월했다. 바람이 심하게 불면 이탈리아인들은 허둥지둥 아래로 내려갔지만, 우리들 중 두 명은 악천후 속에서도 오두막 안에서 버틸 수 있었다. 식량을 가지러 계곡으로 내려온 배리와 나는 이탈리아인들이 자신들의 캠프로 올라가는 것을 보고 마치 파르티잔partisan처럼 숲속에 숨었다. 그런 숨바꼭질은 꽤나 재미있었다. 이탈리아인들은 우리의 진전을 잘 모르고 있는 것 같았다.

우리에게 새롭게 생긴 단결력은 윌런스와 나의 관계에까지 영향을 미쳤다. 아이거 이후 크게 나빠진 우리 사이가 일시적으로나마 좋아진 것이다. 어느 날 밤 베이스캠프에서 즐겁게 술을 마시던 나는 소변을 보러 밖으로 나갔다. 윌런스도 마찬가지였다. 밤하늘이 맑았다. 우리는 '누군가가 우리보다 먼저 정상에 도달하지는 않을까?'라는 생각을 함께 하고 있었다. 나는 일기에 이렇게 썼다. "우리는 서로를 쳐다봤다. 그가 말했다. '우리가 계산을 잘못한 거 같지는 않아.' 나보다 나이도 많은 주제에 정상에 먼저 올라가고 싶어 안달이라는 생각이 들었다. 나는 이렇게 대답했다. '이봐, 윌런스! 우린 아직 함께 정상에 간 적이 없잖아. 어때? 함께 오르는 건?' 그가 말했다. '그래. 나도 같은 생각이야. 우리가 가서 다음 차례를 맡자.'"

이탈리아인들을 깨우지 않기 위해 우리는 살금살금 그들을 지나 콜로 다시 올라갔는데, 아뿔싸 그곳에는 한 무더기의 장비들이 쌓여 있었다. 그들의 장비는 우리들 것보다 훨씬 더 새것으로 보였고, 확실히 더 좋아 보였다. 나는 그들의 장비를 밀어 반대편으로 떨어뜨리면 어떻겠느냐는 농담을 했다.

그러자 "그럴 필요 없어. 우린 정당한 방법으로 그들을 이길 거야."라고 월런스가 대꾸했다.

1963년의 우리 로프는 마닐라 삼으로 만든 것이었는데, 그 로프는 나일론 로프보다 훨씬 더 약하고 잘 닳았다. 바람에 의해 로프가 받았을 영향은 너무 끔찍해서 생각하기조차 싫었다. 그리고 로프를 타고 오를 수 있는 주마Jumar 같은 장비나 다른 인공등반 장비가 없었다. 그 당시에는 로프를 그저 손으로 잡고 올라갔다. 그리고 단단한 강철 피톤이나, 안전벨트 혹은 확장볼트 같은 것도 없었다. 월런스가 우리의 최고점인 길고 반반한 슬랩 위에서 로프를 당기자 그가 손으로 잡고 있던 로프가 끊어졌다. 나를 비롯한 대부분의 사람들은 그런 상황에 놓이면 당황한 나머지 몸이 뒤로 기울어지면서 추락을 면치 못했을 것이다. 월런스는 정신력과 함께 민첩성을 잘 유지하면서 균형을 잡았고, 냉정하게 로프의 끝을 서로 묶었다. 그때 아마도 그보다 내가 더 충격을 받았던 것 같다.

우리가 오른 최고점에서 우리는 앞쪽 지형을 살펴보았다. 열린 홈통이 사각형 모양의 천장까지 이어진 다음 모퉁이를 돌아 시야에서 사라졌다. 그곳은 등반이 가능해 보였다. 그 등반선을 보자 지난 몇 주간의 절망감이 눈 녹듯 사라지는 것 같았다. 따뜻하고 거친 바위는 만져보니 아주 만족스러웠고, 심지어는 쾌감이 들기까지 했다. 50년도 넘은 지금까지도 그 피치에 대한 기억이 머릿속에 생생한데, 어느 모로 보나 새너태프 코너만큼 어렵고 훌륭한 곳이었다. 그때 아래쪽에서 희미한 외침이 들려왔다. 우리처럼 이탈리아인들도 좋은 날씨를 보고 산으로 왔지만, 이미 타워의 높은 곳에 있는 우리를 본 것이었다. 그들은 손가락질을 하다 서

파이네 중앙 타워를 오르는 모습 (크리스 보닝턴)

로 무슨 말을 주고받더니 배낭을 꾸리기 시작했다. 이탈리아인들이 자신들만의 루트로 만들려던 계획을 포기한 것이 확실했다. 타워 밑에 도착한 그들은 우리의 로프를 타고 올라오기 시작했다. 우리는 워낙 등반에 집중하고 있었기 때문에 그들에 대해 그다지 신경 쓰지 않았다. 우리가 막다른 곳으로 빠지지만 않는다면, 그들이 우리를 따라잡지는 못할 터였다.

경사가 완만해지는 곳에 이르자 우리는 속도를 냈고, 어느 누구도 입을 열지 않았다. 완벽한 조화를 이룬 우리는 지평선 아래로 떨어지는 석양과 경주하고 있었다.

월런스는 "여기서부터는 그렇게 나빠 보이지 않는데…."라고 말했다. 나는 시간이 걱정되었다. 갈 길이 멀었다. "좀 더 빨리 가야겠어. 비박장비를 놓아두고 가볍게 올라가자."

등반은 쉬웠지만 크랙에는 얼음이 잔뜩 끼어 있었다. 나는 멍텅구리 같은 그 구간을 빠른 속도로 올라가는 월런스의 능력에 감탄했다. 우리는 여전히 경주를 하고 있었다. 그러나 상대는 이탈리아인들이 아닌 석양이었다. 일련의 짧은 봉우리들이 나타났는데, 나는 그런 봉우리들 밑에 도착할 때마다 정상에 다 왔다고 생각했다. 월런스는 앞장서 짧고 가파른 벽을 횡단한 후 모퉁이를 돌아갔고, 이내 그쪽에서 함성이 들렸다. 뒤따라 올라가니 그는 테이블 크기만 한 바위 위에 앉아 있었다. 그는 카메라를 향해 엄지손가락을 치켜들었다. 우리는 사방의 경치를 감상했다. 붉은 태양이 빙원 너머로 떨어지고, 주위에는 난공불락의 거대한 봉우리들이 포진해 있었다. 바람은 완전히 잦아들었다. 우리는 몇 주간의 사투 끝에 평화로운 감정에 흠뻑 빠져들었다.

등반에 나선 지 15시간 만에 배낭을 놓아 둔 곳에 도착했다. 우리는 심한 갈증에 시달리며 배낭 속에서 성냥을 찾았다. 성냥이 없으면 눈을 녹일 수 없으니까. 그러나 월런스는 마실 물 따위에는 관심이 없었다. "빌어먹을 담배를 피우고 싶어 죽겠네." 우리는 마침내 성냥을 찾았다. 윌런스는 만족스러운 듯 자리를 잡고 앉아 새벽을 기다렸다. 날이 밝아오자 우리는 로프를 타고 하강하기 시작했다. 길게 하강을 이어가야 해서 정신적으로 지친 나는 주의를 기울여야 했다. 우리는 비박을 마치고 출발하는 이탈리아인들과 마주쳤다. 아스테는 우리를 노려보았지만, 친근감이 드는 탈도Taldo는 우리와 악수하며 서투른 영어로 축하의 인사를 건넸다.

"정상에 올랐다니 잘 됐습니다. 이건 당신들의 루트입니다."

콜에서 기다리던 데릭은 우리를 향해 술병을 흔들었다. 그와 빅은 북쪽 타워의 정상으로 향하던 중이었다. 마지막 하강을 남겨두고, 로프가 우리 아래의 크랙에 심하게 끼어 더 이상 쓸 수 없게 되었다. 그러나 깔끔하게 고정된 마닐라 삼 로프가 하나 있어, 윌런스는 그 로프를 피톤에 건 다음 조심스럽게 타고 내려갔다. 나는 그를 뒤따라 내려가면서 크랙에 낀 로프를 빼내려 했지만, 힘을 주자 마닐라 삼 로프가 그만 끊어지고 말았다.

공중으로 한 바퀴를 도는 순간 나는 '바닥에 쌓인 눈에 부딪칠 거야.'라고 생각했다. 예상대로, 나는 눈 위로 떨어진 다음 손으로 눈을 긁으며 계속 굴렀고, 결국 150미터 높이의 절벽 끝에서 멈추었다. 공포심에 사로잡혀 숨을 헐떡이던 나는 아드레날린이 사라지면서 발목에 심한 통증을 느꼈다. 발목이 부러진 것이 확실해 보였다. 그리하여 등정의 기쁨 대신 우리의 임시 오두막까지 먼 길을 절뚝거리며 내려가는 고통스러운 일만 남게 되었다. 나는 『데일리 익스프레스』에 보낼 성공 보고서를 서둘러 만들어 존 스트리틀리에게 건네준 다음 심한 고통을 느끼며 지쳐 쓰러졌다.

"크리스, 네가 음식 만들어."라고 윌런스가 말했다. "나 잘 못하는 거 알잖아."

스파게티를 다 먹은 그는 나에게 붓기가 빠질 때까지 움직이지 말라고 주의를 주고 나서 어디론가 사라졌다. 데릭과 이안이 북쪽 타워를 등정하고 돌아왔기 때문에 적어도 그날 밤에는 나 혼자가 아니었다. 다음 날 아침 내가 고통스럽게 절뚝거리며 숲속 캠프까지 가는 데 평소보다 네 배나 많은 시간이 걸렸다. 다른 두 명은 먼저 베이스캠프로 가서 와인을 마시고 구운 양고기를 먹었다. 하지만 빅 브레이는 나와 함께 움직였다. 그는 "여기서 촬영을 좀 더 해야겠어."라는 핑계를 대며 다음 날 나와 함께 내려가겠다고 말했다. 나는 발을 절뚝거리며 베이스캠프로 내려가는 동안 나와 함께 있어준 그에게 진정으로 고마움을 느꼈다.

나는 웬디와 함께 차를 타고 푼타아레나스로 가서 엑스레이를 찍었는데 뼈에 실금이 가 있었다. 일주일간 다리에 깁스를 해야 했다. 우리는 그 일주일을 침대에서 보냈다. 그러나 스크래블scrabble게임[28]에서 웬디가 계속 이겨 나는 성마른 불만을 나타냈다. 나는 언제나 패배를 인정하기 싫어하는 사람이었다. 결국 내가 너무 많이 진 끝에 우리가 있던 병실의 2층 창문 밖으로 스크래블 보드가 날아가고 말았다. 나를 제외한 다른 대원들은 아마도 그때쯤 남쪽 타워의 정상에 올랐을 것이다. 깁스를 풀자 마음이 진정되었다. 우리는 북쪽의 푸에르토몬트Puerto Montt로 향하는 비행기를 예약했고, 3주 동안 칠레의 호수지역에서 증기선과 지역 버스를 타고, 장작불에 요리를 하고, 발가벗고 수영을 하고, 값싼 현지 와인을 마시며 즐거운 시간을 보냈다. 우리는 바릴로체Bariloche에서 산마르틴 데 로스안데스San Martin de los Andes까지 이동하면서 관목이 무성한 야산을 말을 타고 지나갔는데, 그때만큼은 웬디가 전문가, 나는 실수투성이 초보자가 되었다. 그러자 원정의 고난이 까마득하게 잊혔다.

1963년 봄 영국으로 돌아온 우리는 마땅한 거처가 없어 어디에 살지를 마음대로 선택할 수 있는 묘한 상황에 처했다. 나는 프리랜서이기는 했지만 어떤 직종의 프리랜서인지 확실치 않았다. 우리가 가진 것이라고는 옷가지 몇 벌, 수많은 책들, 웬디의 화장품과 기타 물품 그리고 내 등반 장비가 전부였다. 나는 아이거에서 번 돈을 모두 썼지만, 골란치가 준 선인세로 새 미니밴을 샀다. 내가 직면한 임무는 명확했는데, 그것은 책을 쓰는 것이었다. 하지만 나는 그 일의 엄청난 양에 지레 겁을 집어먹고 계속 미루었다. 나는 좀 더 쉽고 집중을 하지 않아도 되는 다른 일들로 빠져들었고, 그런 일들은 부족한 법이 없었다.

런던에서 사는 것은 불가능했다. 우리는 돈도 없었고, 어쨌든 웬디도 전원지역 깊숙한 곳에 살고 싶어 했다. 나는 웨일스 지역을 사랑해 뱅고어대학Bangor University에서 공부를 해볼까 하는 나태한 생각도 했지만 결국 우리는 레이크 디스트릭트에 정착했다. 그 지역의 계곡들은 낮은 산들의 중심부에서부터 바퀴살처럼 넓게 펼쳐지며 하나하나가 독특한 특징을 연출했다. 농장은 지형과 잘 어우러졌고, 경치는 좀 더 살가우면서도 덜 황량했다. 우리는 그곳에 가자마자 편안함을 느꼈다. 나는 그곳에서 완전히 새로운 등반 세계를 탐닉할 수 있다는 사실을 깨달았다.

1963년에 주당 1파운드의 돈으로 아름답고 작은 오두막에서 살겠다는 낭만적인 생각은 비현실적이었기 때문에 살 곳을 찾기가 힘들었다. 앰블사이드Ambleside의 로열 오크Royal Oak에서 일하는 바텐더는 인근의 러프릭 농장Loughrigg Farm에 있는 차고 위의 방에서 지난겨울을 났다고 나에게 귀띔해주었다. 그는 "그 방은 꽤 불편하기는 하지만 그래도 거처로 쓸 수는 있어요."라고 말했다. 그 바텐더의 이름은 믹 버크Mick Burke로, 직장을 때려치우고 대신 등반을 하러 다니는 비트족이었다. 믹은 자신의 출신지인 위건Wigan에서 보험회사 직원으로서의 일상을 포기했다. 우리는 서둘러 농장으로 가서 그 방이 여전히 비어 있는지 주인에게 물었다.

"그런데 방이 좀 불편해요."라고 그는 우리에게 미리 주의를 주었다.

믹의 말도 주인의 말도 농담이 아니었다. 방은 꽤 컸고, 창문 두 군데에서는 빛이 들어왔지만 벽은 먼지 때로 갈색을 띠었고, 바닥은 썩어가는 리놀륨linoleum으로 덮여 있었다. 그리고 가구들은 십중팔구 쓰레기더미에서 끌고 온 것 같았고, 가장 가까운 수도꼭지는 앞마당에 있었다. 화장실은 돼지우리 뒤쪽의 노천으로, 이루 말할 수 없이 끔찍했다. 대신 경치는 좋았다. 삼림지대 너머로 잔잔한 러프릭 호수Loughrigg Tarn가 보였고, 그 너머로는 랭데일 파이크스Langdale Pikes의 탁 트인 초원이 펼쳐졌다.

우리는 러프릭에서 3개월을 보냈다. 그러나 그 방은 거기까지였다. 웬디가 임신을 한 사실을 알게 되면서 우리는 하루빨리 그곳을 벗어나야 했다. 웬디는 여전히 아이를 갖고 싶어 하지 않았다. 그녀는 예술가로서의 자신의 삶을 발전시키고 세상을 구경할 수 있는 자유를 더 많이 원했다. 그녀는 규칙적으로 온욕과 적당한 운동을 하기 시작했다. 나의 감정은 조금 더 복잡했다. 논리적으로 볼 때는 아버지가 된다는 전망이 오싹했지만, 술을 두어 잔 마시면 내면 깊숙한 곳에 있는 번식 욕구가 나를 지배했다.

아이와 함께 살 적절한 거처를 마련해야 할 필요가 점점 더 커져가던 때에 레이크 디스트릭트의 예술가인 윌리엄 히튼 쿠퍼William Heaton Cooper와 그의 부인이 우리를 적극적으로 도와주었다. 어느 날 집에 도착하자 그들 부부가 함께 차를 마시자며 우리를 초대했다. 그곳에서 우리는 역시 예술가인 펜윅 패터슨Fenwick Patterson을 만났는데, 그는 우드랜드 홀 Woodland Hall 농장 소유의 우드랜드 홀 로지Woodland Hall Lodge라 불리는, 가구가 딸린 집에 대해 알고 있었다. 그곳은 브로턴 인 퍼니스Broughton-in-Furness와 코니스톤Coniston 사이의 조용하고 신비스러운 전원지역에 있었다. 그 집의 앞쪽 방들은 사랑스럽고 매력적인 블로우 놋 펠Blow Knot Fell 언덕과 마주하고 있었다. 우드랜드는 관광객들이 잘 찾지 않는 시골 마을

1963년 5월 레이크 디스트릭트에서의 단칸방 신혼살림. 조명으로는 가스 불을, 음식을 만들 때는 캠핑 스토브를 썼다. 농장 앞마당에 우리가 사용할 수 있는 수도꼭지가 있었고, 화장실은 돼지우리 뒤쪽의 노천이었다. (크리스 보닝턴)

인데, 지금까지도 거의 그렇다. 그 방들은 큰 산들과는 좀 떨어져 있었다. 그러나 산을 마주하고 있었고, 북쪽 지평선에는 올드 맨 오브 코니스톤Old Man of Coniston이 펼쳐져 있었다. 집주인인 비니 딕슨Beeny Dickson은 가냘프면서도 기력과 호기심이 끝없이 넘치는 듯한 인물이었다. 원래 그는 휴가를 보내려는 사람들을 위해 그 집을 세놓을 생각이었지만, 1년간의 임차를 약속하자 주당 3파운드에 그 집을 내주었다. 런던에서는 집세로 주당 5파운드를 지불했었다.

집 문제를 해결한 나는 다음 계획에 몰두할 수 있었다. 그해 여름 우리는 밴을 몰고 체르마트로 가서 해미시 매키네스를 만났다. 아이거 등반 이후 나는 아이거 북벽에 대한 영화를 찍어보자는 생각을 했었는데, 나의 계획은 이리저리 치이더니 결국 BBC 방송에서 마터호른 북벽에 대한 영상을 찍는 사업으로 축소 변경되었다. 그곳에 도착해보니, 해미시가 관광성과 이미 조율을 잘 해놓아서, 그들은 우리에게 숙박시설과 리프트 무료 이용권을 후원해주었다. 그러나 그가 날씨까지 조율할 수는 없었다. 우리는 몇 주 동안 인내심을 가지고 기상상태가 좋아지기를 기다렸고, 그 사이 해미시는 소 떼와 염소 떼, 그리고 조금이라도 흥미로워 보이는 것은 무엇이든지 영상에 담았다. 우리는 가이드가 딸린 관광객 무리들이 있는 가운데 회른리Hörnli 능선을 단독 등반했지만, 등반으로만 따지면 그해 여름은 실패나 다름없었다.

하지만 그해 여름부터 나는 해미시를 이미 매료시킨 사진 분야에 전적으로 관심을 쏟아 붓기 시작했다. 해미시에게 영감을 받은 나는 저축한 돈을 모두 털어서 중고 핫셀블라드Hasselblad 중형 카메라를 장만했는데, 등반에는 더없이 부적합한 카메라였다. 부피가 크고 무거운 데다 렌즈 값만 100파운드에 달했기 때문이다. 나는 체르마트에서 마을 위의 언덕들을 돌아다니고 숲에 둘러싸여 있거나 호수에 비친 산들을 멋지고 감성적인 사진으로 담아내며 남은 여름을 보냈다. 그러는 동안 시각적으로 더 많은 깨달음을 얻었다.

나는 알프스에서 집으로 돌아오면 항상 마음이 허전했다. 여름도 끝 난 데다 집에서는 기대할 만한 흥미로운 일이 별로 없었다. 하지만 그해 는 달랐다. 처음에는 부모가 되는 것에 대해 불안함을 감추지 못했던 우 리가 이제는 아이가 태어난다는 생각에 신이 났고, 우드랜드에 있는 우리 의 작은 집으로 돌아간다는 생각에도 기분이 좋았다. 웬디는 임신 6개월 이었다. 아기를 느끼기 위해 불룩 솟은 그녀의 배에 손을 갖다 대면 나는 마치 미래를 약속 받는 듯한 느낌이 들었다. 반면 커다란 무력감이 찾아 오기도 했다. 집으로 돌아가면 나는 책을 써야 했지만, 선인세를 이미 다 써버려 돈이 한 푼도 없었다. 나는 어머니에게 편지를 썼다. "제 재정상태 가 끔찍해요. 초과 인출이 100파운드나 되고, 미지불 청구서도 거의 100 파운드에 이르렀습니다. 이제는 강연료가 조금씩 들어오고 있지만, 어느 정도 시간이 지나야 이 암울한 시기를 벗어날 수 있을 것 같습니다." 가을 과 겨울 내내 나는 먼 남쪽까지 가서 아이거에 대한 강연을 했다. 그때 처 음에는 일반적인 강연에 10파운드를 받았고, 대규모 강연에서는 20파운 드를 받았다. 또한 플리머스 해군 부대에서 젊은 수병들에게 강연하는 일 도 정기적으로 했는데, 한 번에 1파운드를 받았지만 그런 강연을 하루에 보통 다섯 번은 했다. 겨울 동안 나는 초과 인출을 다 갚아, 여름에는 모험 을 떠날 여유가 생겼다.

당연한 일이지만, 나의 유일한 자산으로 보였던 아이거 북벽 등반 을 파는 일은 종종 외롭고 우울했다. 사람들이 가장 많이 관심을 갖는 주 제가 바로 그 등반이었던 것 같다. 나는 집에서 멀리 떨어져 며칠, 심지 어는 몇 주를 보내기도 했고, 이따금씩은 매일 밤 장소를 옮겨가며 밴에 서 잠을 자기도 했다. 집에 가까워지면서 익숙한 지형들을 볼 때 느끼는

1963년 설미어Thirlmere의 까마귀 암장Raven Crag에 있는 메들러Medlar에서 신루트를 개척하는 모습 (크리스 보닝턴)

기쁨과 흥분이 내가 받는 유일한 보상이었다. 나는 그 시기에 레이크 디스트릭트에 대해 마음속 깊이 애정을 키웠고, 몇몇 사람들과 깊은 우정도 쌓았다. 나는 주로 비전통적인 생활 방식을 택한 사람들과 친했는데, 나처럼 프리랜서로서의 삶을 살며 고군분투하던 작가 토니 그린뱅크Tony

Greenbank와 나의 오랜 친구 마이크 톰슨Mike Thompson 등을 그때 만났다. 마틴 보이슨Martin Boysen은 또 다른 정기적인 등반 파트너였다. 레이크 디스트릭트에 있는 암장들을 알게 된 그 시기에, 나는 생애 최고의 새로운 암벽등반 루트들을 많이 개척했다. 그렇게 암벽등반을 하면서 나는 미래에 대한 초조감에서 벗어날 수 있었다.

웬디가 출산했다. 1963년 12월 31일 새벽에 태어난 우리의 첫 아이는 아들이었다. 나는 그녀가 출산할 때 옆에 있고 싶었는데, 1960년대 초반의 런던에서는 꽤 일상적인 일이었다. 하지만 컴브리아Cumbria의 오두막 병원은 달랐다. 수간호사는 "이런 부탁을 한 사람은 아무도 없었습니다. 우리는 시설도 열악하고, 어쨌든 산파의 감정도 생각해야 하니까요."라고 쌀쌀맞게 굴었다. 의사는 좀 더 호의적이어서 "어이! 내 친구."라고 나를 불렀지만, 수간호사와 마찬가지로 완고해 "그래도, 우리가 시설이 열악해서요."라고 핑계를 댔다. 결국 그는 "내 생각엔 산파가 혼자서 맡도록 하는 게 좋겠어요."라고 결론지었다.

웬디의 산통이 시작되자 나는 대기실로 쫓겨나 몇 시간 동안 앉아서 기다렸고, 그 사이에 웬디는 오랜 시간 동안 주로 혼자서 산통을 견뎌냈다. 해산이 끝나갈 무렵 나는 웬디가 산통에 비명을 지르는 소리를 들을 수 있었지만, 가까이 가지는 못했다. 나는 그녀가 죽어가고 있다고 확신한 나머지 무릎을 꿇고 기도하기 시작했는데, 확고한 불가지론자인 나로서는 다소 위선적인 행동이었다. 마침내 웬디를 볼 수 있었다. 그녀는 창백하고 기진맥진했지만 놀랍도록 차분했다. 반면, 금방 씻긴 아기는 거의 초자연적으로 못생겨 보였다. 우리는 아이 이름을 콘래드Conrad라고 지었다. 나는 어머니에게 "딸이 아니라서 실망하셨죠? 아니면, 손주를 본 것만으로 그냥 기쁘신가요?"라고 편지를 썼다.

우리의 생활은 이전과 거의 비슷하게 흘러갔다. 우리는 여전히 많이

1964년 봄, 콘래드와 함께 (크리스 보닝턴)

돌아다녔고, 여러 가지 면에서 목가적이었다. 웬디는 나의 강연에 이따금 동행하기도 했다. 강연 시즌이 끝나면 나는 집에 오래 머무르면서 책을 쓰는 데 집중했다. 약속된 일정보다 한참 늦은 1964년 초에 첫 두 장章을 리비아 골란치에게 보냈는데, 그녀는 고무적인 답변을 보내면서 글의 수준을 그대로 유지할 수 있다면 기꺼이 기다리겠노라고 했다. 웬디는 운전을 배웠고, 그 후 포크송을 부르는 것에 흥미를 가졌다. 그녀는 이미 클래식 기타를 연주할 수 있었다. 그리고 조안 바에즈Joan Baez와 같이 감정이 풍부하며 순수하고 인상적인 목소리를 가지고 있었다. 그녀는 차를 몰고 우드랜드에서 케스윅Keswick의 램프 라이터Lamp Lighter 클럽까지 가곤 했는데, 그곳은 나의 오랜 등반 파트너 폴 로스가 운영하는 포크송 클럽이었다. 그리고 곧 웬디의 팬들도 생겨나기 시작했다.

우리의 가정생활은 이렇게 행복했지만, 나의 미래는 여전히 암울해 보였다. 서른 살에 아버지가 되고 나서 처음으로 맞은 여름에 나는 알프스에서 여러 주를 보내며 1961년과 1962년의 영광을 재현하려 노력했지만 그다지 성공적이지 못했다. 알프스 등반에서 고정 파트너가 없었던 나는 톰 페이티의 제안을 받아들여 그해 여름 샤모니에서 그와 합류했다. 그는 조 브라운과 함께 등반하고 있었는데, 그들보다 훨씬 젊어 경험이 부족한 로빈 포드Robin Ford의 등반 파트너를 찾고 있었다. 이렇게 우연히 만난 사람과 잘 맞는 경우도 가끔 있기는 하지만, 이번은 아니었다. 그와 나는 나이와 경험에서 너무 차이가 났다.

전후戰後 스코틀랜드의 유명한 클라이머였던 톰 페이티는 이미 나의 좋은 친구였다. 그는 카라코람에서 라카포시Rakaposhi와 무즈타그 타워 Muztagh Tower라는 멋진 봉우리들을 오른 적이 있었는데, 그중 무즈타그 타워는 1956년에 조 브라운, 그리고 나의 런던 시절 친구인 이안 맥노트 데이비스Ian McNaught-Davis와 함께 올랐다. 그러나 내가 그와 가까워진 것은 인생에 대한 그의 열정 때문이었다. 하루의 휴일, 심지어는 짧은 주말 정도의 시간만 있어도 톰과 함께라면 술집이나 산과 사람들을 돌아보는 마술같이 신비로운 여행을 즐길 수 있었다. 그는 앞으로 개척할 신루트들을 자세히 보여주는 사진과 각종 표로 가득한 노트를 가지고 있었는데, 그와 함께 지내면 거의 항상 즉흥 파티와 흥미로운 새 친구들로 하루를 마무리 지을 수 있었다.

그와 조는 강력한 등반 파트너였다. 나는 그해 여름의 일기에 이렇게 적었다. "톰이나 조와 등반을 해서 그런지 확실히 자신감과 자기만족이 늘었다. 그들은 지금 현재의 나보다 더 효율적이지만, 이제껏 그래왔듯이 나는 더욱 발전할 것이다." 그러나 거대한 산에 대한 톰의 접근방법은 나의 그것과는 사뭇 달랐다. 그에게 있어서 알피니즘은 가벼운 마음으로 즐기는 휴일 같았고, 어딘가의 술집에서 아코디언을 연주하며 즐거운 밤을 보내는 것과 마찬가지였다.(이 시기에 그는 「나아가라, 크리스 보닝턴」이라는 매우 재미있는 노래를 작곡하기도 했다.) 톰은 놀라운 속도로 산을 오르내렸고, 루트가 특별히 어려운지 어떤지는 신경도 쓰지 않았다. 그해 여름 우리는 흥미로운 신루트 몇 개를 개척했지만, 내가 원한 규모의 등반 활동은 없었다.

여름을 별 볼일 없이 보낸 나는 9월 초에 그린델발트로 가서 BBC와 아이거에 대한 인터뷰를 했다. 나는 2년 전의 등반에 대해 이야기하기를 원했지만, 좀 더 새로운 것을 원한 프로듀서는 그 북벽에서 이루어질 그 다음의 대과제, 즉 아이거 직등Eiger Direct에 대해 이야기해달라고 요구했다. 나를 포함한 알프스의 여러 톱 클라이머들이 그 도전을 고려하고 있었는데, 아이거 직등은 북벽을 거의 직선으로 오르는 것으로, 가장 어려운 등반이 될 터였다. 그 루트는 그해 여름 나의 목표이기도 했다. 그러나 그 도전에 성공할 유력한 후보는 미국의 공군 파일럿 출신인 존 할린John Harlin[29]이라는 카리스마 넘치는 인물이었다.

그토록 대담한 도전에 필요한 장비와 전술을 설명하던 나는 갑자기 내가 싸구려가 된 느낌이 들었고, 나의 진실성도 의심하게 되었다. 나는 그런 도전을 할 만한 자원도, 심지어 적절한 파트너도 없었다. 나의 야망이 공상에 지나지 않는다는 것이 냉혹한 현실이었다. 그때 나는 거의 2년 동안 일종의 정체를 겪으면서 발전을 이루지 못했다. 그런 내가 이제는 나 스스로 간절히 원했던 무언가를 다른 누군가가 어떻게 성취할 수 있는지 설명하고 있었던 것이다. 나는 우울한 기분으로, 도망치듯 샤모니로 빠져나왔다. 그러나 등반에 집중할 수 없었던 나는 웬디와 콘래드가 있는 집으로 돌아가 우리의 새로운 가족과 레이크 디스트릭트가 주는 안정적인 일상으로 다시 빠져들고 싶었다.

제 7 장

아이거 직등

나보다 한 살 아래인 존 할린은 대단한 야망과 극단적인 도전으로 명성이 자자한 인물이었다. 1965년 여름, 나는 톰 페이티의 소개로 스위스의 산간마을 레장Leysin에 있는 할린의 집에서 그를 만났다. 내가 톰과 함께 웬디와 콘래드를 데리고 차를 몰고 찾아가 보니, 영국인으로서 마터호른 북벽을 두 번째로 오른 로디지아Rhodesia의 클라이머 러스티 베일리Rusty Baillie가 두걸 해스턴과 그곳에 있었다. 해미시 매키네스와 마터호른에 관한 영상을 찍기 위해 체르마트에 머물고 있을 때 만난 이후 두 번째였다. 그는 아이거 직등 루트에 적합한 사람 같아 보였다.

그 당시 나는 할린을 동료라기보다는 경쟁자로 여겼다. 아이거를 직선으로 올라간다는 아이디어는 원래부터 그의 이름과 연관이 있었다. 그는 이안 클로프와 나보다 조금 먼저 아이거의 오리지널 루트[30]를 미국인 최초로 올랐고, 그 등반에 성공하자 곧바로 직등 루트로 관심을 돌렸다. 할린은 1963년 여름 아이거 북벽 밑에 텐트를 치고 대기했지만, 그 시즌의 날씨는 끔찍했다. 그러나 그는 그곳에서 로베르토 소르가토Roberto Sorgato, 그리고 프레네이 중앙 필라에서 나의 경쟁자였던 이냐치오 피우시Ignazio Piussi라는 두 명의 이탈리아인을 알게 되었다. 그들은 또 한 번의 실패로 돌아간 1964년의 도전에서 핵심 대원으로 활약했다. 그해 여름 할린은 역시 우리가 프레네이 중앙 필라에서 만났던 르네 드메종, 앙드레 베르트랑André Bertrand 등 프랑스 출신의 알프스 클라이머들과 재도전에 나섰다. 그들은 '제2설원'을 넘어섰으나 폭풍설을 만나 후퇴했다. 아이거 북벽 직등이라는 '마지막 대과제'는 빠른 속도로 소문이 퍼졌다.

아이거는 할린과 같은 사람에게는 자연스러운 무대여서, 그는 심지어 대중적인 관심을 즐기기까지 했다. 그는 타잔과 같은 체격, 터프한 외모, 헝클어진 머리 등으로 인해 약간의 비아냥거림이 섞인 '금발의 신Blond God'이라는 별명을 얻었다. 그러나 그에 대해서는 호불호가 갈렸다. 소르가토는 그가 '건방지고 뻔뻔하다'며, 타고난 체력을 가진 것은 틀림없지만 '훌륭한 산악인이 갖추어야 할 태도와 기량 그리고 산에 대한 이해가 부족하다'고 평했다. 그는 자신이 일하던 레장의 국제등산학교 학생들에게 열정을 불어넣어 주었지만, 다른 사람들은 그가 권위주의적이고 통제가 심하다고 생각했다. 할린에 의해 등반에 입문한 미국인 래리 웨어Larry Ware 는 "그는 상당히 이기적이었습니다. 하지만 커다란 야망으로 성공을 거둔 사람들은 다 그렇습니다."라고 말했다. 아마도 사람들은 나에 대해서도 같은 말을 했을 것이다.

할린이 문을 열어주었을 때 나는 그의 두꺼운 이두박근과 덥수룩한 금발머리를 보면서 그가 왜 금발의 신이라는 별명으로 불리는지 이해하게 되었다. 그는 우리를 널찍하지만 가구는 별로 없는 응접실로 안내했다. 벽에는 음울한 추상화가 걸려 있었는데, 그가 직접 그린 그림이라는 사실을 나중에 알게 되었다. 할린은 자신을 매우 르네상스적인 인간, 즉 전사이자 시인이며 산악인이라고 인식하고 있었다. 그는 미국 공군 파일럿으로 복무했는데, 핵무기가 실린 자신의 전폭기 근처에서 잠을 자며 1년을 보낸 끝에 자신에게 부여된 목표물인 역사적 도시 프라하에 폭탄을 투하하지 못하겠다고 상관에게 항명하기도 했다.

그에 대한 나의 부정적인 시각은 곧 사라졌다. 내가 보기에 그는 외향적이고 솔직하며 무척 열정적인 인물이었다. 우리는 경쟁자에서 동료의 관계로 발전했는데, 여기에는 러스티도 포함되었다. 할린은 우리에게 집 뒤에 있는 조그만 채석장에서 야영할 수 있도록 해주었다. 그곳에는 깨끗한 물이 나오는 수도가 있었다. 우리는 이따금 집 안에서 샤워를 할 수도 있었다. 나는 어머니에게 이렇게 편지를 썼다. "콘래드가 이곳을 매우 좋아합니다. 하루 종일 밖에서 놀아 벌써 피부가 까맣게 변했습니다." 길 위쪽에는 영어를 구사하는 사람들의 사교장인 클럽 배거본드Club Vagabond가 있었다. 그곳은 시즌이 되면 레장을 찾는 수천 명의 관광객들과 클라이머들로 북적거리는 전설적인 곳이었다. 나는 아이거 직등이라는 새로운 목표의식을 갖게 되어 그전 겨울에 나를 괴롭혔던 허탈감이나 절망감을 떨쳐버릴 수 있었다.

그해 겨울 알프스에서 돌아온 나는 여전히 골치 아픈 문제들로 시달렸다. 어머니가 내 책을 읽어봐 주기로 했기 때문에 나는 원고의 앞부분 몇 장章을 보내 어머니가 지적하는 조언에 귀를 기울였다. 나는 어머니에게 절망적인 심정을 담은 편지를 보냈다. 책을 쓰는 일로 돌아가는 것은 '지옥'같다고 하면서, 나는 그 지옥이라는 단어에 여러 번 밑줄을 그었다. 한 달 후 나는 이렇게 썼다. "책을 쓰는 일이 시간이 많이 걸리고 힘이 듭니다. 골란치가 어떻게 반응할지 모르겠습니다." 어머니 역시 광고 일을 그만두고 교직을 새롭게 시작하는 인생의 전환기에 있었다. 나는 이렇게 덧붙였다. "저도 내년에는 교원 양성대학에 가기로 결심했습니다."

1965년은 아주 힘들게 시작되었다. 연말에 나는 스코틀랜드에서 열린 파티에 참석했는데, 흥겹게 노는 친구들과 왠지 모를 괴리감을 느꼈다. 책 쓰기는 겨우 절반이 지났지만, 약속한 기일은 이미 1년이 넘고 있었다. 지나간 영광에 대해 이야기하는 장거리 강연을 막 끝낸 참이었는데, 미래의 영광을 찾을 수 있는 비전이 전혀 보이지 않았다. 최초의 전문 산악인이었던 앨버트 스미스Albert Smith[31]는 1851년 몽블랑에 오른 후 남은 인생 동안 그 업적에 대한 이야기만 하다 기진맥진해 쓰러지고 말았다. 나는 그와 같은 운명에 휘둘리고 싶지 않았다. 우울한 기분에 빠진 나와는 달리, 웬디는 너무 심각하게 고민하지 말라고 격려해주었다. 어머니는 우리가 살아가는 삶이 그다지 안정적이라고 여기지 않았지만, 우리는 나름대로의 방식으로 열심히 살아가고 있었다.

연말 파티는 글래스고 바로 위쪽에 있는 메리 스튜어트Mary Stewart의 집에서 열렸다. 톰 페이티의 친구인 그녀는 톰과 마찬가지로 일을 잘 성사시키는 드문 능력이 있었다. 그녀는 미국인 수의사였으며 대학원 공부를 하러 그곳에 왔다가 산과 사랑에 빠졌는데, 햇볕에 거칠어진 그녀의 얼굴은 온화하면서도 친근감이 있었다. 그녀는 다섯 명의 아이들과 개를 비롯한 여러 가축들과 함께 무질서하고 자유분방한 삶을 살고 있었다. 길고 숱이 많은 구릿빛 머리카락에 낡은 리바이스 청바지를 입은 채 맨발로 여기저기를 돌아다니는 그녀는 개척자적인 여성이었다. 그녀는 우리 둘에게 좋은 친구가 되었다.

그날 밤 나는 나의 등반 파트너이자 프로 사진가인 존 클리어John Cleare가 금발의 매우 아름다운 여자 친구와 춤을 추는 모습을 바라보았다. 그는 나에게서는 찾을 수 없는 성공과 자신감의 상징으로 보였다. 그는 제대로 된 기술과 목적이 뚜렷한 경력을 가진 사람이었다. 그가 내보이는 자신감 속에 내가 겪고 있던 것 같은 의구심과 두려움이 숨어 있을 것이라고는 전혀 생각되지 않았는데, 그전 몇 주간을 힘들게 보낸 나는 관점이 흐려져 있었다. 자정이 되기 전에 나는 잠을 자기 위해 그곳에서 빠져나왔다. 뒤따라온 웬디는 나의 우울한 기분을 알아채고 속이 상해 혼란스러워하며 눈물을 흘렸다.

아침에 일어나보니 강렬한 햇살 속의 서리가 딱딱하게 굳어 있었다. 그런 광경을 보고 나자 우울증이 사라지는 것 같았다. 우리는 난생처음 콘래드를 다른 사람에게 맡기고 차를 몰아 북쪽으로 향했다. 톰과 만난 우리는 꼬박 이틀에 걸쳐 무모한 산행을 감행했다. 크리그 미게이드Creag Meaghaidh에서 출발했는데, 톰을 따라 어두운 곳으로 내려가다 결국 길을 잃어 거의 재앙에 이를 뻔했다. 우리가 돌아오기를 계곡에서 기다리던 웬디와 매기 보이슨Maggie Boysen은 시간이 지날수록 초조함을 감추지 못했다. 그것은 한 해를 시작하는 방법으로는 확실히 무책임한 짓이었다. 하지만 왠지 모르게 이틀 동안의 그 사건은 나에게 일종의 전환점이 되어주었다. 작가와 강연자 그리고 사진가로서의 새로운 인생이 빠르고 쉽게 이루어질 것이라는 나의 생각은 너무 순진했다. 필요한 기술들을 익히고 분위기도 조성할 필요가 있었다. 훌륭한 클라이머가 되기 위해서는 시간과 정성이 필요했다. 그리고 그것은 나의 새로운 일에서도 마찬가지였다.

우드랜드 홀 로지의 우리 집에는 전화가 없었다. 따라서 나와 연락이 필요한 사람들은 나에게 전보를 보내 전화를 해달라고 요구해야 했다. 그러면 나는 1킬로미터 정도 떨어져 있는 공중전화를 이용했다. 스코틀랜드에서 집으로 돌아오자 브라이언 켈리Brian Kelly라는 텔레비전 프로듀서로부터 전화를 해달라는 전보가 와 있었다. '네드Ned'라고도 알려진 브라이언은 그 후 BBC 자연사 팀Natural History Unit에서 일하며 데이비드 아텐보로David Attenborough와 함께 「지구의 생명체Life on Earth」 같은 주요 시리즈를 제작했을 뿐만 아니라, 1975년에는 우리를 따라 에베레스트에 원정을 가기도 했다. 나는 무척 흥분했다. 이미 등반과 관련된 텔레비전 프로그램이 몇 개 방송되기도 해서 나는 그런 프로젝트에 참가하는 사람들을 부럽게 생각하고 있었다. 마침내 주류 언론이 등반에 관심을 갖기 시작한 터라 나 같은 프리랜서 해설자에게는 많은 가능성이 열려 있었다.

네드에게 전화를 걸자, 그는 브루넬Brunel의 유명한 현수교 근처 에이번 협곡에 있는 나의 루트 중 하나에 대한 다큐멘터리를 만들고 싶다고 말했다. 내가 영국에서 개척한 신루트는 그리 많지 않았지만, 에이번은 내가 샌드허스트에 있을 때 루트 개척에 심혈을 기울인 곳이었다. 에이번은 쉽게 갈 수 있는 곳이어서 나에게는 매우 좋은 암장이었다. 가장 어려운 등반선은 극적이면서도 아찔한 주벽Main Wall에 있었는데, 우리가 도전하기 전까지는 아무도 오르지 못한 곳이었다. 나는 그곳을 오르기 위해 주말마다 시도를 했고, 마침내 부스러지기 쉽고 가파른 그 벽을 오르는 데 성공했다. 나는 그 루트를 T. S. 엘리엇의 고양이 이름을 따서 '매캐비티Macavity'라고 명명했는데, '중력의 법칙을 무시한' 그 고양이는 절대로 자신이 저지른 범죄로 인해 잡히지는 않았다고 알려져 있다.

에이번은 좋은 곳이었지만 촬영에는 적합하지 않았다. 오래된 채석장인 그곳은 다른 암장과 달리 건축학적 매력이 없었다. 대신 맨디프스Mendips 지역에 있는 체다Cheddar 마을로 굽이쳐 내려오는 체다 협곡Cheddar Gorge이 괜찮아 보였다. 그곳은 여름에는 관광객들이 많았기 때문에 등반을 하기에는 겨울철 주중이 가장 좋았다. 나는 토니 그린뱅크와 함께 사전답사를 가기로 했다. 그리고 런던에 있는 존 클리어에게 전화를 걸어 우리가 멋진 루트가 될 만한 등반선을 찾는 동안 사진을 찍어달라고 부탁했다. 좋은 등반선을 하나 찾는 일은 어렵지 않았다. 땅에 눈이 조금 내려 있어, 협곡은 을씨년스러운 흑백 스케치 그림 같았다. 우리 셋은 초조한 마음으로 절벽의 가장 높은 곳 아래에 섰다. 높이가 120미터 정도 되는 그곳은 담쟁이덩굴로 덮여 있었다. 절벽 오른쪽 끝의 홈통 하나가 두드러져 보였는데, 중간까지는 이미 등반된 흔적이 있었다. 그곳에서 홈통은 오른쪽으로 이어졌다. 그 루트는 '왕의 홀Sceptre'이라고 불렸다. 그곳에서 가장 어려운 곳은 가파른 크랙을 따라 곧장 올라가다 오버행 밑에서 왼쪽으로 이동한 후 또 다른 홈통과 크랙을 타고 꼭대기까지 이르는 곳이었다.

"야, 경사가 엄청 세네. 너 컨디션 괜찮지?"라고 존 클리어가 말했다.

나는 "별로야."라고 대꾸했다. 그때가 1월이었는데, 나는 가을 이후 등반을 하지 못했고 돌출된 바위 턱들 위에는 눈이 쌓여 있었다. 다음 날 네드가 날카롭게 지켜보는 가운데 우리는 용감하게 그 루트에 도전했다. 첫 번째 구간을 자유등반으로 오르는 데 성공한 나는 기분이 좋았지만, 오버행 밑에서 왼쪽으로 이동하면서부터는 가슴 깊숙한 곳에서 두려움이 밀려왔다. 오버행 밑에 크랙이 있어 나는 피톤을 하나 박은 다음 그것을 잡고 될 수 있는 한 멀리 왼쪽으로 이동했다. 그러자 그곳에 또 다른 크랙이 있었다.

자신의 위치에서 추위에 떨던 존에게 내가 외쳤다. "오른쪽으로 돌아 올라가는 크랙이 하나 있네. 덧장바위처럼 생긴 거야."

그러자 그도 나에게 이렇게 외쳤다. "아주 좋아 보여!" 그때 놀랍도록 확실하게 내가 1톤 정도의 바위를 껴안고 허공 속으로 떨어지는 환상이 떠올랐다. 온힘을 다하지 않으면 30분 뒤에 해가 지는 상황이었기 때문에 우리는 루트가 괜찮다는 확신을 갖고 일단 후퇴해 다음에 다시 나서기로 했다. 그 후 며칠간 우리는 너무 바빠서 등반을 할 수 없었는데, 등반의 천재라 불리던 피트 크루Pete Crew가 '우리의' 루트에 관심이 있다는 소문을 듣고 나서 우리는 그가 루트를 가로채지는 않을지 걱정했다. 그 절벽 밑에서 우리는 다시 만났다. 누군가가 그곳을 오른 흔적은 없었다. 그리고 실제로 루트를 올라보니 아무도 오르지 않은 것이 확실했다.

이미 오른 루트를 다시 반복하는 것은 그다지 의미가 없어 보여 우리는 '방패Shield'라고 명명한 커다란 덧장바위 바로 밑에 있는 작은 스탠스까지 로프를 타고 내려갔다. 기분도 상쾌한 데다 하루 종일 등반을 할 수 있다는 생각이 들자 루트는 그렇게 어려워 보이지 않았다. 토니가 내 확보를 담당했는데, 그는 칭찬을 아주 그럴듯하게 한다는 점에서 후등자로서의 매력이 있었다. 토니의 격려를 듣는 선등자라면 누구나 자신감이 부풀어 오를 것이다. 그는 '방패'를 지나 나를 따라오며 이렇게 말했다. "좋아, 아주 훌륭해. 이런 곳을 선등했다니 기분이 째지겠는걸."

그런 말을 듣고 얼굴이 벌게진 나는 내 위에 있는 거대한 홈통을 관찰했다. 목을 길게 뽑아 위를 올려다보니 오버행 두 개가 보였는데, 하나는 10미터 다른 하나는 20미터 위에 있었다. 나는 그곳을 자유등반으로 넘어갈 수 있으리라고 자신하지 못했지만 결국에는 성공했다. 토니의 칭찬이 만드는 뜨거운 분위기에 편승해 가볍게 오르던 나는 벌린 다리 사이로 90미터 아래의 바닥을 곧바로 내려다볼 수 있었다. 한 무리의 관광객들이 입을 딱 벌린 채 우리가 올라가는 광경을 지켜보고 있었다. 오버행들은 생각보다는 쉬웠고 우리는 곧 꼭대기에 올라섰다. 우리가 그 루트에서 찍은 영상은 후에 ITV에서 방송되었다. 바로 옆에 '왕의 홀'이라는 루트가 있었기 때문에 우리는 그 루트를 '대관식 거리Coronation Street'라고 불렀다.[32] 그 루트는 후에 많은 인기를 끌었다. 물론 현재에는 더 이상 최고 수준의 난이도를 자랑하지는 않지만 여전히 인상적인 루트인 것은 부인할 수 없다. 아마도 조 브라운이 두 번씩이나 등반했다는 것이 그 루트에 대한 가장 큰 찬사일 것이다.

프로그램 출연료를 받아서 기분이 좋아진 나는 알프스에서 좀 더 보람 있는 시즌을 보낼 수 있으리라 기대했다. 마침내 책을 쓰는 것도 끝마쳤을 뿐만 아니라 다음 책에 대한 선인세도 받은 터였다. 그때 톰 페이티가 전화를 걸어 샤모니의 국립스키등산학교(ENSA)에서 주최하는 국제 산악인들의 모임에 자신이 초청되었다고 말했다. 그는 조 브라운이 갈 수 없는 처지라며 대신 내가 갈 수 있는지 물었다. 등산학교에서 제공하는 요리는 그 명성에 걸맞았고, 모임은 서로 언어가 통하는 두세 명씩만 어울려 마치 노아의 방주와 바벨탑을 합쳐놓은 듯했다. 우리는 사람들이 잘 찾지 않는 몽블랑 남쪽에서 신루트 개척에 도전했고, 에귀 뒤 미디Aiguille du Midi에서는 루트 하나를 완성했다. 우리는 또한 위대한 산악인인 리오넬 테레이Lionel Terray와 베르코르Vercors에서 함께 등반했는데, 그는 그로부터 몇 주 뒤에 그곳에서 비극적인 죽음을 맞이했다. 우리는 최고급 샴페인으로 성대한 마지막 만찬을 하고 나서 스위스의 레장으로 향해 그곳에서 존 할린을 만났다.

아이거 북벽의 등반에 적당한 날씨를 기다리는 동안 우리가 할 수 있는 일들은 아주 많았다. 러스티와 나는 쿠르마예Courmayeur로 가서 브루야르Brouillard 필라에 다시 한번 도전했는데, 그 루트는 내가 몽블랑 남벽에서 톰과 함께 시도한 곳이었다. 처음 시도를 했을 때는 피톤이 충분치 않아 실패했었다. 이번의 두 번째 시도에서는 러스티와 내가 서로 식량이 담긴 주머니를 챙겼다고 착각하는 일이 벌어졌다. 그러나 우리는 계획대로 등반에 나섰고, 정상에서 불과 15미터 떨어진 곳에 이르렀을 때 날씨가 나빠져 후퇴했다. 만약 우리가 그런 날씨를 무릅쓰고 몽블랑 정상에 올랐다면 그것은 자살행위나 다름없었을 것이다. 우리는 그 벽의 높은 곳에 있는 경사진 바위 턱에서 끔찍한 밤을 보냈는데, 봉우리가 흔들릴 정도로 번개가 내리치고 천둥소리가 거세게 울렸다.

우리는 계획보다 며칠 늦게 레장으로 돌아왔다. 그러자 웬디와 러스티의 여자 친구 팻Pat은 우리를 보고 안도의 한숨을 내쉬었다. 당시 팻은 첫 아이를 임신한 상태였고, 결혼을 계획하고 있던 그들은 마침 그곳의 교회에서 결혼식을 올렸다. 나는 신랑의 들러리 역할을 했지만, 그들의 신혼여행은 날씨가 좋아지면서 중단되었다. 러스티와 나는 몽블랑의 브루아르 필라를 끝내기 위해 쿠르마예로 돌아갔다. 그리고 이번에는 존 할린과 스코틀랜드의 클라이머 브라이언 로버트슨Brian Robertson이 합류했다. 나는 할린과 함께 등반하면서 많은 것을 배웠다. 그는 기술적으로 특별히 탁월하지는 않았다. 하지만 일정한 리듬을 가진 동작과 자신감 넘치는 결단력은 내 마음에 쏙 들었다.

우리는 아이거 북벽의 등반을 위한 자금 확보에 어려움을 겪었다. 그해 여름 레장에 머물던 존 클리어는 BBC의 크리스 브래셔Chris Brasher에게 그 등반을 소개했다. 브래셔는 유명한 올림픽 선수였을 뿐만 아니라 열정적인 클라이머였고, 그 당시 대중들에게 등반을 소개한 많은 야외방송의 제작을 배후에서 후원한 인물이었다. 하지만 그는 아이거 북벽 등반에 대해서는 회의적이었다. 식량과 장비를 끌어올리는 일이 곤란할 뿐더러 결과가 너무 불확실하다는 것이 이유였다. 나는 자금을 확보하기 위해 당시 새로 생긴 주말 잡지의 부록인『위크엔드 텔레그래프Weekend Telegraph』의 편집장 존 앤스티John Anstey에게 연락을 취했다. 존은 잡지의 고정 코너로 베트남이나 북아일랜드와 관련된 심각한 기사들과 함께 실을 만한 모험 이야기를 원했다.『데일리 텔레그래프Daily Telegraph』는 19세기의 위대한 탐험가들을 지원했었는데, 여전히 그와 같은 일을 할 능력이 있었다. 다만 이제는 칼라를 원한다는 것이 달라진 점이었다.

당시 플리트 거리Fleet Street 주변에 돈이 얼마나 넘쳐났는지는 잘 알기 어렵다.『위크엔드 텔레그래프』는 뚜렷한 예산 계획도 없이 필요한 곳에 내키는 대로 돈을 썼다. 나는 앤스티를 위해 알프스 사진이 들어간 작은 기사를 하나 썼는데, 기회를 잡았다고 생각하고 지원을 받기 위해 그에게 접근했다. 앤스티는 등반 팀에 1,500파운드를 제공했다. 오늘날의 화폐가치로 따지면 대략 20,000파운드가 되는 금액이었다. 그들은 그 비용을『선데이 텔레그래프Sunday Telegraph』와 공동으로 부담했다. 그는 또한 우리가 새해까지 도전을 연기하더라도 계약을 유지하기로 했다.

9월 말 우리는 차를 몰고 집으로 돌아왔다. 그러나 우드랜드 홀의 로지가 아닌 레이크 디스트릭트 서쪽의 에너데일Ennerdale 바로 아래에 있는 커크랜드Kirkland의 새 집이었다. 우리는 세를 살아도 가구가 구비되어 있지 않아 우리가 스스로 꾸밀 수 있는 곳을 원했다. 집주인은 아이가 딸린 가족이 들어오는 것을 원치 않았지만, 어쨌든 우리는 '대관식 거리' 루트를 촬영하기 직전에 뱅크 엔드 코티지Bank End Cottage로 이사했다. 처음에는 캠핑용 스토브로 음식을 만들고 맨바닥에서 잠을 잤지만, 몇 개월이 지나면서 할인 가구를 구입하거나 친구와 친척들로부터 필요한 것들을 얻어왔다. 어느덧 18개월이 된 콘래드는 호기심이 많으면서도 다른 사람들을 세심하게 배려하는 보기 드문 아이로 자라나고 있었다. 나는 어머니에게 이렇게 편지를 썼다. "콘래드는 호기심이 많아서 서랍이란 서랍은 몽땅 다 뒤지고 다녀요. 그래서 매일 무엇인가 중요한 것이 사라지기는 하지만, 그래도 아들이 있어서 너무나 기쁩니다."

새 보금자리의 주변 환경은 나뿐만 아니라 콘래드도 신기해했다. 바람이 거칠게 불던 어느 날 나는 콘래드를 포대기에 따뜻하게 감싸 업고 머튼 언덕Murton Fell에 걸어 올라갔는데, 구름이 바다같이 넓은 하늘을 쏜살같이 지나가 우리 주변의 산들을 휘감아 돌았다. 바람이 우리의 얼굴에 거칠게 부딪치는 동안 구름이 하얗게 얼룩진 에너데일의 수면이 사방으로 팔랑거렸다. 내가 석탄불 앞에서 음미하듯 차를 마시는 동안 콘래드의 볼은 추위로 인해 발그스름하게 변했고 눈은 흥분으로 반짝거렸다. 가수 경력이 늘어나고 기타 연주가 점점 더 농익어가던 웬디 역시 무척 행복해 보였다.

이렇게 만족스러운 균형감각을 찾은 나는 할린의 아이거 등반 계획이 과연 현명한 것인지 다시 생각해보지 않을 수 없었다. 마치 내가 무언가에 홀려 현명한 판단을 내팽개치고 환상으로 가득 찬 계획에 끌리는 것 같았다. 나는 겨울에 알프스를 등반해본 적이 없었다. 따라서 과연 내가 해낼 수 있을까, 하는 의구심도 많았다. 1월이 되면 열흘간이나 마법같이 좋은 날씨가 계속될 것이라고 할린이 경쾌하게 말한 적이 있었지만, 그 당시의 기상예보는 지금과는 비교도 할 수 없을 정도로 부정확했다. 북벽을 절반 정도 올라갔는데 날씨가 나빠진다면 어떻게 되는 것일까? 요즘의 신세대 클라이머라면 현대적인 최첨단 천으로 만들어진, 젖어도 제 기능을 다 발휘하는 옷에 비해 당시의 옷이 얼마나 형편없었는지 상상도 하지 못할 것이다. 아이거 북벽에서는 죽음이 자신도 모르는 사이에 찾아올 수 있어 무엇보다도 신중에 신중을 기하는 것이 중요했다. 할린의 계획을 얼마나 진지하게 받아들여야 할지 확신할 수 없었던 러스티는 팀에서 이탈했다. 나는 할린이 돈 윌런스 같은 다른 사람들에게도 접근했지만 거절당했다는 사실도 알고 있었다.

그런 와중의 11월에 피터 길먼Peter Gillman이라는 저널리스트가 우리가 새로 놓은 전화기로 전화를 걸어왔다. 옥스퍼드를 갓 졸업한 피터는 그해 7월부터 『위크엔드 텔레그래프』에서 일하고 있었다. 등반 경험도 좀 있는 그는 열성적인 트레커였기 때문에 아이거 등반을 취재하기에는 대략 적합한 인물이었다. 그는 나를 방문해 아이거에 대한 이야기를 들을 수 있는지 알고 싶어 했다. 전화를 끊고 나자 나의 모든 의구심이 표면 위로 떠올랐다. 하지만 그보다 더 중요한 것은 내가 그런 의구심을 웬디에게 낱낱이 고백했다는 것이다. 그녀는 보통 내가 세운 등반 계획은 무엇이든 잘 받아들였지만, 내가 자신이 없다고 말하면 당연하게도 냉정한 태도를 유지하지 못했다. 당시를 되돌아보면 내가 프로 모험가가 겪는 통상적인 딜레마, 즉 산악인으로서의 진실과 신문 편집장의 요구 사이에서 균형을 유지해야 하는 상황에 직면했다는 점을 알 수 있다. 자칫 잘못하면

자금을 지원하는 측에 유리하게 균형이 기울어지기 십상이기 때문이다. 그래서 자신의 방식대로 세운 계획을 그들에게 제안한 후 그들이 받아들일지 말지를 결정하도록 내버려두는 것이 낫다. 나는 브루야르 필라에서 존 할린과 등반하면서 좋은 관계를 형성했지만, 그의 자아도취는 별로 매력적이지 않았고 계획이 완벽하지 않은 상황에서는 꽤 위험해 보이기도 했다. 이런 사항들을 모두 고려한 나는 피터 길먼의 인터뷰 요청에 응하지 않았다. 따라서 나는 인터뷰를 취소한 후 그 등반 계획에서 물러나자고 존 할린에게 편지를 보냈다.

그 편지를 보내고 나자 내가 도대체 무슨 짓을 한 것인지 종잡을 수 없었다. 알피니즘의 세계에 그다음으로 다가올 대과제를 눈앞에 두고 내가 한 발 뒤로 물러선 꼴이 된 것이다. 확실한 자산이라고는 등반 능력밖에 없는 사람에게 그것은 곧 잠재적 재앙이었다. 내가 애써 외면한 것은 아닐까? 아니면 내가 너무 물러터진 것일까? 그때 존 앤스티가 보낸 편지가 도착했는데, 그는 나에게 잡지에 실을 루트 사진을 찍을 수 있는지 물었다. 출발지점에서는 잡지사의 사진 담당 기자인 알렉스 로우Alex Low가 작업을 하기로 했지만 존은 벽, 특히 정상의 사진을 원했다. 갑자기 모든 것이 바뀌었다. 그것이야말로 내가 기다려왔던 기회로, 무엇인가 창의적인 일에 내 등반기술을 이용할 수 있다는 장점이 있었다. 존 할린은 자신의 등반 시작에 맞추어 나의 스위스 행 비행기 표를 마련해주었다.

그러자 다른 기회들도 생겨나기 시작했다. BBC의 야외방송 제작을 관장하고 있던 크리스 브래셔는 '대관식 거리'의 영상을 보고 다음 프로그램에서도 나와 함께 작업하기를 원했는데, 그는 영상 제작뿐만 아니라 적절한 장소를 찾는 일에도 내가 적극적으로 개입하기를 바랐다. 우리는 2월 초에 앵글시Anglesey에서 만나기로 했다. 그러나 강연을 다니느라 짧은 기간에 긴 거리를 뛴 내 밴이 가는 도중에 말썽을 일으켰다. 나는 BBC 팀을 열심히 따라잡았지만, 이미 페니귀리드Pen y Gwryd 호텔로 이동한 그들은 그곳에 없었다. 내가 그들에게 내 소개도 제대로 하기 전에 전화 한 통이 걸려왔다. 존 할린은 곧 등반을 시작할 계획이었다. 다음 날 저녁 나는 아이거 북벽 아래의 클라이네샤이덱에 도착했다.

할린 일행은 과연 등반을 시작했을까? 기상예보가 좋지 않았는데, 하늘 높은 곳에는 회색의 작은 깃털구름들이 떠 있었다. 나는 호텔 부속 건물의 다락방에 있는 그들의 거처에서 할린을 찾아냈다. 그곳은 호텔 주인 프리츠 폰 알멘Fritz von Almen이 저렴한 가격으로 그들에게 제공한 곳이었다. 할린은 여름에 보았을 때보다 나를 냉랭하게 대했는데, 나도 충성심이 많이 약해져 그다지 당황스러운 일은 아니었다. 이제 나는 『위크엔드 텔레그래프』에 정보를 제공하는 프리랜서에 불과했으니까. 할린은 레이튼 코어Layton Kor와 함께 있었다. 183센티미터의 레이튼은 체구가 당당하고 약간은 어색한 카우보이로, 요세미티의 최신 기법에 완전히 숙달된 인공등반의 달인이었다. 그는 순진한 구석도 많았는데, 미국에서 할린의 강연을 듣고 스위스에 매력을 느낀 나머지 그곳에 왔고 유럽에 영어를 하지 못하는 사람들이 많다는 사실에 놀라워했다. 그는 결국 아이거 북벽에서 가장 어려운 암벽등반 구간을 선등으로 오르며 자신의 가치를 증명했다.

할린의 또 다른 파트너는 두걸 해스턴이었다. 그는 나도 모르는 사이에 그 등반 계획의 초기단계에서부터 참여하고 있었다. 할린과 두걸은 사이가 틀어졌지만, 내가 그 등반에서 물러날 때쯤에는 서로의 견해 차이를 극복했다. 두걸과 나는 이전에 만난 적은 있었지만, 서로에 대해 잘 알지는 못했다. 멋진 인상의 그는 언제나 우아하게 치장했다. 두걸은 목도리의 효과를 잘 알고 있었다. 하지만 그의 멋진 모습이 가식적으로 보이지는 않았다. 그는 눈을 살짝 내리깔고 사람들을 응시했다. 수수께끼 같은 그의 긴 얼굴은 언제나 심각한 표정이었으며, 고차원적인 금욕주의와 이리 같은 위협이 그의 내면에 뒤섞여 있었다. 나는 그가 자신이 원하는 것이 무엇인지를 정확히 알고 그에 따라 행동했을 뿐이라고 여겼지만, 많은 사람들은 그가 거만하다고 생각했다. 그런데 그가 거만한 것은 사실이었다. 그 전해 봄에 그는 글렌코에서 어느 날 밤늦게 무면허 음주운전을 하다 한 젊은 학생을 치어 사망에 이르게 했고, 결국 글래스고의 발리니 Barlinnie 감옥에서 짧은 징역형을 살았다.

두걸은 그 사고를 입 밖에 내지 않았지만, 그로 인해 그의 인생이 긍정적인 방향으로 바뀐 것은 확실했다. 그 사고 이후 그는 집중력이 현저히 높아졌다. 완전히는 아니라 하더라도 그를 제대로 아는 사람이 있었을까? 그는 지나치게 자기 자신을 억제하는 너무나도 불투명한 인물이었다. 하지만 아이거 직등을 통해 우리는 친구가 되었고, 나는 결국 그를 다루는 방법을 알게 되었다. 그는 노력을 기울여도 돌아오는 이득이 없다고 여기면 완전히 손을 떼는 유형이기는 하지만, 일단 무엇인가에 꽂히면 그를 막아 세울 사람은 아무도 없었다. 그는 내면적으로 지성인이었고, 그런 성향에 따라 세상을 바라보는 철학 전공자였다. 그런 점에서 그는 벽돌공이었던 레이튼과 흥미로운 대조를 이루었다.

내가 스위스에 도착하자 날씨는 더 안 좋아 보였다. 그러나 나는 『위크엔드 텔레그래프』가 제공한 호텔의 편안한 객실에 머무르면서 문 밖으로 나가기만 하면 유럽에서 가장 훌륭한 수준의 스키장을 이용할 수 있었기 때문에 기분이 좋았다. 그러나 불안감이 다시 나를 엄습했다. 할린의 거창한 선언과 그런 루트를 오르는 데 필요한 실제적인 계획과 실행 사이에는 현격한 차이가 있었다. 할린은 상당한 양의 식량과 장비를 준비했지만, 북벽을 등반하면서 가지고 올라가기에는 너무 많아 보였다. 특히 그가 캠프 없이 계속 치고 올라가는 등반 방식을 고수하고 있었기 때문에 더욱 그랬다. 그렇게 많은 물자를 가지고 경사가 비교적 완만한 북벽의 하단부를 올라가는 일은 힘도 많이 들뿐더러 시간도 오래 걸릴 것으로 보였다. 그런 단점을 극복하기 위해 할린은 열차를 이용해 터널의 창문까지 장비를 실어 날라 그곳에 물자를 보관하자는 아이디어를 제안했다. 그 제안을 듣고 나는 어리둥절해질 수밖에 없었다. 만약 그럴 생각이라면 등반을 아예 터널 창문에서 시작하는 것이 낫지 않을까? 아니면 그곳에서부터 고정로프를 설치하면 어떨까?

날씨는 계속 나빴다. 그리고 그런 상태는 며칠을 넘어 몇 주로 이어졌다. 우리는 훈련 삼아 등반을 조금 하고 호텔 바에서 술을 마셨다. 우리는 스키 슬로프에서 포즈를 취한 할린의 사진을 찍었는데, 그는 한 발로 균형을 잡으려다가 스키 플레이트가 눈에 박히면서 넘어져 어깨 관절을 다쳤다. 다른 사람들은 할린의 부상을 치료하기 위해 레장으로 후퇴했고, 나는 아지트를 지켰다. 이틀쯤 지난 후 아침식사를 하는데 웨이터가 나에게 누군가가 북벽을 올라가고 있다고 알려주었다. 호텔 밖에 있는 성능 좋은 쌍안경으로 바라보니 그의 말이 맞았다. 할린은 대규모 독일 팀이 등반을 시도하기 위해 준비 중이라고 말한 적이 있었는데, 우리는 그의 말을 심각하게 받아들이지 않았었다. 아이거 북벽을 오르는 데 그렇게 큰 규모의 팀이 필요할 리가 없었기 때문이다. 그들 모두가 도대체 북벽의 어디에 매달려 잠을 잔다는 말인가? 나중에야 알게 된 사실이지만 그들은 우리가 알고 있던 것보다 준비가 더 잘 되어 있었고 경험도 더 많았다.

나는 할린에게 전화를 걸었다. 하지만 그는 그다지 크게 개의치 않는 것 같았다. 그는 단지 자신이 돌아갈 때까지 그들을 잘 지켜보고 있으라고만 말했다. 나는 스키를 타고 벽 쪽으로 가보았다. 그들은 과연 나를 어떻게 대할까? 사진을 찍을 수 있을 만큼 가까이 다가가자 나의 궁금증이 풀렸다. 그들이 나에게 눈을 뭉쳐 던지기 시작한 것이다. 그들은 그들 나름대로 미디어와 계약을 한 상태였다. 그들의 등반 방식은 분명했다. 그들은 고정로프를 설치하고 있었다. 그것은 본질적으로 벽을 포위공략하려는 전술[33]로, 그렇게 하면 그들은 벽에 머물면서 필요한 물자를 공급받을 수 있었다. 그들의 등반 방식은 체계적이고 효과적으로 보였다. 그날 밤 나는 모든 것을 할린에게 알렸다. 이미 경쟁이 시작되었다는 것은 명백했다.

다음 날 레이튼과 두걸이 등반을 시작했다. 그들은 독일인들의 로프가 있는 곳을 따라 올라가며 가끔씩 그들의 로프를 사용하기도 했다. 그들은 그렇게 바위지대까지 올랐다. 그리고 레이튼이 필수적이고 어려운 인공등반 구간에서 엄청난 기술을 발휘했다. 크고 단단한 몸매의 레이튼은 어딘가 서툴러 보이기도 했지만, 일단 벽에 매달리면 마치 집에 있는 듯 편안하고 익숙한 모습을 보였다. 그렇다 해도 루트가 매우 어렵다는 사실에는 변함이 없었다. 그는 오후 내내 9미터밖에 전진하지 못했다. 그날 밤에는 날씨가 다시 나빠졌다. 그들은 비박 텐트 속에서 분설 눈사태를 맞아 눈 속에 파묻혔다. 텐트 안은 악취가 진동하기 시작했고, 응결된 물방울이 사방에 달라붙어 옷을 적셨기 때문에 그들은 새벽이 되자마자 도망치듯 계곡으로 내려왔다. 아이거의 승리였다.

독일인들도 마찬가지였다. 그들은 바위지대 아래에 설동을 파는 것이 합리적인 접근 방법이라고 생각했다. 그렇게 하면 안전을 보장 받으면서도 편리할 것 같았다. 밖에서 바람이 몰아쳐도 설동 안에 있으면 편안하다. 우리 역시 그와 비슷한 방향으로 전술을 바꾸어야 했지만, 그렇게 하려면 출발을 하는 곳에 더 많은 사람이 있어야 했다. 그러나 일단 높이를 확보하면 클라이머들은 소위 말하는 '탯줄'을 끊어버리고 정상으로 향할 수 있다. 나는 그들이 북벽의 하단부에 있는 동안에 지원을 해줄 수 있고, 그렇게 함으로써 『위크엔드 텔레그래프』에 제공할 사진도 더 잘 찍을 수 있을 터였다.

그렇게 8일 동안 폭풍설이 휩쓸고 지나간 다음 나는 레이튼, 두걸과 함께 북벽으로 향했다. 두걸은 좀 더 직선이고 더 어려웠던 우리의 루트에서 레이튼의 확보를 봐주었고, 그동안 나는 설동을 팠다. 얼마 뒤 나는 피켈로 그 작업을 하면 너무 오래 걸린다는 사실을 깨달았다. 독일인들이 눈삽으로 설동을 팠기 때문에 나는 그 눈삽을 빌릴 수 있으리라 생각했다. 고정로프에 대해서는 이미 합의를 본 상태였다. 그들이 첫 450미터에 고정로프를 설치했고, 그다음의 더 어려운 150미터는 우리가 작업했다. 그 지점에서 그들과 우리의 루트가 갈렸지만, 그렇다고 해서 서로 적이 되는 것은 아니었다. 나는 나의 작은 동굴에서 빠져나와 그들의 꽤 큰 궁전으로 조심스럽게 건너갔다. 석유스토브의 가르랑거리는 소리가 들려왔고 새로 내린 커피 향기도 났다.

나는 설동 안으로 머리를 들이밀며 독일어로 "안녕하십니까?"라고 인사했다. 그 안에 있는 사람은 매트리스에 누워 있었다. "눈삽 좀 빌릴 수 있을까요?"

"글쎄요. 눈삽을 안 가지고 왔습니까?"라고 그는 말했다. 당시 나는 그가 누구인지 잘 몰랐는데 그는 독일 팀의 공동대장 페터 하그Peter Haag로, 익살맞은 유머감각이 있었다. 잠시 동안 우리는 이리저리 눈삽을 찾았는데, 그는 다른 사람들의 허락이 필요하다고 주장했고 나는 산악인들의 우정에 대해 장광설을 늘어놓았다. 결국 나는 화가 나서 발을 쿵쿵거리며 우리의 끔찍하고 작은 동굴로 돌아왔고, 분기탱천해 다시 피켈로 작업을 시작했다. 5분쯤 지났을 때 뒤에서 작은 기침소리가 나서 돌아보니 페터 하그가 사악한 미소를 띤 채 눈삽을 건네주었다.

그는 "작업이 다 끝나면 와서 커피와 꼬냑 좀 마셔요."라고 말했다. 그와 공동대장인 외르크 레네Jörg Lehne는 대책 없이 긍정적인 성격은 아니었지만, 몇 주가 지나고 양쪽 모두 아이거에서 피해를 입으면서 우리들은 서로를 존중하게 되었다.

그날 오후 나는 레이튼이 상당히 어려워 보이는 구간에서 빠르게 전진하는 것을 지켜보았다. 나는 그에게서 깊은 인상을 받았다. 그는 어느 곳에서도 드릴로 볼트를 박아 넣을 필요를 느끼지 못한 반면, 독일인들은 더 쉬운 곳에서도 이미 수차례나 볼트를 사용했다. 나는 사진을 몇 장 찍은 다음 설동을 더 깊이 파기 위해 돌아왔다. 오후가 지나며 날씨가 나빠지더니 눈이 내리기 시작했다. 그리고 거의 곧바로 얇은 층을 이룬 눈이 흘러내렸다. 벽에 붙어 있던 클라이머들은 후퇴했다. 그러나 두걸은 흘러내리는 눈의 무게로 인해 로프 중간에 걸려서 설동 30미터 위에 거꾸로 매달린 채 멈추었다. 사람들의 고함소리에 놀란 나는 머리를 밖으로 내밀었다.

두걸은 사뭇 사무적인 어조로 다음과 같이 말했다. "로프를 자르고 탈출해야겠어. 칼 좀 갖다 줄 수 있어?" 나는 그런 칼 역시 독일인들로부터 빌려와야 했다.

우리의 로프는 계속 골칫거리였다. 그다음 몇 주 동안 우리는 벽에서 느리게 전진했는데, 날씨와 끊임없이 사투를 벌였을 뿐만 아니라 우리의 직경 7밀리미터 고정로프들이 바위에 쓸리고 있었기 때문이다. 그전 여름에 할린은 레장에서 우리에게 신형 주마의 사용방법을 알려주었지만, 로프가 사람들의 무게로 인해 늘어나면서 우리는 위험하다는 생각을 지울 수 없었다. 고정로프는 바위 모서리에 걸릴 때마다 쉽게 닳았다. 그런데 그 고정로프는 상황이 나빠지면 우리가 그곳에서 탈출해 흥분한 저널리스트들과 빤히 쳐다보는 관광객들이 무리를 짓고 있는 호텔로 돌아올 수 있는 마지막 수단이었다. 내가 거친 자연환경과 직접 맞닥뜨리는 것은 아니었지만, 그런 경험과의 대조가 꽤 마음에 들어 나의 새로운 일은 즐거웠다. 촬영된 나의 필름을 취리히로 가지고 가는 일을 하던 두걸의 여자 친구 조이Joy가 우리가 빌린 차로 두 번이나 사고를 내면서 나는 웬디에게 콘래드는 친구들에게 맡기고 조이의 일을 대신 맡아달라고 부탁했다. 웬디와 나는 서로를 거의 볼 수 없었지만, 나는 그녀가 곁에 있음으로해서 몇 주간의 긴장을 견뎌낼 수 있었다. 내가 밑으로 내려갈 때마다 그녀는 필름을 가지고 취리히로 출발했다.

나의 등반 참여는 전적인 개입과 단순한 참관 사이를 오갔는데, 항상 기분 좋은 일만은 아니었다. '플랫 아이언flat iron'의 꼭대기에 만든 설동에서는 한밤중에 밖으로 나가 로프를 타고 내려간 다음 스토브를 가지고 다시 올라오는 일을 내가 거부하면서 분위기가 나빠진 적이 있었다. 나는 사진을 찍으러 온 것이지 그런 일을 하러 온 것은 아니었지만, 두걸이 어둠 속으로 사라진 후 나는 할린의 따가운 눈총을 받으며 부끄러움을 느꼈다. 나는 내가 단순히 참관인 같다는 생각이 들지 않았다.

3월 중순, 나는 레이튼과 아이거 북벽으로 돌아가 '하얀 거미'로 이어지는 중앙 필라에 도전했다. 할린은 몸이 안 좋았고, 두걸은 휴식이 필요했다. 그곳은 우리의 루트에서 매우 중요한 구간이었는데, 할린과 두걸은 우리가 최상의 등반선을 선택했다고 확신했지만 레이튼은 가파른 얼음걸리에 도달하기 위해 극도로 어려운 바위 구간에서 사투를 벌여야 했다. 우리가 고정로프의 끝에 도달했을 때 외르크가 저쪽에서 나를 불렀다.

"필라 아래쪽이 아주 어려워 보입니다. 가능할 것 같지 않은데요."

하지만 그의 걱정은 공연한 것이었다. 자신의 실력을 유감없이 발휘한 레이튼은 적당한 피톤을 골라 크랙에 박아 넣은 다음 밟고 올라가는 일련의 동작을 정확하게 해냈다. 그는 마치 숙련된 장인 같았다. 그런 방식의 등반은 시간이 많이 걸리지만, 독일 팀이든 우리 팀이든 어느 누구도 그처럼 잘해내지는 못했을 것이다. 하지만 그 위의 얼음에 도달하자 그는 바위에서만큼 힘을 쓰지 못했다. 레이튼은 바위에서는 천재였지만 얼음에서는 경험이 별로 없었다. 그는 아이스스크루 하나를 박는 데도 시간이 많이 걸렸고 크램폰도 자주 엉켰다. 나는 그가 추락하면 스크루가 버틸 수 있을지 확신하지 못했다. 나의 확보 역시 그의 안전을 담보할 수 없었다. 시간이 계속 흘러 그가 다 올라가기 전에 어두워질 것 같았다.

"내가 먼저 올라가면 어떨까?" 나는 그저 사진을 찍으면서 도와주는 입장이어서 그 루트 어디에서도 선등으로 나설 의사가 없었다. 그러나 나는 이미 그 선을 넘고 있었다.

"좋아, 여긴 내가 잘할 수 있는 구간이 아니야."

그 피치는 내가 그때까지 등반한 빙벽 중 가장 가파른 곳이었다. 나는 작은 걸리의 꼭대기에 올라선 후 잠시 멈추어 주위의 상황을 살펴보았다. 경사는 대략 70도였다. 1960년대의 피켈로는 인내심을 가지고 홀드와 발판을 까내며 오르는 것이 정석이었다. 얼음 사이로 바위가 보였는데, 그것은 그 얼음 층이 밑에 있는 바위에 얇게 덮인 하얀 보호막에 불과하다는 확실한 신호였다. 그 얼음 층이 부스러지면 1,500미터 아래의 초원까지 곧장 추락하는 일이 벌어질 것 같아 나는 부드럽고도 정확하게 작업을 해야 했다.

갈수록 얼음 층이 얇아지더니 결국 3센티미터까지 얇아진 얼음 층이 마침내 밑에 있는 푸석 바위에서 떨어져 나갔다. 유일한 확보물은 레이튼이 설치한 한참 아래의 아이스스크루 하나뿐이었다. 이런 곳에서는 오히려 단독등반을 하는 것이 더 나을지도 모른다는 생각이 들었다. 나는 마침내 눈이 안정적으로 두껍게 쌓인 출구에 도달했다. 크램폰을 찬 채 그곳을 빠르게 기어 올라갈 수도 있었지만, 체력이 바닥 난 상태여서 인내심을 가지고 조금 더 발판을 만들며 나아갔다. 결국 나는 두 발로 설 수 있는 바위 턱에 도착해 피톤을 두드려 박았다. 그러자 온몸에 희열이 넘쳐흘렀다. 필라의 가장 어려운 구간을 넘어선 것이다. 이제 우리 앞에는 '하얀 거미'로 가는 길이 활짝 열려 있었다.

반면 독일인들은 아래쪽에서 등반을 멈추었다. 그날 저녁 나는 '플랫 아이언' 바로 위에서 독일인들의 설동을 그냥 지나쳤다. 외르크 레네는 낙담한 모습으로 설동 입구에 앉아 있었다. 우리가 예상한 것처럼 그들의 등반 루트는 막다른 골목으로 이어졌다. 그는 우리의 고정로프를 사용해도 되는지 물었다. 그는 다른 방법이 있기는 하지만 만약 그렇게 하면 시간이 오래 걸릴 것이라고 말했다. 나는 정말로 다른 방법이 있기는 한지 의문이 들었지만 기분은 상당히 좋았다. 다음 날 아침 우리가 출발 준비를 하는데 외르크가 우리의 설동 앞에 나타났다. 그는 아이디어 하나를 제안하고 싶어 했다.

"이제 경쟁을 끝냅시다. 오늘 카를Karl이 레이튼과 함께 올라가면 어떨까요?"

그 후에 벌어진 일을 생각하면 내가 그 제안을 너무 무턱대고 받아들인 것은 아닌지 후회가 된다. 그때는 그럴 듯한 제안이었다. 우리는 서로를 존중했고 심지어는 좋아하기까지 했으니까. 서로 다른 루트로 아이거를 공략한다는 생각은 애초부터 현명치 못했다. 게다가 나는 사진을 찍는 본래의 임무로 돌아가고 싶었다. 그래서 나는 할린이 받아들이면 그 아이디어에 동의하겠다고 했다. 나는 그런 사안에 대해 확답을 줄 수 있는 위치가 아니었다. 다음 무전 연락에서 할린에게 그 소식을 전했다. 어떻게 보면 그 제안을 받아들이라고 그를 설득한 사람은 바로 나였다. 만약 내가 레이튼과 계속 위로 치고 올라가 독일인들에게 로프를 내려준다면, 우리가 그들을 도와주었다는 사실에는 의문의 여지가 없을 터였다. 하지만 나는 그런 종류의 협상에 지쳐 있었다. 나는 정상에 오르는 마지막 장면을 사진으로 담는다는 나의 창조적인 임무에서 오는 즐거움에 흠뻑 빠져 있었다.

그렇게 해서 레이튼은 독일 팀에서 가장 우수한 대원인 카를 골리코프Karl Golikow와 함께 정상 공략에 나섰다. 나는 그들이 설치한 고정로프로 오르며 사진을 찍었고, 그 후 로프 하강을 통해 벽 밑까지 내려온 다음 스키를 타고 클라이네샤이덱으로 돌아왔다. 그로부터 이틀 뒤인 3월 22일, 두걸과 할린은 기상 상태에 대해 논의했는데, 독일인들이 갑자기 정상으로 치고 올라가는 것에 불안감을 느낀 나머지 그들은 '죽음의 비박Death Bivouac'에 있는 설동에서 나와 '하얀 거미'로 향했다. 두걸은 '하얀 거미'로 올라서는 데 성공했다. 그러나 바로 그때 클라이네샤이덱에서 망원경으로 등반 상황을 지켜보던 피터 길먼의 눈에 빨간 옷을 입은 사람이 추락하는 모습이 들어왔다. 그 사람은 축 늘어진 채 빙글빙글 돌며 추락했다. 충격적인 장면에 몸이 얼어붙은 그를 대신해 프리츠 폰 알멘이 망원경을 집어 들고 추락한 사람을 찾아 벽을 훑었다. 혹시 배낭이 아닐까? 그러나 확실한 사실을 알 수 있는 유일한 방법은 직접 벽 밑으로 가서 확인해보는 것뿐이었다.

레이튼과 나는 우리 앞에 놓인 현실에 두려움을 느끼며 깊은 침묵 속에 스키를 타고 벽 밑으로 갔다. 나는 배낭 안의 내용물인 장비 몇 개가 벽 밑에 흩어져 있는 것을 보고 안도의 한숨을 내쉬었다. 그러나 너무 이른 안도감이었다. 그때 우리 위쪽의 설원에서 어떤 물체가 눈에 띄었는데, 바로 존 할린이었다. 그는 팔다리를 뻗은 채 똑바로 누워 있었다. 1,500미터를 추락했음에도 그의 시신은 멀쩡했다. 충격적인 장면의 사진을 찍을 수 있는 기회였지만 나는 도저히 그럴 엄두가 나지 않았다. 생명이 떠나간 한 사람과 그의 뒤에 버티고 있는 거대하고 음울한 북벽의 대조는 기묘하면서도 끔찍한 아름다움을 연출했다. 나는 간신히 몸을 움직여 심장이 뛰는지 확인했지만 사실은 전혀 의미 없는 행동에 불과했다.

우리는 설원에 주저앉아 눈물을 흘렸다.

제 8 장

삶과 죽음

할린이 사망하고 사흘이 지난 후 외르크 레네와 귄터 스트로벨Günther
Strobel이 소용돌이치는 눈보라를 뚫고 아이거 북벽 정상에 나타났다. 그
들은 이틀 동안 잠도 제대로 자지 못하고 먹기는커녕 물도 마시지 못한
채 난폭한 폭풍과 싸웠다. 그 밑 어디쯤에서 두걸은 독일 팀의 지기 홉파
우어Sigi Hupfauer, 어깨를 심하게 다친 롤란트 보틀러Roland Vottler와 함께
사투를 벌이고 있었다.

그들은 마지막 구간인 정상 설원에 고정로프가 있을 것으로 생각하
고 피켈을 가지고 올라오지 않았지만, 그곳 60미터에는 고정로프가 없었
다. 두걸은 크램폰이 벗겨지기 일보 직전이었고, 손이 꽁꽁 얼어붙어 있
었으며, 장비라고는 짧은 아이스 대거ice dagger[34] 하나뿐이었지만 외르크
가 깎아놓은 발판을 따라 올라올 수 있었다. 그는 그다음 로프가 한쪽으
로 치우쳐 대롱거리자 아이스 대거를 힘껏 내리 찍었는데도, 대거는 겨우
3센티미터밖에 들어가지 않았다. 그는 크램폰이 자신의 발에서 떨어져
나가지 않기를 간절히 바라며 독일인들의 등반로프를 손으로 잡고 조심
스럽게 건너갔다. 그는 등반이 끝난 후 이렇게 말했다. "내가 할 수 있는
것이 없었기 때문에 걱정을 해봐야 아무 소용이 없었어. 세 명의 생명이
작은 쇠붙이에 달려 있었던 셈이지."

나는 아이거 정상의 바로 밑 서쪽 사면에 믹 버크와 함께 설동을 파고 이틀 밤을 보내며 그들을 기다렸다. 믹은 우리가 나의 조수로 고용한 사람이었다. 프랑스의 헬기 조종사가 우리를 정상으로 실어다 준 후 30도 경사의 비탈로 뛰어내리게 했다. 우리는 다음 날 아침 클라이머들이 정상에 나타날 것으로 예상하고 헬기에 부담을 주지 않기 위해 필요치 않은 식량과 가스, 장비 등을 두고 올라왔다. 악천후로 그들의 전진이 느려지면서 우리는 정상에서 물러나 두 번째 설동을 파야 했다. 북벽에서 보내는 메시지는 클라이네샤이덱의 피터 길먼에게 전달되고 있었는데, 혼란과 혼동의 연속이었다.

레네와 스트로벨이 드디어 나타나 정상에서 포즈를 취했지만, 그때 나의 카메라는 아뿔싸 얼어붙어 있었다. 목에 건 채 재킷 안에 넣어둔 두 번째 카메라 역시 작동하지 않았다. 나는 그 독일인 둘을 우리의 설동으로 데리고 내려간 다음 충격과 추위로부터 보호하기 위해 오리털 재킷으로 꽁꽁 싸놓은 예비 카메라를 꺼내 깊은 눈 속에 무릎을 꿇은 레네의 모습을 찍었다. 그의 얼굴과 턱수염은 온통 얼음으로 뒤덮여 있었고 목 주변에는 장비들이 주렁주렁 매달려 있었다. 그러고 나서 나는 정상으로 다시 올라가 때마침 고정로프를 타고 올라오던 두걸의 모습을 스냅사진으로 찍었다. 상황이 좋지 않아 훌륭한 사진을 찍지는 못했지만 나는 큰 안도감을 느꼈다. 그 사진들은 많은 것들을 시사했다. 아이거 북벽에서 내가 찍은 사진들을 본 존 앤스티는 나에게 또 다른 근사한 일을 맡겼다. 에콰도르의 안데스산맥 오지에 있는 화산을 오르는 일이었다. 나는 그가 마음을 바꾸지 않기를 바랐다.

그날 밤 모두 11명이 설동 안으로 비집고 들어갔다. 담배 연기로 탁한 공기 속에서 누군가가 슈냅스_{schnapps}35를 병째로 돌렸다. 우리는 편한 마음으로 웃고 떠들었는데, 등반의 성공뿐만 아니라 살아남았다는 것을 축하하는 의미이기도 했다. 그전 며칠 동안 두걸은 끔찍할 정도로 심한 고통을 겪었지만, 나는 그가 고통을 전혀 다른 방식으로 즐겼다는 것을 알 수 있었다. 나는 그의 부츠를 벗기고 발을 주물렀는데, 발이 차갑기는 했지만 동상 기운은 없었다. 하지만 검은색 물집으로 뒤덮인 그의 손가락은 엉망진창이었다. 다음 날 아침 우리는 서쪽 사면을 따라 클라이네샤이 덱으로 내려가 기다리던 미디어들을 만났다.

호텔로 돌아온 믹은 부츠를 벗으면서 기능이 떨어져 발이 다 젖었다고 투덜댔다. 나는 이기적인 자화자찬을 했다. "내 발은 완전해. 임무를 수행하는 동안 한 번도 발이 시리지 않았거든. 네가 그 부츠를 버리고 이걸로 한 켤레 사야 하는 건데…" 그리고 나서 양말을 벗었는데, 발가락 다섯 개가 검게 변해 있었다. 나는 나도 모르는 사이에 동상에 걸려 있었다. 믹과 나는 나의 참담한 실패를 알고 나서 침대에 쓰러져 깔깔거리며 웃어댔다. 나는 그 후 사흘 동안 인스부르크의 병원에서 지냈고, 콘래드를 돌보기 위해 집으로 향하는 웬디를 눈물로 배웅하며 꼭 안아주었다.

아이거 직등은 비판을 받았는데, 대부분은 고정로프를 사용한 것을 문제 삼았다. 그러나 그 당시에 그것 말고 다른 방법으로 아이거 북벽을 오를 수 있었을까? 고정로프의 도움 없이 그곳이 등반된 시점은 장비가 혁신적으로 발달된 뒤였다. 1966년에는 동계 아이거 북벽을 그 정도로 어려운 등반선을 통해 지속적으로 공략하겠다는 발상 자체가 터무니없다고 여겨졌었다. 또한 할린의 죽음이 그의 오만에 대한 천벌이라는 말도 있었지만, 로프가 끊어졌을 때 그 로프에 매달린 사람은 두걸이 될 수도 있었고 독일인이 될 수도 있었다. 그 두 달 동안의 경험은 나의 미래를 위한 커다란 교훈이 되었다.

그로부터 6주 뒤, 나는 에콰도르의 정글 속에서 노새 등에 앉아 있었다.

비는 내 목을 따라 하염없이 흘러내렸고, 내가 지나가는 길은 갈색의 늪으로 변해갔다. 아이거 북벽에서의 차가운 바람과는 너무나 대조되는 환경이었다. 나는 세바스찬 스노Sebastian Snow라는 이튼 출신의 멋쟁이와 함께 있었다. 콰글리노스Quaglino's[36]에서 점심을 먹으며 그를 처음 만났었는데, 그의 행색은 그때보다 훨씬 더 헝클어져 있었다. 산악인들은 자기 자신을 낮추는 경향이 있다. 그래서 처음부터 자신의 업적을 내세우지는 않는다. 그런 이유로 존 할린에 대한 호불호가 갈렸었다. 반면, 세바스찬은 단지 다른 사람들의 반응을 살피기 위해 터무니없는 말을 쏟아내는 일을 즐겼다. 요즘의 프로 모험가들은 자신의 브랜드를 개발하는 데 익숙한 에드 스태포드Ed Staffford[37]나 베어 그릴스Bear Grylls[38]와 같은 유형이 많다. 세바스찬은 구식의 신사인 아마추어였다.

상가이Sangay(5,300m)[39]를 목표로 삼은 것은 세바스찬의 생각이었는데, 존 앤스티는 활화산의 멋진 이미지를 얻을 수 있다는 유혹을 뿌리치지 못했다. 세바스찬은 남미, 특히 아마존 지역에 대한 열정이 대단했지만 탐험을 할 만한 능력을 제대로 갖춘 사람은 아니었다. 안데스산맥을 돌아다니던 그는 아마존강을 따라 바다까지 가보겠다는 생각을 하기도 했었다. 세바스찬의 모험이 특히 사랑받은 이유는 사전에 계획을 세우지 않는다는 데 있었다. 그는 그저 길을 떠나 눈앞에서 벌어지는 일들을 경험할 뿐이었다. 그는 이제 안경에 김이 서리고 물이 코를 타고 뚝뚝 떨어지며 약간은 씰룩거리는 아랫입술을 하고서 노새 등에 앉아 있었다. 그의 그런 모습을 보니 그가 용맹한 모험가라는 사실을 믿을 수 없었지만, 사실 그는 대단한 모험가였다. 나는 어머니에게 이렇게 편지를 썼다. "일이 힘들어질수록 그는 더 뛰어난 모습을 보입니다. 런던에서는 속물근성과 가식이라는 덧없는 겉모습을 보여주었지만 그런 것들을 여기서는 다 벗어 던져버립니다."

가장 인상적이었던 것은 그가 칵테일파티 등을 끝없이 즐기는 가운데서도 원정을 준비하는 능력이 탁월했다는 점이다. 사교 모임을 갖는 동안에도 필요한 허가나 보급품, 기타 장비들이 어디선가 불쑥불쑥 나타났다. 다행히 대사관의 제1서기가 이튼 동문이라서 우리를 위해 온갖 편의를 다 제공해주었다. 그는 현지의 등반 스타인 호르헤 라레아 루에다Jorge Larrea Rueda의 지원을 확보하는 데도 성공했는데, 은행원인 호르헤는 침보라소Chimborazo를 등반한 적이 있었다. 그는 두 명의 미국인 구조작업에 참가해 상가이에서도 등반했다. 아마 호르헤가 없었다면 우리 둘 다 목표지점의 160킬로미터 이내에 들어가지도 못했을 것이다.

5월 말이 되자 몇 달 간 나의 삶은 초고속으로 전개되었다. 에콰도르에서의 일이 끝나자마자 나는 데니스 그레이Dennis Gray가 이끄는 원정대에 참가해 알파마요Alpamayo(5,947m)라는 아름다운 봉우리로 향하기는 했지만, 웬디와 콘래드가 있는 뱅크 엔드 코티지로 돌아가고 싶은 마음이 간절해서 고민스러웠다. 나는 웬디에게 다음과 같은 편지를 썼다. "지난 몇 달간 당신에게 해준 것이 하나도 없네. 우리가 불가능할 정도의 속도로 살아온 거지. 하지만 여보, 당신은 나의 인생에서 가장 소중한 존재야. 우리에게 해를 끼치지 않고 우리의 사랑에 상처내지 않기 위해 나는 나의 문제를 잘 다룰 거야. 우리의 사랑 없이는 아무것도 의미가 없으니까."

상가이는 이전에도 여러 번 등정된 적이 있었지만 항상 서쪽에서 접근하는 길을 통해서였다. 그 길을 이용하면 길의 끝에서 풀이 난 낮은 산들을 넘어 사흘이면 등정이 가능하다. 나는 좀 더 많은 모험을 통한 초등을 원했고 열대우림을 경험해보고 싶기도 했기 때문에 아마존 유역의 마카스Macas라는 작은 마을에서 출발해 동쪽에서 산을 오르자고 제안했다. 국경 마을인 마카스에는 활주로가 하나 있었지만, 만약 비행기를 이용했다면 정장을 입고 구식 넥타이를 맨 세바스찬이 새끼돼지들을 돌보는 엄청나게 뚱뚱한 인디언 아주머니와 나 사이에 끼어 앉아 버스를 타고 가는 희한한 광경은 볼 수 없었을 것이다. 그날 밤 우리는 정체가 모호한 독일인이 운영하는 호텔에 묵었다. 세바스찬은 "호텔 주인은 의심할 여지없이 마르틴 보어만Martin Borman[40]이야."라고 나에게 단언했다.

노새를 이용해 폭우를 뚫고 마카스까지 가는 데 사흘이 걸렸다. 우파노Upano강 위쪽으로 높이 솟은 벼랑에서부터 56킬로미터 떨어져 있는 상가이는 북쪽 방향에서 모습을 드러냈다. 그 산은 호쿠사이의 그림[41]에서 튀어나온 듯 비현실적으로 균형 잡힌 모습이었고, 구릿빛 하늘을 배경 삼아 정상에서부터 한 줄기 부드러운 연기를 내뿜고 있었다. 그 후 우리는 일주일 동안 그 산을 볼 수 없었다. 우리의 가이드 돈 알비노Don Albino는 우파노강의 지류인 히바로Jivaro강을 따라 올라가면 화산까지 가는 데 사흘이 걸릴 것이라고 자신 있게 예측했다. 하지만 그 사흘 동안 폭우가 쏟아지면서 우리는 공동묘지같이 음울한 우림지대를 절반도 통과하지 못했다.

나흘째가 되던 날 나는 열병에 시달리기 시작했다. 덜덜 떨리는 몸을 어찌할 수 없었던 나는 침낭으로 기어들어갔는데, 일어나 보니 열이 내려 마음을 놓을 수 있었다. 하지만 그날 아침 우리의 짐꾼들은 더 이상 가지 않겠다고 선언했다. 돈 알비노는 확실히 겁을 집어먹기는 했지만 계속 가겠다고 말했다. 멜로드라마를 좋아하고 자신에 대한 마조히스트masochist 징후가 약간 있는 세바스찬은 그 상황에 완전히 매료되었다. 나는 기분이 언짢아 심통을 부렸는데, 화산에 도달하지도 못한 채 나의 두 번째 임무가 완전히 실패로 끝날 것 같다는 초조함 때문이었다. 냉담하지만 참을성이 많은 호르헤는 마침내 일을 수습하기 시작해 짐꾼들에게 음식을 만들어보라고 제안했다.

그날 밤 우리는 수풀로 뒤덮인 능선마루에서 야영했다. 그곳은 몹시 추운 데다 모든 것이 축축하게 젖어 있었다. 따라서 불을 피우는 것은 거의 불가능했다. 아침이 되자 돈 알비노는 훨씬 더 비참한 상황을 맞이했는데, 짐꾼들이 자신에게 반란을 일으켰다고 말했다. "여기에 더 있다가는 우리 모두 죽을 거예요." 호르헤는 그들에게 보너스를 주겠다고 약속하면서 우리가 계속 나아가는 동안 그 자리를 지켜달라고 설득했다. 수풀의 양상이 변하기 시작했다. 통통한 줄기에 커다란 우산 같은 이파리가 자라난 대형 잡초들이 나타났다. 나는 공상과학 영화에 나오는 피그미족이 된 듯한 느낌이었다. 모퉁이를 돌면 20미터 크기의 거대한 거미가 나타날 것 같은 기분이랄까…

그날 밤 우리는 고지대로 피신했고, 결국 땅거미가 질 무렵 우리의 노력이 보상으로 이어졌다. 구름이 걷히면서 웅크린 듯 축소된 상가이가 모습을 드러낸 것이다. 둔탁한 저음이 우르르 일었고 황토색 연기가 정상에서부터 거대한 구름 모양으로 피어났는데, 왠지 용암보다도 더 위협적으로 느껴졌다. 잠자리는 끔찍했다. 우리는 물이 줄줄 새는 2인용 텐트에 몸을 구겨 넣다시피 하고 잠을 청해야 했다. 영원한 금욕주의자였던 세바스찬은 텐트 안에 물웅덩이가 생겼는데도 그 가운데서 얌전히 누워 잤다. 우리 뒤에는 정글의 녹색 융단이 지평선 끝까지 한없이 펼쳐져 있었다. 마카스에서 56킬로미터밖에 떨어져 있지 않은 곳이었지만, 그곳까지 가는 데도 일주일이 넘게 걸렸다. 그중 마지막 사흘 동안 우리는 리오 볼칸Rio Volcan에서부터 수풀을 제거하며 정글을 뚫었다. 우리에게 남은 식량은 2일치뿐이었다. 만약 돌아가는 길에 그 좁은 길을 놓쳤더라면 우리는 거기서 끝장이 났을 것이고, 내 주변에 아무도 없어 모든 책임이 나에게 돌아왔을 것이다.

다음 날 우리는 표식용 막대기를 꽂아 길의 흔적을 남기면서 가슴 높이까지 자란 수풀을 헤처나간 후 용암이 흐르는 능선 아래에서 야영했다.

우리의 고도가 3,000미터쯤 되는 것 같았기 때문에 정상까지는 여전히 2,000미터가 더 남아 있었다. 그 정도라면 평지에서도 하루 종일 걸릴 터였다. 그보다도 물이 없는 것이 더 큰 문제였는데, 우리가 가져간 물통이 전부였다. 걱정으로 잠을 청하지 못한 나는 자정쯤에 텐트 밖으로 머리를 내밀었다. 깨끗하고 검은 하늘에 별들이 총총했다.

"세바스찬, 일어나! 올라가기에 딱 좋은 밤이야." 그는 신음소리를 내며 몸을 뒤척였지만 나는 프리무스 스토브를 꺼내 마지막 남은 물로 커피를 끓였다. 오늘이 아니면 불가능했다. 나는 세바스찬에게 최대한 빨리 따라오라고 말한 후 어둠을 뚫고 전진하기 시작했다. 경사는 완만했지만 비탈은 용암 부스러기들로 뒤덮여 있어 발밑이 미끄러웠다. 나는 정상에 오르겠다는 목표를 정한 후 가차 없이 걸어 올라갔다. 더 높이 올라가 보니 나도 모르는 사이에 용암이 얼음으로 변해 있었다. 나는 앉아서 다른 사람들을 기다렸다. 그렇게 1시간이 흐르자 구름이 다시 산을 에워쌌다. 내 고막의 압력이 아래에 있는 화산의 압력처럼 커져 갔고, 나는 분노가 폭발해 600미터 정도를 뛰다시피 내려오다 세바스찬을 만났다. 그는 로프를 챙기는 것을 깜빡했는데, 출발한 지 1시간이 지난 후에야 비로소 자신의 실수를 깨달았다.

"너무 미안해, 크리스. 다 내 잘못이야." 하고 그가 말했다.

얼음지대로 돌아간 나는 크램폰을 꺼냈고 호르헤 역시 나의 동작을 따라했다. 그때 세바스찬은 부츠의 뒤부터 앞으로 크램폰을 끼우려고 낑낑거렸다.

내가 그의 크램폰을 부츠에 끼워주는 동안 그는 이렇게 말했다. "정말 너무너무 미안해. 이런 걸 해본 적이 없어서." 나는 로프를 풀어 가운데에 고리를 만든 후 그 고리로 세바스찬을 묶었다. 호르헤가 로프의 반대편 끝에 몸을 묶고 나서 나와 호르헤는 세바스찬을 가운데에 두고 앞으로 계속 나아갔다. 그때 세바스찬이 뒤에서 말했다. "크리스, 너무너무 미안해. 안경에 김이 서려서 아무것도 안 보여." 나는 그에게 로프를 따라오라고 말했다. 이윽고 우리는 커다랗게 벌어진 크레바스에 걸쳐 있는 좁은 스노브리지를 건너게 되었는데, 그 스노브리지는 격자 모양의 고드름 위에 매달려 있었다. 세바스찬은 마치 장님처럼 피켈로 자신의 앞을 더듬거렸다.

위쪽의 구름 속에서 용암 포탄들이 날아오기 시작했다. 나는 산 전체가 폭발하지는 않을까, 하는 두려움에 빠져 심한 공포에 떨었다. 안개가 유황 냄새와 뒤섞였고, 차디찬 바람에는 따뜻한 연기가 돌풍처럼 섞여 들어와 우리의 목구멍 안을 메케하게 했다. 땅에는 푸르고 노란 균열들이 있어 그곳에서 연기가 피어올랐다. 세바스찬이 거친 숨을 몰아쉬며 말했다. "날 따라와. 정상에 영국 국기를 꽂아야 하잖아?" 우리는 국기를 가져가지 않았지만 어쨌든 호르헤와 나는 그를 따라갔다. 바로 그때 세바스찬이 연기로 졸도했다. 우리는 그를 들쳐 업고 정신을 차릴 때까지 비탈을 내려왔다. 결국 우리는 모두 캠프로 서둘러 복귀하고 말았다.

상가이에서의 탈출은 대단한 모험이었지만 쓸 만한 사진을 찍지 못했다는 치명적인 흠이 있었다. 산으로 다시 돌아가 사진을 찍는 일을 도와달라고 세바스찬을 설득하는 일에 나의 온 미래가 달려 있었다. 처음에 그는 회의적이었다. 그러나 나는 서쪽에서 접근하면 훨씬 더 빠를 것이라고 그를 설득했다. "친애하는 크리스, 키토Quito에서 따뜻한 물로 목욕을 할 수만 있다면 난 원이 없겠어. 그렇게 해준다면 네가 사진을 찍는 걸 도와주기 위해 지구 끝까지라도 따라가겠어." 우리는 그곳에서 일주일을 보내면서 식량과 자금을 더 확보하고 인터콘티넨탈호텔에서 마음껏 놀았다. 호텔에는 웬디가 보낸 편지들도 있었는데, 그 안에는 그녀의 사랑과 레이크 디스트릭트에서의 모험들이 가득 차 있었다. 그녀는 스코틀랜드로의 여행을 기대하고 있었다. 그곳에서 메리 스튜어트와 함께 지내면서 프로로서 첫 연주회를 가질 예정이었다.

세바스찬과 나는 상가이를 다시 올랐다. 나는 좀 더 나은 사진을 얻기는 했지만 만족스럽지는 않았다. 내가 정말로 원했던 것은 액체 상태의 용암이 불꽃 섬광을 내며 공중에서 흩어지는 이미지였다. 나의 말을 항상 잘 따랐던 세바스찬은 세 번째 시도에 동의했다. 아침에 장비를 챙기고 있는데, 키추아 Kichwa족이 달려와 편지 하나를 전했다. 순간 나는 불길한 예감에 사로잡혔다. 웬디에게 무슨 일이 생긴 것은 아닐까? 편지를 열어본 나는 그녀의 일이 아니라는 사실에 잠시 안도감을 느꼈다. 그러나 곧바로 온몸이 얼어붙고 말았다. 그 편지는 콘래드가 사고로 죽었다는 내용이었다. 나는 바닥에 주저앉아 울었다. 그러자 원주민 짐꾼들도 나의 슬픔에 어쩔 줄 몰라 하며 조용히 서 있었다.

나는 정신을 차렸다. 나는 가능한 한 빨리 집으로 돌아가 웬디와 함께 있어야 했다. 그 사고는 벌써 일주일 전에 일어난 것으로, 내가 그 소식을 그나마 이렇게 빨리 접한 것은 눕체 원정대를 통해 알게 된 나의 오랜 산친구 사이먼 클락 Simon Clark 덕분이었다. 당시 에콰도르에서 일하던 그를 나는 키토에서 만났었다. 그는 『더 타임스』에 난 기사를 보았고 나의 위치에 대해서는 대사관만큼이나 모르고 있었지만, 수소문 끝에 자신이 직접 차를 몰아 키추아족을 전령으로 보낸 것이다. 그는 랜드로버 Land Rover 한 대와 운전기사를 남겨 놓아 내가 키토로 돌아갈 수 있도록 해주었다.

해가 질 무렵 우리는 걸어서 이동했다. 어둠이 짙어지자 나는 뒤로 돌아 별이 총총한 밤하늘에 검은 원뿔 모양의 실루엣으로 뚜렷하게 모습을 드러낸 상가이를 바라보았다. 산비탈에는 용암이 불꽃을 내뿜으며 붉은 뱀 모양으로 흘러내리고 있었다. 콘래드를 이제 더 이상 볼 수 없다는 생각에 슬픔을 주체하지 못하는 상황에서도 나는 내 앞에 펼쳐진 강렬한 아름다움에 넋을 잃었다. 나는 다시 몸을 돌려 어둠 속을 걸었고, 피곤에 절어 있었지만 사랑하는 아들을 다시 볼 수 없다는 끔찍한 사실을 머릿속에서 지울 수가 없었다. 마지막 초소에 이르자 우리가 타고 갈 말들이 기다리고 있었다. 우리는 새벽에 도로에 도착했다. 나는 원주민 짐꾼들과 악수를 나누었다. 그러자 그들의 우두머리인 흰 머리 노인이 작별인사로 손을 흔들면서 눈물을 흘렸다. 아침햇살을 맞아 핑크빛으로 변한, 눈 덮인 코토팍시Cotopaxi(5,897m)를 지나 우리는 키토로 향했다. 그리고 그곳에서 사이먼의 친구들은 집으로 돌아가는 비행기 좌석을 잡을 수 있을 때까지 나에게 쉴 곳을 마련해주었다.

히스로공항에 도착하자 웬디가 가드라인을 넘어 나에게 달려왔다. 함께 느끼는 슬픔과 서로에 대한 사랑으로 우리는 주위를 잊은 채 서로를 부둥켜안았다. 이야기를 들어보니 콘래드는 메리의 집 밖에서 놀고 있었다. 그때 갑자기 폭우가 쏟아져 들판 끝에 있는 작은 개울이 넘쳐흘렀다. 언제나 독립적이고 모험심이 강했던 콘래드는 다른 사람과 떨어져 있었는데 그만 불어난 개울물에 빠지고 만 것이다. 콘래드를 떠나보낸 웬디는 내가 집으로 돌아오기를 기다리며 혼자서 지옥 같은 세상을 견뎌냈다. 그녀는 가족과 친구들로부터 따뜻한 위로를 받았지만 우리 둘은 서로가 없이는 온전함을 느끼지 못했다. 우리는 함께 지내며 조금이나마 기력을 되찾았다.

내가 시아 이모에게 보낸 편지를 보면 그 당시의 감정을 어느 정도 엿볼 수 있다. "아직까지도 그 일을 믿을 수가 없어요. 집의 벽에는 콘래드가 그려놓은 낙서들이 그대로 남아 있어서 그 녀석이 옆집에서 놀고 있다는 착각이 들어요. 곧 뛰어올 것 같지만, 불행스럽게도 그런 일은 일어나지 않네요. 가능하면 빨리 아이를 가져야겠어요. 그래도 콘래드를 대신

할 수는 없을 겁니다. 자신의 일부를 대신할 수는 없으니까요." 콘래드는 정말 많은 사람들의 사랑을 받았다. 돈 윌런스는 그 사고를 가장 안타까워한 사람 중 하나였다. 나는 콘래드에 대해 매우 큰 자긍심을 느꼈고, 그렇게 어린 나이에도 불구하고 사람들에게 깊은 인상을 주었다는 사실이 자랑스러웠다.

집으로 돌아오고 얼마 지나지 않아 나는 어머니에게 편지를 보냈다. "아내와의 사랑이 이 고통을 극복할 수 있도록 해줍니다. 이 일로 인해 웬디에게 무슨 일이라도 생기면 저 역시 살고 싶다는 생각이 들지 않을 것 같습니다. 그렇게 생각하니 그녀에 대한 제 책임과 지금껏 제가 감수해온 위험한 일들이 머릿속에 더욱 선명하게 떠오릅니다." 웬디는 콘래드가 죽음의 문턱에 있을 때 노래를 부르고 있었다며 스스로를 책망하고 몹시 괴로워했다. 나는 그녀가 생각을 바꿀 수 있도록 부단히 노력했다. 그녀보다 더 훌륭한 어머니는 없었다. 콘래드의 일이 있고 나서 몇 주 뒤에 나는 어머니에게 이렇게 편지를 썼다. "그녀의 상처가 서서히 아물고 있습니다. 하지만 완치까지는 아주 오랜 시간이 걸릴 것 같습니다."

사실, 그런 일은 어쩔 수 없이 그냥 살아가는 것뿐 쉽게 극복되지 않는다. 어린 사내아이가 차의 뒷자리에 앉아 있거나 부모의 손을 잡고 걸어가는 모습을 보면 나는 콘래드가 생각났고, 그리운 마음에 눈시울이 붉어졌다. 나는 긴 어둠의 터널 끝에는 반드시 빛이 있을 것이라고 상상해보려 했지만 처음에는 그 터널이 한없이 길게 느껴졌다. 다행히도 웬디는 금방 임신했다. 9월에 나는 어머니에게 좋은 소식을 전했다. "곧 우리 둘 모두에게 커다란 변화가 있을 거예요." 아이가 거꾸로 들어서서 그녀의 임신 말기는 순탄치 않았다. '대니얼Daniel'이라는 세례명을 받은 조Joe는 1967년 4월 화이트헤이븐Whitehaven병원에서 제왕절개 수술로 태어났다. (웬디와 나는 그를 계속 대니얼이라는 세례명으로 불렀지만, 지금부터는 그의 이름으로 부르도록 하겠다.)

웬디가 임신한 몇 개월 동안은 매우 바빴다. 그해 여름 리비아 골란 치는 내 책을 출간했다. 글쓰기에 언제나 자신감이 없었던 나는 책을 쓰는 일로 낙담하고 있다고 그전 가을에 어머니에게 말한 적이 있었다. "이 빌어먹을 책의 제목을 어떻게 정해야 할지 모르겠습니다." 우리가 최종적으로 합의한 제목은 그때까지 나의 삶을 간결하게 나타내는 문구인 『나는 등반을 선택했다』I Chose to Climb였다. 마이크 톰슨은 재치 있게 '나는 마가린을 팔지 않기로 했다'가 조금 더 적합하다고 말했다. 많은 신인작가들이 그러하듯 나 역시 미디어의 관심이 쏟아지기를 바랐지만, 책이 나간 후 별다른 반응이 없어 약간은 풀이 죽었다. 하지만 호의적인 서평들이 나오기 시작하면서 그 책은 성공작으로 평가되었다.

그해 가을에는 콘래드의 죽음으로 인한 슬픔에서도 벗어나고 경제적인 도움도 받기 위해 강연을 많이 다녔다. 나는 어머니에게 이렇게 말했다. "지금부터 3개월 동안은 하루에 한 번, 또 이따금씩은 두 번 강연을 할 작정입니다. 그렇게 3개월이 지나면 저는 다리를 절고 다니겠죠?" 순회 강연을 시작하기 전 나는 톰 페이티로부터 '올드 맨 오브 호이'를 오르자는 비현실적인 초청을 받았다. 그가 규정한 대로 올드 맨은 영국을 이루고 있는 섬들 내에서 가장 멋진 타워로, 머나먼 북쪽의 오크니제도에 있었다. 톰은 우리가 현실에서 탈출할 수 있도록 도와주고 싶어 했다. 그 타워가 얼마나 높고 가는지 알게 되었을 때 보인 나의 반응을 두고 그는 나를 놀려댔는데, 그는 그런 인간미가 일상적일 정도로 인정이 많은 사람이었다. 마치 바람에 흔들리는 듯한 올드 맨은 137미터 높이의 바늘같이 뾰족하고 가는 타워로, 잔디에 덮인 그 꼭대기는 당구대보다도 더 좁다.

반대편의 절벽 위에서 올드 맨을 바라본 나는 "바위가 엄청 위태로워 보이는데…. 저 사암에 붙어 올라가면 금방 무너져 내릴 것 같아."라고 말했다.

톰은 "에이, 그렇지 않아. 모험심이 다 어디로 간 거야? 아이거의 보닝 턴이 한 말이라고는 믿어지지 않는데….'라고 말했다.

자신의 아내 팻과 어린아이를 데리고 우리보다 먼저 섬에 도착한 러스티 베일리는 실용적으로 접근했다. "저기 저 크랙으로 올라가면 돼. 봉봉bongbong을 박으면 될 것 같은데." 요즈음의 클라이머들에게는 익숙하지 않은 봉봉은 아주 큰 피톤이다.

다음 날 아침 우리는 첫 정찰에 나섰는데, 톰은 계단처럼 생긴 흔들리는 바위 턱을 넘어 단독으로 등반했다. 그는 쉬운 곳에서는 으레 그렇게 했다. 그리고 나서 그는 매우 단단해 보이는 선반 크기의 바위를 타고 내려왔다. 그는 바닷물이 있는 곳까지 내려와 다시 돌아왔고, 우리는 타워의 밑 부분을 둘러보면서 취약한 곳이 있는지 살펴보았다. 바다 쪽의 바위는 뚜렷한 특징 없이 깎아지른 모습이었는데, 일련의 사암층이 마치 이중의 턱처럼 파도가 몰아치는 바다 위에 오버행으로 형성되어 있었다. 따라서 육지 쪽의 루트가 가능성이 더 있어 보였다.

다시 정찰에 돌입한 톰은 이번에는 로프를 이용해 타워의 가장자리 24미터 위에 있는 플랫폼까지 계단처럼 생긴 흔들리는 바위 턱을 타고 올라갔다. 오른쪽의 육지 쪽으로 향한 일련의 오버행에는 가는 크랙이 그 위쪽의 깨진 바위들로 이어져 있었다. 그 루트는 그곳만 넘으면 될 것 같았다. 러스티는 플랫폼에 오른 후 금속으로 된 온갖 종류의 장비를 주렁주렁 달고 팔로 매달려 크랙 쪽으로 건너갔다. 파도가 부서지는 소리와 함께 해머로 피톤을 박는 소리가 울려 퍼졌다. 톰은 자리를 잡고 뙤약볕 속에서 기다리며 줄담배를 피우거나 배낭을 뒤져 먹을 것을 꺼내기도 했는데, 로프가 풀려나가는 것은 아무렇지도 않게 무시하는 듯했다. 나는 카메라를 여러 대 몸에 걸치고 반대편의 가파른 비탈에 있어서 그들의 움직임을 멀리서 관찰할 수 있었다.

팔이 길고 근육이 울퉁불퉁해 원숭이를 닮은 듯한 러스티는 크랙에서 팔다리를 넓게 벌린 채 짙은 그늘 속에서 위로 올라갔다. 오버행으로 이어진 크랙 안에는 마치 볼베어링처럼 가는 가루들이 차 있었다. 그는 위쪽으로 더 올라가기 전에 그런 것들을 모두 긁어내야 했다. 경사가 좀 누운 곳에서 러스티는 자유등반을 시도했는데, 손가락이 가루가 많은 홀드에서 미끄러지면서 크랙에서 거의 나가떨어질 뻔했다. 그는 자신이 설치한 가장 높은 곳의 피톤 아래까지 미끄러진 후 아무렇지도 않다는 듯 로프를 타고 내려왔다. 그다음 날 그 피치를 끝내는 데는 무려 6시간이나 걸렸다. 그가 마침내 자신의 확보지점을 구축하는 것을 본 나는 타워의 밑까지 기어 내려갔다.

톰은 파도가 치는 바다 건너로 소리쳤다. "로프 필요 없어. 별 거 아냐." 그래도 나는 겁이 많이 났다. 등반 자체는 쉬웠지만, 그해 봄의 아이거 직등 이후 바위를 오른 적이 없었기 때문이다. 홀드들도 불안한 데다 고도감도 상당했다. 내가 얼굴을 평편한 바위 턱 위로 끌어 올리자 분노에 찬 풀머갈매기 새끼가 나를 기다리고 있었다. 작은 털 뭉치같이 보인 그 노랑 부리의 새는 내 얼굴에 이상한 점액을 한껏 토해냈다. 나는 큰 소리로 욕을 해대면서 뒤로 휘청거렸고 거의 추락할 뻔했지만 그 분노의 작은 새를 존중하고 싶다는 마음이 들었다.

인공등반을 전혀 좋아하지 않는 톰은 그다음 피치에서 피톤을 사용하지 말라고 나에게 힘주어 말했다. 나는 목에 걸려 있는 카메라들을 가리키며 말했다. "나도 그랬으면 좋겠는데, 사진을 찍어야 한단 말이야. 주마를 이용해 네가 있는 곳으로 곧장 올라갈게." 로프와 줄사다리에 매달린 채 두 입술 사이로 담배를 꽉 문 그의 모습을 담은 나의 사진은 일종의 고전이 되었다. 톰은 굼뜬 등반을 그다지 좋아하지 않는데, 그가 힘들게 해머질을 하면서 러스티가 있는 곳까지 올라가는 데는 2시간이 걸렸고 그때쯤이 되자 다시 날이 저물어 올드 맨은 아뿔싸 아이거보다도 더 긴 포위공략의 대상이 되고 말았다.

우리는 비박을 할 수도 있었다. 그러나 톰이 저녁에 위스키도 마시지 못하고 노래도 부르지 못하며 안온한 잠자리까지 포기해야 한다면 의미가 전혀 없다고 우겨, 로프 하강을 통해 내려왔다. 다음 날 아침 우리는 로프를 타고 다시 올라갔고, 곧 멋진 정사각형 모양의 모퉁이인 마지막 피치 아래까지 도달했다. 나는 전차부대 사령관이나 낼 법한 목소리로 "이 피치는 내 것이야."라고 말했다. 우리는 그 피치에 있는 풍부한 홀드들을 이용해 곧 꼭대기에 올랐다. 그곳에 작은 돌들을 쌓아올리고 불을 피웠다. 그 등반은 내가 겪은 가장 끔찍한 시기의 편안하고 유쾌한 모험이었다.

그로부터 1년이 채 지나지 않아 우리는 그곳으로 돌아갔다. 성령강림절 주말 동안 BBC가 내보낼 대규모 야외 프로그램의 일환이었다. 톰과 나는 촬영 전 며칠 동안 한다Handa의 시스택sea stack을 오르면서 보냈는데, 그 등반 역시 근심걱정이 전혀 없는 마음 편한 모험이었다. 바람이 휘젓는 바다 건너를 바라보며 나는 곧 엄청난 일이 벌어질 것 같다는 느낌에 한껏 움츠러들었다. 파티에 참석한 아이들이 무서워하기도 하고 수줍어하기도 하며 많은 사람들 앞에 나서는 것에 대해 약간은 두려워하면서도 재미있을지도 모른다고 기대도 하는 것처럼 나는 어린 소년으로 다시 돌아갔다. 물론 '올드 맨 오브 호이'의 촬영은 상당히 재미있었다. 영국 근위보병 제3연대의 한 소대, 상륙정 한 대 그리고 상당한 양의 장비 등을 집결시켰고, 존 클리어와 해미시 매키네스의 지휘 아래 많은 회전 카메라의 지지대도 설치되었다.

등반 팀은 셋으로 나뉘었다. 톰과 나는 오리지널 루트로 올라가고, 조 브라운과 이안 맥노트 데이비스는 남벽의 신루트로, 그리고 두 명의 전위적인 신세대 클라이머인 두걸 해스턴과 피트 크루는 남동쪽 오버행 리지 *arête*로 붙기로 했다. 조는 우리의 루트를 이미 두 번이나 올랐는데, 러스티가 8시간 걸린 데 비해 그는 1시간에 끝냈을 뿐만 아니라 한 번도 피톤에 매달리지 않고 모두 자유등반으로 올랐다. 그는 나를 안심시키려는 듯 "그렇게 어렵지 않아."라고 말했지만, 조가 그 루트를 쉽다고 생각하는 것과 나 사이에는 아무런 상관이 없었다. 나는 암벽 등반가로서 각자가 가진 능력에 대해 환상을 갖고 있지 않았다. 따라서 방송 전날 그곳에 있는 긴 크랙 피치를 연습했다. 어떤 일이 자발적이라면 더 많이 해도 상관없는 것이 아닐까? 나는 그 피치를 자유등반으로 올라야 한다는 사실 정도는 알고 있었고, 자신이 있어서 그랬는지 그 루트를 끝내는 데 30분밖에 걸리지 않아 나 자신도 놀랐다.

일종의 서커스라고 할 수 있는 촬영은 기분 좋은 등반도 좀 있었다. 방송은 대중들로부터 많은 인기를 얻었다. 그 방송은 1953년의 성공적인 에베레스트 원정등반 이후 주류 미디어에서 등반을 비중 있게 다룬 하나의 사건이었다. 올드 맨은 규모가 알맞았다. 인상적으로 보일 만큼 적당히 크고 수직인 데다, 클라이머들이 지나치게 왜소해 보이지 않을 만큼 적당히 작았다. 위기와 극적인 순간들도 있었다. 무전 교신이 안 되었다든가, 톰이 공중으로 나가떨어져 로프를 잡고 오른 일들이 일어났다. 매키네스는 중간 중간 유쾌한 농담으로 분위기를 이끌었고, 과묵한 조는 혼잣말을 자주했다. 클라이머가 137미터 높이의 타워를 로프로 한 번에 내려오는 장면은 가장 큰 화젯거리였다. 나는 맨 마지막에 타워의 꼭대기에 도달했는데, 조가 활짝 웃으며 나를 맞이했다. "우리는 너에게 이 영광을 돌리기로 했어." 60미터를 매달려 내려가다 로프가 타버리지는 않을까 할 정도로 하강기가 뜨거워져 내가 로프를 붙잡고 멈춘다면 어떤 일이 벌어질까?

"간단해." 하고 조가 말했다. "그냥 내려가는 거야."

해미시는 석면이 들어간 연결고리인 히스 로빈슨Heath Robinson을 쓰라고 말했다. 결국 나는 로프 하강을 촬영하기 직전에 파업을 선언했다.

"이건 절대 안 할 거야." 그러자 조가 올드 맨을 아주 안전하게 내려갈 수 있는 깔끔한 해결책을 내놓았는데, 로프를 타고 내려가는 동안 환상적인 주위 풍광을 찬양하는 서정시를 마이크에 녹음하자는 것이었다. 이틀 후 타워에 설치된 모든 장비들을 철수한 다음 우리는 각자의 길로 흩어졌다.

책과 보도사진 전문가로서의 수입이 은행을 통해 들어오기 시작하자 우리는 집을 사기로 결정했다. 뱅크 엔드 코티지는 콘래드를 자꾸 생각나게 만들었다. 더구나 일이 바빠진 나는 자주 집을 비워야 했다. 레이크 디스트릭트의 언덕들을 돌아 오랫동안 운전해야 하는 것도 점점 더 힘들고 해서 우리는 둘째 조(대니얼)가 태어난 지 얼마 안 된 1967년 초여름에 컴브리아의 북서쪽 코커마우스Cockermouth에 있는, 멋진 정원이 딸린 에드워드 7세 시대풍의 두 가구 단독주택을 구입했다. 다시 노래를 시작한 웬디는 1960년대의 열정적인 포크송 부흥기에 편승해 무리엘 그레이브스Muriel Graves라는 친구와 클럽을 열었다. 이렇게 그녀는 만족스러우면서도 행복한 삶을 꾸려나갔지만, 나는 미래에 대한 불안감을 감출 수가 없었다. 그때를 되돌아보면 그녀는 무어 로우Moor Row와 클리터 무어Cleator Moor 등 친구들과의 유대가 강해 자신의 슬픔을 이겨내는 데 큰 도움을 받고 있었지만, 나는 나의 친구들로부터 그런 도움을 거의 받지 못했다. 부끄러운 말이지만, 나의 입장에서 약간은 질투도 있었다. 나의 친구들은 대부분 레이크 디스트릭트 외곽에 살면서 내가 컴브리아에서 움직이는 것보다 더 폭넓게 활동하고 있었다.

나는 일로 집을 자주 비웠다. 조가 태어나기 전인 1967년 2월, 나는 현대 이누이트Inuit족의 변화하는 삶을 취재하기 위해 배핀섬Baffin Island에 있었다. 그곳은 낮이 짧았고, 태양은 남쪽의 지평선 위로 낮게 솟아올랐다. 게다가 기온은 영하 40도까지 떨어지기도 했다. 세바스찬 스노는 작가로서 나와 함께 그곳에 갔는데, 추위와 싸우던 그는 그곳에 도착하자마자 곧 코에 동상이 걸렸다. 타고난 금욕주의 덕분에 그는 안데스산맥에서는 무사했을지 모르지만 그곳의 추위는 감당하지 못했다. 어느 날 밤 그가 침낭 속으로 기어들어가는 것을 도와주었는데, 꽁꽁 언 그의 발은 마치 나무처럼 딱딱했다. 결국 그는 비행기를 타고 영국으로 돌아갔고, 나는 사진뿐만 아니라 글을 쓰는 일까지 떠맡았다.

그곳은 모터가 달린 스노스쿠터가 개썰매를 몰아내고 있었다. 여전히 전통적인 방법으로 물개와 순록을 사냥하는 사람들은 얼마 되지 않는 이누이트족 중에서도 극소수에 불과했다. 나는 한 차례 그들의 사냥에 동행했다. 그 사냥은 열흘이 걸렸는데, 그들은 매일 저녁마다 잠을 잘 이글루igloo를 만들었다. 순록을 찾는 데 실패한 그들은 물개를 잡기 위해 유빙의 가장자리로 이동했다. 그런 상황에서 나의 등반 경험은 무척 쓸모가 있었다. 나는 위험과 피로를 잘 관리했고, 쓸 만한 사진들을 갖고 영국으로 돌아올 수 있었다. 나는 라이카와 니콘 카메라를 사용했는데, 추위를 잘 견딜 수 있도록 꽁꽁 감싸 가지고 다녔다. 그렇다 해도, 필름을 다시 끝까지 감을 때 중간에서 툭 하고 끊어지는 것을 막지는 못했다.

그해 나는 비슷한 경험을 다시 했다. 소설가인 니콜라스 몬사랏Nicholas Monsarrat과 파키스탄의 훈자Hunza 계곡에 간 것이다. 그는 그 지역 사람들의 놀라운 장수 현상에 대해 글을 쓸 예정이었다. 그 당시 몬사랏은 50대 후반이었는데, 그의 가장 유명한 책 『잔인한 바다The Cruel Sea』는 매년 2만 부씩 팔리고 있었다. 우리는 길기트Gilgit까지 비행기를 타고 갔다. 그러나 훈자까지 지프를 타고 가는 여행은 몬사랏의 인내심을 시험했다. 3분의 2쯤 들어가자 비포장도로가 폭우로 쓸려 내려가, 우리는 나머지 40킬로미터를 걸어가야 했다. 니콜라스는 현지의 숙소에서 단단하게 삶은 계란과 고무 같은 차파티로 저녁식사를 하고 나서 우울한 하룻밤을 보낸 뒤, 출판사의 마감 일자에 대해 투덜거리며 길기트로 돌아갔다. 결국 나는 혼자서 훈자 사람들의 생활습관을 조사해야 했다.

나는 훗날의 대규모 원정대 시절보다 그 당시에 집을 더 자주 비웠던 것 같다. 아웃도어 교육에 관해 『위크엔드 텔레그래프』에 또 다른 글을 쓰기 위해 나는 북부 하일랜드Northern Highlands에 있는 존 리지웨이John Ridgeway의 모험학교와 알프스를 방문했다. 그해 여름, 『드라이브Drive』 잡지사로부터 '세 개의 봉우리'에 있는 바위를 24시간 이내에 등반해달라는 요청을 받았다. 세 개의 봉우리는 벤네비스Ben Nevis의 '백인대장Centurion'과 스코펠Scafell의 '중앙 버트레스Central Buttress' 그리고 클로기Cloggy의 '화이트 슬랩White Slab'이었는데, 나는 내 낡아빠진 코티나Cortina를 몰고 그세 곳 사이를 질주해야 했다. 그 아이디어를 낸 마이크 톰슨은 운전을 도와주기 위해 나와 동행했다. 이런 것들에 더불어 겨울에는 순회강연도 있었고, 텔레비전 작업도 더 있었다. 웬디가 레이크 디스트릭트에 뿌리를 내리는 동안 나는 더욱 더 불안감에 휩싸였다. 우드랜드에서의 초창기 시절이 먼 옛날처럼 느껴졌다. 나는 클라이머들과 저널리스트들로부터 소외되었다는 느낌이 들어 결국 런던으로 거처를 옮기기로 했다. 내가 없는 동안 친구들과의 강력한 유대감으로 행복한 일상을 이어간 웬디는 나의 결정에 마지못해 동의했다.

우리는 주말마다 부질없는 집 찾기에 나섰다. 그러나 나는 런던에서 살고 싶다는 욕망을 잃고 말았다. 우리가 원하는 종류의 집은 우리 형편으로는 꿈도 꾸지 못할 정도로 비쌌다. 집으로 돌아오는 길에 맨체스터 남쪽의 엘덜리 에지Alderley Edge에 들러, 나의 오랜 등반 파트너인 닉 에스트코트와 그의 부인 캐롤린Carolyn과 함께 지냈다. 우리는 느긋하게 이야기꽃을 피우며 그들과 저녁식사를 했고, 거실 바닥에서 잠을 잔 후 아침에 산책을 나갔다. 그때 생각이 하나 떠올랐다. 만약 내가 등반 파트너들이 있는 맨체스터 남쪽의 어딘가에 정착한다면 스노도니아나 피크 디스트릭트뿐만 아니라 레이크 디스트릭트도 모두 쉽게 갈 수 있을 터였다. 그곳은 강연을 다니기도 편했고, 런던에서도 그리 멀지 않았다.

블루나일Blue Nile[42]을 최초로 타고 내려오는 프로젝트가 『데일리 텔레그래프』의 주요 사업으로 선정된 가운데 우리는 보던Bowdon에 있는, 노란 벽돌로 지어져 보기에도 흉측한 에드워드 7세 시대풍의 두 가구 단독주택을 구입했다. 그곳으로의 이주는 웬디에게 분명 힘든 일이었다. 체셔Cheshire 교외지역은 그녀가 사랑하는 탁 트인 전원과는 거리가 먼 낯선 환경이었다. 그녀는 큰 버팀목이 되어준 친한 친구들과 갑자기 헤어져야 했다. 나는 등반 파트너들이 많아 더 행복하게 되었는데, 그중 닉 에스트코트와 캐롤린은 중심지 바로 아래에 있는 보던 베일Bowdon Vale로 이사를 오기도 했다. 데이브 포츠Dave Potts와 린Lynn 부부 역시 그 지역에서 점차 커져가고 있던 친구들의 모임 안에 있었는데 우리와 같은 거리로 이사했다. 덕분에 아이들은 같은 초등학교를 다녔고 우리들은 화요일과 주말마다 함께 등반에 나섰다. 다시 산악계의 주류로 돌아왔다는 느낌이 들자 나는 등반과 사회생활에 열정을 가질 수 있었고, 바로 그 열정을 통해 나의 성취를 이루어갈 수 있었다. 그러나 무엇보다도 소중한 것은 웬디의 깊고도 헌신적인 사랑이었다.

3부

절정

제 9 장

안나푸르나 남벽

바위 동굴 바깥에 앉은 돈 윌런스가 자애로운 난쟁이 도깨비처럼 미소를 지었다.

"조금 말라 보이네, 어땠어?"

"그렇게 나쁘진 않아."

"남벽을 보긴 본 거야?"

"물론이지."

"어떻게 생겼어?"

"상당히 가파르긴 한데 몇 시간 동안 쳐다보고 나니까 경사가 좀 누 웠다는 생각이 들었어. 어렵긴 하겠지만 가능성은 충분해."

가슴을 짓누르던 커다란 압박감이 사라지는 것 같았다. 우리가 나눈 몇 마디에는 깊은 의미가 담겨 있었다. 우리 뒤의 계곡 아래쪽에는 많은 짐꾼들과 장비들이 줄지어 있었고, 우리 앞에는 히말라야의 대과제 중 하나인 안나푸르나 남벽이 있었다. 하얀 눈과 금빛 화강암으로 된 폭 4,800 미터, 높이 2,400미터의 그 벽 7,000미터 위쪽은 거의 수직에 가까운 바위지대였다. 우리는 사진을 보고, 벽을 관찰하고, 계획을 짜면서 지난 2년을 보냈다. 등반이 가능하기나 한 것일까? 시험의 무대가 된 히말라야로 첫 원정대를 이끌게 된 나에게 그 원정은 새로운 도전이었다. 내가 시대를 너무 앞서 나가는 것은 아닐까? 루트를 제대로 뚫고나갈 수 없을 정도로 위험하면 어떻게 하지?

윌런스는 벽을 정찰하고 베이스캠프 터를 찾기 위해 군에서 만난 나의 오랜 친구인 마이크 톰슨과 함께 선발대로 먼저 와 있었다.

"4시간이나 벽을 바라봤는데, 왼쪽에서 거대한 눈사태가 한 번 일어났지만 우리 등반선은 꽤 안전해 보여."라고 윌런스가 말했다. 나는 윌런스의 판단을 믿었다. 고산등반에서 그와 같은 사람은 없었다. 그는 직관과 폭넓은 상식은 물론이고, 산의 특징들과 복잡한 등반선을 파악해내는 능력까지 모두 갖춘 사람이었다. 나는 윌런스가 우리의 도전을 어떻게 판단할지 무척 궁금했었다. 그러나 이제 그의 말을 듣고 나니 마음이 놓였다.

1968년 가을, 나는 블루나일 원정을 끝내고 집으로 돌아왔다. 그리고 그때까지는 다른 사람이 이끄는 모험에 참가한 터라 이제는 다른 사람에게 의존하지 않고 나 자신이 원정대를 이끌고 싶었다. 존 블래쉬포드 스넬John Blashford-Snell[43] 대령의 육군 원정대는 마치 라이더 해가드Rider Haggard[44]의 소설에서 튀어나온 듯 구시대의 유물 같은 면이 있었다. 우리는 자주 고무보트에서 튕겨나가 강턱의 소용돌이에 휩쓸려 익사할 뻔했다. 우리에게 좋은 방법을 알려주는 사람은 아무도 없었다. 더구나 그곳에는 악어가 득실댔다. 폭포 위에서 뗏목을 옮기는 동안 팀의 동료이자 영국군 특수부대 하사인 이안 매클라우드Ian Macleod가 물이 불어난 지류에서 거센 물살에 익사하는 사고가 발생하기도 했다.

그것으로 충분하지 않았는지 우리는 강 근처에 사는 원주민들로부터 두 번이나 습격을 받았다. 두 번째 습격은 한밤중에 일어났는데, 만약 보초가 미리 알아차리지 못했다면 우리는 모두 죽음을 면치 못했을 것이다. 우리는 고무보트를 빼앗기지 않기 위해 보트가 있는 곳으로 뛰어 내려가

에티오피아의 타나 호수에서 수단 국경지역까지 블루나일의 상류를 따라 최초로 내려오는 모습. 존 블래쉬포드 스넬 대령이 육군 원정대를 지휘했고, 나는 『데일리 텔레그래프』의 특파원이자 카메라맨으로 참가했다. (크리스 보닝턴)

총을 몇 발 쏜 후 어둠을 뚫고 강을 따라 그곳을 탈출했다. 결국 나의 뜻대로 할 수 있는 것이 아무것도 없는 상황에서 나는 죽음에 이를 수도 있는 모험을 하고 있었던 것이다.

그해 10월, 닉 에스트코트와 나는 무슨 일이 있어도 1970년 봄에는 원정등반을 떠나자고 결의했다. 우리들의 작은 모임에는 인근의 알트린챔Altrincham에 사는 마틴 보이슨도 있었다. 마틴과 나는 오랫동안 함께 등반했는데, 그와의 첫 만남은 턴브리지 웰스 외곽에 있는 해리슨스 록에서 그가 신동이라는 말을 듣던 때로 거슬러 올라간다. 그는 아버지가 독일인, 어머니가 영국인이었다. 그는 랭캐스터Lancaster 폭격기들이 고향 근처의 아헨Aachen에 폭탄을 투하하던 때까지 기억하고 있었다. 자연을 열정적으로 사랑한 마틴은 분명 영국이 낳은 가장 재능 있는 암벽 등반가였다. 바위 밑에서는 긴 팔다리로 인해 호리호리해 보이기도 하지만, 바위에서는 매우 지능적인 나무늘보가 된 듯 대담하고 깔끔하고 날렵하게 힘이 전혀 들지 않는 듯한 자세로 올라가곤 했다. 마틴은 그 얼마 전에 두걸 해스턴이 참가한 원정대의 일원으로 파타고니아의 세로 토레에 도전하기도 했었다. 그가 우리와 함께하리라는 것을 알고 있었기에 우리는 사전 통보도 없이 마틴을 네 번째 대원으로 집어넣었다.

닉 에스트코트는 — 굳이 마틴과 비교하자면 — 천부적인 클라이머는 아니었다. 삐쩍 말랐지만 강인하면서 경쟁심이 매우 강한 그는 순전히 스스로의 노력으로 등반의 높은 경지에 이른 인물이었다. 이스트본 칼리지Eastbourne College와 케임브리지를 다닌 그는 대학산악부의 리더를 맡기도 했었다. 학생이었을 때 아버지를 따라 알프스에 간 그는 폭넓은 경험을 쌓을 수 있었다. 그린란드에서도 등반을 한 경험이 있었는데, 그것은 유럽 밖에서 그가 경험한 유일한 등반이었다. 그와 부인 캐롤린은 마틴 보이슨과 그의 부인 매기와 마찬가지로 우리 부부와 서로 친하게 지냈다.

처음 원정대를 결성할 때는 분명한 목표가 없었다. 1968년에는 히말라야 지역에서 일련의 분쟁이 발생해 입산이 금지되었다. 아프가니스탄의 힌두쿠시Hindu Kush가 개방되어 있었지만, 우리는 그곳에 큰 흥미를 느끼지 못했다. 따라서 우리는 알래스카를 고려해보기도 했었다. 그러나 1969년 초 네팔이 몇몇 산들에 대해 입산금지 조치를 해제함에 따라 알래스카는 곧바로 기억에서 사라졌다. 안나푸르나 남벽에 도전해보자는 아이디어가 처음에 어디서 나왔는지는 분명치 않다. 마틴은 데니스 그레이의 말을 빌어 그곳이 그랜드 조라스 북벽과 비슷하지만 높이가 무려 세 배나 된다고 했다. 안나푸르나2봉 원정대에 참가했을 때 대장이었던 지미 로버츠가 보여준 남벽 사진을 나는 아직도 기억한다. 그는 그 남벽을

1957년 마차푸차레Machapuchare에 도전하던 중 처음 보았다고 말했다. 나는 영국에 사는 두 사람에게 전화를 걸었다.

옥스퍼드의 근대사 연구원인 데이비드 콕스David Cox는 말을 흐렸지만 딱 잘라 거절하지는 않았다. 그는 우리에게 사진을 보내주겠다고 약속했다. 후에 내셔널 트러스트National Trust의 뛰어난 CEO가 된 로저 촐리Roger Chorely는 우리의 도전에 의구심을 가졌다. "안나푸르나 남벽에 간다고? 거긴 항상 눈사태가 일어나는 곳인데." 그때 우리는 지미로부터 한 통의 편지를 받았는데, 우리의 아이디어가 전혀 터무니없지는 않다는 내용이었다. "안나푸르나 남벽 도전은 흥미로운 계획이네. 에베레스트보다는 더 어렵지. 물론 접근은 더 쉽지만…" 데이비드의 사진이 도착했을 때 마침 마틴과 닉이 찾아와서 나는 거실 벽에 그 사진을 투사했고, 사진을 본 우리는 벌린 입을 다물지 못했다.

마틴이 말했다. "그럴듯한 등반선이 있기는 한 것 같은데, 벽이 엄청나게 크군."

그의 말은 정확했다. 빙하에서 정상까지 죽 이어지는, 빈틈이 거의 없는 어려운 등반선을 우리는 남벽의 왼쪽에서 찾아냈는데, 시작 부분은 고딕식 성당의 외벽처럼 생긴 납작한 설릉으로, 좀 더 가파른 위쪽의 벽에 기대고 있는 듯한 형상을 하고 있었다. 그 바로 위는 우아한 얼음 리지였는데, 멀리 떨어진 곳에서 보아도 칼날같이 날카로워 보였다. 그 리지는 긴 설사면에서 끝났고, 그곳에서부터는 빙벽지대로 이어져 있었다.

닉은 "벽의 상태가 과연 얼마나 안정적일까?"라고 말하고 나서 손가락으로 루트를 따라 가다가 바위지대를 가리켰다. "저건 아무리 못해도 300미터는 되겠는걸."

7,000미터가 넘는 곳에서 암벽등반을 하면 얼마나 어려울까? 그런 등반은 일찍이 없었다. 바위지대를 넘어서면 정상까지는 거리가 아주 멀

어 보이지는 않았지만, 우리는 착시현상에 속지 않았다. 그 사진은 밑에서 위로 찍은 것이었다. 나는 안나푸르나2봉에서 찍은 남벽의 상단부 사진을 몇 장 꺼내보았다. 그 사진에서는 바위지대의 꼭대기 부분이 건너편으로 보였다. 확인해보니 바위지대의 꼭대기에서 정상까지는 900미터 정도 떨어져 있었고, 정상 직전은 날카로운 바위 능선이었다.

루트의 규모는 충격적이었다. 알프스에 있는 고전적인 벽들 중 가장 험하다고 할 수 있는 아이거의 북벽이 대략 1,800미터였다. 그런데 안나푸르나 남벽은 높이가 거의 그 두 배에 달하는 데다 해발고도도 높았다. 그렇다 해도 나는 제대로 된 팀이 도전한다면 충분히 승산이 있다는 확신이 들었다. 나는 어쩔 수 없이 대장을 맡게 되었는데, 내가 그럴 자격이 있는지 스스로 의문이 들었다. 나는 마이크 워드Mike Ward와 접촉해 대장을 맡을 의향이 있는지 물어보았지만, 그는 현명하게도 원정대 합류를 거절했다. 원정을 성사시키고 싶다는 마음이 앞선 나는 결국 대장 자리를 수락했다. 그리고 다른 사람들도 흔쾌히 동의했다. 나는 대장의 역할을 즐기고, 잘 할 수 있게 되고 나서야 비로소 내 역할의 중요성을 깨달았다.

한 가지는 분명했다. 즉, 더 큰 규모의 팀이 필요하다는 것이었다. 나는 소규모의 팀을 좋아했지만, 우리의 도전은 전에 없는 일이었다. 전격적으로 밀어붙이는 것은 통하지 않을 것이었기 때문에 포위공략만이 유일한 방법이었다. 우리는 대원을 8명으로 구성하기로 했다. 따라서 다른 대원들을 선발하는 일이 매우 중요했다. 원정에 나서기 전 어느 기자가 나에게 원정대의 규율에 대해 물었다. 만약 누군가가 나를 배신해 꺼지라고 하면 어떻게 하겠느냐는 것이었다. 나의 대답은 간단했다. "아마 그럴 일은 없을 겁니다." 만약 사태가 그 정도로 악화된다면 나는 이미 실패한 대장이나 다름없을 것이다. 등반에서의 리더십은 군대의 그것과는 판이하게 다르다. 규율은 아래에서 위로 올라가는 것이지 위에서 아래로 내려가는 것이 아니다. 나도 모두를 만족시킬 수 없는 결정을 내릴지 모르지만, 만약 다른 사람들이 나의 판단을 존중하고 팀의 사기가 충만하다면 나의 결정은 기꺼이 받아들여질 것이다.

오랜 친구 둘이 곧 머리에 떠올랐다. 그 둘 다 아이거 시절의 등반 파트너였다. 이안 클로프는 당시 글렌코에 있는 오두막에서 조그만 등산학교를 운영하고 있었다. 그는 오두막에서 부인 니키Nikki와 어린 딸과 함께 살고 있었다. 나는 레이크 디스트릭트의 초창기 시절부터 믹 버크와 알고 지냈다. 그는 일찍이 요세미티 계곡의 엘 캐피탄El Capitan에 있는 '노즈Nose' 루트를 영국인 최초로 올랐다. 아이거를 직등할 때 거의 굶다시피 하며 설동에서 동고동락한 우리는 서로를 더 잘 알게 되었고, 그에 대한 나의 존경심도 그만큼 더 커졌다. 그는 자기주장이 강한 편이었지만 결코 상대방의 감정을 상하게 하지는 않았다.

나의 세 번째 선택은 뻔한 것이기는 했지만 문제도 많았다. 돈 윌런스와 나는 파이네 중앙 타워 같은 대단한 등반을 함께해왔다. 그는 내가 대장이라는 것을 거북하게 여겼을지도 모르지만, 나는 그와의 성격 차이를 극복할 수 있다고 여겼다. 가장 큰 문제는 그의 컨디션이었다. 그는 지난 수년간 불규칙한 생활을 하고 술을 많이 마셔 배불뚝이가 되어 있었다. 그러나 나는 윌런스의 히말라야 경험이 필요했다. 그는 1964년 히말라야 지역이 입산금지 되기 전에 이미 세 번씩이나 그곳에 가서 대단한 활약을 펼쳤다. 하지만 그것은 5년 전의 일이었다. 윌런스는 과연 고산 등반을 제대로 할 수 있을까?

나는 그에게 안나푸르나 이야기는 꺼내지 않고 스코틀랜드로 가서 등반이나 한 번 하자고 말했다. 그런데 내가 그의 집에 도착해보니, 그는 술집이 문을 닫을 시간인데도 불구하고 여전히 술을 마시고 있었다. 결국 그는 파인트pint[45] 11개 분량의 술을 마신 후 새벽 2시 30분이 되어서야 잠

아이스해머로 장난스럽게 나의 헬멧 강도를 시험하는 톰 페이티 (크리스 보닝턴)

자리에 들었다. 나는 그에게 쌀쌀맞은 분노를 표출하며 북쪽으로 로흐 리니Loch Linnhe까지 차를 몰고 갔다. 그날 우리는 톰 페이티와 함께 아드고어Ardgour의 그레이트 걸리Great Gully까지 걸어 올라가, 동계초등을 시도했다. 술이 덜 깬 월런스는 우리 뒤에서 묵묵히 따라왔다. 그곳의 마지막 피치는 너무 넓어서 양 다리를 힘껏 벌려도 불안하기 짝이 없는, 아주 기분 나쁘게 얼음이 낀 침니였는데, 그곳에 다다른 순간 놀랍게도 월런스가 선등으로 나서기 시작했다.

"여긴 내가 한 번 해보고 싶었는데, 이젠 내가 선등으로 나설 차례 아냐?"라고 그가 말했다.

그러고 나서 그는 달인의 경지가 어떤 것인지를 여실히 보여주었다. 확보물을 설치하는 수고는 간단히 생략한 채 그는 마치 춤을 추듯 우아하게 올라갔고, 다리를 최대한 벌려야 하는 곳에서는 마치 찢기라도 할 것처럼 일자로 벌렸다. 나는 그를 원정에 초청하기로 마음먹었다. 그는 잠시 생각에 잠기더니 이렇게 말했다. "만만찮은 등반일 것 같은데…. 하지만 잘 될 거야. 좋아, 나도 갈게." 나는 그의 풍부한 경험을 고려해 즉시 그를 부대장으로 임명했다.

대원들은 다들 서로 아는 사이였다. 문제는 원정자금이었다. 나의 새로운 에이전트가 된 조지 그린필드George Greenfield는 미국인을 한 명 영입하자고 제안했다. "그렇게 되면 내가 미국에서 일을 벌이기가 아주 쉬울 거야." 여러 사람이 물망에 올랐는데, 윌런스와 두걸은 톰 프로스트Tom Frost에게 우호적이었다. 그는 요세미티의 거벽에서 기량을 갈고닦은 아주 특별한 사람이었다. 스탠포드공대 출신인 그는 에베레스트 인근의 아주 어려운 봉우리인 캉테가Kangtega(6,685m)를 등정하고, 안데스산맥에서도 신루트를 개척한 경험이 있었다. 나는 그가 모르몬교도라는 사실을 알고 주저했는데, 그 종교는 대원들 다수가 즐기는 음주와 도박, 흡연뿐만 아니라 욕을 하거나 차를 마시는 것도 금지하고 있었기 때문이다. 그러나 그는 자신의 종교에 지나치게 집착하지 않았고, 다른 사람들의 신념에 대해서도 관대한 편이었다.

대원들은 8명이 확보되었지만, 아래쪽에서 물자를 지속적으로 올려줄 믿을 만한 일꾼이 필요했다. 나는 샌드허스트 시절부터 친하게 지낸 마이크 톰슨에게 연락했다. 군은 마이크를 붙잡아두려 했지만, 그는 특유의 성격대로 하원의원 선거에 입후보해 그들의 제안을 솜씨 좋게 거절했다. 군으로부터 그렇게 자유를 얻은 그는 인류학을 전공해 박사학위를 받고, 사회와 환경에 대해 자신의 심도 있는 견해를 펼쳤다. 한결같으면서도 유쾌한 그는 톱 클라이머들만큼 경험이 풍부하지는 않았지만 원정대의 식량 조달은 놀랍도록 잘 지원해줄 수 있는 인물이었다.

원정대 의사 문제는 운이 좋은 편이었다. 뉴캐슬에 있는 병원에서 수련의로 있던 데이브 램버트Dave Lambert가 우리 원정대의 소식을 듣고 참가 의사를 밝혔다. 그는 알프스에서 등반한 경험도 있었다. 그의 열정과 에너지는 인상적이었다. 그는 자신의 원정비용은 스스로 부담할 준비까지 하고 있었다. 나는 그를 곧바로 원정에 초청했다. 그리하여 이제 베이스캠프 매니저만 남게 되었다. 물류에 익숙하고 네팔인 담당자들을 잘 다룰 수 있는 사람이 필요해서 나는 1953년에 에베레스트 원정에 참가한 경험이 있는 육군 소령 찰스 와일리Charles Wylie에게 자문했다. 그러자 그는 홍콩에 주둔한 구르카 통신부대 소속의 켈빈 켄트Kelvin Kent 대위를 추천했다. 켈빈은 무선통신 전문가인 데다 네팔어도 유창하게 구사했다.

우리가 원정에 나선다는 소문이 우리도 모르는 사이에 널리 퍼졌다. 이는 어느 정도 조지 덕분이었는데, 문학계에 인맥이 넓은 그의 지인 중에는 존 르 카레John le Carré라는 사람이 있었다. 에니드 블라이턴Enid Blyton[46]도 후원한 그는 1968년에 그녀가 사망하자 그녀의 문학유산까지도 관리하고 있었다. 그는 두 과목에서 최우수 성적으로 케임브리지를 졸업했고, 전쟁 중에는 북아프리카와 이탈리아에서 공훈을 세웠지만 보통 그런 일들은 입에 올리지 않았다. 또한 그는 프랜시스 치체스터 경Sir Francis Chichester[47], 윌리 허버트Wally Herbert[48], 로빈 녹스 존스턴Robin Knox-Johnston[49] 등 일단의 주목할 만한 모험가들과도 인연이 있었다.

조지가 지혜로운 점은 남의 말에 귀를 기울이고, 그에 따라서 말하는 사람이 무엇 때문에 행동에 나서게 되는지를 잘 알아낸다는 것이다. 그는 원정에 필요한 재원을 조달하는 데도 경험이 풍부했다. 1950년대 말에는 커먼웰스 남극횡단원정대Commonwealth Trans-Antarctic를 위한 거래도 성사시켰다. 이제 그는 자신의 모든 경험과 뛰어난 인맥을 동원해 안나푸르나 원정에 필요한 자금을 마련하는 문제에 착수했고, 마침내 원정의 세계에서 막후 실세인 은행가 팻 피리 고든Pat Pirie-Gordon과의 만남을 주선했다. 그리고 그 덕분에 우리는 에베레스트재단(MEF)Mount Everest Foundation의 전적인 지원을 받을 수 있었다.

산악계는 나를 의심의 눈초리로 바라보는 것 같았다. 아이거 북벽을 등반한 이후 신문의 머리기사와 나의 강연에 그들의 비난이 쏟아진 것을 보면 알 수 있었다. 이제 나는 그들의 영향력 아래에 놓이게 되었다. 우리를 지원하기 위해 구성된 후원회에는 산악계의 유명 인사들이 줄줄이 포진했는데, 그중에는 헌트 경Lord Hunt도 있었다. 조지는 여러 신문사와 출판사, 텔레비전 방송국들과 계약을 맺었다. 저명한 영화 제작자들이 우리와 함께 베이스캠프로 향했고, 결국 나중에 뛰어난 다큐멘터리가 만들어졌다. 그러나 우리가 받는 금액은 우리가 도달하는 고도와 연관이 있었다. 에베레스트재단이 후원회에 관여하면서 모든 일이 서면으로 진행되었고, 덕분에 나는 조금 마음을 놓을 수 있었다.

그해 봄, 나는 될 수 있으면 많은 시간을 가족과 보냈다. 새 집으로 이사 온 지 얼마 지나지 않아 겨우 18개월밖에 안 된 조가 심한 위장병을 앓았다. 우리는 현지 의사를 잘 몰라서 전화번호부를 보고 이리저리 전화를 했다. 의사가 우리를 안심시키며 약국 처방전을 알려주었다. 그러나 조의 상태가 심상치 않아 하루가 지난 후에는 우리 둘 다 걱정이 이만저만이 아니었다. 우리의 둘째에게 무엇인가 심상치 않은 일이 벌어지고 있다는 현실은 도저히 받아들이기 힘들었다. 마침내 의사가 도착했지만 조는 거의 의식불명 상태였다. 의사는 구급차를 불렀다. 조는 황급히 위든쇼병원Wythenshawe Hospital으로 옮겨졌고, 우리는 아들의 침대 맡에서 괴로운 하룻밤을 또 보내고 나서야 조가 괜찮을 것이라는 이야기를 들었다.

조가 건강을 되찾자 크게 안도한 우리는 그해 봄을 행복하게 지낼 수 있었다. 웬디가 다시 임신해 1969년 7월에 루퍼트Rupert를 낳았는데, 공

우리 식구: 나와 웬디, 조(대니얼), 루퍼트 그리고 우리가 키우던 스태포드셔
불 테리어인 베시 (크리스 보닝턴 사진자료집)

공교롭게도 해산 병원이 불과 몇 개월 전 조가 치료받은 바로 그곳이었다.
이번에는 출산이 좀 순조로웠다. 아주 기쁘게도 나는 자리를 지켜 아기의
작은 머리가 나오는 것을 볼 수 있었다. 나는 내 팔로 직접 아기를 안았
다. 그러나 몇 개월 후 루퍼트는 극심한 고통이 수반되는 위장병을 앓았
다. 가엾게도 그는 소리를 지르며 울 뿐 아무리 두드리고 트림을 시켜도
나아질 기미를 보이지 않았지만, 그래도 내가 안아주자 진정이 되어 잠들

었다. 의사들은 그냥 놔두어도 곧 좋아질 것이라고 조언했는데, 실제로 그렇게 되었다. 우리는 팅커Tinker라는 큰 얼룩고양이와 베시Bessie라는 개를 키우기 시작했다. 이제 우리는 대식구가 되었다. 또한 나는 조안 리스터Joan Lister라는 비서를 고용해 안나푸르나 원정계획을 세우는 데 도움을 받았다. 그녀는 나의 첫 비서였고, 그녀를 비롯한 그 후의 비서들은 사실상 우리 식구나 다름이 없을 정도로 웬디와 친하게 지냈다.

안나푸르나 원정의 장비를 맡은 윌런스가 어느 날 전화로 이렇게 말했다. "그런데 말이야, 이번 원정은 준비가 쉽지 않네." 나는 무슨 말인지 금방 알아차렸다. 그는 그때까지 그 어려운 일을 고민만 했지 실행에 옮기지는 않았던 것이다. 그래서 윌런스가 텐트 디자인에 집중하는 동안 내가 대신 그의 일을 떠맡았다. 그는 안나푸르나 남벽에서 사용할 새로운 형태의 박스형 텐트와 하단 안전벨트를 고안해 냈는데, 안전벨트는 역사상 최초로 재봉틀로 바느질된 것이었다. 아주 좋은 평가를 받은 그 안전벨트는 곧 불티나게 팔렸다.

나는 새벽부터 밤늦게까지 일했다. 어떤 때는 멀리 130킬로미터를 차로 달려가 강연을 하기도 했는데, 밤에 집으로 돌아온 후 다시 강연을 나가는 일을 매일같이 반복했다. 아마도 그 당시가 내가 가장 열심히 일한 때였던 것 같다. 그러나 나는 그런 생활을 오히려 즐겼다. 나는 오랫동안 다른 사람들이 써 나가는 이야기를 듣는 입장이었지만, 이제는 관객이 아니라 무대 위의 주인공이 된 것처럼 나 자신의 이야기를 직접 썼다. 책임감이 막중했지만 우쭐한 기분도 들었다. 1970년 1월 중순, 우리는 로튼스톨Rawtenstall의 윌런스 집 근처에 있는 가구점에 모여 준비한 장비와 식량을 집결시켰다. 4,600미터 길이의 로프, 수백 개의 피톤, 양동이, 접시, 비누에 캔 따개까지, 그야말로 온갖 잡동사니가 다 모였다. 지금은 비슷

베이스캠프를 구축한 1970년 안나푸르나 원정대의 초기 모습. 왼쪽에 원피스 방풍복을 입고 있는 돈 윌런스와 그의 윌런스 박스형 텐트(원피스와 박스형 텐트는 모두 윌런스가 디자인했다.) 그리고 가운데에 셰르파, 오른쪽에 믹 버크가 보인다. (크리스 보닝턴)

한 규모의 원정등반을 할 때 장비와 물자를 카트만두에서 해결할 수 있지만, 1970년에는 모든 것을 다 가지고 가야 했다.

우리의 짐을 베이스캠프로 수송하는 일 또한 만만찮은 과제였다. 트럭으로 짐을 직접 실어 나를까도 생각해보았지만, 그렇게 하면 우리 중 여러 명이 트럭을 운전해야 하는 데다 사실 그럴 시간이 없었다. 그래서 배로 뭄바이까지 짐을 보내기로 했다. 배가 출항하기 이틀 전에 대행사 직원이 전화를 걸어 배가 엔진 고장으로 드라이 독_{dry dock}[50]에 있다고 전해 왔다. 우리는 초조한 긴장감 속에 하루를 보냈는데, 그에게서 다시 전화가 왔다. 다음 날 '더 스테이트 오브 케랄라The State of Kerala'라는 배가 런던에서 출항한다는 정보였다. 우리는 부랴부랴 짐을 옮겨 가까스로 시간을 맞추었다. 월런스와 데이브 램버트는 그 짐을 처리하기 위해 2월 말에 비행기를 타고 뭄바이로 향했다. 이윽고 월런스로부터 전보가 왔다. 그 배가 엔진 고장으로 케이프타운에 묶여 있어 뭄바이에 도착하려면 적어도 2주 이상이 걸린다는 것이었다. 그렇게 되면 우리는 4월 초까지도 산에 들어갈 수 없을 터였다. 나는 심한 좌절감에 빠졌다. 시작도 하기 전에 원정 전체가 실패로 돌아갈 것 같았기 때문이다.

나는 군에서나 있을 법한 조치를 취했다. 우선 상황판을 만들고 나서 계획을 세웠다. 선발대를 파견해 남벽에서 등반선을 찾아보고 베이스캠프 터를 물색하도록 했다. 월런스가 이미 인도에 있었으므로, 그가 선발대를 이끄는 것이 가장 좋아 보였다. 그가 뭄바이에서 계속 대기하는 것은 의미가 없었다. 그런 와중에 행운도 따랐다. 브루스 니븐Bruce Niven 소령이 이끌고 헨리 데이Henry Day가 등반대장으로 참가한 육군 원정대가 안나푸르나를 1950년의 초등 루트를 따라 북쪽에서 오를 계획을 세우고 있었는데, 그들이 우리에게 식량을 빌려주기로 한 것이다. 나는 또한 추가 장비를 항공화물로 보내 짐 전체가 도착하기 전에 어느 정도 작업을 할 수 있도록 했다. 짐이 도착하면 배에서 안전하게 내릴 유능한 사람이 필요했던 나는 이안 클로프에게 그쪽으로 가도록 요청했다. 그는 인내심이 대단하면서도 이타적이고 수완도 좋았기 때문에 그 일에 최적임자였다. 그리고 나서 나는 눈보라가 몰아치는 날 런던에서 에어인디아 707편을 타고 뭄바이로 향했다.

그때 카트만두에 있던 윌런스는 내가 오고 있다는 소식을 듣고 예상대로 회의적인 모습을 보였다. "배도 아직 안 왔는데, 크리스가 와봐야 뭐하나…" 그러나 장비를 최대한 빨리 옮기는 일이 무엇보다 중요했다. 뭄바이에 도착해보니, 배는 여전히 5일 후에나 도착한다는 것이었다. 나는 관리들을 만나보고 나서 우리의 에이전트를 만났다. 프레디 부하리왈라 Freddie Buhariwala는 땅딸막한 사람으로, 매력적인 겉모습과는 달리 약삭빠른 사람이었다. 나는 그가 우리를 흡족하게 해줄 수 있다는 믿음을 갖고 네팔로 향했다. 포커 프렌드십Fokker Friendship을 타고 카트만두로 가면서 창문을 통해 하얗게 눈에 덮인 안나푸르나의 장엄한 모습을 볼 수 있었다. 10년 전에 내가 카트만두공항에 도착했을 때는 잔디 활주로 하나가 전부였었다. 그러나 이제 그곳에는 잘 포장된 활주로와 터미널 건물까지 있었다. 공항에서는 켈빈 켄트와 마이크 톰슨이 나를 마중했다.

켈빈과는 처음이었다. 그의 임무는 원래도 중요한 것이었지만, 짐이 지연되면서 그 중요성이 더욱 커졌다. 그는 키가 꽤 작고 여위었으며 뾰족한 얼굴이었지만 긴장감이 넘쳐나는 에너지와 따뜻함이 묻어 있는 사람이었다. 그는 나의 입국절차를 도와주면서 그간에 일어난 일들에 대해 상세히 설명해주었고, 원정에 참가하는 대원들이 산에 대해 갖는 열정으로 관료적인 문제들을 풀어나갔다. 또한 이안 클로프의 도착에 맞추어 국경의 나우탄와Nautanwa까지 내려갔다 왔고, 식량과 연료를 주문하기 위해 지름길로 내달리기도 했다. 그리고 카트만두에서는 영국 대사관의 여성

타자수를 꾀어 원정대의 비공식 비서로 일하게 만들기까지 했다. 켈빈은 나에게 이렇게 주의를 주었다. "셔츠 단추를 풀어놓으면 히피로 오해받을 수도 있습니다. 결과가 좋으려면 대장답게 보여야 합니다." 내가 우아하게 옷을 잘 차려 입은 수장 역할을 하는 동안 그는 재빨리 관리들과의 여러 회의를 주선했다. 한 곳에서 회의를 마치면 우리는 자전거에 올라타 자동차와 소들을 이리저리 피하면서 다음 회의 장소로 이동하곤 했다.

다음 날 아침 월런스와 마이크가 정찰을 하기 위해 먼저 출발했다. 나도 같이 가고 싶은 마음이 굴뚝같았지만 나머지 대원들을 만나기 위해 뒤에 남아 있어야 했다. 그날 밤 나는 유명한 여행사 사장의 저녁식사에 초대받았다. 그는 내가 이끌어나가는 리더십에 대해 물었다. 나는 웬디에게 이렇게 편지를 썼다. "내가 좀 더 자신감이 넘쳤으면 좋겠는데…. 포용력이 있는 리더십이랄까. 지금은 전혀 그런 기분이 들지 않아. 여기서 잘했으면 좋겠어."

셔츠를 풀어 헤치고 도착한 사람들은 원정대원이라기보다는 록그룹의 스타에 가까운 모습이었다. 이안은 언제 도착할지 모르는 '더 스테이트 오브 케랄라'호를 마중하기 위해 델리에서 비행기를 타고 남쪽으로 내려갔다. 켈빈은 사방팔방으로 매우 분주했다. 그리고 마침내 진전이 있는 것 같았다. 수많은 차질에도 불구하고 우리는 원래 일정보다 단 하루 늦게 포카라Pokhara에서 출발했는데, 이는 순전히 켈빈의 노력과 육군 원정대의 헨리 데이 덕분이었다. 베이스캠프까지는 걸어서 얼마 걸리지 않았지만, 늦은 봄눈으로 인해 모디 콜라Modi Khola 위쪽까지 눈사태로 뒤덮여 우리의 포터들에게는 불편할뿐더러 이따금 위험하기도 한 문젯거리가 되었다. 그들은 우리가 제공한 신발을 벗어던지고 맨발로 그곳을 통과했다.

이안과 켈빈이 도착하기도 전에 우리는 루트 작업에 착수했다. 처음부터 팀을 이룬 월런스와 두걸이 빙하를 뚫고 나아가 빙하를 양쪽으로 가르는 로그넌rognun이라는 바위지대에 도달했다. 대략 해발 4,900미터인 그곳에 우리는 1캠프를 설치했다. 그리고 2캠프는 500미터를 더 올라가 절벽 아래에 설치했다. 4월 7일 윌런스와 두걸은 걸리를 따라 오르면서, 사진에서 봐둔 정교한 얼음 리지 밑의 콜까지 루트를 개척했다. 날씨가 나빠 우리는 며칠간 발이 묶였지만, 4월 11일에는 마틴과 닉이 콜에서 눈사태의 위험이 없는 넓고 평편한 지역에 윌런스의 박스형 텐트 하나를 치는 데 성공했다. 상당히 불확실했던 그전 몇 주를 뒤로 하고 이제는 아주 어려운 등반이 시작되는 곳에 안착한 셈이었다.

첫 구간은 톰 프로스트와 내가 팀을 이루어 전진했다. 그와 함께할수록 나는 왠지 모르게 그가 좋아졌다. 웬디에게도 말한 바가 있었지만, 그는 존 스타인벡John Steinbeck의 소설 속에서나 나올 법한, 조용한 위엄이 풍기는 인물이었다. 밤에 내가 폭력과 욕정이 가득한 소설들을 읽을 때 그는 성경을 읽었다. 사흘째 되던 날 오전, 얼음 리지 위로 직선 루트를 뚫고 있었는데 두걸이 올라와서 소리쳤다. "크리스, 여길 돌아가는 좋은 길이 있는 것 같아. 리지 전체를 다 돌아갈 수도 있을 거야." 그의 말은 정확했다. 우리는 길을 잘못 들어 시간만 낭비한 것이었다.

하산을 하면서 나는 톰에게 화를 냈다. 그러고는 곧바로 후회했다. 내가 화를 낸 것은 대원들이 그렇게 기본적인 실수를 하는 나의 말을 듣지 않을 것 같다는 불안감 때문이었다.

베이스캠프로 돌아온 우리는 윌런스와 두걸이 얼음 리지를 기어오르는 것을 바라보았다. 그들은 마치 거대한 흰 코끼리 위에 붙어 있는 작은 곤충들 같았다. 하지만 그들은 앞으로 나아가고 있었다. 그로부터 이틀 후에 4캠프가 설치되었다. 그 캠프는 독수리가 자리를 잡고 앉아 있는 듯한 형상의 리지 위에 설치되었는데, 그곳에서 텐트 문을 열면 바닥을 알수 없는 심연이 입을 떡 벌리고 있었다. 그 위쪽의 리지는 거대한 아이스크림 같은 여러 개의 흰 타워에 의해 루트가 막혀 있었다. 그 타워들을 넘어 바위지대까지 루트를 뚫는 일이 닉 에스트코트와 마틴 보이슨의 임무였다. 마틴이 퍼즐을 풀었는데, 첫 번째 타워는 얼음 속에 있는 터널 같은 곳을 통해 지나갔고, 그 이후에 그는 자신이 가진 천부적인 재능을 모두 동원해 그때까지 중 가장 어려운 고난이도의 빙벽등반을 해냈다.

그들의 엄청난 노력에도 불구하고 3주간 우리가 올라간 고도는 겨우 460미터였다. 몬순이 닥치는 시기에 따라 몇 주의 여유가 있기는 했지만, 루트의 상태는 우리의 신경을 날카롭게 만들었고 더불어 우리는 지치기 시작했다. 대원 하나가 루트를 개척하느라 하루를 보낼 때마다 다른 12명은 보급품을 져 올리는 데 시간을 써야 했다. 무전을 주고받는 동안 그런 불평불만이 들려왔는데, 산악계의 야심찬 스타 클라이머들이 포진한 원정대에서는 그리 놀랄 일도 아니었다.

5월 3일, 우리들이 5주간이나 노력을 쏟아 부은 끝에 두걸과 내가 마침내 얼음 리지의 끝에 도달했다. 우리 위쪽은 등반이 비교적 쉬워 보이는 구간이 300미터쯤 펼쳐지다가 거대한 빙벽으로 이어지는 곳이었다. 바로 그 위가 바위지대였다. 윌런스는 두걸과 합류하기 위해 위로 올라왔고, 나는 휴식을 위해 아래로 내려갔다. 나는 계속해서 기침을 했다. 고산병이 원인인 것 같았지만 베이스캠프에서조차 나아질 기미가 보이지 않았다. 데이브 램버트는 늑막염이라고 진단했다.

"그게 뭐지?"

"흉부의 벽에 염증이 생긴 거야. 페니실린을 쓰면 될 것 같아."

"얼마나 있어야 다시 위로 올라갈 수 있지?"

"적어도 나흘이나 닷새."

나에게는 사형선고나 다름없는 말이었다. 이안 역시 몸의 왼쪽 편에 통증을 느껴 내려왔는데, 근육의 문제일 뿐 심각한 것은 아니었다. 마이

안나푸르나 남벽의 4캠프 위쪽 얼음 리지에서 고정로프를 타고 짐을 운반하는 이안 클로프. 뒤쪽 멀리 안나푸르나2봉(7,937m)이 보인다. (크리스보닝턴)

크는 캠프 사이에서 갑작스러운 호흡곤란으로 쓰러졌다. 하지만 그것은 단지 무리해서 생긴 일이었다. 닉은 4캠프와 5캠프 사이의 먼 거리를 부지런히 움직여 이틀에 한 번씩 짐을 져 날랐다. 마틴도 매우 훌륭했다. 그는 4캠프와 5캠프 사이에서 7일 동안 다섯 번이나 짐을 져 날랐다. 그는 자신의 일기에 이렇게 썼다. "육체뿐만 아니라 정신까지도 지쳐 있다. 아, 이렇게 쇠약해질 수가 있나…. 그래도 언젠가는 끝나는 날이 있겠지. 믹과 톰이 우리의 일을 인계 받을 때까지 며칠만 버티자."

그들 위쪽에서는 믹 버크와 톰 프로스트가 바위지대를 힘겹게 돌파하고 있었다. 믹은 못 말릴 정도로 최선을 다하고 있었는데, 고난이도의 기술을 요구하는 극도로 어려운 구간에서는 한 발을 내디딜 때마다 사투를 벌여야 했고, 홀드에 붙어 있는 얼음과 눈을 치우며 피치를 나아갈 때마다 자신이 올라야 할 루트를 생각하고 있었다. 톰은 손으로 잡고 있는 로프를 끈기 있게 풀어주면서 날마다 날씨 변화를 기록했는데, 보통은 이른 아침에 떠 있던 몇 조각 구름이 이내 부풀어 올라 남벽의 하단부를 덮어버리곤 했다. 그렇게 몰려드는 구름은 이제 몬순이 머지않았다는 불길한 징조였다. 베이스캠프에 있는 모든 사람들은 전진 속도에 초조해했다. 아래쪽에서 보기에는 믹과 톰이 선택한 루트로 인해 일이 더 힘들어진 것 같았다.

원래는 닉과 마틴이 선두를 이어받아야 했지만, 그들은 보급품을 계속 져 올리는 영웅적인 노력으로 인해 체력이 바닥나 있었다. 윌런스와 두걸은 다시 선두로 나서고 싶어 안달이었다. 나 역시 그들이 다른 어떤 대원들보다도 루트에 대한 감각이 더 좋을 것으로 생각했다. 그런데 이틀이 지난 후 무전을 주고받던 중 사달이 나고 말았다. 캠프 사이에서 말싸움이 벌어진 것이다. 나는 윌런스와 두걸이 하루 정도는 보급품을 져 올리는 일을 해주기를 바랐다. 그러나 두걸은 자신들이 루트의 맨 앞에 서야 한다고 강력히 주장했다. 깊은 고민에 빠진 나는 그들의 말싸움을 들으며 나의 계획을 수정하기 시작했다. 믹은 계속 앞에 서기를 원했다. 닉은 4캠프에 있었고 보급품의 흐름을 잘 알고 있었다. 캠프 사이에 병목현상이 발생했다. 그는 "여기는 할 일이 너무 많아."라고 주장했다. 우리는 보급품을 더 빠르게 올릴 필요가 있었다. 결국 나는 월런스와 두걸이 하루 동안 4캠프와 5캠프 사이에서 짐을 져 나른 후 선두로 나선다는 계획을 확정했다.

나는 그쯤에서 말싸움을 끝낼 필요가 있었다. 그러나 두걸이 월런스가 무엇인가 우리에게 할 말이 있다고 전했다. "믹은 도대체 뭐 하는 거야. … 뭔가를 제대로 하지 않으려면 … 다른 사람에게 양보해야지. 일주일이나 기회를 줬는데 진척이 너무 느리잖아." 다른 사람들, 특히 믹과 톰은 그 말에 발끈했는데, 사실 그들은 그전 며칠간 꽤 진전을 보였었다. 무전기 사이에 좌절과 분노의 목소리가 오갔다. 나는 이렇게 말했다. "그만해. 말싸움은 이 정도로 끝내자. 이 등반을 위해 각자가 온힘을 다하고 있어. 나는 이런 말싸움 없이도 문제를 해결할 수 있다고 생각해."

결국 새로운 계획이 서로 합의되면서 무전이 끝났지만, 이 논란으로 원정대의 팀워크에 금이 가고 말았다. 5캠프의 믹은 다음 날 남은 240미터의 로프를 모두 설치해, 자신이 한 일을 월런스에게 보여주기로 작정했다. 그리고 그는 실제로 그렇게 해냈다. 톰의 지원을 받은 믹은 플랫 아이언의 꼭대기에 이르는 루트를 찾아냈고, 바위로 된 통로를 올라가면서 그곳에 쌓인 눈도 걷어냈다. 톰이 확보를 보고 있던 곳 60미터 위부터 남벽은 경사가 가팔라졌다. 믹은 온힘을 다해 그 마지막 장애물을 넘었다. 그리하여 원정대의 최종적인 성공이 손에 잡힐 듯했다.

나는 월런스와 두걸을 지원하기 위해 다시 올라가다가 베이스캠프로 내려오는 믹과 톰을 만났다. 믹은 "우리가 기분이 나빠 내려왔다고 생각하진 마. 더 이상 버틸 힘이 없었을 뿐이야."라고 말했다. 그러나 톰은 자신의 감정을 굳이 감추려 하지 않았다. "나는 대장인 당신이 순서를 무시하고 윌런스와 두걸을 선두에 내세워 원정대의 사기를 꺾었다고 생각해. 믹과 마틴은 정말 뒤통수를 얻어맞은 거나 다름없어." 우리는 조용하고 우호적인 분위기에서 잠시 이야기를 나누었다. 나는 내심 크게 당황했다. 원정대원들 누구보다도 톰의 이타심과 판단력을 존중했었다. 나는 문순으로 인해 일이 엉망이 되기 전에 기회를 잡아야 했다고 설명했다. 그가 내 말을 제대로 알아들었는지는 잘 모르지만, 우리의 우정은 변함이 없었다.

후반으로 가면서 원정등반은 완전히 지구력 싸움이 되었다. 윌런스와 두걸은 플랫 아이언 꼭대기의 7,300미터에 세운 6캠프와 그 위쪽에서 9일을 보내면서 바위지대를 넘어서기 위해 사투를 벌였다. 그리고 나머지 대원들은 보급품을 계속 공급하기 위해 노력했다. 컨디션이 좋지 않아 아래로 내려온 마틴은 다른 사람들을 위해 체력이 완전히 고갈될 때까지 자신을 채찍질해가며 최선을 다했다. 나는 닉과 5캠프로 올라갔는데, 그곳은 불편하고 음울하기까지 했다. 눈이 올 때마다 분설 눈사태가 캠프로 쏟아져 내렸다. 텐트를 정리할 힘도 없어서 텐트 안은 그야말로 난장판이었다. 대원들 대부분이 수면제를 가지고 있었지만 나는 새벽 2시에 깨어나 비몽사몽간을 헤매다 새벽 5시에 스토브를 켰고, 팬에 눈을 담을 때는 소변이 묻지 않은 것을 푸기 위해 신경을 곤두세웠다.

6캠프까지 짐을 옮기는 일은 매우 고되었다. 나는 고정로프가 사선으로 설치된 곳에서 손을 번갈아 써가며 기다시피 올라가야 했다. 마치 복귀를 노리는 늙은 타잔 같았다. 첫 짐을 져 나르고 내려가면서 다른 사람들을 위해 고정로프를 정비했는데, 작업에 집중한 나머지 어두워지는 것조차 알아채지 못했다. 박스형 텐트는 아주 편해 보였다. 닉은 스튜를 만드느라 바빴지만, 내가 아직 돌아오지 않은 것을 걱정하고 있었다. 나중에 내가 침낭 속으로 기어 들어갈 때쯤에는 우리 둘 다 모두 긍정적인 생각으로 가득 차 있었다. 우리는 윌런스와 두걸이 선두에 나서면서 생긴 갈등에 대해 이야기를 나누었는데, 그는 믹이나 톰처럼 화가 나 있지는 않았다. "크리스, 문제는 말이야. 네가 머릿속 생각을 너무 쉽게 입 밖에 내는 성향이 있어서 사람들이 종종 너를 변덕이 심하다거나 너무 충동적이라고 생각한다는 거야."

다음 날 아침, 닉은 체력이 소진되었음을 깨닫고 고정로프를 이용해 베이스캠프로 사라졌다. 나는 짐을 한 번 더 옮겼는데, 로프를 더 갖고 가기 위해 텐트는 그대로 남겨두었다. 하지만 윌런스와 두걸에게 가보았더니, 그들은 바위지대의 꼭대기에 거의 다다랐기 때문에 7캠프를 설치할 준비가 되어 있다고 말했다.

"텐트 가지고 왔어?" 두걸이 나에게 물었다.

나는 그냥 두고 왔다고 자백하고 나서 다음 날 가지고 오겠다고 약속했다. "나도 함께 올라가 7캠프 설치를 도와주면 어떨까?"

"그러지 말고 우리와 함께 정상까지 가지 그래?" 나는 그의 따뜻한 마음씨에 크게 감동했고, 고정로프를 타고 다시 내려오면서 나도 정상을 밟을 수 있을지 모른다는 사실에 전율을 느꼈다.

그날 저녁 5캠프로 돌아오면 이안이 있을 것이라고 예상했지만 텐트는 적막에 싸여 있었다. 아래쪽의 날씨가 나빠 올라오지 못한 것이다. 수면제를 먹은 나는 졸다 깨다를 반복했다. 다음 날 아침, 윌런스와 두걸에게 필요한 텐트와 식량, 거기에다 나의 개인장비까지 더하니 배낭이 너무 무거워 들어 멜 수조차 없었다. 나는 좌절감에 빠졌고, 정상이 나에게는 너무 벅차다는 사실을 받아들여야 했다. 나약한 자신이 부끄러워진 나는 죄 없는 텐트에 소리를 지르며 스스로를 질책했다. "이 바보야, 정신 차

이안 클로프가 5캠프의 윌런스 박스형 텐트에서 밖으로 나오고 있다. 우리는 그곳에서 끔찍한 날씨 속에 정상 도전에 나선 윌런스와 두걸을 지원했다. (크리스 보닝턴)

려." 고정로프를 타고 반쯤 올라가자 힘이 생기는 듯했지만, 깜빡하고 침낭을 챙기지 않은 것을 깨닫고 다시 한번 자신을 책망해야 했다. 하지만 그 당시를 되돌아보면, 스스로를 자제한 것은 본능이었던 것 같다. 당시 나는 정상에 오를 만한 체력이 되지 않았고, 어쨌든 셋이서 먹을 만큼 충분한 식량도 없었다.

그날 저녁, 내가 수직에 가까운 구간을 왕복하고 나서 5캠프로 돌아와 보니 이안이 기다리고 있었다. 그가 올라온 데다 따뜻한 차까지 한 잔 마셔 기운을 차린 나는 정상까지의 마지막 등반을 계획하기 시작했다. 즉, 다음 날 이안과 내가 6캠프로 짐을 져 나르는 동안 윌런스와 두걸이 7캠프를 설치하자는 것이었다. 캠프를 설치한 다음 날 그들은 정상으로 올라가고, 이안과 나는 하루 늦게 뒤따라 올라가면 어떨까? 그렇게 되면 믹과 톰은 그다음 날 도전할 수 있을 터였다. 계획은 그럴듯했지만, 아침에 하늘을 보니 성층구름이 끼어 있어서 날씨가 나쁠 것이 확실했다. 밤중에 나는 설사가 나서 영하 30도의 추위 속에 텐트 밖으로 기어 나와야 했다. 출발을 하고 나서도 중간에 멈추어 바지를 내리고 일을 봐야 했는데, 그러다 보니 바지 속에 분설이 수북이 쌓였다. 날씨는 점점 더 나빠져, 매서운 바람이 남벽을 휩쓸고 지나갔고 힘들게 올라가는 우리를 강타했다.

6캠프에 올라갔을 때 이안은 손을 심하게 떨었다. 그의 손은 감각이 없을 정도로 얼어 있었다. 우리는 서둘러 텐트 안으로 들어가 스토브로 그의 손을 녹이려 했다. 5분 정도가 지나자 심한 바람으로 물러설 수밖에 없었던 월런스와 두걸이 돌아왔다. 그들의 옷은 온통 얼음으로 뒤덮여 있었는데, 월런스는 거대한 얼음 콧수염이 자라나 있었다. 5캠프로 내려가기에는 시간이 너무 늦어 우리 넷은 2인용 텐트에 몸을 구겨 넣다시피 하고 날이 밝아오기를 기다렸다. 산에서 수많은 비박을 했지만 그날 밤이 최악이었다. 다음 날 아침에도 날씨가 좋지 않았다. 5캠프에는 이미 사람들이 꽉 차 있어, 이안과 나는 4캠프까지 내려왔다. 그러고 나서 이틀 동안 많은 눈이 내렸다. 우리의 성공이 눈앞에 있는 듯했지만, 나는 혹시 몬순이 닥친 것은 아닐까, 하고 초조해했다.

5월 27일, 우리는 하루 종일을 우울하게 보냈다. 그날 아침 월런스와 두걸은 7캠프를 설치해보겠다고 무전으로 알려왔지만, 날씨가 나빠서 가능할 것 같지 않았다. 나는 서로 약속한 오후 5시에 무전기를 켰다.

"여기는 4캠프. 두걸 나와라, 이상. 오늘 나가보기는 했나? 이상."

"여기는 두걸. 우리는 방금 전에 정상에 올랐다. 이상."

놀라운 소식이었다. 그들은 고정로프가 설치된 곳까지 로프를 타고 올라간 다음, 로프도 없이 가파른 설원을 돌파해 정상능선까지 오른 것이다. 그들은 텐트를 설치할 수 있는 평편한 곳을 찾기는 했지만, 그곳이 마지막 수직의 벽 밑인 데다 정상이 눈앞에 있어 텐트를 설치하는 것이 의미가 없어 보였다. 두걸은 텐트를 커버에 집어넣고 평편한 곳에 잘 놓아두었다. 이제 윌런스가 앞으로 나서서 얼음과 깨진 바위들로 이루어진 짧은 구간을 우아하게 올랐다. 오른쪽 크램폰에 문제가 생긴 두걸은 윌런스보다 뒤로 처졌다. 윌런스는 그 사이에 정상까지 이어지는 마지막 능선을 넘어 시야에서 사라졌다. 그는 작은 무비카메라를 꺼내 몇몇 장면들을 찍었다. 그는 기쁘기보다는 그저 무덤덤한 기분이었다고 말했다. 등정이라는 짜릿한 기분은 보통 나중에 찾아온다. 아마도 그 순간이 두 사람 모두의 등반 경력에서 가장 위대한 순간이었을 것이다.

남벽의 곳곳에 있는 캠프에서 안도와 흥분의 기운이 일어났다. 모든 노력과 고통이 마침내 결실을 맺은 것이다. 이제는 '다음에는 어떻게 해야 하나'라는 문제가 남아 있었다. 톰과 믹은 여전히 정상에 도전하려 했고, 그렇게 하는 것이 순리처럼 보였다. 하지만 나는 그날 밤 잠을 거의 자지 못했다. 성공에 따른 흥분 때문이기도 했겠지만, 톰과 믹을 어떻게 해야 하냐는 걱정 때문이기도 했다. 아침에 나는 두걸에게 6캠프를 철수하라고 명령했다. 그러자 톰이 나를 설득하기 시작했다. "철수가 지연되는 일은 절대 없도록 할게." 그의 주장이 일리가 있어 나는 마음이 약해졌다. 그와 믹은 위로 계속 올라갔고, 4캠프에 있던 우리들은 아래로 내려왔다. 마이크가 3캠프에서 기다리고 있었는데, 그의 텐트는 마치 새것처럼 깔끔했다. 정오가 되자 윌런스와 두걸이 도착했다.

윌런스가 나에게 충고했다. "다들 빨리 내려오라고 해. 벽이 무너지고 있어. 벽 전체의 느낌이 아주 안 좋아." 물론 나 역시 같은 느낌이었다.

믹과 톰은 다음 날 정상 도전에 나섰지만, 발에 동상이 걸린 믹은 도중에 포기하고 내려왔다. 그러자 톰은 혼자서 도전을 이어나갔다. 온갖 난관을 뚫고 최대한 올라갔는데도 정상이 여전히 멀다고 느낀 그는 결정을 내리지 못한 채 멈추어 서서 기도를 하고 사진을 찍다가 결국은 발길을 돌렸다. 이제 그들도 하산을 시작한 터라 마이크와 데이브 램버트, 이안이 그들을 기다리는 동안 나도 베이스캠프로 돌아가기로 결정했다. 그날 아침 나는 270미터에 이르는 지역의 윌런스와 두걸의 발자국이 눈사태로 뒤덮여 버렸다는 사실을 알았다. 안나푸르나 남벽이 정말 무너지기라도 하는 것일까?

베이스캠프로 돌아온 나는 기쁘다기보다는 안도감을 느꼈다. 마침내 크램폰을 벗어 던지고 공동으로 쓰는 텐트에서 따뜻한 침낭 속에 들어가 쉬는 일이 마냥 즐겁기는 했지만, 여전히 마음이 편치 않았다. 아침에 나는 책상을 바깥으로 꺼내놓고, 타자기로 보고서를 작성하기 시작했다.

그때 마틴이 이렇게 말했다. "크리스, 이제 좀 쉬지 그래. 다 끝났잖아? 아무 일 없을 거야."

나는 타자기를 두들기다가 그를 올려다보았다. "다 내려오기 전까지는 마음을 놓을 수 없을 것 같은데." 그러고 나서 다시 타자기를 두들기기 시작했다. 켈빈이 무선으로 우리의 성공 소식을 송출하고 있었는데, 마이크가 베이스캠프로 달려와 자신의 피켈이 마치 투창인 양 바닥을 내리찍었다.

"제기랄, 이안이 죽었어." 그가 외쳤다. "이안이 죽었다고."

2캠프 바로 아래쪽에서 이안이 마이크보다 조금 앞서 가고 있었는데, 빙탑이 무너져 내려 둘 다 얼음사태에 갇혔다. 마이크는 죽음을 직감했지만, 뿌연 얼음의 잔해들이 가라앉고 보니 작은 얼음사태 밑에 살짝 깔려 있었다. 하지만 이안은 무너지는 빙탑에 정통으로 얻어맞고 말았다. 마이크와 데이브는 얼음사태 밑에서 그를 찾아냈는데, 그는 얼음덩어리들과 뒤섞여 이미 죽어 있었다.

우리는 그를 베이스캠프 근처에 묻기로 했다. 데이브와 함께 이안의

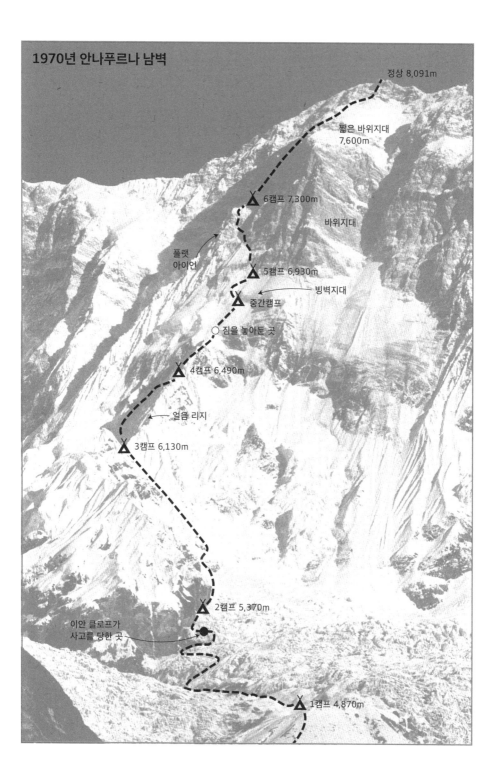

1970년 안나푸르나 남벽

정상 8,091m

짧은 바위지대
7,600m

6캠프 7,300m

바위지대

플랫
아이언

5캠프 6,930m

빙벽지대

중간캠프

짐을 놓아둔 곳

4캠프 6,490m

얼음 리지

3캠프 6,130m

2캠프 5,370m

이안 클로프가
사고를 당한 곳

1캠프 4,870m

시신을 운구하는 작은 무리의 셰르파들 뒤로 닉과 나도 따라갔다. 타폴린에 덮인 채 사다리에 묶여 있는, 생명이 떠나간 육체가 30분 전만 해도 살아서 숨을 쉬는 사람이자 나의 친구였다는 사실이 도저히 믿기지 않았다. 이안은 나의 파트너들 중 가장 자상하고 이타심이 강한 사람이었다. 그는 뭄바이에서 혼자 장비를 가져오느라 온갖 고생을 다했지만, 나에게는 원정등반에 대한 좌절감을 내색하지 않았다. 나중에 나는 그가 니키에게 보낸 편지를 읽고 나서야 그의 심정을 이해할 수 있었다.

그의 무덤은 베이스캠프에서 30미터 위에 있는 널찍한 바위 아래에 만들어졌는데, 그곳은 그가 영화 제작자들과 셰르파들에게 오랜 시간 동안 로프 사용법을 가르쳐주던 장소였다. 나는 짧게 추도사를 했고, 톰은 기도를 올렸다. 셰르파들은 무덤의 머리맡에 나무로 된 십자가를 세우고 나서 보라색 야생화로 장식했다. 소박한 장례식이었지만 아름다움과 위엄이 있었다.

베이스캠프를 철거하기 시작했다. 짐을 나를 포터들이 포카라에서 도착했다. 이제는 아래로 내려가 모디 콜라의 떡 벌어진 입속으로 들어가는 일만 남아 있었다. 간결하고 함축적으로 평가를 잘하는 윌런스는 이런 말을 남겼다. "처음부터 누군가가 죽는다는 사실을 안다면, 우리는 아예 시도도 하지 않을 거야. 다만 우리들은 그럴지도 모른다는 두려움을 갖고 올라갈 뿐이지." 네팔에서 보낸 그해 봄 이후 오랜 시간이 지난 지금까지도 나는 우리가 처하는 위험을 당연하게 받아들이고 싶지는 않다.

실패는 성공의 어머니

마침내 닉 에스트코트가 에베레스트 남서벽의 상단부에 있는 그들을 카메라의 망원렌즈로 찾아냈다. 걸리가 끝나는 곳에 누군가가 있었다. 우리는 그 모습을 직접 보고 싶어 그의 주변으로 모여들었다. 1975년 9월 24일이었다. 안나푸르나 남벽 등반에 성공하고, 이안 클로프가 그곳에서 무너지는 빙탑의 얼음사태에 깔려 생을 마감한 지 5년이 지난 시점이었다. 그날 아침 9시경 우리는 남봉으로 이어지는 걸리의 시작지점에서 두걸 해스턴과 더그 스콧을 확인했었다. 그들은 걸리 안으로 들어가 우리의 시야에서 사라졌다. 그날 하루 종일 우리는 서로 번갈아가면서, 에베레스트 정상을 향해 기어 올라가는 두 개의 검은 점을 찾아 망원렌즈로 그 위쪽을 훑었다. 그날 오후까지 아무것도 찾지 못한 우리는 그들을 시야에서 놓쳤다고 생각했다. 그들은 정상능선의 반대편으로 넘어가 이미 정상에 올라섰을지도 모르는 일이었다.

그런데 오후 4시경, 순서에 따라 카메라를 잡은 닉이 갑자기 흥분하면서 소리를 질렀다. 처음에 우리는 누군가가 내려오고 있다고 여겼지만, 분명 그 형체는 정상을 향해 계속 올라가고 있었다. 두걸과 더그는 정상에 오를 수 있을 것 같았지만 그날 저녁까지 마지막 캠프로 되돌아오는 것은 불가능해 보였다. 그날 밤 침낭으로 기어들어간 나는 거의 잠을 이

1975년 9월 24일 오후 두걸 해스턴이 힐러리 스텝을 오르고 있다. (두걸 해스턴)

루지 못했다. 그들의 성공이 확실한 것 같아 흥분이 되면서도 안전이 걱정되었기 때문이다. 그때까지 에베레스트의 그 높은 곳에서 비박을 한 사람은 아무도 없었다. 다음 날 아침, 2개의 작은 형체가 설원을 건너 6캠프로 기어 내려오는 모습을 보면서 느낀 벅찬 감동은 절대 잊지 못할 것이다. 더그의 무전 연락을 받고 나는 기쁨의 눈물을 흘렸다. 건조한 대기로 목이 부은 그는 말도 제대로 하지 못했다.

그러나 안도하기에는 아직 일렀다. 두걸과 더그가 에베레스트의 그 높은 곳에 있었을 뿐만 아니라, 4명의 2차 정상 공격조가 6캠프로 향하고 있었기 때문이다. 2차 정상 공격조에는 다음 날 쓸 산소를 옮기는 셰르파도 둘이나 있었다. 조용히 기다리면서 무사하기를 바라는 것 외에 내가 할 수 있는 것은 아무것도 없었다. 내가 이끈 지난 두 번의 대규모 원정은 모두 마지막 순간에 비극으로 끝났다. 나는 기도했다. 이번만은 제발 아무 일도 없이 성공으로 끝나게 해달라고…. 이번 원정은 단순히 원정뿐만 아니라 내 인생에 있어서도 정점의 순간이었다. 원정이 끝나면 이제 모든 것이 변할 터였다. 지난 몇 년간은 내 인생에서 가장 치열한 시기였다. 나는 에베레스트를 잊은 적이 없었다. 꿈에 나타날 정도로. 하지만 에베레스트에 대한 나의 집착으로 사랑하는 아내는 거의 폭발 직전이었다. 웬디는 그 시절을 이렇게 회상했다. "삶을 냉혹하게 헤집고 나아가는 크리스라는 큰 배가 일으키는 파도에 휩쓸려 다니는 작은 배에 탄 기분이었어."

안나푸르나에서 나는 나의 장점을 발견했다. 즉, 그 원정을 계획하고 실행에 옮기면서 내가 잘 할 수 있는 일이 무엇인지를 안 것이다. 그런 일에는 창의성을 발휘할 수 있는 즐거움이 있었다. 그런 일은 내가 어린 시절에 즐겨 했던 전투게임과 비슷하기는 했지만, 실제로 몸을 훨씬 더 많이 써야 했고 위험하기까지 했다. 대원들의 노력과 희생 덕분에 우리는 어려움을 극복하고 성공했다. 우리의 에베레스트 남서벽 등반은 1953년의 에베레스트 초등이나, 1955년의 칸첸중가 초등과 견줄 만한 성취였다. 그런 등반에 참가했다는 것을 나는 너무나 기쁘게 생각한다. 오래된 불안감이 여전했고 특이했던 어린 시절의 기억이 다시 살아나 괴롭기도 했지만, 동료들의 존경심을 얻으면서 나는 나 자신과 내가 택한 인생의 항로에 대해 행복하게 생각했다. 안나푸르나 원정이 끝난 후 가장 많이 받은 질문은 "다음에는 무엇을 할 것인가?"였고, 또 그만큼 자주 언급한 대답이 에베레스트 남서벽이었다.

사실 그 아이디어는 1965년 여름 아이거 직등을 계획하면서 생긴 것이다. 존 할린은 언제나 다양한 계획을 세웠는데, 환상적인 것들도 있었고 공상적인 것들도 있었다. 그는 국제원정대를 조직해 에베레스트 남서벽에 도전해보자는 아이디어를 두걸과 나에게 제안했다. 나는 눕체 정상에서 마치 특별석 관중처럼 에베레스트 남서벽의 장관을 감상하기는 했지만, 그곳에 도전하고 싶다는 생각은 하지 않았었다. 나는 할린의 제안에 솔깃했다. 1961년에 우리가 눕체에 오른 것은 아마도 그때까지 히말라야에서 이루어진 가장 어려운 벽 등반이었을 것이다. 에베레스트 남서벽은 눕체보다 훨씬 더 높을 뿐만 아니라, 3분의 2지점에 거대한 바위지대가 있어 정상으로 가는 길을 가로막고 있었다. 그곳을 돌파하는 것이 열쇠였다. 아이거의 등반과 할린의 죽음 이후 두걸과 나는 동상 후유증을 치료하기 위해 왕립런던병원Royal London Hospital의 고압산소 치료실에서 지루한 나날들을 보냈고, 그곳에서 우리는 시간을 보내기 위해 미래의 도전 과제들을 주로 입에 담았다. 그 당시 나는 히말라야 원정대를 이끈다는 생각은 하지도 못했고, 그러기에는 경험도 부족했다. 그래서 우리는 우리를 치료하던 의사 마이크 워드에게 슬쩍 말을 꺼냈다. 그는 1953년의 에베레스트 원정에 참가했었는데, 그 정도로 큰 원정대를 조직할 만한 자격이 충분했다. 하지만 곧이어 정치적인 사건이 벌어져 히말라야가 폐쇄되면서 우리의 아이디어도 자연스레 흐지부지되었다.

1969년 4월, 안나푸르나 남벽 등반을 골똘히 생각하고 있을 때 안나푸르나2봉 원정대장이었던 지미 로버츠가 카트만두에서 나에게 편지한 통을 보냈다. 그것은 그가 스위스계 미국인 노먼 다이렌퍼스Norman Dyhrenfurth와 함께 공동대장을 맡은 에베레스트 남서벽 원정의 장비에 대해 조언을 구하는 편지였다. 독일에서 태어난 노먼은 1963년의 성공적인 에베레스트 서릉 원정대를 이끈 바가 있었다. 나는 그가 필요로 한 정보를 담은 답장을 보내면서 나도 그 팀에 합류할 수 있는지 물었다. 그러자 지미는 즉시 나를 등반대장으로 임명했다. 몇 주 뒤 히스로공항에서 노먼을 만났다. 그는 카리스마가 있었다. 그리고 유명한 영화배우같이 보이기도 했는데, UCLA에서 영화학교를 운영했던 그의 전력과 절묘하게 맞아 떨어졌다. 그러나 그는 매우 진지하면서도 이상적이었다. 그는 등반이라는 행위가 편협한 국수주의를 뛰어넘기를 바랐다. 미디어에 대한 경험도 많고, 재정에 대해서도 통찰력이 있었던 노먼은 이상적인 원정대장의 표상이었다. 물자 수송을 군사적으로 이해하며, 셰르파들에게도 남다른 애정을 갖고 있던 지미는 원정대를 조직하는 인물로 제격이었다. 그들은 이전에도 함께 일한 적이 있어 그 원정계획은 좋은 프로젝트 같았다. 그러나 그 후 나는 안나푸르나 원정에 집중해야 해서 그들의 제안을 포기했다.

나는 그들의 원정이 제대로 진행되는지 잘 알지도 못했다. 우리가 안나푸르나에 있는 동안 일본의 대규모 원정대가 에베레스트 남서벽에 도전했는데, 성공 가능성이 매우 높았다. 39명의 일본인으로 구성된 그 원정대는 미디어 담당자만 9명에 이르렀다. 셰르파는 무려 77명이었다. 그리고 그중 26명이 고소 셰르파였다. 그들은 그 전해 가을의 정찰을 통해 바위지대에 이르는 루트를 확정했다. 일본의 스타 산악인 우에무라 나오미植村直己는 고소적응과 엄청난 양의 장비 관리를 위해 셰르파 마을인 쿰중Khumjung에서 겨울을 보냈다. 일본 원정대는 벽에 매달아 사용할 알루미늄 지지대의 텐트를 비롯해 많은 양의 산소도 가지고 있었다.

그들의 실수는 일을 너무 복잡하게 만들었다는 것이다. 남서벽이 그들의 유일한 목표가 아니었다. 그들은 노멀 루트를 통한 등정 계획도 갖고 있었다. 그리고 명예대장인 마쓰가타 사부로松方三郎는 일흔의 나이에도 불구하고 원정대를 이끌기에는 그다지 좋은 장소가 아닌 베이스캠프를 떠나지 않았다. 등반대장 오츠카 히로미大塚博美는 서로 경쟁관계에 있는 여러 집단 사이에서 어찌할 바를 몰랐다. 위험한 시도에 자원을 투입하는 것보다 에베레스트 정상에 최초로 일본인을 올려놓는 일에 집중하는 것이 그들에게는 훨씬 더 매력적이었다. 남동릉의 대원인 스물여덟 살의 나리타 키요시成田潔思에게 치명적인 심장마비가 찾아왔다. 그래도 그들은 정상에 올라섰고, 우에무라 나오미는 그렇게 정상을 밟은 두 사람[51] 중 하나였다. 그러나 남서벽에서는 등반이 교착상태에 빠졌다. 그들은 가을에 정찰대[52]가 한 것 이상을 달성하지 못했다.

가을에는 남서벽에 눈이 더 두껍게 쌓인다는 문제가 있다. 검은색을 띠는 봄에는 마치 느슨한 타일이 붙은 지붕 위를 올라가는 것처럼 불안정한 지형에서의 암벽등반을 해야 한다. 대원 2명이 낙석에 맞는 사고가 발생하자, 오츠카는 자신의 보고서에 원정대가 제멋대로 굴러가도록 놔둬서는 안 된다는 글을 남겨 향후 남서벽에 도전할 사람들에게 주의를 주었다. 일단 계획을 세우면 그 계획을 철저히 지켜야 한다는 것이 그의 주장이었다. 비록 많은 사람들이 주목하지는 않았지만, 그의 조언은 새겨들을 만했다.

안나푸르나 원정 후 카트만두를 다시 찾은 나는 지미를 만나 그다음 봄에 있을 그의 원정대에서 물러나겠다고 말했다. 그 원정대는 많은 나라에서 다양한 산악인들이 참가하면서 이제는 진정한 의미의 국제원정대로 발전해 있었다. 그 원정대 역시 남서벽도 도전하고 서릉에 직등 루트도 뚫는다는 2개의 계획을 세워놓고 있었다. 나는 같은 언어를 쓰면서 같은 야망을 가진, 내가 잘 아는 사람들을 관리하는 데도 상당히 애를 먹었기 때문에 각자가 다른 것을 원할 가능성이 매우 높은 다양한 사람들을 잘 다룰 수 있으리라고 자신하지 못했다. 이미 두걸을 추천한 나는 지미에게 나 대신 돈 윌런스를 데려가라고 제안했다.

안나푸르나 이후 정신없이 바쁜 일상에 시달려온 나는 에베레스트 원정대에서 빠지기로 한 나의 결정이 과연 올바른 판단이었는지 되새기며 자기회의와 심한 우울증에 빠졌다. 나는 가끔 나의 결정에 분노를 표출하면서 웬디를 울리기도 했다. 내가 왜 에베레스트를 거절했지? 경력은 차치하더라도 나 자신의 자아를 실현하기 위해 등반에 몰입해오지 않았나? 지미가 그해 8월 장비에 대해 더 많은 이야기를 나누고 싶다며 영국을 방문했을 때 결국 나는 내가 원정대에 다시 들어갈 수 없는지 물어보고야 말았다. 지미와 노먼은 친절하게도 나를 다시 받아들였다. 하지만 원정대는 이전과 같은 문제들이 여전했고, 나는 다시 그만두었다. 나는 그렇게 오락가락 갈피를 못 잡은 나 자신이 창피스러웠다.

1971년 2월 그 원정대가 정식으로 발족하기 전까지의 몇 개월 동안 나는 함께 있기에 거북스러운 사람이었다. 그해 봄 나는 『데일리 텔레그래프』에 에트나Etna 화산의 폭발 문제를 싣기 위해 시실리Cicily에 있었다. 또한 웬디와 나는 새로운 주거지를 찾기 위해 레이크 디스트릭트를 여행했다. 웬디는 보던에 잘 적응하지 못했다. 그녀는 그곳의 교외지역에 애착을 느끼지 못하면서 레이크 디스트릭트의 좀 더 야생적인 시골을 그리워했다. 헤일Hale 출신으로 레이크 디스트릭트로 이주한 나의 친구 숀 윌리엄스Sean Williams가 콜드백Caldbeck 마을 위쪽에서 발견한 오두막에 대한 정보를 우리에게 알려주었다. 근처의 오소리 굴에서 이름을 따온 배저힐Badger Hill은 우리가 신혼살림을 할 때 알던 세상과 다시 소통할 수 있는 완벽한 주말휴가용 공간이었다. 그리고 그 오두막과 주변 환경은 이후 우리가 함께 꾸려나가는 삶의 중심이 되었다.

국제원정대가 실패했다는 소식을 듣고 나는 안도의 한숨을 내쉬었다. 유능한 산악인들도 많았고 조직도 잘 갖추었지만, 궁극적인 야망을 놓고 대원들 사이에 분열이 생기면서 원정대는 관리가 힘들어졌을 뿐만 아니라 분위기도 사뭇 좋지 않았다. 인도인 대원이었던 하르시 바후구나Harsh Bahuguna는 악천후로 서릉에 고립되어 고통스러운 죽음을 맞이했다. 하지만 두걸과 윌런스는 그런 상황에서도 처신을 잘했다. 그들은 일본 원정대와는 다른 루트로 시도했는데, 바위지대를 왼쪽이 아닌 오른쪽으로

에베레스트 남서벽 (야마다 케이치)

돌아 넘어가는 시도를 한 끝에 8,300미터까지 도달했고 이는 그때까지의 남서벽에서 최고 고도였다.

나에게는 남서벽이 여전히 미등으로 남아 있다는 사실이 중요했다. 나는 아마도 수년 후에나 있을지 모르는 빈자리를 위해 네팔 당국에 등반 허가서를 제출했다. 그런 다음 파키스탄의 트랑고 타워Trango Tower에 도전할 원정대를 조직하는 일에 매달렸다. 그즈음 나는 전혀 뜻밖에도 오스트리아 원정대의 대장인 카를 헤를리히코퍼Karl Herrligkoffer 박사로부터 또 다른 에베레스트 등반에 초청받았다. 덥수룩한 콧수염에 백발을 뒤로 넘긴 헤를리히코퍼는 태도도 쌀쌀맞고 의중을 알아차리기도 힘들었다. 그는 산악인은 아니었지만 주목할 만한 여러 원정대를 이끈 경력이 있었다. 그중 대표적인 것이 낭가파르바트Nanga Parbat 초등과 불세출의 산악인 라인홀드 메스너Reinhold Messner가 명성을 떨치기 시작하는 거대한 루팔Rupal 벽 초등이었다. 그러나 그런 성공들은 그의 리더십 덕분이라기보다는 오히려 형편없는 그의 리더십과는 상관없이 성취된 업적이라고 평가하는 것이 온당하다. 거칠기로 유명한 그는 몇몇 법적 분쟁에서 이겼는데, 그 당시에도 메스너와 싸움을 벌이고 있었다. 1972년에 에베레스트 남서벽 등반 허가를 받은 헤를리히코퍼는 윌런스와 두걸에게도 이미 참가의사를 타진해놓고 있었지만, 내가 들어갈 수 있는 자리도 있었다. 나는 미디어를 비롯한 후원자들과 좋은 관계를 유지하고 있었는데, 그는 자금이 필요했다. 그의 악명을 잘 알고 있던 나는 파키스탄으로 가는 것이 차라리 낫겠다고 생각했다. 우리에게는 조 브라운, 마틴 보이슨, 해미시 매키네스 같은 좋은 친구들이 있었다. 따라서 나는 그의 초청에 대한 확답을 보류했다.

그해 11월 헤를리히코퍼와 나는 뜻밖의 장소에서 우연히 만났다. 돈 윌런스가 출연하는 텔레비전 쇼 「이것이 당신의 인생This is Your Life」의 촬영현장이었다.(그들은 아무것도 모르는 윌런스가 스튜디오에 있는 텐트에서 기어 나오면 쇼 진행자 이몬 앤드루스Eamonn Andrews가 마이크를 들고 그를 맞이한다는 각본을 짰다. 그러나 윌런스가 "도대체 여기서 뭐하는 겁니까?"라고 생뚱맞은 질문을 던지면서 그 각본은 실패로 돌아갔다.)

나는 원정이 몇 개월밖에 남지 않은 시점에서 헤를리히코퍼가 자금 조달이나 원정 조직에 있어 답보 상태에 빠져 있다는 것을 금방 알아차렸다. 그러나 훨씬 더 언짢았던 것은 등반에 대한 그의 전반적인 열정 부족이었다. 그는 그저 자기 자신의 원정에만 관심이 있었다. 12월에 나는 조지 그린필드와 뮌헨으로 날아가 헤를리히코퍼의 아파트에서 그를 다시 만났다. 그의 아파트는 여행을 하면서 수집한 각종 조각상들과 장신구들로 아름답게 치장되어 있었다. 그와의 대화는 함께 노력한다는 분위기나 흥분도 없이, 단지 신문사나 텔레비전 방송국들과 거래를 할 미디어 관련 권리에 대한 단도직입적 협상만 있었다. 하지만 우리가 영국에서의 권리를 가지고 미디어와 협상을 시작할 때쯤 독일의 헤를리히코퍼는 우리를 전부 다 내칠 목적으로 자금을 확보하고 있었다.

1972년 1월 나는 두걸과 함께 알프스를 찾았다. 우리는 에귀 다르장티에르Aiguille d'Argentière(3,902m) 북벽에 도전했는데, 3분의 2쯤 올라간 지점에서 폭풍설을 만나 발이 묶였다. 그때 에베레스트 원정 이야기로 긴 시간을 보냈다. 우리 둘 다 깊은 불안감이 있었다. 이미 분열된 원정대를 한 번 경험한 두걸은 그런 것을 두 번 다시 반복하고 싶어 하지 않았다. 나는 헤를리히코퍼가 산소를 준비하거나 셰르파들을 모집하지 않았다는 것을 알고 있었기 때문에 성공 가능성이 희박하다고 여겼다. 결국 우리는 원정대에서 발을 빼기로 했다.

마음을 달래는 의미로 그랜드 조라스 북벽에서 신루트에 도전하기로 했다. 목표는 워커 스퍼 오른쪽의 가파른 벽이었다. 아이거에서와 마찬가지로 벽에 고정로프를 설치했고, 친구인 베브 클락Bev Clark 덕분에 경비행기를 전세 내 레쇼 빙하 위쪽으로 보급품을 싣고 올라갔다. 두걸보다 주위를 더 의식하는 나는 다른 사람들이 우리의 행위를 어떻게 평가할지 조금 걱정했다. 두걸은 윤리 문제는 별로 신경 쓰지 않고, 다른 사람들의 평가에 대해서도 거의 무관심했다. 우리는 날씨도 나쁜 데다 시간도 없어 그렇게 할 수밖에 없었다. 조금 더 치고 올라가 신루트 하나가 우리 손에 떨어지는 순간 날씨가 크게 악화되었다. 마지막 헤드 월 아래의 얼음으로 둘러싸인 비좁은 곳에서 사흘 밤을 비박한 후 시간에 쫓긴 우리는 고정로프를 타고 아래로 미끄러져 내려왔다. 나는 비행기를 타고 영국으로 돌아오는 길에도 에베레스트에 대한 의구심과 후회로 마음이 심란했다.

월런스는 에베레스트 원정대에 그대로 남았다. 그는 헤를리히코퍼가 어떤 사람인지 나만큼이나 잘 알고 있었다. 하지만 그는 에베레스트에 오를 수 있는 기회를 간절히 바랐고, 특히 그곳을 남서벽으로 오르고 싶어 했다. 종종 느낀 것이지만, 월런스가 등반에 대해 흥미를 느끼는 것은 등반 그 자체가 아니었다. 그는 1960년대에 이미 영국 내에서의 등반을 거의 그만두다시피 했다. 그는 야심찬 도전 과제들을 좋아했다. 따라서 거대한 목표물의 정상에 오르는 강력하고도 직선적인 루트들을 갈망했다. 그런 측면에서 보면 에베레스트 남서벽은 그에게 딱 알맞았다. 그에게 있어서 자신의 미래를 보장하는 일은 단지 그런 도전에서 파생되는 것에 불과했다. 그는 자신의 경력을 그런 방식으로 채우고 싶어 했다. 하지만 여기에는 그보다 더 뿌리 깊은 무엇인가가 있었다. 도전 자체가 그를 유혹한다고나 할까. 그래서 그는 해미시 매키네스에게 나를 대신해 원정대에 참가해달라고 요청했고, 엘 캐피탄의 살라테 월Salathé Wall을 막 등반하고 돌아온 더그 스콧에게도 연락했다. 노팅엄Nottingham에서 경관의 아들로 태어난 더그는 체력이 뛰어났는데, 럭비를 좋아해 체육교사를 하기도 했었다. 그는 알프스의 판에 박힌 고전루트들을 오르기보다는 탐험을 더 좋아해서 차드Chad[53]에 있는 티베스티Tibesti[54]와 힌두쿠시로 원정대를 이끌고 간 적이 있었고, 북극지역의 배핀섬에서 신루트를 개척하기도 했다. 그런 그의 체력과 열정은 에베레스트의 상단부에 있는 설사면에서 효과를 발휘할 것으로 보였다. 이제 윌런스는 영국인으로 구성된 핵심적인 공격조를 갖게 되었지만, 여전히 헤를리히코퍼 — 윌런스는 그를 '스털링코퍼Sterlingcoffer'라고 불렀는데 — 는 너무나도 큰 장애물이었다. 그는 긴 머리에 동그란 안경을 쓴 더그를 한 번 쓰윽 보더니 별 볼일 없다는 태도를 취했다. 윌런스는 한 사람이 그만두면 전부 다 그만두겠다고 강력한 배수의 진을 쳤고, 결국 더그는 원정대에 참가할 수 있었다.

그들이 베이스캠프에 도착했을 때 장비 목록 등을 남에게 보여주지 않고 혼자 관리하던 헤를리히코퍼는 셰르파들에게 보온용 옷을 지급하지 못했고, 결국 옷을 더 구하러 독일로 다시 돌아가야 하는 사태가 벌어졌다. 그 일로 그가 한동안 자리를 비운 것은 오히려 다행이었다. 하지만 그가 없는 가운데에서도 대원들은 서로 간의 신뢰를 상실해, 날씨가 좋았음에도 불구하고 별다른 진척을 이루지 못했다. 영국인들은 결국 베이스캠프로 철수했고, 독일인들이 무모하게 정상 도전에 나섰지만 그 전해 윌런스와 두걸의 최고점(8,300m)을 넘어서지 못하고 등반을 마쳐야 했다.

헤를리히코퍼가 베이스캠프에 있는 동안 나에게는 약간의 행운이 찾아왔다. 그러나 그것은 골치 아픈 문제이기도 했다. 1971년에 에베레스트 등반 허가서를 제출한 나는 그런 기회가 오려면 최소한 1970년대 후반까지는 기다려야 할 것으로 예상하고 있었다. 나보다 먼저 허가서를 제출한 원정대가 여럿 있었기 때문이다. 그런데 내가 헤를리히코퍼 원정대 참가를 포기한 직후 카트만두에서 소식이 하나 날아왔다. 부유한 사업가이자 아마추어 산악인인 귀도 몬지노Guido Monzino 백작이 이끄는 이탈리아 원정대는 1972년 가을과 1973년 봄 두 시즌에 대한 등반 허가를 받아 놓고 있었다. 그런데 그가 원정을 포기할 것이라는 소문이 나돈 것이다. 따라서 1973년에 허가를 받는 것은 무난할 것으로 보였다. 그러나 나와 긴밀히 연락을 주고받는 사람들은 스페인의 특사들이 카를로스Carlos 왕자의 친서를 갖고 네팔에 도착했다는 정보를 알려주었다. 그들 역시 에베레스트를 둘러싼 움직임을 눈치 채고 있었지만, 캐나다인들이 정보를 찾아 이리저리 돌아다니는 것이라고 생각했다. 레장에 있는 자신의 집 근처에서 겨울 스키를 타고 있던 두걸에게 그 이야기를 하자, 그는 나의 정치적인 접근에 매우 흥미 있어 했다.

4월이 되자, 몬지노가 1972년의 허가는 포기했지만 그 이듬해는 여전히 고민하고 있다는 소식이 들려왔다. 나는 나에게 주어진 기회를 잡을 수도 있었고, 좀 더 기다렸다가 등반하기에 더 좋은 이듬해 봄 시즌을 몬지노가 포기하기를 기다릴 수도 있었다. 그러나 결정을 쉽게 내릴 수 없었다. 8천 미터급 고봉의 가을 등반에 대해서는 다양한 정보가 있었지만, 그때까지 에베레스트가 가을에 등정된 적은 없었다. 9월 말과 10월 초에는 날씨가 안정적이기는 하지만 기온이 낮다는 문제가 있다. 더욱이 몇 주가 지나 겨울이 다가오면 제트기류의 고도가 낮아지면서 정상 부근에 무자비한 강풍이 몰아쳐, 텐트가 갈가리 찢어질 뿐만 아니라 움직이는 것조차 거의 불가능하다. 너무 일찍 가면 몬순으로 인한 눈사태의 위험이 커진다. 너무 늦게 가면 겨울의 공포와 맞닥뜨린다. 따라서 그렇게 큰 도전을 가을에 감행하기에는 제약이 많다. 1969년 가을에는 일본인들이 이례적으로 좋은 날씨를 경험하기도 했지만, 1971년 가을에 사우스콜 루트로 도전한 아르헨티나 원정대의 이야기는 전혀 달랐다. 그 원정대의 대장인 H. 카티바 톨로사Cativa Tolosa 대령은 시속 160킬로미터의 강풍과 영하 38도의 기온을 겪었다고 보고했다. 그는 나에게 그런 재앙을 피하기에는 오히려 남서벽이 더 유리할지 모른다고 말했다.

기회를 놓치고 싶지 않았던 나는 4명의 대원으로 구성된 소규모 원정대를 꾸려 남동릉으로 도전해보자는 아이디어를 냈다. 정상에 오르기 위해 주도권 싸움을 벌이거나 지루한 물자 보급문제에 매달리지 않고, 순수하게 등반에만 전념할 수 있기 때문에 히말라야의 고산을 경량등반으로 도전하는 것은 나에게 점점 더 매력적으로 다가왔다. 또한 산소통 없이 에베레스트를 오를 수 있는 유일한 방법이기도 했는데, 무산소 등반은 여전히 고산등반에 남아 있는 위대한 도전 과제 중 하나였다. 그런 도전을 하기에는 시기가 아직 일렀지만, 대규모 극지법에 다소 질려 있던 영국 산악계는 나의 소규모 원정계획을 반겼다. 두걸이 참가하는 것은 확실했고, 닉 에스트코트와 믹 버크도 마찬가지였다. 나는 또한 마이크 톰슨에게 지원 업무를 부탁했고, 피터 스틸Peter Steele이라는 의사도 영입했다. 그렇게 가을 등반 계획을 추진하고 있을 때 헤를리히코퍼의 도전이 실패했다는 소식이 들려왔다.

열흘 정도는 정신적으로 혼란스러웠다. 소규모 팀으로 에베레스트에 오른다는 발상은 나에게 너무나 매력적이었다. 남서벽에 도전하기 위해서는 60,000파운드를 추가로 모금하고 훨씬 더 많은 장비와 물자를 확보해야 했다. 하지만 아주 어려운 미등의 루트에 대한 미련을 떨쳐버릴 수가 없었다. 결국 6월 중순쯤 나는 목표 변경을 선언했다. 남서벽으로 가기로 한 것이다. 이렇게 되고 보니, 8월 중순의 출발 일정에 맞추려면 준비기간이 겨우 8주에 불과했다. 안나푸르나도 만만치 않았지만 남서벽은 훨씬 더 어려운 도전이었다. 나는 신간 『새로운 지평선The Next Horizon』을 마무리 지으려 하고 있었는데, 바로 그 '지평선'이 내가 감당할 수 없을 정도로 빠르게 다가오고 있었다. 나는 보통 새벽 3시 반에 일어나 아침 늦게까지 책을 쓴 후 밤 9시까지 원정대 일에 매달리곤 했다. 그렇게 일에 미친 남편을 둔 웬디의 삶이 힘들었던 것은 두말할 나위도 없다. 하지만 에베레스트에 간다는 기대로 나는 기운이 솟아났고, 그전까지 시달렸던 초조와 우울에서 벗어날 수 있었다. 비서인 조안 리스터는 남편의 직장 문제로 이사를 가게 되자 친구인 베티 프렌티스Betty Prentice를 대신 추천해 주었다. 베티는 아주 힘들었던 1972년의 에베레스트 원정 당시 우리에게 많은 도움을 주었다. 우리가 나중에 레이크 디스트릭트로 돌아갔을 때 그녀는 나의 강연 에이전트를 맡아 수년 동안 그 일을 훌륭하게 해냈다.

내가 처음 맞닥뜨린 문제는 대원을 추가로 선발하는 것이었다. 물론 그 당시 뛰어난 산악인들이 많았기 때문에 어찌 보면 가장 쉬운 일이기도 했다. 안나푸르나에서는 8명의 톱 클라이머들이 있었지만, 에베레스트를 생각하니 이때 8명이라는 숫자가 많아 보였다. 에베레스트 남서벽에서는 안나푸르나 정상보다도 더 높은 8,300미터부터 본격적인 어려움이 시작될 터였다. 우리 원정대에는 이미 6명의 대원이 있었고, 그중 4명은 뛰어난 산악인이었다. 나는 이제 톱 클라이머 2명과 지원업무를 맡을 2명을 더 뽑자고 주장했다. 우리는 안나푸르나에서 고소 셰르파 몇 명을 고용했지만, 그들은 힘든 물자 수송을 할 만한 기술이나 경험이 부족했고, 특히 4캠프와 5캠프 사이에서 많은 어려움을 겪었다. 에베레스트에서는 상황이 다를 것이라고 판단한 나는 셰르파를 40명 고용하기로 결정하고 지미 로버츠에게 가장 우수한 인력들을 선발해달라고 부탁했다. 또한 나는 지미에게 부대장으로 참여해달라고 제안했는데, 그가 딱히 거절하지 않아 크게 안도했다. 셰르파들 대부분은 아이스폴 지역을 지나 남서벽 바로 아래에 있는 2캠프까지 짐을 나르는 역할을 맡기로 되어 있었지만, 그중 7명은 바위지대 아래에 설치될 고소캠프까지 짐을 갖고 올라갈 예정이었다.

등반조의 경우, 제일 앞에 서서 오를 확실한 2명은 더그 스콧과 해미시 매키네스였다. 그들은 이미 그해 봄에 훌륭한 등반을 보여주었었다. 하지만 돈 윌런스가 원정대에 들어올 자리는 없었다. 해미시와 더그는 그를 끌어들이자고 나를 설득했다. 그러나 믹과 두걸 그리고 닉은 나의 결정을 이해했다. 윌런스는 불필요한 행동으로 안나푸르나 남벽에서 갈등을 불러일으켰고, 영국으로 돌아와서는 나에 대해 비판적인 글을 쓰기도 했다. 그는 남서벽에서의 경험이 누구보다도 많았지만, 우리는 서로 생각이 많이 달랐다. 10년 전 알프스에서는 윌런스가 선배여서[55] 나는 그의 천재성에 경의를 표했다. 그러나 지금은 달랐다. 윌런스는 내 이름을 직접적으로 거명하지 않고 '그 친구'로 부르며 『데일리 메일』에 "그 친구는 에베레스트에서 자신의 영국 육군대위 역할을 잘 연기할 겁니다. 그러나 나에게는 통하지 않습니다."라고 썼다. 나는 클라이머들이 자신의 생각을 말하거나 무엇인가를 비판하는 것을 개의치 않았다. 믹 버크도 돈 윌런스와 출신배경이 비슷해서 활달하면서도 정곡을 찌르는 유머감각이 있었다. 믹에게 무슨 말을 하기라도 하면 그는 그 문제를 물고 늘어지며 논쟁을 벌였다. 그는 다소 충동적으로 말하는 성향이 있었다. 그러나 그의 말에는 악의가 없었고, 그렇게 한바탕 말싸움을 벌여도 그는 뒤끝이 없었다. 반면 윌런스는 속으로 꿍하는 스타일이었다. 나는 그가 느꼈을 반감을 이해했고, 우리의 우정이 오랫동안 금이 가 있었다는 사실이 애석하기는 했지만 내 결정을 절대 후회하지 않았다.

준비할 시간은 턱 없이 부족했고 넘어야 할 장애물들은 너무나 많았다. 그 당시를 되돌아보면 우리가 어떻게 그 일을 해냈는지 아직도 믿기지 않는다. 원정대에는 두걸의 친구이자 내 친구이기도 한 데이브 배스게이트Dave Bathgate가 추가로 들어왔다. 두걸의 추천으로 그레이엄 티소 Graham Tiso를 지원조로 영입한 것 역시 훌륭한 선택이었다. 그는 에든버러 Edinburgh에서 작은 등산장비 전문점을 운영하고 있어서 장비를 관리하는

데 더없이 적합한 인물이었다. 또한 나는 켈빈 켄트를 설득해 샌드허스트에서 새 보직에 부임하는 일을 잠시 미루고 원정대에서 다시 한번 멋진 역할을 해달라고 부탁했다. 마이크 톰슨과 피터 스틸은 누구나 이해할 수 있는 이유로 어쩔 수 없이 원정대에서 빠지게 되었지만, 운이 좋게도 뛰어난 인물이 그들을 대신해 들어왔다. 그중 바니 로즈데일Barney Rosedale은 공립학교 출신으로 전형적인 영국 사람이었고, 뛰어난 클라이머는 아니었지만 등반을 꾸준히 하는 친구였다. 마른 체형의 그는 다혈질이었지만 유머감각이 뛰어났다. 그는 네팔에서 의사로 일한 적도 있었고, 네팔-영국합동병원재단Britain Nepal Medical Trust을 설립하는 데 주도적 역할을 했다. 다른 한 명은 믹의 부인인 베스Beth였다. 촬영을 위해 오래도록 집을 비워야 했던 믹은 서로가 떨어져 있을 수 없다며 그녀가 따라가도 좋은지 우리에게 물었다. 그녀는 원정기간 내내 베이스캠프에서 일했고, 바니가 전진캠프로 올라갈 수 있도록 그의 일을 대신 맡아 큰 공헌을 했다.

자금은 턱없이 부족했다. 그리고 나는 그 사실을 솔직하게 밝혔다. 『데일리 미러Daily Mirror』는 '값싼 에베레스트 원정Everest on the Cheap'이라는 머리기사를 실었다. 자금 면에서는 에베레스트재단의 후원을 받았던 안나푸르나 원정이 손쉬웠다. 그러나 이번에는 우리 스스로 부족한 자금을 메워야 했다. 우리는 조지 그린필드가 마술을 부리듯 수완을 발휘해주기를 바랐다. 네팔로 떠나기 직전, 우리는 담배상표인 '로스만스Rothmans'가 제공하는 돈을 받는 것에 대한 윤리적 문제를 논의하기 위해 회의를 가져야 했다. 에베레스트의 유혹은 너무나 강렬했다. 8월 중순경 우리는 VC-10기에 올라 카트만두로 날아갔다.

베이스캠프로 걸어 들어가면서 나는 스트레스를 견디기가 만만치 않다고 웬디에게 고백했다. "안나푸르나 때보다 책임감이 더 무겁게 느껴져. 벌써 지치는 것 같은데 설상가상으로 감기까지 걸렸어." 2개월간의 준비에 전력투구를 하면서 기력이 바닥난 것이다. "부정적인 모습을 보여 미안하지만 당신에게만 살짝 털어놓는 거야. 여기서는 강인한 모습만 보여야 해." 웬디는 자신도 스트레스를 받고 있었을 테지만 언제나 나의 기를 살려주었다. 그녀의 편지에는 집에서의 생활과 아이들의 이야기가 빼곡히 적혀 있었다. 그녀가 보낸 답장에는 이런 이야기도 있었다. "『데일리 메일』이 통상적인 '소소한 아내 이야기'를 쓴다면서 나에게 인터뷰를 하러 와서 조에게 말을 걸었어. '그러니까 네 아빠는 왜 에베레스트에 올라가지?' 그러자 조는 '돈을 벌려고요.'라고 대답했어." 미디어로부터 받는 스트레스는 웬디가 항상 두려워하는 것이었다. 원정이 시작된 지 몇 주 뒤에 웬디는 이런 편지를 보냈다. "이제 나도 원정대의 현실이 피부로 느껴지기 시작했어. 당신이 정상에 도전할 시간이 가까워지니까 따돌릴 수 없는 신문기자들이 전화를 계속 걸어서 평소처럼 시시한 질문들을 던져 그렇게 느껴져. 이런 것들 때문에 너무 긴장이 되는데, 기분이 참 안 좋아. 『더 선The Sun』이라는 '신문'은 지금 막 당신이 집에 돌아오면 어떻게 축하해줄 거냐고 물어봐서, 미안하지만 내가 해줄 수 있는 대답은 '침대에서!'라는 말밖에 없다고 했어."

그때를 되돌아보면 우리의 1972년 원정이 실패로 돌아간 것은 그리 놀라운 일이 아니었다. 몬순으로 인한 눈사태의 위험을 간과한 데다 원정 준비 시간이 너무나 부족해 에베레스트로 출발할 시기를 최소 한 달이나 놓친 것이다. 대원들도 부족했는데, 실제로 공격조나 지원조 모두 마찬가지였다. 우리는 두 사람을 더 영입하는 데 성공하기는 했다. 그중 한 사람은 더그의 호주인 친구 토니 타이Tony Tighe였는데, 마침 네팔에 체류하던 그는 베이스캠프에서 지미를 헌신적으로 도왔다. 다른 한 사람은 『마운틴 Mountain』 잡지의 영향력 있는 편집장 켄 윌슨Ken Wilson으로, 내가 그를 정신없이 초청해 그가 실제로 현장에 나타나리라고는 기대하지도 않았다. 나는 웬디에게 "그가 골칫거리가 아니기만 하면 좋겠는데…"라고 편지를 썼다. 인원이 부족해 나는 그에게 1캠프를 맡겼다. 그는 악천후 속에서도 혼자 그곳에서 일주일을 보내며 자신과 대화를 나눌 사람이 아무도 없는 별나고도 고통스러운 경험을 하게 되었다. 하지만 결국 그는 실용적인 면에서 큰 도움이 되었고, 확실히 베이스캠프에서는 대화에 활기를 불어넣었다.

10월 중순경 우리는 남서벽의 중간 지점까지 올라갔으나 때마침 불어 닥친 포스트 몬순의 첫 강풍에 고스란히 노출되고 말았다. 나는 가장 높은 곳에 있는 4캠프에 있었는데, 그곳은 바위지대로 이어지는 중앙의 대 쿨르와르 중간에서 작은 바위에 매달린 3개의 박스형 텐트로 이루어져 있었다. 그때까지만 해도 원정은 순조로웠다. 두걸과 해미시가 이틀 전에 5캠프를 설치해, 나는 그다음 날 셰르파 4명과 함께 그곳에 보급품을 채울 작정이었다. 그러나 그날 밤 별이 총총하던 밤하늘에 날벼락같이 바람이 갑자기 불어 닥쳐 기차가 터널 속으로 들어갈 때 나는 듯한 소리를 내며 남서벽 위쪽을 강타했다. 바람은 굉음을 내며 벽을 타고 내려와 텐트를 덮쳤고, 텐트의 지지대들이 휘어져 더 이상의 전진이 불가능했다. 나는 남서벽에 남긴 우리의 발자국을 포기하기가 너무나 싫어서 4캠프에서 일주일간을 버텼다. 하지만 내가 일기에 썼듯이 그 바람은 "정신도 파괴하고 육체도 파괴하고 영혼도 파괴했다." 무력감에 빠진 나는 남서벽의 그렇게 높은 곳에서 선등을 나서고 싶은 마음이 과연 나에게 있기나 한지 의구심이 들었다.

그리고 나서 거대한 폭풍이 몰아쳤다. 벽에서 쓸려 내려간 우리 위로 3미터 두께의 눈이 쏟아졌다. 나는 2캠프에서 바니 로즈데일과 체스를 두고 바흐의 음악을 들으며 텐트 안에 있었다. 벽에 있는 우리들의 텐트 대부분이 부서졌다. 그럼에도 우리는 포기하지 않았고, 더그 스콧과 믹 버크가 4캠프를 복구했다. 운이 억세게 좋았는지, 4캠프의 텐트들은 분설눈사태가 마치 콘크리트를 채운 듯 꽉 들어차 심한 피해를 입지 않았다. 나는 그전 몇 주 동안 더그를 훨씬 더 잘 알게 되어 웬디에게 쓰는 편지에도 그와 시간을 더 많이 보낼수록 그가 좋아졌고, 그의 체력도 인상적이었다고 언급했다. 그는 고소에 무척 강하다는 점이 두걸과 비슷했지만, 마음이 열려 있다는 점에서 두걸과 달랐다. 두걸은 종종 무슨 생각을 하고 있는지 알기 어려웠다. 곧 알게 된 것이지만 더그는 자신의 의견을 확실하게 피력했다. 안나푸르나에서 겪었던 갈등 같은 것을 피하기 위해 나는 대원들에게 구체적인 임무를 부여했다. 해미시와 두걸이 원정대 내에서 가장 강력한 2인조였기 때문에 나는 그들에게 정상 도전 임무를 맡겼다. 더그와 믹은 바위지대에서의 선등을 맡았다. 그러나 더그와 믹은 부서진 캠프를 다시 세우는 데 너무 많은 에너지를 쏟은 터라 휴식을 취하기 위해 아래로 내려와야 했다. 나는 해미시와 두걸을 남서벽으로 올려보내 바위지대를 돌파하게 함으로써 다시 등반의 추진력을 얻고자 했다.

그날 밤 웨스턴 쿰으로 내려온 더그는 나의 계획을 받아들이려는 태도를 보이면서도 취조를 하듯 많은 질문을 쏟아냈다. 그때까지 그는 다른 누군가로부터 등반에 대해 간섭을 받아본 적이 없었다. 원정대를 이끌어본 경험이 있는 그는 다른 누군가가 등반계획을 결정하는 것에 익숙하지 않았다. 다음 날 아침, 그는 바니와 내가 공동으로 사용하는 텐트로 찾아왔다. 나의 결정을 밤새 곱씹은 그는 나와 대화를 나누고 싶어 했다.

"2개월 반 동안 바위지대를 생각하면서 나는 마음속으로 반드시 내가 그곳을 돌파하리라 다짐했었지. 우리가 하면 왜 안 되는 거야? 바뀐 게 없잖아. 내일이라도 우리는 곧장 올라갈 수 있단 말이야." 그는 체력이 소진되어 벽을 따라 그곳까지 곧장 내려온 터라 그의 말은 쉽게 납득되지 않았다. 그래서 나는 내 생각을 그대로 그에게 말했다. 그랬더니 그는 나

1972년 에베레스트 원정대. 의료 담당인 바니 로즈데일이 웨스턴 쿰의 2캠프에서 무전교신을 하고 있다. 극심한 추위에도 불구하고, 그는 등반 기간 거의 대부분을 그곳에 머물며 의료를 효과적으로 지원했다. (크리스 보닝턴)

에게 이렇게 대꾸했다. "애초부터 다 이렇게 작정한 거 아냐? 사람을 속인 다는 면에서는 자네도 헤를리히코퍼와 다를 게 없어." 한동안 이런 말을 주고받던 나는 마침내 화가 치솟았다. 그래서 더그에게 정말로 그렇게 생 각한다면 카트만두로 가도 좋다고 말했다. 그때 우리의 상황을 조용히 지 켜보던 바니가 만면에 웃음을 띠고 화해를 주선하기 시작했다. 더그와 나 는 서로 멋쩍어 했고, 우리의 위기는 그렇게 지나갔다. 결국 그 일로 우리 의 우정은 더욱 돈독해졌다.

종종 그러하듯이 산에서 일어난 상황이 우리의 불화를 무의미하게 만들었다. 닉과 데이브 배스게이트는 영웅적인 노력으로 루트를 뚫고 나 가 6캠프 예정지까지 올라갔지만, 어느덧 11월 중순이 되어 기온이 많이 떨어졌다. 또한 남서벽의 높은 곳에는 산소와 보급품들도 부족했다. 그리 고 몇 사람이 부상을 입거나 등반을 포기하고 베이스캠프로 돌아와 있었 다. 나는 웬디에게 이렇게 편지를 썼다. "우리는 정상 가까이 갔지만 문제 가 너무 많아. 산소통들은 추위로 인해 제대로 작동하지도 않고, 낙석도 발생하고, 고정로프도 떨어져 가고, 불가피한 성격차이까지. 게다가 시즌 이 끝나가고 있어." 나는 앙 푸르바Ang Phurba 셰르파와 함께 닉과 데이브 가 거의 다 설치한 6캠프를 마저 끝내러 올라갔는데, 한밤중의 혹독한 추 위는 충격적일 정도였다. 너무나 추워서 침낭을 2개 썼는데도 소용이 없 었다. 그래도 나는 18킬로그램 분량의 로프와 산소통을 어깨에 걸머지고 우리가 오른 가장 높은 지점인 6캠프 예정지까지 올라갔다. 내 산소통은 제대로 작동하지 않았지만, 나는 끝까지 포기하지 않은 나 자신이 대견스 러웠다.

나는 8,300미터의 고도에서 건너편의 로체Lhotse 정상을 바라보았다. 내가 그토록 높은 곳에 올라본 것도, 그토록 춥고 황량한 곳에 있어본 것 도 처음이었다. 나는 1971년 두걸이 설명한 곳, 즉 눈이 쌓여 있어 등반이 가능한 곳이 있을지 모른다는 희망으로 위를 올려다보았다. 그곳이 바로 우리 루트의 결정적인 열쇠가 될 터였다. 그러나 눈에 보이는 것은 바위가 드러난 디에드르dièdre[56] 뿐이었는데, 그곳은 낮은 곳에서 도전한다 하더라도 결코 쉬워 보이지 않았다. 5캠프로 내려가면서 나는 잠시 멈추어 중앙의 대 쿨르와르 왼쪽에 있는 걸리를 쳐다보았다. 내 눈에는 1970년에 일본 팀이 시도했던 그 길이 훨씬 더 매력적으로 보였다. 5캠프에서는 두걸과 해미시가 더그와 믹의 도움을 받아가며 마지막 공략을 준비하고 있었다. 너무나 지친 나는 빨리 집으로 돌아가 사랑하는 아내와 함께 있고 싶다는 마음이 간절했다. 그리고 어차피 마지막 공략에는 내 자리도 없었다. 해미시가 나에게 뜨거운 수프 한 컵을 건네주었다. 그 수프를 마시고 기운을 좀 차린 나는 4캠프로 계속 내려갔다.

다음 날, 음울한 데다 반반하기 짝이 없는 디에드르를 본 순간 두걸은 이번 원정이 실패라는 것을 직감했다. 웨스턴 쿰으로 돌아온 나는 11월 16일 웬디에게 이렇게 편지를 썼다. "지금쯤이면 우리가 등정에 실패했다는 것을 알고 있겠지. 그러나 그건 그렇게 중요하지 않아. 나는 하루라도 빨리 당신이 있는 집으로 돌아가고 싶어. 이번 원정은 정말 재미있었어." 하지만 안나푸르나에서와 마찬가지로 원정이 끝나갈 즈음 비극적인 사고가 또 발생했다. 베이스캠프에서 몇 주일을 보낸 토니 타이는 웨스턴 쿰을 직접 보고 싶어 했고, 원정대가 철수하기 전에 2캠프까지 올라가볼 수 있는지 물었다. 그는 비공식적인 자원봉사자였지만 그토록 활기차고 이타적으로 일한 사람의 부탁을 거절하는 것은 예의가 아니라는 생각이 들었다. 남서벽에서 내려오던 더그는 아이스폴 지역을 천천히 오르는 그와 만나 행복하게 웃으며 이야기를 나누었다고 한다. 우리가 베이스캠프에서 차를 마시며 쉬고 있는데 켈빈이 무전을 받았다. 아이스폴 지역의 일부가 무너져 내렸다는 것이다. 셰르파인 앙 탄데Ang Tande는 자신이

서 있던 빙벽이 갑자기 사라져 고정로프에 매달린 채 20미터의 허공 아래로 떨어졌고, 루트 일부가 쓸려 나가면서 토니가 실종되었다. 그날 저녁과 다음 날 아침 우리는 수색에 나섰다. 그러나 상황은 분명했다. 토니는 수백 톤 무게의 얼음 덩어리들 밑에 깔려 있었다.

그 사고는 잔인한 운명의 장난처럼 느껴졌다. 셰르파들이 아이스폴 지역의 그곳을 통해 수도 없이 짐을 날랐기 때문이다. 사고 전날 나 역시 그 빙벽 위에 20분간 서 있었다. 그러나 토니가 처음이자 마지막으로 2캠프로 향하던 바로 그 순간에 사고가 일어났다. 나는 레장에서 그를 만났는데 두걸과 함께 있는 그에게 왠지 모를 친근감을 느꼈었다. 그러나 원정등반에서는 다른 사람의 부탁을 거절할 수 없는 경우가 많다. 나는 그의 죽음을 숙명으로 받아들였고, 착잡한 심정으로 집으로 향했다. 토니의 죽음에 대한 슬픔, 우리 자신의 등정 실패에 따른 실망, 그럼에도 불구하고 피어오른 단결과 우정, 그리고 함께 모험을 했다는 감정까지… 나는 내가 에베레스트로 다시 돌아가리라고는 생각지도 못했지만, 우리 스스로가 짊어진 도전의 진정한 본질을 보다 더 명확하게 이해하게 되었다.

제 1 1 장

험난한 길

에베레스트에서 집으로 돌아오고 나서 나와 웬디의 사이가 좋아졌다. 고소에서 보낸 비참한 밤과 대규모 원정에서 오는 스트레스와 걱정에 대한 기억을 쉽게 떨칠 수 없었던 나는 따뜻한 가족의 품이 반가웠다. 내가 없는 몇 개월 동안 세 살과 다섯 살 아이들을 혼자 키워야 했던 웬디는 인내의 끝에 도달해 있었다. 등정 시도가 겨울까지 이어지면서 우리의 운명에 대해 걱정하던 차에 토니의 사망소식까지 들려오자 그녀의 사기가 크게 위축되었다. 그녀가 마지막으로 받은 충격은 조를 학교에 데려다주려고 나가는데 한 여성 저널리스트가 텔레비전 팀을 대동하고 우리 집의 작은 앞뜰에 나타난 사건이었다. 그녀는 불쑥불쑥 사생활을 침해하는 미디어와 항상 싸워야 했다. 폭발 직전의 그녀는 발길을 돌려 집 안으로 도망쳐 들어왔다. 그 저널리스트는 뜰 안으로 들어와 웬디를 쫓아갔고, 문을 닫으려는 순간 말 그대로 문에 발을 들이밀었다. 한계에 다다른 웬디는 울면서 주저앉았다.

내가 오랫동안 집을 비운 1972년에 그녀가 제정신을 유지하는 데는 두 가지 활동이 도움이 되었다. 하나는 명상이었고, 다른 하나는 레이크 디스트릭트의 배저 힐에 우리가 그 전해에 구입한 작은 오두막에서 주말을 보내는 것이었다. 레이크 디스트릭트의 노던펠스Northern Fells산맥 북동쪽을 형성하는 둥근 하이 파이크High Pike 기슭에 있는 그 오두막은 매우 전통적인 컴브리아 마을 콜드벡 바로 남쪽에 있다. 또한 유명한 사냥꾼 존 필John Peel의 무덤이 그곳의 교회 묘지에 있다. 구불구불한 길을 따라 올라가면 넓은 초원이 펼쳐지고, 그 초원 한쪽에 농가 두 채가 숨어 있다. 그 반대편에는 어린 물푸레나무 한 그루와 무성하게 자란 산사나무에 살짝 가려진 채 슬레이트 지붕이 덮인 낮은 오두막이 하나 있다. 우리가 그곳을 처음 보았을 때는 외진 뜰에 방치된 풀이 무릎 높이까지 자라 있었다. 그곳은 지금도 우리의 안식처로, 따뜻함과 평온함이 깃들어 있는 곳이다.

웬디와 나는 교외지역에 사는 것을 그다지 좋아하지 않았다. 에드워드 7세 시대풍의 커다란 가옥들이 있는 보던은 우울한 기분이 드는 곳이었다. 걸어서 갈 수 있는 곳에 넓게 트인 시골이 있었지만, 오염된 강물에 교통 소음도 만만치 않았다. 나는 한곳에만 너무 얽매여 있으면 안 된다는 말을 당당하게 언급하곤 했다. 사실 어디에 사는지는 그리 중요하지 않다. 아마 나의 그런 성향은 어렸을 때 이리저리 이사를 다닌 경험에서 비롯된 것일지도 모른다. 그러나 나는 곧 다가올 다음의 모험을 탈출구로 삼을 수 있었지만, 웬디는 그럴 수 없었다. 그녀는 자신과 맞지 않는 공간에 갇혀 있다고 느꼈고, 오랫동안 우정을 쌓아온 친구들과도 소원해져 있었다. 50년이 지난 지금에서야 나는 그때를 되돌아보며 내가 얼마나 나 자신의 등반에 대한 열정과 경력에만 몰두했는지 깨닫게 되었다. 아울러 웬디의 헌신적인 사랑을 받은 내가 얼마나 행운아였는지도 알게 되었다.

우리는 에베레스트 원정이 끝난 그해의 부활절을 배저 힐에서 보냈다. 정원을 손질하던 나는 그날 저녁 짐을 싸서 남쪽으로 지루하게 차를 몰고 가야 한다는 생각에 가슴이 답답했다. 너무나도 실망스러운 결말처럼 느껴진 것이다. 나는 불쑥 이렇게 말했다.

"여보, 우리 여기서 살아도 되지 않을까?"

웬디는 레이크 디스트릭트로 다시 돌아온다는 상상을 해본 적이 없었다. 하지만 그녀는 내 말을 듣고 기뻐했다. 처음에는 좀 더 큰 집을 고려해보았지만, 배저 힐의 분위기가 이미 우리의 마음속 깊은 곳에 들어와 있었다. 상상력만 조금 가미하면 오두막을 심정적으로 확장할 수 있었다. 결국 우리가 그 언덕에 자리를 잡고 남은 생애를 함께 보냈으니, 어디에 사는지는 신경 쓰지 않아도 된다는 나의 말이 무색해졌다.

나는 대규모 원정을 눈앞의 목표로 삼고 있지는 않았지만 머릿속은 여러 가지 계획들로 가득 차 있었다. 그해 여름 닉 에스트코트와 나는 '황소'라는 별명을 가진 나렌드라 쿠마르Narendra Kumar의 초청을 받아 키시트와르Kishtwar에서 등반했다. 잠무Jammu와 카슈미르Kashmir에 있는 키시트와르는 인도 히말라야의 다른 지역들과 마찬가지로 외국인들에게는 폐쇄되어 있었기 때문에 우리에게는 절호의 기회였다. 우리의 목표는 브라마Brammah(6,416m)라 불리는 봉우리였는데, 젊은 의사인 찰리 클라크Charlie Clarke가 이끈 탐사원정대가 제공한 정보를 활용했다. 인도 측 대원에는 발완트 산두Balwant Sandhu라는 육군 대령이 있었다. 훗날 그 둘은 모두 나의 가까운 친구가 되었다. 닉은 내가 조직한 대규모 원정대에서 훌륭한 친구가 돼주었고, 나는 그에게 의존하게 되었다. 그는 다른 사람이라면 꺼리거나, 만약 한다 하더라도 그르치게 되는 곤란한 일들을 언제나 맡아줄 준비가 되어 있었다. 브라마는 무척 편한 도전 대상이어서 마치 알프스에 휴가를 간 기분이었다. 우리는 날씨가 좋지 않은 상황에서도 두 번째 도전 만에 정상을 손에 넣었다.

그다음 해에 나는 인도의 외진 곳에 있는 한 봉우리의 등반에 초청받았는데, 이번에는 네팔 서쪽 국경 인근의 가르왈Garhwal 지역이었다. 어릴

닉 에스트코트와 나는 환상적이고 행복한 소규모 원정대를 꾸려 키시트와르 히말라야에 있는 브라마(6,416m)를 초등했다. (크리스 보닝턴)

적에 W. H. 머레이Murray[57]의 글에서 접한 적이 있는 창가방Changabang은 높이가 거의 7,000미터에 이르는 아름다운 화강암 봉우리다. 제1차 세계 대전 이전 시기에 위대한 탐험가였던 톰 롱스태프Tom Longstaff[58]는 그 산을 "내가 본 산 중에서 가장 아름다운 산"이라고 표현했다. 창가방 주변 역시 아름답기는 마찬가지인데, 20세기 내내 사람들의 손이 거의 닿지 않은 고지대 초원과 전나무가 펼쳐진 곳이다. 에릭 십턴Eric Shipton과 빌 틸먼은 서쪽에서부터 인근의 난다데비Nanda Devi(7,816m)를 탐사했다. 그들은 리쉬 협곡Rishi Gorge을 통과하는 비밀의 문을 열고 창가방 기슭의 꽃으로 가득 찬 아름다운 성역으로 들어갔다. 영국-인도 합동원정대의 공동대장이 된 나는 이제 그들의 발자취를 따라갈 기회를 얻게 된 것이다.

델리에 도착한 나는 인도 측 공동대장인 발완트 산두를 만났다. 그는 대대 규모의 낙하산부대를 지휘하고 있었다. 그의 첫인상은 전전戰前의 영국 육군 장교를 희화화한 듯한 모습이었는데, 강렬하고 지적인 얼굴에 눈을 반쯤 내리깐 키가 크고 위엄 있는 인물이었다. 사실, 모두가 '발루Balu'라고 부르는 발완트는 알고 보니 자유로운 영혼이었다. 라호르Lahore 외곽지역에서 농부의 다섯 아들 중 하나로 태어난 그는 관대하고 교양이 있었다. 그는 산에 매료된 나머지 인도 산악계의 훌륭한 봉사자가 되었다. 발루는 인도의 알피니스트들이 기술적인 등반과 경량 원정등반에 대해 더 많이 배우기를 원했다.

발완트는 그의 대원들에게 나를 소개시켜 주었는데, 그중에는 셰르파 타시 체왕Tashi Chewang도 있었다. 그는 난다데비의 능선에 감청장치를 설치하는 CIA의 비밀작전에 참가하면서 톰 프로스트와도 친분이 있었다. 타시는 그 감청장치에 사용될 '스냅SNAP'이라는 핵연료 발전기를 옮겼다. (타시는 우리에게 "그 발전기는 매우 무거웠지만 몸을 따뜻하게 해주면서 삑삑 소리도 났습니다."라고 설명했다.) 나는 인도인 대원들에게 두걸 해스턴과 더그 스콧, 마틴 보이슨을 소개했다. 안나푸르나에도 동행했던 독립텔레비전뉴스(ITN)의 앨런 핸킨슨Alan Hankinson 역시 우리와 함께했다. 보통 그는 유명 인사가 죽었을 때 레지널드 보산퀘트Reginald Bosanquet 옆에 등장하는 추모기사를 담당했다. (그는 "맞아요, 친구들! 당신들 모두 내 파일 안에 있어요."라고 말했다.) '행크Hank'라고도 불리는 앨런 핸킨슨은 원정대에 관한 책을 내기 위해 여러 사람들의 이야기를 수집하는 일을 맡았다.

나는 대규모보다는 소규모 원정대의 일원으로 활동하는 것이 훨씬 더 즐거웠고, 확실히 마음도 더 편했다. 우리는 또한 논의할 일도 많았다. 1973년 가을 일본 팀은 에베레스트 남서벽에 다시 도전했다. 이전과 마찬가지로 그들은 사우스콜을 통해 도전하는 등반조도 가동했다. 그들의 남서벽 도전은 우리가 실패했던 곳과 대략 비슷한 곳에서 끝났지만, 노멀 루트로는 정상에 도달하는 데 성공했다. 가을 시즌에 에베레스트가 등정된 것은 그때가 처음이었다. 그러고 나서 그해 12월, 나는 1975년 가을 시즌에 등반 허가를 받은 캐나다 원정대가 등반을 포기했다는 소식을 들었다. 내가 에베레스트 원정을 또 갈 수 있는지 그때는 곧바로 확신이 서지 않았지만, 경량등반을 하고 싶다는 생각은 변함이 없었다. 며칠 뒤 나는 신청서를 제출했다. 델리의 장교클럽에 도착해보니 나에게 허가가 떨어졌다는 전보가 와 있었다.

리쉬 협곡을 걸어 올라가 라마니Rahmani 빙하를 탐사하고 창가방을 정찰하는 동안 우리의 대화 주제는 자연스레 에베레스트로 옮겨갔다. 그렇게 작은 원정대와 움직이니 재미가 있었다. 번거로운 수송을 하지 않고 소규모 원정대로 표준적인 루트에 도전하는 것은 여전히 매력이 있었다. 게다가 1972년 당시 원정자금을 모으는 일은 신경이 많이 쓰였기 때문에 그런 일을 다시 하고 싶은 생각이 별로 없었다. 반면, 더그와 두걸은 바위지대에서의 해결책을 찾는 일에 관심이 많았다. "남서벽은 걸어서 올라갈 수 있는 곳이 아니잖아? 그래서 다른 곳은 전부 한 수 아래로 보여." 그의 말이 옳기는 했지만, 우리가 그곳으로 돌아가려면 나는 후원자를 찾아야 했다.

우리의 창가방 원정은 큰 성공을 거뒀다. 우리는 피터 보드먼Peter Boradman과 조 태스커Joe Tasker가 훗날 오르게 되는 서벽에 도전해볼 생각이었지만, 합동원정대가 도전하기에는 너무 어려워 보였다. 어쨌든 창가방은 미등이었기 때문에 가장 쉬운 루트를 찾는 것은 합당한 선택이었다. 그래서 우리는 십턴 콜Shipton Col로 이어지는 가파른 능선을 넘어 남벽 아래에 있는 창가방 빙하로 이동했는데, 그곳은 난다데비 성역의 안쪽 요지 중 하나였다. 날씨가 나빠 우리는 사흘 동안 텐트 안에서만 지냈다. 그러

나와 더그 스콧, 두걸 해스턴, 마틴 보이슨이 우아하게 솟아 오른 창가방을 살펴보고 있다.
(더그 스콧)

나 식량이 떨어질 때쯤 하늘이 맑게 개었다. 우리는 새벽 2시에 마지막 캠프를 떠나 14시간의 사투 끝에 정상에 올랐다.

내가 정상에 도착하니 앞장섰던 더그와 두걸은 눈 위에 앉아 있었다. 석양이 물든 경치는 놀라울 정도로 아름다웠는데, 티베트의 고원이 북쪽 지평선으로 끝없이 펼쳐져 있었다. 두걸은 늘 그렇듯 실용주의를 내보였다. "여기가 정상이라고 정하기로 했어." 나는 100미터 정도 떨어진 건너편의 다른 정상을 바라보았다. 그곳이 확실히 더 높아 보였다. "여기는 정상이 아니야."라고 나는 그에게 말했다.

두걸은 화가 난 표정을 지었다. "젠장, 그렇다면 내가 직접 가서 정상을 제대로 밟도록 하지." 마틴과 나는 더그와 두걸이 그곳으로 가는 동안 발완트, 타시와 함께 내려가기로 했다. 더그와 두걸은 우리가 4분의 1도 안 내려갔을 때 우리를 따라잡았다.

영국에 돌아와 보니, 웬디는 배저 힐을 새롭게 단장하는 7주 동안이

나 아이들과 함께 이동식 주택에서 지냈는데도 불구하고 내가 오랫동안 집을 비운 뒤에 보인 모습 중에서 가장 즐겁고 편안해 보였다. 그곳의 날씨는 완벽했다. 그리고 그녀는 어느 때보다도 우리 주변 환경의 조용한 아름다움에 가까이 다가가 있었다. 조와 루퍼트도 새 학교에 잘 적응했다. 집 단장은 아직 끝나지 않았지만, 그것은 별로 중요하지 않았다. 우리는 이제 레이크 디스트릭트의 조용한 곳에서 천천히 뿌리를 내릴 수 있었다.

우리 집을 방문한 첫 손님은 2년 전 우리의 에베레스트 등반을 도와준 매우 강인한 페르템바Pertemba 셰르파였다. 그와 함께 지내는 동안 나는 그를 더 잘 알게 되어 기뻤다. 그 당시 20대 중반이었던 페르템바는 에드먼드 힐러리Edmund Hillary가 쿰중에 지은 학교에서 교육을 받은 최초의 셰르파 중 하나였다. 자신들에게 제공된 기회를 기꺼이 받아들인 원정대의 젊은 셰르파들은 자신들의 일에 훨씬 더 많은 통제권을 가지게 되었다. 나는 페르템바를 데리고 레이크 디스트릭트의 암장으로 등반을 하러 다녔다. 그는 또한 참을성 있게 나의 두 아들과 놀아주었고, 정원에 잔디를 까는 일도 도와주었다. 그가 떠날 때쯤 우리 사이에는 영원한 우정의 기반이 생겼다. 나는 우리의 에베레스트 도전에 그가 큰 힘이 되어줄 것이라고 직감했다.

원정대의 자금 마련이 쉽지 않아 나는 재도전을 주저했다. 그러나 뜻밖에도 일이 아주 쉽게 풀렸다. 조지 그린필드는 내가 에베레스트에 다시 갈지도 모르지만, 그렇다 해도 12,000파운드 정도만 드는 소규모 원정대로 갈 것이라고 생각했다. 내가 100,000파운드 정도가 필요하다고 말하자 그는 놀란 표정을 지었다. 그러나 그에게는 능력 있는 친구들이 있었다. 그중 한 명이 바클레이스Barclays은행 이사인 앨런 트리튼Alan Tritton이었다. 앨런은 지난 몇 년간 주목을 받은 여러 원정대의 조직위원회에서 활동했는데, 그중에는 비비안 푹스 경Sir Vivian Fuchs의 남극횡단 원정도 있었다. 조지는 나에게 그를 만나보라고 말했다. 일주일 후 나는 펠멜Pall Mall에 있는 그의 사무실로 찾아가 계획서를 보여주었다. 그는 친절했지만 확답을 주지는 않았다. 나는 집에 있는 캠핑카로 돌아가 지난 원정의 빚을 갚기 위해 창가방에 대한 글을 썼다.

그 후 나는 바클레이스가 우리를 후원해줄 것이라는 소식을 들었다. 기적 같은 일이었다. 나는 우리의 계획을 잘 설명해 바클레이스 회장인 앤소니 투크Anthony Tuke가 긍정적인 결정을 내리도록 도와준 앨런 트리튼에게 평생 감사의 마음을 가질 것이다. 투크는 직감을 따르기로 유명한 사람이었다. 그 일을 계기로 큰 회사가 그런 종류의 활동을 후원하도록 하려면 고위직 임원의 상상력을 사로잡아야 한다는 나의 이론이 증명되었다. 상업적인 측면에서의 정당화는 보통 나중에 따라온다. 투크 회장 밑의 임원들이 크리켓시합을 후원하려는 그의 소망을 거부한 지 얼마 되지 않았기 때문에 그들이 그에게 감히 거부의사를 표시할 수 없었다는 소문이 있었다.

바클레이스가 원정에 대해 보인 자신감에도 불구하고, 나는 그들이 경제적으로 곤란한 시기에 우리와 같은 공상적인 계획을 후원하는 일이 온당한지 의문을 품는 불만스러운 목소리에 주춤했을 것이라고 생각한다. 1974년에는 주 3일 근무에 스태그플레이션이 일어났다. 따라서 일단의 털북숭이들이 휴가 가는 비용을 큰 은행에서 지불해준다는 생각을 받아들이지 못하는 사람들이 있었다. 언론에는 기분이 상한 고객들의 투고가 날아들었고, 노동당 정치인인 존 리John Lee는 의회에서 따지겠다고 협박했다. 더욱 뼈아팠던 것은 켄 윌슨 역시 『마운틴』이라는 자신의 무대에서 성공 가능성이 별로 없는 원정에 그렇게 많은 돈을 쓰는 것이 과연 합당한지 의문을 제기했다는 것이다.

정확히 말하면 바클레이스가 우리에게 돈을 준 것은 아니었다. 그들은 자신들의 광고예산에서 원정대에 돈을 대출해주는 것에 합의한 것뿐이었다. 그 대출금은 우리가 원정 관련 서적 판매, 강연, 텔레비전 방영권 등을 통해 갚아야 할 돈이었다. 결과적으로 바클레이스는 돈을 돌려받았지만(물론 그들은 그것을 슬쩍 감추었다.) 우리 쪽에서는 갚아야 할 총액을 잘못 계산했을 수도 있다. 어쨌든 그들의 후원은 원정의 성공에 중요한 요소였다. 그렇게 많은 돈을 지출한 것이 정당했는지 판단하는 것은 어렵다. 나는 그저 오랫동안 많은 사람들이 그 원정 이후 신문이나 텔레비전을 보면서, 또는 우리의 보고서를 읽으면서 큰 기쁨을 느꼈고 약간의 영감도 받았다고 나에게 말해왔다는 사실 외에는 할 말이 없다.

나는 제일 먼저 비서를 구해야 했다. 새로 이사를 간 지역에는 아는 사람이 거의 없었기 때문에 나는 『컴벌랜드 뉴스Cumberland News』에 광고를 하나 실었다. 그러자 놀랍게도 나의 어머니와 같은 광고대행사에서 일을 해 서로 알고 지내던 루이즈 윌슨Loiuse Wilson이 광고를 보고 지원했다. 어머니와 함께 일한 그녀는 아웃도어를 더 가깝게 접하기 위해 얼스호 아웃워드바운드학교Ullswater Outward Bound School의 교장인 레스터 데이비스Lester Davis의 비서에 지원했고, 그곳에서 1급 강사인 제럴드Gerald를 만나 결혼했다. 그 후 그녀는 컴브리아 지역의 BBC 라디오에서 비서 일을 하고 있었다. 반짝거리는 눈을 가진 그녀는 기민하고 효율적으로 일하는 사람이었다. 그녀는 자신이 상관인 양 횡포를 부릴 수도 있다고 나에게 주의를 주었는데, 그 말을 들은 나는 추천서도 없이 그녀를 즉시 고용했다. 그녀는 나를 위해 25년간 일을 했고, 그녀의 남편 제럴드는 우리 모두에게 소중한 친구가 되었다.

오랫동안 나는 개인비서 문제에 있어서도 운이 좋은 편이었다. 2000년에는 마가렛 트린더Margaret Trinder가 루이즈의 일을 이어받았는데, 그녀는 이전에 1년 남짓 시간제로 근무한 적이 있어서 업무를 잘 알았다. 그녀

집의 작업실에서 『에베레스트—험난한 길』을 교정 작업하는 모습. 뒤쪽의 라이트박스에서 웬디와 주드가 나의 작업을 도와주고 있다. (크리스 보닝턴)

는 매우 훌륭한 개인비서였다. 매사에 철두철미한 그녀는 훌륭한 전화 매너를 유지하면서도 흔들림이 없었으며, 차분한 유머감각을 지니고 있었다. 그녀는 일흔이 훌쩍 넘은 2015년에 결국 은퇴했고, 그녀의 일은 주드 베버리지Jude Beveridge가 인수받았다. 1988년부터 웬디가 정리해온 나의 사진자료집들은 프랜시스 달트리Frances Daltrey가 맡았다. 그녀는 슬라이드를 관리하는 일을 멋지게 해냈고, 디지털 시대에 맞게 모든 것을 업데이트하기도 했다. 그들은 모두 한 가족처럼 지냈다.

바클레이스로부터 재빨리 자금을 마련한 덕분에 나는 원정을 준비할 수 있는 시간이 1년이나 있었다. 1972년에는 두 달뿐이었다. 따라서 나는 원칙을 지킬 수 있는 여유가 생겼다. 그보다 더 중요했던 것은 우리가 이미 그 루트에서 값진 경험을 얻었다는 것이었고, 등반을 해나가는 데 있어서 필요한 것이 무엇인지 잘 알고 있었다는 사실이었다. 나는 세 가지 문제에 집중했다. 첫째는 시간이었다. 겨울이 오기 전까지 시간이 촉박하다는 것은 고민거리였다. 두 번째는 충분한 양의 보급품을 고소캠프까지 올리는 문제였다. 마지막은 가장 중요한 것으로, 어떤 등반선을 선택하느냐의 문제였다. 1973년의 일본 원정대는 8월 25일에 베이스캠프에 도착했는데, 그 날짜는 우리가 1972년에 카트만두에서 에베레스트 베이스캠프로 카라반을 시작한 날이었다. 그때 우리는 2주 뒤인 9월 8일에서야 베이스캠프에 도착했었다. 베이스캠프에 일찍 도착함으로써 일본 원정대가 얻은 이득은 그에 따른 위험에 비해 더 많아 보였다. 물류 문제를 해결하는 정답은 더 많은 지원조와 셰르파들을 구하는 것이었다. 1972년에는 아래쪽 캠프에 보급품을 확보하기 위해 전진을 늦추어야 했던 때도 있었다. 우리에게는 본격적으로 등반에 임하는 대원 6명과 지원 업무를 맡은 대원 5명이 있었다. 1975년의 등반을 놓고 심사숙고하던 나는 각각 8명씩 선발하여 총 16명의 대원을 데려가기로 결정했다. 그래도 확신이 안 들어 나중에 2명을 추가했다.

루트는 바위지대를 넘어서는 문제만이 심사숙고의 대상이었다. 일본 원정대는 1969년의 정찰과 1970년의 등반에서 왼쪽으로 돌아 올라가는 깊은 걸리를 택했었는데, 그곳은 나도 1972년에 내려오면서 주시한 곳이 었다. 봄 시즌에는 낙석의 위험이 커서 그곳은 정말 좋지 않아 보였다. 그 후에 있었던 네 차례의 시도에서는 바위지대의 오른쪽 끝을 선택했다. 돈 윌런스가 목격한 것처럼 그곳에서부터 오른쪽으로 길게 횡단하면 남동 릉과 만나거나 1971년 봄에 두걸이 본 눈 덮인 걸리로 들어가는 것이 가능했다. 하지만 우리가 경험한 1972년의 가을 시즌에는 걸리에 눈이 없었다. 더그와 나는 바위지대의 오른쪽 끝은 가망이 없다는 데 의견일치를 보았다. 그 대신 왼쪽의 깊은 걸리가 훨씬 더 그럴듯해 보였다. 더군다나 그곳은 5캠프에서부터 오르면 빨리 전진할 수 있고, 따라서 사기가 올라간다는 점에서 매력적이었다. 이안 맥노트 데이비스와 그의 회사 컴셰어 Comshare 덕분에 나는 처음으로 물류의 흐름을 컴퓨터로 확인할 수 있었다. 그리고 캠프를 6개 이상 설치하는 것은 좋지 않아 보였다.

우리에게는 이미 서로를 잘 알고 경험이 풍부한 고소등반의 핵심 대원들이 있었다. 남서벽에서 두 번이나 등반을 한 두걸은 원정대의 중추 역할을 할 것이 분명했다. 더그는 그의 훌륭한 파트너였다. 그 둘만큼 외골수는 아니지만 마틴 보이슨 역시 당연히 선발해야 할 인물이었다. 그는 느긋한 스타일이지만 위대한 일을 해내고 싶어 하는 강한 욕구가 있었다. 닉 에스트코트와 그레이엄 티소는 내가 애당초 마음에 품고 있었던 에베레스트 경량등반에 기꺼이 참가하기로 되어 있었지만, 그레이엄은 남서벽 등반을 포기했다. 나는 그의 결정을 이해했다. 1972년의 원정에서 그는 장비를 맡아, 등반에 나서는 동료들을 위해 5캠프까지 짐을 져 날랐다. 만약 경량등반이었다면 그에게도 정상에 오를 기회가 있었을 것이다.

1972년에 6캠프를 설치하느라 힘을 많이 쓴 데이브 배스게이트 역시 참가하지 않았는데, 그는 좀 더 낮은 봉우리에 도전하는 소규모 원정대에 합류할 계획을 가지고 있었다.

나의 오랜 친구인 해미시 매키네스는 부대장을 맡기로 했다. 등반 장비를 개발하는 데 있어서 윌런스가 천재였다면, 해미시는 궁극의 기술자였다. 그는 우리의 산소 장비를 관리·감독했고, 1972년 우리의 캠프들을 엉망으로 만들었던 강풍에도 견딜 수 있는 새로운 박스형 텐트들을 고안했다. 처음에 해미시는 우리의 성공 가능성이 낮다고 생각했지만, 에베레스트의 유혹을 이기지 못하고 자신이 맡은 일에 점점 빠져들면서 비관론을 벗어 던진 것 같았다. 믹 버크도 마찬가지였다. "그러니까, 누군가가 이번에 정상에 올랐는데, 그 원정대에 끼지 않았다면 기분이 좀 그렇겠지?" 믹의 처지는 복잡했다. 카메라맨으로 입지를 다진 그는 이제 BBC에서 일하고 있었다. 과연 그는 등반을 하는 카메라맨으로 참가하고자 했던 것일까, 아니면 카메라를 가지고 다니는 대원이 되고 싶었던 것일까? 그는 대원이 되기로 결정했는데, 그 후 몇 년 동안 나는 그의 결정을 의아하게 생각하지 않을 수 없었다.

남은 두 자리 중 하나는 더그의 친구 폴 브레이스웨이트Paul Braithwaite에게 돌아갔다. 보통 '터트Tut'로 알려진 그는 그의 세대에서 손꼽히는 알피니스트였다. 미술을 전공하던 터트는 등반을 하기 위해 학교를 그만두었고, 생계를 위해 화가와 장식가로 일했다. 키가 크고 호리호리한 그는 천부적인 재능을 지닌 암벽 등반가로 난이도 높은 초등도 많이 했고, 파미르 고원에서 고소등반을 하기도 했다. 우리는 곧 좋은 친구가 되었는데, 시간이 지나면서 나는 그의 판단을 매우 존중하게 되었다. 다른 한 사람은 피터 보드먼이었다. 그는 겨우 스물셋이라서 에베레스트 원정대에 끼기에는 애송이에 가까웠다. 그러나 피터는 어린 나이에도 불구하고 이

매우 특별한 결혼식의 신랑 들러리들. (왼쪽에서 오른쪽으로) 토니 하워드, 더그 스콧, 제인과 폴 브레이스웨이트 부부, 데이브 클라크 그리고 수염이 덥수룩한 나 (크리스 보닝턴 사진자료집)

미 힌두쿠시의 매우 성공적인 원정대에 참가해 훌륭한 성과를 거두었는데, 거의 7,000미터에 이르는 코 에 몬디Koh-e-Mondi 북벽을 오른 것이다. 나는 그의 성숙함과 뛰어난 체력에 깊은 인상을 받았다.

그러나 주요한 몇몇 자리는 여전히 공석이었다. 지미 로버츠는 엉덩이 통증으로 고생하고 있었다. 그는 내가 자신의 부관 마이크 체니Mike Cheney에게 네팔에서 그의 역할을 대신할 수 있는지 문의했다는 말을 듣고 무척 반가워했다. 나는 마이크를 꽤 오래전부터 알고 있었다. 구르카 군인 그는 인도에서 차 농장을 운영하기 위해 전역했지만 안타깝게도 말기 암 판정을 받았다. 살 수 있는 날이 두 달밖에 남지 않았다는 말을 들은 그는 마지막 남은 삶을 불태우기 위해 의사의 만류도 뿌리치고 자신의 랜드로버를 몰아 네팔로 향했다. 프랜시스 치체스터와 마찬가지로 자신의 암을 이겨낸 그는 지미 밑에서 일을 했다. 네팔어를 유창하게 구사하는 그는 베이스캠프 매니저를 맡았다. 그는 또한 구르카군 출신인 애드리언 고든Adrian Gordon을 추천해 웨스턴 쿰의 2캠프를 관리하도록 했다.

그레이엄 티소의 대체 인물을 찾는 것도 시급한 일이었다. 다행히 나는 오랜 친구인 데이브 클라크Dave Clarke가 1972년의 원정 직전에 자원봉사자로 일하겠다며 나에게 편지를 보낸 일을 기억해냈다. 데이브는 내가 1960년대 초반부터 알고 지낸 도시 공학자였는데, 우리는 레이크 디스트릭트와 알프스에서 함께 등반했었다. 몇 년간 레이크 디스트릭트의 한 채석장에서 일한 그는 그 일을 그만두고 리즈Leeds에 등산장비점을 하나 열었다. 그는 그레이엄의 일을 맡을 이상적인 인물로 보였지만, 다양한 부류의 대원 18명뿐만 아니라 고소포터 38명, 아이스폴 포터 30명, BBC 스태프 4명, 『선데이 타임스Sunday Times』의 저널리스트 1명과 많은 베이스캠프 인원들의 장비를 챙기는 것은 너무나 엄청난 일이었다.

지원조를 더 찾는 것도 쉽지 않은 일이었다. 그것은 강력한 산악인들에게 정상에 오를 기회는 없지만 많은 수고를 해달라고 부탁하는 꼴이었기 때문이다. 다행히 마이크 톰슨이 100명의 인원을 위한 12주 분량의 식량을 관리하는 엄청난 임무를 맡기로 했다. 더그는 로니 리처즈Ronnie Richards를 추천했는데, 그가 파미르 고원에서 만난 로니는 나의 집 근처인 케스윅Keswick에 살고 있었다. 그레이엄 티소 역시 그가 적임자라며 지지의사를 표명했다. 그레이엄으로부터 "앨런 파이프Allen Fyffe도 꼭 데려가야 합니다."라는 말을 들었을 때 나는 다소 충동적으로 그의 건의에 동의했는데, 앨런은 지원조라기보다는 등반대원에 가까웠기 때문에 문제가 될 수 있는 선택이었다. 그는 스코틀랜드 최고의 빙벽 등반가 중 하나였다. 바클레이스 역시 나름대로 한 사람을 파견했는데, 마이크 로즈Mike

1975년 에베레스트 원정대 조직도

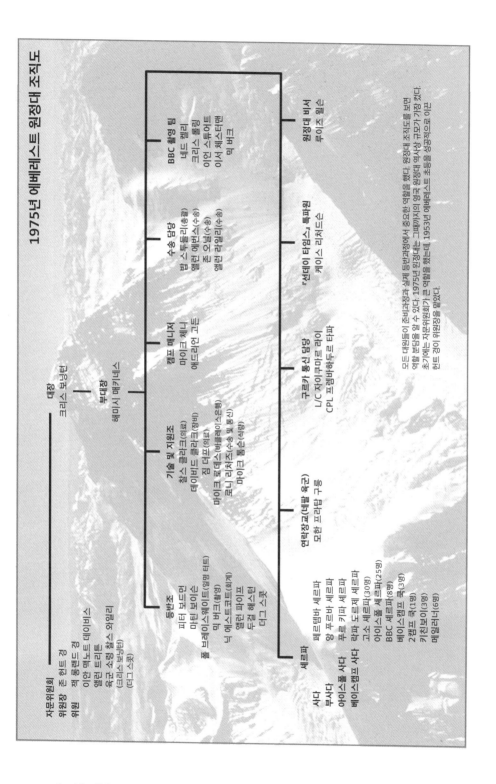

대장
크리스 보닝턴

부대장
해미시 매키네스

자문위원회
위원장 존 헌트 경
위원 잭 롱랜드 경
이언 맥노트 데이비스
앨런 트리트
육군 소령 찰스 와일리
(크리스 보닝턴)
(더그 스콧)

기술 및 지원조
찰스 클라크(의료)
데이비드 클라크(장비)
짐 다포(의료)
마이크 로데스(버클레이스은행)
로니 리처즈(수송 및 통신)
마이크 톰슨(식량)

캠프 매니저
마이크 체니
에드리언 고든

수송 담당
밥 스투들리(출발)
앨런 에번스(수송)
존 오닐(수송)
앨런 라일리(수송)

BBC 촬영 팀
네드 켈리
크리스 롤링
이언 스튜어트
이서 제스티맨
믹 버크

원정대 비서
루이즈 윌슨

등반조
피터 보드먼
마틴 보이슨
폴 브레이스웨이트(일명 티트)
믹 버크
닉 에스트코트(추게)
앨런 파이프
두걸 해스턴
더그 스콧

연락장교(네팔 육군)
모한 프라탑 구릉

구르카 통신 담당
L/C 자이쿠마르 라이
CPL 포렘바하두르 타파

『선데이 타임스』 특파원
케이츠 리처드슨

세르파
사다: 페르템바 세르파
부사다: 앙 푸르바 세르파
아이스폴 사다: 푸르 키마 세르파
베이스캠프 사다: 락파 도르제 세르파
고소 세르파(30명)
아이스폴 세르파(25명)
BBC 세르파(8명)
베이스 세르파(3명)
2캠프 쿡(3명)
키친보이(3명)
메일러니(6명)

모든 대원들이 준비과정과 실제 등반과정에서 중요한 역할을 했다. 원정대 조직도를 보면 역할 분담을 알 수 있다. 1975년 원정대는 그때까지의 영국 원정대 역사상 규모가 가장 컸다. 초기에는 자문위원회가 큰 역할을 했는데, 1953년 에베레스트 초등을 조율한 현돈 경이 위원장을 맡았다.

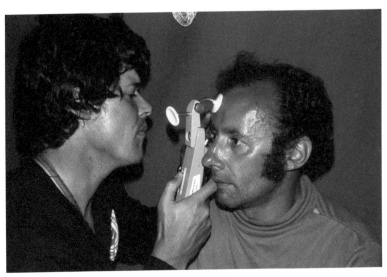

1975년 에베레스트 원정대. 의료 담당인 찰리 클라크가 고소 연구 프로젝트를 수행하고 있다.
(크리스 보닝턴)

Rhodes라고 불리는 그는 느긋하면서도 열정적인 젊은 암벽 등반가였다.

1972년에 의료를 담당했던 바니 로즈데일은 이제 말보로Marlborough 에서 의사를 하고 있었는데, 둘째 아이가 곧 태어날 예정이었다. 그의 자리를 채우기 위해 나는 바니와 매우 다른 인물인 찰리 클라크를 초청했다. 처음에 나는 이슬링턴Islington에 우아한 집을 가지고 있으면서 바츠 Barts에서 신경과 의사를 하는 소년 같은 곱상한 용모의 그가 이 일을 하기에는 너무 유약하다고 생각했다. 그래서 사람은 겉모습만 보고 판단해서는 안 되는 모양이다. 에베레스트에서 찰리는 한결같이 강인한 인상과 전문가다운 판단력을 보여주었다. 우리는 자문위원 중 한 명이었던 잭 롱랜드 경Sir Jack Longland의 제안에 따라, 두 번째 의사로 짐 더프Jim Duff를 초청했다. 그는 더그와 믹이 강력하게 추천한 인물로, 이미 네팔에서 일하고 있었다.

등반을 본격적으로 시작할 8월 말부터 거꾸로 계산해보니 7월 말까지는 네팔에 도착해야 했다. 마이크 체니는 안전을 위해 몬순이 오기 전인 5월 초까지 장비를 비롯한 모든 물자를 카트만두로 운송해야 한다고 조언했다. 나는 맨체스터에서 자동차 대여사업을 하는 친구 밥 스투들리Bob Stoodley로부터 지원을 받게 되어 육로 운송을 선택했다. 그를 통해 아주 저렴하게 16톤 트럭 두 대를 빌렸다. 그는 로니의 도움을 받아 모든 서류 문제를 해결했다.

4월 초, 리즈에 있는 쌀쌀한 창고에서 우리는 열정적인 보이스카우트 자원봉사자들의 도움을 받아가며 에베레스트에서 쓸 40톤의 짐을 분류하고 포장했다. 짐은 포터 한 명이 베이스캠프까지 옮길 수 있는 최대 무게인 27킬로그램에 맞추어 방수포장을 한 다음 규격화된 박스에 넣었다. 그리고 오랫동안 고생한 나의 비서 루이즈가 밤을 새워 짐의 목록을 타자로 작성했다. 4월 9일에는 우리가 빌린 대형트럭 두 대가 창고에서 네팔로 향했다. 수송은 밥과 로니 그리고 두 명의 전문 운전기사들이 맡았다. 그들은 11,000킬로미터를 달린 끝에 24일 만에 카트만두에 도착했다. 그곳에서 짐은 항공편으로 루클라Lukla로 수송된 후 남체바자르Namche Bazaar 위에 있는 셰르파 마을 쿤데Khunde로 옮겨져 마구간에 보관되었다.

이렇게 일을 미리 해놓은 덕분에 카트만두에 도착했을 때는 마음이 훨씬 홀가분했다. 내가 없는 동안에 웬디가 좋은 곳에서 잘 지낼 수 있다는 것도 내 마음이 홀가분했던 또 다른 이유였다. 카라반이 시작된 지 일주일 째 되던 날, 나는 에베레스트로 걸어 들어가면서 비서인 루이즈에게 이렇게 편지를 썼다. "지금까지는 다 좋습니다. 마이크 체니가 여기서 일을 조직적으로 잘 했습니다. 우리의 셰르파 쿡은 최고입니다. … 모든 것이 지난번보다 훨씬 더 편합니다. 등반이 분명 힘들어질 텐데, 그때를 대비해 이렇게 여유를 찾는 것은 좋은 일이 아닐까요?"

그러나 상황은 금세 안 좋아졌다. 나는 원정 초기마다 걸리는 독감에 걸렸다. 웬디가 키스 리처드슨Keith Richardson이 『선데이 타임스』에 보낸 속보의 일부를 오려 편지와 함께 보냈는데, 이해하기 어려운 기사였다. 키스는 원정대 내의 일부 대원들이 '원정대가 지나치게 조직화되었다'고 느낀다면서, 우리의 물자 보급 계획은 등반에 대한 압박으로 인해 무용지물이 될 것이라고 썼다. "(보닝턴의) 원정대가 실패한다면, 영국 클라이머들이 이 정도 규모로 다시 원정대를 꾸리는 데는 오랜 시간이 걸릴 것이다." 그는 원정대가 나이가 너무 많은 사람들로 구성되어 터트(폴 브레이스웨이트)나 피터 같은 젊은 사람들이 '손쉽게 산을 올라 선배들을 당황하게 만들지는' 않을지 의문스럽다고 말했다. 결국 그는 믹 버크가 어떻게 제일 예쁜 여자들한테 둘러싸여 있는지에 대한 질문을 던졌는데, 그것은 집에서 남편의 소식을 기다리는 베스가 읽기에는 거북스러운 내용이었다. 웬디는 편지에 이렇게 썼다. "참, 남자들에게 눈치와 감각을 어떻게 집중적으로 알려주지? … 지금 베스는 너무나 상처받기 쉬워. 정말로 깜짝 놀라 엄청 속상해하고 있단 말이야. 이 기사는 그렇게 비용이 많이 들어간 원정대에 아주 나쁜 인상을 심어주고 있어. 조지(그린필드)도 이런 것들을 상당히 불쾌하게 여기고 있어."

키스는 솔직담백한 요크셔 사람인데, 차라리 원정대와 거리가 멀어질지언정 자신의 기사를 어느 누구에게도 보여주지 않겠다고 직설적으로 거부의사를 밝혔다. 나는 그 둘 사이에 낀 신세였지만, 일련의 사건들이 일어나면서 그 문제는 자연스럽게 해결되었다. 키스는 고소순응에 애를 먹었다. 그가 의료 텐트 안에 앉아 기사를 쓰면서도 호흡곤란을 겪는 것을 본 찰리 클라크는 그에 대해 심히 걱정했다. (그의 마지막 기사에는 "나의 피부가 파랗게 변하고 있다. … "라는 문구도 있었다.) 당시의 새로운 진단법을 이용해 그의 눈을 검사해보니 망막에서 출혈증세가 발견되었다. 키스의 원정은 거기서 끝났다.

지극히 개인주의적인 클라이머들이 모인 거대한 집단을 관리하는 일은 분명 힘이 들었고, 나는 이따금 그 일을 제대로 하는 데 실패했다. 더그는 BBC 촬영 팀에 원정대에는 계층적인 요소가 있다면서 '그들, 대장들, 감독들, 상관들 그리고 우리들'로 구분된다고 말했다. 대원들을 나누기로 한 내 결정은 도움이 되지 않았다. 내가 한 일은 단순히 카라반을 하는 무리를 특히 식사시간에 관리할 수 있는 규모로 줄인 것뿐이었다. 마이크 톰슨은 "(크리스가) A팀과 B팀으로 구분한 것은 현명치 못한 처사로 보인다."라고 썼다. 대원들을 어떻게 나누었는지에 대해 많은 추측이 난무했다. 내가 속한 정상 팀이 마지막 공략을 하려는 것일까? 아니면, 마이크의 설명처럼 그 두 팀이 '녀석들chaps'과 '친구들lads'로 나뉜 것인가?

　　사실 여기에는 별 뜻이 없었다. 나와 함께한 사람들은 대부분 베이스캠프로 접근해 들어가는 데 있어서 각자가 맡은 일을 담당하는 사람들로, 셰르파 관리인이자 베이스캠프 매니저인 마이크 체니, 원정대 사다 페르템바, 장비 담당 데이브 클라크 등이었다. 반면 나는 베이스캠프로 접근해 들어가는 동안 친한 사람들을 서로 갈라놓으려 노력했는데, 대원들이 서로 잘 알게 되기를 바랐기 때문이다. 또한 나는 색다른 2인조의 조합을 미리 생각해놓았다. 두걸과 닉은 이론상 강력한 정상 공격조를 이룰 수 있는 대원들이었지만, 그들의 기질은 서로의 장단점을 보완해주지 않았다. 나는 일기에 이렇게 썼다. "터트가 성격이 매우 유순해, 내 생각에는 그가 닉과 잘 어울릴 것 같다. 그들은 이전에도 등반을 함께 한 적이 있었다." 나는 해미시가 여전히 정상에 대한 야심이 있는지, 그리고 두걸이 그에 대해 어떻게 생각하는지 조바심이 났다. 더그는 의욕이 대단하고 체력이 뛰어났지만 성격도 강한 편이었다. 내 생각에 두걸은 이런 것들을 걱정하지 않아도 될 것 같았다. 그리고 이렇게 덧붙였다. "이 정도로 큰 원정대를 꾸리면서 나는 내가 필요하다고 여긴 예비 전력도 데리고 올 수

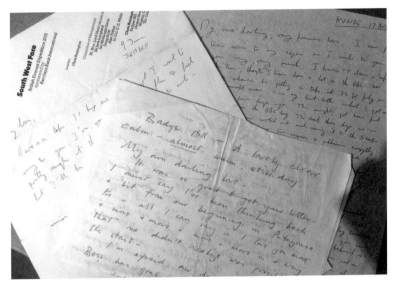

1975년 에베레스트 남서벽 원정 때 웬디와 주고받은 편지들 (크리스 보닝턴)

있었다. 하지만 그렇게 하면 그 예비 전력들은 어떤 때는 아무 일 없이 빈둥대거나 게을러질 수 있다는 의미도 된다. … 이런 문제는 내가 항상 예의주시해야 한다."

나는 웬디의 편지에 많이 의지했다. 아내는 나에게 걱정을 끼칠 만한 집 소식은 절대로 언급하지 않으면서 격려와 사랑을 듬뿍 담은 편지를 보냈다. "매일 밤 큰 더블침대에 들어갈 때마다 너무 허전한 느낌이 들어. 그런데 이른 새벽에 두어 번 정도 루퍼트만 한 작은 체구의 누군가가 옆으로 들어와 악몽을 꾸었다거나 무섭다는 말을 하는 거야. 내 생각에 당신이 없는 것에 대해 내가 무의식적으로 반응한 것이 아닐까 싶어." 그녀는 실질적으로도 지원을 아끼지 않았는데, 원정대에서 보낸 필름도 관리하고 대원들의 부인과 여자 친구들의 연락을 담당하기도 했다.

베이스캠프에 도착하고 나서 일주일이 조금 지나, 나는 일기에 이렇게 썼다. "지금까지는 일정대로 모든 일이 순조롭게 되어가고 있는 것 같다. 일이 잘 풀릴 때는 매우 만족스럽지만, 잘못되기 시작하면 짜증이 난다." 나는 2캠프 관리를 맡은 애드리언 고든이 놀라울 정도로 꾸준하면서도 지적인 모습을 보여 상당히 기뻤다. 마이크 체니는 암 투병 이후 건강이 항상 문제였지만 강인하고 노련했으며, 매우 똑똑했을 뿐 아니라 동정심도 많았다. 페르템바는 세르파들이 필연적으로 일으키는 문제들이 확대되지 않도록 잘 관리했다.

1972년에는 베이스캠프에 도착한 날이 9월 15일이었는데, 이번에는 그보다 이틀 빠른 9월 13일에 두걸이 바위지대로 나아갈 수 있는 5캠프 터에 도착했다. 나는 산의 상태를 기민하게 판단하는 그에게 의존했다. 텐트들은 중앙의 대 쿨르와르 오른쪽 안전한 곳에 설치되었는데, 루트의 크럭스인 깊은 걸리를 향해 왼쪽으로 횡단하는 곳 바로 아래였다. 며칠 뒤 나는 5캠프로 올라가 그곳에서 8일을 보내면서 더그와 함께 바위지대로 가는 루트를 뚫는 작업을 했다. 등반을 앞에서 이끌다 보니 장점도 있었지만 문제점도 있었다. 자격증이 있는 전기공학자인 로니 리처즈는 내가 작동이 잘 되지 않는 무전기를 흔들면서 송화구에 대고 고함을 치는데도 재미있다는 듯이 바라만 보았다. 결국 그는 내 무전기를 건네받아 침착하게 잘 수리해주었다.

터트와 닉이 바위지대를 공략하기 위해 올라가는 동안 믹과 나는 그들이 쓸 고정로프 더미를 메고 뒤따랐다. 그날이 원정에서 가장 힘든 날이었다. 루트는 겨울철 스코틀랜드의 걸리 비슷하게 급경사의 검은 바위들 사이를 곡선을 그리며 이어졌는데, 분설 눈사태가 벽을 타고 쏟아져 내렸다. 선등으로 나선 터트가 맞닥뜨린 첫 번째 장애물은 눈에 뒤덮인 거대한 촉스톤이었다. 평지였다면 쉬운 곳이었겠지만, 해발 8,300미터의 고도에서는 폐가 터질 것만 같은 필사적 사투를 벌여야 했다. 위로 올라갈수록 경사가 심해졌다. 터트는 산소가 떨어지자 좁은 바위 통로에 주저앉고 말았다. 그는 추락하려는 순간 바지에 오줌을 싸며 마스크를 잡아 뜯고 쉴 수 있는 곳까지 기어가, 닉이 있는 곳으로부터 30미터 위에 확보물을 설치했다. 만약 정말로 추락했다면 터트는 틀림없이 죽었을 것이다.

터트가 멈춘 곳은 걸리가 약간 넓어지고, 비스듬하게 기운 노란색 바위 아래에서 오른쪽으로 갈래가 난 곳이었다. 닉도 산소가 바닥났다. 그러나 믹과 나는 너무 당황한 나머지 우리의 산소를 줄 생각도 하지 못했다. 그럼에도 닉은 숨을 헐떡이며 램프를 올랐는데, 몸의 균형을 제대로 잡지 못하는 상황에서도 자신의 기술과 경험을 모두 동원해 힘겹게 발을 옮겼다. 그는 고글에 김이 서릴 정도로 무기력하게 숨을 계속 헐떡였다. 그는 바윗덩어리에서 손으로 눈을 쓸어낸 후 그곳에 매달려 절대 포기하지 않겠다는 투지를 보였지만, 아래에서 바라보던 우리는 그가 추락할까봐 안절부절못했다. 닉에게는 그곳이 자신의 정상이었다. 그는 패배를 인정할 줄 몰랐다. 터트와 닉은 자신들만의 힘으로 루트의 크럭스를 돌파해냈다.

우리가 5캠프로 돌아오자 두걸과 더그는 바위지대 위에 마지막 캠프인 6캠프를 설치할 준비를 하고 나서 그곳에 대기하고 있었다. 이제는 나의 결정만이 남아 있었다. 나는 정상을 향해 마지막으로 치고 올라가기 전에 하루를 쉬겠다고 선언했다. 그날 밤과 다음 날 아침, 나는 원정대의 앞날을 놓고 고민했다. 나는 원정대 내에서 타의 추종을 불허할 정도로 뛰어난 더그와 두걸의 2인조를 정상 공격조로 정해놓았지만, 그들의 컨디션이 좋지 않을 수도 있었기 때문에 그들에게는 내색하지 않았다. 원래 나는 두 번의 시도만 하기로 계획을 세웠지만, 날씨도 좋고 훌륭한 팀에 보급품 수송도 잘 되면서 이제는 두걸과 더그가 정상을 밟은 후 4명씩 두 조가 정상에 도전할 수 있는 상황이 되었다. 그렇다고 모두가 손쉽게 정상을 밟을 수 있는 것은 아니었다. 두걸과 더그가 6캠프(8,320m)로 올라간

다음 날, 나는 그들에게 설원을 가로질러 남봉으로 가는 곳에 고정로프를 설치하라고 말했다. 그것은 그들의 안전한 복귀도 확보하고, 뒤따르는 다른 공격조들의 성공 확률도 높이기 위한 것이었다. 그런 다음 그들은 정상 공격에 나설 예정이었다.

이제는 다음 정상 공격조를 고르는 일이 큰 과제였다. 정상을 밟고 싶어 하는 대원들이 너무 많았다. 닉과 터트는 정상에 오를 자격이 분명히 있었지만 바위지대를 돌파하면서 쌓인 피로를 회복하고 있었기 때문에 나는 그들을 앙 푸르바가 속한 세 번째 조에 편성했다. 셰르파들의 노고도 보상할 겸 각 조마다 셰르파를 최소한 1명씩 배치하는 것이 중요했는데, 그렇게 하다 보니 정작 대원들이 들어갈 자리가 넷밖에 남지 않았다. 5캠프에 나와 함께 있던 믹 버크는 도전할 자격이 충분했다. 앨런 파이프는 고소적응에 애를 먹고 있었다. 해미시는 눈사태를 당하며 가루눈을 너무 많이 들이마셔서 정상 도전에는 무리가 있었다. 결국 남은 사람은 피터 보드먼과 마틴 보이슨이었다. 오후 2시에 무전기를 켜고 그들에게 믹 버크와 페르템바의 조로 들어가라고 지시했다. 나는 세 번째 조로 들어가 터트, 닉, 앙 푸르바와 정상으로 향하기로 결정했다. 나는 무전기를 끄고 나서 그날 오후를 꾸벅꾸벅 졸면서 보냈다. 다음 날의 도전을 위한 휴식이었다.

오후의 약속된 무전 교신을 끝마치자 페르템바가 무전기를 잡고 셰르파들에게 지시를 내렸다. 지시를 다 끝낸 그는 찰리가 나에게 개인적으로 할 말이 있다고 한다면서 무전기를 넘겨주었다. 찰리는 나의 말이 불분명하고 가끔은 문장도 뒤죽박죽인 것으로 볼 때 고소에서 너무 오래 있었다며 세 번째 조에 들어가는 것을 재고하라고 환자를 안심시키는 의사의 목소리로 충고했다. 그러고 나서 그는 해미시를 바꾸어주었다. 나의 오랜 친구인 해미시의 또박또박한 스코틀랜드 억양이 무전기에서 흘러나

왔다. "크리스, 난 집으로 돌아갈 거야." 나는 충격을 받았지만 그의 결정을 이해했다. 그는 정상 공격조에서 제외되어 실망이 컸다. 해미시는 원정대를 위해 많은 일을 했다. 그는 아이스폴 지역의 루트를 정비했고, 남서벽에서 쓸 튼튼한 박스형 텐트도 고안했다. 나는 나의 문장이 뒤죽박죽이라는 찰리의 말에 동의하지 않았다. 그저 나의 인생에서 가장 복잡했던 물류 계획을 세우느라 그렇게 된 것으로 생각했다. 그러나 세 번째 조가 출발하려면 일주일이나 남아 있었는데 너무 길었다. 나는 전진 베이스캠프에서 원정대를 위해 할 일이 많을 것이라고 판단하고 나의 자리를 로니 리처즈에게 양보하기로 결정했다. 나와 같은 문제를 겪고 있던 믹에게도 함께 내려가자고 제안했지만, 그는 자신은 괜찮다면서 등정의 순간을 영상으로 담기 위해 남아 있겠다고 말했다.

다음 날인 9월 22일 아침, 모두 8명이 6캠프로 출발했다. 더그와 두걸이 앞장섰고, 나머지는 — 스키용 바지와 스웨터만 입고 그 둘을 바짝 뒤따라 올라간 앙 푸르바와 믹, 페르템바, 마이크 톰슨, 텐징Tenzing과 나는 — 그 둘이 정상에 도전할 때 쓸 장비와 산소를 옮겼다. 마이크는 자신의 한계를 훨씬 뛰어넘는 엄청난 노력을 보였다. 나 자신의 만족감도 이루 말할 수 없었다. 나는 내 역할을 다했다. 이제 성공은 두걸과 더그의 어깨에 달려 있었다. 9월 24일 2캠프로 돌아온 나는 그들의 진척 상황을 망원경으로 바라보았다. 그들의 모습은 남봉과 정상 사이의 작은 콜에서 저녁 늦게 마지막으로 목격되었는데, 여전히 정상을 향해 기어 올라가고 있었다. 텐트에서 근심걱정으로 잠을 이루지 못하고 누워만 있던 나는 무전기를 밤새 켜놓았다. 다음 날 아침 9시 결국 무전이 연결되면서 더그가 성공했다는 보고를 했을 때 나는 가슴 벅찬 감동을 느꼈다. 그들은 설동을 파고 들어가 역사상 가장 높은 곳[59]에서 비박을 하며 살아남았는데, 컨디션도 비교적 괜찮았다. 아마 그들만큼 험난한 고난을 이겨낼 수 있는 클라

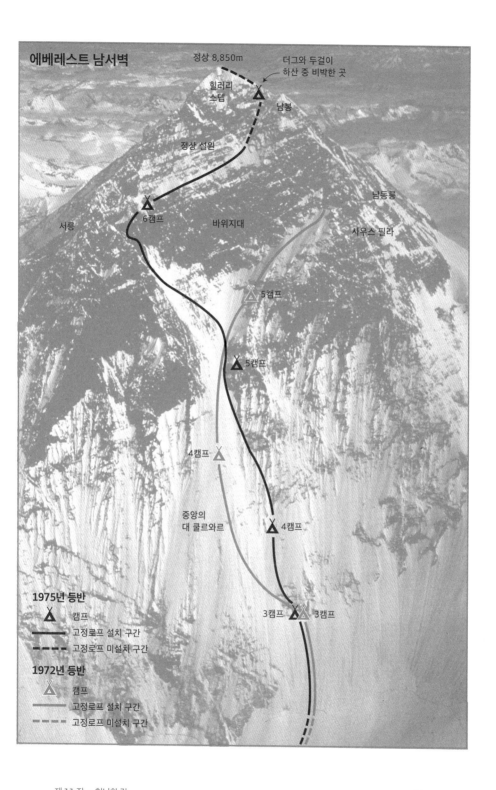

에베레스트 남서벽

정상 8,850m

더그와 두걸이
하산 중 비박한 곳

힐러리
스텝

남봉

정상 설원

남동릉

서릉

6캠프

바위지대

사우스 필라

5캠프

5캠프

4캠프

4캠프

중앙의
대 쿨르와르

3캠프

3캠프

1975년 등반

캠프

고정로프 설치 구간

고정로프 미설치 구간

1972년 등반

캠프

고정로프 설치 구간

고정로프 미설치 구간

이머는 별로 없을 것이다.

하지만 기쁨도 잠시뿐이었다. 두 번째 공격조가 그날 6캠프에 도착했고, 다음 날 아침에 정상을 향해 출발했다. 마틴은 산소 장비가 고장 나는 바람에 발길을 돌렸지만, 피터 보드먼과 페르템바는 오후 1시에 정상에 도달했다. 그들은 믹이 마틴과 함께 6캠프로 돌아갔다고 생각했기 때문에 하산 도중 힐러리 스텝Hillary Step 바로 위에서 그와 마주치자 몹시 놀랐다. 믹은 심지어 자신과 함께 정상으로 다시 올라가 영상을 촬영하자고 그들을 설득하기까지 했다. 그러나 피터 보드먼과 페르템바는 남봉에서 기다리겠다며 그 제안을 거절했다. 믹이 정상에 오른 것은 확실해 보였지만 오후 4시 30분이 되도록 나타나지 않았다. 폭풍설이 점차 거세지면서 햇빛마저 희미해졌다. 피터와 페르템바는 위험에 직면해 있었다. 만약 그들이 조금만 더 기다렸더라면 아마 그들 역시 죽음을 면치 못했을 것이다. 믹은 정상에서 내려오던 중 눈처마 가장자리에서 추락한 것 같다.

폭풍은 다음 날도 하루 종일 기승을 부렸다. 나는 건방지고 화를 돋우면서도 재미가 넘치는 믹이 돌아올 수도 있다는 실낱같은 가능성에 기대어보았지만, 마음속으로는 그가 이미 죽었다는 것을 직감했다. 또 하나의 원정이 바로 마지막 순간에 비극으로 끝났다. 이제 다음 조는 정상 공격을 포기해야 했다. 우리는 슬퍼했고 그가 자신을 얼마나 심하게 채찍질하는지 아는 내가 그에게 더 단호하게 대했어야 하는 것은 아닌지 후회했지만, 그럼에도 불구하고 원정대 전체가 성공에 대해 느낀 진정한 만족감은 부정할 수 없었다. 우리를 열렬히 지지해준 사람들조차 성공 확률은 반반이라고 할 정도로 의심의 눈초리를 보냈었기 때문이다. 마이크 톰슨이 '언더그라운드underground와 오버그라운드overground'라고 부른 원정대에서의 파벌은 사라진 지 이미 오래였다. 그리고 내가 감당해야 했던 가장 복잡하고 힘들지만 보람찬 원정대를 다루는 일 역시 막을 내렸다.

오거

시끄러운 헬기 아래로 인더스강의 거대한 협곡이 서서히 모습을 드러내더니, 이어 이슬라마바드Islamabad가 나타났다. 조종사의 음성이 헤드셋을 통해 들렸다.

"어디에 묵고 계십니까? 최대한 가까운 곳에 착륙하겠습니다."

"영국대사관이요."

"그곳은 안 됩니다. 가장 가깝게 착륙할 수 있는 곳이 골프장입니다."

우리는 18번 홀의 그린에 착륙했다. 골프를 치던 사람들이 프로펠러의 바람에 몸을 사리며 정중한 자세를 취했는데, 그들은 근사한 제복을 입은 파키스탄 장군을 기대했던 것 같다. 그러나 그들 앞에 나타난 사람은 팔에 어깨붕대를 한 채 붉은색의 지저분하고 긴 속옷을 단정치 못하게 입은, 덥수룩한 턱수염의 비쩍 마른 영국 산악인이었다. 헬기는 다시 이륙했고, 나는 클럽하우스로 걸어갔다. 내가 데스크로 다가가자 사람들이 나를 피했다. 나는 전화를 한 통 걸고 싶다고 말했다. 그리고 30분도 안 돼 대사관에서 친구가 와서 나를 데려갔다.

사실 산은 얼음이 덮인 거대한 바윗덩어리에 불과하기 때문에 산에 어떤 성격을 부여하는 것은 어리석은 짓일지 모른다. 그러나 오거Ogre (7,285m)는 나에게 해로운 존재로 다가왔다. 그때까지 전개된 이야기를 살

1975년 에베레스트 남서벽 원정을 성공적으로 이끈 나는 대영제국 3
등급 훈장을 받았다. 그 자리에 참석한 어머니와 함께 (보닝턴 사진자료집)

펴보면 그 봉우리는 우리를 갖고 논 악당이자, 고양이와 쥐 놀이를 하는
사악한 권력자였다. 그 봉우리는 우리를 때리고 할퀴고 한껏 즐겁게 가지
고 놀았다. 마지막으로 탈출한 나는 오지의 발트족 마을에 고립된 채 거
의 일주일을 혼자 지내야 했다. 우리 모두는 치유에 많은 시간이 걸린 정
신적·육체적 상처를 입었다.

　당연한 일이지만 에베레스트 남서벽 등반 이후 내 삶은 크게 바뀌었

다. 그리고 정도의 차이는 있지만 원정에 참가한 모든 사람들에게 변화가 찾아왔다. 한동안 우리는 공적 자산이 되었다. 사람들은 나에게 다음 목표가 무엇인지 물었다. 어떤 사람들은 마흔한 살이 된 내가 은퇴를 할지 모른다고 추측하기도 했다. 나는 존 헌트처럼 공직의 길을 걸어갈 수도 있었다. 정확한 표현인지 모르겠지만 확실히 나는 점점 더 기득권층 인물 같이 보이기 시작했다. 나는 대영제국 3등급 훈장(CBE)을 받았고, 영국 등산위원회(BMC)British Mountaineering Council의 부회장이 되었을 뿐만 아니라 스포츠위원회Sports Council의 위원으로도 위촉되었다. 또한 자선사업도 더 많이 해달라는 부탁이 쇄도했다. 하지만 에베레스트는 내 경력의 끝이 아니라, 단지 인생의 한 장章이 막을 내린 것뿐이었다. 물자를 제대로 보급하는 것이 너무 어려워 가장 복잡한 도전이기는 했지만 보람이 있었다. 등반용어로 표현하자면 에베레스트 남서벽 원정은 극지법 방식의 최고수위를 기록한 것이었다. 1975년 이후에도 여전히 많은 클라이머들이 고정로프와 산소를 이용하는 등반을 계속하기는 했지만, 톱 클라이머들은 그런 지원 없이 도전하는 쪽으로 관심을 돌렸다. 잘츠부르크에서 우리의 성공에 대한 기사가 실린 신문을 집어든 라인홀드 메스너는 그다음 위대한 도전이 무엇인지를 직감했다고 한다. 그것은 바로 에베레스트 무산소 등정이었다.

나의 등반 사랑은 그 어느 때보다도 커서 나는 은퇴할 생각이 전혀 없었다. 따라서 강연 일정이 훨씬 더 빡빡했고, 세계 각지의 이국적인 장소에서 열리는 비즈니스 모임에서 연설하기도 했다. 그러나 내 생활방식이 변한 것은 아니었다. 나는 프리랜서 작가이자 사진가에게 주어지는 자유를 즐겼고 가정을 사랑했다. 등반은 나에게 여전히 육체적인 힘을 요구하기는 했지만 마음에 안정을 주는 여가활동이었다. 내가 정말로 원했던 것은 대규모 원정대의 대장에게 강요되는 막중한 책임감 없이 유대감이 강한 소규모 원정대를 이끌고 산으로 돌아가는 것이었다. 그래서 1976년 여름에 더그 스콧이 나에게 전화를 걸어 카라코람에 있는 '오거'라는 별명을 가진 바인타브락Baintha Brakk에 도전하는 원정대에 합류하지 않겠느냐고 했을 때 나는 주저 없이 그의 제안을 받아들였다. 나는 그 원정등반이 에베레스트와는 사뭇 다를 것으로 기대했다. 소규모에 책임감도 필요 없어 원정등반이라기보다는 알프스에서의 휴가에 가까울 것이라고 생각한 것이다. 나는 파키스탄에서 등반해본 적이 없어 하루 빨리 그곳에 가보고 싶었다.

"터트와 두걸, 모 안트완Mo Anthoine과 클라이브Clive에게도 함께 가자고 했어."라고 더그가 말했다. "사진을 몇 장 보내줄게. 터트와 나는 거대한 돌출 바위를 공략하고 싶은데, 클라이브는 그 왼쪽에 있는 등반선을 더 좋아해. 함께 간다면 둘 중 하나를 선택할 수 있을 거야."

며칠 후에 사진이 도착했다. 오거의 정상은 치솟아 오른 능선들이 하늘 높은 곳에서 만나는 일반적인 모습과는 전혀 달랐다. 육중하고 땅딸막한 오거는 화강암 버트레스와 절벽들이 얼음 걸리나 설사면과 마구 뒤엉킨 채 바인타브락 빙하 위로 치솟아 마치 왕관을 쓴 듯한 세 개의 봉우리로 형성되어 있었고, 높이는 7,200미터가 넘었다. 더그는 엘 캐피탄처럼 보이는 화강암 필라를 따라 자신이 올라갈 등반선을 표시해놓았는데, 그 3분의 1 지점에는 마치 허리띠처럼 바인타브락을 두르는 설벽지대가 가로놓여 있었다. 그곳에서 더그의 등반선은 다양한 형태의 벽들로 이루어진 왼쪽의 능선이나, 아니면 서봉으로 곧장 이어질 수 있었다.

오거는 전혀 마음에 와 닿지 않았다. 그곳은 가장 쉬운 등반선을 선택해도 너무 크고 힘든 산 같았다. 더그가 점찍은 버트레스의 왼쪽에 있는 벽이 가장 쉬워 보였는데, 그곳은 눈과 바위로 된 여러 개의 리지들이 서로 뒤엉킨 채 이어져 있었다. 만약 그곳을 선택한다면, 그 후에는 허리띠 부분으로 횡단해 더그의 등반선을 가로지른 다음 오거의 남벽이라고 할 수 있는 거대한 설사면을 오르면 될 것 같았다. 그 설사면을 오르면 세 개의 봉우리로 향할 수 있는데, 가운데에 있는 것이 가장 높아 보였다. 두 걸 역시 나와 생각이 같았다. 오거는 극단적으로 어려워 보이는 봉우리 여서 그도 가장 무난한 등반선을 선호했다. 더그는 2명씩 세 조로 나누어 등반하자고 제안했다. 두걸과 나는 확실히 언질하지는 않았지만, 우리 둘 다 원정등반 참가를 당연하게 생각했다.

1977년 1월 나와 두걸은 함께 동계등반을 하고 나서 하계등반을 논 의하기 위해 차를 샤모니로 몰았다. 우리는 모 안트완을 태웠는데, 그 역 시 오거 대원이었다. 그는 영국 산악계에서 손꼽히는 위대한 인물로, 작 가이자 비평가인 앨 앨버레즈Al Alverez가 쓴 『쥐에게 먹이주기Feeding the Rat』라는 책을 통해 불멸의 존재가 되었다. 나는 1960년대에 햄스테드에 서 포커를 치면서 앨을 알게 되었다. 포커는 판돈이 커서 신경쇠약을 불 러일으키면서도 중독성이 대단했다. 앨과 그의 동료 대본작가는 나보다 도 돈이 훨씬 더 많았다. 1962년에 아이거로 출발하기 전날 밤 나는 여행 경비 100파운드 정도를 그곳에서 잃었지만, 새벽 5시까지 게임을 계속해 서 결국 다시 따냈었다.

안트완 역시 오랫동안 알고 지냈는데, 그와는 술집에서 우연히 마주 친 경우가 많았다. 활달하고 외향적인 성격인 그는 자유를 만끽하고 싶은 자신의 강한 의지에 해가 되는 것은 강박적이라 할 만큼 꺼리는 인물이었 다. 그와 조 브라운은 함께 아웃도어 사업을 시작했지만, 원정등반에 방 해받지 않기 위해 절대로 사업을 크게 키우지 않았다. 그가 해낸 진기한 모험들 중에는 그 전해 여름에 마틴 보이슨과 함께 한 트랑고 타워Trango Tower 초등이 있다. 안트완은 라블레Rabelais[60] 풍의 저속한 유머를 즐겼는 데, 그러면서도 자신의 유머를 통렬한 풍자로 쉽게 바꾸는 능력이 있었

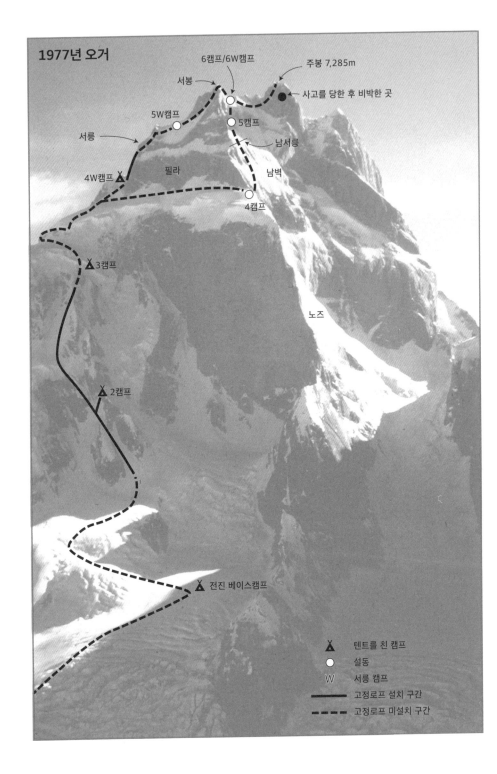

1977년 오거

6캠프/6W캠프

주봉 7,285m

서봉

사고를 당한 후 비박한 곳

5W캠프

5캠프

서릉

남서릉

4W캠프

필라

남벽

3캠프

노즈

4캠프

2캠프

전진 베이스캠프

텐트를 친 캠프

설동

W 서릉 캠프

고정로프 설치 구간

고정로프 미설치 구간

다. 공립학교에 육군 장교 출신인 데다 대영제국 3등급 훈장까지 받아 전국적으로 유명인사였던 내가 그의 풍자 대상이 되는 것은 어쩔 수 없었던 것 같다. 하지만 우리는 서로 친하게 지냈고, 나는 그와의 등반을 기대했다.

샤모니에 도착하니 날씨가 좋지 않았다. 두걸은 자신이 소설을 마무리하는 동안 샤모니에서 스키나 타라고 나를 설득했다. 조지 그린필드가 런던에서 원고를 기다리고 있다는 것이었다. 안트완과 나는 빌 바커Bill Barker와 함께 스키로 슬로프를 질주하며 며칠간 시끌벅적하게 보냈다. 우리는 모두 스키를 스스로 익혔기 때문에 기술은 형편없었지만, 꽤 대담했다. 일요일에 두걸에게 전화를 걸어보니, 그는 소설이 거의 다 되었다며 날씨가 여전히 나쁘기는 하지만 이틀 안에 샤모니로 오겠다고 말했다. 다음 날 저녁 우리가 르 샤모니아르Le Chamoniard에서 술을 마시고 있는데, 술집 주인인 티티 트레사미니Titi Tresamini가 나를 불렀다. 영국에서 전화가 왔다는 것이었다. 전화를 받아보니 웬디였다. 그녀는 울먹이며 말했다.

"두걸 소식 들었어?"

그날 레장에 있는 자신의 집 근처 라 리옹다La Riondaz에서 스키를 타던 두걸이 눈사태에 휘말려 사망했다는 것이다. 웬디는 나 역시 눈사태에 깔려 실종된 것은 아닐까 초조해하면서 나를 찾고 있었다. 내가 여전히 샤모니에 있다는 것을 그녀는 모르고 있었다. 클라이머로서 어느 정도는 익숙한 충격과 슬픔이었지만, 이번에는 전혀 예상치 못한 사고여서 마음이 더욱 아팠다. 두걸은 고산에서도 아슬아슬하게 살아남은 적이 많았기 때문에 집에서 그렇게 가까운 곳에서 스키를 타다 사망했다는 사실은 이상하게도 운명적이라는 생각이 들었다. 우리는 그런 상황에서 보통 하는 것처럼 밤새 술을 마시고 넋두리를 쏟아냈다.

두걸은 마음이 맞는 등반 파트너이자 좋은 친구였기 때문에 그의 죽음은 큰 슬픔으로 다가왔다. 우리는 텐트를 함께 써도 서로 대화를 많이 하지 않았다. 그는 윌런스와는 다르게 말을 아꼈고, 그렇게 해서 갈등을 피했다. 원정대장으로서 나는 그의 도움을 많이 받았다. 닉 에스트코트처럼 그와도 아주 가깝게 지내지는 않았지만, 사실 그와 가깝게 지낸 사람은 별로 없었다. 그에게는 깊이를 알 수 없는 그 무엇이 있었다. 조지 그린필드는 두걸과의 마지막 짧은 경험을 통해 그런 불가사의한 느낌을 어느 정도 감지할 수 있었다고 한다. 그는 사고를 당하기 직전인 금요일에 조지에게 소설을 다 썼다고 연락했다. 그리고 그가 죽은 지 하루가 지난 화요일에 조지의 사무실로 소설 원고가 든 소포가 도착했다. 소설의 주인공은 레장에서 국제등산학교를 운영하는 프로 스키선수로, 자신의 스키로 눈사태를 일으킨 다음 그 눈사태를 앞질러 스키를 타고 내려오는 것을 즐기는 인물이었다. 물론 두걸이 그대로 따라하다 죽은 것은 아니었다. 그는 그저 운이 나빴을 뿐이다. 그러나 조지는 그 원고를 읽으면서, 가르랑거리는 고양이처럼 빈둥대는 두걸이 자신의 책상 맞은편 팔걸이의자에 푹 파묻혀 있다는 느낌을 지울 수 없었다고 한다.

나의 상실감과는 별도로, 그해 여름에 오거를 함께 오를 파트너 한 명이 비게 되었다. 그러나 그 자리는 닉 에스트코트가 채울 것이 뻔했기 때문에 다행스럽게도 그렇게 깊이 고민할 필요가 없었다. 더그는 재빨리 닉의 성실하고 조직적인 능력을 이용해 식량을 준비하는 일을 그에게 넘겼다. 때마침 등산장비점을 연 터트는 우리에게 필요한 장비들을 선별했다. 클라이브 로우랜드Clive Rowland는 파키스탄까지 안트완의 밴을 몰고 와 이슬라마바드에서 우리와 합류하기로 했다. 나는 사실 할 일이 별로 없어서, 이번 원정은 지난 몇 년간의 고생 끝에 찾아온 달콤한 휴식이나 다름없었다.

우리는 다행스럽게도 캐롤라인 위버Caroline Weaver와 함께 지냈는데, 대사관에서 비서로 일하는 그녀는 그 전해의 트랑고 타워 원정 때 안트완의 친구가 되었다. 우리는 영국인클럽British Club에서 술이 잔뜩 쌓여 있는 술집과 수영장 사이를 오가며 시간을 보냈고, 무더운 라왈핀디Rawalpindi의 먼지투성이 시장에서 포터들의 식량으로 쓰기 위해 쌀과 밀가루, 콩 등을 여러 부대 구입했다. 그때는 카라코람 하이웨이Karakoram Highway가 완공되지 않아, 출발지점까지 가는 유일한 방법은 불안하기로 악명 높은 비행기를 타고 스카르두Skardu까지 이동하는 것이었다. 그곳에서 비행기를 기다리다 보면 수주씩 발이 묶이는 것이 보통이지만, 우리는 일정보다 겨우 하루가 지연되었을 뿐이다. 포커 프렌드십Fokker Friendship이 이슬라마바드를 둘러싸고 있는 작은 언덕 위로 솟아오르자, 하얀 봉우리들이 구름 위로 모습을 드러냈다. 더그와 나는 창문으로 다가가, 사진 촬영은 안된다는 연락장교 알림Aleem 대위의 하소연을 무시하고 사진을 찍었다.

나에게는 모든 것이 낯설었다. 스카르두를 굽어보는 허물어진 요새, 크롬과 화려한 색의 페인트로 칠해진 트럭들, 인더스강을 건너는 나룻배의 사공을 도우며 노래를 부르는 포터, 이른 아침의 햇살에 반짝이는 강물과 그 바로 위의 황량한 사막들. 나는 주변의 경치와 소리만을 받아들이며 아무 역할도 없는 나 자신을 즐겼다. 나는 더그와 안트완이 일정을 서두르고 있을 때 입을 닫고 있는 것이 현명한 처사라고 생각했고, 포터의 선발을 아예 알림 대위에게 맡겼다. 서두를 필요가 없었다. 하지만 그것은 내가 결정할 문제는 아니었다. 나는 일기에 이렇게 썼다. "더그의 시스템이란 철저하게 감독하기보다는 될 대로 되라는 식이었다. 이론상으로 훌륭하기는 하지만…." 결국은 일정이 지연되었고, 우리는 포터를 선발하는 문제까지 개입했다. 그러나 나는 만족했다. 경찰 6명이 곤봉을 휘두르며, 모여든 군중을 통제하는 동안 안트완은 그 사이를 지나다니며 힘이 세 보이는 자들을 골랐다.

하지 메디Haji Medi는 아스콜레Ascole의 촌장이었다. 약삭빠른 눈을 가진 그는 키가 작고 통통했다. 그리고 양털 모자를 쓰고 집에서 짠 옷을 입고 있었다. 그의 손은 부드럽고 깨끗했다. 그곳의 땅 대부분을 가지고 있는 그는 남는 밀가루를 원정대에 팔아 짭짤한 수익을 올렸다. 평평한 지붕의 집들은 대부분 돌로 기초를 쌓고 진흙을 바른 네모난 1층 건물이었다. 집집마다 창고와 외양간이 있었고, 거주 공간은 작은 뜰과 연결되어 있었다. 지붕 위에는 땔감이 쌓여 있고, 햇빛에 말리는 고추와 살구가 널려 있었다. 작은 옥탑방도 있었는데, 더운 여름에는 집주인들이 그곳에서 잠을 잤다. 내가 10년 전에 갔었던 훈자Hunza 마을과 그곳을 비교하는 일은 무척 흥미로웠다.

클라이브 로우랜드는 가장 낯선 인물이었다. 더그의 오랜 친구인 그는 더그와 배핀섬에 간 적이 있었고, 1975년에는 비아포 빙하Biafo Glacier 초기 탐험에도 참여했었다. 클라이브는 안트완처럼 신랄한 유머를 구사했는데, 나는 나의 출신 때문이든, 대규모 원정대의 대장으로서의 명성 때문이든 그가 나를 탐탁지 않게 생각한다고 결론지었다. 내가 두걸의 자리에 닉을 대신 끌어들인 것을 그는 좋아하지 않는 것 같았다. 나는 클라이브, 알림 대위와 함께 비아포 빙하를 걸어 올라갔는데, 그만 캠프사이트를 지나쳐 버리고 말았다. 우리는 젖은 바위 아래에서 옹송그리며 그날 밤을 보냈다. 하지만 우리를 의기소침하게 만든 그 경험을 계기로 클라이브와 나는 조금 가까워졌다.

오히려 나는 우리가 행방불명된 것에 대해 더그와 닉이 불같이 화를 내 더 놀랐는데, 그들은 우리를 찾으러 마지막 캠프사이트까지 돌아갔다가 다시 왔다는 것이었다.

"왜 캠프사이트로 일찍 돌아오지 않은 거야? 우리가 걱정하리라는 것을 뻔히 알잖아?"

우리는 잘못을 알고 있었기 때문에 도리어 약간 화를 내며 변명했다. 하지만 나는 더그의 걱정에 감동받았다. 그는 논쟁을 할 때는 공격적인 편이지만 마음이 따뜻한 사람이었다. 그날 나는 '고어텍스Gore-Tex'라는 새로운 종류의 천으로 된 침낭을 이용해 밖에서 별을 보며 행복하게 잠에 들었다. 그 천은 방수효과가 있으면서 희한하게도 응결된 물방울은 밖으로 빠져나갔다. 아이거 직등 이후 10년 남짓 흐른 시기였지만, 장비는 예측이 불가능할 정도로 빠르게 변화하고 있었다.

다음 날 우리는 바인타브락 빙하에 있는 베이스캠프 터에 도착했다. 우리는 깨진 바위들을 기어오르면서 모레인으로 된 높은 둑으로 올라갔다. 그랬더니 조용한 안식처가 펼쳐졌다. 움푹 꺼진 땅에는 잔디와 꽃이 널려 있었고, 작은 호수도 있었으며, 바윗덩어리들이 여기저기 흩어져 있었다. 그곳에는 이미 텐트가 몇 동 있었다. 우리는 또 다른 영국 원정대가 바로 옆의 라톡1봉Latok I에 도전하고 있다는 것을 알고 있었다. 마치 샤모니의 캠프사이트에 있다는 느낌이 들었다. 그날 저녁 폴 넌Paul Nuun과 토니 라일리Tony Riley가 이야기를 나누러 우리 쪽으로 건너왔고, 2주 전 피크 디스트릭트의 한 술집에서 그들을 만난 적이 있는 닉은 담소를 이어갔다. 오거 주위의 봉우리들이 별이 총총한 밤하늘을 배경으로 검은 실루엣을 연출한 그날 우리는 밤늦게까지 이야기를 나누었는데, 영국 산악계에 대해 험담을 늘어놓기도 하고 안트완의 터무니없는 이야기를 듣기도 했다.

우리가 기대한 수준의 조화는 유지하기 힘들었다. 2명씩 세 개 조로 하나의 봉우리를 오르면서 목적은 같지만 방식은 다른 운용이었기 때문에 필연적으로 좌절을 겪을 수밖에 없었다. 우리는 포터 중 제일 믿음이 가는 6명에게 전진 베이스캠프까지 짐을 옮기도록 한 다음 다양한 계획에 착수했다. 더그와 터트는 드라마틱하면서도 난이도가 높은 '노즈Nose' 쪽으로 향했다. 안트완과 클라이브가 베이스캠프에서 각자의 아내를 기다리는 동안 더그와 터트는 닉과 나에게 합류해 루트가 겹치는 부분을 함께 올랐다. 그러면서 우리는 '노즈'의 왼쪽에 있는 스퍼 — 궁극적으로는 서릉 아래쪽의 콜로 이어지는 — 와 눈의 걸리에 고정로프를 설치했다.

우리는 그 중간쯤의 작은 바위 돌출부에 캠프를 설치했는데, 그곳은 눈사태의 위험을 피할 수 있는 장엄한 둥지 같은 곳이었다. 우리 두 조는 그 캠프 위쪽으로 고정로프를 함께 설치해나갔지만, 식량과 등반 속도는 조별 계획에 따랐다. 안트완과 클라이브는 결코 서두르지 않았다. 그에 비해 닉과 나는 조바심이 났다. 우리는 날씨가 좋을 때 서둘러 콜에 오른 다음 알파인 스타일로 정상을 공략해야 한다고 생각했다. 서릉으로 루트를 잡은 안트완과 클라이브는 한껏 여유를 부리면서 아내가 도착하자 베이스캠프로 내려갔다. 한편, 자신의 루트 밑으로 접근하던 터트가 축구공만 한 돌덩어리에 허벅지를 정통으로 얻어맞는 사고가 발생해 일이 복잡해졌다. 터트가 당장 움직일 수 없게 되자 더그가 파트너가 없는 상황에 빠지고 만 것이다. 따라서 그들의 최초 계획은 거의 불가능하게 되었다.

6월 말에, 콜로 향하는 루트를 뚫고 나가던 닉과 나의 시야에 스퍼에 있는 우리의 캠프로 세 사람이 올라오는 모습이 보였다. 우리는 그들 속에 더그가 있을 것이라고 생각했다. 그러나 캠프로 내려가 보니, 그들이 가져다 놓은 것이라고는 가스통 몇 개와 피톤 몇 개 그리고 세 동의 로프뿐이어서 우리는 약간 당황했다. 오거를 진지하게 도전할 생각이었다면 더 많은 장비를 가져와야 했다. 그래서 닉과 나는 우리들끼리 콜로 올라서는 데만 전념하기로 했다. 다음 날 오후에 캠프로 내려오니 안트완과 클라이브가 텐트를 한 동 더 쳐놓고 있었다. 그러자 불편한 우리 마음도 눈 녹듯 금세 사라졌다. 그곳에는 더그가 아니라 재키 안트완Jackie

Anthoine이 있었다. 그다음 날 콜까지 루트 개척에 나선 안트완과 클라이브는 능선마루 직전까지 고정로프를 설치하고 돌아왔다. 닉과 나는 이제 정상으로 치고 올라가기로 결정했다. 우리는 일주일분의 식량과 연료가 있다고 판단했는데, 그 정도면 정상에 갔다 오기에는 알맞은 양이었다.

다음 날 아침 우리가 20킬로그램의 짐을 어깨에 짊어지고 출발할 때도 안트완과 클라이브는 텐트 문을 닫고 여전히 침낭 속에서 뒹굴고 있었다. 따라서 그들은 짐을 지고 우리를 뒤따라올 수 있는 상황이 아니었다. 특히 그들에게는 식량이 부족했다. 그들은 계획이 불투명했는데, 터트가 회복되지 않으면 더그가 나중에 자신들과 합류할지 모른다는 말만 되풀이했다. 500미터 정도 되는 고정로프는 무너져 내릴 듯한 설릉까지만 설치되어 있었다. 그 부분에 설치할 고정로프가 없어 우리는 양쪽이 까마득한 낭떠러지인 그곳의 마루에 올라섰고, 다행히 다음 로프의 아래쪽에 도착했다. 그곳의 마지막 구간은 동그랗게 말린 듯한 벼랑 끝 눈덩어리 아래까지 이어졌다. 나는 배낭을 벗고 모퉁이를 돌아 앞서 나가면서, 겉은 부드러운 눈으로 덮여 있지만 속은 단단한 얼음인 긴 터널을 기어올라 살짝 솟아오른 널찍한 콜의 플라토plateau[61]에 도달했다.

오전 동안의 팽팽했던 긴장감도 어느덧 사라졌다. 우리는 스스로의 힘으로 등반에 전념해 벽을 넘어섰다. 나는 고정로프를 타고 내려와 먹을 것을 집어 들었고, 그 사이에 닉은 캠프사이트를 만들었다. 25킬로그램의 묵직한 배낭을 멘 채 로프를 오르내리고 아찔한 얼음 능선을 건너면서 녹초가 된 나는 캠프로 돌아와 텐트 안에서 스토브로 먹을 것을 만드는 소리를 듣자 마음이 편안해졌다. 그날 밤 우리는 둘 다 잠을 잘 잤는데, 닉은 낮 동안의 힘든 작업으로 워낙 피곤했기 때문에 내가 코를 고는 소리에도 잠을 설치지 않았다. 알람은 새벽 2시에 울렸지만, 우리는 아무 말도 없이 1시간을 더 꾸벅꾸벅 존 다음 내가 아침식사를 준비했다. 텐트에서 기어

나왔을 때는 어느덧 새벽 5시였다. 우리는 몹시 추운 어둠 속에서 미로 같은 크레바스를 뚫고 콜의 꼭대기로 올라갔다.

'허리띠'로 이어지는 설사면에 도착했을 때에도 산은 여전히 어둠에 잠겨 있었다. 우리는 그곳을 횡단해 남서릉으로 간 다음 남벽으로 진입하기로 했다. 단단한 얼음 위에 부드러운 눈이 깊이 쌓여 있었기 때문에 불안한 등반이 되었지만, 앞서가던 닉이 갑자기 환호성을 질렀다. 과거에 실패한 일본 원정대가 남겨놓은 고정로프를 우연히 발견한 것이다. 그는 조심스레 고정로프를 당겨본 후 그것을 잡고 설사면의 꼭대기까지 올라갔는데, 그곳에서 그는 사용되지 않고 둘둘 말려 있는 로프 더미를 2개나 발견했다. 일본 원정대는 그곳까지 오른 다음 포기한 것이 분명해 보였다. 우리의 오른쪽으로는 밋밋한 화강암 벽 아래로 허리띠가 뻗어나가 있었다. 아직 오전 10시 반이었지만, 우리는 일단 캠프로 돌아가 다음 날 아침에 그곳을 다시 살펴보기로 했다.

다음 날 우리는 오거의 규모와 고립된 우리의 상황에 압도되어 초조해했다. 닉은 내가 너무 올라가거나 루트를 벗어났다고 소리를 지르곤 했다.

"내가 가장 좋은 루트를 골랐다고 믿으면 안 되는 거야? 입 닥치고 내가 하는 거나 봐." 내가 성마른 모습을 보인 것은 나 역시 그의 말이 맞을지 모른다는 사실을 인정한 꼴이나 다름없었다. 우리는 곧 서로 화를 풀었지만, 횡단하는 루트는 우리가 예상했던 것보다 불안정한 데다 훨씬 더 길었다. 드디어 남벽에서 모퉁이 너머를 볼 수 있었다. 우리와 오거 정상으로 이어지는 가파른 설원 사이는 화강암 슬랩 지대였다. 콜로 돌아온 우리는 가스통이 4개밖에 남아 있지 않다는 사실을 알고 당황했는데, 그것으로는 사흘을 버티기도 힘들었다. 아래쪽에서 다른 사람들이 올라오고 있는 모습이 보였지만, 내려가서 필요한 물자를 더 가져오는 일은 죽어도 하기가 싫었다. 우리는 설령 위험에 맞닥뜨린다 해도 선두 자리를 유지하면서 계속 별도로 움직이고 싶었다. 나는 텐트는 뒤에 놔두고 설동을 파자고 닉을 설득했다. 그는 나의 아이디어를 좋아하지 않았다. 그러나 다음 날 아침 출발할 때 우리는 둘 다 텐트를 챙기지 않았다. 배낭이 너무 무거웠기 때문이다.

우리는 1시간 반 만에 횡단구간의 시작지점으로 다시 돌아갔고, 오전 등반을 대비해 슬랩을 가로질러 로프를 두 동 고정시키기로 했다. 닉은 단단한 얼음을 조심스레 오른 후 크램폰의 앞발톱을 이용해 화강암 슬랩 지대를 넘어, 피톤을 하나 박고 우리의 로프 하나를 묶었다. 나는 그의 뒤를 따르면서 그다음에 펼쳐진 15미터 길이의 반들반들한 화강암 슬랩 지대를 불안한 마음으로 바라보았다. 그곳을 건너야 남벽의 눈과 얼음지대로 이동할 수 있을 터였다. 그곳은 스코틀랜드에 있는 '에티브 슬랩Etive Slab'과 비슷했다. 만약 추락한다면 어떻게 될까? 지금의 위치에서는 조금만 부상을 당해도 매우 심각한 상황이 될 수 있었다. 나는 아주 가는 크랙에 도달해 나이프블레이드knife-blade 피톤을 박은 후 긴장을 풀었다. 그런 다음 바위에 있는 눈을 치워 서 있을 수 있는 곳을 마련했다. 그 피치는 상당한 집중력을 요구했다. 1시간 반 동안 사투를 벌인 나는 상태가 아주 좋은 크랙에 피톤을 단단히 박아 넣었다. 그 위쪽은 양호한 얼음이었다. 나는 아이스스크루를 박고 로프를 잡아맸다. 마침내 남벽으로 가는 열쇠를 찾은 것이다.

그날 오후에는 설동을 팠다. 필요한 물자를 보관할 수 있을 만큼 눈의 언덕을 크게 파낸 우리는 6,500미터 이상의 높이에서 작업하느라 거친 숨을 몰아쉬어야 했다. 3시간 만에 안전한 쉼터를 만들어낸 후 밤에는 휴식을 취했다. 그때 알람이 울려 닉에게 머그잔으로 차를 한 잔 건네주었지만 그는 여전히 비몽사몽이었다. 전진 베이스캠프에서 일주일을 보

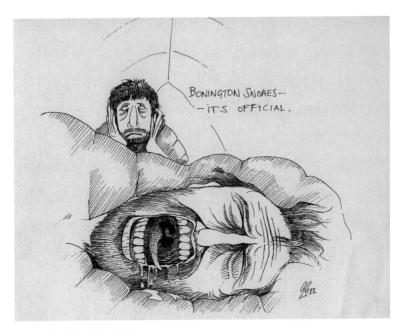

아마 설명이 필요 없을 것 같다.

낸 그는 상당히 지쳐 있었다. 하루를 쉬면 그만큼 가스가 더 사라지게 되는 절박한 상황이었다. 닉이 정신을 못 차리고 다시 쓰러지는 모습을 본 나는 그가 과연 계속 전진할 수 있을 정도로 컨디션이 좋은지에 대해 투덜대는 글을 일기에 썼다. 아침 늦게 일어나 원기를 회복한 닉은 자신의 일기에 이런 글을 남겼다. "크리스가 코를 골며 뒤척이는 통에 수면 부족이 쌓인 것 같다. 웬디는 그걸 어떻게 견디며 살까?"

　　오후에 나는 인내심 부족에 대해 부끄러운 마음이 들었지만, 나의 결심은 확고부동했다. 다음 날 아침 먹구름 덩어리가 몰려오는 것을 보았을 때도 마찬가지였다. 나는 휴식이 필요하다고 한 닉에게 한바탕 퍼붓고 나서는 곧바로 사과했다. 그것은 전적으로 나의 잘못이었다. 가스통이 하나 더 남아 있었기 때문에 우리는 최소한 시도는 해보자고 합의했지만, 전날 설치한 고정로프를 타고 오를 때쯤이 되자 눈보라가 휘몰아쳤고 사나운 구름들이 라톡 산군으로 몰려들었다. 단단한 얼음 위에 50센티미터의 눈이 쌓여 있는 상황에서 등반을 하는 것은 몹시 위험천만한 일이었지만, 나는 여전히 전진해야 한다는 생각뿐이었다. 닉은 내가 자신을 파멸로 이끌고 있다고 확신했다. 하지만 그는 계속해서 등반을 해나갔고, 내가 아래쪽에서 눈보라를 피하고 있는 동안 그 루트에서 가장 무시무시한 피치를 넘어섰다.

그날 밤 우리는 눈을 조금 파내고 그 안에서 버텼다. 그래도 머리 위쪽은 보호를 받을 수 있었다. 닉은 이렇게 기록했다. "차를 끓여 마셨다. 기분이 우울했는데, 크리스는 밤새 코를 골았다. 앉은 자세로 소용돌이치는 안개를 바라보던 나는 얼어 죽으면 과연 어떤 기분이 들지 궁금했다." 동이 텄는데도 날씨가 여전히 위협적이었기 때문에 우리는 잠시 기다렸지만, 날씨가 조금 개자 등반을 다시 하고 싶다는 마음이 들었다. 그러나 정상 타워 밑에 도착하자 의구심이 마음속 깊은 곳으로 슬며시 기어들어 왔다. 전진 베이스캠프에서 보았을 때는 이곳이 눈이 달라붙은 작은 혹처럼 튀어나온 곳으로 보였었다. 나는 정상까지 가는 루트에 걸리나 램프가 있을 것으로 예상했었다. 하지만 아래에서 올려다보니 타워는 난공불락의 거대한 요새였다. 우리에게는 피톤 8개와 가스통 하나 그리고 하루치 식량밖에 없었다.

"등반이 불가능할 것 같은데. 장비와 식량이 충분치 않아. 서봉으로 가는 건 어때?" 하고 내가 말했다.

그쪽이 훨씬 더 쉬워 보였기 때문에 우리는 두 정상을 잇는 능선마루 쪽으로 방향을 틀었는데, 능선에 도착하자 마술처럼 구름이 사라졌다. 밝은 태양 아래에서 오거의 어두운 북벽을 내려다보았다. 북쪽으로 봉우리들이 끝없이 펼쳐져 있었다. 세상에서 가장 극적인 자연의 풍경들로 둘러싸인 우리는 하늘을 날아오를 듯한 기분이었다.

"이봐, 주봉에 도전할 수 있을 것 같은데."

그러나 닉은 폭발 일보직전이었다.

"크리스, 제발 10분 동안 만이라도 결정을 번복하지 않을 수는 없어?" 우리로 하여금 주봉을 포기하게 만든 요인들은 여전했다. 나는 그의 말이 옳다는 것을 알고 있었다. 나중에 그는 자신의 일기에, 만약 우리가 나의 고집대로 했다면 그 위에서 살아남지 못했을 것이라고 썼다. 40년이 지난 지금에 와서 돌아보면, 그때의 열정에 나 자신도 놀라지 않을 수 없다. 우리는 밤을 지낼 설동을 판 후 태양 아래에서 휴식을 취했다. 다음 날 새벽은 날씨가 완벽했다. 닉이 심각한 인후염으로 기침을 하면서 피를 토하기도 했지만, 오래 걸리지 않아 우리는 서봉의 정상에 올라섰다. 비아포 빙하 전체가 발아래에 펼쳐진 경치는 매우 장엄했다. 그러나 겨우 200미터밖에 떨어져 있지 않고, 해발고도도 기껏해야 50미터밖에 높지 않은 주봉이 나를 비웃는 듯했다. 우리는 합리적인 선택을 했지만, 나는 무척 실망했다.

그날 저녁 6시에 우리는 '허리띠'에 있는 설동으로 돌아왔다. 대각선 방향으로 길게 로프 하강을 하면서 위험한 화강암 슬랩 지대를 건넜다. 그런데 다른 사람들은 어디에 있는 것일까? 그들의 흔적이 보이지 않았다. 콜로 돌아가는 횡단구간의 모퉁이를 돌자 그제야 비로소 텐트 2개가 보였다. 그런데 그곳에 네 사람이 있었다. 왜 이렇게 늦어진 것일까? 이런 경우 누구나 직감적으로 알 수 있는 것이지만, 원인은 사고였다. 누구에게 사고가 난 것일까? 우리가 다가갔을 때 안트완은 스토브 위로 몸을 숙이고 있었고, 더그와 티르트는 배낭을 꾸리고 있었으며, 클라이브는 텐트를 철수하고 있었다. 그들은 확실히 움직이고 있었지만, 우리가 다가가도 별다른 반응을 보이지 않았다. 우리의 정상 도전이 성공적이지 못한 것은 사실이었다.

그때 더그가 덤덤하게 말했다. "돈 모리슨Don Morrison이 죽었어." 그는 스노브리지를 건너다 크레바스 속으로 빠져 죽었다. 크레바스가 너무 깊어서 폴 넌이나 토니 라일리 역시 그를 구조할 수 없었다. 나는 그를 잘 알지 못했고, 위쪽에서 열흘을 보내면서 기력이 쇠진한 상태였기 때문에 그저 멍한 기분이 들었다. 그리고 우리가 서봉의 정상에만 올랐다고 하자 그들에게서 적개심과 안도감이 동시에 느껴졌다. 나의 마음은 우리가 무턱대고 정상으로 향했다는 것에 대한 죄책감과 실패했다는 실망감이 묘하게 교차했다. 다른 사람들은 우리가 오른 루트를 따라 정상으로 가는 것에는 관심이 없었다. 그들은 서릉을 밀어붙이고 있었고, 서봉으로 가는 길을 막고 있는 가파른 바위 필라 아래에 캠프를 설치하려 하고 있었다. 그들은 그곳에서 정상 도전에 나설 예정이었다. 나는 그들이 가진 식량과 가스를 살펴보았다.

"그게 다야?"

"그래, 이거면 충분할 거야." 하고 안트완이 말했다. 나는 그들에게 충분하지 않을 것 같다고 말한 다음, 우리가 얼마나 오래 걸렸는지 그리고 마지막 정상 타워가 얼마나 어려운지 설명해주었다. 그들 역시 우리와 똑같은 실수를 범할 위기에 처해 있었다. 물론 내가 오직 그들만을 위해 그런 충고를 한 것은 아니었다. 그들이 나의 말을 듣고 베이스캠프로 내려가 장비와 식량을 더 챙기면, 닉과 나는 휴식을 취할 시간을 번 후 다시 올라갈 수 있을 것이라고도 생각했던 것이다. 인후염으로 심하게 고생한 닉은 이미 2주일이나 과로에 시달리고 있었다. 내가 다른 사람들을 설득하는 동안 닉은 뜻하지 않게 더 오래 쉴 수 있었다. 그러자 안트완은 "크리스는 교활한 자식이야."라고 말했다.

베이스캠프는 초원에 펼쳐진 오아시스였다. 풀냄새를 맡을 수 있었고, 풀밭에 누워 풀을 직접 손으로 만질 수도 있었다. 그곳에서는 우리가 방금 전에 벗어난, 바위와 사방이 눈뿐인 가혹한 세계에 대한 두려움과 의구심이 머릿속에서 깨끗이 사라졌다. 폴과 토니는 돈 모리슨을 추모하기 위한 작은 케른cairn을 하나 만든 다음 짐을 쌌다. 더그와 다른 사람들은 밤늦게까지 이야기를 나누었지만, 피로를 이기지 못한 나는 슬며시 잠자리에 들었다. 나는 얼마나 많은 피로가 누적되었는지 실감했는데, 아침 식사를 위해 일어나는 것조차 쉽지 않았다. 나는 간단한 메모를 남겨 웬디에게 우리의 계획을 알려주었다. 더그와 안트완, 클라이브는 다음 날 다시 오거로 향했다. 우리의 계획은 그다음 날 내가 닉과 터트와 함께 '노즈' 밑으로 가서, 더그와 터트가 그곳에 놓아둔 장비를 회수한 다음 앞서 간 사람들을 따라잡는다는 것이었다. 하지만 우리가 전진 베이스캠프로 돌아오자, 닉과 터트는 더 이상의 등반이 불가능했다. 터트는 여전히 다리에 통증을 느꼈고, 인후염에 시달리는 닉 역시 회복 시간이 필요했다.

지금 생각해보면 그때 내가 혼자 올라가 다른 사람들을 찾기로 결정한 것이 신기하기만 하다. 만약 닉과 나만 그곳에 있었다면, 우리가 서봉의 정상을 오른 것에 만족하고 집으로 발길을 돌렸을지도 모른다. 이제 나는 2주일 만에 7천 미터급 봉우리에서 두 번째 신투르를 개척하겠다고 무모하게 매달리고 있었다. 우리가 실패했다는 감정과 성공적인 원정대에서 배제될 수 있다는 인간적이면서도 어찌 보면 유치한 두려움이 섞여 나에게 동기를 부여한 것은 아닐까? 새벽 3시에 벽으로 출발할 때만 해도 나의 결심은 그렇게 확고하지 않았다. 밤 기온은 따뜻했고, 눈은 여전히 부드러웠다. 스노브리지를 건널 때는 돈 모리슨과 같은 운명에 처할지도 모른다는 두려움에 신경이 날카롭게 곤두섰다. 눈의 표면이 쑥 들어갈 때마다 나는 공포를 느꼈다. 벽에 도착해, 안전한 고정로프를 타고 올라갈 때도 표면에서 눈이 녹아 단단한 얼음이 드러나 있었다. 한 걸음을 디딜 때마다 혼신의 힘을 다해 크램폰을 얼음에 박아 넣어야 했다. 나는 플라

전진 베이스캠프에서 오거를 배경으로 함께 모인 원정대원들. (왼쪽에서 오른쪽으로) 클라이브 로우랜드, 나, 닉 에스트코트, 더그 스콧, 폴 브레이스웨이트, 모 안트완. 우리는 포터도, 쿡도, 의사도 없는 초경량 원정대였다. (크리스 보닝턴)

토에 달랑 세워진 텐트에 도착했지만 너무 지쳐 먹을 것을 만들 수도 없었다. 겨우 차를 한 잔 마시고 나서 곧바로 잠에 빠져들었다.

다음 날 아침 고정로프를 타고 올라가자 다른 사람들의 모습이 보였다. 그들 셋은 나보다 훨씬 더 높은 곳에서 태양에 빛나는 화강암 필라를 오르고 있었다. 나의 전진 속도가 엄청나게 느려서 휴식이 필요하다는 사실을 절감했다. 그러나 다른 사람들이 나를 기다려줄 것 같지는 않다는 생각이 들었다. 혹시 날씨가 나빠지는 것은 아닐까? 나는 다른 사람들이 나를 어떻게 받아들일지에 대해서도 걱정이 되었다. 특히 클라이브는 베이스캠프에서 우리의 서봉 도전에 대한 불쾌한 기색을 적절한 욕설로 분명하게 표현하지 않았나? 하지만 그들은 난이도 높은 등반에 흥분해 하면서 나를 반겨주었다. 내가 오거로 다시 이끌려 돌아온 것은 자존심 때문만은 아니었다. 그것은 마지막 정상 타워에서 펼쳐질 흥미진진한 모험 때문이었다.

텐트가 너무 작아, 그날 밤 나는 고어텍스 침낭 속에 들어가 별빛을 바라보며 잤다. 다음 날 안트완과 클라이브가 필라 등반을 끝내기 위해 다시 올라간 사이 더그와 나는 식량을 더 가지러 아래 텐트로 내려갔다. 다시 올라오는 길에 더그가 얼마나 쉽게 나를 따돌리고 멀리 앞서 나가는지를 생각하자 사뭇 걱정이 되었다. 정상에 도전할 때 내가 제대로 해나갈 수 있을까? 그날 저녁, 상층구름 한 덩어리가 몰려와 다른 사람들은 하루를 더 기다리기로 했다. 나에게는 천만다행이었다.

다음 날은 청명한 하늘 아래 여명이 밝아왔다. 우리는 정상 도전에 필요한 장비를 챙겼다. 로프를 타고 올라가면서 보니 필라의 경사가 대단했다. 그리고 그곳을 오르며 동료들이 찾아낸 독창적이면서도 뱀처럼 구불구불한 루트를 보고 감명받았다. 그 루트는 처음에는 왼쪽으로, 그리고 그다음에는 오른쪽으로 향하다 얼음 걸리로 이어졌다. 필라의 꼭대기에 도착한 우리는 다음 등반을 위해 로프를 회수했다. 그로써 우리는 캠프로 돌아갈 수 있는 탯줄을 끊은 셈이 되었다. 그 위쪽은 낙관적인 더그조차 어쩔 줄 몰라 할 정도로 시간이 많이 걸렸다. 그날 밤 우리는 서봉 정상 조금 못 미치는 곳에서 비박했다. 다음 날 아침 서봉의 정상에 올라섰지만, 나는 그곳에 다시 돌아온 감회를 음미할 마음의 여유가 거의 없었다. 더그가 앞장섰고 나의 허리에는 그를 뒤따라갈 수 있는 로프가 묶여 있었다. 그날 오후 우리는 닉과 내가 작은 발코니 수준으로 팠던 설동을 더 넓게 파냈다.

다음 날이 되자 더그는 힘이 더욱 넘쳐 보였다. 우리는 바위로 된 능선마루 아래에 펼쳐진 가파른 설사면을 횡단했는데, 정상 타워 근처에서 경사가 더욱 심해지자 한 번에 한 명씩 건너갔다. 이제 정상 타워가 우리 머리 위로 치솟아 있었다. 더그는 얼음 통로로 이어진 첫 피치를 선등했다. 나는 가쁜 숨을 몰아쉬며 그를 뒤따랐다.

"내가 숨을 좀 돌리는 동안 네가 계속 선등하는 게 좋겠어." 하고 내가 말했다.

그는 곧바로 밀어붙였고, 로프를 고정시켜 놓고 정찰하는 동안 나는 주마로 뒤따라 올라갔다. 내가 올라갔을 때 그는 시야에 없었다. 나는 로프를 사려 정리한 다음 그의 발자국을 따라 조금 내려가다 모퉁이를 돌았는데, 그곳이 마지막 타워 아래의 콜이었다. 마지막 타워는 오버행에 열린 홈통이 걸쳐져 있어 등반이 가능할 것 같았다. 더그는 이미 피톤과 너트를 차고 다른 로프를 풀고 있었다.

"이젠 내 차례 아냐?" 하고 내가 말했다.

"애송이는 빠지는 게 좋지. 저 위쪽은 기술적으로 어려운 곳이야. 이미 시간도 늦었어."

더그의 투지는 나를 압도했다. 선등을 하나 내준 것에 불과했지만, 나는 주도권을 모두 빼앗긴 듯한 느낌을 받았다. 나는 너무 지쳐서 말싸움을 할 기력도 없었다. 아마 그의 말이 맞았을 것이다. 더그는 로프 끝을 붙잡고 둥그렇게 사린 나머지를 던졌는데, 로프가 심하게 꼬이는 바람에 나는 온갖 고생을 다하며 풀어야 했다. 나는 그 피치를 뒤따라 올라가면서 나도 충분히 선등할 수 있겠다는 생각이 들었다. 그런데 왜 나는 그토록 쉽게 압도당했을까? 하지만 가파른 벽에 가는 크랙이 나 있는 그 위쪽 피치는 대단히 위험해 보였다. 그런 곳의 선등은 피하고 싶었다. 내가 로프를 회수했지만, 중간에서 걸리는 바람에 다시 내려가 그것을 푸느라고 우리는 30분을 더 허비했다. 그러고 나서 나는 햇빛 아래에 앉아 더그를 끌어올렸다. 그때 안트완과 클라이브가 능선마루 위로 올라서는 모습이 보였다.

더그가 소리쳤다. "크랙이 막다른 길이야. 날 내려줘." 나는 로프를 이용해 그를 12미터 아래로 내렸다. "그만! 펜듈럼pendulum으로 오른쪽 크랙으로 갈 수 있을 거 같아."

그러더니 더그는 벽 위에서 좌우로 뛰기 시작했다. 그렇게 해서 충분한 탄력을 받은 그는 스카이훅skyhook을 잽싸게 내밀어 크랙에 닿았고, 손가락을 그곳에 끼워 넣었다. 그는 발 디딜 곳을 찾았지만 크고 투박한 워킹용 부츠가 미끄러져, 그네를 타듯 벽 위에서 다시 뛰어야 했다. 두 번째 시도 만에 마침내 성공한 그는 크랙에 매달렸고, 이번에는 부츠도 크랙에 집어넣었다. 그런 동작은 낮은 곳에서도 매우 힘들다. 하물며 7,000미터에서야 불가사의한 수준이라고밖에 할 수 없다. 나는 더그의 성취에 경이로움을 느꼈다. 그러자 선등을 하지 못한 억울함이 시나브로 사라졌다. 내가 그와 합류해 루트의 난이도에 대해 흥분하고 있을 때쯤이 되자 어느덧 해가 지고 있었다. 안트완과 클라이브는 설동으로 돌아가기로 결정했다.

나는 등반이 가능할 만한 곳을 찾아, 갈색 화강암으로 된 마지막 정상 타워로 이어지는 눈 덮인 능선마루를 올랐다. 움푹 들어간 곳을 찾았는데, 그곳을 통하면 더 쉬운 설원을 통해 정상까지 오를 수 있을 것으로 보였다. 나는 피톤을 하나 박았지만, 힘이 다 떨어져 더 이상 오를 수 없었다.

"네가 이리 와서 해봐." 하고 나는 더그에게 소리쳤다.

내 어깨를 밟고 기어 올라가는 데 성공한 그는 즉시 확보물을 설치했다. 그곳은 어깨를 빌리지 않으면 거의 불가능한 곳이었다. 나는 오도 가도 못하는 물고기 마냥 숨을 헐떡이며 더그의 발이 있는 곳에 올라섰다. 그러나 그는 크램폰도 착용하지 않은 채 로프를 풀며 눈 덮인 걸리로 재빨리 이동했다. 그의 에너지는 마치 폭발하는 화산같이 주변의 모든 것을 다 쓸어내리려는 듯, 멈출 수 없어 보였다. 그가 시야에서 사라졌지만 이내 외침이 들렸다. 마침내 정상에 올라선 것이다. 그가 있는 곳에 다다랐지만 승리에 취할 시간이 없었다. 주위는 이미 보랏빛 땅거미 속으로 빨려 들어가고 있었다. 우리는 비박 장비나 따뜻한 옷이 없었다. 그러나 우리는 마침내 오거를 등정했고, 이제 하산하는 일만이 남아 있었다.

K2 — 한 시대의 끝

그 순간을 나는 결코 잊지 못한다. 내 아래의 어둠 속에서 신음소리가 날카로운 비명으로 바뀌며 울려 퍼지더니 갑자기 사방이 쥐 죽은 듯 고요했다. 나는 로프를 당겨보았다. 로프는 여전히 팽팽했다. 그것은 더그가 아직도 로프에 매달려 있다는 확실한 신호였다. 조금 전만 해도 나는 주위의 산들을 넋 놓고 바라보고 있었다. 검은색의 날카로운 이빨들처럼 솟아난 라톡 산군과 인상 깊은 삼각형의 무즈타그 타워가 보였고, 멀리 남서쪽으로 거대한 낭가파르바트Nanga Parbat에는 석양빛이 드리워져 있었다. 등반을 하면서 겪은 좌절감을 떨쳐버리고 정상에 오른 기쁨을 만끽하던 순간 비명이 들려왔다.

정상 타워에서 먼저 더그가 로프를 타고 곧장 내려갔다. 그는 로프를 붙잡고, 내가 하강을 쉽게 하기 위해 미리 박아놓은 두 개의 피톤 쪽으로 축축한 슬랩을 횡단했다. 하지만 밤이 되면서 슬랩 표면의 습기가 얇은 얼음으로 변했다. 부츠를 신은 더그는 중심을 잃고 미끄러졌다. 그는 아찔한 곡선을 그리며 빙글빙글 돌아 시계추 운동을 했고, 반대편 벽에 부딪치려 하자 다리를 들어올렸다. 그 결과 두 다리 모두 발목 위쪽이 부러졌다. 만약 머리나 몸을 부딪쳤다면 그의 부상은 훨씬 더 심각했을 것이다. 나는 그런 상황도 모르고 로프를 다시 한번 당겨보았다. 의식은 있는 것일까? 어떻게 그가 있는 곳까지 내려가지? 로프에 그의 체중이 실려 있는 한 내가 로프를 타고 내려가는 것은 불가능했다.

그때 그의 목소리가 들려왔다.

"젠장 다리가 부러졌어."

나는 안도감을 느꼈다.

"로프에서 체중을 빼봐."

"해볼게."

더그가 바위 턱에 안착하자 로프가 느슨해졌다. 이제 나는 로프를 타고 내려갈 수 있었다. 걱정이 태산 같았지만 긍정적인 모습을 보여야 했다.

"어이, 친구! 이게 도대체 뭐야?" 그러나 나는 말투 조절에 실패하고 말았다.

캄캄한 어둠이 찾아왔는데 우리에게는 헤드램프가 없었다. 그때 몇 미터 아래에 눈이 쌓인 바위 턱이 보였고, 비박을 할 수 있을 만큼 넓어 보였다.

나는 짐짓 쾌활한 척하며 더그에게 말했다. "저 아래로 내려줄게. 걱정 마. 죽으려면 아직 멀었어." 그러나 나의 의도는 더그의 마음에 울림을 주지 못했다.

눈이 쌓인 바위 턱에 도착해 로프를 사린 후 더그가 일어나보려 했지만, 뼈가 서로 부딪치는 소리가 들렸다. 그는 비명을 내지를 정도로 고통스러워하며 무릎을 꿇는데, 그럼에도 나에게 기어와 눈을 파내는 것을 도와주었다. 우리에게는 식량이나 마실 것은 물론 여분의 옷도 없었다. 그렇지만 최대한 안전하게 밤을 보내려 노력했다. 우리는 서로의 가랑이에 양말을 신은 발을 넣어 따뜻하게 했다. 나는 통증을 악화시키지 않도록 주의를 기울이며 더그의 발가락을 주물렀다. 머릿속은 온통 설동까지 내려가 무엇인가를 마시고 싶은 생각뿐이었다. 깜빡 졸다가 깨어나 보니 더그가 내 발가락을 주무르고 있었다. 나는 그가 원하는 것이 무엇인지 알았다. 그는 부상을 입었기 때문에 동상에 걸릴 위험이 훨씬 더 컸다. 서서히 새벽이 밝아왔다. 우리는 탈출 준비를 했다. 나는 아주 조심스럽게 더그의 부츠를 다시 신겨주었다. 그러고 나서 우리는 정상 타워에서 로프 네 동 길이만큼 하강했다.

로프 하강을 마친 나는 동료들에게 상황을 알리기 위해 혼자 내려갔다. 그리고 설동 바로 앞에서 그들을 만날 수 있었다. 그들은 전날 저녁 더그가 추락하는 것을 목격하고 구조를 하러 올라오는 길이었다. 내가 설동 안으로 기어들어가 쓰러지자, 그들은 더그를 찾아 나섰다. 더그는 그 사이에 내가 내려온 길의 3분의 1지점까지 기어 내려와 있었다. 그는 막연히 기다릴 사람이 아니었다. 클라이브가 더그의 배낭을 받아 메고, 안트완은 눈에 양동이 모양으로 구멍을 파서 더그가 지나갈 수 있게 해주었다. 2시간 후 설동에 모두 모인 우리는 더그가 역경을 잘 이겨낼 수 있으리라 긍정적으로 생각했다. 우리에게는 진통제가 없었지만, 다행히 복합 골절이 아니어서 가만히 누워 있으면 비교적 통증이 덜했다. 우리는 그날 내내 먹고 마시고 카드놀이를 하면서 안트완의 농담에 다 같이 웃었다. 우리는 이틀 안에 벽을 완전히 내려갈 수 있을 것으로 확신했다.

다음 날 아침에 일어났는데 주변이 여전히 컴컴했다. 아직 이른 시간이라 생각하고 시계를 보니 아침 6시였다. 태양이 밝게 빛나고 있어야 할 시간이었다. 나는 안트완이 누워 있는 입구 쪽을 바라보았다. 그의 침낭은 눈보라로 덮여 있었고, 입구는 새로 내린 눈으로 막혀 있었다. 전날 저녁에 구름이 몰려오는 것을 무시했는데, 아뿔싸 날씨가 악화되었다. 클라이브와 내가 눈을 파낸 다음 밖으로 나갔다. 밖은 비명을 지르듯 날카로운 소리를 내며 바람이 불고 있었다. 클라이브는 내 확보를 받으면서 허벅지까지 빠지는 눈을 헤치며 서봉 쪽으로 향했다. 계속 그렇게 밀어붙이는 것은 아무 의미가 없었다. 우리는 안전한 설동으로 후퇴했다. 식량이 거의 다 떨어졌지만 우리는 낙담하지 않았다. 아래쪽 캠프에 보급품이 더 있었기 때문이다.

그러나 다음 날 아침이 되어도 폭풍은 멈출 줄 몰랐다. 우리는 움직일 수밖에 없었다. 깊은 눈을 뚫고 주마를 이용해 자신을 기다시피 끌어올려야 하는 더그는 온힘을 다 쏟아야 했다. 그가 서봉의 정상에 도달하는 데는 4시간이 걸렸다. 서봉의 정상은 눈이 바람에 날려가 바위가 이빨처럼 드러나 있었다. 안트완과 클라이브가 앞서 나가는 동안 나는 더그 뒤에서 추위에 몸을 부르르 떨며 로프를 회수해 사렸다. 반대편으로 더그가 로프 하강을 한 후 그 뒤를 따라가자니 신경이 곤두섰다. 나는 로프를 사려 챙긴 다음, 앞이 제대로 보이지 않는 상태에서 더그 뒤를 따라 다운 클라이밍down-climbing 해야 했다. 내가 추락해도 잡아줄 사람은 아무도 없었다. 그날 밤 우리는 안트완과 내가 올라올 때 파놓은 작은 설동에 몸을 간신히 집어넣었다. 그 안에 있던 모든 것은 녹아서 흘러내린 분설 눈사태로 뒤덮여 있었다.

온몸이 다 젖었다. 베이스캠프를 떠난 지도 어느덧 아흐레째였다. 다른 사람들은 나보다 이틀이나 더 있었다. 허기에 지치고 기력이 빠진 우리들은 추위에 특히 더 취약했지만, 아직 암봉을 따라 내려가야 하는 일이 남아 있었다. 안트완이 앞장섰고, 클라이브와 나 사이에 더그를 세웠다. 장비를 대신 짊어지는 것 외에 우리가 그에게 해줄 수 있는 것은 거의 없었다. 그는 불평 한마디 없이 조심스러우면서도 끈질기게 앞으로 나아갔고, 결국 우리는 암봉 꼭대기에 도착했다. 안트완이 재빨리 하강로프를 설치하고 나서 로프를 타고 아래로 사라졌다. 클라이브와 나는 더그가 소용돌이치는 안개 속으로 로프 하강하는 것을 지켜보았다. 이어 "완료!"라

클라이브 로우랜드가 탈출로를 여는 동안 내 확보를 받으며 오거에서 기어 내려가는 더그 스콧

(크리스 보닝턴)

는 고함소리와 함께 로프가 느슨해졌다. 클라이브가 뒤따라 내려가 나는 다시 한번 기다려야 했다. 이제 내 차례였다. 요령 있게 내려가던 나는 한쪽에 있는 클라이브를 발견했는데, 고정로프에 거의 다 왔다고 생각한 순간 쭉 미끄러지면서 머리를 처박았다. 위쪽의 앵커에 문제가 생긴 것일까? 나는 극심한 공포를 느꼈다. 이제 죽는구나! 바로 그 순간 나는 가슴 쪽에 강한 충격을 받고 멈추었다.

아래를 내려다보니, 두 줄의 로프 중 하나에는 여전히 내 카라비너가 걸려 있었다. 나는 상황을 금방 알아차렸다. 로프의 길이가 똑같지 않아, 짧은 로프가 하강기에서 먼저 빠져버린 것이다. 더그는 두 줄 모두 빠졌지만, 우연히 걸리를 가로질러 설치해 놓은 고정로프를 붙잡아 수백 미터 아래의 빙하로 떨어지는 참사를 피할 수 있었다. 그가 추락하면서 한쪽 로프를 붙잡아 길이가 달라졌고, 클라이브가 그 사실을 알고 긴 쪽 로프를 뾰족하게 튀어나온 화강암에 묶었다. 결국 그 덕분에 내가 멈추었다.

우리는 그 위기일발의 상황을 곱씹어볼 시간도 없었다. 폭풍설이 점점 거세어져 눈보라가 스퍼를 타고 아래로 쏟아져 내려 우리는 앞을 볼 수가 없었다. 그토록 심하게 고생을 했는데, 이제 죽을지도 모른다는 것이 믿기지 않았다. 하지만 결국 우리는 텐트에 도착했다. 안트완은 부지런히 텐트의 눈을 치웠다. 안전한 텐트 속으로 기어들어가 안트완이 끓여준 맛있는 차를 한 모금씩 마시며 나의 부상을 살펴보았는데, 처음에 생각했던 것보다 상태가 심했다. 가슴 통증이 심했고, 왼쪽 손목이 퉁퉁 부어올라 감각이 없었다. 나는 하루 종일 거의 인사불성 상태로 누워, 움직이거나 기침을 하지 않으려 노력했다. 그리고 고통을 줄이기 위해 갈비뼈를 감쌌다.

다음 날 아침에도 날씨가 여전히 나빴다. 나는 기분을 전환하기 위해 텐트 밖으로 나갔지만, 내 몸은 그 사이에 너무나 쇠약해져 있었다. 기침

우리는 거의 아무것도 못 먹고 오거에서 5일 만에 베이스캠프로 탈출했다. 갈비뼈 3개가 부러진 나를 클라이브 로우랜드가 천으로 둘러 묶고 있다. (크리스 보닝턴)

을 할 때마다 거품이 올라와 나는 병세가 혹시 폐수종으로 발전되고 있는 것은 아닌지 사뭇 걱정했다. 서둘러 내려가지 않으면 죽을지도 모르는 일이었다. 나는 텐트를 혼자 썼고, 다른 세 명은 좀 더 큰 터널형 텐트를 쓰고 있었다. 그 텐트로 가서 내가 느끼는 두려움을 하소연했지만 그들은 별로 공감하는 것 같지 않았다. 안트완의 말처럼, 시야가 확보되지 않은 상태에서는 우리 아래쪽에 있는 플라토를 건너갈 방법이 없었다. 꼼짝없이 우리는 날씨가 좋아지기를 기다릴 수밖에 없었다. 나는 농담 삼아 "이 얘기를 책으로 쓰면 우린 부자가 될 거야."라고 말했지만 그들의 반응은 냉담했다.

밤이 낮으로 바뀌면서 텐트 천에 햇빛이 드는 것을 본 나는 크게 안도했다. 바람은 여전히 강했지만 시야가 확보되어 우리는 이제 덫에서 빠져나갈 수 있었다. 따뜻한 햇볕을 느끼고 싶어 몇 미터마다 멈추어가며 전진한 나는 다음 날 저녁 베이스캠프에 도착했다. 7월 20일이었다. 그런데 그곳에는 텐트가 하나도 없었다. 닉과 포터들이 그날 아침 우리의 실종을 신고하기 위해 떠난 것이다. 안트완은 그들을 따라잡기 위해 재빨리 출발했다. 클라이브는 위쪽 어디에서 더그를 돌보며 내려오고 있었다. 우리가 주방으로 쓰던 허름한 천막만 덩그러니 남아 있었는데, 그곳에는 냄비와 팬 그리고 식량도 있었다.

나는 비스킷을 조금씩 잘라 먹고 수프를 마시면서 길게 자란 잔디 위에 누웠다. 닷새 만에 처음 음식을 입에 넣은 나는 시나브로 잠이 들고 말았다. 그러다 깜짝 놀라 잠에서 깼어났다. 어느덧 날이 저물고 있었지만 주위에는 아무도 없었다. 초조함과 죄책감에 사로잡힌 나는 부츠를 신고 헤드램프를 챙겨 길을 따라 다시 위로 올라갔다. 드디어 멀리서 불빛이 보였다. 클라이브였다. 그의 바로 뒤에는 더그가 손발을 써가며 갈라진 모레인 지대를 기어서 건너오고 있었다. 며칠 뒤, 그는 비아포 빙하에서 헬기로 후송되었다. 나는 그날 다시 돌아올 헬기를 타기로 하고 아스콜레 마을에 남았다. 그러나 헬기는 일주일이 지나서야 돌아왔다. 스카르두에 불시착해 수리를 하고 온 것이다. 마을에 혼자 남겨진 나는 정신 나간 사람처럼 조용히 시간을 보냈다. 예정된 날짜보다 심히 늦었음에도 불구하고, 내가 돌아오는 것을 확인하기 위해 이슬라마바드에서 나를 기다려준 닉에게 나는 크나큰 고마움을 느꼈다.

배저 힐의 집으로 돌아온 나는 8월 내내 거의 아무것도 할 수가 없었다. 갈비뼈 통증이 여전했고, 부러진 손목의 일부는 감각이 없었다. 폐에서 올라온 거품은 폐수종 때문이 아니라 부상으로 인해 생긴 한차례의 폐렴 때문이었다. 나는 몸무게가 10킬로그램이나 줄어들었다. 그 결과, 수백 미터를 걸어가려면 중간에 멈추어 휴식을 취해야 했다. 한동안 나는 웬디와 아이들을 다시 만난 것으로 만족했다. 그러나 시간이 지나자 새로운 원정계획을 세우고 싶었다.

오거에 초청받기 전부터 장기간의 거대한 도전 과제를 찾고 있던 나는 K2 등반 허가서를 제출해 놓았었다. 1976년 당시에는 그로부터 22년 전에 아르디토 데시오Ardito Desio[62]가 이끈, 재능 넘치는 대규모 이탈리아 원정대가 등정에 성공한 것을 제외하면 아무도 K2를 오르지 못했었다. 그들은 아브루치 능선Abruzzi Spur으로 알려진 남동릉을 올랐다. 그 후 K2에서는 다른 루트로의 등정 시도가 있었다. 짐 휘태커Jim Whitaker의 미국 원정대는 1975년에 북서릉으로 도전했지만 큰 성과를 이루지 못했다. 사실 K2의 서쪽은 전체적으로 험준해 보였고, 에베레스트 남서벽보다도 더 가팔랐다. 나는 소규모 원정대를 꾸려 신루트를 개척하고 싶었다. 따라서 1976년에 폴란드 원정대가 거의 등정에 성공할 뻔했던 북동릉에 시선이 끌렸다. 암벽등반은 시간이 많이 걸리기 때문에 소규모 원정대에는 눈과 얼음이 더 많은 루트가 적합해 보였다.

나는 에베레스트 원정을 함께했던 6명과 의기투합해 소규모 원정대를 결성했다. 그러나 두걸이 사망하면서 그 숫자가 다섯으로 줄었는데, 더그, 닉, 터트, 피터 보드먼 그리고 의사인 짐 더프였다. 오거로 떠나기 몇 개월 전인 1977년 2월, 우리는 글렌코의 클라체이그인Clacahaig Inn에서 만나 K2 계획을 논의했다. 그러나 에베레스트와 마찬가지로 나는 루트를 바꾸자는 압력에 시달렸다. 에베레스트에서는 더그와 두걸이 나에게 압력을 가했는데, 이번에는 창가방의 무시무시한 서벽을 등반하고 돌아온 피터 보드먼이 그 역할을 했다. 그는 K2의 서벽에 신루트를 개척하자고 강력히 주장했고, 예상대로 더그 역시 그의 생각을 적극적으로 지지했다. 그로 인해 상상력이 자극된 나는 원정대의 규모를 8명으로 늘리고 고정 로프를 설치한다는 전제 조건하에 그 제안을 받아들였다. 우리는 당시까지 미등으로 남은 서릉을 노리기로 했다. 오거에서 등반할 때 나는 멀리 보이는 피라미드 형태의 K2에 자주 시선을 빼앗기곤 했었다.

순진하게도 나는 에베레스트 원정에서의 경험을 믿고, 기업들이 우리를 후원하려 경쟁적으로 달려들 것으로 생각했다. 세계 제2위의 고봉인 K2를 등정한 영국인은 그때까지 아무도 없었다. K2는 에베레스트보다 더 어렵고 아름다운 봉우리였다. 우리는 또한 이미 검증된 팀이었다. 하지만 자금을 모으는 것은 만만찮았다. 다행히 내 에이전트인 조지 그린필드는 예상치 못한 곳에서 후원자를 찾아냈다. 한 칵테일파티에서 그는 우연찮게 런던고무회사London Rubber Company의 상무이사 부인을 만났다. 그 회사의 브랜드인 듀렉스Durex는 아직까지도 인지도가 높다. 그들은 새로운 시장을 찾고 있었는데, 우리가 이슬라마바드에 있을 때 들은 바로는 그들이 노리는 시장에 파키스탄도 포함되어 있었다. 그들은 우리의 총 예산인 60,000파운드의 3분의 1을 후원할 의향이 있었다.

계약의 일환으로 우리들은 각각 런던고무회사의 공장들을 한군데씩 방문해야 했다. 내가 가야 하는 공장은 이스트 엔드East End에 있었다. 액체 고무가 담긴 기다란 통에 수백 개의 남근 모형이 긴 스핀들에서 빙빙 돌면서 통에 담기는 모습은 아직도 눈에 선하다. 통의 양쪽에는 여자들이 앉아 있었는데, 그들은 다 만들어진 콘돔을 벗겨내는 일을 했다. 나는 마치 허례허식을 치러야 하는 왕이라도 된 것처럼, 정중하지만 의미는 전혀 없는 질문을 했다.

"품질관리는 어떻게 합니까?" 그러자 근로자 한 명이 남근 모형 하나를 꺼내, 여러 개의 콘돔 중 무작위로 하나를 골라 씌운 후 그 안에 압축 공기를 불어넣는 과정을 시연했다.

후원자를 확보하면서 원정대의 규모를 키울 수 있었지만, 그 과정에서 나는 오랜 친구 하나와 소원해졌다. 자리가 둘 있었는데, 마틴 보이슨은 당연히 그 자리를 놓고 경쟁할 수 있는 인물이었다. 1976년 여름 우리가 오거 근처에 있을 때 그는 트랑고 그룹의 하나인 네임리스 타워 Nameless Tower[63]를 멋지게 초등했다. 그는 어느 정도 K2에 갈 생각을 하고 있었다. 그러나 나뿐만 아니라 다른 사람 여럿도 그가 우리의 도전에 적합한 인물인지 의구심을 가졌다. 나는 그를 직접 만나 상황을 설명하는 것이 예의라고 생각했지만, 아뿔싸 일이 잘 되기는커녕 상황이 악화되고 말았다. 그 결정으로 우리의 관계는 곧바로 단절되었는데, 나는 안타까운 마음을 금할 수가 없었다. 우리의 관계는 수십 년이 지나고 나서 웬디가 병을 얻게 되었을 때에서야 회복되었다.

우리에게 힘을 실어줄 2명의 클라이머는 토니 라일리와 조 태스커였다. 그해 여름 라톡에 오른 토니는 영화 제작자였기 때문에 미디어와의 계약에 많은 도움이 될 수 있는 인물이었다. 조 태스커는 창가방 서벽에서 피터 보드먼의 파트너였다. 조는 우리 원정대의 형식적인 회의 절차에 힘들어했지만, 그 절차는 모든 사람들의 발언권을 보장해주고 다양한 의견들을 취합해 결정이 이루어지도록 하는 과정이었다. 조는 신학자가 되기 위해 신학대학에 다니는 동안 갈고닦은 기민하면서도 탐구심이 넘치는 지성의 소유자였다. 그는 원정대 계약서에 서명할 때 대원들이 언제든 대장에게 복종해야 한다는 조항에서 멈칫했다. 그 조항은 누구도 심각하게 받아들이지 않았었다. 우리가 사용한 계약서는 누군가 때문에 오래전에 조지 그린필드가 만든 것이었다. 그러나 조는 그 조항에 의문을 제기했고, 나는 그의 도전에 발끈했다. 나는 조가 쓸데없이 참견만 하는 사람이라고 판단했는데, 이는 기성 체제가 편하다고 여기는 관료라면 누구나 보이는 구태의연한 반응이었다.

K2에서는 지도력이라는 개념 자체가 시험 받는다. 적어도 나의 경우에는 그랬다. 나는 원정대를 이끌어야 하는 나의 임무 중 미디어와 후원자를 찾는 공적인 역할을 먼저 수행했는데, 조는 그런 나의 모습을 달가워하지 않았다. 피터 역시 나에게 거리를 두었지만, K2에서 우리가 함께 등반하고 일하면서 등반을 향한 나의 자연스러운 열정을 알게 되자 자신의 생각을 바꾸었다. 그러나 나의 공적인 역할로 인해 나는 동료들 사이에서 어느 정도 조롱의 대상이 되었고, 그에 대해 나는 가끔 과민한 반응을 보이기도 했다. 마이크 톰슨Mike Thompson은 『마운틴』에 「그 친구들과 다시 나가다Out With the Boys Again」라는 에베레스트 원정대에 대한 풍자적인 글을 써서 찬사를 받은 적도 있었다. ("생각이 변덕스럽고, 하루하루가 지나갈 때마다 자신이 무슨 결정을 했는지 잘 기억하지 못하는 대장도 필요한 법이다. 그런 대장이 있는 우리는 정말 행운아였다.")

마이크의 조롱은 생각보다 훨씬 더 뼈아팠다. 나는 오랜 친구가 그런 조롱을 쏟아낸 것이 억울하게 느껴지기도 했다. K2 원정대원들은 내가 이미 결정한 사항에 대해 내 마음을 바꾸도록 설득할 수 있을지에 대해 내기를 걸며 즐기기도 했다. 그러나 원정대장으로서 어느 정도는 폐쇄적이어야 한다는 나의 반박은 영국 원정대를 평균적으로 구성하던 개인주의적인 무정부주의자들 사이에서는 그다지 잘 받아들여지지 않았을 것이다. 산악계 내에서는 거대한 산을 오르는 데 사용되는 전술에 대한 논쟁

8천 미터급 고봉 중 가장 도전적이고 위험하다고 할 수 있는 K2 (크리스 보닝턴)

이 일어났다. K2를 공략할 때 완전한 포위공략 방식으로 고정로프를 정상까지 설치하며 올라갈 것인가? 필요한 모든 것을 등에 짊어지고 알파인 스타일로 오를 것인가? 아니면, 이 두 가지를 조합해 정상 부근에 설치될 공격캠프에서부터 경량으로 정상에 도전할 것인가? 산소를 쓸 것인가? 써야 한다면 얼마나 쓰는 것이 적당한가? 지난날 에베레스트 원정대의 규모가 너무 크다고 비판했던 『마운틴』의 켄 월슨이 이제는 K2 원정대의 규모가 너무 작다고 평가했다. 그러나 K2에서 우리가 오를 루트가 에베레스트보다 더 어려우면서도 길이는 거의 같다는 점을 고려하면, 그의 말은 어느 정도 일리가 있었다.

무산소로 도전한다는 생각은 개인적인 걱정거리였다. 나는 고소에서의 내 등반 능력에 대해 과대평가하지 않았기 때문에 산소를 사용하지 않고 K2 정상에 오르기는 힘들다고 생각했다. 비록 에베레스트에서는 야심을 다 실현시켰지만 나는 두 번 다시 그렇게 하고 싶지 않았다. 나의 컨디션도 여전히 문젯거리였다. 크리스마스를 얼마 앞두고, 갈비뼈가 부러졌던 가슴 부위에 패혈성 고름물집이 크게 잡힌 것이 발견되었다. 전문 의사는 부상으로 인한 골수염으로 판정했다. 의사는 나를 마취시키고 나서 뼈까지 드러내며 고름을 긁어냈다. 하지만 얼마 안 가 고름물집이 다시 생겼다. 순회강연을 하던 중이었기 때문에 나는 다시 고름을 긁어내고 꿰맨 뒤 아픈 가슴의 옆구리를 부여잡고 다음 강연에 나서야 했다.

그 수술로 K2를 대비한 훈련을 미루어야 했다. 1975년 에베레스트 원정 전에는 집 뒤에 있는 하이 파이크를 빠르게 올라가는 것으로 훈련이 충분하다고 생각했었지만, 이제 나는 그곳을 뛰어서 올라갔다. 내가 다시 훈련에 임할 수 있게 해준 사람은 지칠 줄 모르는 나의 비서 루이즈였다. 점심시간에는 정기적으로 빨리 달리기를 했는데, 그 달리기가 점점 더 길어져 높이가 400미터인 하이 파이크 정상까지 왕복 8킬로미터 달리기가

레이크 디스트릭트의 노던펠스에 있는 콜드벡 마을 위의 하이 파이크. 우리는 그 아래에서 40년 동안 살고 있다. (크리스 보닝턴)

되었다. 들판 너머로도 달리기를 시작해 카록 펠Carrock Fell까지도 건너갔는데, 그곳의 정상은 철기시대 요새의 유적이 둘러싸고 있었다. 그리고 잔디가 깔린 능선이 남서쪽으로 펼쳐진 노트Knott까지 달렸다. 나는 집 주변을 깊이 있게 탐사하면서 그 지역에 더욱 많은 애정을 갖게 되었다.

그리하여 5월 초에는 체력이 잘 준비되었다는 느낌이 들었다. 원정등반에 쓸 장비는 토니 라일리가 현지로 보냈다. 나는 피터 보드먼과 미리 파키스탄으로 날아가 행정업무를 처리하고 현지에서 식량을 구입했다. 그 며칠은 즐거웠다. 나는 에베레스트 원정에서보다 더 많은 시간을 피터와 함께 보냈다. 그는 작가적인 기질이 충만했는데, 겉으로 보기에는 감수성이 풍부하고 느긋해 보였지만 속으로는 정신적으로나 육체적으로도 강인했다. 피터는 고소에서 황소 같았다. 그는 어떤 면에서 두걸과 닮았다. 깊은 속내를 알기가 힘들었지만, 산에만 오르면 대단한 집중력을 보인다는 점이 그러했다. 그는 심지어 두걸의 전기를 쓸 생각까지 하고 있었다.

본대가 도착하자 우리는 으레 그렇듯 환영회를 열었다. 런던고무회사는 우리를 파키스탄의 고위 관료에게 소개해주었는데, 사람들의 마음을 움직여 카라치Karachi에 콘돔 공장을 세우기 위한 목적이었다. 우리가 스카르두로 떠나기 전날 밤, 대사관에 있는 우리의 친구 캐롤라인 위버의 집에서 밤새 파티가 열렸다. 다음 날 아침, 나는 과로한 양치기 개처럼 숙취에 시달리는 대원들을 비행기가 대기하고 있는 곳으로 몰고 갔다. 경험도 풍부하고, 몇몇 사람들도 잘 알고 있는 더그가 포터를 선발하는 일을 맡았다. 베이스캠프까지 가기 위해 우리는 300명 정도 되는 대규모 포터 부대가 필요했다.

오거 원정과는 달리 이번에는 우리에게 세르 칸Sher Khan이라는 쿡뿐만 아니라 한 명의 고소포터까지 있었다. 세르 칸과 콰마잔Quamajan은 둘 다 훈자 출신이었고, 그 10년 전쯤 나는 『위크엔드 텔레그래프』에 그 마을 사람들에 대해 글을 쓴 적이 있었다. 그들은 많은 면에서 카라코람의 셰르파다. 훈자 마을 사람들과 마찬가지로 콰마잔은 적갈색 머리카락에 유럽인의 외모를 갖추고 있었는데, 발토로Baltoro 근처에 사는 발트족과는 사뭇 다른 모습이었다. 그는 영어도 아주 잘 해 사실상 원정대원이나 마찬가지였다.

우리의 연락장교인 샤피크Shafiq 대위는 키는 작지만 체구가 당당한 인물이었는데, 그 역시 상냥한 성품의 소유자였지만 세상에서의 자기 위치에 대해 민감한 사람이기도 했다. 나무로 둘러싸인 숲속의 기분 좋은 빈터로, 발토로 빙하 앞에서 하루를 쉬기에 좋은 파이주Paiju에서 샤피크는 자신의 텐트 입구에 앉아 비를 피하던 포터들에게 언성을 높였다. 그

싸움에 흥미를 느낀 사람들이 주변에 모여들자 샤피크는 갑자기 벌떡 일어서서 그들에게 돌을 던지기 시작했다. 내가 싸움을 말리려 일어나는데, 그는 손에 돌을 하나 들고 포터를 쫓았고 금세 그를 땅바닥에 눕혔다. 우리 중 여러 사람이 황급히 달려가 그의 손에서 돌을 빼앗으면서 그가 포터의 머리에 상처를 입히는 불상사를 막았다.

샤피크는 "저놈이 날 욕보였어요. 날 공격했다고요. 저놈을 감방에 집어넣을 거예요."라고 고래고래 소리 질렀다.

내가 보기에 공격 행위는 주로 샤피크가 한 것 같았다. 결국 우리는 모두를 진정시키고 불화의 원인을 찾아냈다. 포터들이 우리가 제공한 장비에 대해 불평하면서 선불을 요구한 것이다. 닉의 도움으로 우리는 협상을 벌여 문제를 해결하고 질서를 회복했다. 놀라운 점은 철제 트렁크에 특별한 잠금장치도 없이 20,000파운드의 현금이 있었다는 사실인데, 그 정도 액수면 포터들은 말할 필요도 없고 우리에게도 매우 큰돈이었다.

다음 날 아침에도 비가 내렸다. 우리는 카라코람의 중심부로 이어지는, 바위로 된 거대한 고속도로인 발토로 빙하를 따라가는 것을 늦추었다. 그곳 주변을 둘러싼 봉우리들에 안개가 끼어 있었고, 새로 내린 눈조차 음울한 회색빛이 감돌았다. 처음으로 나타난 모레인 지대의 꼭대기에서 바라보니 바위들이 끝없이 출렁이는 파도처럼 쌓여 있었는데, 그런 지형이 48킬로미터에 이르는 빙하지대를 거쳐 콩코르디아Concordia까지 펼쳐져 있었다. 조 태스커의 말대로 실제로는 등반이 전혀 필요 없는 곳이지만 가장 힘든 곳이었다. 이틀 후 우리는 우르두카스Urdukas에 도착했다. 잔디가 깔린 마지막 야영지인 그곳에서는 화강암 봉우리들이 빽빽하게 늘어선 경이로운 경치를 볼 수 있었다. 그중에는 바늘같이 뾰족한 무명의 타워들도 있었다. 우리는 그곳에서 하루를 쉬었다. 그러나 날씨가 계속 나빠 신설이 5센티미터나 쌓였다. 더 높은 곳에서는 날씨가 어떨지 사뭇 걱정이 되었다. 나는 더그와 조에게 포터 8명을 붙인 다음, 베이스캠프까지 가는 루트를 사전 정찰하도록 했다.

발토로에서는 어느 곳이나 절경이었다. 그곳의 가장 안쪽에는 얼음이 광맥처럼 끼어 있는 화강암 덩어리로, 세계에서 가장 오르기 힘든 봉우리 중 하나인 가셔브룸4봉Gasherbrum IV(7,925m)이 있었다. 우리의 오른쪽으로는 사납고 적대적이며, 뾰족한 얼음 타워인 마셔브룸Masherbrum(7,821m)이 보였다. 우르두카스에서 하루 정도 거리에서는 가파르게 뭉뚝 솟아오른 무즈타그 타워(7,276m)가 보였다. 내 친구들 중에는 그 봉우리들을 모두 오른 사람들도 있었다. 그렇게 봉우리들을 감상하며 지나가다 보니 마치 미술관을 걸어 다니는 기분이었다. 그날 저녁 우리는 콩코르디아에 도착했다. 지친 포터들은 추위를 피하기 위해 방수포 안에 옹송그리며 모였다. 해질 무렵에도 도착하지 못한 사람들이 있었는데, 뒤로 처진 그들은 어두워지고 나서야 도착했다.

우리에게는 행운이 따랐다. 맑은 날씨와 함께 동이 트자 신설이 햇살에 반짝였다. 검푸른 하늘을 배경으로 거대한 모습을 드러낸 하얀 K2(8,611m)가 발토로 빙하 끝에 우뚝 서 있었다. 그리고 브로드피크Broad Peak(8,051m)의 거대한 덩어리와 사보이아Savoia 그룹의 우아한 타워들이 또 다른 뼈대를 이루고 있었다. 장엄한 풍광과 따뜻한 기온에 사기가 오른 포터들은 빨리 출발하고 싶어 했다. 우리는 서쪽의 사보이아 빙하와 동쪽의 고드윈 오스틴Godwin Austen 빙하 합류점인 드넓은 눈의 분지를 건넜다. 서릉은 사보이아 빙하에서부터 거대한 피라미드의 한 모서리처럼 솟아올랐는데, 설사면과 암벽, 걸리, 작은 도랑이 뒤섞인 긴 능선이었다. 루트 파인딩route-finding은 신중을 기해야 할 것 같았다. 에베레스트 남서벽보다는 훨씬 더 어렵지만 더 안전해 보였고, 등반은 가능할 것 같았다.

에베레스트 원정은 조직화된 대규모 작전이었다. 따라서 대원들을 여러 캠프에 나누어 배치하고 내가 무전기로 지시를 내렸다. K2에서는 에베레스트와 달리 리더십을 발휘하는 데 어려움을 겪었다. 과거의 내 임무는 일이 제대로 진행되도록 하는 것이었다. K2에서는 원정대원의 숫자가 훨씬 적었다. 나는 원정대장의 권위가 대원들의 존중을 바탕으로 세워진다고 늘 생각해왔지만, 대원들은 모두 할 말은 하는 강한 성격의 사람들이었다. 특히 더그는 베이스캠프를 설치하기도 전부터 정상에 오르고 싶어 안달이었다. 나는 나의 역할이 바뀌었다는 것을 알게 되었다. 나는 여전히 원정대를 이끄는 우두머리였지만, 산에서는 중재자로서 최선의 해결책을 찾기 위해 대원들 간의 이견을 조정하는 역할을 해야 했다. 이따금 나는 원정대를 제멋대로 끌고 나가려는 시도들을 거부했는데, 이는 서로간의 합의를 유지하고 토론의 자유를 보장하기 위한 것이었다.

베이스캠프에 도착한 지 일주일 후, 나는 조와 함께 전날 더그와 피터가 도달한 최고점에서부터 루트를 뚫고 나가기 시작했다. 터트는 흉부에 염증이 생기는 바람에 베이스캠프에 남았다. 토니 라일리 역시 몸이 좋지 않았다. 따라서 짐 더프는 그 두 사람을 돌보아야 했다. 닉은 베이스캠프에서 포터들에게 마지막 임금을 지불하는 일을 맡았다. 나는 대장으로서의 임무에서 벗어나 등반을 한다는 기대감으로 기운이 났고 열정이 샘솟았다. 조는 훗날 이렇게 말했다. "크리스가 산에 오르더니 완전히 다른 사람이 되었다. 그는 서류작업에서 해방되고 고독한 결정을 내려야 하는 역할에서 벗어나 마음이 홀가분한 것 같았다." 나 역시 조를 더 잘 알게 되면서 그와 함께 등반하는 것이 즐거웠다. 그는 자기주장이 강할 때도 있고 종종 입바른 소리를 하는 짜증나는 습관도 있었지만, 까칠한 겉모습과 달리 동료들에 대해 믿을 수 없을 정도로 마음이 따뜻하고 사려가 깊었다.

우리는 눈이 쌓인 좁은 걸리를 오른 다음 갈비뼈 모양의 바위를 지나 곧바로 서릉에 도착했다. 능선은 가파른 바위 타워들이 곳곳에서 앞을 가로막고 있었다. 그곳을 지나 루트를 뚫고나가는 데 시간이 얼마나 걸릴지는 전혀 알 수 없었다. 원래 조는 능선마루를 따라 등반하고 싶어 했지만, 나는 넓은 설사면을 횡단해 능선마루의 바로 아래를 따라가야 한다고 주장했다. 처음에는 약간 가파르기도 했지만 조금 더 올라가니 경사가 완만해, 걸어가는 것이나 다름없이 등반을 하게 되면서 우리는 고정로프도 설치하지 않고 앞으로 나아갔다. 거의 200미터를 횡단한 우리는 설사면이 바위에서 밀려나 생긴 틈에 도달했는데, 어떤 곳은 6미터나 벌어져 있었다. 매우 안전해 보인 그곳은 2캠프 터로 적합한 장소인 듯했다. 그 위쪽은 경사가 가파른 바위지대라서 진정한 등반이 시작되는 곳이었다. 2캠프는 그 어려운 구간을 통과하기 위한 디딤돌 같은 역할을 할 터였다. 피터와 더그는 우리를 뒤따라 올라와 텐트와 로프 등의 짐을 내려놓았다. 우리는 모두 1캠프로 복귀했다.

닉은 평소대로 활기찬 모습으로 기분을 살짝 건드리는 유머감각을 선보이며 낮에 올라왔다. 닉보다는 여덟 살 아래고, 나보다는 열여섯 살 아래인 피터는 우리의 차이점에 대해 다음과 같은 기록을 남겼다. "닉은 융통성이 있으면서도 겸손하기 때문에 이번 원정에서 상당히 혹사당할 우려가 있는 인물이다.(비록 그의 유머와 논쟁을 좋아하는 시끄러운 모습은 여전하지만.) 크리스는 매우 열정적이지만 덩치 큰 소년 같고 외골수다. 나는 이번 원정에서 아주 많은 시간을 그와 함께 보내고 있다." 나는 그다음 날 휴식을 취하며 고소적응을 할 수 있어서 기뻤지만, 그로 인해 누가 먼저 2캠프에 올라 그다음 구간을 앞장서 나갈 수 있는 유리한 입장에 서게 될지 합의를 보아야 했다. 피터가 적극적인 관심을 보이자 더그가 그에게 "그럼, 너와 내가 내일 같이 올라갈까?"라고 말했다.

나는 더그가 쓸데없이 나서는 것에 대해 약간 화가 나 있었는데, 닉이 끼어들어 성냥개비로 정하자고 제안했다. 피터와 조가 짧은 성냥개비를 뽑았다. 그러자 닉이 "창가방 친구들의 승리네."라고 말했다. 실망한 기색을 감추지 못한 더그는 피터와 조에게 그들의 임무에 대해 어색하게 잔소리를 늘어놓았다. "실수하면 며칠을 허비하게 돼." 그날 저녁 잠자리에 들기 전, 더그가 나에게 다른 사람과 텐트를 바꾸어줄 수 있는지 물었다. "네 숨소리, 코 고는 소리 그리고 뒤척이는 소리 때문에 어젯밤 나는 3시간이나 잠을 자지 못했단 말이야." 닉은 나의 코골이에 익숙하다면서 나와 텐트를 함께 쓰기로 자청하고 나서, 콰마잔과 쓰던 텐트를 더그에게 양보했다. 사소한 일이라 하더라도 고소에서는 그런 것들이 생각 외로 신경이 많이 쓰일 수 있다.

조와 피터가 2캠프까지 올라갔지만, 그다음 이틀 동안 날씨가 나빠 폭설이 내리면서 우리는 텐트 안을 벗어날 수 없었다. 정기적으로 주고받는 무전에서는 원정대 내의 비관적인 분위기가 고스란히 드러났다. 시간은 하염없이 흘러갔고, 텐트 위에 눈이 쌓이면서 그 안의 공기가 탁해지는 바람에 모두가 두통에 시달렸다. 사흘째에는 날이 개었지만 강풍이 불었다. 우리는 눈부신 태양을 맞으며 텐트 안에서 나와 보급품을 2캠프까지 올리기로 했다. 그러나 폭설이 다시 내리면서 전진이 힘들어, 우리는 얼마 가지 못하고 돌아왔다. 피터와 조 역시 1캠프에 나타났다. 우리는 그들이 180여 미터의 고정로프를 설치하면서 루트 작업을 하는 것을 볼 수 있었다. 전진이 이루어지기 시작한 것이다.

그날 밤, 감기에 걸린 나는 코가 자주 막혔다. 내 머리는 퉁퉁 불어난 멜론 같았다. 닉은 나 때문에 잠을 제대로 자지 못했으면서도 다음 날 아침 피터와 조가 계속 앞장서 나아갈 수 있을 정도로 보급품이 충분한지 확인하기 위해 더그와 콰마잔과 함께 위로 올라갔다. 나는 코를 훌쩍이며 텐트 안에 누워 있었지만, 햇빛이 비치니 좀 나아진다는 느낌이 들었다. 그러던 중 부르는 소리가 들려 텐트 밖으로 나가보니 짐 더프가 포터들을 이끌고 올라오고 있었다. 나는 갑자기 힘이 솟아나, 들고 있던 것을 내려놓고 마지막 몇 걸음이나마 그의 배낭을 받아주었다. 그리고 나서 발트족 포터들에게 차를 끓여주면서 베이스캠프의 소식을 들었다. 터트는 다른 사람들과 상의하지 않고 조용히 집으로 돌아가기로 결정했다고 한다. 놀라운 소식은 아니었지만, 상담 한마디 하지 못하고 떠나기로 결심했다고 하니 측은한 마음이 들었다. 그러나 나는 그의 결정을 이해했다. 그가 빠져 차질이 생겼지만, 그의 결정을 따를 수밖에 달리 도리가 없었다.

우리는 햇빛 아래에 앉아 터트의 일과 앞으로의 전망에 대해 이야기를 나누었다. 세계에서 가장 장엄한 봉우리들 사이에 앉은 우리는 편안한 마음이 들어 행복했다. 그때 눈사태가 일어날 때 나는 둔탁한 소리가 우르릉 쿵 하고 들려왔다. 이어 거대한 설연이 우리가 있는 곳과 K2의 아브루치 능선 사이에 있는 아이스폴 지역에서 피어올랐다. 순간 나는 본능적으로 카메라를 잡고 사진을 찍기 시작했다.

"맙소사! 대원들이 저기에 있을지도 몰라." 짐이 외쳤다.

"아냐, 그럴 리 없어. 저기엔 확실히 없어. 눈사태가 아이스폴 바로 위에서 시작됐거든. 그들은 그 위에 있을 거야." 하지만 나는 카메라를 내려놓았다.

설연이 모두 가라앉자 산은 아무 일도 없었다는 듯 고요 속으로 빠져들었다. 나는 걱정할 일이 아니라며 텐트 칠 곳의 눈을 다졌다. 짐이 무슨 소리를 들었다고 했지만, 내가 보기에 그런 일은 있을 것 같지 않았다. 하지만 그가 빨리 무전기를 켜보라고 독촉해, 나는 무전기를 집어 들었다. 처음 몇 분간은 그냥 찌지직거리는 소리만 나더니 더그의 목소리가 들렸다.

"아아! 무전기에 나와 있는 사람 없나? 이상."

"여기는 크리스. 다들 괜찮은가? 이상."

"닉이 눈사태에 파묻혔다. 설사면 전체가 떨어져 나갔고, 닉이 그 위에 있었다. 희망이 없다. 이상"

"알았다. 내려올 수 있나? 이상." 나는 정신을 바짝 차려야 했다. 일단 감정을 숨기고 무슨 일이 일어났는지 사태를 파악하는 것이 중요했다.

"알았다. 지금 곧바로 내려가겠다. 이상."

나는 무전기를 끄고 눈 위에 주저앉았다. 충격이 너무 커서, 나는 그 소식을 듣고 어찌할 바를 몰랐다. 나의 가장 친한 친구 닉이 죽다니…. 곧이어 커다란 죄책감이 섞인 끔찍한 고통이 찾아왔다. 그 루트를 선택한 것은 나였다. 나는 루트가 안전할 것이라고 확신했었다. 사람의 형체가 나타났는데, 그는 설사면을 구르다시피 뛰어내려왔다. 더그였다. 그는 텐트 옆에 쓰러져 손으로 얼굴을 가렸다. 우리는 나란히 앉아 함께 울었다.

설사면 300미터 위에 있던 피터는 그 지점에서 두 사람을 내려다보았는데, 150미터 너비의 거대한 설사면이 떨어져나가면서 한가운데에 있던 사람이 쓸려 내려가는 장면을 목격했다. 안전한 2캠프 가까이 있던 더그는 며칠 전 조와 내가 남겨놓은 구간에 고정로프를 설치하기 위해 5밀리미터 두께의 로프를 끌고 올라가고 있었다. 닉은 그의 뒤에 있었지만, 성가시다고 여겼는지 고정로프에 카라비너를 걸지 않았다. 콰마잔은 감긴 로프를 천천히 풀어주면서 어느 정도 떨어진 뒤쪽에 있었다. 더그는 그 설사면이 거대한 조각으로 갈라진 후 서로 부딪쳐 작은 눈덩이들로 변하면서 설사면 아래로 점점 더 빠르게 흘러내려가는 것을 목격했다. 설사면 한가운데 있던 닉은 쓸려 내려가지 않기 위해 필사적으로 몸부림쳤다. 더그는 눈사태에 말린 로프로 인해 거꾸로 넘어지면서 끌려갔다. 그러나 눈사태의 폭풍 속으로 빨려 들어가던 그가 갑자기 멈추었다. 로프가 끊어진 것이다.

"죽는 줄 알았어."라고 그는 나에게 말했다.

1978년의 K2 원정. 닉 에스트코트의 목숨을 앗아간 눈사태 자국이 선명하다. _(피터 보드먼)

그날 밤 1캠프에서 피터와 조를 다시 만난 우리는 사고 이야기를 애써 피하고 닉에 대한 이야기를 나누었는데, 마치 그를 다시 환생시키기라도 할 수 있는 양 그의 터무니없는 행동과 란베리스 고개에서의 터프한 주말에 대해 이야기를 나누었다. 나는 도저히 현실을 받아들일 수 없었다. 그는 지금이라도 당장 벌어진 이가 보이는 환한 미소를 지으며 텐트 입구에 나타날 것 같았다. 나와 닉이 전날 밤 같이 쓰던 텐트에서 나는 피터와 뜬눈으로 밤을 지새웠는데, 우리는 이따금 이야기를 주고받을 뿐 어둠 속에서 멀뚱히 누워만 있었다. 자신의 텐트에 홀로 있던 조는 마음이 허전했는지 우리 쪽으로 건너왔다. 아침이 되자 눈이 다시 내려 햇빛에 빛나던 어제의 산은 전혀 보이지 않았다. 우리는 베이스캠프로 철수하면서 중간에 멈추어 눈사태로 생긴 원뿔들을 조사하며 닉을 찾았다. 올라올 때와 전혀 변한 것이 없어 보였지만, 낫으로 베인 듯한 위쪽의 거대한 자국이 판상눈사태가 일어난 지점을 알려주고 있었다.

우리는 베이스캠프로 돌아와 대책을 논의했다. 그때까지 사고는 우리만 알고 있었다. 닉의 부인인 캐롤린과 자녀인 매튜Matttew, 톰Tom, 마사Martha는 닉의 사고를 전혀 모르고 있었다. 내가 먼저 입을 열어 등반을 계속해나가자고 말했다. 닉의 죽음을 정당화하기 위해 등반하자는 의미는 아니었다. 그 어떤 것도 죽음을 정당화할 수는 없지만, 그런 사고는 등반의 일부이기도 했다. 나는 그 문제를 투표에 붙였다. 더그의 의견은 확실했다. 그는 원정을 마무리 짓고 싶어 했는데, 계속해 나가봐야 아무런 의미도 없을뿐더러 우리가 남아 있으면 집에 있는 사람들이 그만큼 고통을 더 많이 받을 것이라고 주장했다. 더그는 우리와 다르게 눈사태를 직접 당한 당사자였다. 짐은 더그의 의견에 동의했고, 터트는 이미 떠날 결심을 하고 있었다. 그때 조 역시 계속 나아가는 것이 무의미하다고 말해, 나는 크게 놀랐다.

피터는 자신의 일기에 이렇게 썼다. "크리스만이 나와 함께 계속 올라가고 싶어 한다. 닉이라면 분명 초지일관의 마음으로 계속 나아갔을 것이다. …" 토니는 영상을 찍으러 왔기 때문에 남아서 작업을 마치고 싶다고 조용히 말했다. 하지만 그렇게 대다수가 이탈하는 상황에서 등반을 계속하겠다는 결정은 아무 의미가 없었다. 그래서 우리는 사고소식이 신문에 나기 전에 유가족에게 알리는 문제를 상의했다. 나는 대장으로서 대원들이 안전하게 돌아가도록 할 의무가 있다고 생각했고, 투표 결과를 보고 오히려 마음이 편했다. 그들의 결정이 옳았다. 닉은 나의 가장 친한 친구였기 때문에 나는 그의 사랑하는 자식들에게 큰 책임감을 느꼈다. 그래서 더그와 나는 다음 날 아침 콰마잔과 함께 이슬라마바드로 급히 돌아가 웬디에게 전화를 걸었다.

나는 이미 산에서 너무 많은 친구들을 잃었다. 마이크 톰슨이 말한 것처럼 우리 친구들의 자연 감소율은 너무 심각해 조로 현상에 빠진 상황과 비견될 만했다. 그러나 닉의 죽음은 나에게 가장 큰 충격으로 다가왔다. 훌륭한 산악인이었던 닉은 우리가 하는 등반개념에 충실했을 뿐만 아니라, 우리가 하는 일에 지지를 아끼지 않던 좋은 사람이었다. 무엇보다도 나는 친구인 닉이 그리웠다. 만나면 반갑고 언제든 원하면 잠깐 들러 함께 등반을 하러 갈 수 있는 친구였던 그는 자기주장이 강했지만 결코 도를 넘지 않았고, 항상 즐거움을 주는 사람이었다.

K2에서 막을 내린 것이 또 있었다. K2 원정은 내가 마지막으로 이끈 대규모 극지법 방식의 원정등반이었다. 어쨌든 그런 방식은 이제 시대에 맞지 않았다. 또한 더그와 나 사이에 원정등반에 대한 접근방식이 근본적으로 차이가 있다는 것도 확인되었다. 그는 그때그때의 상황에 따라 결정을 내리는 즉흥적인 스타일이어서 조직이나 계획을 우선하지 않았다. 그리고 그는 종종 자신의 무한한 힘만 믿고 결정을 내리는 습관이 있었다.

반면 나는 모든 사람들이 논의하고 합의를 본 계획을 선호했다. 그런 기질의 차이로 인해 우리의 좋은 관계는 종착역으로 달려가고 있었다. 우리가 베이스캠프를 철수한 후 피터는 '논쟁 상대들'이 눈에 띄지 않자 분위기가 얼마나 좋아졌는지 알아차렸다. 그는 "조와 나 사이에 문제가 있다 하더라도, 크리스와 더그 사이의 그것에 비하면 아무것도 아니다."라고 썼다. 그때 더그와 나는 다음 일을 생각하지 않고, 빨리 집으로 돌아가고 싶은 마음에 발토로 빙하를 뛰듯이 빠져나갔다.

새로운 지평선

영국으로 돌아오고 나서 이틀째 되던 날 밤, 오거에서 입은 갈비뼈의 상처에 문제가 생겼다. 원정이 끝난 후 캐롤린에게 닉의 사망소식을 전하면서 슬픔을 함께 나누고, K2에서의 마지막 며칠을 되돌아보는 일을 끝낼 때까지 내 몸이 독을 간신히 붙잡고 있었던 것 같다. 일주일 후 갈비뼈 아래쪽 일부분이 제거되었다. 상처는 커다란 구멍이 보일 정도로 열어 두었는데, 안에서부터 치유되어 더 이상 감염되지 않도록 하기 위해서였다. 제거한 갈비뼈는 없더라도 사는 데 불편이 없는 부위였다.

익숙한 노던펠스산맥과 사랑하는 가족이 있는 배저 힐로 돌아온 나는 큰 위안을 받았다. 웬디는 도자기 공예에 새롭게 관심을 가져, 정원에 도자기를 구울 가마를 만들기 시작했다. 또한 우리는 둘 다 오리엔티어링[64]에 관심을 갖게 되었다. 나는 『위크엔드 텔레그래프』에 오리엔티어링에 관한 글을 기고하면서 웬디를 소개했다. 우리는 지역 동호회에 가입해 함께 경기에 나가기도 했다. 우리는 보통 다른 코스를 택했지만, 나중에 집에 와서는 그날 있었던 어려움에 대해 적어 놓은 노트를 서로 비교해볼 수 있었다. 그러나 우리가 서로 가까웠던 것은 삶의 가치와 보폭을 공유했기 때문이다. 웬디는 전형적인 외유내강의 모습을 보였다. 그녀는 실용적인 측면에서도 나를 지원해주었는데, 책의 디자인과 사진편집뿐 아니라 글을 쓸 때도 도움을 주었다. 닉을 잊지 못한 나에게는 그런 힘이 필요했다. 그 후 오랫동안 등반에 따르는 필연적인 희생에 직면했을 때 많은 사람들이 그녀의 지혜와 도움에 의지했다.

아이들은 어느덧 빠르게 성장해 초등학교를 끝내고 중등학교에 들어가야 하는 문턱에 있었다. 웬디는 아이들을 마을에 있는 학교에 보내는 것을 원치 않았는데, 그 학교의 유일한 교사가 여성이었기 때문이다. 웬디는 내가 집을 비우는 시간이 워낙 많아서 아이들이 남성의 영향을 받아야 한다고 판단했다. 그래서 아이들은 달스톤Dalston에 있는 조금 더 큰 초등학교를 다녔고, 나는 그 학교의 교장인 해리 배로우Harry Barrow와 좋은 친구가 되었다. 그와는 노던펠스로 산행을 나서기도 했는데, 우리는 10시간 만에 거리로 따지면 32킬로미터, 높이로 따지면 2,140미터를 걸었다. 나는 당연히 등반에 대한 사랑을 아이들과 함께 나누고 싶었다. 고소공포증이 전혀 없는 조는 등반을 무척 즐겼다. 조가 열 살일 때 그를 데리고 보로데일Borrowdale의 셰퍼즈 암장Shepherd's Crag에 있는 고전 루트 '작은 샤모니Little Chamonix'를 올랐다. 그다지 어렵지는 않지만 후등자에게는 위협적일 만큼 어색한 구간이 있고, 끝나기 직전의 마지막 피치는 환상적인 곳이었다. 조는 침착하게 잘 올라왔다.

역시 보로데일에 있는 길러콤Gillercombe에서 보낸 어느 날도 기억에 남는다. 우리는 '보아디케아Boadicea'를 줄여서 '보디Bodie'라고 부르는 개도 데려갔다. 보디는 양치기 개와 셰퍼드에 이것저것이 조금씩 섞인 잡종이었다. 암컷인 보디는 민첩한 클라이머였다. 나는 보디를 절벽 밑에 주로 놔두었는데, 내가 오르는 동안 보디는 옆으로 돌아 올라와 꼭대기에서 나를 마중했다. 하지만 보디는 그날 길러콤에서 야생화들이 피어 있는 바위 턱을 따라 크랙을 건너와, 절벽 위에서 조를 위해 확보물을 설치하던 나에게까지 다가왔다. 그러나 보디와 조 둘을 한꺼번에 데리고 루트를 오를 수는 없었다. 내 목에 걸린 슬링이 두 개밖에 없어, 나는 슬링을 이용해 보디를 조에 매달고 야생화와 부서진 바위를 지나 대각선 방향으로 올라가며 크랙에서 벗어나려 했다. 만약 조나 보디가 실수했다면 둘 다 크게 흔들리며 시계추 운동을 했겠지만, 조가 침착하게 대응해서 우리는 모두 사고 없이 그곳을 잘 빠져나왔다.

반면, 루퍼트는 높이에 관해서는 자기 어머니를 닮았다. 하지만 그는 천성적으로 체육에 소질이 있었다. 주니어 펠 경주에서 우승을 하는가 하면, 지역 축구팀에서 뛰기도 했다. 내가 집에 있는 동안은 웬디와 내가 루퍼트의 경기를 모두 참관하며 터치라인에서 응원했다. 우리는 모두 펜리스Penrith에서 매주 토요일 아침에 수영강습을 받았지만, 가족들이 가장 좋아한 운동은 스키였다. 가족이 다함께 첫 스키 휴가를 보낸 것은 1979년 봄 베르비에Verbier에서였다. 아이들이 기술적으로 나의 수준을 따라잡더니 마침내 나를 추월하는 것을 보고 무척 기뻤다.

또한 그 시기에 우리는 하일랜드 북서부로 차를 몰고 가서 여름 캠핑휴가를 즐기기도 했다. 우리는 사람들이 붐비는 캠핑 및 카라반 차량 부지에서 축축하고 끔찍한 이틀 밤을 보낸 뒤, 서덜랜드Sutherland 중앙의 로즈홀Rosehall로 이동해서 웬디의 포크송 가수 친구인 데이브 골더Dave Goulder, 그의 아내 클레어Claire와 함께 지냈다. 그들은 조그만 땅을 하나 사서 그곳에 A-프레임 목재 가옥을 지어 살고 있었다. 그 옆에는 1.5에이커의 벌채한 삼림지대가 빈 땅으로 남아 있었는데, 그 가운데에는 작은 둔덕에 크고 멋진 유럽 소나무 한 그루가 서 있었다. 우리는 충동적으로 그 땅을 샀고, 그때부터 부활절 휴가와 섣달그믐 휴일을 항상 그곳에서 캠핑하며 보냈다. 날씨가 안 좋으면 친구의 집에서 보낼 수 있었기 때문에 군이 집을 지을 필요가 없었다. 캠핑을 할 때에도 우리는 친구 집에 있는 화장실을 쓸 수 있었고, 옷도 말릴 수 있었다. 그 친구는 저녁식사에도 우리를 자주 초대했다.

우리 가족은 멋진 모험을 즐기기도 했는데, 아이들이 캐슬리Cassley강 하류에서 보나 다리Bonar Bridge가 있는 만조 때의 서덜랜드해협까지 고무보트를 타고 가는 것을 지켜본 적도 있었다. 우리는 차를 타고 따라갔지만 강변의 습지대와 등심초로 인해 조와 루퍼트를 시야에서 자주 놓쳤었다. 그 지역 사람들을 잘 알게 되면서 우리는 서쪽 해안의 후미진 바다에서 물개들 사이로 노를 저으며 즐기는 카약 여행이 있다는 사실을 알게 되었다. 나는 캐슬리강의 나무가 있는 둑 주변에서 가족들과 서바이벌게임을 하기도 했다. 그리고 낚시 철이 되기 전에는 알을 낳기 위해 강으로 돌아오는 연어들과 함께 깊은 웅덩이에서 수영도 했다.

그러나 아이들의 학교생활이 전부 좋은 것만은 아니었다. 조는 세인트 마이클St Michael 학교에 잘 적응하지 못해, 칼라일Carlisle에 있는 진보적이지만 결코 자유방임적이지는 않은 새 학교로 옮겼다. 그곳에서는 중등학교를 막 시작하는 아이들부터 O-레벨[65] 학생들까지 받았지만, 힐러리 스펜서Hilary Spencer가 운영하는 신설 초등교실도 있었다. 전학의 효과는 조의 행동에서 즉시 나타났다. 학교생활에 흥미를 갖게 되고, 주의력도 좋아지고, 학업성적도 우수해진 것이다. 그러나 아쉽게도, 학생 수가 충분치 않아 그 학교가 문을 닫는 바람에 조는 위그튼Wigton에 있는 일류 종합 중등학교로 다시 전학했다. 불행히도 조는 그곳에서 아이들에게 괴롭힘을 당했는데, 유명한 아버지를 두고 있다는 사실이 상황을 오히려 악화시켰다. 나는 한때 매콤하면서도 쇠고기 향이 가득한 보브릴Bovril[66]의 텔레비전 광고에 출연한 적이 있었다.("이것만 한 게 없어요!"라는 광고카피가 사용되었다.) 심지어는 한 선생님도 조를 '보브릴 소년'이라고 불렀는데, 세상에서 자신의 위치가 어디인지도 잘 모르는 아이에게는 심히 몰지각한 말이었다. 조가 힘들어하는 것을 안 우리는 결국 컴브리아의 서쪽 해안에 있는 기숙학교 세인트 비스St Bees로 다시 전학시켜야 했다. 그곳은 마이크 톰슨의 모교이기도 했다. 그 학교에서 내 아들은 세례명인 '대니얼' 대신 '조'라는 별명을 얻었다. 세인트 비스에서 조는 인기를 끌기 위해 끔찍할 정도로 버릇없이 굴었는데, 그로 인해 O-레벨 시험 직전에 퇴출되었다가 재시험을 볼 수 있도록 허락받았다. 웬디는 조를 잘 다독이면서 인내심을 갖고 시험공부를 도와주었다. 결국 조는 다섯 과목을 통과했다.[67]

　루퍼트는 세인트 마이클 학교에 잘 적응해, 친구도 많이 사귀고 공부도 열심히 했다. 그리고 친구들과 함께 바로 옆에 있는 종합 중등학교인 콜듀학교Caldew School로 진학했다. 루퍼트 또한 처음에는 아버지인 나의 존재 때문에 괴롭힘을 좀 당했다. 루퍼트는 나이에 비해 체구가 작았지만, 자신을 괴롭히는 아이들 중 덩치가 가장 큰 아이를 골라 주먹다짐을 벌였다. 그 후 루퍼트를 괴롭히는 아이는 아무도 없었다. 루퍼트가 10대 후반쯤 되었을 때는 우리의 부자관계가 꽤 소원해지지 않았나 하는 생각이 든다. 그는 강한 컴브리아 억양을 구사하게 되었고 주말에는 친구들과 멀리까지 가곤 했는데, 야산들을 돌아다니고 사용하지 않는 사냥용 오두막에서 잠도 잤다. 이따금 루퍼트는 금요일 아침에 솔웨이 평원Solway Plain에 있는 친구의 집에서 머문다고 거짓말을 하고는, 학교를 빼먹고 근처의 콜듀강River Caldew으로 몰래 가서 주말 동안 야영을 한 뒤 월요일 저녁에 스쿨버스를 잡아타고 집으로 돌아오곤 했다. 두 아들 모두 내가 집에 없는 것을 견디기 힘들어했는데, 특히 등반 중 사망사고가 나서 감정적으로 힘들 때 더욱 그랬다. 그럴 때는 웬디가 죽은 동료의 부인이나 여자 친구를 집중적으로 돌보아야 해서 상황이 더욱 안 좋았다.

K2에서 닉이 죽은 후 나는 갈림길에 서 있었다. 다음 원정은 캉테가에 가

기로 되어 있었는데, 에베레스트에서 그리 멀지 않은 그곳은 높이는 비교적 낮지만 등반은 꽤 어려운 봉우리였다. 본래는 그곳을 닉과 가기로 했었다. 또한 나는 K2 원정에 대한 책을 쓰기로 되어 있었는데, 갑작스럽게 원정이 너무 짧게 끝나 책을 쓰기가 어려웠다. 에이전트인 조지 그린필드가 모험 전체에 대한 폭넓은 주제의 책을 써보라고 제안한 적이 있어, 나는 그의 아이디어를 마치 치료법인 양 받아들였다. 이를 계기로 나는 나 자신의 등반이라는 비좁은 세계에서 시야를 넓혀, 미지의 세계로 혁신적인 발걸음을 내딛는 주요 인물들의 면모를 폭넓은 시각으로 바라보기 시작했다. 달에 처음 발을 디딘 사람들이나, 대서양을 노를 저어 처음 건넌 사람, 사막을 처음 횡단한 사람, 극지방을 처음 탐험한 사람 등의 면모가 보이기 시작한 것이다.

1970년대 말, 나는 나 나름대로 정한 규칙을 적용해 『도전Quest for Adventure』[68]이라는 책에서 남성 탐험가들만 다루었다. 지금이라면 그런 기준은 무의미할 것이다. 예를 들어, 암벽 등반가인 린 힐Lynn Hill은 1995년에 엘 캐피탄의 '노즈'를 자유등반으로 초등하면서 모든 클라이머들에게 새로운 기준을 제시했다. 하지만 당시에도 여성들이 이미 대등한 지위를 누린 분야가 있었다. 헤스터 스탠호프Hester Stanhope[69]와 매우 유능한 알피니스트이기도 했던 거트루드 벨Gertrude Bell[70], 프레야 스타크Freya Stark[71] 등으로 대표되는 위대한 여성 여행가들은 그 전통이 길다. 위대한 현대 여행가가 배저 힐에 와서 우리와 함께 지낸 적이 있었다. 크리스티나 도드웰Christina Dodwell[72]이라는 그 여성은 말과 낙타 그리고 통나무를 파낸 카누를 타고 아프리카 오지를 여행했다. 어느 날 오후 나는 그녀를 데리고 등반을 갔는데, 예상치 못한 폭우가 쏟아진 후라 암장이 스케이트장처럼 미끄럽게 변했지만 그녀는 놀라울 정도로 침착하게 그곳을 올라갔다.

『도전』을 쓰기 위해 자료를 조사하면서 시야도 넓어졌고 세계 곳곳에서 새로운 친구들도 사귈 수 있었다. 2년 동안 나는 비행기를 타고 전 세계를 돌아다니며 대상자들을 인터뷰하는 일에 푹 빠졌다. 서로 다른 배경을 가진 사람들 사이의 유사점과 차이점을 찾아내는 일은 흥미로웠지만, 그들 사이에는 위험을 좋아하는 취향과 열정적인 호기심이 공통으로 자리 잡고 있었다. 가장 인상 깊었던 사람은 동굴 다이버 제프 이든Geoff Yeadon이었다. 깊숙한 지하에서 흙탕물로 거의 아무것도 볼 수 없는 가운데 수영을 하며 길을 헤쳐 나가는 것을 나는 상상하기도 힘들었다. 장비에 문제가 생기면 어쩔 수 없이 물에 빠져 죽을 수밖에 없다는 사실을 알면서도 그런 일을 해내는 그가 신기했다. 요크셔 데일스Yorkshire Dales의 부드러운 석회암지대 아래에서 켈드 헤드Keld Head의 복잡한 동굴 속으로 뛰어드는 제프의 도전은 지상에서 일어나는 그 어떤 것보다도 더 진정한 탐험이었다. 지상에서는 외진 곳이라도 비행기로 갈 수 있고, 아니면 위성으로 살펴볼 수라도 있기 때문이다.

내가 동굴 다이빙에 겁먹은 만큼이나 제프 역시 암벽등반에 질겁했다. 하지만 조사 대상자와 조금이나마 모험을 함께한 일이 한 번 있었다. 스코틀랜드의 해안에서 로빈 녹스 존슨Robin Knox-Johnson이라는 유명한 뱃사람, 그리고 그의 가족과 함께 오반Oban에서 스카이섬까지 배를 타고 간 것이다. '수하일리Suhaili'라는 배를 이용했는데, 그가 골든 글로브 경기에서 우승할 때 단독으로 쉬지 않고 몬 배였다. 조건은 그가 배를 태워주는 대신 내가 그에게 등반을 어떻게 하는지 보여주는 것이었다. 약간 뱃멀미가 난 나는 파도가 일렁이는 바다에서 스카베이그 호수Loch Scavaig로 접근하는 동안 그의 세심한 가르침에 따라 키의 손잡이를 움켜잡았다. 이제 내 차례였다. 나는 쿨린 지역의 덥Dubh 능선을 따라 그를 안내하며 올라갔다. 반려암으로 된 거칠면서도 기분 좋은 산을 수백 미터 높이까지 올라가는 길로, 난이도는 평이했다.

나는 그 며칠간 바다에서 보내며 항해와 뱃사람들에 대해 많은 것을 배웠고, 그들과 클라이머들 사이에는 최소한의 공통분모가 있다고 느꼈다. 몇 주 뒤 나사(NASA)의 유인우주선센터를 방문했는데, 내가 만난 우주 비행사들에게서는 같은 느낌을 받지 못했다. 그들이 전적으로 기술에 의존하고 있었기 때문만은 아니었다. 사실 그들의 기술은 분명 인상적이었다. 문제는 그들이 어떤 역할을 수행하기 위해 받는 훈련이 거의 프로그램화 되었다는 사실이었다. 하지만 며칠 뒤에 나는 닐 암스트롱을 만나면서 생각이 바뀌었는데, 당시 그는 자신의 고향인 오하이오주의 레바논Lebanon 인근에 있는 한 토건회사 회장이었다. 그가 시험 조종사로 X15 로켓 비행기를 마하 5로 몬 일에 대해 이야기하는 것을 들어보니, 그는 자기 자신을 개인적인 한계까지 밀어붙였다는 것을 알 수 있었고 이는 암벽등반가들과 매우 유사했다.

나는 다양한 분야의 수많은 모험가들을 만났지만 등반에 대한 사랑은 전혀 식지 않았다. 그리고 그 조사를 통해 나는 틈새를 비집고 들어가 새로운 길을 만들 기회를 무척 많이 얻었다. 나는 리구리아Liguria 해안의 알라시오Alassio에서 웬디에게 보낸 엽서에 이렇게 썼다. "조사를 하는 일은 정말 힘들어. 오늘은 라인홀드 메스너를 만나러 가는 길인데, 등반이나 한 번 했으면 좋겠어." 나는 미국 서부 해안에서 순회강연을 하러 다닌다는 핑계로 요세미티를 방문하는 길에 캘리포니아 북부의 시티오브록스City of Rocks에서 등반을 했다. 하지만 나는 10년 만에 처음으로 특별한 원정계획을 세우지 않았다. 그때 결코 무시할 수 없는 기회가 찾아왔는데, 바로 중국에서의 등반이었다.

지금은 중국으로 원정등반을 떠나는 것이 일상적이다. 물론 이따금 허가를 받기가 어려울 때가 있고 특히 티베트 지역은 더욱 그러하지만, 1970년대 후반에는 리처드 닉슨과 마오쩌뚱 주석의 교섭 그리고 덩샤오

핑의 경제 개혁에 따라 새로운 길이 열리기 시작한 태동기였기 때문에 허가를 받으려면 여전히 외교적으로 많은 지원이 필요했다. 중국으로 원정 등반을 가자는 아이디어는 마이클 워드의 머릿속에서 나왔는데, 그는 에베레스트를 초등한 1953년 원정대의 의사였을 뿐 아니라 1951년 웨스턴 쿰으로 가는 루트를 연 정찰등반을 가능하게 만든 숨은 공로자 중 하나였다. 1966년 아이거를 직등으로 오른 두걸과 나의 동상을 치료해준 사람도 바로 마이크였다. 그는 케임브리지에 들어가기 전에 말보로Marlborough 칼리지에 다녔었는데, 당시 그의 집주인이 1930년대에 에베레스트를 등반했던 에드윈 켐슨Edwin Kempson[73]이었다. 훗날 마이크는 위대하지만 말썽을 많이 일으킨 암벽 등반가 멘러브 에드워즈Menlove Edwards와 등반을 했었다. 여전히 냉소적이고, 50대 중반의 나이에도 불구하고 멋진 용모를 유지한 마이크는 1953년 원정 이후 탐험적인 등반을 지원하기 위해 만들어진 에베레스트재단의 이사장을 맡고 있었다. 그는 그런 자신의 지위를 이용해서 1980년대 초반 나를 베이징으로 파견하여 당국과 협의를 할 수 있도록 해주었다.

우리는 그들이 제안한 8개의 봉우리 중 유일하게 미등으로 남은 한 곳을 선택했다. 신장지구 서부에 있는 콩구르Kongur는 높이도 7,649미터나 되었고, 거의 알려지지 않아 아주 매력적이었다. 중국에서의 등반은 돈이 무척 많이 든다는 사실도 알게 되었는데, 그런 면에서 우리는 운이 상당히 좋았다. 홍콩을 경유해 영국으로 돌아가는 길에 유명한 무역회사인 자딘 매디슨Jardine Matheson으로부터 후원을 약속받은 것이다. 콩구르 지역에 대해서는 알려진 바가 거의 없어, 사전 정찰은 반드시 필요해 보였다. 따라서 마이크와 나 그리고 젊은 산악인 앨런 라우즈Alan Rouse가 그해 여름 그곳에 대한 자세한 정찰에 나섰다.

색다르면서도 환상적인 여행이었다. 하나의 산을 시도하는 데 따르는 집중적인 관찰 따위가 필요 없는 작은 모험이었다. 우리 셋은 신장지구를 여행하던 중 키르기스인들의 환대를 받으며 그들의 유르트 텐트Yurt Tent[74]에서도 묵었는데, 그들은 전통에 따라 양 떼와 염소 떼를 몰고 사막의 초원을 전전하는 유목민 생활을 하고 있었다. 그들은 이제 부족보다는 집단에 속해 있었고 부족의 우두머리보다는 주석의 통치를 받고 있었지만, 가정생활만큼은 예나 지금이나 다름없어 보였다. 그들은 유쾌하고 친근했으며, 유목민들이라면 누구나 갖고 있는 타고난 친절과 예절이 있었다. 우리가 그들의 캠프를 방문할 때마다 그들은 우리에게 맛있는 요구르트 한 사발과 케이크 비슷한 빵을 한 접시씩 내주었다.

정찰대의 규모는 작았지만 연령층은 폭이 넓었다. 마이클은 50대 중반, 나는 40대 중반, 앨런은 20대 후반이었다. 앨런은 케임브리지의 수학과 졸업생으로 수준 높은 체스선수였지만, 등반에 전념함으로써 평범한 경력을 포기했다. 그는 나처럼 저술과 강연, 장비 제조업체들과의 협업 등으로 생계를 꾸려가고 있었다. 앨런은 달변가였다. 그는 등반에 대한 미래의 계획과 과거의 이야기들을 입에 거품이 일 정도로 마구 쏟아냈다. 때로 나는 잠자코 있으면서 끝없이 쏟아지는 그의 이야기들을 한 귀로 듣고 한 귀로 흘리곤 했다. 우리 셋 사이에는 경쟁이 없었다. 마이크는 전쟁 전부터 등반을 시작했고, 나는 전쟁 이후에 시작했으며, 앨런은 장발과 히피가 유행하던 1970년대 인물이었다. 그는 내가 자신의 어머니와 동년배라는 사실을 쉽게 받아들이지 못했다. 나는 이상하게도 그와 나 사이의 나이 차가 그리 크게 느껴지지 않았다. 나는 그와 함께 어울리며 대화를 나누는 것이 즐거웠는데, 산에 대한 그의 접근법도 대략 나의 그것과 비슷했다.

카슈가르Kashgar에서는 에릭 십턴의 낡은 거주지를 방문하고 장터를 돌아다녔다. 십턴은 전쟁 초기에 영사를 맡은 적이 있었다. 그들은 유럽인들을 본 적이 없는지 우리가 어디를 가든 호기심 어린 구경꾼들이 떼를 지어 몰려들었다. 콩구르까지 차를 몰고 가는 길은 새로운 산악지대를 처음 방문할 때 느끼는 흥분으로 한껏 달아올랐지만, 카라콜 호수Karakol Lake에서 바라보이는 우리의 목표는 기술적으로 어렵게 느껴지지는 않았다. 콩구르 산군은 높고 건조한 파미르고원에 고립된 거대한 고래 같은 모습이었다. 하지만 우리의 연락장교인 리우 다이Liu Dayi는 우리보다 정보가 많았다. 콩구르의 자매봉인 콩구르튜베Kongur Tiube를 올라본 경험이 있는 그는 콩구르가 험난한 도전이 될 것이라고 확언했다. 정상은 키르기스인들이 쓰는 원뿔 모양의 모자처럼 생겼는데, 중간에 있는 봉우리들의 둥근 숄더 뒤쪽으로 보일 듯 말듯 드러나 있었다.

우리 셋은 텐트와 일주일치 식량을 챙긴 후 사막을 가로질러 걸었다. 걷는 도중 바위 사이에 키 작은 아이리스와 앵초로 이루어진 작은 군락들이 있어 기분이 아주 좋았다. 무척 느긋한 트레킹을 통해 눈 덮인 콜에 도착했는데, 반대쪽에는 가파른 내리막길이 콩구르 남쪽의 가장자리에서부터 흘러나오는 빙하로 이어져 있었다. 정상을 이루는 바윗덩어리로 올라가는 루트는 여전히 불명확했기 때문에 우리는 남쪽에서부터 산을 올라 좀 더 관찰하고, 아울러 그 과정에서 미등의 봉우리를 하나쯤 오르기로 결정했다. 마이크는 휴식을 위해 콜에 머물렀고, 앨런과 내가 추운 아침에 출발했다. 크램폰이 부드러우면서도 단단한 얼음에 잘 박혔다. 드디어 진짜 등반이 시작된 것이다. 우리는 높이가 6,000미터 남짓밖에 되지 않는 봉우리를 오른 후, 가장 가까이에 있는 키르기스 주거지의 이름을 따서 '사라키야구키Sarakyaguqi'라고 이름 지었다. 동쪽으로는 미등의 봉우리들이 수없이 많이 보였고, 남쪽으로는 작지만 눈에 잘 띄는 피라미드 모양의 산이 하나 있어 주변의 모든 봉우리들을 압도하고 있었는데, 그 산이 무엇인지 우리는 알지 못했다.

우리는 그다음 몇 주 간 할 일들을 곰곰이 생각하며 캠프로 돌아왔다. 하지만 쉬운 모레인 지대를 너무도 즐겁게 뛰어 내려가던 앨런이 발목이 심하게 꺾이면서 넘어졌다. 그는 계속 절뚝거리면서도 쾌활한 모습으로 돌아다녔고, 마이크와 내가 정찰을 마칠 때까지 자신의 임무에 최선을 다했다. 그 정찰 덕분에 이듬해 있을 본격적인 도전의 탄탄한 기반이 마련되었다. 본대는 콕셀Koksel 빙하 가장자리의 고지대 초원에 베이스캠프를 설치했다. 원정대원은 10명이었지만 그중 앨런과 나, 피터 보드먼, 조 태스커만이 클라이머였다. 나머지 중 넷은 우리를 실험 대상으로 삼으려는 과학자들이었다. 1975년 에베레스트 원정에서 의사를 맡았던 마이크, 찰리 클라크, 평판이 자자한 고소 전문가 짐 밀레지Jim Milledge와 에드워드 윌리엄스Edward Williams가 그들이었다. 그중 에드워드는 원자의학의 선구자이기도 했다. 이처럼 역량이 넘치는 인물들이 모인 원정대에 영화 제작자인 짐 커런Jim Curran과 데이비드 윌슨David Wilson이 가세했는데, 데이비드는 홍콩 총독의 정치고문으로 훗날 총독이 되기도 했다. 그의 유창한 언어 능력과 대단한 외교적 수완은 우리에게 큰 도움이 되었다.

앨런은 유머를 수다스럽게 구사하며 우리가 직면한 도전에 대해 삐딱한 시선을 보였다. 원정 전의 기자회견에서 예상치 못한 어려움에 직면하면 어떤 일이 벌어질지에 대한 질문을 받자, 그는 "로프를 꺼내야겠죠."라고 대답했다. 그 발언으로 콩구르에 대한 도전은 영국 산악계 내에서 평가 절하되었다. 돈 윌런스는 그 등반이 "무슨 새로운 댄스야?"라고 의구심을 품었다.("에이, 에이, 에이, 에이, 콩구르!") 하지만 우리가 베이스캠프에 도착하고 나서 하늘 높이 흐르는 구름 사이로 정상이 모습을 드러내자 피터는 앨런에게 돌아서서 믿을 수 없다는 표정을 지으며 이렇게 말했다. "그냥 걸어 올라가면 된다고 했잖아? 내가 보기엔 상당히 커서 진지하게 등반해야 될 것 같은데." 우리는 잘해야 본전이고, 아니면 손해인 상황에 처했다. 정상에 오르면 예상한 결과가 되는 것이지만, 그렇지 못하면 우리는 고소에서의 걷기에 실패한 꼴이 될 터였다.

원정대의 부대장으로서 내 역할은 꽤 힘들었다. 특히 마이크 워드와 짐 밀레지가 상하이로 강연을 하러 가면서 상황이 악화되었다. 나는 등반 팀과 호흡을 맞추면서도, 자딘 매디슨의 손님으로 우리가 데려온 유명 인사들의 트레킹 팀도 돌보아야 했다. 그중에는 회사의 사장인 데이비드 뉴비깅David Newbigging도 있었는데, 그는 홍콩 재계에서 상당히 중요한 지위를 차지하고 있었다. 또한 짐 보스웰Jim Boswell이라는 사람도 있었다. 그는 자신의 가족기업을 기업식 영농제국으로 탈바꿈시킨 인물로, 캘리포니아에 엄청난 규모의 땅을 소유하고 있었고 '제너럴 일렉트릭General Electric'의 이사회에서도 일하고 있었다. 우리들은 대단히 흥미로운 집단이었다. 그들은 나의 동료 산악인들에 비해 달리기에 열성을 보였는데, 특히 조는 그런 식으로 에너지를 낭비하고 싶어 하지 않았다. 출발하기 전부터 책을 쓰느라 바빴던 피터는 여전히 등반에 집중하지 못했다. 내가 체력적인 면에서 페이스를 유지하고 있다는 사실에 나는 어린아이처럼 기분이 좋았다.

나의 책임은 다양했다. 콩구르에 도전하기 위해 우리의 힘을 집결시키는 일뿐 아니라, 다음해에 에베레스트 북동릉에 도전하기 위해 티베트로부터 허가를 받는 일로도 바빴다. 앨런과 데이비드 윌슨은 우리가 카슈가르에 도착했을 때 장비를 분류해주는 등 많은 도움이 되었다. 한 발 뒤로 물러나 일이 돌아가는 것을 관망하기만 하면 되는 피터와 조에게 나는 부러움을 느꼈다. 우리가 콕셀 빙하 옆의 고지대 초원에 베이스캠프를 설치하고 나서 며칠 지나 내가 생전 처음 몸이 가장 아팠다는 점을 고려하면, 그들의 행동은 무척 합리적이었다고 할 수 있다. 원정대의 여러 대원들이 감기에 걸려 고생했지만, 나는 갈비뼈 부상 때문인지 평소보다도 호흡기 쪽 감염이 더 쉽게 진행되었던 것 같다. 찰리 클라크는 대엽성폐렴 lobar pneumonia 진단을 내렸지만 감염이 얼마나 심각한지는 말해주지 않았다. 그는 나에게 항생제 주사를 놓고, 잠을 잘 수 있도록 두 알의 발륨 Valium도 주었다. 다음 날 아침 여전히 기운이 없었지만, 베이스캠프를 이리저리 돌아다닐 수 있는 정도로는 회복이 되어 다른 사람들이 훈련 등반을 간 사이 과학자들을 사진에 담았다. 날씨가 여전히 불안정해서 결과적으로 내가 손해 본 것은 거의 없었다.

베이스캠프에서 과학자 그룹과 등반가 그룹을 비교해보는 일은 매우 흥미로웠다. 짐 밀레지가 드보르작의 곡을 틀자 앨런은 거의 넋을 놓을 정도로 기뻐했다. 그는 이렇게 말했다. "이런, 우린 정말 전전戰前 원정대 같지 않습니까? 사람들이 클래식 음악을 들으며 바이스호른Weisshorn과 당블랑슈Dent Blanche에 대해 이야기를 나누는 분위기 말이에요." 나는 개인적으로 두 그룹 모두 마음에 들었지만, 내 건강상태를 고려했을 때 그렇게 많은 최고의 고소전문 의사들이 내 옆에 있다는 사실이 특히 기분 좋았다. 다만, 나는 다음 해에 지장을 받을 정도로 폐에 손상이 오지는 않았을지 걱정했다. 나의 마음은 이미 에베레스트에 가 있었다.

비록 지위는 '등반대장'이었지만 나의 역할은 다른 소규모 원정대와 마찬가지로 결정을 내릴 일이 있을 때 회의를 주재하는 것이었다. 기금과 후원금을 신청하는 데는 대장이 필요하지만 리더십은 복합적이다. 보통 우리의 논쟁은 창가방 이후로 단짝이 된 조와 피터에 앨런이 대항하는 구도였다. 앨런은 자신과 자주 등반하는 친구들 사이에서 주도적인 역할을 했었기 때문에 다른 사람으로부터 명령을 받는 것을 좋아하지 않았다. 마찬가지로, 피터는 루트를 선정할 때 의견이 일치되기를 원했다. 우리는 이미 콕셀 빙하 위에 전진 베이스캠프를 구축한 터라 그곳에서부터 선택할 수 있는 두 루트 중 더 가파르지만 짧은 남릉으로 도전하기로 결정했다. 그 루트는 약 6,000미터의 콕셀 콜Koksel Col에서부터 우리가 '전위봉'이라고 부른 정상의 옆 봉우리까지 이어져 있었는데, 그곳에서부터는 정상 능선으로 올라설 수 있었다. 콜에서 능선마루까지 올라가는 데 하루 종일이 걸렸지만, 나는 폐렴에 시달렸는데도 불구하고 다른 사람들에게 뒤처지지 않아 자신감을 되찾았다.

나는 조와 함께 텐트를 썼다. 조나 나나 서로 말을 많이 하지는 않았지만 파트너로서 잘 지냈다. 그는 식사 당번을 나에게 떠넘기고 대신 루트를 개척하는 작업을 더 많이 하는 데 만족하곤 했는데, 특히 하루가 끝나가면서 내가 지칠 때는 여지없이 그렇게 나섰다. 우리는 곧 서로를 잘 이해하게 되었다. 조는 딱딱한 겉모습과는 달리 속에는 따뜻한 동정심이 있었다. 쉴 새 없이 이야기를 늘어놓는 앨런은 책을 한 권도 가져오지 않았지만, 작가이자 문학 전공자인 피터는 항상 책을 읽었다. 하지만 피터는 우리 중에서 힘이 가장 넘치는 사람이었다. 큰 통처럼 단단한 가슴과 강인한 다리를 가진 그는 체력이 엄청났다. 이따금 내가 조심해야 한다는 주장을 펼치면 조가 매우 기뻐했는데, 피터 앞에서 우물쭈물하는 모습을 보이지 않아도 된다고 생각했기 때문이었던 것 같다.

남릉으로 진입한 우리는 처음으로 정상 피라미드를 가까이서 보았는데, 이제 그 산이 얼마나 무섭고 등반이 힘들지 제대로 가늠할 수 있었다. 그 전해에 정찰을 했지만 우리는 확실히 등반 대상의 규모를 과소평가했다. 설상가상으로 날씨도 우호적이지 않았는데, 다음 폭풍이 몰려올 때까지 맑게 갠 날이 이삼일에 불과해 예상보다도 더 안 좋았다. 우리는 텐트에 누워 나일론 천이 펄럭거리는 소리를 들으며 우리가 얼마나 나약한 존재인지를 뼈저리게 깨달았다. 심지어 피터와 앨런은 텐트가 무너지면 재빨리 탈출하려고 밤에 장비를 몽땅 싸놓기까지 했다. 다음 날, 눈보라 속의 구름을 뚫고 '전위봉'을 횡단한 우리는 바람이 부는 곳에서 빠져나가고 싶은 생각뿐이어서 정상 피라미드 밑으로 이어지는 칼날 능선 아래쪽에 설동을 하나 팠다. 그 작업은 4시간이나 걸렸지만, 최소한 우리는 안전하고 비교적 편안한 캠프를 확보한 것에 더해 모두 그곳에 몸을 숨긴 채 다음 행동을 계획할 수 있었다.

다음 날에도 능선을 할퀴는 바람이 계속 날카로운 소리를 냈지만, 피터는 정상에 도전하겠다는 마음이 확고했다. 우리는 칼날 능선의 끝까지 정찰하기로 합의했는데, 정상 피라미드의 북쪽 사면에서 등반이 가능해 보이는 쿨르와르를 하나 발견했다. 하지만 식량이 떨어져 가고 있었다. 정상까지 도달하는 데는 이틀이 더 걸릴 것이 확실했기 때문에 다음 날 아침에 나는 설동에서 후퇴하는 것이 좋겠다고 충고했다. 피터는 여전히 정상에 대한 욕심을 버리지 못했지만, 1시간 동안 논의한 끝에 신중론이 우세해 결국 우리는 서릉을 따라 베이스캠프로 후퇴했다. 그것은 올바른 선택이었다. 다음 날 날씨가 급격히 나빠졌기 때문에 만약 계속 버티고 있었다면 우리는 날씨에 휘둘린 채 식량도 없이 폭풍이 멈추기를 기다릴 수밖에 없었을 것이다.

베이스캠프에서 나흘간 휴식을 취한 우리는 칼날 능선 아래쪽의 설동으로 돌아갔다. 그곳을 지나 설동을 하나 더 팔 계획이었지만, 눈이 깊지 않아서 곧 단단한 얼음 바닥에 닿았다. 공간이 너무 부족해 좁게 두 곳만 파내는 데 만족해야 했는데, 실상은 눈으로 된 관이나 다름없었다. 그곳에 우리는 두 명씩 일렬로 몸을 집어넣었다. 설동의 천장은 빛이 들어올 정도로 두께가 얇았고 몸을 일으켜 앉을 자리조차 없었다. 설동을 파내는 작업이 끝날 무렵 악천후가 다시 몰려와, 우리는 그곳에서 사흘 낮과 나흘 밤 동안 갇혀 있어야 했다.

그곳에서는 할 일이 없었다. 읽을 책도 나눌 화젯거리도 거의 없었다. 그래서인지 시간은 엉뚱한 일들과 함께 지나갔다. 나는 조의 침낭에

1981년의 콩구르 원정. 전위봉과 주봉 사이의 콜에 있는 설동에서 휴식을 취하는 앨런 라우즈, 피터 보드먼과 조 태스커 (크리스 보닝턴)

쇠고기 스트로가노프stroganoff를 왕창 쏟았고, 피터의 발이 내가 누워 있는 관을 뚫고 들어와 보닝턴 집안 특유의 분노를 터트리기도 했다. 결국 우리는 피난처를 다시 파서 새롭게 만들었다. 그곳에 갇혀 있으니 세상의 끝이라는 느낌이 들었다. 나는 침낭 안에 누워 설동의 천장에 나타나는 소용돌이무늬를 바라보며 기름에 튀긴 호화로운 아침 식사와 집과 웬디와 앞으로 등반할 루트에 대한 꿈을 꾸었고, 그러다 보니 환청의 만화경 속에서 모든 것이 뒤죽박죽 흐릿해졌다. 우리는 식량이 거의 다 떨어진 상태였지만, 어느 누구도 그만두겠다는 생각은 하지 않았다.

그렇게 사흘째가 되던 날 저녁에 고도계의 기압이 올라가기 시작했다. 그다음 날 아침에는 설동의 천장을 손으로 뚫었더니 능선을 지나가는 눈보라 소용돌이 사이로 파란 하늘이 보였다. 우리가 있는 곳은 햇빛이 들지 않아 상당히 추웠고, 정상 피라미드의 북쪽 사면은 마터호른의 북벽만큼이나 가파르고 적대적인 것으로 나타났다. 콩구르는 결코 식은 죽 먹기가 아니었다. 피터가 첫 피치를 선등했는데, 앨런이 그다음 피치를 선등하는 동안 벙어리장갑을 벗은 피터는 손가락에 동상 기미가 있는 것을 발견했다. 내 차례가 되었을 때는 다행히 따뜻한 양지였다. 아직 가야 할 길이 멀었지만 이제 능선마루로 올라왔기 때문에 함께 빠르게 움직일 수 있었다. 그때 앞장서 나아가던 조가 정상을 발견하고 소리를 질렀다.

경치는 믿을 수 없을 정도로 아름다웠다. 북쪽과 동쪽, 서쪽으로는 우리가 서 있는 곳보다 더 높은 곳을 찾아볼 수 없었고, 남쪽으로는 콩구르와 가장 가까운 곳에 있는 라이벌 K2가 구름에 파묻혀 있었다. 그 전해에 앨런과 내가 본 분명한 피라미드 모양은 피터의 즉각적인 관심을 끌 정도로 여전했다. 내 머릿속에 남은 유일한 의문은 800미터 정도 떨어진 콩구르 동봉에 관한 것이었다. 그곳이 더 높을까? 그날 저녁, 우리는 두세 시간을 들여 정상 바로 아래에 설동을 팠다. 밤을 보내면서 그 의문은 점점 더 커져 갔다. 다음 날 아침 나는 다른 사람들을 설득해 그곳으로 다함께 갔는데, 역시 예상대로 주봉보다 높지는 않았다.

어느덧 등반 8일째였다. 따라서 식량 부족이 큰 걱정거리였다. 콩구르는 내 인생에서 가장 도전적인 곳이었지만, 그처럼 자유를 만끽한 등반은 없었다. 우리는 능선을 따라 내려온 후 콩구르 북벽을 로프로 하강했다. 우리는 모두 한계에 도달해 있었다. 피라미드의 기슭으로 마지막 하강을 하는 동안 피터의 로프가 축구공만 한 바위를 건드렸고, 그 바위가 피터의 헬멧을 강타해 그가 정신을 잃은 것을 본 우리는 겁에 질렸다. 그는 로프를 따라 미끄러져 내려갔는데, 벙어리장갑을 낀 손가락이 하강기에 끼면서 로프 너머로 추락하는 참사는 면할 수 있었다. 어쨌든 손가락이 아파 그는 정신을 차렸다.

성공과 비극은 종이 한 장 차이일 뿐이다. 서릉으로 내려오던 나는 금방이라도 쓰러질 것 같았지만, 이상하게도 그 무엇이 여전히 내 안에 남아 있었다. 우리는 능선 300미터 정도 위에 두 사람이 있는 것을 발견했는데, 그들이 먹을 것과 마실 것을 가지고 있을 것이라는 희망을 품었다. 우리는 모두 갈증과 허기로 미칠 지경이었다. 가까이 가 보니, 그들은 짐 커랜과 마이크 워드였다. 훗날, 짐은 마이크가 우리를 발견했을 때 거의 눈물을 흘릴 뻔했다고 나에게 고백했다. 어느덧 9일째가 되면서 그들은 우리가 살아 돌아올 수 있으리라는 희망을 포기하고 있었다.

콩구르 원정 이후도 힘들기는 마찬가지였다. 이듬해에 에베레스트 북동릉을 오르겠다고 중국등산협회(CMA)Chinese Mountaineering Association에 신청한 사람은 앨런이었다. 콩구르 원정과 같은 팀이 가게 되었지만 의료진이 없었다. 자딘 매디슨과 나의 관계가 돈독했고, 콩구르에서 내가 등반대장 역할을 했기 때문에 에베레스트에서도 내가 대장을 맡는 것이 타당해 보였지만, 나는 피터와 조로부터 앨런을 원정대에서 빼라는 압력을 받았다. 조는 비교적 온건하게 의견을 피력했지만, 피터는 강경했다. 앨런의 끊임없는 수다에 피터가 자주 짜증이 났다는 것은 부정할 수 없는 사실이었다. 앨런은 나름대로 무엇인가가 잘못되어가고 있다고 여겼지만, 천성이 착한 그는 무엇이 잘못인지 파악하지 못했다. 만약 콩구르에서 앨런이 피터만큼이나 강한 면모를 보였다면 그것은 심각한 문제가 되었겠지만, 사실 앨런은 고소에서 동등한 수준의 체력을 보여주지 못했다.

셰필드Sheffield까지 차를 몰고 내려가 앨런에게 원정대의 화합을 위해 뺄 수밖에 없다는 사실을 통보하는 것은 대장인 나의 임무였다. 앨런에게는 정말 기분이 상하는 일이었고, 그런 상황의 전개에 대해 나 역시 매우 불편했다. 다행히 앨런과 나는 우정을 유지할 수 있었고, 우리는 나중에 꽤 아이러니한 상황에서 함께 등반도 했다. 우리는 콩구르 정상에서 본 미지의 피라미드를 잊지 못했다. 그때 피터는 방향을 가늠해본 후, 그 산이 적어도 K2는 아니라는 사실을 밝혀냈었다. 유럽으로 돌아온 그는 조사를 거듭해 그 피라미드가 '카룬 코Karun Koh'라고 불리는 봉우리라는 사실을 알아냈는데, 7,350미터의 그 봉우리는 파키스탄과 중국의 국경지대에 있었다. 그 카룬 코는 사진 자료도 없었고, 에릭 십턴조차도 근처에 가본 적이 없었다. 피터와 나는 에베레스트 원정을 마치고 나서 1983년에 그곳을 탐험하고 등반을 시도하기로 했다.

1982년 피터가 에베레스트에서 사고를 당해 카룬 코에 갈 마음이 내키지 않은 나는 원정을 미루었다. 그런데 그 미지의 피라미드가 나를 다시 유혹하기 시작했고, 1983년 여름에 2명의 오스트리아 클라이머들이 그곳을 시도하면서 내 마음에 불길이 일었다. 그 봉우리는 1980년 콩구르 정찰 도중 앨런과 내가 처음으로 발견했기 때문에 나는 그에게 함께 가지 않겠느냐고 물어보았다. 다행히 마음을 쉽게 푸는 성격을 가진 그는 내 제안을 흔쾌히 받아들였다. 우리가 훈자지역으로 들어가려면 반드시 파키스탄인을 대동해야 했다. 1984년 5월, 우리는 이슬라마바드에서 파트너 둘을 만났다. 이크람 아흐메드 칸Ikram Ahmed Khan은 통신부대의 소령이었는데, 곧 알게 되었지만 조직을 꾸리는 능력이 뛰어난 인물이었다. 마크수드 아흐메드Maqsood Ahmed는 20대 초반으로 아주 열정적인 산악인이었다. 목각사업을 하는 그는 샤모니에서도 등반을 해본 적이 있었다. 둘 다 등반 경험이 많지는 않았지만 열정만큼은 대단했다.

그 전해에 그 봉우리를 탐험한 나의 친구 로베르트 샤우어Robert Schauer가 우리에게 사진을 보내주었다. 그는 파트너가 컨디션이 좋지 않아 그 봉우리를 포기할 수밖에 없었는데, 사진을 보니 카룬 코가 아주 어렵지는 않게 보였기 때문에 우리에게 행운이 따른다는 생각이 들었다. 하지만 가까이 다가갈수록 그 봉우리는 만만찮게 보였다. 루트의 열쇠는 서릉이었지만, 그 아래쪽은 부서지기 쉽고 반반한 피너클들로 막혀 있었다. 우리는 측면의 가파른 설사면을 통해 그 지대를 우회할 수 있을 것이라 여겼지만, 쌍안경으로 관찰해보니 숨어 있는 얼음이 어슴푸레 드러났다. 비교적 초보자들인 파키스탄인들을 데리고 갈 수는 없는 지형이었다. 이크람과 마크수드는 우리의 뜻을 잘 이해하고 행운을 빌어주었다. 결국 앨런과 나만 빙벽을 오르기 시작했다. 어렵지는 않았지만 신경이 쓰이는 구간이었다. 그렇게 여러 피치를 오르고 나서 피너클 밑의 작은 평지에 도달한 우리는 서로를 쳐다보았다.

"이 빌어먹을 봉우리를 오를 수 있는 더 좋은 방법이 분명히 있을 거야."라고 내가 말했다.

그러자 앨런은 "저도 비슷한 생각을 하고 있었습니다."라고 대답했다.

우리는 일단 하산을 한 다음, 그날은 작은 텐트에서 무더위를 견디며 보냈다. 우리의 파키스탄 친구들은 우리가 후퇴한 것에 약간 어리둥절했으나, 그 봉우리의 남쪽과 동쪽을 우리와 함께 탐험하며 더 좋은 루트를 찾아볼 수 있다는 생각에 행복해했다. 그러나 그것 역시 쉽지는 않았다. 동릉은 칼날 능선이 잔물결같이 솟아오른 데다 중간에 눈처마들이 있었다. 그리고 이따금 계단처럼 형성된 바위가 앞을 가로막고 있어, 보기에는 아름답지만 오르기에는 귀찮은 지형이었다. 우리는 그 봉우리의 북쪽 지형이 내려다보이는 콜까지 돌아서 걸어갔지만, 실익이 없었다. 하지만 그렇게 좌절을 겪는 가운데서도 나는 그 상황을 무척 즐겼다. 나는 여전히 오랫동안을 산에서 보낼 수 있는 능력이 있었다.

나는 웬디에게 "늙은 군마는 관절이 삐걱대도 힘이 남아 있다고 하잖아."라고 편지를 썼다. 그해 겨울, 나는 스키 사고로 등에 입은 부상 때문에 몸이 불편했다. "내 사랑, 산. 나는 정말로 산을 사랑해. 자연의 일부가 되었다는 그 기분을 누가 알까. 산을 걷고 오르고 바라보는 것 모두가 너무 좋아. 앨런은 훌륭한 동반자야. 나는 그의 수다에 압도당하지만, 그는 좋은 아이디어도 많이 내놓지. 우리의 팀워크는 나무랄 데가 없어."

　사방에서 산을 조사해본 끝에, 우리는 결국 서릉이 가장 좋은 루트라는 결론에 도달했다. 그때 폭풍이 찾아왔다. 우리는 휴식이 필요했기 때문에 처음에는 폭풍을 반겼지만, 그 후 폭풍은 열흘 동안이나 계속되었다. 우리에게 또 다른 사람들이 합류했다. 그들은 오스트리아인들로 좋은 친구들이었다. 그러나 시간을 다 써버린 우리는 그들에게 등반 기회를 넘겨주고 그 봉우리를 떠났다. 우리가 초등을 해내지 못했다는 후회가 약간 들기도 했지만, 스트레스나 심각한 의견 충돌 없이 앨런과 보낸 5주는 매우 즐거웠다. 1986년 그가 K2를 영국인 최초로 오르고 나서 하산 도중 사망한 것은 매우 슬픈 일이었고, 영국 산악계에도 크나큰 손실이었다. 그는 고소에서 악천후로 발이 묶였고, 몸이 점점 쇠약해지면서 결국은 꼼짝달싹 못하는 상황에 빠지고 말았다.

제 1 5 장

꿈은 끝나고

하늘이 맑아 아름다운 날이었지만 몹시 추웠다. 나는 잠시 주위를 둘러 보았다. 노스콜은 우리보다 훨씬 아래쪽에 있었고, 7,543미터의 창체 Changtse 정상은 우리와 거의 비슷한 것 같았다. 에베레스트 북쪽과 동쪽 을 수호하고 있는 봉우리들 너머로 아스라이 펼쳐진 갈색의 티베트고원 이 눈에 들어왔는데, 그 중간 중간 눈 덮인 봉우리들이 마치 하얀 모자를 뒤집어쓴 것처럼 드러나 있었다. 20여 년 전 눕체 정상에서 본 것과 똑같 은 풍경이었다. 어느덧 마흔여덟이 된 나는 이 정도 고소에서 등반할 수 있는 날이 많지 않을 터였는데, 에베레스트 정상이 1,400미터 위에 있다 는 것은 고통스러운 현실이었다.

피터 보드먼이 내 바로 앞에서 천천히 전진했다. 이 정도 고소에서는 모든 동작이 느려지게 마련이다. 크램폰의 앞발톱을 이용해 올라가던 그 는 바위지대에 도착해, 피톤을 박을 수 있는 크랙이 있는지 두리번거렸 다. 그의 머리 위에는 우리가 '첫 번째 버트레스'라고 부른 지형이 나타났 는데, 그곳은 미등으로 남은 에베레스트 북동릉에서 힘든 등반이 본격적 으로 시작되는 지점이었다. 북동릉은 그 기슭에 있는 라푸 라Raphu La에서 버트레스가 마치 날아오르기라도 하는 것처럼 솟다가, 노스콜에서 올라 오는 북쪽 버트레스와 합류하는 지점까지 계속 이어진다. 노스콜에서 올라오는 루트는 1920년대와 1930년대의 전전戰前 시기에 에베레스트 원정대들이 선택했던 곳이다.

나의 꿈은 콩구르에서와 마찬가지로 소규모 원정대를 이끌고 북동릉을 오르는 것이었다. 그리고 그 꿈은 에베레스트에 대해 계속적으로 반복되는 나의 야망이기도 했다. 그러나 이제 우리 앞의 현실과 루트의 규모가 점점 더 무겁게 우리를 짓눌렀다. 3월 초에 우리가 원정을 떠나올 때는 희망으로 가득 차 있었다. 원정대원은 나와 피터, 조 태스커 그리고 앨런 라우즈를 대신한 딕 렌쇼Dick Renshaw였다. 딕은 조가 자주 언급하기는 했지만, 나는 이름만 아는 인물이었다. 그들은 최고 수준의 등반을 여러 번 함께한 적이 있었다. 몇 주의 시간을 함께 보내자 나는 딕이 좋아졌고 존경까지 하게 되었다. 켈트족Celtic 특유의 어두운 외모에 단정하고 체격이 단단한 딕은 조용히 산을 사랑하는 사람이었다. 그는 언제나 남을 도와줄 준비가 되어 있었지만, 의지가 무척 결연하기도 했다. 1975년부터 우리와 함께 에베레스트를 찾은 찰리 클라크와 애드리언 고든은 지원 역할을 맡기 위해 왔지만, 우리는 그들이 전진 베이스캠프 위로는 가지 않으리라 판단했다. 애드리언의 차분한 지원과 찰리의 따뜻한 유머가 있었기에 다행히 우리는 등반의 중압감에서 벗어날 수 있었다.

우리는 단 넷뿐이었지만, 필요한 모든 것을 짊어지고 고정로프 없이 한 번에 치고 올라가는 알파인 스타일로 루트 전체를 오를 계획을 갖고 있지는 않았다. 그렇게 하기에는 루트가 너무 길었다. 그리고 북쪽 버트레스와 합류하는 지점 이전에 마치 공룡의 등에 난 뿔처럼 톱니 모양의 피너클이 세 개 있었는데, 고도가 대략 8,200미터였다. 그곳을 넘어서는 것만 해도 시간이 오래 걸릴 것 같았다. 그래서 우리는 능선에서 여러 차례 등반을 시도해 대략 8,000미터 지점에 디딤돌을 마련하고, 그곳에서부터 비박장비를 가지고 정상을 향해 계속 나아가기로 결정했다.

내 나이에 그런 등반을 하기에는 무리라는 자각이 마음속 깊은 곳에서부터 들었다. 이틀 전 피터가 앞장서서 지금 우리가 있는 곳 아래쪽 능선을 올라왔는데, 그를 뒤따라 오르는 것이 매우 힘들었다. 나는 등반을 하면서 최선을 다해 다른 사람들을 지원해주겠지만, 내 속도가 너무 느리다고 피터에게 고백했다. 피터는 내 말을 가로막고, 오래 걸리는 등반이니까 체력을 회복할 시간이 있다고 격려해주었다. 그러자 피터를 뒤따라가는 나는 기력이 새롭게 샘솟는 듯했다. 비록 나는 피터보다 빠르지는 않았지만 등반 자체에 매력을 느꼈다. 아래쪽에서 보았을 때 가파른 걸리 하나가 루트를 막고 있는 버트레스를 둘로 가르고 있는 것 같았다. 그러나 직접 걸리 안으로 들어서니 상태가 아주 나쁘지는 않았지만, 60도 정도의 경사에 훨씬 더 가파른 돌출지대들도 있었다. 새로운 곳에 들어섰다는 흥분과 추락할 수도 있다는 두려움을 동시에 느끼면서 나는 피로를 잊었다. 1시간 동안 50미터밖에 못 올라갔는데 — 물론 피터가 보기에는 오래 걸린 것 같았겠지만 — 몇 분밖에 걸리지 않았다는 느낌이 들었다. 걸리를 반쯤 올라서니 한쪽으로 가느다란 크랙들이 나 있는 바위 턱이 하나 보였다. 피톤이 들어갈까? 나는 나이프블레이드를 박아 넣었다. 그러자 피터는 로프를 타고 올라와 걸리의 나머지 부분을 앞장서서 올라갔다. 첫 번째 버트레스의 꼭대기에 큰 바위가 하나 있었다. 바위가 바람을 막아주는 곳에서 우리는 몸을 숙이고 초콜릿을 조금 먹었다.

"알아? 우리가 실제로 로프를 묶은 것은 이번이 처음이야."라고 내가 피터에게 말했다.

그러자 피터는 "아닌데요. 기억 안 나요?"라고 대꾸했다. 그는 내가 1975년 에베레스트 원정 이전에 레이크 디스트릭트로 자신을 부른 일을 상기시켜주었다. 그때 나는 그의 실력을 한 번 보려고 화이트 길White Ghyll에서 함께 등반했었다. 나는 그 일을 까맣게 잊고 있었다. K2에서 조와 나는 서로를 의심해 좋지 못한 사이가 되었다. 하지만 콩구르에서 함께 어울리며 서로를 잘 이해하게 되었다. 조는 내심 사려도 깊고 관대했다. 피터와 조는 창가방을 함께 도전하고 더그 스콧과 칸첸중가도 오르는 등 많은 모험을 함께했음에도 불구하고, 마치 결혼생활이 오래된 부부처럼 종종 다투었다. 그들의 관계에는 경쟁의 요소가 깊이 뿌리박혀 있었고, 서로의 야심과 재능이 점점 커지면서 — 특히 저술 활동까지 자신들의 재능이 빛나면서 — 라이벌 의식도 그만큼 강해졌다. 등반에서의 파트너십은 유명세를 치러야 하는 압박과 변화하는 운명에 휩쓸리기 쉽다. 피터는 온화한 외양과는 달리 지구력과 정신력이 상당히 강했다. 반면 조는 의지력만큼은 대단했다.

우리가 능선에 파놓은 두 번째 설동으로 돌아와 보니, 조와 딕이 바쁘게 움직이고 있었다. 눈 더미를 파던 우리는 곧 눈 밑의 바위에 닿았기 때문에 4명이 머물 만한 공간을 만드는 일만 해도 상당한 노력을 기울여야 했다. 조와 딕이 그 공간을 악천후에 견딜 수 있도록 고쳤는데, 눈덩어리들을 깎아서 입구를 막고 매트리스를 이용해 틈새를 막아 눈보라가 들이치지 않도록 한 것이다. 그들은 우리가 내려오는 것을 보고 차도 끓여 놓았다. 다음 날에는 그들이 등반할 차례여서 나는 오전에는 빈둥거릴 생각이었다. 내 기력이 한정적이라 아껴 써야 할 필요가 있었기 때문이다. 정오가 지나서야 우리는 조와 딕을 뒤따르기 위해 길을 나섰다. 전날보다 안개가 훨씬 짙고 따뜻했는데, 바람이 거의 없는 데다 안개가 능선을 가로질러 흐르고 있어서 능선의 윤곽이 부드러워 보였다. 우리는 뼛속까지 덜덜 떨지 않고 휴식을 취할 수 있었다. 내가 첫 번째 버트레스를 오르는 동안을 기다려야 하는 피터는 졸기까지 했다.

그는 다시 출발해 조와 딕을 재빨리 따라잡았고, 전날 밤에 챙겨둔 장비를 배낭에 추가로 넣은 나는 뒤처져서 따라갔다. 조와 딕은 두 번째 버트레스에 나 있는 통로를 오르고 있었다. 하지만 그곳은 헐거운 바위를 기어오르는 수준의 쉬운 등반이었다. 버트레스의 꼭대기에 도달한 그들은 안전한 하산을 위해 로프를 하나 고정시켰다. 그 후 그들은 계속해서 조금 더 올라갔는데, 때마침 폭설이 내리기 시작했다. 앞이 점점 흐려지더니 곧 아무것도 보이지 않았다. 피터는 언제나 그렇듯 계속 밀어붙이고 싶어 했지만, 조는 어디로 가고 있는지조차 알 수 없다며 현실을 지적했다. 내가 두 번째 버트레스의 꼭대기에 도달했을 때쯤 그들은 이미 내려가고 있었고, 곧 시야에서도 사라졌다. 나는 마치 눈보라가 몰아치는 레이크 디스트릭트의 스트라이딩 에지Striding Edge에 혼자 있는 것 같았다. 무거운 팔다리와 몰려오는 피로감 이외에는 상황을 판단할 수 있는 기준이 아무것도 없었다.

그날 밤 설동의 분위기는 우울했다. 피터는 내려오다가 위험천만한 상황을 맞기도 했다. 전날 설치한 앵커에서 하강을 준비하던 그는 로프를 잡고 하강 위치로 이동했는데, 아뿔싸 피톤이 쑥 빠져버린 것이다. 만일 로프에 체중을 완전히 실었다면 그는 분명 걸리 아래로 떨어져 죽음을 면치 못했을 것이다. 닷새 동안 내리 등반을 계속한 후라 피터마저도 휴식이 필요하다는 사실을 알고 있었지만, 그는 피너클들을 아직 제대로 보지 못했다는 사실에 좌절감을 느꼈다.

나는 돌아서고 싶었다. 높은 곳에서 보니 찰리와 애드리언이 전진 베이스캠프로 돌아오고 있었다. 그들은 무전으로 우리에게 온 편지들을 가지고 왔다고 전했다. 반가운 소식이었다. 지난번에 휴식을 취하러 전진 베이스캠프에 내려갔을 때는 집에서 아무 것도 오지 않아 크게 실망했었다. 그것은 내가 웬디의 정신적 응원에 얼마나 많이 의존하고 있었는지를 뼈저리게 느끼게 해준 일이었다. 나는 그리스 신화의 영웅 아킬레스처럼 뿌루퉁하게 텐트로 물러나 있었다. 웬디에게 루트가 "끝없이 힘들어."

라고 토로하며 "무서운 기분이 드는데 그걸 인정하는 것이 전혀 부끄럽지 않아."라고 편지에 썼다. 물론, 전진 베이스캠프에 도착해 한 통도 아닌 세 통씩이나 편지가 온 것을 보고 나는 더 큰 회한을 느꼈다.

웬디는 뻐꾸기가 돌아왔고 하이 파이크에서 종달새가 지저귄다고 집의 소식을 알려주었다. 또한 루퍼트의 도움을 받으며 정원을 가꾸기도 한다고 전했다. 그녀는 "당신에게서 아직 편지가 오지 않은 것을 보니 연락이 조금 느려지는 것 같네."라고 적었다. "당신 생각이 많이 나네. 우리의 결혼 30주년이 이번 주말이야. 30년 전 비가 오는 웨일스에서 우리는 행복한 주말을 보냈었는데…. 사랑해." 편지를 읽어 보니, 내가 곁에 없는 웬디가 무척 힘들 것 같다는 느낌이 들었다. 다음 날 베이스캠프에 도착한 나는 웬디에게 긴 편지를 썼다. 편지에는 등반에 대한 소식뿐 아니라 나 자신의 의구심에 대해서도 적었다. "올해는 모든 것이 너무 분주하고 다급하고 빡빡했던 것 같아. 나 역시 진이 빠졌어. 다만 동료들을 봐서 최선을 다하고 싶을 뿐이야. 꼭 내가 정상에 오르지는 못해도, 그들이 정상에 오르도록 도와주고 싶어."

능선에서 궁핍하게 지낸 이후의 베이스캠프 생활은 사치스럽게 느껴졌다. 찰리와 애드리언은 환상적인 식사를 대접하며 우리를 소중히 보살펴주었다. 피터는 일기를 열심히 쓰면서 앞으로의 전망에 대해 고민했다. "이 산은 너무 크다. 우리의 프로젝트는 아주 대단하고, 아주 길다. 따라서 우리는 모든 에너지를 한군데로 집중시켜 최선을 다해야 한다. 크리스조차 다른 일을 할 여력이 없다. 냉혹한 현실 앞에서 생명의 등불이 깜박거린다. … 하지만 우리는 아주 잘 짜인 소규모 원정대이고, 서로 짜증을 내는 경우도 거의 없다. 어떤 면에서 우리 모두는 서로를 존경하고 사랑한다. 중대한 상황이 발생하면 각자가 올바르게 행동할 것이라는 점을 우리는 잘 알고 있다."

피터가 앉아서 일기를 쓰는 동안 딕은 자신이 가져온 마호가니 나무로 백조 조각상을 만드는 일에 열중했다. 1970년대 초반 조와 딕은 알프스의 어려운 고전 루트들을 함께 오르면서 강력한 파트너십을 보여주었는데, 1975년 창가방 인근의 두나기리Dunagiri(7,066m)를 함께 오르던 중 딕이 심각한 동상에 걸린 이후에는 오히려 조와 피터의 파트너십이 돋보였다. 그러나 지난 몇 주 동안 나는 딕을 좋아하고 존경하게 되었다. 말투가 부드럽고 다른 사람들을 언제나 도와주는 그는 자연으로부터 깊은 영감을 받아 결국 조각가로 발전했는데, 그 일은 당시까지도 손에서 놓지 않고 있었다. 그가 산에서 자신의 한계를 시험하며 도전한 것은 다른 사람들과는 무관한 일이었다.

베이스캠프에서는 즐거운 시간을 보냈다. 우리는 전전戰前 영국 원정대의 베이스캠프 터를 돌아다니며 조지 버나드 쇼George Bernard Shaw가 당시의 원정을 "에베레스트 등반은 코네마라Connemara[75]에 소풍을 나왔다가 눈보라에 깜짝 놀란 꼴"이라고 묘사한 사실을 기억해냈다. 우리 원정대의 중국인들은 소풍이 이해할 수 없는 시시한 활동이라고 생각했지만, 카세트테이프로 음악을 들으며 햇빛 아래 드러눕고, 스틸튼 치즈와 살라미를 야금야금 먹고, 적포도주를 꿀꺽꿀꺽 마시다 보니 우리는 우리 위로 높이 솟은 에베레스트의 존재를 잠시나마 잊을 수 있었다. 찰리는 근처에서 어린아이처럼 즐거워하며 연을 날렸다. 근처 웅덩이의 얼음이 깨지고 녹을 정도로 날씨가 점점 더 누그러져, 한낮에는 베이스캠프 주변을 티셔츠 바람으로 돌아다닐 수 있었다.

하지만 등반은 여전히 잔인했다. 베이스캠프에서 다시 올라갈 때는 라푸 라를 넘는 바람이 거칠게 울부짖으며 능선에 새로 쌓인 눈을 우리에게 뿌려대는 통에 크램폰도 제대로 박히지 않았다. 눈보라가 너무 심해 우리는 멈추어 선 채 피켈에 매달려 몸을 숙일 수밖에 없었다. 오랫동안 쉬었음에도 불구하고 나의 기력은 회복되지 않은 것 같았다. 피터는 이렇게 썼다. "크리스의 걸음이 너무 느리다. 그는 겨우 한 발자국을 내딛고 나서 쉰다. 결국 베르크슈룬트도 못 미쳐 다른 사람들이 우리를 따라잡는다. 애드리언은 '크리스가 항상 저렇게 느려?'라고 나에게 속삭인다." 피터는 나에 대한 자신의 생각을 입 밖에 내지는 않았지만 내가 정상에 오르지 못할 것이라는 사실을 분명 알고 있었을 것이다. 컨디션이 나쁜 날이면 나도 그런 생각이 들었다.

능선에 오르니 힘이 다시 솟는 것 같았다. 자신을 조용히 절제하는 딕이 우리에게 전열을 가다듬자고 재촉해, 닷새 동안 쓸 식량을 분류했다. 피터는 누가 자신의 파트너가 될 것인지, 그리고 자신의 역할이 무엇인지 여전히 불안해하고 있었지만 "무슨 말을 해서 오해를 사고 싶지는 않다. 신의 섭리가 우리를 이끌어줄 것이라고 믿는 수밖에 없다."라는 기록을 남겼다. 우리는 앞으로의 계획을 위해 제비뽑기를 했고, 신의 섭리는 그를 선택했다. 피터와 딕이 버트레스 위의 능선마루로 올라가 피너클 밑까지 가기로 한 것이다. 그곳은 우리의 모든 희망과 두려움이 잠재되어 있는 북동릉의 크럭스 구간이었다. 그들은 그곳에 설동을 파서, 피너클들과 그 위의 정상으로 향하는 능선으로 갈 디딤돌로 삼기로 했다. 조는 이렇게 말했다. "어쨌든 난 기뻐. 낮은 고도에서 하룻밤은 더 잘 수 있으니까."

나의 기력은 들쭉날쭉했다. 아침에는 내가 선두에 나서기도 했지만, 예상대로 피터는 첫 번째 버트레스 꼭대기에서 나를 따라잡았고 이어 조도 나를 추월했다. 내가 짐을 내려놓은 숄더, 즉 캉슝Kangshung 벽에서 뻗어 올라온 스퍼가 북동릉과 만나는 곳에서 피터는 설동을 파고 있었다. 내 눈에 설동 밖으로 삐져나온 그의 부츠가 보였다. 오후에는 구름이 몰려오더니 마치 거대한 파도처럼 동쪽 계곡을 채우고 능선까지 넘쳐흘렀지만, 울부짖는 듯한 바람에 의해 모두 걷혔다. 이제 우리가 갈 길은 바람을 타고 날려 온 눈으로 완전히 뒤덮여버렸다. 내가 마침내 두 번째 설동에 도착하니 조가 침낭 속에 웅크린 채 스토브로 눈을 녹여 차를 끓이고 있었다. 나는 나 자신의 나약함에 절망하고 좌절하며, 피로에 짓눌려 매트리스 위로 쓰러졌다. 조에게 미안하다고 말했지만, 그는 아무것도 아니라는 듯 손을 내저으며 나에게 마실 것을 건넸다. 그리고 아침이면 컨디션이 괜찮아질 것이라고 장담하듯 말했다.

공간이 넉넉해서 잠을 잘 잔 나는 아침에 맨 먼저 출발했다. 하지만 조가 곧 나를 따라잡았고, 두 번째 버트레스 위에서는 앞질러 나가기 시작했다. 나는 목표를 낮게 잡아 열 걸음을 간 후 쉬기로 했지만, 온힘을 쥐어짜서 여덟 걸음을 간 후 아홉 번째 걸음에서 숨을 헐떡이며 눈 위로 쓰러지고 말았다. 능선마루에 가까워지니 그 위쪽의 설동이 보였다. 그때 내 아래에서 사람의 형상을 발견한 나는 갑자기 머릿속이 혼란스러웠다. 딕과 피터는 설동에 있고, 조는 이미 나를 지나친 것이 분명했다. 그렇다면 저 사람이 누구지? 하지만 알고 보니 그는 조였다. 그는 나를 찾으러 다시 내려왔는데, 그때의 상황을 고려하면 엄청나게 자비로운 행위였다. 그는 나를 놓쳤다고 생각해 내려왔다가 다시 위쪽으로 올라오고 있었다.

우리는 숄더의 꼭대기를 향해 마지막 몇 미터를 힘들게 걸어 올라갔다. 그곳에 다다르니 사방이 탁 트였다. 먼 지평선 끝에 세계에서 세 번째로 높은 칸첸중가가 있었고, 캉슝 빙하 위로 마칼루Makalu가 솟아 있었으며, 로체 사면에는 거대한 빙벽들이 빽빽이 들어차 있었다. 그리고 눈으로 뒤덮인 캉슝 벽의 위압적인 모습과 그 꼭대기도 한눈에 들어왔다. 그러나 그 모두가 너무 멀어서 결코 다다를 수 없는 곳처럼 보였다. 피너클의 날카로운 바위들이 우리 위로 솟아 있었는데, 연이어 나타나는 그 피너클들은 좀 더 수월한 위쪽으로 가는 길을 막고 있었다. 그때 나는 고통과 두려움, 흥분과 우정이 한데 뒤섞인 묘한 감정을 느꼈다.

다음 날 아침, 마침내 피너클에 도전한다는 생각이 들자 8,000미터의 고도를 향해 올라가야 함에도 불구하고 새로운 힘이 솟아났다. 딕은 예비 로프를 더 챙기러 아래쪽으로 향했고, 나머지 셋은 앞으로 계속 올라가며 루트를 조사했다. 그곳은 내가 무산소로 오른 가장 높은 곳이었다. 그러나 전날의 피로가 사라졌음에도 불구하고 나는 피터의 속도를 따라가지 못했다. 첫 번째 피너클 밑까지 그는 2시간 만에 도달했고, 조와 나는 45분이 지나고 나서야 그와 합류했다. 우리는 동전을 던져 누가 피터를 확보 볼 것인지 결정했는데, 결국은 내 차례였다. 누가 선등으로 나서느냐 하는 문제는 뻔했다. 이미 그 답을 알고 있는 피터는 로프를 풀어 몸에 묶었다. 그가 다리를 넓게 벌리고 매끈한 점판암 홈통을 따라 위험하게 올라가는 동안, 나는 바위 위에 쪼그려 앉았다.

로프가 다 풀려나가, 나는 다른 로프를 이어 묶었다. 만약 그가 추락한다면 그를 멈춰 세울 수 있는 것이 아무것도 없어 나 역시 함께 추락할 터였다. 그때 피톤을 박는 소리가 들려왔다. 나는 그를 따라 올라갔다. 그러나 피톤이 박힌 곳에 도착하니 그는 이미 사라지고, 그가 지나간 길에 로프만 길게 늘어져 있었다. 오후에 구름이 다시 몰려들 기세였지만, 첫 번째 피너클 위의 능선에 기필코 도달하겠노라고 굳게 마음먹은 피터는 가차 없이 앞으로 나아갔다. 나는 그의 뒤에서 발을 동동 구르고 몸을 벌벌 떨면서 후퇴하자는 압박을 은근히 가했다.

다음 날은 피터와 내가 짐을 나르고 딕과 조가 등반을 할 차례였다. 나는 피로로 인해 피너클 밑에 일찌감치 내 짐을 놓아두었지만, 피터는 이미 두 사람을 따라잡고 있었다. 그들이 돌아왔을 때 식사준비는 끝낼 수 있겠다 싶어 설동에 돌아와 눈을 녹이는 작업을 하려는데 딕이 나타났다. 그는 평소대로 절제된 표현을 구사하면서, 자신의 피치를 선등한 후 확보물을 설치하고 있는데 왼쪽 팔다리에 감각이 없다는 느낌이 이상하게 온몸으로 퍼져 나갔다고 나에게 설명했다. 처음에 추위 때문에 그런 것이라고 생각한 그는 왼쪽 볼과 혀의 왼쪽까지 감각이 없자 이상한 생각이 들었다고 한다. 혀를 깨물어도 감각을 느낄 수 없었다고 했다. 그는 코에도 동상을 입은 것은 아닌지 걱정하고 있었다.

"이상해 보여요?"

"약간 보라색인데. 내가 만져볼게." 그러나 체온이 느껴져 동상은 아닌 것 같았다.

그때는 딕의 상태가 나중에 밝혀진 만큼 심각해 보이지 않았었다. 딕과 피터 모두 좀 더 밀어붙여, 피너클 구간을 확실히 통과한 후에 휴식을 가져야 한다고 생각했다. 그러나 다음 날 아침, 우리는 즉시 하산하기로 결정했다. 내려가는 길은 느리고 불안했으며, 딕의 크램폰이 벗겨지는 일도 발생했다. 나는 그를 도우려 했지만 균형을 잃은 그는 나를 잡아챘고, 사면을 굴러 떨어지던 우리 둘은 멈추기 위해 발버둥 쳤다. 그러자 신경 조직이 갈가리 찢긴다는 느낌이 들 정도의 고통이 찾아왔다. 애드리언과 찰리는 우리의 복귀를 영상으로 기록하기 위해 올라왔는데, 찰리에 의하면 우리는 마치 노인들처럼 기어서 내려왔다고 한다.

베이스캠프로 내려가는 길에 찰리는 나에게 딕이 뇌졸중이 있는 것 같다면서 즉시 더 낮은 곳, 심지어는 집으로까지 그를 보내야 한다고 주장했다. 나 역시 결심을 굳히고 있었다. 원정을 계획할 때부터 나는 이미 내 나이와 고소에서의 등반 능력 때문에 무산소로 정상에 오르지는 못할 것이라고 생각했었다. 이제는 내가 다른 사람들과 보조를 맞출 수도 없는 현실과 맞부딪쳤다. 다른 사람들은 나를 위로하려 노력했는데, 나는 갑자기 감정이 북받쳐 올랐다.

"나 자신을 얼마나 채찍질했는지 너희들은 절대 모를 거야." 나는 눈물이 글썽거렸다. "나 자신을 이렇게 밀어붙인 적도, 이렇게 통제 불능이 된 적도 없었어. 미안해. 나는 나의 한계를 알고 있어. 그리고 이제 한계의 끝에 도달했어."

조와 피터는 여전히 정상에 오르겠다는 열망에 불타 있었다. 그래서 나는 찰리가 딕을 청두로 데려가는 동안, 애드리언과 내가 노스콜로 올라가 그들의 하산 루트를 확보하겠다고 말했다. 나는 그들이 정상에 도달할 가능성이 높다고 생각했는데, 적어도 피너클 구간을 통과할 것은 확실해 보였다. 피터는 무척 강인했다. 조는 혈변 등 걱정스러운 신체적 증상이 조금 보이기는 했지만, 희박한 공기 속에서 목 안에 피가 굳어져 있었기 때문에 그것이 원인일 수도 있었다. 조의 결심 역시 확고부동했다. 5월 12일에 서른넷 생일을 맞은 그에게 우리는 샴페인으로 축하해주었다. 다음 날 아침, 우리는 전진 베이스캠프로 돌아왔고, 하루를 쉰 후 피터와 조는 오후 늦게 북동릉으로 돌아갔다. 우리는 그들이 캠프를 떠날 때 아무렇지도 않게 이야기를 주고받았다.

"며칠 후에 보자."

"예, 저녁 6시에 무전하겠습니다!"

이틀 후, 나는 망원경으로 북동릉을 훑어보았다. 세 번째 설동에서 오른쪽으로 쭉 훑었는데, 피터와 조가 보이지 않아 초조한 마음이 들었다. 그런데 바로 그때 첫 번째 피너클을 오르는 그들의 모습이 보였다. 이미 그들은 지난번의 최고점을 넘어 움직이고 있었다. 그러더니 그들이 멈추어 섰다. 그들은 오후 3시로 약속된 무전을 받지 않았다. 오후 6시 우리는 무전을 다시 시도했고, 그 후 30분마다 무전기를 켜고 그들을 불렀다. 이미 오래전에 에베레스트 뒤로 태양이 모습을 감춘 저녁 9시, 우리는 그들을 마지막으로 목격했다. 한 사람의 모습이 두 번째 피너클 바로 아래의 작은 콜에서 희미한 실루엣으로 나타났다. 그리고 다른 사람이 그에게 다

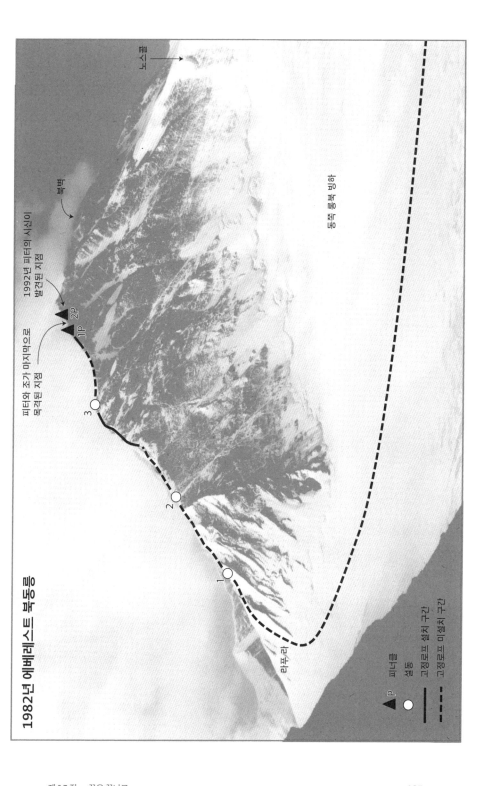

1982년 에베레스트 북동릉

노스콜

북벽

동쪽 롱북 빙하

1992년 피터의 시신이
발견된 지점

피터와 조가 마지막으로
목격된 지점

1P 2P

3

2

1

라푸라

P 피너클
   샘동
   고정로프 설치 구간
   고정로프 미설치 구간

가가고 있었다. 그들은 14시간 동안이나 줄곧 움직이고 있었다. 텐트를 설치할 생각은 하지도 못한 채….

다음 날은 그들의 모습이 보이지 않았다. 애드리언과 나는 노스콜로 출발해 그다음 날 아침 그곳에 도착했다. 우리는 사흘간 능선을 살펴보다가 전진 베이스캠프로 돌아왔다. 딕을 무사히 돌려보낸 찰리가 전진 베이스캠프에서 우리를 기다리고 있었다. 처음에 나는 피터와 조의 뒤를 따라 올라가보고 싶다는 충동적인 생각이 들기도 했다. 그러나 애드리언과 찰리의 경험이 부족하다고 해서 나 혼자 올라갈 수도 없는 노릇이었다. 그들이 죽었다는 것은 이미 다들 알고 있었지만, 나는 끝까지 최선을 다하고 싶었다. 그래서 반대편에서 능선을 관찰해보자는 찰리의 제안에 동의했다. 일주일 후, 하얗게 펼쳐진 거대한 에베레스트 동벽을 올려다보면서 나는 모든 희망이 사라졌음을 직감했다. 우리가 그곳을 떠날 때 정상 바로 아래에서 구름이 피어오르기 시작하더니 거미줄처럼 에베레스트 전체로 서서히 퍼졌다. 구름으로 인해 세밀한 부분은 하나도 보이지 않고 산의 윤곽만 희미하게 드러났다. 나는 우리가 어처구니없는 실수를 해, 피터와 조가 우리를 베이스캠프에서 기다리면서 그토록 겁을 집어먹은 우리를 책망하지는 않을까, 하는 망상에 빠지기도 했다. 당연한 말이지만 그것은 글자 그대로 망상에 불과했다. 그로부터 10년 후, 북동릉에 도전한 카자흐스탄-일본 합동원정대의 대원이었던 카자흐스탄 클라이머 블라디미르 수비가Vladimir Suviga가 나에게 피터의 사진을 보내주었다. 두 번째 피너클 바로 위에서 발견된 피터는 마치 잠이 든 듯 눈에 누워 있었다. 로프도 보였는데, 그의 아래에 있는 눈 속에 파묻힌 채 늘어져 있었다. 조는 분명 그 로프의 반대편 끝에 있었을 것이다. 만약 조의 상황이 좋지 않았다면 피터는 그를 그냥 내버려두지는 않았을 것이라는 생각이 들었다.

나보다 더 현실적인 찰리가 추모비를 만들었다. 우리는 그 추모비를 베이스캠프 위 커다란 바위에 있는 다른 사람들의 추모비 옆에 올려놓고, 발걸음을 돌렸다. 나는 다시 한번 비극적인 소식을 가지고 돌아가야 했다. 오랫동안 연락을 받지 못한 대원의 부인들과 여자 친구들은 불안감에 휩싸여 있었다. 이번에도 웬디가 루이즈와 함께 비극을 알리는 끔찍한 일을 맡았다. 나는 피터와 조의 죽음에 애통한 마음을 금할 수 없었는데, 친구이자 등반 파트너를 잃었기 때문이기도 했지만 작가와 영화 제작자로서 그들의 창조적 재능이 아깝게 느껴지기도 했기 때문이다. 그들을 사랑한 사람들의 충격을 보면서 나는 나의 죽음을 웬디가 어떻게 받아들일지 깊이 인식하게 되었다. 하지만 그토록 깊은 슬픔 속에서도 나는 등반을 멈추지 않을 것이라는 사실을 알고 있었다. 그래도 웬디에게 한 가지는 약속했다. 다시는 에베레스트로 돌아가지 않겠노라고….

웬디에게 그런 약속을 했기 때문에 나는 내가 맡은 일 하나를 포기해야 했다. 3년 전인 1979년 초부터 『도전』이라는 책을 쓰고 있었는데, 대단한 성공을 거둔 노르웨이 사업가 아르네 네스Arne Naess가 전화했다. 그는 동명의 유명한 철학자이자 생태학자이며 산악인인 아르네 네스의 조카였다. 그는 네팔로 갈 원정대를 조직하고 있는데 나의 조언이 필요하다고 말했다. 나는 기꺼이 돕겠다고 했지만, 그날 쓸 원고를 다 쓰고 난 뒤인 오후에 찾아와 달라고 부탁했다.

"좋습니다. 근처에 공항이 있나요?" 나는 100킬로미터 정도 떨어진 뉴캐슬Newcastle에 공항이 있다고 알려주었다. 그는 확인을 하고 나서 다시 전화를 하겠다고 말했다. 1시간 뒤 전화기가 다시 울렸다. "칼라일 근처에 비행장이 하나 있군요. 지금 전세 비행기를 알아보고 있습니다. 월요일 2시에 찾아뵙죠."

나는 놀라움을 금치 못했다.

아르네는 아이슬란드에서 직접 잡은 연어로 만든 훈제 연어요리와 최고급 빈티지 버건디 와인 두 병을 선물로 들고 찾아왔다. 작은 체구의 그는 뒤로 벗겨진 머리선이 울퉁불퉁하기는 했지만 표정은 풍부했고, 소년 같은 강렬한 열정의 소유자였다. 내가 아르네를 처음 알게 되었을 때 그는 운송과 유류 사업으로 큰돈을 벌어, 데이터와 부동산 쪽으로 사업을 확장하고 있었다. 그는 젊은 시절에 등반에 심취했었지만 후에는 사업에 몰두했다. 그러나 이제 그는 못다 이룬 야망을 성취하고 싶어 했다. 1985년 봄에 에베레스트 등반 허가를 신청한 그는 노르웨이의 첫 원정대를 이끌 예정이었다. 그는 장비에 대해서, 그리고 일반적으로 원정계획을 어떻게 세우는지에 대해 내 조언을 듣고 싶어 했고, 산에서 물류 시스템을 어떻게 운용하는지에 대해서도 알고 싶어 했다.

에베레스트에서 겪은 비극과 웬디에게 한 약속 때문에 다시 에베레스트로 돌아가는 것은 고려할 수 없지만, 나는 최선을 다해 도와주겠다고 말했다. 그 후 몇 개월간 그는 플라이 낚시꾼이 송어를 갖고 놀듯이 나를 대했다. 장비나 계획에 관해 끊임없이 질문하면서 나를 못살게 굴었고, 그러는 가운데 자신의 제안이 여전히 유효하다고 넌지시 언급하기도 했다. 1983년이 저물어 가는 가운데, 인도와 남극 탐험을 성공적으로 마친 나는 옛 열정이 다시금 살아났다. 세계 최고봉에 오를 수 있는 기회가 접시에 담긴 채 나에게 제공된 것이나 다름없었는데, 셰르파와 산소, 쉬운 루트와 더불어 나의 탐닉적인 열정까지 추가된 것이다. 이것을 내가 어떻게 거부할 수 있단 말인가? 그런데 웬디에게는 어떻게 핑계를 대지?

웬디에게는 별도로 말할 필요가 없었다. 어느 날 웬디가 사무실로 들어오다 내가 아르네와 전화로 음모를 꾸미는 것을 엿듣게 된 것이다. 물론 그녀는 매우 속상해했지만, 마음속으로는 그렇게 많이 놀라지 않았다. 그녀는 내게 아직 해야 할 일이 남아 있다는 것을 이해했다. 그러나 아들들은 달랐다. "하지만 '약속'했잖아요. 돌아갈 수 없어요. 엄마는 어떻게 하고요?" 웬디는 나의 계획을 다시 한번 받아들였다. 나아가 전폭적인 지원과 함께 내가 등반을 위해 체력을 키울 수 있도록 도와주었다. 그녀는 오랫동안 채식주의를 실천하고 있었는데, 당시 내가 등반을 하면서 자주 걸린 호흡기질환을 이겨낼 수 있었던 것은 분명 그녀가 내 식단에 채식을 적용했기 때문이다. 한편, 나는 원정대 일을 전적으로 맡고 나선 젊은 저널리스트이자 등반가인 스테인 아셰임Stein Aasheim과 연락을 취했다. 아르네는 사업에 바빠 그에게 보수를 지급하면서 원정대 일을 맡겨놓고 있었다.

1985년 2월 나는 비행기를 타고 오슬로로 건너가서 원정대원들을 만났다. 선발된 대원은 12명이었지만 그들 중 최고였던 한스 크리스티안 도세트Hans Christian Doseth와 핀 델리Finn Dæhli가 파키스탄의 그레이트 트랑고 타워Great Trango Tower 동벽을 초등하고 내려오다 사망하는 사고가 발생했다. 스테인은 그들과 함께 산에 있었는데, 식량이 떨어지면서 먼저 내려와 화를 면했다. 이 사건은 그에게 개인적으로 쓰라린 타격이었고, 최고의 클라이머 둘을 잃은 에베레스트 원정대에게도 큰 손실이었다. 노르웨이인들에게 충격을 준 그들의 죽음으로 아르네의 원정계획에도 어두운 그림자가 드리워졌다. 나는 그들과 잘 지낼 수 있을지 걱정이 되기도 했지만 모두 영어를 잘 한다는 사실을 알고 안도감이 들었다.

오랜 친구 페르템바가 정감이 있으면서도 소란스러운 카트만두공항에서 나를 기다리고 있었다. 그는 남서벽 원정 때의 모습 그대로였다. 이미 나는 아르네에게 그를 사다로 추천해놓았지만, 그는 아내에게 아이스폴을 넘어가지 않겠노라 약속했다고 말했다. 그곳은 셰르파들에게 공포의 대상이었다. 그래서 우리는 등반 사다를 한 명 고용하고, 페르템바는 베이스캠프에서 셰르파 전체를 지휘하기로 했다. 나는 비행기를 타고 루클라로 갔는데, 25년 전 카라반을 통해 그곳에 처음 들어갔던 때와는 전혀 다른 경험이었다. 그 마을은 빠르게 발전해 사람들은 이제 서양식 옷을 입고 있었다. 그리고 에베레스트 지역을 변화시킨 폭발적인 관광산업이 여전히 성행 중이었다.

1961년에는 남체가 작은 마을에 불과했었다. 그러나 이제 그곳에는 호텔들이 들어서 있었다. 그중 몇몇은 호텔이라는 이름에 걸맞을 정도로 훌륭했는데, 가장 호화로운 것은 1970년 우리의 안나푸르나 원정대에서 사다를 맡았던 파상 카미Pasang Kami의 호텔이었다. 골격이 섬세한 그는 뿔테 안경을 코에 걸치고 있었다. 사실 그는 등반보다는 조직을 기민하게 구성하는 능력이 더 뛰어난 셰르파였다. 나는 두드 코시Dudh Kosi 건너편으로 가서, 1972년 에베레스트 원정의 잊지 못할 마지막 며칠을 함께 보낸 앙 푸르바를 찾았다. 그는 볼이 불그스레한 막둥이를 감싸 안고 현관 앞에 있었다.

노르웨이인들과 함께 일하는 것은 영국 원정대와는 전혀 다른 경험으로 매우 흥미로웠다. 약간 내성적인 그들은 자기절제와 훈련이 잘 되어 있었다. 스칸디나비아반도 사람들의 그런 면모를 가장 뚜렷이 보인 인물이 오드 엘리아센Odd Eliassen[76]이었다. 금발에 183센티미터가 넘는 오드는 경험이 가장 많은 대원이었다. 1960년대에 그는 노르웨이의 롬스달Romsdal에 있는 거대한 화강암 벽에 신루트를 개척했고, 1971년에는 운이 따르지 않은 국제원정대의 일원으로 에베레스트에 도전한 적도 있었다. 그는 내가 만나본 대원들 중 손에 꼽을 정도로 훌륭한 인물로, 무척 친절하고 너그러웠다. 직업이 목수인 그의 실용적 기술은 이런 여행에서 언제나 그렇듯 고장 난 무엇인가를 수리하는 데 매우 유용했다. 오드는 무엇인가를 고쳐야 할 일이 생기면 그 일을 맡아 뚝딱 해치웠다.

나는 아이스폴을 정찰하고 돌아오다 서릉에 도전하는 미국 원정대의 베이스캠프에 잠시 들렀다. 그들의 등반대장은 짐 브리드웰Jim Bridwell이었다. 나의 오랜 친구인 그는 요세미티 등반의 전성기를 이끈 터프한 선구자들 중 한 명이었다. 에베레스트 동쪽에서 피터와 조를 찾을 때도 나는 그를 만났었다. 그는 방탕하면서도 늘 유쾌했는데, 카멜Camel 담배를 피우며 이런저런 잡담을 늘어놓았다. 그의 팀은 노르웨이 원정대와는 많이 달랐다. 장발에 꽤 마초적인 미국 팀은 자신들의 업적을 조금 과장되게 떠벌렸고, 개인주의적인 성향도 더 강했다. 그들은 또한 함께 어울리기에 즐거운 사람들이어서, 그 후 수주간 우리들은 서로 친하게 지냈고 판돈을 늘리며 포커를 치기도 했다.

아이스폴은 근처에도 가지 않겠다던 페르템바의 결심은 오래 가지 못했다. 베이스캠프에 도착한 지 일주일이 되던 날, 나는 셰르파의 주방 텐트에서 아침식사를 하고 있었는데, 그가 올라갈 복장을 하고 나타났다.

"오늘은 제가 아이스폴을 보고 오겠습니다."라고 그가 말했다.

나는 크게 신경 쓰지 않았다. 다른 것보다도, 그의 행동은 아내와의 약속을 깬 에베레스트 동호회원 한 명을 늘린 것에 불과했다. 그는 행정적인 일에 매달리면서 점점 더 좌절감을 느끼고 있었다. 야크의 수가 부족한 가운데 모든 장비와 보급품을 베이스캠프로 실어 나르는 일이 그를 괴롭혔다. 셰르파들과 대원들 사이의 관계는 대체로 좋았지만, 뜻하지 않은 오해도 간혹 있었다.

아르네와 베이스캠프 매니저인 크리스티안 라르손Christian Larsson은 계약서를 문자 그대로 받아들이면서 일하는 것에 익숙한 사람들이었다. 그러나 셰르파들이 사는 곳에서의 일은 그와는 달랐다. 페르템바는 포터와 야크를 구할 때 웃돈을 얹어주어야 했고, 장비와 식량을 배급하면서도 사소한 다툼을 벌여야 했다. 셰르파들은 배급을 현물 대신 돈으로 받아 현지 식량으로 해결하고 돈을 조금 남기는 방식을 택했다. 물론 그들도 대원들이 먹는 초콜릿이나 다른 맛있는 것들의 유혹을 뿌리치지는 못했다. 이것이 아르네의 심기를 건드렸지만, 사실은 원정대의 일상에서 피할 수 없는 부분이었다. 결국, 응원차 트레킹을 온 아르네의 부유한 친구들을 카트만두에서 태운 헬기에 함께 실은 오렌지 한 자루 때문에 일이 터지고 말았다. 셰르파들이 오렌지를 좀 달라고 하자 아르네가 단호히 거부한 것이다. 이것이 심각한 소동으로 번질 뻔한 유일한 사건이었다.

"저 사람들을 기쁘게 할 수 있다는데 오렌지 몇 개가 별건가?"

마침내 그가 양보하기는 했지만 셰르파들은 오렌지에 대해 금세 흥미를 잃어버렸고, 오렌지 대부분이 상해버렸다. 하지만 그때를 기점으로 아르네가 관대해져 팀의 단합정신이 크게 향상되었다. 노르웨이인들은 공동 책임의식이 강했기 때문에 원정등반은 별 탈 없이 진행되었다. 그리하여 에베레스트를 다섯 번이나 오른 셰르파들인 앙 리타Ang Rita와 숭다레Sungdare가 나와 비에른 미레르 룬Bjørn Myrer-Lund의 지원을 받아 3캠프와 4캠프 사이에 고정로프를 설치했다. 키가 크고 비쩍 마른 비에른은 천성이 과묵했지만 은근히 풍자적이면서도 유머감각이 뛰어난 사람이었다. 아르네는 노르웨이 언론이 셰르파가 일을 다 하고 있다고 떠벌리지 않도록 우리 보고 그들을 빨리 따라잡으라고 독촉했지만, 셰르파들은 그런 지형에서의 고정로프 설치에 전문가들이었다. 비에른과 나는 그들의 짐꾼이 되어 여분의 고정로프를 운반하는 것에 만족했다. 4캠프를 든든하게 구축하고 물자도 채워 넣은 후 우리는 페리체Pheriche라는 작은 마을로 내려가 부족했던 산소를 보충하면서 정상 도전에 대비했다. 아직 4월 중순밖에 되지 않아 시즌이 끝날 때까지는 한 달 이상의 시간이 남아 있었다.

나는 오드와 비에른과 함께 두 번째 정상 공격조에 속했다. 첫 번째 조는 랄프 회이바크Ralph Høibakk, 호바르 네셰임Håvard Nesheim, 올라 에이낭Ola Einang이라는 노르웨이인들만으로 구성되었다. 랄프는 큰 컴퓨터 회사의 상무이사로 나와 비슷한 연령대인 마흔여섯 살이었지만, 원정대에서 셰르파들과 보조를 맞춰 전진할 수 있는 유일한 대원이었다. 랄프의 조는 새벽 4시에 정상으로 향했는데 요즘으로 보면 늦은 출발이었다. 그 조는 주로 랄프가 앞에서 이끌었다. 그는 남봉에 도착한 후 혼자서 계속 올라갈까도 생각했지만 일행이 도착할 때까지 기다렸다. 그러나 나머지 사람들이 그를 따라잡았을 때는 바람이 이미 폭풍 수준으로 변해 셰르파들은 후퇴하고 싶어 했다. 그러자 오드와 비에른에게 스칸디나비아인으로서는 처음으로 에베레스트 정상에 설 수 있는 기회가 찾아왔다.

나는 페르템바와 4캠프에 머물렀다. 내가 휴식을 위해 페리체로 내려가기 직전, 그는 조용히 다가와 이렇게 말했었다. "크리스! 나는 정말로 당신과 함께 정상에 가고 싶어요." 물론 그가 아이스폴 지역 안으로 들어가기로 결정한 이후부터 나도 그렇게 생각하고 있었다. 그러나 나는 그에게 부담을 주고 싶지는 않았다. 오랫동안 함께 우정을 쌓아온 그가 그런 결정을 내렸다는 것은 나에게 큰 의미가 있었다. 나는 그에게 먹을 것을 만들어주겠다고 했지만, 그는 나의 제안을 무시하고 우리에게 맛있는 짬파 스튜를 끓여주었다. 그날 밤, 나는 잠을 많이 자지 못했는데 그런 사람은 아무도 없었던 것 같다. 하지만 나는 초조하지 않았고 오히려 마음이 들떠 있었다. 오래 전에 아이거나 파이네 중앙 타워를 오르기 전에 느꼈던 두려움 같은 것은 없었다.

겨우 잠이 들었는데 얼마 지나지 않아 스토브 소리를 듣고 깼다. 자정도 채 되지 않은 시간이었지만 페르템바는 이미 우리의 보온병에 넣을 물을 끓이고 있었다. 나는 꾸벅꾸벅 졸았는데 그가 내 손에 차가 담긴 머그잔을 건네주었다. 나는 따뜻한 침낭에서 기어 나와 옷을 입고 부츠를 신은 후 오리털 재킷의 지퍼를 올리고, 미쉐린 타이어의 빵빵한 마스코트 같은 모습으로 텐트 밖의 어둠 속으로 나왔다. 영하 30도의 살을 에는 듯한 기온에 바람이 텐트 주위로 불길하게 불었다. 사방은 칠흑같이 깜깜했다. 우리는 각자 자신만의 세계에 갇힌 채 헤드램프가 만들어 내는 동그란 빛을 따라갔는데, 나는 사우스콜을 가로질러 남동릉 비탈을 오르면서 점차 뒤로 처졌다. 나는 피로를 느꼈다. 단순히 숨이 찬 것이 아니라 마음이 내키기 않는 데다 발을 앞으로 내딛기가 무척 힘들었다. 1시간 30분이 지난 후에 다른 사람들이 나보다 한참 앞선 곳에서 휴식을 위해 잠깐 멈추었지만, 그들은 내가 따라잡자마자 다시 움직이려 했다. 나는 절망감에 휩싸여 눈 위에 쓰러졌다.

"정상까지는 절대 못 갈 거야."라고 나는 중얼거렸다.

그러자 오드가 내 말을 듣고 "크리스! 해낼 수 있어. 조금 편하게 쉬어. 내가 뒤에서 따라갈게."라고 말했다. 그다운 너그러움이었다. 오드 역시 나름대로의 걱정거리가 있었다. 그의 피는 헤모글로빈을 너무 많이 생성해 위험할 정도로 끈적거렸다. 베이스캠프에서 의사는 그의 피를 1파인트 정도 뺀 후 식염수로 대신 채웠다. 하지만 이제 그는 나를 조용히 응원해주고 있었다. 눈이 깊게 쌓인 곳으로 들어서면서 페르템바의 속도가 늦어져, 나는 그를 따라잡을 수 있었다.

우리 위쪽 하늘이 어느새 밝아지기 시작했다. 태양이 동쪽의 산 위로 떠오르면서 높이 솟은 에베레스트 남봉이 금빛으로 물들었다. 능선마루에 도착하자 낮게 깔린 햇살이 우리 주변의 모든 봉우리들을 비추었지만, 발아래의 캉슝 빙하는 여전히 어둠에 묻혀 있었다. 나는 건너편의 북동릉을 바라보았다. 우리가 세 번째 설동을 판 숄더, 그리고 조와 피터가 마지막으로 목격된 피너클이 눈에 들어왔다. 나는 산소통을 교체했다. 새벽 5시, 그러나 로체 정상은 여전히 우리보다 위에 있었다. 능선마루는 예상보다 힘들었지만, 오래 지나지 않아 우리는 거센 바람을 맞으며 남봉에 올라선 다음 그 바로 밑의 눈처마에 모였다. 그곳은 1975년에 더그와 두걸이 비박한 장소였다. 그들이 올라온 걸리도 보였는데, 그 걸리는 남서

1985년 앙 락파 셰르파와 에베레스트 정상에서 (크리스 보닝턴)

1985년 에베레스트를 등정하고 나서 페르템바와 함께 (크리스 보닝턴)

벽 쪽으로 가파르게 뚝 떨어져 내렸다.

　앞에 놓인 능선은 무시무시해 보였다. 오드는 우리의 산소 공급량에 대해 투덜댔다. 나는 이따금 산소를 분당 4리터로 조절해 다른 사람들보다 많이 소비했지만, 그 단계에서 나는 정상에 오르기 위해 어떤 위험도 감수할 준비가 되어 있었다. 나는 분명 정상에 오르고자 하는 강한 열망에 사로잡혀 있었다.

　페르템바가 단호히 말했다. "우리는 계속 올라갑니다!"

　나는 그때까지 로프를 사용하지 않았지만, 이제 비에른이 허리에 로프를 묶고 앞장서 나가기 시작했다. 등반은 어렵다기보다는 환상적이었다. 우리 위로 17미터 높이의 힐러리 스텝이 어렴풋이 보였다. 이따금 암벽에 발을 댈 만한 곳을 찾아 부드러운 눈을 허우적대며 오른 비에른이 마침내 꼭대기에 볼라드bollard를 만들어 로프를 고정시키는 데 성공했다.

나는 다시 한번 뒤처져 숨을 헐떡이며 불안하고 힘겨운 발걸음을 옮겼다. 그러던 내 어깨 위로 더그 스콧이 나타났다. 헝클어진 긴 머리와 금속 테 안경. 그는 나에게 계속 올라가라고 나직이 속삭였다. 그러나 고정로프의 끝에 다다르자 그가 사라졌다. 다른 사람들이 정상능선의 모퉁이를 돌아서자 잠깐 동안 세상은 산과 나뿐이었다. 하지만 곧 정상이라고 생각되는 곳에 서 있는 그들이 시야에 들어왔다.

나도 정상에 올라섰다. 그곳은 사방이 아래로 향하고 있었다. 나는 내 옆에서 몸을 숙이고 있는 페르템바와 포옹했다. 그는 1975년에 피터 보드먼이 정상에서 입었던 티셔츠를 갖고 왔는데, 피터가 가입한 지역 산악회인 미니드Mynydd에서 손으로 색칠해 그에게 준 옷이었다. 피터의 미망인인 힐러리Hilary는 페르템바가 스위스에 있는 자신을 찾아왔을 때 그 티셔츠를 그에게 주었다. 이제 그 옷은 피터를 추모하며 다시 정상에 오게 되었다.

오드와 비에른은 노르웨이 국기를 들고 사진을 찍었다. 그리고 나서 그들은 나에게로 다가와 껴안았다. 주변을 돌아볼 시간이 남아 있었다. 북쪽으로는 서쪽에서 동쪽까지 티베트고원의 갈색 야산들이 아스라이 펼쳐져 있었다. 동쪽으로는 칸첸중가가 보였다. 내 친구들인 조 브라운과 조지 밴드George Band가 1955년에 초등한 산이었다. 서쪽으로는 3년 전에 더그와 알렉스 매킨타이어Alex McIntyre, 로저 백스터 존스Roger Baxter-Jones 가 신루트로 오른 시샤팡마Shisha Pangma가 지평선을 채우고 있었다. 그리고 우리 아래의 웨스턴 쿰 건너편에 눕체가 있었다. 24년 전 내가 눕체에서 에베레스트를 바라보았을 때는 이곳이 오를 수 없는 곳처럼 느껴졌었지만, 이곳에서 내려다보는 눕체는 어쩐지 왜소해 보였다. 우리는 20분 정도 머문 후 내가 먼저 하산을 시작했다. 나는 정상 아래에서 잠시 멈추어 석회암 돌멩이 몇 개를 기념으로 주웠다. 이제는 내려갈 시간이었다.

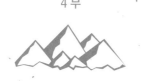

에베레스트를
넘어서

과거로 돌아가다

친구들은 종종 에베레스트 등정이 나를 변화시켰다고 지적했다. 여유가 더 많이 생기면서 매사에 만족하는 사람이 되었다는 것이다. 나는 그런 이야기에 의구심이 들기도 했다. 루클라로 걸어 내려올 때만 해도 분명 깊은 만족을 느꼈었다. 그러나 어떤 기록을 세우지는 못했다. 나는 그저 에베레스트 정상에 오른 일곱 번째 영국인이었는데, 그것도 산소를 사용하고서였다. 물론 에베레스트 최고령 등정자라는 모호한 명예를 얻기는 했지만, 그 명예도 열흘밖에 가지 않았다. 딕 배스Dick Bass가 그 자리를 대신한 것이다. 조지 그린필드가 언급했듯, 영국인들은 대개 내가 에베레스트를 여러 번 등정했다고 생각하고 있었고, 그보다 더 잘 아는 사람들은 나의 등정 따위는 신경도 쓰지 않았다. 그렇다면 그 등정이 무슨 의미가 있다는 말인가?

에베레스트를 오를 때 신체적 즐거움은 거의 없었다. 밝은 햇빛 속에 산소를 마음껏 들이마시며, 팔다리가 납덩이가 될 걱정 없이 즐기는 암벽 등반의 유쾌한 기분 같은 것은 전혀 느낄 수 없었다는 말이다. 더욱이 에베레스트는 미지의 세계도 아니었다. 그저 다른 사람들을 따라 정상까지 올라간 것이 내가 할 수 있는 전부였다. 나는 25년간 엄청난 힘, 즉 야망에 사로잡혀 있었다. 때로는 그 야망이 다른 사람들, 특히 웬디의 희생을 요구했다. 나는 에베레스트 정상에 오르면서 신체적인 지구력뿐만 아니라 그런 격렬한 감정도 많이 약해졌다는 것을 느낄 수 있었다.

하지만 다른 한편으로는 무척 감동적인 경험이기도 했다. 에베레스트 정상이 새벽의 첫 황금빛 햇살에 물들면서 다른 산들이 서서히 발밑으로 사라져가는 느낌이 들었다. 그리고 가슴 아픈 북동릉이 그곳에 있었다. 에베레스트에서의 그날은 단순히 정상에 오른 것에만 의미를 둘 수 없다. 그날은 나의 등반 인생에서 하나의 초점이 되는 순간이었다. 수많은 야망과 꿈과 기억이 한데 뭉쳐 정상에서 느낀 북받치는 기쁨과 슬픔의 클라이맥스…

나는 히말라야 등반을 가볍게 여길 수 없다. 너무도 많은 동료를 잃었기 때문이다. 안나푸르나 남벽을 오르던 여덟 명의 대원 중 네 명이 산에서 사망했는데, 그들 모두 나의 멋진 친구들이었다. 콩구르에 오른 네 명 중, 앨런 라우즈가 1986년 K2에서 사망한 이래로 30년 이상 생존한 사람은 나 혼자뿐이다. 에베레스트 정상에서 칸첸중가를 바라보았는데, 1979년 네 명으로 이루어진 더그의 팀이 그곳을 신루트로 올랐지만 그 후 4년이 지났을 때 더그는 그들 중 유일한 생존자였다. 1982년 시샤팡마 정상을 함께 오른 그의 파트너 두 명 모두 산에서 사망했다. 나는 오직 운이 좋아 살아남은 것뿐이고, 그 사실을 분명하게 인식하고 있다. 내가 죽을 뻔한 경우는 얼핏 생각해도 열 번이 넘는다.

쉬기 위해 자주 걸음을 멈추며 정상에서 4캠프로 천천히 내려오던 나는 설사면의 한가운데에 텐트처럼 생긴 무엇인가를 보고 아무 생각 없이 그쪽으로 향했다. 가까이 다가가 보니 한 여성이 눈 속에 꼿꼿이 앉아 있었다. 햇빛에 바랜 그녀의 머리카락은 바람에 흩날리고 있었다. 그녀는 마치 웃고 있는 듯 하얀 치아를 내보이며 입을 벌리고 있었다. 나는 그것이 한네롤 슈마츠Hannelore Schmatz[77]의 시신일 것이라고 추측했다. 그녀는

1979년 10월 정상에서 내려오던 중 탈진으로 사망했다. 나는 그 끔찍한 광경에서 황급히 눈을 돌리고 서둘러 내려갔지만, 체력이 떨어져 다시 걸음을 늦춰야 했다. 나의 산소는 이미 바닥이 나, 캠프로 내려가는 길에 있는 완만한 오르막길은 50미터도 되지 않았지만 15분이나 걸렸다.

나는 비극에 익숙하지 못했다. 아니, 세월이 흐를수록 더욱 견디기 힘들었다. 나는 개인적인 슬픔과 다른 사람들의 삶에 필연적으로 생기는 허전함을 이해했기 때문에 다음에 또 사고가 날까 봐 두려웠다. 사고를 당한 사람의 부모님과 그를 사랑했던 여자에게 소식을 전하는 것도 못할 짓이었다. 그들의 슬픔은 단순히 친구를 잃었을 때 느끼는 슬픔보다 훨씬 더 깊고 강했다. 나도 아들 콘래드를 잃었다. 따라서 나는 그들의 슬픔을 누구보다도 더 잘 이해했다. 심지어 지금도, 죽지 않았다면 쉰세 살이 되었을 콘래드가 만약 살아 있다면 무엇을 하고 있을지 궁금해지곤 한다.

4캠프에서 오후 내내 차를 마시며 졸았지만, 아침이 되자 나 자신도 놀랄 정도로 기력을 회복했다. 나는 오드와 비에른을 뒤쫓아 3캠프로 내려갔다. 아르네와 스테인은 자신들의 차례가 되어 정상으로 향하고 있었다. 우리는 밝은 얼굴로 서로를 껴안았다. 아이스폴 지역에 다다른 나는 마지막으로 그 위험한 곳을 최대한 빠르게 통과하기 위해 뛰다시피 그곳을 빠져나왔다. 베이스캠프는 축제 분위기였지만 날씨가 나빠지면서 다른 사람들의 정상 도전은 연기되었다. 나는 맨 마지막 순간에 비극적인 상황이 발생한 이전 원정들을 떨쳐버릴 수 없었다. 점점 조바심이 났다. 간절히 웬디에게 돌아가고 싶었지만, 한편으로는 그곳에 남아서 친구들을 도와주고 싶었다.

결국, 계속 인내심을 발휘한 원정대는 보상을 받았다. 아르네와 스테인뿐만 아니라 랄프와 호바르 역시 정상 등정에 성공한 것이다. 바이킹족 스타일의 무성한 턱수염에 걸핏하면 웃음을 터뜨리는 올라Ola는 정상에 다시 도전해야 할지 몹시 고민했는데, 그는 온전치 못한 몸으로 떨어져 가는 보급품을 다 써버리고 싶어 하지 않았다. 대신 그는 아이스폴 지역으로 여러 번 올라가 빙탑이 무너진 후에도 루트가 온전한지 확인해보았다. 그는 왜 셰르파들만 그런 위험한 일을 감수해야 하는지 이해하지 못했다. 그토록 너그러운 마음을 가진 올라는 산에 있는 것만으로도 행복해하는 사람이었다. 그리고 그는 다른 사람들만큼이나 원정의 성공에 많은 기여를 했다.

텡포체Tengpoche 사원 주변에는 로도덴드론rhododendron이 만발해 있었다. 삭막한 고소 산악지대에서 막 내려온 나에게 그곳은 더없이 푸릇푸릇하고 향기롭게 느껴졌다. 나는 그곳 바로 아래에 있는 작은 수도원에서 페르템바와 합류했다. 수도승인 그의 세 고모는 우리를 극진히 대접해주었다. 우리는 집에서 담근 술을 마시면서 매운 고추가 든 감자전을 먹었다. 나는 느긋하게 앉아 셰르파들의 대화를 들으면서 그들의 따뜻한 우정에 마음을 녹였다. 이번에는 운명이 우리를 해코지하지 않았다. 우리 모두가 살아서 돌아왔고, 따라서 마음에 거리낌이 없어 축배를 들 수 있었다.

웬디는 내가 안전하다는 소식을 듣고 마음을 놓았지만, 나는 얼른 영국으로 돌아가 다시 그녀를 꼭 안아주고 싶었다. 베이스캠프로 그녀가 보낸 편지들은 다양한 소식과 사랑으로 가득 차 있었다. 물론 내가 보낸 편지에도 북동릉에서 느꼈던 긴장이나 공포 같은 것은 없었다. 하지만 등반에 대한 내 열정으로 인해 그녀는 잔혹하고 비참한 상실의 위협을 느꼈는데, 내가 그녀를 사랑한다는 말이 과연 타당하기는 한 것일까? 아내는 독감에 걸린 채 생일을 혼자 보내야 했다. 그녀는 겉으로는 나약하다고 보일 정도로 민감하지만 속으로는 놀라운 힘을 갖고 있어서 내가 그녀의 희귀한 면모에 놀란 적이 한두 번이 아니었다. 그런 외유내강의 성격 때문에 그녀는 늘 위험의 그늘 속에 있으면서도 긴 결혼생활을 잘 헤쳐 나갈 수 있었다. 우리는 히스로공항에서 서로를 격렬하게 부둥켜안았고, 두 아들은 부모님의 과도한 애정표현 앞에서 조금 당황한 듯 멀뚱히 바라보기만 했다.

1975년 남서벽 원정을 이끌었을 때와 마찬가지로 많은 사람들은 이제 내가 히말라야에서 명예롭게 은퇴할 것이라고 여겼다. 사실 나는 잠깐 동안 웬디와 골프를 치기도 했다. 웬디는 쉰 살이 되었을 때 골프에 큰 흥미를 느꼈는데, 골프는 그녀가 아주 만족스러워한 새로운 열정의 대상이었다. 골프선수들인 질Gill과 데니스 클락Dennis Clark 부부는 좋은 친구들이었다. 웬디는 아이들이 다 자라자 골프를 치기로 결심했다. 골프는 그녀에게 잘 맞는 운동이었다. 사색적인 데다 진행속도도 자신이 결정하고 인내심이 많이 필요한 운동이었기 때문이다. 물론 연습은 필수적이었다. 나의 골프 경력은 짧은 편이다. 웬디는 연습을 열심히 했지만 나는 귀찮아했다. 따라서 그녀는 금세 나보다 더 뛰어난 실력을 보이기 시작했다. 골프시합을 하다 서로에게 몇 번 짜증을 낸 우리는 내가 등반에만 충실한 것이 좋겠다는 결론을 내렸다.

웬디는 언제나 완벽주의자였다. 우리가 처음 만났을 때 웬디는 아동용 도서의 삽화를 그리는 일을 하고 있었는데, 그림 하나하나를 완벽하게 마무리하느라 시간을 많이 보내곤 했다. 내가 아주 오랜 시간 동안 멀리 있었기 때문에 아이들을 낳은 웬디는 그들을 보살피는 일에 집중했다. 이제 그들이 성인이 되자 웬디는 다시금 자신만의 창조적인 삶에 더 많은 시간을 할애할 수 있었고, 결국 도자기 공예를 더 배우기 위해 칼라일에 술대학Carlisle Art College에 다니기 시작했다. 웬디는 도자기를 만들 때 바퀴에 올려 돌리면서 만들기보다는 코일을 이용하는 편을 선호했다. 내 생각에는 작업과정에서 조절이 용이해 그 방법을 좋아했던 것 같다. 웬디는 대화를 할 때조차 자신의 의견을 말하기 전에 신중하고 사려 깊었다. 나는 정반대였는데, 마음속에 있는 생각을 아무렇지도 않게 입 밖에 내곤 했다.

등에 만성적인 통증이 있던 웬디는 친구의 이야기를 듣고 알렉산더 테크닉Alexander Technique에 관심을 갖기 시작했다. 알렉산더 테크닉은 자세를 교정하고 근육과 정신의 긴장을 풀어주는 체계적인 훈련이었다. 한 번은 웬디가 수업을 받으러 갔다가 너무나 감명한 나머지 3년 과정의 교사양성 코스에 등록해, 그 후 3년 동안 비가 오나 눈이 오나 일주일에 두세 번씩 윈더미어Windermere까지 차를 몰고 다녔다. 자격증을 딴 그녀는 코커마우스의 배저 힐에 있는 아이들의 아래층 방에서 20년간 알렉산더 테크닉을 했고, 접골사인 우리의 친구 리처드 로이드Richard Lloyd의 치료도 받았다. 공감 능력이 뛰어났던 웬디는 결코 배움을 멈추는 법이 없었다. 그녀는 알렉산더 테크닉을 더 잘 활용하기 위해 신경언어 프로그래밍과 발달행동 모델링 강좌들을 듣기도 했다.

만약 내가 스물다섯 살이었을 때 쉰 살이 되어서도 히말라야에서 여전히 등반할 것 같으냐고 누군가가 물어보았다면, 나는 그 말을 웃어넘겼을 것이다. 하지만 나는 에베레스트 정상에 오른 후에도 진지한 등반을 기꺼이 그만둘 시점이 올 것이라는 헛된 생각을 하지는 않았다. 카트만두에서 에베레스트로 출발하기 전 나는 티베트에 있는 멜룽체Melungtse라는 아름답지만 잘 알려지지 않은 산의 등반 허가를 받았다. 멜룽체는 높이가 7,000미터 남짓밖에 되지 않았지만, 히말라야 동부에서 기술적으로는 꽤 어려운 편에 속하는 도전 대상이었다. 그럼에도 나는 세월이 지나가면서 육체적으로 점점 힘에 부친다는 사실을 받아들여야 했다. 젊었을 때는 고소에서 힘든 등반을 한 후 하루 이틀만 쉬면 회복이 되었지만, 이제는 일주일 이상을 쉬어야 했다. 나는 오드나 비에른보다도 속도가 훨씬 느렸다. 아직 몇 년은 더 등반을 할 수 있을 것으로 보였지만, 예전에는 가능성의 한계를 시험했다면 이제는 나의 한계를 시험하게 되었다.

앞으로 나아갈 길은 언제나 있었지만, 2년 전의 인도 원정이야말로 나를 마음의 고향으로 이끈 가장 행복한 경험이었다. 그 원정계획은 1980년 봄 내가 보로데일의 양치기 암장Shepherd's Crag 아래쪽을 이리저리 돌아다니던 중 시작되었다. 그때 나는 칼라일산악회의 화요일 저녁 모임에 처음 참석했었다. 그들은 매주 다른 암장을 골라 등반했고, 등반이 끝나면 술을 한잔 했다. 아마 지금은 그런 활동을 위한 스마트폰 앱이 있을 것이다. 나는 그곳에서 아는 사람을 만나지 못해 편안하고 깨끗한 홈통을 따라가는 '아더스Ardus'라는 직선 루트를 단독으로 등반했다. 그 지형에 매우 익숙해, 그 루트를 로프 없이 등반하는 데 아무런 문제가 없었다. 나는 용기를 더 내서 조금 더 어려운 루트를 역시 로프 없이 등반하려 했는데, 마침 파트너가 없는 클라이머가 하나 나타났다. 그래서 우리는 동전을 던져 누가 선등할지 결정했다.

짐 포서링엄Jim Fotheringham은 그렇게 만났다. 나보다 키가 조금 더 큰 그는 허세가 있기는 했지만 친근한 인물이었는데, 암벽등반에서는 믿음직하고 강인한 모습을 보였다. 그날 오후 2개의 루트를 함께 오른 우리는 술집으로 향했고, 그곳에서 나는 그에 대해 더 많이 알게 되었다. 버밍엄대학교를 졸업한 치과의사인 그는 그곳을 기반으로 하는 작지만 강력한 산악회의 회원이었다. 그는 이미 알프스와 기타 지역에서 폭넓은 경험을 쌓고 있었다. 그 후 3년 동안, 우리는 레이크 디스트릭트 일대에서 정기적으로 등반했다. 우리는 비슷한 수준으로 등반 활동을 했지만, 확실히 그가 좀 더 도전적이었는데 최소한의 확보로 대담한 선등을 하는 경우가 많았다.

내가 콩구르에 있는 동안 그는 카라코람에 있는 6천 미터급 봉우리를 하나 오르면서 처음으로 히말라야를 경험했다. 그리고 내가 1982년 에베레스트에 있는 동안에는 알래스카로 가서 데날리Denali의 캐신Cassin 루트를 빠른 속도로 등반하기도 했다. 북동릉에서 비극을 겪은 직후 정서적으로 불안에 시달린 나는 피터와 함께 가기로 했던 카룬 코에 갈 마음이 내키지 않았다. 하지만 1983년 초가 되자 내 안의 오래된 본능이 다시 모습을 드러냈다. 어느 날 짐과 나는 벤네비스의 북동쪽 기슭에 있는 벙커처럼 생긴 산장에 틀어박혀, 거세게 쏟아지는 비를 바라보면서 느긋하게 베이컨과 계란으로 아침식사를 즐기고 있었다. 나는 그해 9월 델리에 있는 인도산악재단Indian Mountaineering Foundation이 주최하는 관광 세미나에 초대받았다고 그에게 말했다. 주최 측으로부터 항공권을 제공 받았는데, 짐의 것도 하나 받을 수 있도록 협상할 수 있을 것 같았다. 놓치기에는 너무 아까운 기회였다.

우리 둘 다 여유로운 시간이 없었다. 나는 9월 말로 출판이 예정된 『에베레스트—오르지 못한 능선Everest: The Unclimbed Ridge』을 쓰고 있었고, 짐은 새로운 일을 시작하면서 집을 구하고 있었다. 우리는 인도에서 가까운 산에 재빨리 다녀오고 싶었는데, 말하자면 원정이라기보다는 슈퍼알파인super alpine[78]의 휴가쯤에 해당되는 것이었다. 나는 인도의 성지들이 있는 가르왈 지역의 강고트리Gangotri 빙하 위쪽에 있는 화강암 봉우리들에서 훌륭한 신루트들이 많이 개척되었다는 말을 들었다. 강고트리 마을은 델리에서 버스를 타고 이틀이면 도착할 수 있고, 산으로 걸어 들어가는 길도 당시 대부분의 히말라야 원정보다 훨씬 짧았다. 다음 몇 주 동안 우리는 사진을 수집했다. 2년 전 그곳을 다녀온 더그 스콧은 강고트리 빙하 동쪽에 있는 환상적인 쉬블링Shivling(6,543m)의 북동릉에서 멋진 신루트를 개척했고, 그보다 1년 전에는 1975년 에베레스트에서 우리와 함께한 앨런 파이프가 바기라티3봉Bhagirathi III(6,465m)의 서쪽 필라에서 어렵지만 아름다운 루트를 개척했다. 그곳에 분명 우리에게 알맞은 목표물이 있을 것 같았다.

그해 겨울 벤네비스에서 나는 그전 30년을 다 합친 것보다 더 많은 루트를 등반했다. 대부분은 번개처럼 방문해 등반했는데, 저녁에 차를 몰고 올라가 차 안이나 근처에서 잠을 잔 후 등반을 하고 다음 날 저녁에 돌아와 다시 책을 쓰는 일에 몰두하곤 했다. 그런 방식으로 나는 '포인트 파이브Point Five', '제로 걸리Zero Gully', '오리온 페이스Orion Face', '마이너스 투Minus Two' 등 벤네비스의 위대한 고전 루트들을 올랐다. 내가 등반에 입문한 이래 나도 모르는 사이에 빙벽등반 장비가 상당히 발전했다. 따라서 예전에는 젊은 사람에게도 무척 힘든 루트들을 이제는 40대 후반의 클라이머도 오를 수 있게 되었다. 해미시 매키네스가 그 분야에서 혁혁한 역할을 했다. 현대적인 피켈 두 자루와 고정방식의 크램폰으로 무장한 나는 스코틀랜드에서 등반의 열정을 무한히 펼칠 수 있었다. 나는 단지 히말라야 원정을 대비한 훈련에 머물지 않고 등반 그 자체를 즐겼다. 소용돌이치는 눈보라 속에서 가파른 빙벽을 오르면 뒤쪽으로 눈에 덮인 산이 아스라이 펼쳐지고, 낮은 태양을 가로질러 구름이 빠르게 흘러가면 산의 색조와 음영도 다채롭게 변했다.

그해 여름은 암벽등반을 하기에도 좋았다. 나의 전성기는 1950년대 후반에서 1960년대 초반까지였는데, 그때는 당시 가장 어려웠던 루트들도 오르고 나만의 신루트를 몇 개 개척하기도 했다. 그러나 나는 전성기가 지났어도 암벽등반을 그만두지는 않았다. 산에서 느낄 수 있는 가장 단순하면서도 가장 큰 기쁨을 주는 활동이 바로 암벽등반이었다. 내가 히말라야 등반에 몰두하던 1970년대에 암벽등반의 수준이 크게 향상되었지만, 나는 나 자신의 기준을 끌어올리려 노력했고 새로운 장애물을 돌파할 때에는 어느 정도 스릴도 느꼈다. 오를 만한 곳들이 점점 사라지자 나는 '반지의 제왕The Lord of the Rings'처럼 오랫동안 탐내온 루트들의 목록을 만들었다. '반지의 제왕'은 스코펠 동쪽 버트레스에 있는 완전한 허리 길로, 300미터가 넘는 최상의 루트였다. 나는 영국에서 가장 볼 만한 바위가 펼쳐진 곳인 중앙 버트레스 윗부분의 반반한 벽을 가로질러 희미하게 나 있는 '색슨Saxon'도 올랐다.

이듬해, 나는 「레이크랜드의 암벽Lakeland Rock」이라는 5부작 텔레비전 시리즈를 발표했다. 보더텔레비전Border Television이 촬영한 그 시리즈를 통해 나는 영국 내의 암벽등반이 당시 어떤 발전을 이루었는지 추적해볼 수 있었다. 우리는 50년 동안 개척된 루트들을 조망하면서, 초등에 사용된 장비로 등반을 해보고 루트를 개척한 클라이머를 만나보는 방식으로 등반의 수준과 장비의 획기적인 발전을 다루었다. 1970년대의 선구자였던 피트 리브지Pete Livesey[79]는 자신의 걸작 '발 없는 까마귀Footless Crow'로 나를 데려가 무자비하게 놀려댔다. 내가 로프를 바싹 당겨달라고 말하면 그는 내 머리 위에서 10파운드 지폐를 흔들었다. 시청자들은 볼 수 없었지만 피트는 나의 공포심을 키울 목적으로 로프를 슬쩍 느슨하게 하기도 했다. 그가 겨우 쉰네 살의 나이로 사망한 것은 큰 비극이었다. 도발적인 피트는 논란도 많이 일으켰지만 분명 등반에 대한 위대한 사상가이자 재미있는 작가였다.

「레이크랜드의 암벽」을 촬영하면서 나는 돈 윌런스와 마지막으로 등반했다. 그는 감자 칩과 맥주로 체중이 불어 몸이 형편없었는데, 그의 그런 모습을 보니 슬펐다. 1972년의 에베레스트 원정에 그를 부르지 않은 이후 우리는 서로 말도 거의 나누지 않았고 사이도 꽤 좋지 않았다. 나의 원래 계획은 레이크 디스트릭트의 루트 중 하나를 조 브라운과 돈 윌런스가 함께 등반하는 것이었다. 그 루트는 도브Dove 암장에 있는 '도브데일 그루브Dovedale Groove'로, 원래는 그들이 돈 코원Don Cowan과 오른 루트였다.

불행히도 조의 무릎 인대가 늘어나서 내가 그를 대신해 등반에 나섰다. 우리는 세 가닥으로 꼬인 밧줄과 운동화를 이용하고 확보물로는 슬링만 쓰기로 했는데, 1953년 조와 윌런스가 초등할 때와 같은 조건이었다.

우리들은 웨스데일헤드인Wesdale Head Inn에 묵었다. 그런데 마침 주인이 윌런스의 오랜 친구여서 그들은 촬영 전날 밤 스카치위스키를 한 병 비웠다. 아침이 되었을 때 윌런스가 몸을 가누지 못해 결국 우리는 그가 술에서 깨어날 때까지 하루를 쉬어야 했다. 모르긴 몰라도 제작자들은 큰 손해를 보았을 것이다. 잘못을 깨달은 윌런스는 그날 하루를 왜건 차량 안에서 보내고 나서 다음 날 아침에 등반 준비를 하고 나타났다. 그는 놀라울 정도로 침착하고 우아하게 어려운 등반을 해냈다. 촬영을 하는 동안 윌런스와 나는 이야기를 나누었고 과거의 오해를 어느 정도 풀었다. 하지만 윌런스는 자신이 너무 자유분방하게 살아온 것에 대해 회한을 느끼고 있었다. 나는 그보다 겨우 한 살 어렸지만 여전히 내가 할 수 있는 범위 내에서 등반을 계속하고 있었다. 술과 담배에 찌들어 살던 윌런스는 1985년 내가 에베레스트에서 돌아온 지 얼마 되지 않아 겨우 쉰두 살의 나이에 심장마비로 세상을 떠났다.

나는 짐 포서링엄과 호흡이 잘 맞았다. 우리는 서로의 등반 스타일과 사고思考 과정, 약점을 이해했다. 최고의 피치를 오르기 위한 경쟁의 요소가 있기는 했지만, 심지어 그것마저도 눈에 띄지 않았다. 어렵거나, 특히 대담한 등반을 할 때는 그가 나보다 우위를 점하고 있다는 사실을 우리 둘 다 암묵적으로 인정하고 있었기 때문이다. 나이 차이가 나는 것도 팀워크에 도움이 되었던 것 같다. 우리는 스코틀랜드에서 멋진 모험을 여러 번 했는데, 한번은 금요일 밤에 아비모어Aviemore까지 차를 몰고 올라가 몰리크Morlich호의 호숫가에서 잠을 자기도 했다. 그리고 나서 아침에 일찍 일어나 케언곰스Cairngorms를 건너 글랜에이번Glen Avon의 끝에 있는 쉘

터스톤Shelterstone까지 걸어갔다. 쉘터스톤은 300미터 높이의 어둡고 가파른 화강암 절벽으로, 스코틀랜드 전체에서 손에 꼽을 만한 최상의 암장이다. 우리는 '첨탑Steeple'이라 불리는 루트를 올랐는데, 슬랩과 오버행으로 이루어진 그 루트는 매끈하고 깎아지른 듯한 측면이 절정을 이룬 곳이다. 그 루트는 알프스가 연상되는 규모였는데 아주 신나는 등반을 할 수 있는 피치들이 계속 이어졌다. 그곳은 인적이 드물어, 우리는 호숫가에 있는 세 사람의 작은 모습 외에는 하루 종일 아무도 보지 못했다. 이제 우리는 인도에서 등반을 해도 될 만큼 체력이 되었다.

나는 관광 세미나에 참석하기 위해 짐보다 먼저 인도로 날아갔다. 인디라 간디Indira Gandhi의 축사로 시작된 세미나는 사흘 동안 다양한 발표가 이어졌다. 나는 아주 훌륭한 인도식 뷔페 요리를 먹으며 오랜 친구들도 만났다. 주최 측은 발표자들에게 일련의 트레킹을 이끌어달라고 부탁했고, 그에 따라 멋진 소책자도 만들었지만 불행히도 세미나가 시작되기 며칠 전에 인쇄에 들어갔다. 나는 강고트리 빙하 위에 있는 베이스캠프까지 사람들을 이끌고 가기로 했다. 그러나 내 코스에 등록한 사람은 진Jean이라는 호주 소녀 한 명뿐이었다. 다행히 세미나에 대표로 참가한 나의 동료 여러 명이 함께 가기로 해 참가자가 늘어났다. 우리 팀에는 에베레스트를 등정한 사람이 셋이나 있었는데, 미국의 1963년 원정에 참가해 정상을 밟은 배리 비숍Barry Bishop, 최고의 여성 산악인이라고 할 수 있는 폴란드 출신의 반다 루트키에비츠Wanda Rutkiewicz, 그리고 캐나다인으로서 에베레스트를 처음 오른 로리 스크레슬렛Laurie Skreslet이 그들이었다.

또한 세계에서 가장 권위 있는 산악정보 연보인 『아메리칸 알파인 저널American Alpine Journal』의 저명한 편집장 애덤스 카터Adams Carter, 1960년대에 여러 번 등반을 같이 하고 올드 맨 오브 호이도 함께 오르면서 오랫동안 알고 지낸 존 클리어, 그리고 육군 시절부터 오랜 친구이자 호주 이민자로 그곳에 아웃워드바운드학교를 처음으로 설립한 워윅 디콕 Warwick Deacock도 있었다. 애덤스 카터가 주최 측이 문을 가로질러 걸어놓은 리본을 자르는 동안, 우리는 모두 잔파스Janpath의 호텔에서 제공한 꽃으로 장식된 버스에 우르르 몰려 탔다. 호주 소녀 진은 어리둥절한 모습이었다.

리시케시Rishikesh의 북쪽으로는 히말라야의 작은 언덕들 사이로 굽이굽이 난 길이 우타르카시Uttarkashi까지 뻗어 있었다. 그곳에는 내 오랜 친구 발완트 산두가 운영하는 네루등산연구소Nehru Institute of Mountaineering가 있었다. 우리는 거의 10년 전 창가방에서 함께 모험을 한 후 서로를 보지 못했다. 그는 머리가 희끗희끗하기는 했지만 여전히 변함이 없었고, 언제나 그렇듯 따뜻하고 열정적인 모습이었다. 그는 헬가Helga라는 독일인 여성과 결혼해 슬하에 여섯 살인 아들 하나를 두고 있었다. 발완트는 언제나 활동적이어서, 나중에 남녀로 구성된 인도 최초의 원정대를 이끌고 가르왈 지역으로 오기로 했다. 그는 강고트리를 거쳐 우리를 보러 오겠다고 약속했다.

타포반Tapoban까지는 강고트리 빙하의 입구를 지나 사흘 동안 트레킹하면 갈 수 있는데, 그 빙하의 입구가 힌두교 신자들에게 가우무크 Gaumukh, 즉 '소의 입'으로 알려진 곳이다. 그곳은 순례자들이 평생의 죄를 씻는다는 갠지스강의 가장 성스러운 시원始原 중 하나다. 바위의 경치는 장관이었다. 비바람에 씻긴 화강암의 엄청난 타워들은 유럽이라면 무척 인기 좋은 암장이 되었겠지만, 그곳에서는 단순히 계곡 위쪽에 있는 더욱 훌륭한 등반 루트의 맛보기에 불과했다. 셋째 날 아침 우리는 바위의 잔해들이 넘쳐나는 강고트리 빙하를 횡단해 타포반의 고원지대 건너편을 올라갔다. 그곳은 내가 히말라야에서 본 경치 중 가장 사랑스러운 곳이었다. 바위 틈새에 야생화들이 피어 있었고, 맑은 개울물이 큰 바위들 사이에서 흘러내렸다. 우리의 머리 위로 쉬블링(시바의 남근상男根像이라는 의미)의 서쪽 측면이 나타났는데, 화강암과 얼음으로 된 그곳은 거대한 남근 모양이었다.

타포반에는 폴란드 여성원정대도 있었다. 인근의 메루 북봉Meru North에 도전장을 내민 그들은 대원들이 이미 등반에 나서 베이스캠프에는 환자 한 명과 캘커타Calcutta의 학생으로 연락장교 역할을 맡은 말라Mala 외에는 아무도 없었다. 우리는 그들을 저녁식사에 초대해 보름달 아래에서 모닥불 주위에 둘러 앉아 뵈프 부르기뇽[80]을 먹고 와인을 마셨다. 발아래의 잔디는 부드러웠고, 별빛이 빛나는 밤하늘에는 뾰족뾰족한 산들이 짙은 실루엣으로 드러났다. 디저트를 먹고 있을 때 발완트가 도착해 우리는 위스키를 한 병 땄다. 히말라야 원정등반이라고 하기에는 너무나 흥겨운 시간이었지만, 다음 날 아침 끔찍한 숙취로 대가를 톡톡히 치러야 했다.

우리는 케다르나트 돔Kedarnath Dome(6,831m)[81]이라 불리는 산을 목표로 정하고, 그 산의 서벽 아래에 캠프를 설치했다. 그 봉우리는 마치 요세미티의 하프돔 같았다. 우리는 그 아래에 서서 우리 일정에 너무 부담이 되지 않을 만한 루트를 찾았다. 왼쪽에 비교적 쉬워 보이는 루트가 보였는데 빙하를 따라 올라가면 그 밑에 도달할 수 있을 것 같았다. 나는 더 자세히 보기 위해 큰 바위로 기어 올라갔다.

"저기는 별론데, 너무 지루해 보여."라고 나는 짐에게 말했다. 그러자 그는 보기보다는 어려워 보일 수 있다는 의견을 피력했다.

"하지만 정말 지루해 보여. 쉬블링 남서봉 어때? 멋져 보이고 아직 미등이잖아."라고 내가 말했다. 우리는 이야기를 자세히 나누었고, 짐은 마침내 나의 의견에 동의했다. 9월 12일 저녁, 짐이 일주일 안에 영국으로 돌아가야 하는 상황에서 잘 알지도 못하는 어려운 산으로 목표를 바꾼 것

남서봉 정상
6,501m

5캠프

4캠프

3캠프

1983년 쉬블링 남서봉

북동봉(주봉) 정상
6,543m

2캠프

텐트를 친 캠프 ━━━━━ 루트

그늘진 아래쪽에서는 눈이 쌓인 넓은 걸리를 따라 올라갔는데, 커다란 세락이 굴러 떨어질 위험이 있어, 우리는 그곳을 피해 피너클 뒤쪽에 있는 걸리로 들어갔다. 그 꼭대기에서 우리는 안전한 캠프사이트(1캠프, 필라 뒤쪽의 등반선이 끊긴 곳)를 찾았고, 그곳에서부터는 큰 문제 없이 2캠프로 전진할 수 있었다.

이다. 근거 없는 자신감으로 무장된 나는 기대감이 주는 익숙한 흥분을 느꼈다. 우리는 실컷 먹고 마지막 남은 와인을 목구멍에 털어 넣은 뒤 새벽 3시로 알람을 맞춘 다음 별빛 아래에 누웠다.

사흘 후 우리는 남서봉으로 굽어 올라가는 바위 능선 밑 스퍼의 돌출부에서 비박하며 차를 끓이기 위해 크랙 안에 있는 얼음을 긁어냈다. 나는 우리가 너무 고립되어 있는 것은 아닌지 심히 걱정스러웠다. 만약 사고라도 당한다면 우리에게 올라올 사람은 아무도 없을 것 같았다. 비록 장비를 한데 모아놓은 곳에 메모를 남기기는 했지만 우리가 있는 곳을 아는 사람은 아무도 없었다. 우리가 올라온 길은 대단히 복잡하고 위험했다. 쉬블링의 남쪽 끝에서 흘러내린 아이스폴 지역을 피하기 위해 우리는 위험한 걸리로 올라왔다. 걸리를 반쯤 올라왔을 때 자동차만 한 세락이 굉음을 내면서 굴러 떨어져 벽에서 벽으로 튕겼다. 숨을 곳도 없었지만 움직일 이유도 없었다. 어디로 떨어질지 예측할 수 없었기 때문이다. 그 세락은 내 옆을 아슬아슬하게 스쳐 떨어졌고, 고도와 15킬로그램이나 나가는 배낭에도 불구하고 앞뒤를 분간 못하는 패닉에 빠진 나는 미친 듯이 위로 올라가 땀범벅이 되고 말았다.

그러나 우리 둘 다 후퇴하고 싶지는 않았다. 그곳에서는 끝까지 올라가 반대편으로 하산하는 것이 최선이었다. 눈의 상태가 나빠 등반을 하면서 자주 으스스한 기분이 들었다. 그러나 단단한 화강암 지대에 도착한 우리는 다시 안도감을 찾았다. 날씨는 오락가락했는데, 메루와 케다르나트 돔 위로 구름이 넘실거렸고 서쪽 하늘에서는 적란운이 보이기도 했다. 산에서 맞이하는 나흘째 밤, 우리는 헐거운 바위들을 치우고 우리만의 작은 둥지인 텐트를 쳤다. 텐트 안으로 기어들어가자 눈보라가 사정없이 텐트 천을 두들겼다. 짐은 악천후가 닥치면 어떻게 해야 할지 고민하는 것처럼 보였는데, 사실은 나도 마찬가지였다. 하지만 나는 아찔한 낭떠러지

쉬블링 4캠프의 짐 포서림엄. 우리는 이 작은 텐트를 함께 썼다. (크리스 보닝턴)

위에 앉아 스토브 소리를 들으며 이런저런 대화를 나누는 그 상황에 이상하게도 묘한 만족을 느꼈다. 그와의 파트너십은 내가 산에서 겪은 것 중 가장 훌륭하고 편했다. 어둠이 몰려왔지만 우리에게는 잠들기 전에 차를 한 잔 마실 시간이 있었다. 짐이 텐트 문을 열고 눈을 긁어모았다. 그때 텐트 문 안쪽에 매달아놓은 우리의 유일한 헤드램프가 요란한 소리를 내며 아래로 떨어져, 슬랩에 이리저리 부딪치며 불규칙한 불빛을 연출했다.

"만약 아래쪽에서 누군가가 저 불빛을 본다면 충격을 받겠는걸." 짐이 유쾌하게 말했다. 내 헤드램프는 진작 떨어뜨렸기 때문에 나는 불평할 수도 없었다. 그러나 이제 우리에게는 늦잠을 잘 수 있는 핑곗거리가 생겼다.

밤에 3센티미터 정도 눈이 내렸지만 하늘이 맑아 내린 눈이 금세 없

동화 같은 정상? 짐 포서링엄이 쉬블링 정상능선에 있는 우리의 5캠프에서 내가 남서봉 정상으로 올라가는 모습을 찍었다. (짐 포서링엄)

어졌다. 우리는 전날 두 동의 로프를 미리 고정시켰다. 나는 그 로프 끝에서 가파른 크랙을 올라 측면의 오버행 밑에 다다랐다. 짐은 마치 그다음 크럭스 구간을 자신의 것으로 남겨놓은 듯했다. 그는 양발을 넓게 벌리고 오르며 확보물을 설치했고, 그네를 타듯 오버행 벽을 넘어가더니 탄성을 내질렀다. 그는 계속 올라가 시야에서 사라졌는데 내 손에 잡힌 로프가 조금씩 풀려나갔다. 그리고 어느 순간 로프가 멈추더니 또 다른 탄성이 들렸다. 조금 후에 짐은 로프를 타고 내려와 배낭을 챙긴 후 다시 주마로 올라갔다. 그런 방식으로 그는 무거운 배낭을 메지 않고 어려운 곳을 돌파했다.

이제 경사가 완만해졌지만 바위 턱마다 돌멩이들이 쌓여 있어, 아래쪽에 있는 사람을 위협했다. 우리는 이리저리 루트를 찾아 올라갔지만 위로 올라갈수록 바위가 점점 더 헐거워져 불안하기 짝이 없었다. 그곳에는 커다란 덧장바위들이 겹겹이 쌓여 있었다. 따라서 믿을 만한 것이 없었기 때문에 확보물을 설치해봐야 아무 소용이 없었다. 하지만 이제 고지가 눈앞이었다. 거대한 바윗덩어리를 살짝 잡아당기며 올라서 보니 능선마루 바로 밑에 있는 가파른 설사면이었다. 그 능선에서 정상까지는 로프 한동의 길이쯤 되어 보였다. 아침이면 눈이 단단해질 것이라는 데 의견일치를 본 우리는 눈을 다져 텐트를 설치한 후 산에서 닷새째 밤을 보냈다. 우리 양옆으로는 까마득한 낭떠러지였다. 그날 저녁 우리는 마지막 남은 식량을 몽땅 먹어치웠다.

다음 날 아침 짐은 이렇게 말했다. "알지? 여긴 정상 바로 밑이고 우리는 루트를 다 끝냈어. 내려가는 게 어때?"

"정상 사진을 찍고 싶지 않아? 명예욕은 다 어디로 간 거야?"

"난 무사히 내려가는 것에 더 관심이 많아."

"20분이면 될 텐데. 정상에 안 가면 후회할걸."

물론 20분보다는 조금 더 걸렸지만 그런 정상은 처음이었다. 정상은 너무나 뾰족해 한 사람이 균형을 잡고 서 있을 수도 없었다. 나는 의기양양하게 내 피켈을 들어 올렸는데 정상을 쟁취했다는 승리감 때문이 아니라, 아름다운 봉우리들과 하늘 그리고 우리가 오른 루트가 주는 즐거움이 컸기 때문이다. 나중에 밝혀졌지만 하산이 끔찍했던 것은 다 그만한 이유가 있었다. 하지만 쉬블링에서의 등반은 매우 험난하고 어려운 루트를 집약적이고 빠른 속도로 오른 기분 좋은 경험이었다. 특징과 스타일 면에서 그 등반은 알파인 스타일이라고 할 만했다. 우리는 수시로 계획을 변경하고 상황에 맞게 대응했기 때문에 대규모 원정등반에서는 절대 느낄 수 없는 자율성이 있었다. 이런 것들이 모두 더해져 그 등반은 내 생애에서 가장 멋진 경험이 되었다.

에베레스트 이후 나는 쉬블링에서와 같은 소규모 모험에서 가장 멋진 등반 경험을 할 수 있었다. 좋은 친구들과 함께 미지의, 또는 거의 알려지지 않은 봉우리들을 탐사한 것이다. 내가 1985년에 등반 허가를 받으려 했던 멜룽체가 좋은 예다. 1987년 나는 내가 가장 행복했던 두 번의 원정에 짐 포서링엄과 오드 엘리아센, 비에른 미레르 룬을 초청해 소규모 영국-노르웨이 합동원정대를 꾸렸다. 우리는 '우정의 고속도로Friendship Highway'를 타고 네팔-티베트 국경을 넘어 딩리Dingri까지 차를 몰고 갔다. 그리고 그곳에서 베이스캠프까지는 야크를 이용했다. 티베트는 아주 신나는 곳이었는데 마치 시간을 거슬러 올라간 느낌이었다. 우리는 멜룽체 남서 버트레스에서 강력한 시도를 했지만 살벌한 폭풍에 발이 묶이고 말았다. 번개를 아슬아슬하게 피한 짐은 잠깐 동안 의식을 잃기도 했다. 밤새도록 텐트가 심하게 요동쳤는데 아침이 되고 보니 노르웨이인들의 텐트는 갈가리 찢어져 있었다. 우리는 결국 후퇴하는 수밖에 별 도리가 없었다. 로프 하강을 하는 동안 내가 앵커로 박은 스노 바가 뽑혀 나는 비탈로 내동댕이쳐졌다. 나는 재빨리 몸을 일으켜 로프를 낚아채 살아남았다. 아마 그렇게 하지 못했다면 이 책은 나올 수 없었을 것이다. 우리는 두 번을 더 시도했지만 대략 비슷한 곳까지밖에 전진하지 못했다. 하지만 그해는 날씨가 끔찍하게 나빴다. 결국 우리는 폭풍으로 인해 두 손을 들고 말았다.

나는 멜룽체 지역을 탐사하다 웅장한 봉우리를 하나 발견했다. 그 봉우리는 가파르면서도 거의 완벽한 피라미드 모양이었다. 지도를 확인해보니 높이 6,801미터의 드랑낙 리Drangnag-Ri였다. 나는 내 기억의 파일 속에 언젠가 오르고 싶은 산으로 저장해놓았고, 아르네 네스가 에베레스트 등정 10주년 기념원정을 하자고 했을 때 드랑낙 리를 목표물로 제시했다. 그 봉우리에 도전하기 위해 에베레스트 대원 중 한 명만 제외하고 모두가 네팔로 돌아갔다. 그리고 셰르파들 중에서도 여섯 명이 다시 모였다. 우리는 그곳을 최선의 스타일로 등반하지는 않았다. 거의 정상까지 고정로프를 설치해, 가능하면 모든 사람들이 정상에 오를 수 있도록 한 것이다. 하지만 나는 어려운 구간 몇 군데를 앞장서게 돼 기뻤는데, 그전 몇 년간의 등반보다도 더 훌륭하게 해냈다. 지형을 파악해가며 산의 환경과 조화를 이루며 올라가는 나 자신의 모습에서 무한한 기쁨을 얻었다. 지금 되돌아보면 아마도 그런 적극성으로 인해 내가 예순 살까지도 히말라야에서 등반을 계속할 수 있었던 것 같다. 그 원정등반은 우리의 우정을 돈독히 이어가는 데에도 도움이 되었는데, 우리는 레이크 디스트릭트와 노르웨이에서 정기적으로 만났다.

그러나 불행히도 2004년 1월 아르네는 남아프리카에서 로프 하강 중 사망했다. 그때 우리는 에베레스트 등정 20주년 기념등반을 한참 논의하던 중이었다. 몇 주 뒤 나는 그의 장례식에 참석하기 위해 노르웨이로 날아갔다. 오래 전 아르네가 나에게 처음 전화를 건 이후, 그는 바하마의 리조트에서 가수인 다이애나 로스Diana Ross를 만났다. 그들은 우리가 에베레스트에 오른 1985년에 결혼해 아들을 둘 낳고 1999년에 이혼했다. 아르네는 카밀라 아스트럽Camilla Astrup과 새롭게 교제를 시작했지만, 다이애나는 오슬로에 있는 아름다운 목조 교회에서 엄수된 그의 장례식에 참석했다. 그녀는 한 자원봉사자의 「어메이징 그레이스Amazing Grace」트럼펫 연주에 맞추어 노래를 불렀다. 그녀의 목소리가 교회에 울려 퍼지는 동안 나는 그곳에 모인 사람들과 함께 눈물을 흘렸다.

제 1 7 장

얼음의 세계

로빈 녹스 존스턴Robin Knox-Johnston을 나는 1978년 「더 크립톤 팩터The Krypton Factor」라는 텔레비전 쇼의 크리스마스 기념 자선 특별프로그램에서 처음 만났다. 촬영은 K2에서 돌아온 지 얼마 지나지 않아 이루어졌다. 그때 나는 부상당한 갈비뼈에 다시 이상이 생겨 몸이 좋지 않았었다. 나는 조심스럽게 승리를 점치면서 게임의 상대방들을 바라보았다. 나와 대치하고 있던 두 사람은 극지방 탐험가인 라눌프 파인스Ranulph Fiennes와 열기구 조종사인 돈 카메론Don Cameron이었다. 키가 크고 마른 파인스는 특수부대(SAS) 출신으로 공격 코스에서 승리가 확실시되었다. 그러나 나는 2등은 할 수 있을 것 같았다. 산악인이라면 뱃사람과 열기구 조종사 정도는 이길 수 있지 않을까? 그들은 그저 조용히 앉아서 방향만 조종하는 사람들이니까. 사격 코스에서 라눌프가 일찌감치 앞서 나갔지만, 나는 로빈이 그의 뒤를 바싹 쫓는 것을 보고 상당히 놀랐다. 그래도 산악인으로서 나의 체력이 결국은 빛을 발할 것이라고 생각했지만, 그 뒤 나는 로빈의 등만 보고 나아가야 했고 결국 뒤처져 꼴사납게 3등으로 들어오고 말았다. 다행히 머리를 써야 하는 코스에서 나는 자존심을 회복했고, 종합우승을 차지했다.

그로부터 1년쯤 지났을 때 나는 『도전』을 쓰기 위한 조사를 하면서 로빈을 다시 만났다. 그는 인터뷰 대신 자신의 모험에 함께하자며, 7월에 오반Oban으로 와서 자신과 아내 수Sue 그리고 딸 사라Sara와 웨스턴 아일스Western Isles에서 짧은 항해를 하자고 제안했다. 출발은 순조롭지 못했다. 나는 지도를 집에 두고 와 쿨린 지역의 지도를 사기 위해 이리저리 가게를 뒤지는 바람에 결국은 항구의 잘못된 지점에 늦게 도착했다. 로빈과 수는 늦게나마 도착한 나를 보고 크게 안도했다. 나는 그가 소유한 32피트 길이의 쌍돛대 범선 — 배의 이름은 '동료'라는 뜻의 '수하일리Suhaili'였는데 — 에 내 장비를 실었다.

수하일리 범선은 '프람Fram'호를 디자인한 콜린 아처Colin Archer가 만든 노르웨이의 구명정에서 영감을 받았다. 그 범선은 로빈이 바스라Basra로 운항하는 여객선에서 이등 항해사로 일할 때 그가 살던 뭄바이에서 경험이 많은 다우 배 조선업자들의 도움을 받아 티크나무로 만들었다. 그는 하던 일을 그만 두고 수하일리를 몰아 케이프타운을 거쳐 영국으로 돌아왔다. 자신의 항해에 대한 글을 『가디언Guardian』에 몇 차례 쓴 그는 런던의 부둣가에서 조지 그린필드의 환영을 받았다. 조지는 혼자서 범선을 몰아 논스톱으로 세계를 일주하는 최초의 사람이 되고 싶다는 로빈의 아이디어를 『선데이 타임스Sunday Times』에 제공했다. 그러나 신문사는 즉시 그 아이디어를 여러 사람이 참가하는 경주로 탈바꿈시켜 조지와 로빈을 분노케 했다. 다행히 다른 곳에서 후원을 받은 그들은 결승선을 1위로 통과했다. 로빈은 혼자서 그 작은 범선을 몰고 멀해협Sound of Mull을 천천히 지난 뒤, '포효하는 40도'를 통과했지만, 범선이 뒤집히며 잠에서 깨어나야 했다. 나는 그런 상황을 상상조차 할 수 없었다.

다음 날 스카베이그 호수에 도착했을 때 나는 그가 선보인 항해술에 그만 사로잡히고 말았다. 나는 하일랜드가 천천히 뒤로 지나가는 것도 감상했고, 먹Muck섬과 에이그Eigg섬 주변을 항해하면서 그곳이 변화하는 모습을 음미할 여유도 있었으며, 쿨린 지역의 들쭉날쭉한 성벽들도 가까이서 보게 되었다. 그날 저녁 로빈은 노를 저어 나와 함께 해안가로 향했고, 나는 만灣 바로 위에 있는 작은 암장에서 처음으로 암벽등반을 해볼 수 있도록 그를 이끌어주었다. 로빈은 등반을 잘하지는 못했지만 차분하면서도 단호한 모습을 보였고, 추락할 수 있는 상황에서도 전혀 겁을 먹지 않았다.

다음 날 아침 우리는 주능선을 향해 출발했는데, 코루이스크Coruisk 호수를 따라 덥Dubh 능선을 오르는 그 코스는 거친 반려암지대를 걸어야 하는, 장엄하지만 쉬운 곳이었다. 모든 것이 순조롭게 진행되었다. 그러나 나는 로프 하강을 해야 하는 덥 갭Dubh Gap이 있다는 사실을 깜빡했다. 다행히 나에게 로프가 한 동 있어, 나는 로프를 아래로 늘어뜨린 후 로빈에게 하강하는 방법을 즉석에서 알려주었다.

"크리스! 이건 내가 익숙한 방식으로 하는 게 낫겠어." 그는 로프를 카라비너에 걸어 도르래처럼 만든 다음 내려갈 준비를 했다. "나는 이런 식으로 돛대를 오르내려." 나는 로빈의 방식이 전혀 마음에 들지 않았지만 그는 무척 단호했다. 그는 마치 갑판장의 의자에 앉은 듯한 모습으로 내려갔다.

능선에 도착하자 구름이 우리를 집어삼켰고, 나는 내가 오반에서 산 대축척지도가 거의 쓸모없다는 사실을 알게 되었다. 얼이 빠져 있다는 사실을 인정하고 싶지 않아 초조해진 나는 비틀거리며 앞으로 나아갔다. 다행히 안개 속에서 두 명의 클라이머들이 나타나, 우리의 정확한 위치를 알기 위해 세부정보들을 물어보았다. 옳은 방향으로 가고 있다는 확신이 든 나는 계속 전진해 티얼레이크 덥 갭Thearlaich Dubh Gap에 이르렀다. 그곳에서 로빈은 자신의 도르래 방식을 다시 한번 사용했다. 반대편에서의 암벽등반이 만만치 않았지만 로빈은 미소를 지으며 정상에 도착했다. 하지만 그는 바위보다는 수하일리의 돛대를 오르는 것이 자신에게는 더 맞는 일이라고 우겼다.

　나는 그 거친 산악지대에서 만난 소용돌이 구름을 즐겼지만, 능선마루를 따라 나 있는 피너클 주변으로 이제 바람이 무척 세게 불고 있다는 사실을 부인할 수 없었다. 로빈은 걱정하는 듯했다. 나는 그를 잘 알게 되면서, 정박이 불안정하거나 통제력을 완전히 잃어버리는 오직 두 가지 상황만이 밤에 그를 잠에서 깨운다는 사실을 배웠다. 스카베이그 호수의 수하일리 정박지는 남쪽으로 열려 있었기 때문에 그는 닻이 질질 끌릴까 봐 걱정했다. 우리는 하산하는 즉시 배로 향했다. 로빈은 나를 토버모리 Tobermory에 내려주어 나는 집으로 와서 다시 책을 쓰는 일에 매달렸다. 하지만 로빈과 함께한 며칠간은 나에게 긴 여운을 남겼다. 그가 인간적으로 무척 좋았을 뿐 아니라 새로운 시각으로 산을 보는 것도 경이로웠다. 배는 일종의 베이스캠프 같은 역할을 했다. 나는 심지어 배를 한 척 사고 싶다는 말을 꺼내기까지 했다. 이누이트족과 겨울을 함께 지내보겠다는 계획뿐 아니라 그 생각 역시 웬디는 극구 반대했다. 아내는 내가 엔진을 고치거나 전반적으로 무엇을 유지하고 관리하는 데 서툴다는 사실을 지적했다. 결국 항해와 등반을 조합한 그 경험은 유쾌한 일회성 사건으로 끝났다.

　그 후 10년쯤 지난 어느 날 로빈이 뜬금없이 전화했다. 그린란드로 배를 타고 가서 등반을 해보지 않겠느냐는 것이었다. 그가 제안한 것은 우리가 스카이섬에서 한 것을 합리적으로 확장한 것이었지만, 규모가 훨씬 더 거대했다. 그의 제안이 너무 매력적인 아이디어여서 나는 대상지를 조사하기 시작했다. 곧 나는 그린란드의 가장 험준한 산들은 대부분 동부 해안에 있다는 사실을 알게 되었는데, 그곳은 배를 이용해 접근하는 것이 무척 힘든 지역이었다. 나는 수하일리를 몰고 결빙이 된 피오르 해안으로

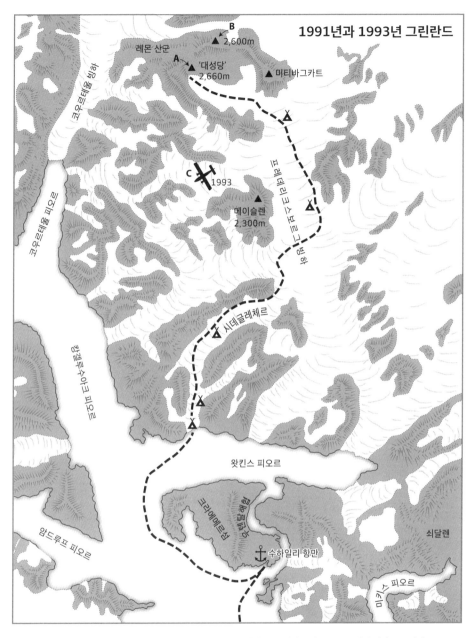

1991년과 1993년 그린란드

B
▲ 2,600m

레몬 산군

A
▲ '대성당'
2,660m

▲ 미티바그카트

코우른테울 빙하

프레데리크스보르그 빙하

C → 1993

메이슬렌
2,300m

코우른테울 피오르

챵켈룬수아크 피오르

시데글레체르

왓킨스 피오르

크라에네 섬

로센토른 해협

암드루프 피오르

⚓ 수하일리 항만

마네 피오르

쇠달렌

가지고 간 지도에 표시된 레몬 산군 접근로와 '대성당'의 위치(A). 그러나 우리는 높은 곳에 올라가 보고 나서야 지도가 잘못되었다는 사실을 알았다. 실제로는 지도의 B가 레몬 산군에서 가장 높은 해발 2,660미터의 '대성당'이었다. A와 B가 뒤바뀌어 표시된 것이다. 따라서 지도를 믿은 우리는 엉뚱한 봉우리를 오르고 말았다. 우리는 1993년에 트윈 오터를 타고 메이슬렌Mejslen 아래의 빙하(C)에 내려 영국을 출발한 지 3일 만에 등반에 들어갔다. 그때 우리는 메이슬렌과 인근의 멋진 봉우리들을 오르는 성과를 거두었다.

제 17 장 · 얼음의 세계 427

들어가는 것은 미친 짓이라는 이야기까지도 들었다. 로빈은 엄중한 그 경고를 긍정적으로 피해갈 수 있는 정박 가능한 지점을 찾기 위해 해군본부의 '수로지水路誌'를 공부하기 시작했다.

나는 원정 보고서들도 훑어보고 여기저기 전화를 걸어보기도 했는데, 내가 이야기를 나눈 사람들은 너나할 것 없이 짐 로우더Jim Lowther라는 젊은 클라이머를 언급했다. 그런데 뜻밖에도 그는 우리 집 근처에 살고 있었다. 스물다섯 살밖에 되지 않았지만 그린란드를 열 번이나 가본 경력이 있는 그는 로우더 가문 사유지Lowther Estate에 있는 자신의 집에서 지도와 보고서, 사진들을 한 다발 안고 나를 만나러 왔다. 탐험의 세계에 기밀이 많다는 점을 고려하면 그의 정보 제공은 파격적이었다. 며칠 뒤 그는 완벽한 대상지를 찾았다고 전화로 알려왔다. 그가 이전에 왓킨스Watkins산맥에서 본 '대성당Cathedral'이라는 봉우리였다. 그 봉우리는 레몬산군Lemon Mountains에 있었는데, 1936년 에베레스트를 등반한 로렌스 웨이저Lawrence Wager가 탐사한 적이 있었고, 1972년에는 또 다른 그린란드 전문가 스탠 울리Stan Woolley가 그곳을 찾기도 했다. 울리는 '대성당'을 '그린란드에서 가장 매력적이면서도 험준한 미등의 봉우리'라고 묘사했다. 그 후에 그곳을 찾은 사람은 아무도 없었다. 그 산은 샤모니에 있는 에귀베르트Aiguille Verte(4,122m)[82]를 연상시켰다. 로우더는 그곳이 단단한 화강암이라고 말했다.

나는 곧 로우더와 친해졌다. 우리는 겨울에 헬벨린Helvellyn에서 함께 등반했는데, 그는 능력도 있었고 겸손하기까지 했다. 내 아들 조에 비해 조금 나이가 많은 그는 겉으로는 애늙은이처럼 보였지만 뛰어난 유머 감각을 가지고 있었다. 컴브리아의 대지주인 론스데일 백작Earl of Lonsdale의 셋째 아들인 그로서는 이런 면모들이 유용했을 것이다. 그는 로우더지구의 다양한 사업에 개입하고 있었다. 로빈이 초보자인 데다 무척 어려운 등반이 예상되어 클라이머가 한 명 더 필요했었는데 로우더는 완벽한 선택이었다. 나는 곧 그가 매우 믿을 만한 사람이라는 사실을 알게 되었다. 그는 내가 부탁한 것은 무엇이든 신속하고 효율적으로 해냈는데, 보급품과 장비, 그리고 얼음 위에서 장비를 끌고 갈 때 쓸 썰매를 구하는 데 능력을 발휘했다.

그러는 동안 로빈은 난해한 해안 접근에 대해 파고들었다. '대성당'은 캉겔루수아크Kangerlussuaq 피오르의 끝, 즉 북극권 바로 안쪽에 있는 앙막살릭Angmagssalik(현재의 타실라크Tasiilaq)과 스코스비Scoresby해협의 중간 지점에 있었다. 그린란드 동부에서 두 번째로 큰 피오르인 그곳은 유빙이 떠다니는 것으로 보이는 거대한 공간의 안쪽으로 쑥 들어간 곳이다. 그러나 해군본부 '수로지'에 실린 그곳에 대한 항해 보고서는 1941년이 마지막이었다. 덴마크 해군이 만든 캉겔루수아크의 해도에는 흰색만 칠해져 있었는데, 이는 알려진 정보가 전혀 없다는 의미였다. 아이슬란드와 그린란드 사이의 덴마크해협에서는 폭풍이 자주 일어나고 9월 초부터는 바람의 빈도가 급격히 높아져, 로빈은 그때가 되기 전에 먼 남쪽으로 후퇴할 수 있도록 각별히 신경 썼다.

우리는 '대성당'으로 접근하는 길들을 보여주는 대축척지도를 갖고 있었다. 가장 직선으로 난 길은 에우구스트 코우르테울August Courtauld의 이름을 딴 코우르테울 빙하를 통과하는 것이었다. 하지만 그 길을 택하면 큰 피오르를 오랫동안 올라가야 하는 데다 결빙되어 있을 가능성도 높았다. 그래서 우리는 왓킨스 피오르에서 시데글레체르Sidegletscher로 들어가는 것이 최선이라고 생각했는데, 항해는 더 용이할지라도 65킬로미터나 되는 먼 길을 걸어가야 하는 곳이었다. 마지막 대안은 바로 옆의 미키스 피오르Mikis Fjord를 이용하는 방법이 있었지만, 그렇게 하면 걸어서 들어가는 데만 사흘을 더 써야 했다. 그래도 로빈은 정보제공에 관한 한 등반가들보다 항해사들이 더 관대하다는 점에 기대를 걸었다. 그는 버컴스테드학교Berkhamsted School 동문인 빌 틸먼의 책들을 읽었다. 틸먼은 그 지역으로 다섯 번이나 항해한 적이 있었는데, 한번은 얀 마위엔Jan Mayen섬에서, 또 한번은 앙막살릭 근처에서 배를 잃어버린 적도 있었다. 여전히 북극권에서의 항해에 대한 가장 권위 있는 자료는 1820년대에 고래잡이 항해를 했던 윌리엄 스코스비William Scoresby[83]의 보고서였다. 그는 400톤이나 되는 목조 배를 몰고 유빙 지역을 넘나들었었다.

그린란드가 자치권을 얻기 전까지 그곳의 원정을 허가해주는 역할을 하고 있던 덴마크극지연구소Danish Polar Institute는 우리의 계획에 비관적인 태도를 보였다. 그러자 로빈은 허가를 받기 위해 왕립요트협회Royal Yachting Association의 사무총장 로빈 뒤센Robin Duchesne에게 전화를 걸어 부탁했다. 그는 덴마크에서 자신과 대등한 지위에 있는 사람에게 전화를 했고, 그 사람이 극지연구소에 설명을 잘 해주자 모든 일이 순조롭게 풀렸다. 이제 로빈은 범선에 태울 승조원들이 필요했다. 주로 그와 함께 움직였던 페리 크릭미어Perry Crickmere는 상선의 선원으로, 우리의 계획에 너무나 참가하고 싶은 나머지 하던 일을 포기했다. 왕립항해클럽Royal Cruising Club의 소식지에 북극으로 항해할 것이라는 광고를 올렸더니, 제임스 버데트James Burdett라는 젊은 법학도가 지원해 두 번째 자리를 채웠다. 거우 스물셋밖에 안 된 그는 원정대에서 가장 어렸지만 놀라울 정도로 느긋한 모습을 보였고, 반드시 필요한 천연덕스러운 유머감각도 로빈에 뒤지지 않았다.

7월 13일 수하일리호는 고스포트Gosport를 떠나 화이트헤이븐으로 향했고, 그곳에서 로우더와 나는 등반 장비와 식량을 챙겨 배에 올라탔다. 나는 범선에 물이 새는 것을 발견하고 약간 충격을 받기는 했지만, 알고 보니 물이 새는 곳은 선체가 아니라 오래된 전선이 뭉쳐 있는 선미 쪽

1991년의 그린란드 탐험대원. 왼쪽에서 오른쪽으로 나, 페리 크릭미어, 범선의 방향타를 잡고 있는 로빈 녹스 존스턴, 제임스 버뎃 존 던 그리고 짐 로우더 (크리스 보닝턴)

이었다. 로빈이 금세 수리를 해서 우리는 2개월 동안 쓸 보급품과 썰매 6개, 상륙용 작은 보트, 등반 장비, 기타 우리에게 필요한 온갖 잡동사니들을 공간이란 공간은 다 찾아서 집어넣었다. 또한 BBC 제2라디오의 유명한 사회자 존 던John Dunn도 우리와 함께 가기로 했는데, 그는 레이캬비크 Reykjavik에서 내리고 대신 그곳에서 영화 제작진이 합류하기로 했다. 존은 2미터 가까운 장신이어서, 그가 비좁은 객실에 몸을 쑤셔 넣는 것을 보고 불쌍하다는 생각이 들기도 했다. 로빈은 수하일리호를 계측해보고 평소보다 10센티미터는 물에 더 잠겼다고 말했는데, 그것은 우리가 실은 화물이 2톤 정도 된다는 것을 의미했다.

　우리를 배웅하러 나온 인파가 너무 많아 마치 화이트헤이븐 사람 절반이 모인 듯했다. 우리는 7월 19일 저녁 6시에 출항했다. 자랑스럽게 손을 흔드는 군중 사이로 어머니와 파트너인 다이애나Diana도 보였는데, 그분들은 우리가 사는 곳 근처인 케스윅에 거주하고 있었다. 그분들은 우리가 막 출항할 때 도착했다. 우리 앞에는 거대한 대양이 펼쳐져 있었지만, 바람만 제때 불어준다면 아이슬란드까지 가는 데 2주밖에 걸리지 않는다는 사실을 알고 있었기 때문에 무력감과 흥분이 동시에 찾아왔다. 곧 범선이 요동치자 배를 처음 타본 풋내기들은 약간 멀미를 느꼈다. 로빈은 우리에게 돛을 펼치게 하면서 범선 각 부분의 이름과 기능을 알려주었다. 나는 그의 조언 하나가 마음에 쏙 들었다. "한 손은 배를 위해서 준비하되, 다른 한 손은 언제나 자신을 위해 쓸 준비가 되어 있어야 한다." 우리는 조를 편성해 경계를 섰다. 로빈은 존과, 페리는 나와 같은 조가 되었다. 그리고 젊은 터키인들인 제임스와 짐이 세 번째 조가 되었다.

나는 로빈이 풋내기 선원들을 다루는 방식을 보고 감명받았다. 그는 분명 선장이었고 우리는 지시받은 대로 임무를 정확히 수행하도록 되어 있었지만, 그가 정보를 공유하면서 어떤 선택을 할지 논의하는 방식은 마치 즐거운 배움같이 느껴졌다. 나는 방향타를 잡는 일에 조금씩 익숙해지기 시작했는데, 파도가 오는 것을 보고 배가 크게 기울지 않도록 제대로 된 방향으로 방향타를 당기는 것이 중요했다. 거친 바다에서는 방향타가 상당히 묵직했기 때문에 기운도 빠지고 정신적으로도 많이 힘들었다. 풋내기인 나는 언제나 집중해야 했지만, 페리와 로빈에게는 식은 죽 먹기나 마찬가지였다.

숙식을 해결하는 범선 아래쪽에서는 가로 3미터, 세로 2미터 크기의 공간에 몸을 쑤셔 넣다시피 해야 했는데 양쪽에 침대가 두 개씩 있었다. 범선의 바닥은 조리실과 차트테이블 옆에 있는 조그만 공간이 전부였다. 나는 산에서 폭풍을 만나 텐트에 갇힌 일이 허다했기 때문에 밀폐된 공간과 그에 따른 사생활 노출에 익숙했지만, 그렇다 해도 항해는 차원이 달랐다. 경계를 서는 일도 적응이 필요했다. 3시간 동안 경계를 서고 6시간 동안 쉬는 일정을 반복하면서, 수면 패턴에 변화가 일어난 것이다. 하지만 수면부족은 산악인들이 잘 이겨낼 수 있는 문제였다.

등반과 항해 사이에서 가장 눈에 띄는 차이는 날씨의 양상이었다. 바다에서는 날씨 변화가 더 빠르게 자주 일어났다. 따라서 어느 순간에는 방수복을 입고 있다가도, 그다음 순간에는 일광욕을 할 수 있었다. 날씨가 범선에 직접적인 영향을 주기 때문에 더 잘 느낄 수 있었던 것 같다.

범선이 요동치면서 갑작스러운 상승과 하락을 일으켰는데, 나에게는 완전히 새로운 경험이었다. 매우 단순한 일조차도 시간과 인내심이 필요했다. 한번은 차를 끓이다가 열린 설탕 통을 손에 든 채 바닥에 내동댕이쳐지기도 했다. 그 결과 설탕이 사방으로 쏟아졌고, 식기가 든 서랍도 정신없이 어질러져 난장판이 된 바닥을 다 치우고 나서야 차를 다시 끓일수 있었다. 그럼에도 나는 즐거운 시간을 보냈다. 나에게는 그런 새로운도전이 필요했다. 나는 범선이 잡다한 문제를 자주 일으키는 것에 놀랐는데, 부식하기 쉬운 환경에서 계속 마모가 일어난다는 것을 감안하면 당연한 일이기도 하다. 기상 수신기가 고장 나 예보를 받지 못한 때도 있었고, 무전 송출이 안 된 적도 있었으며, 화장실에 물이 새기도 했다.

선원들의 실용 기술은 무척 놀라웠다. 그들은 시종일관 재치 있는 모습을 보이면서 대부분의 문제들을 도맡아 해결할 준비가 되어 있었다. 로빈은 무선장치를 분해해 끊어진 점퍼 선을 찾아낸 다음 매뉴얼을 뒤져 다시 이었다. 그러자 놀랍게도 무전이 다시 되었다. 화장실을 고치기 위해그들은 선체의 밸브를 들어냈고, 로빈이 구멍을 손으로 막아 바닷물이 들어오는 것을 막는 동안 페리가 밸브를 닦고 기름칠을 했다. 그러자 화장실도 제 기능을 발휘했다.

이렇게 여러 곳의 수선에 성공하자 로빈은 '헤드랜드_headland_'를 선언하기로 했다. 그것은1986년 그가 영국을 한 바퀴 도는 경주를 하는 동안 쉐틀랜드Shetland섬에서 땅이 돌출된 곳에 부딪칠 뻔한 데서 유래한 의식이었다. 재앙을 가까스로 모면한 그와 그의 동료 빌리 킹 하만Billy King-Harman은 위스키를 한 모금씩 들이키면서 자축했다. 그 후 헤드랜드는 도중에 뜻하지 않게 마주치는 일을 통칭하는 말이 되었는데, 좋든 나쁘든 기념할 만한 것은 그렇게 불렸다. 로빈은 특유의 민주주의적인 방식으로, 우리의 일을 헤드랜드라고 불러야 할지 3명의 투표로 결정하기로 했다. 투표권은 선장과 선원, 선주에게 하나씩 주어졌다. 얼마 지나지 않아 우리에게는 헤드랜드를 선언해야 할 일이 또 생겼는데, 존이 곧 할아버지가 된다는 기쁜 소식이 무전으로 전해진 것이다. 그는 그 일을 축하하기 위해 샴페인 한 병을 내놓았다.

나는 페리와 경계를 섰다. 상선에서 4년간 근무한 그는 나의 훌륭한 멘토였다. 그는 로빈과 마찬가지로 멋진 실용주의를 선보였는데, 로빈은 어떤 상황에서도 한 손만 써서 담배를 말 수 있는 페리의 능력만은 부러워했다. 또한 그는 따뜻하면서도 번뜩이는 유머감각으로 긴장을 푸는 데 아주 능수능란했다. 범선에 탄 사람들의 다양한 성격을 비교해보는 것은 흥미로웠다. 로빈의 집념은 엄청나서 우리는 별 문제없이 캉겔루수아크에 도달할 수 있을 것 같았다. 로우디가 "만약 우리가 그곳에 갈 수 있다면"이라고 말하면 로빈은 곧바로 이렇게 대꾸했다. "만약이란 건 없어. 우리는 틀림없이 그곳에 갈 거니까."

아이슬란드에 가까워졌다는 첫 징후는 범선 주변에 몰려든 퍼핀puffin 새들이었다. 9일 동안의 항해 끝에, 7월 28일 저녁 우리는 엘디Eldey섬을 볼 수 있었다. 7에이커쯤 되는 엘디섬은 77미터 높이의 바위섬sea stack으로, 북반구에서 가장 넓은 부비새 서식지였다. 레이캬비크 항구에서 배에 올라탄 세관원은 우리가 가진 술의 양을 보고 놀란 눈치였는데, 그는 우리가 치러야 했던 수많은 헤드랜드에 대해 잘 모르는 것이 틀림없었다. 우리가 머무르는 동안 술은 모두 창고에 맡겨놓아야 해서, 우리는 대신 화장실에 술을 넣고 문을 잠가버렸다. 우리는 빨래도 해야 했고, 엔진도 소소하게 수리해야 했다. 범선에 탄 인원도 변동이 있었다. 존 던이 비행기를 타고 영국으로 돌아가, 그의 자리는 영화 팀 중 한 명인 카메라맨 잔 페스터Jan Pester가 대신 차지했다. 영화 제작자이자 감독인 앨런 주허스트Allen Jewhurst는 미리 그린란드로 비행기를 타고 가기로 되어 있었다.

캉겔루수아크 피오르의 입구는 레이캬비크에서 덴마크해협을 따라 북서쪽으로 550킬로미터 정도 가면 나타난다. 우리가 항구를 출발하자 강도 5의 훌륭한 바람이 우리를 기다리고 있었다. 하지만 그 바람은 곧 사라졌고, 우리는 그날 내내 시야가 제한된 상황에서 엔진을 구동해 앞으로 나아갔다. 8월 2일 아침 8시 30분경 북극권을 통과했다. 헤드랜드를 선언하기에는 너무 이른 시간이라 대신 우리는 튀긴 음식들을 풍성하게 차려놓고 조찬을 즐겼다. 그때 마침 우리 앞에 어떤 물체가 보인다는 외침이 갑판에서 들려왔다. 우리가 만난 첫 빙산이었다. 3시간을 더 가도 그 빙산에 가까이 다가가지 못한 것을 보면, 틀림없이 엄청나게 큰 것이었을 것이다.

그때 산들이 보이기 시작했는데, 사실 130킬로미터나 더 가야 하는 상황이었기 때문에 우리가 본 것은 실제의 모습이 아니라 수평선에 반사된 것에 불과했다. 그것은 스코스비가 근 200년 전에 이미 설명한 현상이었다. 또 다른 빙산이 나타났는데 이번에는 더 가까운 곳에 있었다. 그것은 길이 800미터에 높이 60미터 정도로 보였다. 아마 그 빙산은 해수면 아래로는 바다의 바닥까지 뻗쳐 있을 것이 분명했다. 그 빙산에는 콜로 나누어진 쌍둥이 봉우리가 있었다. 빙산의 측면은 우중충해 보였다. 북쪽 어딘가의 빙하에서 떨어져 나온 그 빙산은 남쪽으로 흘러가고 있었다. 로

1991년 그린란드 동부 해안으로 가던 중 처음 만난 빙산과 수하일리호 (로빈 녹스 존스턴)

빈은 빙산이 예상치 못한 방향으로 흐를 수 있다는 것을 알고 있었기 때문에 수하일리호를 빙산에서 멀찌감치 떨어뜨려 운항했다. 하지만 그는 제임스와 함께 작은 배를 타고 나아가, 우리가 진을 시원하게 마실 수 있도록 얼음을 모아 왔다.

캉겔루수아크로 들어서자 광산탐사 팀이 무전으로 결빙이 없다는 점을 확인시켜주었지만, 그와 동시에 입구에 빙산들이 있다고 경고했다. 우리는 주의를 기울이며 잔잔한 바닷물에 떠 있는 아파트만 한 빙산들을 통과했다. 빙산을 지나가니 더 많은 얼음이 나타났는데, 순백색부터 청록색, 심지어는 연보라색까지 나타날 정도로 색깔도 모양도 다양했다. 지평선 끝은 갈색의 산악지대가 둘러싸고 있어 북극이라기보다는 사막같이 보였다. 해안가에는 연무암으로 된 바위들이 늘어서 있었는데, 지저분하고 사방이 깨져 있는 것처럼 보였다. 하지만 나는 레몬 산군의 암석이 단단하다는 사실을 알고 있었다. 이제 항해가 끝나가고 등반이 다가오자 나는 크게 만족했다. 도중에 아프지도 않고, 항해를 조금 더 익힌 것도 기분이 좋았다.

앨런은 컴브리아의 켄트 브룩스Kent Brooks 교수가 이끄는 코펜하겐대학의 지질학자들과 이미 접촉하고 있었다. 지난 20년간 그린란드를 찾은 켄트는 친절하게도 자신의 알루미늄 배를 빌려주었다. 그 배는 우리의 장비를 해안으로 옮기는 데 큰 도움이 되었다. 그린란드 지역을 잘 아는 그는 좁은 수로를 지나 보호시설이 잘 된 큰 만까지 우리를 인도했다. 삼면이 언덕으로 둘러싸인 그곳은 남쪽의 입구에 있는 작은 섬들에 의해 보호받고 있었다. 그 지역 특유의 바람이 여전히 위험 요소였지만, 로빈은 만족하는 듯했다. 그는 무거운 피셔맨 앵커[84]를 떨어뜨렸고, 후진 방향으로 엔진을 힘껏 가동시켜 닻이 잘 고정되었는지 확인했다.

우리는 점심식사를 하면서 앨런의 모험담도 들었고, 날씨에 대해 켄트에게 자세한 질문을 하기도 했다. 나는 30년 전에 이누이트족에 대한 보고서를 쓴 적이 있었는데, 그들의 캠프가 그곳에 있다는 이야기를 듣고 큰 흥미를 느꼈다. 그들 중 네 가족이 2주 안에 연안선을 타고 오기로 되어 있었다. 이누이트족은 자신들의 개들을 섬 하나에 남겨두고 돌아올 때까지 기다리도록 했는데, 그들은 동물의 사체를 먹이로 남겨 놓았다. 배의 운항이 지연되면 개들에게 큰 불운이 닥치기 때문에 사전에 대비를 한 것이다. 그들은 여름에는 주로 물개를 사냥하면서 여우와 일각고래, 북극곰 등도 잡았다. 동력선을 쓸 수 있음에도 불구하고 그들은 계속 전통적인 카약을 사용했는데, 사실 그 카약은 영국산 탄소섬유로 만들어진 것이었다. 이누이트족은 그해 여름에 우려스러울 정도로 많은 곰을 잡아 곰이 거의 보이지 않았지만, 그래도 덴마크 당국은 곰의 공격에 대비해 총을 가지고 다니라고 권고했다. 우리는 얼음에서는 플레어flare[85]를 쓰는 것을 더 좋아했다. 따라서 소총은 배에 그냥 남겨놓았다.

켄트가 그 지역을 잘 알고 있고, 앨런이 비행기를 타고 오면서 산의 지형을 보았기 때문에 우리는 '대성당'으로 가는 가장 좋은 접근 방법을 상당히 자세하게 알게 되었다. 캉겔루수아크 피오르를 더 거슬러 올라가거나 왓킨스 피오르를 통과해 들어가는 길은 불가능했다. 왓킨스 피오르의 입구에 가까이 가보니 얼음의 양이 상당했다. 사실, 시데글레체르의 입구에 도달하기까지는 9시간 동안 인내심을 갖고 작업해야 했다. 한 사람은 돛 위의 버팀목에 앉아서 고함을 지르며 방향 지시를 하고, 갈고리 장대를 든 두 사람은 뱃머리에서 마치 마상 창 시합을 하듯 아주 가까이 다가오는 얼음덩어리들을 밀쳐냈다. 저녁 9시 30분 우리는 빙퇴석 3킬로미터 이내까지 접근했고, 그 후 1시간이 지난 뒤에는 계곡 기슭에 있는 평편한 바위 턱에 무사히 도착했다.

로빈이 닻을 내린 다음 엔진을 끄자 우리는 절대 고요 속에 파묻혔는데, 요즘의 영국에서는 거의 경험할 수 없는 상황이었다. 소리가 수 킬로미터까지 퍼져나가는 듯해서 우리는 자신도 모르게 목소리를 낮추었다. 그러나 두 개의 빙산이 서로 갉아대거나 물이 조용히 찰랑거리는 등 점차 시끄러운 소리들이 들려오기 시작했다. 우리는 물에 작은 배를 띄우고 해안가 쪽으로 노를 저어 갔는데, 다시 육지를 밟으니 기분이 좋았다. 우리 앞에는 시데글레체르로 들어가는 넓은 계곡이 있었다. 그곳은 프레데리크스보르그 빙하Frederiksborg Gletscher라는 거대한 도로로 가는 지름길이었는데, 그 도로 끝에 레몬 산군Lemon Mountains이 있었다. 야영이 마땅치 않아 우리는 장비와 보급품을 해안가로 옮기는 힘든 일을 시작했다. 그러나 켄트가 배를 타고 나타나 도와주면서 일이 훨씬 수월해졌다. 선원 셋은 배에 남아 엄청난 양의 카레를 또다시 요리하기 시작했고, 풋내기 선원들은 텐트에서 편하게 지냈다. 나는 원래의 내 일로 돌아온 기분이었다. 프리무스 스토브가 쉬익 소리를 냈고, 뒤에는 산이 우뚝 솟아 있었다. 아침이 되자 로빈은 우리를 남겨 놓고 피오르로 천천히 내려가 닻이 잘 고정되어 있는지 확인했다.

하지만 우리는 곧바로 썰매를 이용해 운송작업을 할 수는 없었다. 빙하가 더 이상 바다까지 뻗어 있지 않은 데다, 오래된 눈이 여기저기 쌓여 있었지만 썰매 사용이 가능할 정도로 광범위하게 펼쳐져 있지는 않았다. 60년 전의 얼음 상태와 비교해보면 빙하의 후퇴 정도는 놀라울 정도였다. 우리 머리 위 60미터 지점에서는 새롭게 빙하 작용이 일어난 흔적이 있었다. 얼음이 없는 상황에서 우리는 썰매를 끌 수 있는 지점까지 짐을 져 날라야 했다.

그 지역에 대한 첫인상은 음산한 아름다움, 삭막한 바위, 회색 구름 아래 곳곳에 눈이 쌓인 대지 등이었다. 하지만 좀 더 자세히 보니 북극 버드나무는 색깔이 있었다. 그 식물은 그린란드의 그 지역에서 나무와 가장 근접한 존재인데, 땅에서 몇 센티미터밖에 올라오지 않은 채 기어가듯 대지에 퍼져 있었다. 이누이트족은 그 식물을 만병통치약으로 여겨 동물 기름을 사용하는 램프에도 넣었다. 바람은 없었지만 피오르의 얼음은 계속 움직였다. 바다의 조류 때문이기도 했지만, 얼음 지대를 통과하는 거대한 여객선들의 파동 때문이기도 했다. 작은 얼음조각들은 마치 예인선처럼 여객선을 따라가면서 배의 측면에 살짝 부딪치기도 했다. 캉겔루수아크 지역의 수심은 덴마크해협보다 세 배는 깊어 거의 900미터에 달했다.

나는 계속 밀고 나갔지만 이제 50대 중반이 되어서 그런지 걸음이 많이 느렸다. 토끼보다 거북이에 가까웠지만, 그래도 결코 멈추지 않는 거북이였다. 이제 우리는 바위가 쌓여 있는 황량한 지대에 도착했다. 그 앞에는 지저분한 회색을 띠고 있는 빙하의 표면이 보였다. 로빈은 빙하의 그런 모습에 실망한 것 같았다. 계곡에 있는 벽들이 점점 더 가깝게 다가왔다. 1,000미터 정도 되는 그 화강암 벽들은 샤모니 위쪽의 침봉들보다 루트가 더 많을 것 같았는데, 이름도 없고 발길도 닿지 않고 탐험도 되지 않은 곳들이었다. 그때 발자국이 보였다. 나와 달리 토끼 역할을 맡은 짐 로우더가 지나간 흔적이었다. 나는 그 발자국들을 따라 빙하 옆의 큰 바위들이 쌓여 있는 곳까지 갔다. 로우더는 그곳에 짐을 내려놓고 기다리고 있었다.

그는 이렇게 말했다. "이 정도면 될 것 같습니다. 여기서부터는 썰매를 써도 될 만큼 얼음이 평평합니다."

우리는 이른 오후에 캠프로 돌아왔다. 차를 끓여 마신 후 로우더는 짐을 한 번 더 나르겠다고 말했다. 나는 침낭으로 기어들어가 읽던 책을 다시 꺼냈다. 내가 저녁식사를 준비하는 동안 로우더가 돌아왔다. 그리고 켄트의 배가 페리와 제임스, 로빈을 태우고 얼음을 가르며 다가왔다. 선원인 페리와 제임스는 차를 마신 뒤 수하일리를 지키기 위해 범선으로 서둘러 돌아갔다. 그리하여 육지에 남을 사람들만 있게 되었다. 자신의 보물인 범선에 대해 끊임없이 초조해한 로빈은 다음 날 더 많은 짐을 옮긴 후 범선에 남은 선원들과 소통할 수 있도록 단파 무전기를 설치했다. 그 다음 날 아침 우리는 캠프를 다 뒤져 각자의 등에 30킬로그램이나 나가는 엄청난 양의 짐을 지고, 마지막 한 번으로 모든 짐의 수송을 마쳤다. 로빈은 썰매까지 묶여 있는 짐의 무게에 휘청거렸고, 그런 모습을 바라보는 나는 조금 안쓰럽다는 생각이 들었다. 배에서의 신체 활동은 오랜 시간 동안 계속되기보다는 짧은 시간 안에 끝나는 경우가 대부분이라서 그렇다.

그날 저녁 텐트를 다 쳤을 때 로우더가 주방장을 맡아야 할 순서라는 사실이 실로 기뻤다. 나는 로빈만큼 녹초가 되었지만 밖으로 나가 우리를 둘러싸고 있는 바위 천국을 만끽하고 싶다는 유혹을 물리칠 수 없었다. 거대한 절벽들 앞에서 눈으로 루트를 그리며 등반 계획을 세우기 시작했다. 나는 작은 배와 스키를 이용해 그곳으로 가는 과정에서 경험이 풍부해졌다는 사실을 깨달았다. 비행기로는 느낄 수 없는 모험의 균형 감각이 느껴진 것이다. 보통 비행기를 이용해 시야가 흐린 눈 위에 내리면, 마치 현대에서 황야로 순간이동을 한 느낌을 받는다. 이번에 우리가 느린 접근법을 사용해서 그런지 나는 기분이 더 좋았다.

태양이 잠깐 지평선 아래로 내려갈 때 낮아지는 기온을 활용하기 위해 다음 날 우리는 몸을 숨긴 채 저녁이 될 때까지 기다렸다. 산악인들은 등을 대고 누워 아무 일도 하지 않는 것에 익숙한데, 그것이 바로 우리가 책을 많이 읽는 이유일 것이다. 뱃사람들은 움직이지 않으면 못 견디는 편이라 로빈은 안절부절못했다. 그날은 8월 6일로 나의 쉰일곱 번째 생일이었는데, 아무도 눈치를 채지 못한 것 같아 약간 뿌루퉁한 나는 텐트 안에 누워 있었다. 그러자 불현듯 집 생각이 났다. 그때 웃음소리와 함께 목청을 가다듬는 소리가 나더니 모두가 생일축하 노래를 불렀다. 텐트 밖으로 머리를 내밀어보니, 앨런이 한 손에는 샴페인 미니어처 병을 다른 손에는 작은 얼음 케이크를 들고 있었다. 내 생일을 그들에게 귀띔한 사람은 바로 웬디였다. 나는 깊은 감동을 받았다. 촛불은 불면 꺼졌다가 다시 타오르는 종류였다. 나는 그것을 격려의 의미로 받아들였다.

우리가 텐트를 나선 것은 밤 10시 30분이었다. 해가 막 지면서 크라에메르Kraemer섬의 둥근 언덕이 핑크빛으로 물들었다. 우리가 얼음 위에 서 있었기 때문에 로우더는 크램폰 착용을 권했고, 나는 '펄크pulk'라는 이름을 가진 내 썰매에 몸을 묶었다. 내 썰매는 100킬로그램 정도를 운반할 수 있었다. 양손에 스키폴을 든 채 나는 펄크를 시험 삼아 끌어보았는데 아주 쉽게 끌려왔다. 이따금 얼음에 세로로 난 홈에 썰매가 걸리기도 했지만, 대체로 나는 많이 전진했다. 그리고 마침내 눈에 도달한 우리는 그곳에서부터 스키로 이동했다. 곧 멋진 리듬을 찾은 나는 주변을 둘러싸고 있는 피라미드 모양의 검은 산들 사이에 놓인 창백한 빙하를 미끄러져 내려갔다.

로빈은 신혼여행 이후 스키를 타본 적이 없어 우리 뒤로 멀찍이 뒤처졌다. 우리는 그를 기다리며 프리무스 스토브를 꺼냈지만, 그가 도착하자 계속 전진하고 싶다는 유혹에 빠졌다. 맨 뒤에서 따라가는 것은 언제나 괴롭다. 하늘이 점점 밝아지면서 해가 떠오르자 빙하는 진노랑으로 물들었다. 우리는 텐트를 치고 나서 이틀째 야간 이동을 시작하기 전에 다시 휴식을 취했다. 그런 다음 시데글레체르의 끝까지 어렵지 않게 올라가, '대성당'으로 가는 우리의 도로인 프레데리크스보르그를 바라보는 위치에 도달했다. 썰매를 끌고 가는 것보다 썰매와 함께 스키를 타고 비탈을 내려가는 것이 훨씬 더 쉬웠는데, 물론 로빈은 그렇지 못했다. 그는 불행히도 두 번이나 자신의 썰매에 부딪쳐 넘어졌다. 이번이 처음은 아니었지만, 나는 그의 투지에 다시 한번 감탄했다. 프레데리크스보르그까지 가는 길도 그다지 수월하지는 않았다.

그날 아침, 우리는 가던 길을 멈추고 빙하를 올려다보며 레몬 산군의 권곡cirque을 감상했다. '레몬'은 지노 왓킨스Gino Watkins의 베이스캠프를 돌보던 사람의 이름이었다. 동쪽 끝의 아주 뾰족한 봉우리 두 개는 유방이라는 의미의 미티바그카트Mitivagkat라는 이름으로 불렸다. 하지만 실제 모양은 마돈나가 착용한 고티에 디자인의 뷔스티에bustier[86]에 더 가까웠다. 로우더와 나는 위협적으로 보이는 '대성당'으로 접근하기에 가장 좋은 길을 찾아내려면 정찰이 필요하다는 데 의견일치를 보았다. 로우더는 그제야 산이 담긴 사진들을 수하일리에 놓고 왔다는 사실을 자백했다. 처음에 우리는 그것이 별 문제가 아니라고 생각했다. 지도를 자세히 보니,

제대로 된 높이의 봉우리가 빙하 끝의 왼쪽에 있는 것 같았다. 그러나 한참이 지난 뒤에야 지도가 틀렸다는 사실을 깨달았다. 결국 우리가 옳은 방향이라고 추측한 쪽으로 눈길을 돌려 보니 루트가 있었다. 넓은 걸리가 콜까지 뻗어 있고, 그 위쪽으로는 바위로 된 남릉이 정상까지 이어져 있었다.

우리에게는 등반을 할 수 있는 시간이 일주일 정도 있었지만, 먼저 피켈을 써본 적이 없는 로빈을 조금 교육시켜야 했다. 우리는 오르기로 한 걸리에서 교육을 시작했지만, 햇빛이 들자마자 낙석이 위협적으로 굴러 떨어지기 시작했다. 그곳은 등반 교육을 하기에는 좋은 장소가 아니었다. 후퇴를 한 우리는 차를 한 잔 마신 뒤 권곡의 반대편에 있는 그늘진 걸리에서 다시 교육했다. 나는 안전벨트를 착용하는 법과 선원들은 잘 알지 못하는 푸르지크 매듭법을 보여주었으며, 피켈을 이용해 어떻게 정지하는지도 가르쳐주었다. 그것은 엄청난 속성교육이었다. 피켈을 사용하면 추락을 멈출 수 있다고 납득시켜주자, 그는 상당히 흥미를 느꼈다. 이제 출발할 준비가 된 것이다.

다음 날 새벽, 스토브를 켰지만 추운 곳으로 나가고 싶은 마음이 들지 않아 나는 침낭 속으로 다시 기어들어갔다. 5분만 더! 그리고 나서 텐트 문을 열고 밖을 내다보았다. 새벽 3시 30분이었는데 분명 하늘은 맑게 개어 있었다. 나는 로빈과 로우더에게 뜨겁지만 달콤한 차를 건넸고, 곧 열량을 보충하기 위해 죽과 꿀, 마가린도 주었다. 내가 설거지를 끝내자 그들은 즉시 출발했다. 나는 비탈 아래에서 그들을 따라잡았고, 우리는 로프를 묶은 뒤 콜까지 이어지는 40도 경사의 넓은 얼음 위를 리드미컬하게 올라갔다. 로우더가 혼자서 올라가는 동안 나는 발판을 파내고 아이스스크루를 박은 뒤 로빈을 끌어올렸다.

오전 8시 30분 우리는 꼭대기에 도착했다. 그 반대편에는 험준한 봉

내가 로빈에게 설상등반 기술을 속성으로 가르치고 있다. (짐 로우더)

우리들이 뒤주박죽 멀리까지 펼쳐져 있었다. 모두 발길이 닿지 않은 봉우리들이었다. 우리 위로 솟은 바위 버트레스가 죽 이어져 있는 것 같아 나는 속도를 내기 위해 피켈을 버리기로 했다. 로우더가 루트 파인딩에 속도를 내기 위해 미리 정찰하는 동안 나는 로빈을 로프에 가깝게 매달고 올라갔다. 로빈은 고도감에 약간 움찔하기도 했지만 꾸준하게 잘 해냈다. 훌륭한 선원들이 그러하듯 로빈은 손으로 매달리는 것을 좋아했는데, 나는 그가 체력이 너무 빨리 떨어질까 봐 걱정이 돼서 발을 더 믿으라고 계속 압력을 가했다. 우리는 어쩔 수 없이 느리게 올라갔지만, 내가 가끔 참을성이 없이 폭발한 반면 그는 놀라울 정도로 냉정하고 끈질긴 모습을 보였다.

　바위의 경사가 심해져, 나는 로빈을 확보시켜 놓은 다음 뒤따라올 수 있도록 로프를 내려주었다. 성층구름 덩어리들이 하늘을 뒤덮고 있었다. 나는 우리가 능선에 올랐을 때 악천후가 닥칠까 봐 걱정이 되었다. 짐은 아직 시간이 많다고 확신하는 것 같았다. 아주 어색한 길이만큼 로프를 풀고 나가자 건너편에 피너클이 하나 나와 우리는 다시 30미터를 내려가야 했다. 로프 하강도 만만치 않은 데다, 정상까지는 여전히 한참이나 남아 있는 것 같았다. 설상가상으로, 로빈은 내가 있는 피너클의 꼭대기까지 올라오느라 몹시 분투했다.

"친구! 진짜 미안한데 말이야, 자네는 정상까지 못 올라갈 것 같아." 하고 내가 말했다. 그는 내 결정을 군말 없이 따랐다. 하지만 로빈이 자신의 요트클럽 깃발을 들고 사진을 찍는 것을 보면서 나는 죄책감에 사로잡혔다. 그는 그린란드까지 나를 안전하게 데려다준다는 자신의 역할을 다하지 않았나? 그래서 나는 그를 실망시켰다는 생각을 지울 수가 없었다. 하강에 걸릴 시간도 걱정이 되었다. 우리가 하강을 시작하고 나서 얼마 지나지 않아, 태양이 구름 사이로 모습을 드러냈고, 주변의 봉우리들로부터 남동쪽에 이르기까지 불길한 금빛이 짙게 물들면서 야생에서 고립된 우리의 상황이 더욱 두드러져 보였다. 햇빛이 사라지자 날씨가 추워졌지만 우리는 서두를 수 없었다. 로프 하강을 할 때마다 로프를 무난히 회수하는 일에 집중해야 했고, 어떤 때는 로빈이 안전하게 내려오는 동안 참을성 있게 기다려야 했다.

새벽 1시가 될 때까지도 얼음 걸리의 꼭대기에 도달하지 못했다. 우리는 로우더나 내가 먼저 내려가 서 있을 수 있는 턱을 파낸 뒤, 로빈이 내려오고 나서 마지막으로 남은 사람이 피켈을 이용해 사면을 마주보고 클라이밍 다운하는 고된 과정을 거쳐야 했다. 아침 6시가 다 되어서야 베이스캠프에 도착했는데, 출발한 지 26시간 만이었다. 로빈은 조그만 양주잔들과 보드카 한 병을 꺼냈고, 우리는 침낭으로 들어가 쓰러지기 전에 꽤 용감했던 시도를 기리는 축배를 들었다.

로우더와 나는 다시 도전할 시간이 충분히 있었지만, 로빈과 앨런과 잔은 수하일리로 돌아갔다. 이번에는 우리가 '로빈의 피너클Robin's Pinnacle'이라고 이름 지은 봉우리를 측면에서 공략하기에 알맞은 장비를 챙겼다. 하지만 걸리로 로프 하강을 하면서 나는 내려올 때 걸리에서 기어 나오는 것이 상당히 어려울지 모른다는 근심이 생겼다. 걸리에서 빠져나와 능선으로 다시 올라가는 길은 아주 훌륭했고, 난이도가 최소한 스코틀랜드 식으로 V급이라 할 수 있는 멋진 루트였기 때문에 나는 매우 기뻤다. 하지만 14시간을 쉬지 않고 등반한 후 정상일 것이라고 생각한 곳에 도달해보니, 뾰족한 바위들이 일렬로 능선을 이루며 멀리까지 뻗어 있었고 불과 몇 십 미터 차이로 진정한 정상은 200미터나 떨어져 있었다. 그곳에 도달하려면 몇 시간이 걸릴 수 있었고, 되돌아오는 것도 문제였다. 더욱 끔찍했던 것은 우리 둘 다 사진을 봐서 기억하는 반듯한 모양의 봉우리가 눈에 들어왔다는 것이다. 우리는 엉뚱한 봉우리에 있었다.

밤 10시, 나는 걸리를 빠져나온 뒤 능선으로 다시 올라서는 어려운 등반에 도전했다. 이른 시간의 어스름 속에서 사투를 벌이다 지친 우리는 내려가는 길에 1시간 동안 쉬었는데, 나는 잠깐 잠이 들었다. 잠에서 깨어나 몸이 덜덜 떨리는 것을 보니 저체온증의 초기증세였다. 우리는 28시간 만에 베이스캠프에 도착했다. 깊은 잠에 빠져들기 전에 내가 할 수 있는 일이라고는 로우더가 끓여준 차를 마시는 것밖에 없었다.

다음 날 새벽, 우리는 수하일리호와 합류하기 위해 철수했다. 처음에는 걸음이 빨랐지만 비가 내리면서 땅이 질척대기 시작했다. 우리는 잠시 멈추어 텐트를 치고 몸을 피해보려 했다. 그러나 폭우가 쏟아져 계속해서 가는 수밖에 없었다. 시데글레체르로 이어지는 넓은 콜에 도착했을 때 우리는 흠뻑 젖어 있었다. 그러나 모레인 지대를 달려 빙하 주변으로 돌아가다 보니 피오르 옆의 큰 바위 위에 붉은색 점 하나가 보였다. 그것은 맥주 캔, 갓 구운 빵, 치즈, 신선한 사과와 오렌지가 가득 담긴 더플 백이었다. 몇 시간 뒤 우리는 장비를 해안으로 옮겼는데 수하일리가 항만으로 들어오고 있었다. 로빈이 시간에 맞추어 온 것이다. 우리는 범선에 올랐고, 로빈은 집으로 가는 긴 항해를 다시 책임졌다.

나는 모험을 하기 위해 그린란드를 세 번이나 더 갔다. 개인적으로 보면 짐 로우더와 내가 그레이엄 리틀Graham Little, 롭 퍼거슨Rob Ferguson과 함께 간 1993년이 가장 성공적이라 할 수 있다. 그때 우리는 트윈 오터Twin Otter를 타고 프레데리크스보르그의 지류인 키셀Chisel 빙하에 착륙했는데, '대성당' 바로 남쪽이었다. 4주 동안 우리는 환상적으로 펼쳐진 가파르면서 험준한 봉우리들을 탐험했고, 다섯 개의 초등을 기록했다. 하이라이트는 그레이엄과 내가 '바늘Needle'이라고 이름 붙인 장엄한 봉우리를 등반한 것이었다. 내가 30여 년 전에 오른 프티 드류의 유명한 남서 필라가 연상되는 그곳은 가파른 화강암이 700미터나 계속되었고, 크럭스 구간에는 오버행이 연속으로 이어지는 홈통이 있었다. 그곳은 내가 그전 몇 년 동안 오른 바위 중 가장 어렵고 신나면서도 아름답기까지 한 구간이었다.

하지만 참신한 기분과 강한 동료애 때문이었는지 첫 모험은 아주 특별했다. 비록 봉우리를 잘못 오르면서 실패를 겪기도 했지만, 그 모험은 내 경험 중에서 손꼽을 만큼 훌륭하고 즐거웠다. 우리는 두 달 동안을 함께 지냈는데, 그중 몇 주는 수하일리의 밀폐된 공간에서 보냈다. 물론 우리는 몇 가지 실수도 저질렀다. 그러나 모험을 하는 동안 서로의 마음을 상하는 말은 전혀 없었다. 우리는 그 모험을 통해 평생의 우정을 쌓았다.

제 1 8 장

소중한 인연

스토브 두 개가 코펠에 가득 담긴 눈을 녹이는 조그만 노란 텐트 안은 따뜻했다. 우리가 자리 잡은 콜의 양쪽은 판치출리5봉Panchchuli V(6,437m)의 깎아지른 절벽. 어둠에 묻힌 거대한 심연의 건너편 먼 동쪽에서 태양이 떠오르는 희미한 빛이 보이기 시작했다. 새벽이었지만 나는 정신을 차리고 옷을 입었다. 두려움이 안도감으로 바뀌자 나는 흥분에 사로잡혔다. 정상 공격조가 떠난 지도 벌써 24시간. 아마 그들은 — 고소에서는 격렬한 호흡으로 인해 수분이 너무 쉽게 빠져나가므로 — 심한 갈증을 느끼고 있을 것이다.

나는 코펠에 눈을 조금 더 집어넣었다. 그때 대원들이 서로 부르는 소리가 다시 들려왔다. 그들은 바로 위쪽에 있는 바위에서 로프 하강으로 안전하게 돌아오고 있을 터였다. 정오쯤 그들이 정상에 도착했을 것이라고 확신한 나는 어스름이 질 무렵부터 그들을 기다렸다. 그러나 오후만 되면 어김없이 찾아오는 구름이 다시 생겨나고 시간이 계속 흘러가는데도 그들은 내려올 기미를 보이지 않았다. 걱정이 점점 더 커졌다. 왜 이렇게 늦어지지? 사방에서 천둥소리가 들리고 어둠 속에서 번개가 번쩍 내리칠 때마다 나의 확신은 조금씩 사그라졌다. 눈보라가 거세게 몰아치는 한밤중에 텐트를 혼자 지키며, 나는 그들이 돌아오면 무엇을 해야 할지 고민했다.

　텐트에서 깜빡 잠이 들었는데, 죽은 친구들의 모습과 고통과 상실, 전보와 전화를 도맡아 해주는 웬디에 대한 기억이 한꺼번에 뒤죽박죽 떠올랐다. 상상하기조차 싫은 미래를 예행연습이라도 하는 듯 먼 곳에서 번개가 다시 한번 내리쳤다. 그러나 순간 대낮처럼 밝아졌던 이전 번개들과는 달리 텐트 안은 거의 변동이 없었다. 내려올 길을 찾지 못해 비박하는 것은 아니겠지? 혹시 다친 사람이라도 있어 속도가 느려지는 것은 아닐까? 그들 넷 모두에게 문제가 생긴 것은 아닐 텐데….

　새벽 1시. 사람의 목소리가 들렸다. 다시 희망에 부푼 나는 텐트 밖으로 기어나가 내 앞에 있는 시커먼 필라를 바라보았다. 그러나 더 이상은 소리가 들리지 않았다. 바람이었을까? 그때 필라 꼭대기 부근에서 헤드램프의 희미한 빛이 어둠을 뚫고 나왔다. 그 빛은 약간 움직였고, 또 다른 빛이 그 위에서 나타나더니 빠르게 첫 번째 빛과 합쳐졌다. 누군가가 하강하는 것이 분명했다. 폭풍이 지나가자 바람도 잦아들었다. 그래서였을까? 그들의 목소리가 다시 들려왔다. 딕 렌쇼의 깊으면서도 다소 머뭇대는 어조, 스티브 서스태드Steve Sustad의 경쾌하고 명료한 미국 억양, 그리고 또 다른 사람의 매우 영국적이고 교양 있는 목소리. 마지막은 스티븐 베너블스Stephen Venables나 빅터 선더스Victor Saunders 중 하나의 목소리일 가능성이 높았는데, 그 둘은 전화를 받으면 잘 구분이 되지 않을 정도로 목소리가 워낙 비슷했다. 하지만 모두가 무사하다는 것은 확실했다. 나는 스토브를 켰다.

　넷이라는 숫자를 감안하더라도 그들의 하강은 시간이 많이 걸렸다. 필라는 등반이 어려웠고, 그 위쪽 능선은 경사가 낮은 데 비해 눈이 있어 까다로웠다. 오후 2시 그들은 판치출리5봉의 전위봉에 도달했지만 손을 뻗으면 닿을 것만 같은 곳에 있는 정상에 매혹된 그들은 1시간을 더 썼다. 당연한 이야기지만, 등반에 1시간을 쓰면 하산도 그만큼의 시간이 추가된다. 그들이 필라 꼭대기에 도착하자 이미 어두컴컴했다. 따라서 로프 하강이 순조롭게 되지 않은 데다 로프를 회수할 때마다 엉켰다. 그럴 때는 여지없이 누군가가 다시 올라가 엉킨 것을 풀어야 했다. 그러다 보니 시간이 많이 걸린 것은 당연했다.

빛들이 점차 가까워지면서 목소리들도 더 크고 똑똑하게 들렸다. 그때 빛 하나가 미끄러지듯 다른 셋과 합류하는가 싶더니 갑자기 빠른 속도로 커다란 곡선을 그리며 다른 빛들을 지나쳤다. 그러더니 쇠가 바위를 긁는 불꽃에 이어 둔탁한 쿵 소리가 들렸다. 그것은 분명 사람이 바닥에 떨어질 때 나는 불길한 소리였다.

그리고 빛이 꺼졌다.

우리는 하리시 카파디아Harish Kapadia[87]의 아이디어로 판치출리산맥에서 등반을 하게 되었다. 사근사근하고 에너지가 넘치는 그는 뭄바이의 의류 사업가였는데, 오랫동안 『히말라얀 저널Himalayan Journal』[88]의 편집을 맡기도 했다. 히말라야 원정등반에 대한 열정이 대단한 그는 누가 어디서 무엇을 했는지 백과사전 같은 기억력을 갖고 있었다. 그뿐만 아니라 폭넓은 인맥을 통해 영국-인도 합동원정대를 세 번이나 이끌면서 영국인들은 꿈도 꾸지 못할 곳들을 탐험하기도 했다. 그는 인도의 육군 원정대에 비해 계획을 느슨하게 짜는 편이라, 마치 여름철에 알프스에서 만나 등반하는 것처럼 사람들은 각자의 취향에 따라 등반할 수 있었다.

나는 수년 동안 그와 여러 번 만났는데, 인도 히말라야의 오지에 대한 그의 엄청난 지식에 놀라곤 했다. 우리는 함께 모험을 하기로 했고, 1992년 여름에 등반을 하자는 그의 제안을 내가 받아들였다. 그는 판치출리산맥으로 가보자고 제안했는데, 네팔의 북서쪽 국경에서 그리 멀지 않은 그곳은 역사적으로 유래가 깊은 쿠마온Kumaon 지역의 문시아리Munsiari라는 작은 산간 휴양마을 위로 높이 솟아 있었다. 그곳은 울창한 숲의 협곡들과 아름다운 고원지대 초원이 있고 다양한 꽃들이 만발하여 초기의 선구자들이 쓴 책에도 소개된 곳이었다.

우리 세대에게 위대한 영감을 준 W. H. 머레이는 1940년 쿠마온 지역을 방문했고, 판치출리산맥을 '세계에서 가장 아름다운 봉우리들이 모인 곳'이라고 묘사했다. 이듬해 『하얀 거미The White Spider』와 『티베트에서의 7년Seven Years in Tibet』의 저자인 하인리히 하러Heinrich Harrer는 그 산맥에서 가장 높은 봉우리로 거의 7,000미터에 달하는 판치출리2봉에 처음으로 과감한 도전장을 내밀기도 했다. 비록 그는 정상에 도달하지는 못했지만 고리강가Goriganga 계곡으로 들어가는 서쪽 접근로를 상당히 개척했다. 우리는 그 길을 따르기로 했다. 하러 이래 우리가 판치출리에 도전하는 첫 외국인들이었다. 물론 그 사이에 판치출리산맥의 여러 봉우리들은 인도 육군 원정대에 의해 등정되었다.

'판치panch'는 숫자 '5'를 의미하고 '출리chuli'는 '난로'를 의미한다. 난로는 산스크리트어 서사시 「마하바라타Mahabharata」에 영웅으로 나오는 판다바Pandava 형제들이 갖고 있었다. 힌두신화를 보면, 그 산들은 판다바 형제들이 마지막 밤을 보낸 곳이다. 아마 비박이라 해도 무방할 것이다. 세상과 자신들의 왕국을 등진 그들은 그곳에서 마지막 밤을 보낸 후, 국경 가까이의 티베트에 있는 카일라스Kailas(6,638m)를 마지막으로 올랐다. 따라서 판치출리는 내일모레면 예순인 나에게는 적절한 목표인 것 같았다.

하리시와 나는 각자 여섯 명의 클라이머를 부르기로 했다. 그의 팀은 1973년 인도-티베트 국경 경찰이 초등한 판치출리2봉의 남서릉을 다시 한번 오르는 데 집중하기로 했다. 그의 계획은 포터와 고정로프를 사용하는 것이었다. 우리는 주변에 있는 미등의 봉우리나 루트 중 하나를 골라 우리가 원하는 방식으로 도전할 수 있었다. 따라서 영국 산악계의 젊고 실력 있는 스타 클라이머들을 포함시키기에 좋은 기회인 것 같았다. 우리가 에베레스트에서 돌아온 후 피터와 조의 가족들 그리고 그의 친구들은 그 둘을 기리기 위해 훌륭한 산악문학에 수여하는 보드먼-태스커 상을 만들었는데, 스티븐 베너블스가 자신의 첫 작품[89]으로 수상자가 되면서 나는 그를 알게 되었다. 그 후 내가 영국등산위원회(BMC)의 위원장을 맡았을 때 나는 그를 부위원장으로 위촉했다. 그 당시 그는 에베레스트의 동쪽에 있는 캉슘 벽을 신루트·무산소로 올라 정상을 밟는 데 성공했다. 그것은 생존의 한계까지 자신을 밀어붙인 엄청난 의지와 노력의 산물이었다. 그는 또한 막 아버지가 되어, 산악인이라면 누구나 경험하는 가정과 등반 사이에서의 갈등을 겪고 있었다.

스티븐은 판치출리 원정대에 초청한 딕 렌쇼와 등반을 많이 했다. 딕은 에베레스트에서 뇌졸중에 걸린 뒤 주로 무리가 되지 않는 고소에서 등반했다. 피터와 조를 잃은 충격적인 경험 이후 10년간 딕은 조각에 대한 열정을 불살라, 그때 첫 작품들을 팔기도 했고 소재를 나무뿐 아니라 돌과 청동까지 넓히기도 했다. 딕은 스티븐과 함께 스리나가르Srinagar 동쪽의 산악지대에 있는 험준한 봉우리 키시트와르 쉬블링Kishtwar Shivling (6,040m)을 초등했고, 그 6개월 전에는 네팔의 쿰부 지역에 있는 쿠숨 캉구루Kusum Kanguru(6,369m)에서 신루트를 내기도 했다.[90]

우리 원정대에 참가한 또 다른 사람으로는 빅터 선더스가 있었다. 등산가이드가 되기 위해 교육받던 그는 건축가였다. 그는 스판틱Spantik의 골든 필라Golden Pillar를 초등했는데, 그 등반은 1980년대에 세계 산악계가 성취한 위대한 업적이었다. 그는 예나 지금이나 교양과 재치가 넘치고 친절하지만 수수께끼 같으면서도 비현실적인 면이 있는데, 어떤 때는 정도가 심해 화를 부르기도 한다. 그는 자신이 소유한 땅에서 사는 스티븐뿐 아니라, 원정대의 네 번째 대원인 스티브 서스태드와도 잘 아는 사이였다. 웨일스 중부에 살면서 목수로 생계를 꾸려가던 그는 사실 시애틀 태생이었다.

스티브는 1980년대 초에 더그 스콧의 원정대에 여러 번 참가했다. 그는 마칼루에서 더그와 함께 거대한 남동릉을 통해 등정에 성공할 뻔하기도 했다. 정상까지 100미터도 남지 않은 곳에서 그들은 체코의 클라이머 카렐 슈베르트Karel Schubert의 얼어붙은 시신과 마주쳤다. 그의 시신은 8년 전에 잠깐 쉬기 위해 멈추었던 눈 위에 꼿꼿이 앉은 모습 그대로였다. 스티브의 파트너였던 프랑스의 알피니스트 장 아파나시에프Jean Afanassieff는 시신을 보고 겁을 먹었는지 하산하겠다고 선언했다. 사실은 정상에 올라 반대편으로 내려가는 것이 더 빠른 길이었다. 따라서 나머지 둘도 그를 따라 하산하는 수밖에 없었다. 스티브는 감정을 배제한 위트와 냉정한 기질로 유명했는데, 산악인으로서는 완벽한 성격이었다. 그는 또한 왜소한 체구에도 불구하고 체력이 뛰어났다.

그레이엄 리틀Graham Little도 있었다. 그는 키가 매우 크고 힘이 세며 체력이 좋았다. 나는 BMC 위원장 시절에 스코틀랜드등산위원회Mountaineering Council of Scotland 위원장이던 그를 알게 되었다. 우리는 수년 동안 스코틀랜드에서 암벽과 빙벽등반을 많이 했다. 그는 스코틀랜드에서 말 그대로 수백 개의 초등 루트를 개척했는데, 특히 남부 하일랜드와 헤브리디스제도에서의 활약이 돋보였다. 내가 그와 함께 원정등반을 하는 것은 이번이 처음이었다.

하리시와 그의 일행이 뭄바이에서 우리를 맞이했다. 그는 우리를 재빨리 집으로 데려가 아침식사를 대접했다. 영국과 인도 산악인들의 교류는 흥미진진하고 진정성이 넘쳤다. 하리시와 그의 부인 기타Geeta는 우리를 따뜻하게 맞이해주었다. 독실한 구자라트Gujarat 힌두교도인 그들은 히말라야에서의 등반을 단순한 스포츠가 아닌 영적인 행위로 여겼다. 그의 일행은 종교적으로나 민족적으로나 다양성이 넘쳤다. 모네시 데브자니Monesh Devjani의 가족은 파키스탄이 분리 독립할 때 신드Sindh주에서 탈출했다. 목재 상인인 부페시 아샤르Bhupesh Ashar는 힌두교를 믿는 바티아Bhatia족이었다. 그리고 비제이 코타리Vijay Kothari는 자이나교도였다. 무슬림 컨트랙터Muslim Contractor는 무슬림이었다. 아니, 적어도 나는 그렇게 생각했다. 내가 무슬림 컨트랙터의 이름을 언급하자, 빅터는 특유의 유머러스한 방식으로 응수했다.

"무슬림이 종교를 나타내는 게 아니고 그냥 이름이지?"

"당연합니다. 선배님 이름이 크리스천이라고 해서 기독교인은 아니잖습니까?" 나는 두 손을 들고 말했다.

하리시는 가족과 산 말고도 기차라는 열정의 대상이 하나 더 있었다. 그는 원정을 떠날 때 종종 뭄바이에서부터 에어컨이 잘 나오는 기차를 탔는데, 이번에는 델리로 향하는 라즈다니Rajdhani 급행을 선택했다. 그는 이렇게 문명화된 방식으로 원정을 시작했지만 도중에 라니케트Ranikhet로 가는 야간버스를 타게 되면서 그 매력이 감소했다. 1950년대만 해도 원정을 떠날 때는 노새를 빌려 라니케트 위쪽 멀지 않은 곳에 있는 판치출리산맥까지 걸어갔다. 그러나 이제 그런 낭만이 없었다. 숲이 사라지고 포장된 도로가 문시아리까지 나 있는가 하면, 노새를 이용한 카라반 대신 트럭의 경적소리가 차가운 아침 공기를 갈랐다. 문시아리를 떠나던 날 새벽 우리 앞에 판치출리산맥의 환상적인 풍광이 펼쳐졌다. 삼각형 봉우리들이 모여 하늘을 배경으로 날카로운 실루엣을 그려내는 가운데 가장 높은 판치출리2봉이 왼쪽 끝자락에 자리 잡고 있었고, 그 산맥과 우리 사이에 고리강가강이 있었다.

하리시와 등반할 때 또 다른 이점은 그가 가진 막강한 연락망이었다. 아마 그보다 인도 히말라야에 대해 폭넓은 경험을 가진 사람은 없을 것이다. 그의 사다는 파상 보드Pasang Bodh였는데, 나는 하리시와 모험을 할 때마다 그를 만나곤 했다. 그는 붉은 스팽글 장식이 달린 핑크색 필박스pill-box 모자로 멋을 부렸다. 그것은 히마찰프라데시Himalchal Pradesh에 있는 그의 고향 마날리Manali에서 유행하는 패션이었다. 그는 마치 티베트인처럼 보였다. 그러나 그가 인도로 이주한 보티아Bhotia족 무리 중 하나의 출신이었기 때문에 놀라운 일은 아니었다. 하리시의 충성스러운 신하 두 명, 즉 두 하르싱Harsinh — 하르싱 망갈싱Harsinh Mangalsinh과 하르싱 발락싱Harsinh Balaksinh — 도 그를 따라왔다. 사류Saryu 계곡의 하르코트Harkot 출신인 그들 중 하르싱 주니어로 알려진 발락싱은 엄청나게 센 휘파람을 불 수 있는 양치기로, 힘도 어마어마하게 셌다.

이미 30년간 히말라야에서 경험을 쌓은 나는 등반이 원래의 계획대로 되지 않는다는 사실을 알고 있었다. 하리시의 계획은 우타리 발라티Uttari Balati 빙하 약간 위쪽에 있는 초원지대에 베이스캠프를 설치하는 것이었다. 그러나 100여 명의 쿠마온 포터들의 생각은 달랐다. 그들은 빙하 입구에 짐을 내려놓았는데, 그곳의 고도는 상당히 낮은 3,200미터에 불과했다. 그곳에서 판치출리2봉 정상까지는 수직으로 3,500미터 이상이었는데, 에베레스트 베이스캠프에서 정상까지의 높이와 비슷했다. 그렇지만 협상이 잘 돼, 포터들이 보급품의 대부분을 빙하의 임시캠프까지 옮겼다. 그 후 스티븐과 딕이 아이스폴 지역을 우회해 빙하 위쪽에서 전진베이스캠프를 세울 터를 물색했다. 지저분한 얼음 협곡을 지난 곳에 있는 전진 베이스캠프 터는 눈부신 봉우리들에 둘러싸인 넓고 하얀 분지였다.

우리는 모두 그들이 정한 곳까지 짐을 져 날랐지만, 그 과정에서 나는 힘을 많이 쓰고 말았다. 쉰여덟이라 그런지 원정대의 일이 나에게는 더 힘들게만 느껴졌다. 다음 날 아침, 빅터는 그레이엄과 내가 전진 베이스 캠프로 먼저 올라가 고소적응을 하는 편이 좋을 것 같다고 제안했다. 보급품은 나머지 젊은 사람들이 운반하겠다는 것이었다.

나는 그들에게 이렇게 말했다. "정말 친절하네. 고마워. 우린 훌륭한 팀이야."

이틀 후, 그레이엄과 내가 전진 베이스캠프에서 가장 가까운 곳에 있는 매력적인 봉우리를 초등했을 때 나는 양심의 가책을 조금 느꼈다. 하지만 달리 생각해 보면, 기회는 잡을 수 있을 때 잡아야 하는 것이 아닐까? 하리시의 제안에 따라 우리는 그 봉우리를 판다바의 다섯 형제 중 하나의 이름을 따 '사하데브Sahadev'라고 불렀다. 하지만 그곳에는 동쪽과 서쪽에 각각 봉우리가 있었는데, 우리가 오른 봉우리가 아주 조금 낮았다.

알파인 스타일에 빠진 젊은 초보자 넷은 등반을 그만두고 싶어 한 반면, 하리시와 그의 일행은 판치출리2봉 쪽으로 참을성 있게 계속 나아갔다. 산을 스케치하던 딕이 군침 도는 도전을 생각해냈는데, 메나카Menaka (6,000m)를 긴 동릉으로 오른 다음, 빙하 안쪽에 자리 잡고 있으며 훨씬 더 높은 라즈람바Rajrambha로 연결되는 능선을 종주해 반대편의 서릉으로 내려온다는 것이었다. 그들은 닷새나 걸릴 힘들고 도전적인 그 등반을 위해 6월 1일 베이스캠프를 출발했다. 등반 사흘째, 그들은 심한 뇌우에도 불구하고 라즈람바의 정상부에 도달했다. 그때 빅터의 배낭에 집어넣은 텐트 폴이 밖으로 삐져나와 피뢰침이 되었다. 그는 다른 사람들을 뒤따라 붙으면서, 번개가 머리 위에서 번쩍일 때마다 고통스러운 비명을 질렀다. "마치 소몰이 막대처럼 끔찍했습니다."라고 그는 말했다. 날씨도 나쁘고 지형도 험했지만, 무척 강력한 팀이었던 그들은 등반을 무사히 마치고 6월 5일 전진 베이스캠프로 돌아왔다.

그때 그레이엄과 나는 판치출리2봉에서 서벽을 통한 초등을 노리고

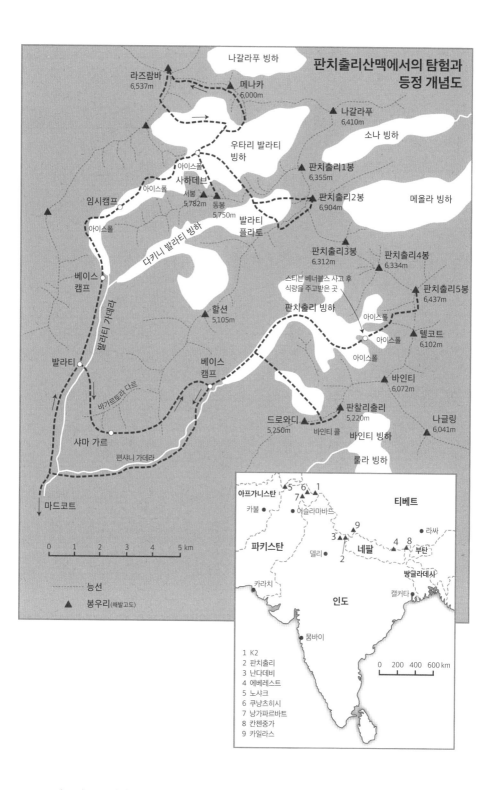

판치출리산맥에서의 탐험과
등정 개념도

나갈라푸 빙하

라즈람바
6,537m

메나카
6,000m

나갈라푸
6,410m

소나 빙하

우타리 발라티
빙하

판치출리1봉
6,355m

아이스폴
사하데브

메올라 빙하

판치출리2봉
6,904m

아이스폴

임시캠프

서봉
5,782m

동봉
5,750m

발라티
플라토

아이스폴

디키니 발라티 빙하

판치출리3봉
6,312m

판치출리4봉
6,334m

베이스
캠프

스티븐 베너블스 사고 후
식량을 주고받은 곳

판치출리5봉
6,437m

발라티 가레라

할선
5,105m

판치출리 빙하

아이스폴

아이스폴

텔코트
6,102m

발라티

베이스
캠프

바인티
6,072m

바가르트라 다르

샤마 가르

드로와디
5,250m

판찰리출리
5,220m

바인티 콜

나글링
6,041m

편샤니 가데라

바인티 빙하

룰라 빙하

마드코트

0   1   2   3   4   5 km

능선

봉우리(해발고도)

아프가니스탄

카불

이슬라마바드

티베트

라싸

파키스탄

델리

네팔

부탄

방글라데시

카라치

인도

캘커타

뭄바이

1 K2
2 판치출리
3 난다데비
4 에베레스트
5 노샤크
6 쿠냥츠히시
7 낭가파르바트
8 칸첸중가
9 카일라스

0   200 400 600 km

있었다. 우리는 목적을 달성하기 위해 인도 팀 루트의 앞부분을 이용했지만, 그 후 왼쪽으로 빠져 나가 복잡하게 얽힌 크레바스들을 통과한 뒤 6,120미터의 능선 기슭까지 도달했다. 다음 날, 우리는 텐트를 철수하고 짐을 챙겨 새벽 3시 30분에 까다롭고 가파른 베르크슈룬트를 넘었다. 그 위쪽은 얼음의 연속으로, 간간이 눈이 덮인 곳은 전진이 쉽기도 했지만 전반적으로는 무척 힘들었다. 그곳은 발판이 부서지기 쉬워 신경이 곤두서는 곳이었다. 우리는 능선을 가로막고 있는 빙벽을 넘어서기 위해 서벽 위로 올라섰지만, 12시간 동안 끊임없이 노력을 한 끝에야 또 다른 빙벽이 바람을 막아주는 곳에 텐트를 칠 수 있었다. 그날 밤 그레이엄은 눈도 잘 보이지 않고 머리도 아프다며 고통을 호소했다. 나는 그가 혹시 뇌부종에 걸린 것은 아닌지 걱정스러웠다. 하지만 그는 어렸을 때 머리를 심하게 다친 후로 그런 증상이 자주 나타난다고 설명해주었다. 그렇다면 그의 노력은 영웅적이었다고 할 수 있다.

많은 에너지를 소모한 우리는 그다음 날은 등반을 오래 하지 않았다. 빙벽과 크레바스를 이리저리 피해 루트를 뚫은 다음, 이른 오후에 서벽과 정상을 가르는 6,730미터의 베르크슈룬트에 캠프를 설치했다. 이제 정상까지 남은 거리가 200미터도 안 되어 앞으로는 정상을 빤히 바라보며 등반할 수 있을 터였다. 그날 밤 폭설이 내렸지만 새벽에는 날씨가 맑아졌다. 우리는 매서운 바람을 맞으며 6시에 캠프를 나섰다. 우리는 둘 다 배낭이 없어 평소보다 훨씬 빠르게 움직여 아침 7시에 정상에 올라섰다. 그곳에서 우리는 신성한 봉우리 카일라스의 반대편에 있는 성스러운 마나사로바Manasarovar 호수 위로 솟은 티베트의 구를라 만다타Gurla Mandhata 의 절경에 감탄했다. 동쪽으로는 네팔의 서쪽 오지에 있는 또 다른 7천 미터급 고봉 아피Api가 눈에 들어왔는데, 1953년 W. H. 머레이는 그곳에 도전했었다. 매우 유쾌한 아침이었다.

그레이엄 리틀과 나는 판치출리2봉 서벽을 알파인 등반으로 초등했다. (그레이엄 리틀)

마지막 캠프로 돌아온 우리는 텐트를 걷고 남서릉을 통해 인도 팀 캠프로 내려갔는데, 무슬림 컨트랙터의 정상 공격조인 모네시 데브자니와 파상 보드가 우리를 따뜻하게 맞아주었다. 이제 그들은 캠프를 하나만 더 설치하면 정상에 오를 수 있었다. 또한 정상까지는 고정로프도 거의 필요가 없어 그전의 대규모 육군 원정대와는 큰 대조를 이루었다. 우리는 내려가다가, 자이나교도이자 의류 상인인 비제이 코타리가 200미터를 미끄러져 발목이 부러졌다는 사실을 알게 되었다. 쿠마온 출신의 고소포터 선더싱Sundersinh이 가까스로 그의 옷깃을 잡아챈 덕분에, 천만다행으로 그는 더 큰 추락을 모면할 수 있었다. 힘이 센 하르싱 주니어와 수라트람Suratram이 비제이를 캠프로 데리고 내려왔고, 인도 공군의 항공단장이기도 한 연락장교 아닐 스리바스타바Anil Srivastava가 헬기를 불러 그를 후송시켰다.

다른 사람들과 합류한 나는 정상에서 바라본 주변 봉우리들의 절경에 대해 이야기하면서 바로 동쪽에 있는 편샤니Pyunshani 계곡이 흥미로워 보인다고 말했다. 하리시는 "판치출리2봉을 포기해도 괜찮다면 가벼운 차림으로 편샤니를 탐험할 수 있는 시간은 충분합니다."라고 우리에게 말했다. 서스테드와 베너블스 모두 그 제안에 만족했다. 그들은 이미 라즈람바 종주등반을 재미있게 마쳤기 때문에 판치출리2봉을 다시 오르는 것은 김이 빠지는 일이었을 것이다.

그날 밤 나는 이른 시간에 잠자리에 들었다. 다음 날 아침에도 침낭에서 꾸물거렸다. 무거운 배낭을 메고 고소에서 힘겹게 등반한 터라, 회복에는 어쩔 수 없이 시간이 더 오래 걸렸다. 텐트 밖에서는 이미 짐을 꾸리기 시작했다. 우리는 2주 후에 문시아리를 떠나기로 되어 있었다. 편샤니 계곡으로 가서 그 끝에 있는 봉우리를 탐험하고 돌아오려면 아무리 못 잡아도 열흘은 걸릴 터였다. 우리의 장비 대부분과 주요 의료용품은 파상이 가지고 돌아가기로 했다. 비제이는 치료를 위해 뭄바이로 후송되었고, 그레이엄과 부폐시는 자신들의 일 때문에 돌아가야 했다. 그리하여 편샤니 계곡을 탐험할 수 있는 사람은 우리 중 여덟 명과 쿠마온 포터들뿐이었다. 하리시와 모네시, 무슬림은 최소한의 장비로 낮은 봉우리 몇 개를 등정하기로 했다. 그리고 스티븐과 스티브는 조금 더 도전적인 봉우리를 오르기 위해 장비를 여유 있게 준비했다.

우리는 단싱Dhansinh이라는 미심쩍은 현지 가이드로 인해 정글에서 헤매고 말았다. 오래된 전장前裝식 소총으로 무장한 그는 자신의 방향감각을 지나치게 믿는 경향이 있었다. 그러나 사흘 후, 우리는 정글에서 벗어나 판치출리 빙하 입구의 초원에 도달했다. 날씨 역시 우리의 변화에 발맞추어 오랫동안 맑은 상태를 유지했고, 덕분에 우리는 눈앞에 펼쳐진 장엄한 하얀 봉우리들을 제대로 볼 수 있었다. 빅터와 스티븐은 계곡을 재빨리 올라가 강 옆의 자작나무 숲 근처에서 캠프사이트를 찾아냈다. 12시간이나 걸은 포터들은 곧 방수포를 설치하고 맹렬한 불꽃 위에 주전자를 올려놓았다. 그들이 피운 불로 달달한 나무 연기 냄새가 공기 중으로 퍼졌다. 스티븐의 말처럼 그곳은 떠나고 싶은 마음이 전혀 들지 않는 아름다운 곳이었다.

하지만 불행하게도 우리에게는 선택의 여지가 없었다. 다음 날이 6월 16일이었는데, 우리는 이틀이 걸리는 문시아리까지 늦어도 6월 23일에는 도착해야 했다. 따라서 우리에게는 6,500미터쯤의 알려지지 않은 히말라야 봉우리 하나를 정찰하고 오르는 데 닷새밖에 시간이 없었다. 나는 판치출리2봉에서 힘들게 등반하고 난 터라 마음이 흔들렸다. 라즈람바를 함께 등반한 다른 사람들은 이미 서로 상당히 가까워져 있었다. 그들 중 최고 연장자인 빅터보다도 열여섯 살이나 나이가 많은 내가 불쑥 끼어든 것이 팀의 단결을 해치는 것 같다는 생각이 들었다. 내가 조금 더 신중했더라면, 나는 하리시를 비롯한 인도 사람들과 팀을 이루어 낮은 봉우리를 오르는 길을 선택했을 것이다. 그러나 나는 장엄하면서도 잘 알려지지 않은 정상을 생각하며 군침을 삼켰고, 결국 그 유혹을 이기지 못했다. 우리는 하리시와 상의했다. 그러자 그는 만약 자신들이 우리보다 먼저 계곡을 떠나게 되면, 우리를 도와줄 포터 둘과 자신들에게 필요하지 않은 식량을 남겨놓겠다고 했다. 식량이 부족한 우리는 계곡에서 빠져나올 때쯤 허기에 시달릴 것 같았다. 그는 새벽에 우리를 배웅하면서, 우리의 많은 짐을 나르도록 쿠마온 포터 둘을 붙여주었다.

그날 저녁 우리는 빙하의 끝을 탐험했다. 그곳은 보석 같은 미등의 봉우리들에 둘러싸여 있어 우연히 용의 은신처에 발을 들여놓은 것 같은 기분이 들었다. 우리는 우리의 행운을 믿을 수 없었다. 당연한 일이지만 젊은이들은 그중 가장 큰 보석인 판치출리5봉에 시선을 빼앗겼는데, 가장 남쪽에 있는 그 봉우리는 무척 흥미로워 보였다. 그곳은 남릉에서부터 정상까지 환상적인 필라가 솟아 있었다. 그러나 그곳을 올라가는 것이 문제였다. 나는 조금 더 쉬운 판치출리4봉을 조심스레 언급했지만, 다른 사람들은 판치출리5봉에 대한 미련을 버리지 못했다. 그들은 능선으로 이어지는 걸리의 접근로를 막고 있는, 미로 같은 아이스폴 지역을 통과하는 높은 곳의 길을 재빨리 찾아냈다. 희미하기는 했지만 그곳에는 분명 길이 있었고, 그 길은 매력적이기까지 했다. 이제 어느덧 수요일이어서 우리는 이론상 늦어도 금요일까지는 정상에 올라야 했다. 하지만 일정을 조금 빡빡하게 잡는다면 토요일이라도 아주 큰 문제는 없을 것 같았다. 나는 조언을 포기하고 그들의 계획에 동의했다.

다음 날 아침, 폭풍으로 인해 출발이 늦어졌다. 그러나 계획은 순조롭게 진행되었다. 스티븐은 첫 아이스폴 지역에서 우리를 이끌었고, 그다음은 빅터가 방수복을 단단히 입고 물이 흐르는 얼음 피치를 선등했다. 그리하여 우리는 바위로 된 능선에 이르는 쿨르와르 안으로 들어갔다. 베너 블스와 서스태드는 그 능선마루에 먼저 오른 후, 점심을 먹고 두 번째 아이스폴 지역의 상단부를 살펴보았다. 그러더니 두 마리의 토끼 같은 그 클라이머들은 곧장 앞으로 튀어나가 이리저리 미로를 통과했고, 다른 두 젊은 클라이머들은 거북이 같은 내가 최대한 빠르게 움직일 수 있도록 도와주었다. 이미 판치출리2봉을 오른 나는 내 안의 연료가 바닥났다는 느낌이 들었다. 그날 저녁 캠프에 도착하자 확실히 다른 사람들은 내가 계속 올라갈 수 있을지 걱정했다.

아침이 되자 나는 오직 내려가고 싶다는 생각뿐이었다. 그때 친절하게도 빅터가 함께 내려가겠다고 나섰다. 그러나 다른 사람들은 여전히 정상 등정을 확신하고 있었다. 만약 빅터가 나와 함께 내려간다면 내가 그의 기회를 빼앗는 꼴이 될뿐더러, 우리가 로프 두 동 중 하나를 써야 하기 때문에 남은 세 명의 상황이 난처해질 수 있었다. 세 명이서 로프 하나로 하강을 하면 시간이 많이 걸리기 때문이다. 그래서 다함께 올라가자는 주장에 무릎을 꿇은 나는 스티븐의 뒤를 따라 출발했다. 그는 곧장 올라갔는데, 아래쪽 빙하에 무엇인가를 계속 뿌려대는 거대한 빙탑 아래에 바싹 붙어 전진했고, 우리는 어쩔 수 없이 그 빙탑의 포화 속으로 들어갔다. 뒤쪽에 있던 나는 그들에게 소리쳤다.

"내려가야 해. 정말이야. 예감이 영 안 좋아."

100미터 정도 앞서 있던 스티븐의 시야에는 정상이 손에 잡힐 듯 들어와 있었다.

"제기랄, 그럼 도대체 여긴 왜 왔습니까?"

우리가 말다툼을 하는 동안 다른 세 명은 마치 무척 흥미진진한 테니스게임을 보듯 고개를 앞뒤로 돌렸다.

"자넨 정말 황당할 정도로 자기중심적이야, 알아?"

"뭐라고요? 자기중심적이라면 누구에게도 지지 않을 선배님한테 그런 말을 들으니 어처구니가 없군요."

결과적으로 우리는 계속 나아가기로 했지만 좀 더 안전한 길을 택했다. 그렇게 해서 우리는 큰 탈 없이 능선의 콜까지 도달할 수 있었다. 콜이 비좁아, 뒤처진 내가 올라가는 동안 다른 사람들은 헐거운 바위들을 정리해 텐트를 세울 수 있는 바닥을 두 군데에 만들었다. 나는 도착하자마자 스티븐의 어깨를 팔로 감았고, 우리는 서로에게 사과했다. 스티븐과 빅터는 아침에 빨리 올라갈 수 있도록 타워의 첫 두 피치에 고정로프를 설치하러 갔다. 그들이 하강할 때 커다란 굉음이 들리더니 그날 아침 우리가 지나온 빙탑 아래에서 눈구름이 거대하게 피어올랐다. 이어 그 눈구름은 좁은 협곡을 지나, 쏟아지는 얼음 알갱이를 맞으며 전날 우리가 건넜던 버트레스를 집어삼켰다. 그 장면을 보니 하산할 때 닥칠지도 모를 위험에 온몸이 부르르 떨렸다.

그날 저녁, 얼마 되지 않는 양의 식사를 하면서 나는 마음을 굳혔다. "나는 자네들과 함께 정상에 가지 않겠네. 내가 없으면 훨씬 더 빨리 올라갈 수 있을 거야." 그들은 나를 완곡하게 말렸지만, 나는 나의 주장을 번복하지 않았다. 나는 콜에서 기다리고, 그들은 정상에 도전하는 것이 합리적 선택이었다. 새벽 3시 반, 네 명의 클라이머들은 헤드램프 불빛에 의존해 칼날 같은 리지를 따라 필라 쪽으로 사라졌고, 나는 혼자 남아 그들을 기다렸다.

24시간이 조금 지났을 때 나는 그들 중 한 명이 공중으로 추락하는 것을 목격하고 공포에 휩싸였다. 너무나 걱정이 되었지만, 즉시 그다음에 해야 할 일을 생각하기 시작했다. 그들로부터 소식을 기다리는 시간은 견디기 힘들었다. 우리는 커다란 위기에 직면했다. 하지만 그것이 아무리 어렵고 난처한 것이라 할지라도 어떻게든 헤쳐 나갈 수 있을 것 같았다.

판치출리5봉 정상 등정을 마치고 하강하던 중 앵커가 뽑혀 80미터를 추락한 스티븐 베너블스
(빅터 선더스)

헤드램프 하나가 흔들거리며 나에게 다가왔다. 소식을 전하러 온 서스태드였다. 스티븐은 마지막 하강 차례에서 그다음에 쓰려고 백업 앵커를 회수했다. 그리고 하강로프에 체중을 싣는 순간 피톤이 빠지면서 뒤로 넘어지며 추락했다. 그는 두 다리가 모두 부러졌다. 오른쪽은 무릎 부위가, 왼쪽은 크램폰이 얼음에 걸려 발목 부분이 부러진 것이다. 빅터는 사고가 났다고 소리치며, 로프가 스티븐과 함께 사라지기 전에 민첩하게 그것을 붙잡았다. 그들은 스티븐이 멈출 수 있도록 로프를 천천히 붙잡았다. 한동안 의식을 잃은 그는 어둠 속에서 다른 클라이머들이 부르는 소리를 듣지 못했다. 그가 정신을 차렸을 때는 주변이 무서울 정도로 적막에 휩싸여 있었다. 결국 그가 세 번이나 고함을 지른 끝에 그들은 의사소통을 할 수 있었다.

그 순간부터 나머지 사람들은 구조작업에 착수했다. 끔찍한 부상과 통증에도 불구하고, 스티븐은 로프에서 자신의 체중을 빼내 빅터와 딕이 자신에게 내려올 수 있도록 했다. 빅터가 그에게 다가가자 그는 가족이 감당해야 할 고통으로 죄책감에 싸여 있었다.

"내가 죽으면 로지Rosie에게 사랑했다고 전해줘."

"헛소리 하지 마. 우린 여기서 당연히 탈출할 수 있어."

그리고 그들은 그렇게 했다. 그들은 스티븐을 아래로 내리기 전에 그의 다리에 부목을 조심스럽게 갖다 댔다.

서스태드가 나에게 달려온 후, 나는 물을 다시 끓여 차를 많이 만들었다. 그들은 24시간 동안 거의 아무것도 마시지 못한 데다 특히 스티븐은 수분이 절대적으로 필요했다. 이제 우리는 캠프를 해체해 짐을 커다랗게 두 개로 만든 다음 하산을 시작했다. 나는 스티븐이 약간 미소를 띠면서 무엇인가를 마시는 것을 보고 안도감이 들었다. 그는 피를 흘리고 있었지만, 동맥이 손상되지는 않았다는 사실을 안 빅터는 과다출혈로 죽을 일은 없을 것이라고 스티븐을 안심시켰다. 그들은 벌써 100미터나 내려가는 데 성공했다. 그들이 스티븐을 후송하는 동안 서스태드와 나는 먼저 내려가, 헬기를 기다리는 동안 스티븐이 쉴 수 있도록 아래쪽에 텐트를 쳤다. 우리가 올라올 때 거쳤던 복잡한 아이스폴 지역으로 스티븐을 후송하는 것은 불가능했다.

내 배낭은 위쪽이 무거워 움직이기가 어색했다. 우리는 아주 단단한 얼음 위에 살짝 내려앉은 분설 위를 걸었다. 협곡 100미터쯤 위에서 나는 부츠 밑이 꺼지는 느낌을 받았다. 본능적으로 나는 피켈을 잡고 눈에 박아 넣었지만, 곧바로 손을 놓치고 말았다. 가까스로 피켈을 잡고 추락을 멈추려 했지만, 피켈의 피크는 눈만 가를 뿐 나는 계속 가속도가 붙었다. 그런데 마침 나의 크램폰이 사면에 걸렸고, 나는 휙 뒤집혀 통제 불능의 수레바퀴처럼 돌기 시작했다. 희미하게나마 미친 듯이 튀면서 아래로 돌진하고 있다는 것을 느낄 수 있었다. 나는 아주 잠깐 동안 공중에 붕 떠서 벽 밑의 베르크슈룬트 위로 난 다음 다시 바닥에 처박혀 굴렀는데, 마치 태아처럼 머리를 숙여 넣고 사지를 보호하려 안간힘을 썼다. 내 바로 위에 있던 서스태드는 자신이 본 것 중 가장 끔찍한 광경이었다면서 내가 죽을 것이라고 생각했다고 한다. 내가 150미터를 추락한 뒤 설령 목숨을 부지했다 해도, 또 다른 부상자를 그들이 감당할 수 있을까, 하는 생각이 머리에 스쳤다.

나는 추락속도가 점차 줄어들면서 결국 머리를 부드럽고 깊은 눈 속에 처박은 채 물구나무 자세로 멈추었다. 배낭이 무거워 움직일 수조차 없었던 나는 몹시 헐떡거렸다. 그러나 팔다리는 멀쩡했다. 나는 옆으로 굴러서 일어났다. 그러자 나보다 훨씬 더 위쪽에서 천천히 그리고 꼼꼼히 스티븐을 아래로 내리고 있는 사람들이 보였다. 나는 30분 동안 손으로 머리를 감싼 채 앉아 있었다. 그때 서스태드가 내려오면서 내 피켈을 찾아왔다. 온몸의 멍과 왼쪽 눈 바로 위에 피켈로 베인 듯한 상처를 제외하면, 내 몸은 괜찮은 것 같았다. 딕과 빅터가 스티븐을 계속 내리는 동안 서스태드는 내가 피를 흘린 것을 보고 어리둥절했다. 그는 그것이 자신의 피인 줄 알았다고 한다.

굴러 떨어진 덕분에 충격을 덜 받은 나는 다른 사람들의 하산을 기다리며 스티븐의 부상과 그를 후송하는 방법 등 우리가 처한 상황으로 머릿속이 복잡했다. 모두 매우 현실적인 문제였다. 내가 떨어진 곳은 분명 텐트를 칠 만한 곳이 아니었다. 눈사태의 위험에 지나치게 노출되어 있었기 때문이다. 우리는 수백 미터 떨어져 있는 협곡의 끝 지점까지는 내려가야 했다. 서스태드와 나는 그곳으로 가서 바닥을 고른 후 텐트를 쳤고, 다시 돌아가 벽 아래까지 스티븐을 데리고 내려온 다른 사람들과 합류했다. 그를 데리고 내려오는 것은 차라리 쉬운 일이었다. 이제는 우리가 텐트를 친 곳으로 그를 끌고 올라가야 했다. 서스태드와 나는 예비 텐트를 썰매 겸 들것으로 사용했다. 스티븐은 무릎이 흔들릴 때마다 큰 통증을 느꼈지만 놀라울 정도로 인내심을 발휘했다. 주요 의료용품을 모두 아래로 내려보낸 터라 스티븐의 통증을 조금이나마 줄여줄 수 있는 것은 파라세타몰 paracetamol[91] 뿐이었다. 빅터는 상처가 잘 보이도록 스티븐의 양털 덧바지 다리 부분을 잘라냈다.

빅터는 스티븐의 무릎 상처를 보고 "이런, 네 머리만큼 큰데."라고 말했다. 상처가 심해 감염의 우려가 매우 컸다. 그곳에서부터 스티븐을 데리고 내려가려면 어느 정도 시간이 걸리는 데다 그의 부상도 심각하고 식량도 부족해 허투루 낭비할 시간이 없었다. 인도 당국에 압력을 가해 구조 헬기를 부르는 일은 바로 나의 몫이었다. 서스태드가 나와 함께 베이스캠프로 가서, 우리가 첫날 점심을 먹었던 곳으로 남은 식량을 모두 가지고 오기로 했다. 그러면 빅터가 그곳까지 내려와 식량을 갖고 올라가기로 했다. 우리는 다음 날 아침 일찍 출발했다. 그리고 미로 같은 아이스폴 지역을 내려가는 길은 스티브가 앞장섰다.

오후 늦게 베이스캠프에 도착하니, 두 하르싱 — 시니어와 주니어 — 이 기다리고 있었다. 그들은 달dal[92]과 쌀밥을 커다란 접시에 담아주었지만, 둘 다 너무 지쳐서 제대로 먹지도 못했다. 다음 날 아침 나는 하르싱 시니어와 펀샤니 계곡을 따라 내려갔는데, 숲속을 50킬로미터나 갔을 정도로 뛰다시피 했다. 우리는 얼굴에 비를 흠뻑 맞으며 오후 서너 시쯤 마드코트Madkot에 도착했다. 하르싱은 전화가 있는 곳을 찾아냈고, 그 후 2시간 동안 나는 문시아리의 다크 방갈로Dak Bungalow에 있을 하리시에게 연락하기 위해 무진 애를 썼다. 그와 연락이 닿자 모든 일이 순조롭게 진행되기 시작했다. 하리시는 우리의 연락장교이자 항공단장에게 소식을 전했고, 그는 곧바로 가장 가까운 공군기지와 접촉했다. 그리고 나자 하리시는 내가 타고 갈 차를 보냈다.

기력이 거의 다 빠진 나는 도착하자마자 하리시에게 "그들은 아주 절박합니다."라고 말했다. 나의 얼굴에는 상처 딱지가 더덕더덕 붙어 있었다. 그리고 이렇게 덧붙였다. "눈사태가 일어나기 딱 좋은 분지의 사면에 텐트가 있습니다. 사방이 가파른 벽들로 둘러싸여 있고요." 유일한 희망은 헬기뿐이었다. 나는 헬기의 도움을 받지 못할 경우 구조대를 어떻게 올려 보낼 수 있을지 궁리해보았지만, 그럴 경우에는 시간이 얼마나 걸릴지도 알 수 없고 아이스폴 지역을 통한 후송도 거의 불가능한 데다 스티브가 도중에 죽을 가능성도 배제할 수 없었다.

그때의 기다림은 너무 초조했지만, 지금 되돌아보니 모든 일이 매우 빠르게 진행되었다. 2명의 인도인 조종사들인 비행 중대장 P. 자이스왈Jaiswal과 공군 대위 P. K. 샤르마Sharma가 그날은 비행 중이라서 다음 날 아침 사고 지역을 정찰 비행했다. 날씨가 오락가락했고 위험한 지형이었음에도 불구하고 그들은 목요일 날 스티븐을 구조하는 데 성공했다. 사고가 발생한 지 닷새 만이었다. 빅터는 헬기가 그들 위에 떠 있을 때 프로펠러가 설사면에 부딪쳐 홈통이 하나 생겼다고 힘주어 말했다. 빅터와 딕은 곧바로 하산했고, 그날 밤 베이스캠프에 도착했다. 이틀 후, 우리는 모두 문시아리에서 재회했다.

어떤 원정대장들은 '굴러 떨어지는 영국 놈들'을 보고 밥맛을 잃을 수도 있겠지만, 그러기에는 하리시의 원정등반 경험이 너무나 풍부했다. 그 자신도 1974년에 죽을 뻔한 일이 있었다. 난다데비 성역을 탐험하던 중 6,000미터도 넘는 곳에서 크레바스에 빠진 것이다. 그의 동료들이 그를 구조해 베이스캠프까지 옮기는 데에는 무려 13일이 걸렸다. 그는 베이스캠프에서부터 헬기로 후송되었고, 그 후 2년간 목발 신세를 졌다. 그러나 고국인 인도의 산에 대한 사랑이 워낙 강해, 그는 제대로 걸을 수 있게 되자마자 다시 산으로 달려갔다.

판치출리 원정 2년 후 우리는 또 하나의 원정대를 조직했다. 이번에는 히마찰프라데시의 킨노르Kinnaur 지역 남쪽에 있는 티룽 가드Tirung Gad가 대상이었다. 이번에도 원정은 뭄바이에서 시작했는데, 하리시의 부인인 기타는 곧 다가오는 나의 환갑을 축하하기 위해 자신의 아파트에서 힌두교식 의례를 준비했다. 태어난 지 60년 만에 맞는 생일은 힌두교 문화에서 인생의 중요한 시점으로 여긴다. 어떤 힌두교인 남성들은 예순 살이 되면 속세의 소유물을 모두 버리고 가족을 떠나, 거의 헐벗은 채 적선을 구걸하며 고행에 나선다. 그레이엄 리틀은 내가 이미 인생의 거의 대부분에 걸쳐 그와 비슷한 일을 해왔다고 일깨워주었다. 수도승 둘이 기타의 집으로 와서 향을 피우는 동안 나는 2시간이나 바닥에 책상다리로 앉아 있어야 했는데, 매우 감동적인 경험이었다.

그해 우리는 킨노르산맥을 등반하면서 티룽 계곡 위에 솟아 있는 랑릭 랑Rangrik Rang(6,553m)[93]이라는 봉우리를 초등했다. 짐 포서링엄과 나는 북동릉 기슭에 있는 콜로 횡단할 수 있는 가파른 얼음 사면을 올라 정상으로 가는 문을 열었다. 원정이 시작되기 전에는 두 명씩 움직일 생각이었지만, 결국에는 우리 8명 모두가 — 인도인들과 영국인들이 다함께 — 같은 날 정상에 올랐다. 우리는 그 보상으로, 가르왈에 있는 카메트Kamet (7,756m)와 다른 봉우리들의 장관을 감상할 수 있었다.

2001년 여름, 내가 나의 마지막 주요 원정등반을 하리시와 함께한 것은 상당히 의미가 있었다. 그때 우리의 원정대는 진정한 의미로 국제적이었다. 짐 로우더와 내가 인도인 4명, 강인한 미국인 2명과 합류한 것이다. 나는 이미 마크 리치Mark Richey와 마크 윌포드Mark Wilford라는 미국인들을 잘 알고 있었다. 우리의 대상지는 라다크Ladakh의 누브라Nubra 계곡에 있는 아르강글라스Arganglas산맥이었는데, 그곳은 인도의 높고 건조한 오지였지만 사실은 티베트 고원지대의 한 구석을 차지하고 있는 곳이었다. 로우더와 나는 근처 봉우리에서 고소적응을 하기 위해 미리 출발했지만, 사실 예순여덟 살의 나이에 무거운 배낭을 짊어지고 그 정도로 어려운 지형을 오르는 것은 상당히 힘이 들었다. 나는 로우더에게 시간이 결국 나를 추월했다고 실토해야 했다. 로우더는 믿지 못하겠다는 표정을 지었지만 나는 그만 감정에 북받쳤다. 그 후, 우리는 디브예시 무니Divyesh Muni와 키루스 슈로프Cyrus Shroff를 만나 그 산맥의 최고봉인 아르간 캉그리Argan Kangri에 도전했지만, 눈사태의 위험이 커 정상에서 500미터 못 미친 6,200미터에서 발길을 돌렸다.

그러는 동안 미국인들은 야만다카Yamandaka라 불리는 봉우리의 아찔한 북쪽 버트레스를 올랐는데, 1,200미터에 달하는 그곳은 등반이 어렵고 복잡했을 뿐만 아니라 하강도 결코 만만찮은 외진 곳이었다. 그들은 그 봉우리의 먼 반대쪽에서 손으로 잡을 것도 없는 슬랩과 쉽게 부서지는 바위 그리고 폭포 등으로 이루어진 협곡을 힘들게 내려오느라 며칠을 소모했다. 시간이 너무 많이 걸린다 싶어 우리가 그 지역의 육군 사령관에게 헬기 수색을 부탁하려던 순간 그들이 나타났다. 불행히도, 그들이 야만다카에서 사투를 벌이는 동안 비행기 두 대가 뉴욕의 세계무역센터 건물을 들이받았다는 소식을 그들에게 전해주어야 했다. 하리시가 단파 라디오로 크리켓 경기 결과를 알아보려다 그 소식을 듣게 된 것이다. 우리의 베이스캠프는 오사마 빈 라덴이 있는 아프가니스탄에서 겨우 130킬로미터밖에 떨어져 있지 않았다.

물론 그것이 하리시와의 마지막 모험은 아니었다. 나는 더 이상 고소등반을 할 수 없게 되었지만 여전히 산에서 행복하게 트레킹을 할 수 있었고, 하리시를 통해 현지인들과 깊은 관계를 맺을 수 있었다. 우리는 2003년 처음으로 트레킹을 함께 갔는데, 사람의 발길이 닿지 않은 길을 따라 사인지Sainj 계곡을 오르는 사랑스러운 여행이었다. 그곳은 인도의 쿨루Kullu 지역으로, 가라가라산 다르Garagarasan Dhar 위의 티르탄Tirthan 계곡 아래쪽이었다. 나의 비서 루이즈와 그녀의 남편 제럴드 역시 우리와 함께할 수 있어서 나는 매우 기뻤다. 심지어 나는 영국에서 유학한 적이 있는 구자라트인 라잘Rajal과 함께 5,440미터 높이의 훌륭한 미등봉도 오를 수 있었다. 그리고 이듬해에는 라홀Lahaul 지역에 머무르면서 팡기 히말Pangi Himal의 사이추Saichu 계곡을 따라 걸었다. 이번에는 루이즈와 제럴드뿐 아니라, 찰리 클라크와 그의 딸 벡Bec, 그리고 우리 가족의 의사인 케이트Kate와 그녀의 남편 줄리안Julian까지 함께 어울렸다. 그리고 나는 한 번 더 작은 미등봉을 오르는 쾌거를 이루었다.

제 1 9 장

두 아들

조와 나는 다른 사람들을 앞질러 킬리만자로의 분화구를 터벅터벅 걸어 갔다. 그곳은 커다랗게 울퉁불퉁 파인 분화구의 검은 화산재에서 삐죽삐 죽 솟아오른 얼음조각들로 마치 달의 표면 같았다. 분화구 가장자리에서 가장 높은 우후루Uhuru는 우리 건너편에 있었다. 정상 직전의 콜처럼 움 푹 들어간 곳에 도착한 우리는 다른 사람들을 기다려야 할지, 아니면 그 냥 올라가야 할지 망설였다.

"아빠, 나 혼자 가도 돼? 혼자 있고 싶은데…. 생각할 게 많거든요." 과 장이 섞인 말은 아니었다. 10대를 꽤 거칠게 보낸 조는 사면초가에 빠져 있었다. 조가 홀로 마지막 사면을 천천히 걸어 올라가다 능선마루 너머로 사라지는 모습을 보니 쓸쓸하게 느껴지기도 하면서 대견하게 보이기도 했다. 나는 눈물이 날 것 같았다. 조같이 방황에 빠진 자식을 둔 부모라면 감싸 안아주고 싶은 마음도 들 테고, 더 잘 해주었더라면 좋았을 텐데 하 는 후회도 드는 법이다.

나는 다른 사람들을 기다린 다음, 조를 따라 정상으로 향했다. 다른 등반객들은 이미 정상에서 다 내려가, 우리는 정상을 독차지한 채 가족 원정등반의 절정을 만끽했다. 그제야 조도 마음이 좀 편해 보였다. 당시 에는 몰랐지만 킬리만자로 등정은 그의 인생에 전환점이 되었다.

아프리카 최고봉을 올라보자는 아이디어는 사실 내가 '7대륙 최고봉 등정Seven Summits'을 고민하던 몇 개월 전부터 시작되었다. 7대륙 최고봉 등정을 최초로 달성한 사람은 딕 배스였다. 그는 아르네 덕분에 우리가 받은 1985년의 에베레스트 등반 허가를 이용해 그 위업을 달성했다. 7대륙 최고봉 등정은 이제 관광 상품이 되어 많은 트레킹 여행사들이 물류를 다 책임지며 참가자들을 안내하고 있지만, 1991년에 그 기록을 달성한 사람이 12명에 불과했고 그중 영국인은 한 명도 없었다. 나는 에베레스트도 올랐고, 쉬블링 원정이 끝나고 얼마 지나지 않아 딕 배스와 그의 등반 파트너인 프랭크 웰스Frank Wells와 함께 남극의 빈슨 매시프Vinson Massif (4,892m)도 올랐다. 따라서 7개의 산 중 가장 높은 산과 돈이 가장 많이 드는 산은 이미 오른 셈이었다.

넓은 의미로 내 가족이라고 할 수 있는 모두에게 킬리만자로는 훌륭한 대상지가 될 것이라는 생각이 들었다. 두 아들인 조와 루퍼트 역시 나의 생각을 반겼다. 이복동생 제럴드도 원정에 초대했다. 나는 아버지가 웬디와 나를 브리스톨에 있는 자신의 집으로 초대했을 때 제럴드와 3명의 이복여동생들을 처음 만났다. 그 후 몇 년 간, 그들은 나이 순서대로 레이크 디스트릭트의 우리 집에 와서 함께 어울렸다. 특히 제럴드의 방문은 아직까지 기억에 생생하다. 그때 열 살이었던 그는 손에 낚싯대를 들고 왔다. 그가 말썽꾸러기라는 말은 들었지만, 새로운 환경 덕분인지 그는 유쾌한 모습을 보였다. 나는 다우Dow 암장으로 그를 데려가, 1920년대에 개척된 쉬운 고전 루트에서 첫 암벽등반을 경험하게 해주었다. 나는 그 루트가 은근히 까다롭다고 느꼈지만, 제럴드는 마치 감정을 제거한 듯 침착하게 등반해 내 마음을 사로잡았다.

학교를 졸업한 후, 농장 관리인이 되고 싶어 한 제럴드는 시런세스터 Cirencester에 있는 왕립농업대학Royal Agricultural College에 들어갔다. 그의 첫 직업은 배저 힐의 우리 집에서 가까운 컴브리아의 한 농장을 관리하는 일이었다. 당시 우리는 그와 제수 레이첼Rachel을 자주 만났었다. 그는 나의 정기적인 등반 파트너가 되었고, 그런 활동을 통해 우리는 깊은 우애를 쌓았다. 몇 년 후, 그는 피슨스Fisons 사의 비료 부서에 들어가 영국 북부와 스코틀랜드, 아일랜드 지역의 판매 관리인이 되었지만 주거지는 여전히 콜드벡이었다.

아버지는 1983년 초에 돌아가셨다. 나는 아버지를 처음 방문한 이래 거의 매년 찾아뵈었다. 아버지는 나를 데리고 주로 굴요리가 나오는 식당으로 점심식사를 하러 가곤 했는데, 아버지와 식사를 하면서 서로가 모르는 옛 이야기들을 즐겁게 나누었다. 우리의 대화는 언제나 흥미진진했다. 아버지는 보닝턴 가문의 사람답게 체구도 꽤 작고 눈도 작았다. 그러나 흥미진진한 인생이었음에도 불구하고 아버지는 자신의 이야기를 거의 하지 않았다. 나는 아버지가 참패로 끝난 특수부대의 첫 작전에서 살아남은 몇몇 사람들, 그리고 특수부대를 창설한 장교 데이비드 스털링과 여전히 연락을 주고받고 있다는 사실을 알게 되었다.

몇 년 동안 아버지는 정기적으로 동유럽에서 휴가를 보냈는데, 나는 혹시 아버지가 MI6[94]과 연관된 일을 하는 것은 아닌지 자주 의심스러운 생각이 들었다. 아버지는 군중 속에서 사람들의 눈에 띄지 않게 움직일 수 있었고, 민첩하고 작은 눈으로는 놓치는 것이 없었으며, 훌륭한 저널리스트였기 때문에 사람들이 긴장을 풀도록 하는 능력도 있었다. 아버지는 존 르 카레의 소설에 나오는 인물을 연상시켰지만, 자신이 하는 일에 대해서는 전혀 입 밖에 내지 않았으니, 그에 대해 아는 사람은 아무도 없었다. 누가 알까? 아버지의 장례식에는 데이비드 스털링을 비롯한 많은 노신사들이 검은 정장을 입고 나타나기도 했다.

조와 루퍼트는 킬리만자로 등정에 대비해 나와 걷기 훈련에 들어갔다. 우리는 캠핑 장비를 짊어지고 에스크 하우제Esk Hause 너머의 시스웨이트Seathwaite에서 출발해 에스크데일Eskdale 계곡의 상류까지 걸어가서 텐트를 치고 깨끗한 강물에서 수영을 즐겼다. 그리고 다음 날 아침 우리는 그레이트 엔드Great End로 기어 올라가서 능선을 따라 스코펠 파이크 Scafell Pike까지 간 후 코리도 루트Corridor Route를 통해 하산했다. 흰 구름이 넘실대고 햇볕이 많이 내리쬐어 날씨는 완벽했다. 배낭은 무거웠지만 두 아들은 씩씩하게 걸었고, 우리는 정말 즐거운 시간을 보냈다. 나는 함께 느긋하게 즐기는 방식으로 그들과 가까워지려 노력했다. 우리는 마치 야산을 싸돌아다니는 세 명의 친구 같았다.

우리는 개도 함께 데리고 다녔다. 나는 벨라를, 어중간한 것을 싫어해 개도 잡종은 쳐다보지도 않는 조는 자신의 핏불테리어 센시Sensi를 데리고 다녔다. 센시라는 이름은 센시밀라Sensimilla를 줄인 말인데, 조가 좋아한 마리화나의 일종이었다. 아무래도 조는 마리화나를 너무 좋아했던 것 같다. 퇴학을 당한 조는 칼라일에서 조리사 자격증을 따는 데 실패한 뒤에는 웸블리Wembley에서 방 두 칸짜리 아파트를 얻어 여자 친구인 하이디 Heidi와 함께 살았다. 성 마틴스St Martin's에서 패션 공부를 시작한 그녀는 아주 성실한 여자였다. 조는 세차나 밴 운전, 또는 고철 수집과 판매 등 잡다한 일들을 했다. 그는 인근의 공영주택 단지에서 또래들과 어울렸는데, 그들 중 몇몇은 각종 마약과 경범죄 전과가 있었다. 어린 시절의 조는 불법적인 일들을 저지르면서 스릴을 느꼈다.

하이디가 아파트를 나가, 웬디와 나는 그들의 사이가 틀어진 것은 아닌지 걱정했다. 임대료를 더 이상 낼 능력이 없었던 조는 그곳에 막무가내로 눌러앉았지만, 웬디가 그의 이사를 도와주었다. 그 후 우리는 조가 안정적인 생활을 할 수 있도록 런던에 아파트를 하나 사주기로 결정했다. 우리가 아파트를 찾는 동안 나는 그의 무단 거주지에 머물렀다.

상황이 좋지 않을 때도 나와 조의 관계는 언제나 좋았다. 비록 트럭 뒤에서 떨어진 물건을 사고파는 일의 도덕성에 대해서 논쟁을 벌인 일은 있었지만, 나는 그에게 훈계를 할 필요성을 느끼지 못했다. 우리는 함께 다니며 그랜드유니언 운하Grand Union Canal 바로 앞의 방 2개짜리 아파트를 하나 찾았다. 물론 나는 웬디와 내가 런던에 가는 경우 방 하나는 우리가 쓰겠다고 못 박았다. 그런 식으로 우리는 조와 관계를 계속 유지하면서 런던에 도피처를 하나 마련했다.

나는 그에게 등반을 함께 하자고 제안했다. 그리하여 우리는 보시그란Bosigran이 내려다보이고 나의 산악회 산장이 있는 랜즈 엔드Land's End까지 차를 몰고 갔다. 나는 조의 또래들이 이미 자리를 잡고 우리를 반겨주는 것에 기분이 좋았다. 다음 날 우리는 함께 등반했다. 그날 저녁, 조는 근처에 야간 유흥지가 있는지 알아보고 싶다며 차를 빌려달라고 졸랐다. 조는 다음 날 아침 늦게 돌아왔는데, 마약에 취한 듯 흐리멍덩한 표정이었다.

런던으로 차를 몰고 돌아오면서 나는 그에게 마약 없이는 하루도 참지 못하는 것 같다고 화를 냈다. 상황은 더욱 안 좋아졌다. 1992년 초 그는 절도죄로 기소 당했다. 그는 무죄를 주장했지만 몇 개월 내에 재판을 받아야 했다. 나는 조와 언제나 가깝게 지냈던 어머니에게 그 사실을 말씀드려야 했다. 어머니는 큰 충격을 받으셨다. 보석으로 풀려난 그가 우리와 함께 킬리만자로로 가기 위해서는 특별 허가를 받아야 했다. 나는 원정을 함께 떠나면서 그가 잠시나마 근심걱정에서 해방되기를 바랐다.

루퍼트 역시 거친 10대 소년이었다. 그는 마치 허클베리 핀처럼 모험을 다녔는데, 금요일 아침에 스쿨버스를 타고 일단 학교로 가서 조회가 끝나면 친구들과 몰래 도망쳐 주말 동안 캠핑을 하곤 했다. 장난을 심하게 친 그는 최종 학년의 마지막 시험을 보기 한참 전에 학교에서 퇴출

당했다. 루퍼트는 시험을 볼 때마다 누군가가 학교로 데리고 가야 했다. 그리고 그는 교실에서 혼자 시험을 본 후, 끝나면 곧바로 학교에서 나와야 했다. 하지만 그는 공평성을 매우 중요시했다. 만약 자신이 옳다고 믿으면 그는 웬디와 나, 선생님들뿐만 아니라 어느 누구 앞에서도 물러서는 법이 없었다. 그는 형보다도 더욱 냉정했는데, 어떨 때는 부자지간에 거리감을 느낄 정도였다. 학교를 마친 후 그는 런던으로 가서 한동안 형과 함께 살았다. 하지만 그는 항상 일을 했고, 자신의 삶은 스스로 통제하고자 했다. 그는 피자 테이크아웃전문점에서 야간근무를 하면서 8시간에 12파운드를 벌었다. 그 후 컴퓨터 도매업체에 취직해, 겨우 열여덟 살에 불과했지만 이내 창고 관리자가 되었다.

그 일을 기점으로 루퍼트는 거대한 슈퍼마켓 체인을 관리하는 경영 수련과정에 들어갔다. 하지만 컴브리아를 그리워한 그는 결국 집으로 돌아왔고, 어렵사리 익힌 IT기술을 활용해 자신만의 웹사이트 회사를 운영하기 시작했다. 나 역시 그의 디지털 기술을 통해 많은 것을 배웠고, 경쟁자들보다 훨씬 앞서 나아갈 수 있었다. 내가 성공적인 기업 강연자로 자리 잡는 데는 그의 도움이 절대적이었다. 또한 그는 학창 시절 단짝이었던 로빈 클라크Robin Clarke와 인기 있는 힙합 잡지 『표현하라Represent』를 발간하기도 했다. 몇 년 후 나는 존 필John Peel과 영화 작업을 하면서 그 잡지에 대해 언급했는데, 그 잡지를 잘 아는 그가 신선하며 혁신적인 아이디어라고 칭찬해 아버지로서 커다란 자부심을 느꼈다.

킬리만자로 여행 계획은 1985년 나와 함께 에베레스트 정상에 올랐던 오드 엘리아센의 도움을 많이 받았다. 그는 현지 관광사업의 일환으로 킬리만자로 기슭에 산장을 짓는 일을 한 적이 있었는데, 인기 있는 루트 대신 크레드너Credner 빙하를 오르라고 조언해주었다. 또한 그 루트가 곧바로 올라가면서도 사람들이 거의 찾지 않는 곳이라고 장담하며 경험이 많은 가이드도 한 명 추천해주었다.

킬리만자로는 그전에 내가 했던 원정들보다는 덜 힘들었지만, 그것들과는 사뭇 달랐다. 가장 가까운 가족들을 데리고 가야 하는 일이라서 나는 무거운 책임감을 느꼈다. 하지만 히스로공항에서 모이고 보니, 모험보다는 함께 휴가를 떠난다는 기분이 들었다. 심지어 나이로비로 가는 동안 비행기 승무원은 우리의 성공을 미리 축하한다며 샴페인 한 병을 선물하기도 했다. 나이로비에 도착한 우리는 아주 개성 있는 호텔에서 하룻밤을 보냈는데, 사실 글자 그대로 '개성' 있는 사람들이 넘쳐났다. 노출이 심한 옷을 입은 여성들이 호텔 프런트 근처에서 서성대고 있었던 것이다.

다음 날 아침, 우리는 랜드크루저Land Cruiser 두 대에 나눠 타고 나망가Namanga에서 탄자니아 국경을 넘었다. 지형과 분위기 모두 남아시아나 중앙아시아와는 확연히 달랐다. 사방이 뿌연 갈색 먼지로 채워진 느낌이었다. 킬리만자로는 우리가 가까이 갈수록 점차 버섯 같은 모습으로 다가왔다.

우리는 킬리만자로국립공원의 마랑구Marangu 출입구에서 가이드 휴버트Hubert를 만났다. 그는 1970년대에 오드Odd와 함께 크레드너 빙하를 오른 적이 있었다. 그는 곧 함께 가기로 한 짐꾼 몇 명에게 우리를 소개시켜 주었다. 그다음 이틀 동안, 우리는 새가 지저귀는 소리도 듣고 간혹 원숭이들의 시선도 느끼며 숲속의 넓은 길을 따라 걸어갔다. 그 후 숲이 점차 사라지면서 병출암으로 이루어진 마웬지Mawenzi의 날카로운 윤곽이 스카이라인을 뒤덮었다. 그리고 그 왼쪽 먼 곳에 돌 더미들이 쌓여 형성된 주봉 키보Kibo가 보였다. 킬리만자로는 걸어서 올라갈 수 있는 산일지 모르나 해발고도가 거의 6,000미터에 가깝다. 따라서 고산등반을 할 때 나타나는 여러 문제들에 대비해야 한다.

나무로 만들어진 A형 산장들이 있는 호롬보Horombo에서 두 번째 밤을 보낸 후, 우리는 킬리만자로의 북서쪽에 있는 크레드너 빙하로 가기 위해 산의 남쪽으로 돌아가는 횡단을 시작했다. 등산로가 험해지면서 드디어 텐트를 치고 캠핑을 시작했는데, 처음에는 카랑가Karanga 계곡에, 그 다음에는 바랑코Barranco에 머물렀다. 바랑코는 햇빛에 색이 바랜 잔디가 드문드문 나 있는 둥근 능선마루에 있었고, 녹슨 양철로 만들어진 오두막도 하나 있었다. 유르트 텐트처럼 생긴 그 오두막에는 짐꾼들이 머물렀다. 그곳에서 보이는 것은 주로 킬리만자로의 가파른 암벽과 빙하였다. 특히 브리치 벽Breach Wall이 돋보였는데, 바위로 된 오버행 아래로 30여 미터의 고드름이 하나 달려 있어 마치 가느다란 대형 종유석처럼 보였다. 요즘은 기후 변화로 인해 빙하로 덮인 킬리만자로의 정상부가 점점 줄어들거나 사라져, 그것은 보기 힘든 광경이 되어버렸다. 브리치 벽은 1978년 1월 초에 라인홀드 메스너가 초등했다. 브리치 벽에 있는 얼음의 부실한 상태를 감안하면 꽤 용기 있는 등반이었다고 할 수 있다.

나는 그날 저녁 햇빛 속에 앉아 브리치 벽을 올려다보았다. 우리가 그곳보다 올라가기 쉬운 크레드너 빙하로 향하고 있다는 것은 천만다행이었다. 모이어Moir 산장까지는 약간의 오르막만 있었기 때문에 걸어가기가 쉬웠지만, 나는 루퍼트의 걸음이 느려졌다는 점을 간파했다. 보통 그는 선두에 서기 때문에 그것은 이상 징조였다. 두통을 호소한 그는 마치 뇌부종같이 눈동자의 흰자위가 충혈되어 있었다. 나는 증상을 완화시켜줄 이뇨제인 다이아목스Diamox를 루퍼트에게 주고 나서, 산장에서 하루를 더 머물면서 고소적응을 할 수 있도록 조치했다. 다음 날 아침 우리는 가볍게 걸어보았는데, 루퍼트는 더 이상 두통을 호소하지 않았다. 그래서 우리는 빙하의 기슭인 5,000미터까지 올라갔다.

우리는 텐트를 쳤고, 나는 으깬 감자가루와 차로 씻어낸 캔 정어리로 저녁식사를 준비했다. 밤은 몹시 추웠지만 강철같이 검은 하늘에 별들이

　　　　　　　　　　　　　　　　　4 부 · 에베레스트를 넘어서

총총 빛났다. 새벽 3시 30분에 알람이 울렸다. 나는 정상으로 출발하기 전에 모두가 마실 차를 끓였다. 장비는 그렇게 많이 필요하지 않았다. 발등에 묶는 가벼운 크램폰, 스키폴, 만일을 대비한 피켈 3개와 분화구로 하강을 할 때 필요한 가벼운 로프가 전부였다. 경사는 20도가 약간 넘었지만 얼어붙은 눈이 쉽게 부서져, 만약 누군가가 넘어진다면 스키폴만으로는 멈추기 어려운 상황이었기 때문에 나는 마음을 졸였다. 그래서 모두가 긴 사면을 천천히, 그러면서도 꾸준히 올라가는 모습을 유심히 지켜보았다.

비록 산의 반대편에 있는 노멀 루트에는 수많은 사람들이 정상을 향해 천천히 줄지어 올라가고 있었지만, 우리에게는 절대고요와 발길이 닿지 않은 신설 그리고 우리만의 세계라는 자각이 마법처럼 다가왔다. 분화구 가장자리에 도착했을 때 태양이 이미 우리 앞의 사면 위로 떠올라 아래쪽 평원에 우리의 그림자를 길게 드리웠다. 우리는 킬리만자로의 분화구, 다시 말하면 검은 화산재와 하얗게 빛나는 페니텐테penitente가 많이 있는 움푹 파인 곳을 내려다보았는데, 그 속은 가느다란 얼음 기둥인 페니텐테가 하늘을 향해 솟아올라 있었다.

우리 발밑은 20미터쯤 분화구로 곧장 떨어지는 순수한 빙벽이었다. 조의 친구인 데니스 머타그Denis Murtagh는 로프 하강을 해본 적이 없었다. 만약 킬리만자로의 정상에서 그 경험을 한다면 얼마나 환상적일까. 내가 그에게 로프 끝을 주자 그는 매우 침착하게 로프에 매달렸다. 아래로 내려간 우리는 주 분화구를 가로질러, 그에 딸린 작은 분화구인 라우쉬Rausch 쪽으로 걸어갔다. 그곳에서는 약 20만 년 전에 마지막 분화가 있었지만, 지질학적인 관점에서 보면 눈 깜짝할 새 정도의 짧은 시간에 불과하다. 킬리만자로는 사화산이 아닌 휴화산이다. 라우쉬 분화구의 가장자리까지 가자 톡 쏘는 듯한 유황 냄새가 났고, 화산재 역시 만지기에는 너

1992년 킬리만자로 정상에 오른 사람들. 우리 가족은 사람들이 잘 찾지 않는 크레드너 빙하를 통해 정상에 올랐다. 뒷줄 왼쪽에 나와 조, 오른쪽 끝에 이복동생 제럴드가 보인다. 루퍼트는 친구들과 함께 앞줄 오른쪽에서 두 번째에 앉아 있다. (크리스 보닝턴)

무 뜨거웠다.

그곳에서부터 우리는 주 분화구 가장자리에서 가장 높은 지점인 우후루 봉우리를 향해 계속 전진했다. 우리보다 조금 앞에 선 조는 자신의 미래를 고민하는 듯했다. 그는 산에서 훨씬 더 편안한 모습을 보였다. 정상에는 우리만 있었지만, 이정표와 찢어진 깃발들 그리고 쓰레기 등 인간 활동의 흔적이 너무 많아 내 취향에는 맞지 않았다. 우리는 서로 껴안고 사진을 찍었다. 모두 컨디션이 좋아, 노멀 루트의 푸석푸석한 스크리 지대를 껑충껑충 뛰어 키보 산장까지 내달렸다. 사실 우리보다는 짐꾼들이 더 힘든 일을 했다. 왜냐하면 그들은 우리의 장비를 갖고 한참을 돌아 산장에서 우리와 합류했기 때문이다. 킬리만자로를 오르는 수천 명의 사람

　　　　　　　　　　　　　　　4 부 · 에베레스트를 넘어서

들은 아마도 짐꾼들이 얼마나 힘든 삶을 사는지 잘 모를 것이다.

등반이 끝나자 우리는 휴가 분위기였다. 우리가 은고롱고로Ngorongoro 분화구 가장자리에서 캠핑할 때 영양과 얼룩말 떼들이 풀을 뜯어먹는 곳에서 몇 미터도 떨어지지 않은 곳에 사자와 하이에나가 햇볕을 쬐고 있었다. 포식자와 먹이가 바싹 붙어서 지내는 꼴이랄까. 우리는 코끼리와 코뿔소, 하마가 물속에서 뒹구는 모습도 가까이서 볼 수 있었다. 그다음 날이 가장 만족스러웠다. 홍학 떼가 서식하는 나트론Natron 호수를 지난 후, 우리는 차도를 벗어나 풀이 길게 자란 초원을 뚫고 올 도뇨 렝가이Ol Donyo Lengai로 향했다. 그곳은 리프트Rift 계곡 옆 자락에 있는 활화산이었다. 산은 완벽한 원뿔 모양이었다. 우리는 산기슭에 랜드크루저를 대놓고, 화산재와 잔해들로 이루어진 마지막 몇 백 미터를 걸어올라 분화구의 가장자리까지 다가갔다. 분화구는 용암으로 가득 차 있었는데, 그 위는 마치 얼어붙은 호수같이 얇은 껍질로 덮여 있었지만 사실은 엄청난 열이 들끓고 있었다.

다른 사람들은 마다했지만, 나는 혼자서라도 분화구 가장자리를 한 바퀴 돌고 싶었다. 반대편에 도착해 보니 가장자리의 지형이 더 취약해 분기공에서 유해가스들이 뿜어져 나왔다. 그러자 세바스찬 스노Sebastian Snow와 남미를 탐험하던 때가 떠올랐다. 한 바퀴를 완전히 돌아보고 나니 약간의 위험과 경쟁을 좋아하는, 어쩌면 유치하기까지 한 나의 취향이 충족된 듯한 느낌이 들었다. 그래도 완벽한 날이었다. 우리 모두가 원시 그대로의 화산에 올랐고, 그곳의 가장 높은 곳에서 인간의 흔적이 닿지 않은 아스라한 정글을 바라볼 수 있었다. 산기슭에는 우리의 차가 두 대 있었지만, 분명 타이어 자국은 몇 시간 뒤 깨끗이 사라질 터였다.

우리 모두에게 좋은 여행이었지만 조에게는 더욱 그랬다. 그는 재판까지 5개월을 기다려야 했는데, 실제 재판은 사흘 만에 끝났다. 재판이 지연되자 조는 안절부절못했고, 내가 공인이라는 이유로 우리는 끊임없이 미디어의 추적을 받아야 했다. 그러자 웬디는 두려움에 빠졌다. 기자들은 콜드백과 네더로우Nether Row 주변을 기웃거리며 또 다른 이야기나 가십거리를 캐내는 데 여념이 없었다. 그러나 우리의 이웃들은 그들을 의도적으로 피했다.

나는 재판에 참석해야 할지 말지를 결정할 수 없었다. 조에게 힘이 되어주고 싶은 마음이 간절했지만, 내가 나타나면 언론의 관심도 훨씬 더 커질 터였다. 결국 나는 마지막 날 재판에 참석했고, 천만다행으로 조는 무죄판결을 받았다. 그리고 그는 그런 경험을 통해 새로운 결의를 다진 매우 정직한 인간으로 다시 태어났다.

하이디는 재판 내내 조에게 힘이 되어주었지만, 그들은 재판이 끝나고 얼마 지나지 않아 좋은 친구로 남기로 하고 헤어졌다. 그리고 나서 조는 주드Jude를 만났다. 그녀는 하이디와는 사뭇 달랐다. 수줍음을 살짝 타면서도 요정같이 아름답다고나 할까. 그녀는 조가 장점을 발휘할 수 있도록 도와주었다. 그들은 깊은 사랑에 빠졌고, 호주인인 주드의 취업허가가 거의 끝나가자 1994년 봄 첼시Chelsea 등기소에서 결혼했다. 결혼식은 아름다웠다. 그들은 흰색 캐딜락 컨버터블 자동차를 타고 연회장에 도착했다. 주드의 어머니인 베스Beth와 그녀의 남동생인 데이브Dave도 왔는데, 베스는 그들의 결혼을 기뻐하면서도 딸을 런던으로 보내야 한다는 사실에 서운해하는 기색이 역력했다.

그러나 나중에는 우리와 베스의 입장이 뒤바뀌고 말았다. 시드니의 별난 생활방식에 매료된 조가 주드를 설득해 그녀의 고국인 호주로 이주하자고 한 것이다. 당시 조는 음악계에서 성공적으로 일하고 있었지만, 여전히 갈피를 잡지 못하고 있었다. 1년간 호주의 자연보호지역에서 일한 그는 생각을 바꾸어 울트라 마라톤도 뛰고 피트니스 트레이너 자격증도 땄다. 이전에는 느끼지 못했던 인생의 방향감각을 찾은 것이다. 소니 Sony에서 일한 주드는 음악 산업에 계속 종사했다.

루퍼트 역시 나름대로 약간의 법적 마찰을 빚었는데, 조와는 상황이 사뭇 달랐다. 웹디자인 사업을 확장하던 그는 알프스의 스키 산장 예약을 취급하는 인터넷 여행사를 운영했다. 당시는 인터넷 사업이 막 붐을 일으키던 때였다. 루퍼트의 열정과 비전 덕분에 사업이 잘 되자 대주주들이 욕심을 부리기 시작했다. 루퍼트의 주식을 모두 사들여 회사에서 그를 쫓아내려고 모인 험악한 자리에서 주주들은 루퍼트가 폭행을 했다는 터무니없는 모함을 했다. 다행히 이사 한 명이 회의 내용을 녹음했고, 루퍼트의 변호사는 그것을 이용해 소송을 취하시킬 수 있었다. 그러나 루퍼트와 그의 가족은 정당한 가격에 주식을 팔 수 있도록 합의하기까지 수년간 법적 분쟁에 휘말려야 했다. 그 후 루퍼트는 스포츠 영양학자인 대런 푸트Darren Foote와 에너지 음료와 회복 음료를 만드는 '마운틴 퓨얼Mountain Fuel'이라는 새로운 사업을 벌였다. 그의 회사에서 만든 제품들은 영국 최고의 산악마라톤 선수 몇몇이 애용했고, 어떤 사람은 에베레스트 정상까지 가지고 올라가기도 했다.

루퍼트는 대학입시 준비과정에 있던 앤Ann을 만났다. 앤의 부모인 로버트 듀허스트Robert Dewhurst와 캐럴Carol은 케스윅의 헤어드레서였다. 앤은 수줍음을 타는 편이었는데, 갈색 생머리는 아름다움을 드러내는 지속적이고 풍부한 표정의 그녀 얼굴과 잘 어울렸다. 결국 그녀는 대학에 진학해 초등교사 자격증을 딴 후, 케스윅에서 서쪽으로 16킬로미터 떨어져 있는 아스파트리아Aspatria 바로 외곽 작은 마을에 있는 학교에 부임했다. 그녀는 헌신적이면서도 효과적으로 아이들을 가르치는 교사였다. 나는 아이들과 이야기를 나누기 위해 학교를 방문했을 때 그녀가 가르치는 모습을 직접 볼 수 있었다. 앤과 루퍼트는 1998년에 바센스웨이트

Bassenthwaite 호숫가에 있는 아름다운 세인트 베가 교회St Bega's Church에서 결혼식을 올렸다. 케스윅에 정착한 그들은 여전히 아웃도어 활동을 열정적으로 즐기고 있다.

웬디와 나는 두 아들이 언제 손주를 낳을지 가끔 궁금해했는데, 2002년 내 생일날에 앤이 에밀리Emily를 낳아 나에게 커다란 선물을 안겨주었다. 그 후 마치 경쟁이라도 하듯 손주 녀석들이 태어났다. 곧 시드니에서 에디Edie가, 바로 이어서 케스윅에서 윌Will이, 이에 질세라 시드니에서 다시 아너Honor가 태어난 것이다. 그 녀석들은 서로 자주 보지는 못해도 매우 좋은 관계를 유지하고 있다.

킬리만자로를 다녀온 이듬해인 1993년, 나는 7대륙 최고봉 등정 프로젝트를 계속 이어갔다. 나는 엘브루스Elbruz(5,642m)에 도전했지만, 그것은 카프카스Caucasus에서 친구들과 함께 즐기는 등반 휴가에 불과했다. 나의 등정 파트너는 함께 멋진 모험을 많이 한 짐 포서링엄이었다. 또한 나는 나의 충실한 비서 루이즈와 그녀의 남편 제럴드도 초대했다. 영상을 찍기 위해 함께 간 짐 커랜은 우리를 보고 마치 제임스 본드가 비서인 미스 머니페니Moneypenny와 함께 작전에 나선 것 같다고 말했다. 불행히도 나는 미남인 007을 전혀 닮지 않았지만, 루이즈는 집에서 매우 다부진 모습을 보여 왔기 때문에 나는 누구도 감히 우리를 곤란한 상황에 빠뜨리지는 못할 것이라고 생각했다.

카프카스산맥에 깊은 감명을 받은 그 여행은 아주 재미있었다. 그곳은 소비에트 연방 시대의 볼품없고 허름한 기반시설과 달리 놀랍도록 아름답고, 상대적으로 사람의 손도 닿지 않은 지역이었다. 짐과 나는 멋진 우슈바 북봉Ushba North을 등정할 뻔했는데, 그 봉우리는 엘브루스보다 고도가 약간 낮기는 했지만 훨씬 더 매력적이었다. 우리는 경험이 많은 우크라이나 클라이머 보카Vokka와 함께 출발했다. 그러나 우리가 북봉North Summit에 도착하자 폭풍이 몰아닥쳤다. 우리는 가까스로 탈출해 안전한 지역으로 내려왔다. 보카는 이렇게 충고했다. "조심하십시오. 모험은 아직 끝나지 않았습니다." 그리고 그의 말은 그 후 나의 만트라mantra가 되었다.

킬리만자로와 엘브루스는 가족이나 친구들과 휴가로 즐긴 아주 흥미진진한 경험이었다. 그러나 나는 7대륙 최고봉 등정 프로젝트에 점차 흥미를 잃기 시작했다. 데날리Denali(6,190m)와 피라미드 모양의 칼스텐츠 Carstensz(4,884m), 아콩카과Aconcagua(6,961m)가 남아 있었지만, 나는 물류를 곧바로 해결할 수 있는 루트를 그냥 올라가기만 하면 되는 그 프로젝트에 그다지 영감을 받지 못했다. 그런 산들에서는 신루트를 찾을 수 없었다. 물론 그렇다 해도 나의 능력으로는 오르지 못했을 것이다. 내가 가장 좋아한 등반은 미지의 세계에 대한 탐험이 나에게 보내는 유혹이었다. 나는 계속 숫자가 늘어나는 개척적인 원정등반에 끌리면서 더 많은 흥분을 느꼈다. 나는 결국 7대륙 최고봉 등정 프로젝트를 포기했다.

가족들과의 등반은 환상적인 경험이었다. 오래전부터 나는 탐험에 대한 내 열정을 나와 가장 가깝고 소중한 사람들과 함께 나누고 싶었다. 미등의 봉우리를 가족과 함께 올라보는 것은 어떨까? 조는 기꺼이 응할 것 같았다. 나와 함께 빙벽등반도 한 조는 히말라야에도 가보고 싶어 했다. 반면, 고소를 그다지 좋아하지 않은 루퍼트는 킬리만자로 여행을 즐기기는 했지만 조만큼 감동을 받지는 못했다. 그는 히말라야로 원정등반을 간다는 생각에 시큰둥한 반응을 보였다. 한편, 이복동생 제럴드는 어느 곳이든 상관하지 않고 따라나설 사람이었다.

나는 대상지를 물색하며 친구들에게 조언을 구했다. 나는 내가 가보지 못한 곳에 있는 꽤 안전한 미등봉을 원했는데, 해발고도가 6,000미터 정도 되면 이상적일 것으로 판단했다. 줄리안 프리먼 애트우드Julian Freeman-Attwood는 칸첸중가와 가까운 곳에 위치한 당가Danga를 추천했다. 그 산은 대략 6,200미터였다. 나는 네팔 동부에 가본 적이 없어서 마음이 상당히 끌렸다. 줄리안은 나에게 사진을 보내주었다. 사실 그냥 둥그스름한 모습의 당가는 특별히 아름답거나 극적인 모습은 아니었지만, 루트도 상당히 직선적인 데다 위험해 보이지도 않아, 내가 세운 기준에는 적합했다. 더그 스콧 역시 사진을 몇 장 보내주었다. 그는 군사 콜라Ghunsa Khola를 통해 칸첸중가 북쪽으로 들어갈 때 당가의 아래쪽을 지나 그 서릉을 피터 보드먼, 조 태스커와 함께 멋지게 초등했었다.

우리는 2000년 봄 시즌으로 계획을 잡았다. 조는 아내 주드와 처남 데이브를 데려가고 싶어 했고, 제럴드는 리버풀대학에서 법학을 전공하는 조카 제임스도 낄 수 있을지 물어보았다. 나는 의사도 한 명 필요할 것 같아 마을진료소에서 일하는 친구 루퍼트 베넷Rupert Bennett을 초청했다. 그 역시 열정적인 클라이머였다. 준비는 순조로웠다. '히말라야 원정대들Himalaya Expeditions'의 창립자이자 소유주인 비크럼 판데이Bikrum Pandey는 내가 티베트로 원정을 갈 때마다 물류를 도와준 좋은 친구였는데, 당가는 네팔이 허가를 내줄 수 있는 봉우리의 목록에 들어 있지 않았음에도 걱정하지 말라고 호언장담했다.

출발하기 며칠 전, 나는 마을 술집 올드 크라운Old Crown에서 이복동생 제럴드와 만났다. 제수 레이첼Rachel이 나를 지그시 쳐다보며 "이 사람을 잘 부탁해요. 전 이 사람이 없으면 못 살아요."라고 말했다. 그녀는 그렇게 걱정할 만도 했다. 왜냐하면 몇 주 전에 퀸즈 발모럴 에스테이트Queen's Balmoral Estate에 있는 멋진 봉우리 로흐나가르Lochnagar에서 '평행 걸리 BParallel Gully B'를 그와 함께 오르다가 매우 아찔한 순간을 겪었기 때문이다.

등반은 순조로웠다. 나는 눈이 움푹 파인 마지막 어려운 피치를 끝냈다. 등반이 너무 쉬워 나는 중간쯤 올라갔을 때 크랙에 확보물을 하나만 설치했다. 꼭대기에서 확보지점을 찾지 못한 나는 로프가 다 되자 피켈로 크램폰을 디딜 수 있는 작은 턱을 만든 다음 피크를 박아 넣었다. 그리고 나서 제럴드에게 올라오라는 신호를 보냈다. 움푹 파인 곳을 몇 동작으로 빠져나오면 볼록 튀어나온 얼음이었는데, 그 위의 눈이 부서지면서 그가 박은 피켈의 피크가 빠졌다. 그는 추락했다. 그러자 피크만으로 부실하게 확보 보던 나도 곧장 팅겨나가 공중으로 날았고, 방금 전 올라온 피치를 따라 거꾸로 추락했다.

공중에서 절벽 아래를 곧장 내려다보며 죽을지도 모른다는 공포에 사로잡힌 나는 바닥에 부딪치면 얼마나 아플까 하는 엉뚱한 생각이 들었다. 그런데 곤두박질치며 추락하던 나는 순간 멈추었고, 정신을 차리고 보니 움푹 들어간 작고 가파른 설사면 위에 매달려 있었다. 크랙에 설치한 그 단 하나의 확보물이 빠지지 않고 버틴 것이다. 눈이 움푹 파인 곳을 따라 20미터 정도 미끄러져 내려가던 제럴드가 자신도 모르게 균형추 역할을 하게 되었는데, 그가 추락할 때는 왜 멈추지 않았을까? 우리는 아주 운이 좋았던 것 같다. 왜냐하면 우리 둘의 몸무게가 그 보잘 것 없는 확보물에 충격을 주기 전에 내가 먼저 가파른 설사면에 떨어져서 충격의 강도가 줄어든 것 같았기 때문이다.

우리가 당한 사고 이야기는 어쩔 수 없이 아내들의 귀에도 들어갔다. 무엇보다도 갈비뼈가 몇 개 부러진 나는 해명을 해야 했다. 결국 우리 이야기는 지역 언론에까지 알려졌다. 아슬아슬하게 참사를 면한 제럴드는 충격을 얼마나 많이 받았을까. 그는 무척 어려운 상황에서도 매우 침착하고 냉정한 사람이었다. 비록 나는 그렇지 못하지만, 오랫동안 수없이 많은 극단적인 위기와 아슬아슬한 상황들을 겪으면서 사고가 나면 두려움을 느끼기보다는 오히려 정신이 더 집중됐다. 나는 동료들이 수없이 죽어가는 동안에도 어떻게 살아남았는지 자주 질문을 받곤 했는데, '순전히 운'이라는 말이 정답일 것이다. 그렇다면 아내와 두 아들을 두고도 그 말이 정당화될 수 있을까? 아마 그럴 수는 없을 것이다. 내가 계속 전진해나갔던 것은 모험에 대한 갈망 때문이었겠지만, 그래도 그것은 분명 이기적일 수밖에 없다. 레이첼의 말을 들으며 나는 나의 책임을 깊이 깨닫게 되었는데, 제럴드와 제임스와 조뿐만 아니라 그들의 아내 역시 나의 책임이었다.

나는 카트만두에 많이 가보았지만, 비행기가 카트만두 계곡으로 아슬아슬하게 착륙하면 언제나 흥분과 전율에 휩싸인다. 1960년대에는 공항이 도심에서 멀었다. 그러나 이제는 공항 주변까지 도시가 확장될 정도로 엄청난 인파가 거대한 분지를 가득 채우고 있다. 콘크리트로 지어진 집들, 쓰레기가 넘치는 지저분한 거리들과 낡은 차량들의 배기관에서 뿜어져 나오는 매연은 이제 그곳에서 일상적으로 마주칠 수 있다. 그래도 나는 언제나 따뜻한 환영이 기다리고 있는 그곳을 사랑한다. 마르샹디호텔 Marshyangdi Hotel의 앞마당에는 '환영! 크리스 보닝턴 경과 그의 원정대'라는 파란색의 커다란 현수막이 걸려 있었다.

우리는 카트만두에서 일주일을 꼬박 보내며 옛 친구들과 재회했는데, 특히 페르템바와 그의 가족은 무척 반가웠다. 제임스는 당가 원정대 티셔츠를 디자인해 타멜Thamel에 있는 한 업소에 제작을 맡겼다. 조는 스모그가 뿌옇게 덮인 분지를 한눈에 내려다볼 수 있는, 스와얌부Swayambhu에 있는 사원과 스투파stupa까지 가파른 언덕을 달려 올라갔다. 한편, 비크람이 등반 허가를 받는 일이 잘 진행되고 있다고 호언장담했음에도 불구하고 나는 불안한 마음을 감출 수 없었다. 나는 최종 결재권자인 장관을 만나 직접 이야기를 듣고 싶었는데, 카트만두를 떠나기로 한 날 오후에 가까스로 그를 만날 수 있었다. 나를 제외한 다른 사람들은 먼저 비행기를 타고 갔고, 나는 소중한 허가서를 손에 쥔 채 평원에 있는 비라트나가르Biratnagar행 마지막 비행기를 잡아탈 수 있었다.

우리는 트윈 오터를 타고 일찍 산으로 향했는데, 비행기가 이륙하니 구름이 두껍게 형성되기 시작했다. 그것은 내가 경험한 가장 장엄하면서도 무서운 비행이었다. 우리가 탄 작은 비행기는 버섯처럼 피어오르는 적란운을 뚫고 날아갔고, 가끔 구름 사이사이로 에베레스트와 마칼루, 칸첸중가가 어렴풋이 보였다. 목적지에 가까이 다가갈수록 우리 주변을 감싼 구름이 번개까지 동원하며 비행기 동체를 무섭게 흔들어댔다. 그때 갑자기 조종사가 비행기의 고도를 곤두박질시키듯 하강시켜 언덕 위에 있는 수케타르Suketar 공항의 잔디 활주로에 아슬아슬하게 착륙했다. 아드레날린이 솟구친 우리가 짐을 모두 내리자, 기다리고 있던 포터들이 그 짐을 언덕 아래에 있는 타플레중Taplejung 마을로 옮겼다. 우리는 학교 근처에 텐트를 치고 그날 밤을 보냈다.

베이스캠프까지 가는 트레킹은 1960년대에 안나푸르나2봉과 눕체로 걸어 들어가던 때가 떠올라 즐거웠다. 트레킹을 하는 사람들은 거의 없었다. 볏짚으로 지은 가옥들이 나타났고, 작은 밭에는 6월에 수확하는 감자와 보리가 심어져 있었다. 우리는 하얀 산이 가깝게 다가오는 것을 간간이 바라보며 비탈진 숲속을 걸어 올라갔다. 셰르파들이 사는 군사Ghunsa까지는 엿새가 걸렸다. 셰르파들의 전형적인 집들은 돌로 벽을 쌓고 납작하고 커다란 화강암으로 지붕을 만든 모양새였다. 여자들은 전통 의상을, 남자들은 주로 청바지와 오리털 재킷을 입고 있었다.

나는 예순다섯이라는 나이에도 불구하고 트레킹에 아무 문제가 없어 기뻤다. 나의 소규모 가족 원정대는 편안하고 행복해 보였다. 조는 아내

주드를 가슴이 뭉클할 정도로 잘 보살펴주었다. 이제 우리는 칸첸중가의 그늘 안에 있었고 강을 따라가며 가파른 스크리 지대를 올랐는데, 원정 전체를 놓고 봐도 가장 위험한 곳이었다. 주드가 올라갈 때 커다란 바위들이 굴러 떨어졌다. 그 바위들은 어디로 튈지 알 수 없었다. 따라서 바위들에 맞고 안 맞고는 순전히 운에 맡겨야 했다. 우리가 당황스럽게 지켜보는 동안 주드는 그 바위들을 이리저리 피해 계속 올라갔다. 위기를 모면한 주드는 조금 놀란 듯 보였지만, 그럼에도 군건하게 계속 나아갔다.

캄바첸Kambachen에서 보낸 그날 밤, 조는 그날이 '앤잭 데이Anzac Day'라는 사실을 우리에게 알려주었다. 그날은 호주에서 아주 중요하게 여기는 기념일 중 하나로, 제1차 세계대전 당시 갈리폴리Gallipoli에서의 처참한 전투를 기리는 날이었다. 그것은 조답게 다소 낭만적인 제스처였는데, 그는 데이브와 주드를 위해 작은 기념식을 하고 싶었던 것이다. 우리는 맥주로 축배를 들었다.

여름철 야크에게 풀을 먹이는, 4,750미터의 로낙Lhonak에 있는 베이스캠프까지 가는 데 열흘이 걸렸다. 이제 나는 눈앞에 펼쳐지는 지형과 줄리안과 더그가 나에게 준 사진을 대조해보아야 했다. 나는 지도가 얼마나 정확한지 확신할 수 없었고, 당가로 가는 가장 좋은 접근로도 모르고 있었다. 나는 더 멀리까지 관찰할 목적으로 아침 일찍 베이스캠프 뒤쪽에 있는 언덕에 올랐다. 그러나 근심걱정이 앞섰다. 로낙에서 들어가는 계곡이 당가로 이어지는지 전혀 확신할 수 없었는데, 계곡 끝에 있는 아이스폴 지역도 위험해 보였다. 설상가상으로 나는 우리가 목표물로 선정해 더그와 줄리안이 사진을 보내준 그 산이 당가가 아니라 6,194미터의 무명봉이라는 사실을 알게 되었다. 당가는 그 바로 북서쪽에 붙어 있는 뾰족한 봉우리였다.

내가 이런 사실들을 알게 된 그날, 우리의 유능한 사다 푸르텐지

Phurtenji가 전진 베이스캠프 터를 찾기 위해 당가 빙하까지 걸어 올라갔다. 그는 들쭉날쭉한 모레인 지대를 건너가는 것은 힘들다고 보고하면서도, 그 길을 따라가면 당가 아이스폴 지역의 입구까지 갈 수 있고 그곳에서 조금만 더 올라가면 상당히 안전한 지대가 나온다고 설명했다. 다음 날 우리는 다시 올라가 두 눈으로 확인했는데, 푸르텐지가 수집한 정보가 정확해서 등반을 시작했다.

그런데 문제가 또 발생했다. 나는 배저 힐의 집에서 더플 백에 경량 텐트를 몇 개 집어넣었는데, 그 백이 사라진 것이다. 황급했던 우리의 출발과 혼잡스러운 유스턴역에서 기차를 향해 달려갔던 일들이 떠올랐다. 어딘가에 그 백을 놓아둔 것이 틀림없었다. 나를 제외한 다른 사람들은 그 일을 아주 재미있어 했고, 내가 건망증이 심하다고 종종 놀려대던 조가 특히 고소해했다. 그래도 아주 큰 문제는 아니었다. 인내심이 많은 셰르파들의 도움으로 우리는 베이스캠프의 텐트 몇 개를 산 위로 올린 다음, 5월 4일 새벽 정상으로 향했다.

처음 300미터는 가벼운 눈이 먼지처럼 쌓여 있는 건조한 빙하 지대를 올라가야 했다. 이상하게 생긴 작고 가파른 턱과 폭이 좁은 크레바스가 있었지만, 눈이 쌓여 있는 넓은 분지로 빙하가 이어질 때까지 우리는 로프를 사용할 필요가 없었다. 이제 나는 로프를 꺼내 묶고 큰 크레바스들을 피해 단단한 눈을 올라갔다. 그렇게 해서 우리는 아이스폴의 상단부에 도달했는데, 그곳에서부터 일련의 얼음 턱들을 올라가니 당가와 우리가 원래 오르려던 봉우리 사이에 쉬운 설사면과 콜이 나타났다. 오전 7시, 우리는 눈 덮인 빙하 건너편으로 어느 정도 떨어진 곳에 있는 아주 매력적인 당가의 정상을 바라보았다. 제럴드는 곧바로 그 정상에 흥미를 보이며 도전해보자고 했지만, 나는 우리 팀의 평준화되지 않은 등반 실력뿐만 아니라 아들들에 대한 책임도 부담스러웠다. 따라서 우리는 원래 오르려던 봉우리를 그냥 오르기로 하면서 그 봉우리를 '당가2봉'이라고 명명했다.

푸르텐지와 내가 교대로 앞장서서, 우리는 꾸준히 고도를 올리며 커다란 크레바스 위에 위태롭게 걸려 있는 스노브리지를 건넌 다음 정상으로 보이는 곳으로 향했다. 그곳은 둥근 능선에 마치 커다란 물고기 지느러미처럼 툭 튀어나와 있었다. 우리의 등반은 생각보다 어려웠는데, 나는 그곳이 정상이 아니라는 사실을 금세 알아차렸다. 사실 진정한 정상은 800미터 정도 떨어진 곳에 있는 둥근 둔덕이었다. 우리는 다시 걸어 올라가기 시작해 오후 1시쯤 정상에 도착했다. 감정이 북받치는 순간이었다. 보닝턴 가문 사람 4명과 우리의 좋은 친구 푸르텐지가 미등의 봉우리를 초등한 것이다. 주변의 경치는 장엄했다. 거대한 칸첸중가 산군이 사방으로 뻗어 내렸고, 인상적인 형태의 자누Jannu(7,710m)가 거대한 북벽을 드러냈다. 서쪽 멀리에는 마칼루와 에베레스트가 있었다. 나는 대단히 만족스러웠고, 가족에 대한 큰 사랑도 느꼈다.

원정기간 중 가장 맑고 좋은 날씨에 정상에 도전할 수 있었기 때문에 우리는 무척 운이 좋은 편이었다. 전진 베이스캠프에 돌아온 오후 4시 30분에도 하늘이 끝없이 맑았다. 다음 날 우리는 한걸음에 군사Ghunsa까지 내려갔고, 그곳에서 조카 제임스는 포터들과 한편이 되어 마을 사람들과 배구를 했다. 우리는 자누의 서쪽 측면을 넘는 하산 트레킹에 들어갔다. 그러나 메르간 라Mergan La를 넘을 때 눈보라가 몰아쳐서 옷이란 옷은 모두 꺼내 짐꾼들에게 빌려주었다. 그다음 날, 설선 아래까지 내려온 우리는 다시 동쪽으로 방향을 틀어 경작지대를 가로지른 다음 울창한 정글을 뚫고 올라가 능선 건너편으로 내려갔다. 마침내 우리는 엿새 동안의 힘든 트레킹을 통해 비행기를 탈 수 있는 수케타르로 돌아왔다. 그러나 시계가 불량해 비행기가 뜰 수 없다는 사실을 안 우리는 다시 계곡을 따라 한참 걸어 내려간 다음, 북새통을 이룬 야간 버스를 타고 비라트나가르까지 가서 카트만두행 아침 비행기를 탔다. 불편은 그다지 문제가 되지 않았다. 어쨌든 멋진 여행이었고, 가족이 함께하면서 훨씬 더 행복했다.

당가 원정은 조에게 인생의 전환점이 되었다. 그때까지 체력을 다진 그는 이제 다른 사람들을 돕고 싶어 했다. 상업적인 모험의 세계가 급속도로 번창하는 가운데 기회를 엿보던 그는 시드니에서 '조의 베이스캠프 Joe's Basecamp'라는 독특한 체육관을 열어 아웃도어와 모험 스포츠를 지향하는 운동선수들을 훈련시켰다. 몇 년 동안 그는 에베레스트 정상에 도전하는 사람들, 해협을 건너는 수영 선수들, 울트라 마라톤 선수들 그리고 모험적인 경주 선수들을 지도했다. 또한 그는 트레킹 회사를 설립해 네팔과 부탄으로 가는 모험에 나를 초청하기도 했는데, 고객들은 그에게 충성과 애정을 보였다. 나는 아버지로서 두 아들 모두 무척 자랑스러웠지만, 조가 펼쳐나가는 삶이 특히 경이로웠다.

세푸 캉그리

해질 무렵 우리는 라싸에서 북동쪽으로 500킬로미터 정도 떨어진 디루 Diru에 들어섰다. 그곳은 너저분한 개들이 지키는 군 막사와 관공서 건물 들이 있는 지저분하면서도 통제가 심한 마을이었다. 우리 중 그곳에 머물 고 싶어 하는 사람은 아무도 없었지만 그곳을 지나면 더 이상 마을이 없 었다. 비가 억수같이 내려 캠핑이 곤란했는데 마침 마을 우체국에 게스트 하우스가 있었다. 그곳 주인은 친절한 우체국장 동카Donkar 여사였다. 그 녀는 나무를 때는 난로, 침대와 이불만 있는 방으로 우리를 안내했다. 우 리는 디루에 있는 개들이 한꺼번에 짖어대기 시작하는 바람에 한밤중에 잠에서 깨어나야 했다. 개들이 짖는 소리는 창문이 흔들릴 정도로 시끄러 웠다. 찰리 클라크와 나는 허탈하게 웃지 않을 수 없었다. 우리는 나중에 음향 효과로 쓸 목적으로 그 소리를 테이프에 녹음했다.

아침식사를 하면서 동카 여사에게 우리의 계획을 설명했다. 그리고 우리가 마침내 찾아낸 신비의 산 세푸 캉그리Sepu Kangri의 사진을 꺼내 보 여주었다. 그것이 우리가 가진 유일한 자료였다.

그녀는 사진을 보자마자 이렇게 말했다. "아, 맞아요. 그 산은 내 고향 뒤쪽에 있어요. 몇 년 전에 가족들과 그곳으로 소풍을 갔었죠." 그녀는 자 신의 방으로 가더니 핸드백을 들고 나왔다. 그리고 사진을 하나 꺼냈다.

"이게 그때 사진입니다." 그녀는 세푸 캉그리를 배경으로 포즈를 잡고 서 있었다. "여기서 도로를 따라가면 고개가 나오는데, 그곳에서 2시간 정도 내려가면 계곡이 하나 나옵니다. 그 안에 센자Senza라는 마을이 있어요. 그곳에서 이틀을 걸어 들어가면 됩니다. 디루에서는 다른 사람들에게 물어보지도 마세요. 가본 사람이 없어 알지도 못하니까요."

놀랍게도 우리는 세푸 캉그리로 들어가는 길을 단 몇 분 만에 알아냈다. 탐험을 할 때 비밀을 가장 빨리 알아내는 방법은 근처에 가서 자신이 묵는 집의 여주인에게 물어보는 것이 아닐까?

우리가 수수께끼 같은 세푸 캉그리에 매료된 것은 그로부터 15년 전이었다. 그때 우리는 청두에서 라싸로 비행기를 타고 에베레스트 북동릉 원정등반에 나섰었다. 우리가 탄 낡은 러시아제 터보프로펠러기의 희뿌연 창문을 통해 광활하게 펼쳐진 산들이 보였는데, 우리 중 그 산들에 대해 아는 사람은 아무도 없었다. 뾰족뾰족 솟아오른 봉우리들과 능선들의 물결이 북쪽 지평선까지 아스라이 펼쳐져 있었다. 우리가 아는 것이라고는 라싸의 북동쪽이라는 대강의 위치뿐이었다.

"저 봉우리들은 최소 6천 미터는 되겠는걸."

"저기 저 봉우리 좀 봐. 훨씬 더 높은데.

"저기에 가본 사람이 있을까?"

우리는 그 봉우리들을 지나쳐 라싸의 공가Gonggar공항에 도착했다. 그리고 에베레스트 도전에 정신을 집중하고 있던 우리의 머릿속에서 끝없이 펼쳐진 그 봉우리들의 광경은 자연스레 사라져갔다. 그로부터 2년 후, 나는 암체어 트래블러armchair traveller이자 지도에 미친 프랭크 부스먼Frank Boothman으로부터 흥미로운 편지를 한 통 받았다. 그는 티베트의 지리에 푹 빠져 있었는데, 미 공군의 지도를 보다가 라싸 북동쪽에서 7천 미터가 넘는 봉우리들을 여러 개 발견했다고 알려주었다. 가장 높은 곳이

해발 7,350미터였다. 만약 그 수치가 사실이라면 티베트 고원의 최고봉을 찾아낸 셈이었다. 그러나 프랭크는 지도상의 고도가 실제보다 높을 수 있다고 주의를 주었다.

나는 다른 프로젝트들로 바빴는데, 부스먼은 그 사이에도 나에게 계속 진귀한 정보들을 제공했다. 1987년에는 왕립지리학회(RGS)Royal Geographical Society가 중앙아시아의 산에 대한 지명사전과 지도를 펴냈다. 나는 쉬블링과 멜룽체에 함께 갔던 짐 포서링엄에게 1989년에 그 지역을 탐험해보자고 제안했다. 우리는 후원자를 찾는 한편 수소문 끝에 홍콩의 여행사도 하나 알아냈다. 그들은 멜룽체 이후 우리가 등반 허가를 발급받을 수 있는 곳이라고 생각했던 티베트등산협회(TMA)Tibet Mountaineering Association로부터 허가서를 받아내는 데는 아무런 문제가 없다고 말했다. 그러나 짐을 다 꾸렸는데 TMA로부터 팩스 한 장이 날아왔다. 우리가 가고자 했던 지역에 필요한 허가를 내줄 수 없다는 내용이었는데, 대신 중국등산협회가 인가한 봉우리들의 목록에서 하나를 선택해보라고 제안했다. 그러나 목록에 있는 봉우리들은 우리의 원래 계획보다 매력적이지 못했다. 따라서 우리는 계획을 포기하고 스코틀랜드로 향했다. 오지에 숨어있는 멋진 봉우리 하나가 우리들 눈앞에서 사라진 것이다.

경제개혁은 1990년대의 티베트 관광산업에 변화를 몰고 왔다. 나는 라싸에 있는 여행 및 트레킹 대행사를 하나 알게 되었는데 그들은 믿을 만했다. 그들은 친절했고 팩스의 답장도 빨랐다. 다시 유혹을 느낀 나는 1996년 여름철 등반을 위해 짐 포서링엄, 그레이엄 리틀, 짐 로우더를 초청해 4명으로 원정대를 꾸렸다. 그러자 찰리 클라크가 의사로 참가하기로 했고, 1994년 랑릭 랑에 함께 갔었던 오랜 친구들인 짐 커랜과 폴 넌이 지원조로 따라가기로 했다. 그러나 안타깝게도 폴은 1995년 여름 카라코람에서 눈사태로 사망하고 말았다.

그때 나의 야망이 다른 방향으로 향했다. 1996년 말의 노르웨이 남극원정대에 참가하게 된 것이다. 물론 이론적으로는 두 원정을 모두 해낼 수도 있었지만, 라싸의 친절했던 대행사가 웬일인지 나의 팩스에 답장을 보내주지 않았다. 우리는 티베트로 들어가지 못할 것 같았다. 더욱이 남극원정은 험준하고 거대한 벽 등반이 계획되어 있었기 때문에 내가 단순한 이방인이 되지 않으려면 나의 모든 노력을 집중시킬 필요가 있었다. 나는 결국 티베트 모험을 포기해야겠다는 어려운 결정을 내렸다.

그러나 내가 잘못된 결정을 내렸다는 사실을 깨닫는 데는 그리 오랜 시간이 걸리지 않았다. 볼품없는 암벽에서 2주일씩이나 보내면서 잘 알지도 못하는 사람들과 포타레지portaledge에서 잠을 잘 생각을 하니 불편할 것 같다는 생각이 강하게 든 것이다. 그 사이에 티베트로 함께 가기로 한 사람들은 후원금과 등반 허가에 곤란을 겪고 있었기 때문에 원정을 1년 늦추기로 했다. 나는 두 명의 짐Jim — 포서링엄과 로우더 — 과 그레이엄을 저녁식사에 초대해서 내가 1997년 원정에 함께 갈 수 있는지 타진했다. 그날의 저녁식사 자리는 매우 즐거웠다. 나는 그 일을 통해 내가 잘 알고 믿을 수 있는 친구들과 함께 등반하는 것이 정말 중요하다는 사실을 다시금 깨달았다.

그렇다 해도 나는 1996년에 2개의 원정등반을 계획해놓고 갑자기 할 일이 아무것도 없게 되었다. 그래서 나는 그 봉우리를 빠른 속도로 정찰해 정확한 위치와 가장 좋은 접근로를 찾아보기로 했다. 원정에 참가하기로 한 사람들 중 시간을 낼 수 있는 사람이 찰리뿐이어서 우리 두 사람은 8월 초에 그 지역에 가보기로 했다. 나는 카트만두에서 활동하고 있는 티베트 중개인 체 도르제Tse Dorje와 연락이 닿았는데, 그는 1인당 5,000달러를 내면 필요한 허가를 받아주고 지프 한 대와 가이드 한 명을 제공해주겠다고 약속했다.

우리는 그 산의 이름이 무엇인지도 알아냈다. 내 오랜 친구인 맥Mac, 즉 이안 맥노트 데이비스가 컴퓨터 업계에서의 오랜 경력을 뒤로 하고 국제 산악단체인 국제산악연맹(UIAA) 회장이 되었다. 서울에서 열린 총회에서 중국 대표가 그에게 『눈의 나라에 있는 불멸의 산들Immortal Mountains in the Snow Region, 雪城神山』이라는 신간을 선물했고, 우리는 그 책을 통해 뜻밖에도 미지의 지역에 대한 사진을 얻을 수 있었다. 지금 우리가 니엔첸 탕글라Nyenchen Tanglha로 알고 있는 지역에 우리가 찾던 산도 있었는데, 그 산은 세푸 캉그리라는 이름으로 불리고 있었다. 그 책에 의하면 티베트어로 '하얀 눈의 신'을 뜻하는 세푸 캉그리는 7,000미터에 조금 못 미치는 6,956미터[95]였다. 나는 우리 여행의 미스터리가 약간 사라져 적잖은 실망감을 느꼈다. 그러나 우리는 스위스 알프스 넓이만 한 지역을 탐험하면서 어느 서양인도 보지 못한 봉우리를 정찰하는 결코 쉽지 않은 일을 시작할 참이었는데, 천만다행으로 우리의 목표물이 무엇인지는 알게 되었다. 눈에 덮인 복잡한 지형의 그 산은 등반이 불가능해 보이지는 않았다.

정찰 활동을 하면서 찰리와 함께 시간을 보내는 것은 무척 즐거웠다. 우리는 20년 이상을 서로 알고 지냈다. 그는 나의 원정등반에 4번이나 의사로 참가했을 뿐만 아니라 1982년 에베레스트에서의 비극에 대한 책을 함께 쓰기도 했다. 하지만 그는 약간 모호한 면이 있는 사람이었다. 세속적인 도시인 냄새를 풍기는 그는 유머감각이 탁월했지만, 감정은 잘 드러내지 않는 편이었다. 신경과 의사로 수십 년간 일하면서 과학적인 시각으로 인간의 두뇌를 바라보는 삶을 살아 그런 것 같았다. 그의 아내 루스Ruth는 저명한 정신과 의사였는데, 자기만족에 빠진 산악인의 자아에 상처를 입히는 데 주저함이 없었다. 그녀는 우리가 출발하기 전, 내가 강연하는 웸블리 컨퍼런스센터 밖에 찰리를 내려놓고 그냥 가버렸다. 그리하여 내 아들 루퍼트가 히스로공항까지 우리를 태워다줬고, 나는 언제나처럼 비행기를 놓칠까 봐 안절부절못했다.

차에서 내린 찰리는 꽤 맵시 있는 모습이었다. 청바지와 줄무늬 블레이저코트("옥스팸Oxfam에서 샀는데 비행기를 탈 때 아주 쓸모가 있어."라고 그는 주장했다.)를 입고 그만의 매력적인 미소를 지어 보였다. 나는 자유와 기대로 한껏 부풀어 올랐다. 그리고 계획이나 준비에 그다지 공을 들일 필요가 없어서 마치 휴가를 떠나는 기분이었다. 그의 주장대로 블레이저코트 덕을 본 우리는 영국항공의 VIP 전용 라운지에서 멋진 대접을 받았다. 우리는 그곳에 앉아 경도와 위도를 제외하면 우리가 어디로 가는지 거의 아는 것이 없다는 사실을 곱씹으면서 우리가 확인해야 할 것들의 목록을 작성하기 시작했다. 하지만 목록은 생각보다 많았다.

정체를 잘 알 수 없는 인물이자 우리의 티베트 만능 해결사 체 도르제는 우리가 카트만두에 도착했을 때 그곳에 없었다. 우리가 들은 이야기는 그가 라싸에 가고 없다는 것이었다. 이틀 후 만원을 이룬 보잉을 타고 그의 뒤를 따라갈 때 에베레스트는 몬순의 구름에 가려 보이지 않았다. 그러나 우리가 입국절차를 마치고 출구로 나서자 젊은 티베트인이 '보닝턴'이라고 쓴 피켓을 들고 서 있었다. 자신을 파상 초이펠Pasang Choephel이라고 소개한 그가 우리의 가이드였다. 우리는 몇 주 동안 그에게 크게 의존했는데, 그는 그 후 몇 년간 우리의 일을 현명하게 도와주었다. 라싸는 내가 처음 방문한 1982년의 모습을 전혀 찾아볼 수 없을 정도로 변해 있었다. 우리는 홀리데이인호텔에 머물면서 호텔의 티베트 레스토랑에서 식사를 하고 티베트 전통 의상도 입어보았다. 찰리가 내 생일을 축하해 주기 위해 몰래 샴페인 한 병을 꺼냈다. 나는 생일을 까맣게 잊고 있었다. 그러고 보니 벌써 예순두 살이었는데 전혀 실감이 나지 않았다.

이틀 후, 우리는 진베이Jinbei 픽업트럭을 타고 홀리데이인호텔을 출발했다. 그러자 트럭이 심하게 요동칠 때마다 짐칸에 실은 우리의 장비들이 사정없이 부딪혔다. 체 도르제는 아주 잠깐 나타나 우리의 팀을 확인하고 10,000달러를 챙겨 사라졌다. 우리는 파상과는 이미 안면을 튼 상태였지만, 황홀할 정도로 아름다운 그의 부인 이시Yishi는 처음이었다. 밍마Mingma가 우리의 쿡이었는데, 그때 막 직장을 잃은 그는 순전히 파상의 이웃이라는 이유만으로 그 직책을 맡은 것 같았다. 그의 음식 솜씨는 다른 열여덟 살 소년들처럼 형편없었다. 다행히 운전기사이자 진베이 트럭의 새 주인으로 밝혀진 체링Tsering은 사려 깊고 조용하며 진지한 사람이었다. 원정기간 내내 그는 개버딘[96] 골프재킷을 입고 트릴비trilby 모자를 쓰고 끝이 뾰족한 검은 신발을 신고 있었는데, 그런 차림은 그가 도시 출신이라는 사실을 알려주는 것 이외에 볼품이 없었다. 하지만 신중하고 훌륭한 운전기사여서 그가 운전하는 차를 탄 우리는 마음을 놓을 수 있었다.

우리가 주로 사용한 지도는 공항에서 산 관광객용 싸구려였다. 중국이 새롭게 만든 음울한 도시 낙추Nakchu까지 가는 길에 본 바깥 풍경은 아름답게 펼쳐진 고원 위에 지나치게 화려한 고층 건물들이 어울리지 않게 솟아 있어 어색해 보였다. 그래도 유목민들이 도시의 중심가를 활보하고 청록색 보석류로 치장한 여성들이 있어 낭만적이기는 했다. 그곳에서 라싸까지는 차로 하루 거리였다. 디루 역시 지도에 나와 있었다. 그 뒤로 우리는 오직 사진에 의존할 수밖에 없었다. 동카 여사가 찍은 사진은 우리를 혼란스럽게 했는데, 맥Mac이 선물로 받은 책에 나온 사진과 찍힌 각도까지 아주 비슷했기 때문이다. 사진 아래의 알 수 없는 설명을 보고 우리는 그곳이 남벽이라고 생각했었다. 그 설명은 우리가 가끔 놀려댄 '칭글리쉬Chinglish'였다. 예를 들면 그곳에는 "사진을 찍은 방위각: 북동"이라고 쓰여 있었다. 우리는 그 말이 사진사가 북동쪽을 바라보고 있었다는 의미로 해석했는데, 만약 그렇다면 동카 여사는 그 산의 남쪽에서 무엇을 하고 있었던 것일까? 그 문제를 잠시 이리저리 따져본 찰리는 우리 둘 다 잘 알고 있는 산인 에베레스트의 북쪽 사진을 찾아보았다. 그 사진에도 "사진을 찍은 방위각: 북"이라는 설명이 붙어 있었다. 그렇다면 우리가 본 사진은 세푸 캉그리의 남벽이 아닌 북벽이었다.

이틀 후 우리는 높은 고개를 넘어 비옥한 유총Yu-chong 계곡으로 내려갔는데, 그곳은 건조한 고원지대와는 사뭇 달랐다. 픽업트럭은 킨다Khinda라는 마을로 들어가는 현수교 옆 초원에서 멈추었다. 차는 그곳까지만 갈 수 있었다. 5킬로미터 거리 밖에도 산은 여전히 보이지 않아, 그 길을 여행한 사람들이 세푸 캉그리에 대해 언급하지 않은 것이 아주 놀랍지는 않았다. 파상은 장비를 옮길 야크를 구하는 데 시간이 걸릴 것이라고 미리 알려주었다. 농사철이라 농부들에게 야크가 필요했던 것이다. 하지만 그 일은 오래 걸리지 않았다. 다음 날 산책을 끝내고 돌아와 보니, 야크 네 마리와 몰이꾼 둘을 구한 파상이 그다음 날 아침 11시에 출발하자고 말했다. 약속된 시간에서 정확히 5분 전, 연분홍 리본으로 긴 머리를 묶은 사람이 말을 탄 채 미소를 지으며 야크 네 마리를 몰고 초원을 가로질러 왔다. 그의 허리춤에는 손잡이가 은으로 된 단검이 있었다. 그는 템베Tembe라는 사람이었다.

"그는 아버지가 셋입니다. 한 명은 이곳 킨다에 살고, 다른 두 명은 계곡 위쪽에 살지요."라고 파상이 설명했다. 그곳은 일처다부제가 여전히 일반적인 풍습이었는데, 형제들이 한 여자와 결혼하는 경우도 종종 있었다.

나이가 지긋한 우리 두 사람은 즐거운 마음으로 아름다운 계곡을 걸어 올라갔다. 향나무와 버드나무 아래에는 푸른 잔디가 무성하고, 코발트색 하늘에는 흰 구름이 넘실댔다. 파랑, 노랑, 빨강, 보라의 앵초와 용담, 작은 장미 등도 사방에 만발해 있었다. 그곳은 내가 상상했던 것보다 훨씬 더 풍요롭고 신록이 우거진 곳이었다. 잔디가 바싹 깎인 산비탈은 방목을 너무 많이 한 레이크 디스트릭트의 고지대를 떠올리게 했다. 가끔 우리는 목동의 야크 털 막사인 '바ba'를 지나쳤다. 둘째 날 삼다Samda라는 사원에 도착했는데, 그곳은 보수공사 중이어서 나이든 수도승들은 여름 동안 다른 곳에 가 있었다. 그곳에 있는 몇몇 젊은 라마승들은 우리를 수상쩍게 여겨 적대시했다. 파상은 그들에게 경찰도 아닌 주제에 남의 일에 참견하지 말고 참선이나 계속 하라고 타일렀다.

사원에서 급히 물러난 우리는 방향을 바꾸어, 세푸 캉그리로 가는 곳이라고 들은 넓고 황량한 계곡을 따라 올라갔다. 우리의 산은 여전히 오리무중이었다. 그런데 지루한 마지막 언덕을 오르고 나니 갑자기 모레인 지대의 꼭대기가 나타났고, 마치 어떤 산의 정상에 도달한 것처럼 갑작스럽고 황홀하게 여러 산들이 모습을 드러냈다. 눈에 덮인 봉우리들과 빙하가 화려하게 펼쳐져 있었고, 아래쪽에는 삼초 타링Samtso Taring이라는 성스러운 호수들이 있었다. 그 멋진 광경은 8킬로미터 정도를 뻗어나가다 원형극장 모양의 거대한 빙하에서 끝났다. 그리고 우리의 오른쪽으로 세푸 캉그리의 거대한 북벽이 솟아 있었다. 우리가 눈앞에 펼쳐진 광경의 규모와 다양한 지형들을 대충 파악하는 데만도 시간이 꽤 걸렸다. 책 속의 사진도, 동카 여사의 스냅 사진도 그 장엄한 산의 경치가 뿜어내는 마력을 담지 못했다. 템베는 무릎을 꿇고, 잔디가 나 있는 물가에 이마를 댔다. 파상과 밍마도 마찬가지였다. 우리는 그곳에 텐트를 치고 아주 흡족한 마음으로 잠자리에 들었다.

아침이 되자 동쪽의 먼 봉우리들 위로 황금빛 태양이 떠올랐다. 시간이 지날수록 세푸 캉그리는 붉은색으로 물들었는데, 그 모습이 호수의 잔잔한 수면에 온전한 모습으로 반사되어 나타났다. 템베는 세푸 캉그리 주변의 산 이름을 알려주고 나서 며칠 동안 우리 곁을 비웠다. 동쪽에 있는 산들의 이름은 세푸의 부인인 초모 망걀Chomo Mangyal, 수상이자 세푸의 아들인 고샴 탁초Gosham Taktso, 세푸의 딸로 청록색 꽃이라는 뜻을 가진 세아모 우일미톡Seamo Uylmitok이었다. 템베는 세푸 캉그리를 세푸 쿵라 카르푸Sepu Kunglha Karpu라고 불렀다. 우리는 관광객용 지도를 깜빡 차에 두고 왔다. 그러나 호수의 남단 동쪽에 5,600미터의 사 라Sa La라는 고개가 있다는 사실은 기억하고 있었다. 우리는 그 고개는 볼 수 없었지만, 그 고개 위쪽으로 쉽게 오를 수 있는 봉우리가 하나 있을 것이라고 추측했다. 템베는 파상에게 그 지역의 야크 목동들이 가끔 야크를 몰고 그 고개를 넘는다는 말을 했었다. 그래서 오후가 되자 우리는 파상과 밍마의 도움을 받으며 텐트와 식량을 가지고 삼초 타링의 반대편까지 돌아갔다.

다음 날 우리는 고개를 향해 걸어 올라갔는데 두 개의 작은 야크 목동 막사를 지키던 사나운 개 두 마리가 우리에게 달려들었다. 다행인지 모르겠지만, 그놈들은 나를 지나쳐 찰리에게 덤벼들었다. 아마도 뇌 전문의사가 더 구미에 당겼던 모양이다. 찰리는 스키폴로 개들을 물리쳤다. 찰리가 광견병 주사를 맞자는 내 제안을 가볍게 거절했었기 때문에 나는 그 일을 약간의 권선징악으로 여겼다. 그는 "여행자 클리닉에서 돈이나 벌려고 팔아먹는 약일 뿐이야."라고 말했었다. 다행히 이번에는 우리 둘 다 다치지 않고 위기를 벗어날 수 있었다. 그러나 다음에도 또 나에게만 운이 따를까?

날씨가 칙칙해 산이 안개 사이로 오락가락했다. 고개까지의 길이 너무 멀어 보여 이상한 생각이 든 우리는 낮은 곳으로 내려갔다. 그러자 작은 설사면이 나타나 우리는 피켈을 꺼내들었다. 그 설사면의 꼭대기에 오르니 반대편으로 지저분한 걸리가 내려다 보였는데 올라가기가 쉬워 보이지 않았다. 이제 높은 곳의 길만이 합리적인 선택이었다. 계곡 건너편으로 세푸 캉그리가 안개를 뚫고 나타나, 나는 그 모습을 사진에 담았고 8

킬로미터 떨어진 그 산을 바라보면서 이듬해에 우리가 오를 루트를 가늠하며 내 생각을 녹음했다. 그런 다음 고개 남쪽에 있는 산을 오른 후 개들을 피해 2시간 만에 텐트로 내려왔다. 다음 날 아침, 우리는 장비를 챙겨 호수 북쪽 끝에 있는 베이스캠프로 돌아갔는데, 파상과 밍마가 중간까지 마중을 나왔다.

시간이 없어 다른 방향에서 세푸 캉그리로 접근하려면 즉시 그곳을 떠나야 했다. 템베가 다음 날 아침에 돌아오기로 되어 있었고, 우리는 여전히 힘이 남아 있었기 때문에 호수 남서쪽에 있는 봉우리를 오르면서 오후를 보냈다. 3시간 만에 1,000미터 정도를 올라 5,700미터의 숄더에 이르렀는데, 그곳에서는 세푸 캉그리의 북벽이 잘 보였다. 북벽에는 세락과 크레바스가 빽빽하게 들어차 있었다. 우리는 정상을 향해 계속 올라갔지만, 가슴 높이까지 쌓인 눈으로 인해 결국 발길을 돌려 베이스캠프로 돌아왔다. 우리 둘 모두 어둠 속에도 빛을 내는 주변의 아름다움에 여전히 기분이 들떠 있었다.

다음 날 아침 계란 프라이로 식사를 대신하고 있을 때 고삐에 달린 방울소리가 멀리서 들려왔다. 그러더니 붉은 머리띠를 한 템베가 시야에 들어왔다. 그는 뒤에서 지그재그로 움직이며 야크를 몰고 있었다. 우리는 베이스캠프에서 100미터 정도 떨어진 돌 오두막에서 손녀와 함께 살고 있는, 이가 다 빠진 주름진 미소의 노르게Norge 할머니에게 작별인사를 건넸다. 열여섯 살 정도로 보이는 수도승 링마Ringma가 그곳에 머물고 있었다. 우리가 산을 둘러보는 동안 밍마와 파상은 그들과 친해졌다. 그들은 우리의 피켈을 보고 광산물을 탐지하는 기구라고 여겨 걱정했던 모양이다. 광산업이 티베트의 수많은 계곡들을 망쳐 놓았기 때문이다. 우리는 사진을 찍을 수 있게 해달라고 그들을 설득했는데, 템베의 폴라로이드 카메라 덕분에 그들이 홀딱 넘어왔다. 그들은 오두막으로 들어가 머리를 매만지고 장신구를 착용했다. 파상은 나와 그 '아주 많이 늙은 숙녀가 동갑이라는 사실을 알려주었다. 노르게는 찰리가 의사라는 사실에 시큰둥했는데, 그 전해에 그녀는 의사로부터 곧 죽을 것이라는 진단을 받았다고 말했다.

그녀는 낄낄거리며 이렇게 말했다. "나 여기 멀쩡히 살아 있잖아요. 당신네 의사들은 도대체 아는 게 무엇이오?"

우리는 이내 그곳을 떠났다. 그리고 이틀간의 피곤한 여행 끝에 디루에 있는 동카 여사의 게스트하우스로 돌아왔다. 우리는 얼음처럼 차가운 물로 샤워를 했고, 밍마가 더 이상 음식을 만들지 않겠다고 선언하는 바람에 마을 중심지의 오두막집에 있는 사천요리 식당에서 게걸스레 식사를 했다. 식당에 들어서자 찰리는 웨일스의 작은 마을에 있는 한 중국요리 테이크아웃 전문점에서와 마찬가지로 그곳의 실내장식도 전혀 어울리지 않는다고 말했다. 벽에 붙여놓은 포스터에는 캐리비안 해안에 야자수와 금빛 모래가 펼쳐져 있었지만, 식당의 바닥은 진흙이었다. 우리를 보고 평소보다 조금은 더 바쁠 것이라고 직감한 식당 여주인은 점점 더 매운 요리들을 차례대로 내오며 갈색 병에 담긴 맥주도 꾸준히 꺼내왔다. 그날 밤에는 디루의 개들이 우리를 깨우지 않았다.

세푸 캉그리를 북쪽에서 바라본 우리에게는 — 전에는 그곳을 남벽이라 여겼었는데 — 반대편에 가볼 만한 시간이 딱 알맞을 정도로 남아 있었다. 우리는 낙추로 돌아오는 길에, 들어갈 때 발견한 샛길로 빠져 찰리Chali라고도 불리고 라리Lhari라고도 불리는 마을로 향했는데, 그곳은 경쟁관계였던 두 판첸 라마Panchen Lama가 태어난 곳이었다. 그 마을은 지저분했고 주변에는 산도 없었다. 그곳 경찰이 야크가 한 마리도 없다고 알려주었지만, 어쨌든 우리도 세푸 캉그리까지 갈 수 있는 시간적 여유가 없었다. 그래서 우리는 더욱 과감하게 험난한 길을 선택했고, 밍마가 지아리Jiali강에 빠진 픽업트럭을 끌어낸 후 그 길을 따라 세푸 캉그리의 70 킬로미터 이내로 접근할 수 있었다. 그곳에 갔다가 돌아올 때까지 남아 있는 시간은 나흘이었다. 처음 2시간 동안 우리는 걸어갔는데, 안장이 얹혀 있지만 아무도 타지 않은 당나귀들이 여러 마리 딸린 야크 떼 행렬이 우리를 지나쳤다. 우리는 믿을 수 없을 정도로 운이 좋았다.

1963년 파타고니아에서 웬디와 함께 말을 탄 이후 처음이었다. 당나귀들도 작기는 했지만 나무 안장이나 등자들도 뉴마켓Newmarket[97]의 기수나 탈 수 있을 정도로 작았다. 물론 그 행렬이 우리를 위해 멈추지는 않았다. 우리는 곧 옆을 따라 걸었다. 그러자 야크 떼를 몰던 대장 템바Temba가 우리를 불러 세웠다.

파상은 마치 자기가 타고난 마부인 것처럼 "그가 우리 보고 꼿꼿하게 앉아서 이렇게 한 손으로 고삐를 잡으라고 합니다!"라고 소리쳤다. 템바는 찰리의 스키폴을 낚아채, 그것을 휘두르며 자신의 부하들에게 뒤떨어진 야크들을 몰고 오도록 했다. 그는 이내 우리에게도 야크 모는 일을 시켰다. 광활한 데다 탁 트인 그곳의 지형은 북쪽의 나무가 있는 협곡과는 사뭇 달랐다. 우리는 2시간 만에 20킬로미터를 갔고, 템바와 그의 부하들은 측면의 계곡으로 사라졌다. 하지만 마치 마법을 부린 듯 또 다른 야크 떼 행렬이 나타나 우리는 그들의 도움으로 다시 20킬로미터를 갔다. 그들은 우리가 가려고 하는 계곡의 초입까지 데려다주었다. 그러자 그곳에서는 가파른 사면과 콜이 보였다. 우리는 그곳에서 야영을 하고 다음 날 야푸Yapu 계곡을 따라 내려갔다. 결국 우리는 세푸 캉그리 산군을 남쪽에서 자세히 볼 수 있었고, 조각그림의 반대편을 맞출 수 있었다.

세푸 캉그리는 북쪽에 비해 반대편이 더 가파르고 복잡해 보였다. 올라갈 만한 루트가 뚜렷이 보이지 않아, 루트를 찾으려면 빙하가 깎아낸 측면 계곡들을 더 자세히 정찰할 필요가 있었다. 물론 우리에게는 그럴 만한 시간이 없었다. 찰리는 예약된 환자들이 있어 일주일 내로 런던으로 돌아가야 했다. 그래도 그 산군을 정찰하는 큰 소득을 얻었는데, 도전적인 남벽은 상당히 인상적이었다. 이제 우리는 온 길로 되돌아가야 했다. 우리에게는 이듬해의 등반 허가를 받기 위해 라싸에서 당국을 설득할 시간도 필요했다. 우리가 그곳으로 오면서 누린 행운이 또다시 있을 것 같지는 않았다. 물론 우리와 함께 이동하는 야크 떼 행렬은 찾을 수 없었지만, 아래쪽 초원에 경치와 어울리지 않는 커다란 녹색 트럭이 하나 보였다. 그 트럭에는 아이를 막 출산한 유목민의 아내가 타고 있었다. 아내가 당나귀를 타고 돌아오지 않도록 남편이 트럭을 내준 것이었다. 파상이 서둘러 달려 내려가 협상을 했고, 곧 우리는 초원을 가로질러 달려 지아리에 도착했다. 밍마와 체링은 우리가 할 일을 다 하고서도 그렇게 빨리 돌아온 것에 무척 놀라워했다.

세푸 캉그리 정찰은 나의 경험 중 최고였다. 36년 전 히말라야의 안나푸르나2봉 원정 이후 그토록 탐험적인 모험 정신을 즐긴 것은 처음이었다. 미지의 세계를 진지하게 파고들었기 때문에 모든 것이 새로웠고 놀라웠다. 더군다나 단 둘이어서 더욱 즐겁기까지 했다. 의사결정 과정이 단순했고, 도중에 만난 사람들과 친해지기도 쉬웠다.

그러나 이듬해의 세푸 캉그리 원정등반은 상당히 다를 것 같았다. 그레이엄 리틀의 동거녀인 크리스틴Christine이 곧 아이를 출산할 예정이어서 나는 그의 자리에 존 포터John Porter를 초청했다. 그는 나의 집 아래쪽에 있는 콜드벡에 살고 있었다. 존은 미국의 매사추세츠에서 태어났지만, 뜻하지 않은 징집 기피 사건에 휘말려 영국으로 피신한 다음 리즈대학에서 공부를 계속했다. 그곳에서 그는 불세출의 젊은 알피니스트 알렉스 매킨타이어Alex MacIntyre를 만났다. 그들은 1970년대 중반에 폴란드 산악계의 스타들과 팀을 이루어 인상적인 초등을 많이 해냈다. 붙임성도 있고 느긋한 존은 간결한 유머감각을 지니고 있었다. 나는 콩구르에도 함께 갔던 짐 커랜에게 영상을 찍어달라고 부탁했다.

정찰을 마치고 영국으로 돌아온 지 6개월 후 나는 라싸의 공가공항으로 돌아가 출구에서 파상을 만났다. 그의 얼굴은 전보다 부어 보였고 새로운 흉터도 있었다. 그는 우리에게 폭력 싸움에 휘말렸었다고 서둘러 말해주었다. 이번에는 우리가 직접 쿡을 구했는데, 그는 나왕Nawang으로 네팔에서 합류한 셰르파 셋 중 하나였다. 찰리는 나왕과 사다 다와Dawa 그리고 그의 조수 펨바Pemba를 데리고 시장을 돌아다니며 신선한 식량을 구입했다. 그는 그곳에서 에콰도르에서 수입한 바나나도 찾아냈다. 15년 전의 에베레스트 북동릉 원정 때와는 상황이 사뭇 달랐다. 또 다른 놀라운 변화는 우리의 통신장비에서도 나타났는데, 노트북 컴퓨터만 한 크기의 위성전화를 쓸 수 있게 된 것이다. 장비함을 열면 전화기를 꺼낼 수 있는 구조였다. 나는 영국의 아침 시간에 맞추어 호텔 옥상에서 웬디와 대화를 나누었다. 스카이프skype[98]를 쓰는 지금 세대에게는 별것 아닌 것으로 보이겠지만 그때의 우리에게는 경이로운 사건이었다.

4월 말인데도 신성한 호수 삼초 타링으로 가는 계곡은 여전히 얼음으로 덮여 있었다. 독실한 불교 신자인 짐 포서링엄은 세푸 캉그리 기슭에 살고 있다는 한 은둔자를 찾아가기로 결심했다. 우리는 그 후 계곡을 통해 산의 뒤쪽으로 가서 등반이 가능한 루트가 있는지 찾아보기로 했다. 은둔자의 거처는 '청록색 꽃Turquoise Flower'이라는 곳에서부터 나 있는 긴 능선의 기슭에 있었다. 그곳은 아직 이파리가 나지 않은 버드나무들이 지붕이 평평한 오두막 두 채를 감싸고 있었다. 가느다란 얼굴과 긴 콧수염 그리고 검은 곱슬머리의 은둔자는 우리를 기다리고 있었다. 파상이 우리와 함께 갔다. 짐이 버터와 설탕, 보릿가루로 만든 '짬파'를 선물로 내놓자 그는 우리에게 자리에 앉으라고 권했다. 그의 이름은 삼텐 축푸Samten Tsokpu였는데, 대략 '정신을 집중한 채 앉아 있는 사람'이라는 의미였다. 그는 전해에 우리가 갔던 찰리Chali 출신이었다. 4년간 혼자 그곳에서 지낸 그는 고기를 입에 대지 않는 것은 물론 자극적인 것들도 삼갔고, 심지어 차조차도 마시지 않고 주민들이 공양하는 음식으로 연명했다. 그는 조그만 안뜰의 벽에 나 있는 토굴에 앉아 세푸 캉그리의 가족과 궁중에 대해 명상했다.

우리는 계곡을 따라 계속 올라가 얼음으로 둘러싸인 두 번째 호수를 건넜다. 통 욱Thong Wuk 빙하가 그 호수로 흘러내리고 있었다. 빙하를 건너면서 우리는 세푸 캉그리의 서쪽 사면을 더 자세히 볼 수 있었다. 그곳에는 북동릉의 능선마루까지 이어진 현실적으로 가능해 보이는 루트가 하나 있었다. 가까이 다가가서 조사해볼 만한 가치가 충분해 보였기 때문에 우리는 이틀 후 텐트와 장비를 짊어지고 그곳으로 다시 갔다. 그러나 공기가 희박해 그 접근로는 금세 매력을 상실했다. 구름이 몰려들더니 눈보라가 날리기 시작했다. 좁은 능선은 온통 바위투성이였고, '청록색 꽃'의 서쪽 사면 아래에 있는 분지는 세락과 크레바스가 미로를 이루면서 불길한 기운을 뿜어냈다. 그곳에서 북릉의 옆모습을 볼 수 있었는데 상당히 매력적이었다. 그럼에도 불구하고 그곳이 공략 대상이 되자 마음이 심란했다. 정찰을 더 폭넓게 해야 하지 않았나 하는 후회가 든 것이다.

우리는 그 북릉을 샤모니의 인기 있는 도전적 루트 이름을 따 '프렌도 스퍼Frendo Spur'라고 명명했다. 짐 포서링엄이 스퍼에 이르는 어려운 피치를 선등했는데, 얼음이 다 사라져 바위가 드러난 걸리를 힘겹게 기어 올라가야 했다. 짐 로우더와 나는 2캠프용으로 설동을 하나 팠고, 그 사이에 다른 사람들은 스퍼를 따라 루트 위쪽으로 더 올라갔다. 모두가 순서대로 선두에 나서면서 내 마음속에서도 정상에 오를 수 있겠다는 희망이 커

인터넷과 위성통신이 가능해진 1997년 티베트의 세푸 캉그리 원정 (크리스 보닝턴)

4 부 · 에베레스트를 넘어서

져 갔다. 그러나 그것은 오직 희망사항일 뿐이었다. 정상 도전 계획이 완벽하게 세워진 가운데 나는 잠을 자다 2캠프의 텐트 천에 눈이 쌓이는 소리를 들었는데 거센 바람이 굉음을 내며 스퍼를 할퀴듯 지나가고 있었다. 그때 누군가가 설동에서 나오는 소리가 들렸다. 존이었다. 그는 몸이 좋지 않다며 하산을 고려하고 있었다.

존은 "기침을 하면 끈적끈적한 액체가 잔뜩 묻어 나오는데 폐에 물이 가득 찬 느낌입니다. 폐수종인 것 같은데요."라고 말했다. 그는 일단 아래로 내려가면 몸을 추슬러 다시 올라올 수 있을 것으로 생각했다. 나는 그가 혼자 내려가는 것이 달갑지 않았다. 더구나 친구들이 한데 모여 같이 노력하고 있어서, 모두가 함께 내려가 휴식을 취하고 돌아오는 것이 옳다는 생각이 들었다. 그러나 날씨를 보니 다시 올라오기는 힘들 것 같았다. 우리는 구름과 폭설에 갇힌 채 시간을 보냈다. 그렇게 며칠이 지나자 우리의 성공 가능성은 확실히 희박해졌다.

찰리는 치니Tsini라는 아름답고 젊은 여성을 치료하는 데 몰두했다. 그녀는 우리의 베이스캠프 근처에 있는 소박한 오두막에 살고 있었는데 자궁외 임신으로 고생하고 있었다. 그녀의 남편인 카르테Karte가 우리에게 와 도움을 요청한 것이다. 찰리는 위성전화를 이용해 런던에 있는 산부인과 의사 친구와 통화하며 조심스럽게 그녀를 치료했다. 치니는 끔찍한 통증에 시달렸지만 찰리의 치료 덕분에 위기를 벗어나면서 안정을 찾았다. 그를 제외한 나머지 사람들은 브리지 카드게임을 하고 이메일을 쓰고 잡담을 즐겼다. 날씨가 좋아지자 우리는 산으로 올라가 눈에 파묻은 장비들을 가지고 내려왔다. 그로부터 이틀 후 우리는 눈보라 속에 베이스캠프를 떠났다. 기도용 깃발들이 바람에 나부끼고 있었다. 치니와 그녀의 시어머니 오르사Orsa가 베이스캠프 위의 언덕에 서서 우리를 지켜보고 있었다. 그들의 머리카락과 옷이 바람에 펄럭였다.

짐 커랜은 찰리에게 이렇게 말했다. "짜식, 잘 했어."

찰리는 "아, 자연적으로 그렇게 된 거야. 난 그저 진통제만 조금 놨을 뿐이고."라고 대꾸했지만 그의 눈에는 눈물이 고였다.

우리 둘은 즉시 그곳으로 다시 돌아갈 계획을 짜기 시작했다. 티베트 기상청에서 유용한 조사를 하고 일기도와 강수량 정보를 열심히 분석해 보니, 세푸 캉그리의 정상에 오를 수 있는 가장 좋은 날짜는 10월 1일이었다. 나는 이듬해의 등반 허가를 신청했고, 찰리는 우리의 대행사와 그 산군의 동쪽으로 들어가는 긴 트레킹을 논의했다. 그는 우리와 만날 곳에서 트레킹을 끝낼 계획을 세웠다.

이듬해 9월 초, 나는 다시 한번 티베트 고원을 덜컹덜컹 가로질렀다. 나는 먼지를 막기 위해 입 주위에 반다나[99]를 두르고, 그레이엄 리틀과 그의 젊은 친구 스콧 뮤어Scott Muir와 함께 랜드크루저를 타고 있었다. 스콧은 어머니의 병세로 인해 원정에 참가하지 못한 짐 로우더의 자리를 마지막 순간에 채운 인물이었다. 스콧은 운전기사가 틀어놓은 티베트의 대중음악을 끄고 아버지에게서 빌린 더 도어스The Doors의 테이프를 카스테레오에 집어넣었다.

그는 웃으며 "노래 좋지요?"라고 말했다. 그러나 나는 내가 그의 아버지보다 아마 나이가 더 많을지 모른다는 말은 차마 꺼낼 수 없었다.

랜드크루저가 마지막 고개를 굽이굽이 돌아 내려가 살윈Salween 계곡으로 들어섰다. 그 전해에는 도로에 얼음이 깔려 있었지만 이제 길가에는 잔디가 자라고 있었다. 추수 기간이어서 그런지 곳곳에서 축제가 열렸다. 그들은 가장 좋은 옷을 꺼내 입고, 나이든 여성들은 묵주를 손가락으로 돌리며 나직이 기도를 올렸다. 그리고 붉은 머리띠를 두른 '캄바Khamba' 청년들이 흥겹게 술을 마시면서 여기저기를 활보하고 다녔다. 디루에서 우리는 예전의 음식점에서 식사를 했지만, 이제 그곳도 일부가 서양식 나이트클럽으로 꾸며져 있었다. 하지만 그 마을은 여전히 현실적이라기보다는 영화의 세트처럼 느껴졌다. 여름에 폭우가 쏟아지면서 다리까지 쓸려 내려가 그곳은 더욱 더 임시로 만들어진 세트장 같았다.

다음 날 우리는 찰리와 만나기로 한 유총 계곡으로 갔다. 그곳의 다리 역시 부서져 있었다. 나는 강 건너편 둑에 설치된 찰리의 텐트를 한눈에 알아봤는데, 마침 찰리가 강 위로 난 줄에 매달려 건너오고 있었다. 그를 다시 만나 모험담을 듣는 것은 매우 즐거웠다. 그는 자기 딸의 친구인 엘리엇 로버트슨Elliot Robertson과 함께 여행했다. 나는 그가 몹시 부러웠는데, 그가 산악지대를 여행하면서 느낀 가벼운 자유와 복잡한 원정등반이 자연스럽게 비교되었기 때문이다.

완치가 된 치니와 카르테가 삼초 타링 호숫가에서 우리를 따뜻하게 맞아 주었다. 나는 풀이 무성한 언덕을 통해 그들의 집으로 가서 티베트 차와 요구르트를 마셨다. 우리는 넷으로 이루어진 단출한 팀이어서 2명씩 조를 나누었다. 그레이엄과 스콧이 토끼 역할이라면 빅터 선더스와 내가 거북이 역할이었다. 빅터와 다시 등반을 하자니 기쁜 마음이 앞섰다. 나이가 나이인지라 나는 과연 그 등반을 해낼 수 있을까, 하는 의구심이 드는 순간들이 있었는데 그럴 때마다 빅터와 대화를 나누면 왠지 모르게 힘이 솟아올랐다. 그는 나와 마찬가지로 '청록색 꽃' 아래의 측면 계곡을 탐사하고 싶은 열망이 있었다. 그곳의 접근로는 짐이 좋아했는데, 그 전해에 우리가 제대로 정찰하지 못한 곳이었다. 우리는 빅터가 찰리와 함께 고소적응을 하다가 발견한 길을 따라가며 보람찬 시간을 보냈다. 그 길로 가보니 아래쪽의 무서운 아이스폴 지역을 우회해 통 욱 빙하 위쪽에 도달할 수 있었는데, 그곳에서 세푸 캉그리의 정상을 향해 마지막 도전에 나서면 될 것 같았다. 그 루트는 그 전해에 도전한 '프렌도 스퍼'보다 안전해 보였고, 금상첨화로 주봉에 도전하기 전에 '청록색 꽃'을 횡단할 필요도 없었다.

우리는 정상을 향한 첫 시도에서 6,350미터 지점에 2캠프를 구축했다. 그곳에서 정상까지는 하루도 안 걸리는 거리였다. 나는 텐트에 눈이 쌓이는 소리를 들으며 침낭 속에 누웠지만 너무 흥분이 돼 잠을 이룰 수가 없었다. 우리는 새벽 1시에 출발하기로 했지만 눈이 내려 출발이 계속 미루어졌다. 나는 해가 떠오를 때쯤 일어났는데 주변이 무척 조용했다. 날씨가 좋아졌는지 궁금해서 텐트 모서리의 틈을 통해 밖을 내다보았다. 그러나 두껍게 쌓인 눈이 안으로 무너지듯 들어오면서 휙 하는 소리가 났고, 이어 내리고 있던 눈까지 후루룩 소리를 내며 살짝 밀려 들어왔다. 밖으로 머리를 내밀어 보니 사방이 백색 천지였다. 그레이엄은 우리 쪽으로 건너와, 자신과 스콧의 텐트가 홑겹이라서 물이 떨어져 설동을 하나 팠다고 설명했다.

결국 그레이엄이 우리 텐트로 비집고 들어와 우리는 눈이 계속 내리는 가운데 브리지 카드게임을 하며 하루를 보냈다. 나는 우리가 혹시 덫에 걸린 것은 아닌지 걱정스러웠다. 연료와 식량이 떨어져 갔고, 눈사태 위험까지 있어 후퇴를 하기도 곤란했다. 다음 날 아침 그레이엄과 스콧은 좋지 않은 몸으로 일어났다. 그들은 상한 생선 캔을 먹었거나 스토브의 일산화탄소에 중독된 것 같았다. 날씨가 개어 그들을 제외한 나머지 사람들이 정상 도전에 나설 수 있었지만, 그래도 나는 다함께 내려가는 것에 동의했다. 하나의 팀으로서 함께 단결해야 한다는 생각이 들었기 때문이다. 아마 내가 젊었다면 그렇게 하지는 않았을 것이다. 어느새 나의 우선순위가 바뀌어 있었다. 이제 나에게는 성공만큼이나 함께하는 사람들의 안녕과 포용도 중요했다. 내가 성숙해진 것일까, 아니면 나이에 따른 체력 저하가 무의식적으로 영향을 끼친 것일까?

우리는 아주 좋은 날씨 속에 베이스캠프에서 일주일 동안 휴식을 취

　　　　　　　　　　　　　　　　　4부 · 에베레스트를 넘어서

했다. 하지만 다시 등반을 시작하자 나는 곧 뒤로 처졌다. 내가 등정에 성공할 수 있을까? 그때 빅터가 나에게 다가와 함께 이야기를 나누며 천천히 위로 올라가자 피로가 사라졌다. 그래도 속도는 여전히 느렸다. 지난 며칠간 내린 눈이 깊이 쌓여 위험해 보였다. 그렇게 진이 빠지는 지형에서는 설피가 필수적이라는 생각이 들었지만, 우리는 다섯 명인데 비해 설피는 세 켤레밖에 없었다.

결정을 내려야 할 순간이었다. 속도가 가장 느린 내가 내려가는 것이 순리에 맞았다. 나이가 어린 엘리엇이 나와 동행하기로 했다. 독립텔레비전뉴스(ITN)의 보도용 사진을 한 장 찍으려 했지만 나는 감정을 다스리지 못하고 눈 위에 주저앉았다. 엘리엇과 내가 내려갈 준비를 하는 동안 나머지 사람들은 내 등을 두드려주고 나서 소용돌이치는 구름 속으로 올라가기 시작했다. 감정이 북받치긴 했지만 후회는 들지 않았다. 그런 상황에서는 가장 강한 세 명이 올라가야 한다. 그래도 조용히 사려 깊은 모습을 보여준 엘리엇에게는 미안한 마음이 들었다. 내가 그의 나이였다면 어떻게 대응했을까?

결국 빅터와 스콧은 정상 가까이까지 올라갔다. 정상은 그들 머리 위로 고작 150미터 떨어진 곳에 있었다. 그러나 날씨가 악화되면서 그들은 발길을 돌리는 현명한 선택을 했는데, 포기하기에는 너무나 아까운 곳이었다. 거의 7,000미터에 달하는 곳의 백색 세계에서 내려가는 길을 찾는 일은 너무도 위험했다. 어쨌든 우리가 플라토로 알고 있던 곳에서 가장 높은 돌출부를 찾는 일은 짙은 구름으로 인해 거의 불가능에 가까웠다. 그레이엄은 정상 도전 팀에 끼기보다는 '청록색 꽃'을 오르기로 결심했다. 고도 6,650미터의 분명하고 아름다운 '청록색 꽃'의 정상에 오른 것은 우리 원정대의 유일하고도 중요한 성취였다. 찰리와의 정찰등반은 환상적이었지만, 정상 등정을 두 번이나 하는 과정에서 나는 다른 사람들과 호흡을 맞추기도 힘들고 휴식도 더 많이 필요하다는 사실을 절실히 깨달았다. 아마 그런 것들이 대장으로서 나의 판단력을 흐리게 했는지도 모른다. 나는 여전히 나 자신을 받아들이지 못했다. 그러나 2년이 지난 후의 아르강글라스 원정에서는 마침내 나의 힘들었던 히말라야 원정등반이 종착역에 다다랐다는 사실을 인정하고야 말았다.

색다른 은퇴

우리는 자신의 자존심을 세우기 위해 어디까지 밀어붙여야 하는가? 또한 동료들의 인정은 얼마나 의미가 있을까? 아니면, 더 넓은 세계에서의 명성은? 나는 분명 자존심도 있었고 명성도 즐겼지만, 거기에 휘둘린 적은 없었다. 내가 등반에 대한 열정을 발견한 초기에는 위험에서 스릴을 느꼈고 잘하는 활동을 찾았다는 만족감도 느꼈지만, 무엇보다도 나는 등반이 가져다주는 실질적인 감동을 가장 소중하게 여겼다. 나는 야심이 넘쳤지만 그 야심은 항상 미래지향적이었다. 나의 도전은 예측과 실현이 가능한 것이었다. 나는 이듬해 봄에 웨일스에서 하고 싶은 일과 긴 여름휴가에 북부 하일랜드나 스카이섬에서 하고 싶은 일들에 대한 꿈을 꾸었고, 나의 첫 'VS(매우 격렬한)' 등급을 생각하며 계속 난이도를 올리고자 했다. 사실 알프스와 히말라야는 지평선 너머 아주 먼 곳에 있었다.

마침내 알프스에 가게 되었을 때도 내 생각은 마찬가지였다. 나의 첫 등반루트로 아이거 북벽을 선택한 사람은 해미시 매키네스였지, 내가 아니었다. 그 후 돈 윌런스와 함께한 도전들 역시 부와 명성보다는 등반의 수준을 보고 결정한 것들이었다. 하지만 바로 그 시기에 미디어가 우리들의 등반 이야기에 관심을 보이기 시작했는데, 우리는 너무나 궁핍한 나머지 그것을 목적이 아니라 수단으로 삼았다. 이안 클로프와 함께 영국인 최초로 아이거 북벽을 올랐을 때에서야 나는 비로소 미디어가 만들어내는 기회, 즉 등반자금과 생계수단이라는 측면에서의 기회를 제대로 이해할 수 있었다.

첫 책을 쓰고, 청중들 앞에서 강연을 하고, 좀 더 좋은 사진을 찍고, 이야기를 전달하는 힘든 과정을 거치면서 나는 내가 스토리텔링에 재능이 있다는 것을 알게 되었다. 나는 창의성을 발휘하는 것뿐 아니라, 원정등반의 재원을 확보하면서 사업가적인 기질을 발휘하는 것에서도 만족을 느꼈다. 처음 강연을 시작했을 때는 오찬모임을 통해 모자를 쓰고 나의 강연에 참석한 숙녀들이 내가 훗날 늙어서 더 이상 등반을 하지 못하면 무엇을 할 것인지 모성애적인 걱정을 표시했었다. 나의 에이전트 역할을 한 조지 그린필드나 밥 스투들리Bob Stoodley, 그레이엄 티소Graham Tiso같이 사업가적인 기질이 다분한 친구들 역시 비슷한 걱정을 했었다. 그들은 모두 나를 다양한 사업에 개입시키려 노력했다. 하지만 나는 마음도 내키지 않았을 뿐더러 그런 일에 헌신할 수도 없었다. 결국 나는 부자가 되지 못했고, 여든세 살이 된 지금까지도 여전히 비슷한 일을 하면서 살아가고 있다. 물론 연금 외의 수입을 더 늘리고 싶어서가 아니다. 비록 등반의 난이도도 어느 정도 낮아졌고 강연 횟수도 줄어들었지만, 나는 나의 일과 관련된 삶의 다양한 면을 여전히 즐기고 있다. 나는 결코 과거에 연연하지 않았다. 다시 말하면 스크랩북을 만들거나 과거의 등반 경력에 안주하지 않았다는 말이다. 나는 나를 끊임없이 몰아붙인 열정과 호기심을 통해 새로운 길을 개척하는 기쁨과 즐거움을 얻었다.

나는 대중적인 인기 덕분에 서서히 명성을 얻게 되었다. 1961년의 프레네이 중앙 필라 등반이 그 시초였다면, 아이거 등반은 훨씬 더 폭넓은 명성을 가져왔다. 그리고 1970년대의 안나푸르나와 에베레스트로 향한 대규모 원정 이후에는 그 명성이 확고해졌다. 물론 나는 유명세를 은

근히 즐겼다. 그러나 명성을 위해 등반의 목표를 정하고 실행한 적은 결코 없었다. 변함없이 나를 유혹한 것은 위험에 대한 스릴, 미지의 세계에 대한 호기심, 크고 복잡한 과제들에 대한 해결 같은 핵심적인 가치들이었고, 그 절정은 에베레스트 남서벽 원정이었다. 그런 이유로 나는 일흔 살이 넘어서도 모험적인 등반을 계속했다. 그리고 어디에 가서 무엇을 등반하든 항상 의미를 찾으려고 노력했다.

1960년대와 1970년대의 아웃도어 교육 열풍과 컬러판 부록의 등장, 여행의 새로운 가능성 등 시기가 좋았던 측면도 있었다. 더욱이 그 당시 나의 기술은 대중의 취향과 잘 맞았다. 오늘날 젊은 알피니스트들은 히말라야 전역에서 가능성이 가장 높은 스타일로 믿기 힘든 업적들을 쌓고 있지만, 이제 대중의 관심이 시들해졌다. 현대 미디어에 더 잘 어울리는 자질을 갖춘 베어 그릴스 같은 사람은 빠르게 변화하는 텔레비전 리얼리티 쇼의 잠재력을 알아차리고 그것을 최대한 활용하고 있다. 좋든 나쁘든 세상이 변했다. 내 어머니가 지금의 세상에 사셨다면, 아마 홀어머니이자 직장을 다니는 여성이라는 이유로 작가로서의 꿈을 가로막는 장애물에 부딪치지는 않았을 것이다. 시대적 환경을 고려하면 어머니는 놀라운 성취를 해낸 것이나 다름없다. 「매드맨Mad Men」[100]이 나온 시대보다 훨씬 전에 선임 광고책임자 자리에 오른 데 이어 사랑을 많이 받은 교사였기 때문이다.

유명해지면 낯선 사람들이 접근하기도 한다. 기차여행을 하게 되면 앉아서 책을 읽고 싶지만 누군가가 말을 건다. 물론 재미있으면 가끔 들어줄 만도 하기는 하다. 그러나 어떤 때는 덫에 걸린 느낌이 든다. 대부분 그들은 뻔한 것들, 그러나 자신들만 모르는 것들을 말하거나 물어보기를 원한다. 그렇다 해도 친절하게 대하는 것이 상식적인 예의이다. 물론 이것은 소셜 미디어가 나오기 전의 이야기다. 나는 80대가 된 지금도 셀피

selfie[101]를 즐긴다. 유명해지면 불리한 일도 생기는데, 특히 자식들에게 그렇다. 유명한 부모를 둔 아이들은 많은 영향을 받는다. 조는 내가 자랑스럽다는 말도 했지만, 스트레스 때문에 나를 미워하기도 했다. 그러나 킬리만자로 이후 태도가 바뀌었다.

내가 정식으로 인정을 받은 것은 1974년 왕립지리학회(RGS)로부터 창립자 금메달Founder's Gold Medal을 받았을 때로, 그것은 '산악탐험'에 주는 최고의 상이었다. 그날은 마침 내가 창가방에 있어서, 런던에 사시는 어머니가 켄싱턴 고어Kensington Gore로 가서 대신 메달을 받고 내 수상소감을 대리 낭독하셨다. 따라서 그 상은 어머니와 나에게 의미가 깊었다. 왕립지리학회는 빅토리아시대까지 탐험의 최일선에 있었다. RGS는 제2차 세계대전 이전의 에베레스트 원정들과 1953년의 성공적인 에베레스트 원정을 모두 준비하고 계획하면서 영국산악회와 대등한 지위를 가진 단체였다. 1953년의 성공에 힘입어 존 헌트의 책과 영화 판권, 공식 강연의 수익금 등으로 기금을 조성해 에베레스트재단(MEF)이 창립되었다. 그리고 MEF는 그 후 탐험적인 등반과 과학적인 원정을 후원했다. 나는 MEF가 우리의 안나푸르나 남벽 원정을 보증해준 데 대해 매우 고맙게 생각했다. 또한 그렇게 해서 그들 역시 수익을 얻었다는 것도 반가운 일이었다.

에베레스트 남서벽 원정을 성공적으로 마친 후인 1976년 초, 배저 힐의 우리 집으로 공식 날인이 찍힌 편지 한 통이 날아들었다. 그 편지에는 등반에 대한 공로로 대영제국 3등급 훈장을 받을 수 있는 후보가 되었는데, 그 훈장을 받을 것인지 내게 묻는 내용이 담겨 있었다. 그 훈장을 받아들일까? 결과는 그해 6월 여왕 탄생일 기념 서훈목록을 통해 발표되었고, 수여식은 늦여름에 열렸다. 웬디가 런던에서 열리는 수여식에 참석할 수 없어, 이번에도 나는 어머니와 함께 버킹엄 궁전으로 갔다.

웬디가 없어 아쉬웠지만 그런 영광을 어머니와 함께 나눈 것은 무척 좋았다. 나는 그 당시 어머니께서 베풀어주신 무한한 은혜를 깨닫기 시작했었다. 버킹엄 궁전에서의 하루는 매우 특별했다. 나는 전날 밤을 내가 속한 육해군 클럽 — 래그Rag라고도 불리는데 — 에서 보냈는데, 그곳은 펠멜과 세인트 제임스 스퀘어St. James's Square가 만나는 곳의 모퉁이에 있었다. 햄스테드에서 그쪽으로 오신 어머니와 나는 함께 공원을 가로질러 버킹엄 궁전까지 걸어갔다. 아침 정장을 차려입은 나는 다른 사람들의 시선이 의식되었지만, 말쑥한 모자를 쓰신 어머니는 카메라 앞에서 자랑스럽게 미소를 지으셨다.

나는 어머니의 희생을 완전히 이해하지는 못했다. 그로부터 몇 년 후, 나는 BBC 라디오 4국 프로그램인 「정신과 의사의 의자에서In the Psychiatrist's Chair」에 출연해 앤소니 클레어Anthony Clare와 함께 나의 아버지와 아버지들의 역할에 대해 대담을 나누었다. 어머니는 나에게 진심어린 편지를 보내셨는데, 내가 왜 어머니 자신에 대해서, 그리고 어머니들의 역할에 대해서는 언급을 피했는지 궁금해하셨다. 나는 나의 성공을 위해 어머니가 바친 희생을 생각하고 양심의 가책을 느꼈다.

1960년대에 광고업계를 떠난 어머니는 오랫동안 원해왔던 일, 즉 중학교에서 영어를 가르치는 교사로 직업을 바꾸었다. 처음 자리를 잡은 학교는 바넷Barnet에 있는 종합 중학교였지만, 곧 하이게이트Highgate에 있는 가톨릭계 여자고등학교로 옮겨 정년퇴임을 할 때까지 그곳에서 일하셨다. 그 후 어머니는 고향인 체셔Cheshire로 돌아가셨는데, 나는 우리 가족과 더 가까운 곳에 계시기를 바랐기 때문에 케스윅에 집을 한 채 사드렸다. 내가 영국 전역과 심지어는 미국이나 호주에서 대중강연을 할 때 이따금 청중 속에는 어머니의 학생들이 있기도 했는데, 그들은 어머니가 얼마나 훌륭한 선생님이었는지를 말해주었다. 어머니는 개성이 강해서 베스파Vespa 스쿠터를 타고 학교로 출근하다가, 후에는 바퀴가 3개 달린 릴라이언트 로빈Reliant Robin을 이용하셨다. 자동차 운전면허 시험에서 떨어졌기 때문에 오토바이 면허로 운전할 수 있는 것을 찾으신 것이다. 나는 노년의 어머니를 가까이에서 모실 수 있어 마음이 한결 가벼웠다.

성공해서 유명인사가 되면 책임이 따르게 마련이다. 1970년대 중반의 에베레스트 이후 개인이나 자선단체들이 나에게 꾸준히 연락을 해왔다. 1976년 나는 산악계를 대표하는 단체인 영국등산위원회(BMC)의 부위원장 직책을 수락했다. 산악계의 이해관계를 다루는 일은 쉽지 않았다. 더욱이 당시는 혼란의 시대이기도 했다. 좀 더 무정부주의적인 계파와 교육자들이 중심이 된 계파 사이에 첨예한 대립이 일어났는데, 후자는 전전戰前 시기인 1933년에 에베레스트 원정등반을 다녀온 훌륭한 클라이머였을 뿐만 아니라 더비셔의 교육감으로 아웃도어 교육의 선도적인 사상가이자 운동가였고, BMC의 창립에 있어서도 중요한 역할을 한 잭 롱랜드 경Sir Jack Longland[102]이 이끌었다.

경력이 많은 산악인들이 치명적인 사고로 목숨을 잃는 경우들이 생겨났다. 특히 1971년에 케언곰스에서는 6명의 젊은 클라이머들이 사망하기도 했는데, 그 사고를 계기로 더 많은 규제와 더 나은 훈련이 병행되어야 한다는 요구가 일어났다. 그러나 많은 클라이머들은 그런 흐름에 의구심을 가졌다. 등반의 전제 조건은 자유가 전부라 해도 과언이 아니다. 즉, 가고 싶은 곳에 가서 자신의 수준에 맞는 위험을 감당하는 것이다. 따라서 '자격증'이라는 말 자체가 증오의 대상이 되었다. 물론 지금도 많은 사람들은 산악회나 친구들을 통해 등반을 배우는 것을 선호한다. 반면에 교육가적 유형의 사람들은 위험을 최소한으로 줄일 필요가 있었는데, 전문가로서 대처해야 할 의무가 있었기 때문이다.

당시의 훈련에 대한 논쟁은 내가 1988년 BMC 위원장이 되는 데 결정적인 역할을 했다. 나는 위원들이 다양한 견해를 표출할 수 있도록 회의를 자유롭게 이끌어야 한다고 강력하게 믿는 사람이었다. 그러나 논쟁이 쳇바퀴를 돌면 내 주장을 밀어붙이기도 했다. 그리고 만약 내가 개인적으로 중요하다고 판단하는 사안에 대해 동의를 받아야 할 경우에는 그들의 동의가 중요한 역할을 하거나, 아니면 영향력 있는 위원들에게 몇 시간이 걸리든 미리 전화로 대화를 나누었다.

위원회의 사무국장은 데니스 그레이Dennis Gray였다. 그는 전후戰後 시기에 노동자 출신의 영국 산악계를 대표한 위대한 인물로, BMC가 처음으로 고용한 사람이기도 했다. 그는 위원회가 점차 중요해지던 1970년대 중반부터 사무국장이라는 직책을 맡아 조직을 잘 이끌었다. 내가 위원장을 맡고 있을 때 그가 사임을 결심해, 나는 그 자리에 내 오랜 친구인 데릭 워커Derek Walker를 영입했다. 1963년의 파이네 이후 데릭은 교사로서의 경력을 이어가 푼타아레나스Punta Arenas의 영국학교에서 교장을 맡았고, 그 후 영국으로 돌아와 체서에 있는 한 종합 중학교에서 역사를 가르쳤다. 데릭은 사무국장 역할을 무척 훌륭하게 수행했는데, 특히 사람들이 함께 어울려 일하도록 만드는 능력이 탁월했다. 사무국장은 이해관계를 다루는 정치적인 역할을 해야 함에도 불구하고 그에게는 적이 한 명도 없었다.

내가 BMC 부위원장에 연임되면서 위원장을 맡을 준비를 하고 있을 때 자선단체인 레프라Lepra의 이사 프랜시스 해리스Francis Harris가 면담을 요청했다. 제법 단단한 체구에 안경을 쓰고 트위드 정장을 입은 그는 차분한 학자의 면모를 풍겼는데, 레프라가 한센병을 퇴치하기 위해 벌이는 사업에 대해 그가 들려준 이야기는 무척 감동적이었다. 나는 네팔에서 한센병으로 고통 받는 사람들을 본 적이 있었는데, 얼굴이 문드러지거나 팔다리가 잘려나간 그들은 거리에서 자주 구걸을 하곤 했다. 그는 내가 레프라의 회장을 맡아주기를 원했다. 반쯤 마음이 기울어진 나는 충동적으로 그의 제안에 동의해, 거의 30년 동안 회장을 맡고 나서 2014년에 물러났다.

박테리아가 퍼트리는 한센병은 심한 증상을 가진 사람의 침이나 콧물을 가까이에서 자주 접촉하면 생긴다. 그 병은 온가족이 작은 오두막이나 방을 함께 쓰고 의료 서비스가 제한적이거나 전무한 개발도상국에서 특히 문제가 되는 병으로, 초기에는 피부의 작은 신경조직이 망가지면서 감각을 상실하게 된다. 대수롭지 않은 화상이나 궤양을 통해 감염되기도 하는데, 그렇게 되면 팔다리를 절단하거나 피부가 문드러지는 등의 영구적인 장애를 겪을 수 있다. 역사적으로 한센병 환자들은 낙인이 찍혀 사회에서 강제 격리되는 경우가 많았다. 1940년대에 증상을 완화시키는 약이 개발되었지만, 1981년이 되어서야 복합적인 약 처방으로 완치가 가능해졌다. 다만, 아직도 증상이 초기에 발견될 때만 완치가 가능하다.

당시 레프라는 아프리카의 말라위에서 가장 적극적으로 활동했는데, 한센병 발병률이 높은 나라에 집중하는 것이 좋을 것 같다는 판단에서였다. 그런 곳에서는 큰 효과가 나타나, 심지어는 그 병을 퇴치할 수 있다는 희망도 생겼다. 그것이 가능하려면 제대로 된 의료시스템, 즉 사람들에게 초기 증상에 대해 교육하고 보건소에서 정기적으로 건강검진도 받게 하면서 약을 공급하는 것이 필요했다.

1985년 9월, 나는 레프라의 활동을 직접 보기 위해 말라위로 의미 있는 여행을 다녀왔다. 그리고 그 경험을 통해 영국에서 더 호소력 있는 발언을 할 수 있었다. 아름다운 그 나라는 말라위 호수(과거의 니아사Nyasa 호수)의 서쪽, 즉 리프트Rift 계곡의 남쪽 끝에 있었다. 1963년 영국으로부터 독립한 말라위는 헤이스팅스 반다Hastings Banda 박사가 초대 수상을 지냈다. 1970년 대통령으로 영구 집권하겠다고 선언한 그는 독재자였으나, 나라는 상대적으로 안정과 번영을 누렸다. 말라위는 레프라가 약의 처방 방침을 전국에 소개할 정도로 작았다. 그들은 또한 질병과 싸우기 위해 새로운 항생제의 조합을 연구하기도 했다. 나는 4륜구동 자동차에 몸을 싣고 울퉁불퉁 거친 길을 달려, 고립된 마을들을 돌아다니면서 레프라의 활동을 일일이 지켜보았다. 봉사자들은 자전거를 타고 도로와 길이 만나는 곳으로 가서, 나무 그늘 아래에서 알약의 배급을 기다리는 환자들을 만났고 피부의 손상도 점검하면서 변화가 있는지 확인했다.

그 여행이 끝날 무렵 나는 보상을 받았다. 물란제Mulanje 산군에 있는 3,000미터의 화강암 돔 봉우리 참베피크Chambe Peak를 오를 수 있는 기회를 얻은 것이다. 말라위산악회Malawi Mountain Club가 관리하는 산장에서 나는 다음 날 아침 등반 파트너가 되어줄 고든 크레이그Gordon Craig를 소개받았다. 우리는 그곳에서 '악마의 계단Devil's Staircase'이라는 루트를 올랐다. 거칠지만 환상적인 화강암 슬랩으로 시작되는 그 루트는 너무 쉬워 로프가 필요 없었다. 그러나 어느새 우리도 모르는 사이에 경사가 가팔라지면서 고도감이 상당했다. 우리는 로프를 사용하기 위해 멈추었지만 마땅한 크랙이 보이지 않았다. 대신 듬성듬성 자란 가느다란 잔디가 바위 속으로 뿌리를 내리고 있었다. 우리는 꽤 큰 잔디 덤불에 슬링을 걸어 확보물로 이용했다. 추락을 할 경우 버텨주기를 바라면서…. 이따금 선인장 덤불의 일종인 벨로지아vellozia가 제대로 자라지 못한 채 나 있어 불안하게나마 확보를 제공했는데, 영국의 보로데일과는 사뭇 달랐다.

정상에 도착하자 태양이 먼 지평선 아래로 떨어지고 있었다. 녹초가 된 우리는 갈증에 시달렸고, 얼굴은 먼지투성이가 되었다. 마지막 햇살이 바위에 놀라운 광채를 드리우더니 곧 사그라졌다. 어둑해져 가는 하늘에 별이 하나둘 나타났고, 내 마음은 흥분과 불안 그 어디쯤을 헤맸다. 어둠 속에서 도대체 어떻게 내려가지? 여분의 옷도 없었는데 날씨는 계속 추워졌다. 갈증으로 목이 바싹 타들어갔다. 그때 헤드램프 불빛 2개가 우리 아래쪽의 리지를 올라오고 있는 것이 보였다. 불빛의 주인공은 2명의 짐꾼으로, 산장까지 나 있는 희미한 길을 안내하도록 보내진 사람들이었다. 그로부터 1시간쯤 뒤, 18시간의 환상적인 등반을 끝낸 우리는 맥주로 목을 축이며 저녁식사를 기다렸다. 등반을 하는 동안 냉정하고 효율적인 모습을 보인 고든은 완벽한 파트너였다.

1990년대 초에는 아만다 놉스Amanda Nobbs라는 사람의 연락을 받았다. 그녀는 현재의 '국립공원운동(CNP)Campaign for National Parks'이라는 단체의 이사였다. 그녀는 국립공원운동에 자발적으로 참여하는 사람들을 대표하는 그 단체의 회장을 맡아줄 수 있는지 문의했다. 나는 국립공원에서 등반을 많이 했기 때문에 그 제안에 솔깃했다. 이론상으로 회장은 명예 수장일 뿐이었지만, 실제로 나는 그 단체의 활동에 많이 관여했다. 나는 장관을 비롯한 고위공무원들과의 회의에 자주 참석해 우리의 입장을 강력하게 피력했다. 그리고 회의 주제를 확실히 알기 위해 집에서 공부도 꽤 많이 했다.

정부의 일이나 현안에 대해 알게 되면서 나는 점점 더 깊이 개입하게 되었다. 나는 기업 포럼의 의장이 되었는데, 그 포럼은 채석 산업에서부터 수자원 관련 회사 같은 공공시설에 이르기까지 공원에 영향을 미치는 회사의 대표들로 구성되었다. 나는 그 포럼이 단순한 홍보활동이 아니라는 사실을 금세 알아차렸다. 우리는 그들이 공원에서 하는 여러 행위에 대해 의미 있는 영향을 끼치고 있었는데, 환경 담당자들은 자신들의 활동을 진심으로 걱정하고 있었다. 예를 들어, '노스웨스트워터North West Water'의 환경 담당자인 마이크 크랩트리Mike Crabtree는 내가 부끄러울 정도로 환경보존에 대한 열렬한 의지를 보여주었다.

하지만 나의 의무에 대한 가장 큰 보상은 국립공원을 방문한 것이었다. 보통 이삼일 정도가 걸리는 국립공원 방문에는 항상 웬디가 동행했다. 특별한 하늘과 구름의 전경을 보여준 노포크 브로즈Norfork Broads, 둥근 언덕이 수없이 펼쳐진 브레콘 비컨스Brecon Beacons, 비공식 야생동물 보호구역이며 포 사격장의 늪지대가 있는 노섬버랜드국립공원 Northumberland National Park 등, 나는 국립공원의 아름다움과 다양성에 놀라지 않을 수 없었다. 또한 나는 나의 방문을 수행한 CNP의 헌신적인 직원들, 국립공원과 다양한 공원협회의 직원들 그리고 자원봉사자들 중 많은 사람들과 친구가 되었다.

CNP에서 활동하던 1996년, 영국 내각에서 보낸 공식서한이 하나 도착했다. 그때 나는 집에 없었지만, 웬디가 전화를 걸어 기사작위를 받을 것인지 문의하는 서한이라고 말해주었다. 물론 마다할 이유가 전혀 없었다. 1953년 에베레스트 원정 이후 존 헌트와 에드먼드 힐러리Edmund Hillary가 받은 기사작위는 순전히 등반 활동만을 고려한 것이었다. 그만큼 에베레스트 초등은 모든 면에서 엄청난 업적이었다. 그러나 나의 기사작위는 등반에 대한 업적뿐만 아니라 다른 활동들까지 고려한 것이었다. 이번에는 웬디, 조와 주드, 루퍼트와 앤이 함께 갔지만, 불행히도 세 명의 배석만 허락받았다. 결국 웬디와 두 아들이 자리를 지켰고, 주드와 앤은 버킹엄 궁전의 난간 밖에서 기다릴 수밖에 없었다. 수여식이 끝난 후 우리는 함께 근사한 점심을 먹었다.

다행스럽게도 내 친구들은 대부분이 클라이머라 모험가는 몇 명 되지 않았다. 그런 사람들은 대체로 남이 으스대며 돌아다니는 꼴을 보지 못하지만 내 친구들은 내가 원한 바대로 나를 아주 평범하게 대해주었다. 지금도 나는 친구들과 함께 있으면 무척 편안해서 은퇴를 하지 않은 것이 너무나 기쁘다.

마지막 진정한 원정등반인 2001년의 아르강글라스 이후 나는 하리시 카파디아와 환상적인 등반을 몇 번 즐겼고 아들 조와 네팔과 부탄에서 트레킹을 하며 함께 시간을 보냈지만, 일생 동안 가장 사랑했던 탐험적인 등반에 대한 유혹은 여전히 뿌리칠 수 없었다. 그런데 모로코의 안티아틀라스Anti Atlas에서 나의 등반 인생 중 가장 큰 기쁨과 가장 순수한 즐거움을 만끽하리라고는 전혀 기대하지 않았다. 1960년대 말부터 일흔이 훨씬 넘을 때까지 나는 탐험을 하고, 신루트를 찾아다니고, 훌륭한 동료들과 함께 순수한 등반을 하고, 때로는 편안한 호텔에 묵으면서 거의 매년 여행을 다녔다. 따라서 더 이상 바랄 것도 없었다.

나를 그렇게 이끈 사람은 데릭 워커였다. 파타고니아 원정 이후 우리는 영국에서 함께 등반했고, 둘 다 BMC에서 영국 산악계의 현안을 다루었다. 내가 프로드샴Frodsham에 있는 그의 집에 머물렀을 때 그는 조 브라운을 비롯한 몇 명의 친구들과 모로코를 방문한 것이 너무나 즐거웠다는 이야기를 들려주었다. 그 여행이 아주 재미있을 것 같아, 나는 데릭에게 나도 끼고 싶다고 말했다. 그는 다른 사람들의 동의를 받아야만 가능하다며 다소 조심스러운 입장을 내보였다. 다행히 그들은 나를 받아주었다.

하이아틀라스산맥High Atlas Range의 남쪽에 위치한 안티아틀라스는 당시 등반 대상지로는 거의 알려지지 않은 곳이었다. 1961년 나와 함께 눕체를 오른 레스 브라운과 트레버 존스는 1991년 부인들과 함께 휴가를 보내다가 우연히 제벨 엘 케스트Jebel el Kest에 있는 봉우리들의 잠재력을 알게 되었다. 원래 그들은 요르단의 와디 럼Wadi Rum을 방문할 예정이었지만, 제1차 걸프전쟁이 발발하면서 계획이 무산되었다. 결국 그들은 모로코로 행선지를 바꾸어 아틀라스산맥의 토드라 협곡Todra Gorge에서 등반과 트레킹을 했고, 그 후 순전히 관광을 할 목적으로 안티아틀라스로

모로코에서 연례적으로 즐긴 등반. 나와 피트 턴블 그리고 조 브라운 (크리스 보닝턴)

향했다. 그들은 제벨 엘 케스트의 북쪽을 차로 돌아다니면서 그곳의 엄청
난 잠재력에 놀랐다. 그들은 타프라우트Tafraoute에서 주류 판매허가를 받
은 유일한 호텔인 호텔 레사만디에Hotel Les Amandiers에 잠시 묵었지만, 시
간이 없어 가장 눈에 띈 암장에서 루트를 한 개만 올랐다.

　영국으로 돌아온 레스는 조 브라운의 절친한 친구이자 정기적인 등
반 파트너인 클로드 데이비스에게 그 이야기를 했다. 이듬해 봄, 그들은
작은 팀을 이루어 등반의 천국 타프라우트로 돌아갔고 대단한 잠재력을
깨닫기 시작했다. 몇 년 동안 그들은 극소수의 친구들만 더 불러들일 정
도로 그 사실을 비밀에 붙였다. 그들은 언제나 호텔 레사만디에에서 출발
해 신루트를 개척했는데 이미 오른 루트를 다시 오르는 경우는 거의 없었
다. 2001년 내가 그들과 합류했을 때는 조 브라운과 레스 브라운, 클로드
데이비스, 피트 턴불Pete Turnbull, 데릭 워커 그리고 나까지 모두 여섯 명이

었다. 우리는 2주 동안 등반했는데 사람이 전혀 없었다.

중심가에서 조금만 걸어 올라가면 되는 작은 언덕 위에 있는 호텔은 모로코식 요새처럼 생긴 3층 건물로, 수평을 이룬 지붕과 바깥쪽으로 나 있는 작은 창문들 그리고 2개의 사각형 안뜰로 되어 있었다. 검소한 침실 은 편안했으며 호텔에는 바와 수영장도 있었다. 매일의 일정은 패턴이 비 슷했다. 삶은 계란과 롤 빵, 커피로 훌륭한 아침식사를 한 후, 빌린 피아트 에 나누어 타고 나가서 도중에 가게에 들러 점심식사용으로 정어리와 오 렌지, 빵을 사는 것이었다.

누군가가 한번 가본 곳은 찾기가 쉬웠지만 어떤 때는 무척 헤매기도 했다. 하지만 그런 것조차 모험의 일부였다. 바퀴자국이 깊이 파인 길을 따라 지그재그로 올라가니 제벨 엘 케스트의 가파른 사면에 붙어 있는 마 을이 나타났다. 길옆에는 가시가 있는 아르간 — 열매 안의 씨앗에 요리 뿐 아니라 보습에도 좋은 기름이 들어 있는데 — 같이 척박한 땅과 건조 한 기후에서 자라는 야생 관목들이 있었다. 가시가 무척 날카로워 보였지 만 염소들은 마치 나무에서 살기라도 하는 것처럼 그 이파리를 먹었다. 쭈글쭈글 늙은 노인들이나 학교에 있어야 할 법한 어린 아이들이 염소를 돌보고 있었다.

우리는 마을 가까이에서 일종의 스카프라고 할 수 있는 '하이크haik' 를 머리에 두르고 검은 드레스를 풍성하게 몸에 걸친 아낙네들이 엄청난 양의 사료를 옮기고 있는 옆을 지나쳤다. 그 산악지대에 사는 베르베르 Berber인들은 프랑스 식민주의자들에게 오랫동안 항거한 자긍심 넘치는 부족이었다. 네팔처럼 완만한 비탈에는 어디든지 계단식 밭이 넓게 펼쳐 져 있어, 과거에 제벨 엘 케스트 주변이 얼마나 비옥했는지 알 수 있었다. 암장에서는 아래쪽 마을의 모스크에서 코란을 낭송하는 확성기 소리가 하루 종일 들렸다. 어떤 때는 — 특히 우리의 등반 모습이 집에서 보일 때는 ─ 베르베르인들이 우리를 집으로 초대해 민트 차를 대접하기도 했다.

제벨 엘 케스트는 아주 독특하면서도 아름다웠다. 아침이나 오후 늦게는 햇살을 받은 규암이 풍부하면서도 따뜻한 색상을 다채롭게 띠었는데, 햇살을 온전히 받아 핑크빛으로 물든 곳의 가장자리에 연한 갈색이 나타나는가 하면 금빛부터 붉은색까지의 다양한 색상은 결국 진한 보라색이 되어 별이 총총히 뜬 검푸른 하늘을 배경으로 짙은 실루엣으로 변해갔다. 그곳은 등반 환경도 완벽했다. 어떤 때는 등반이 무섭기는 했지만, 반반하게 보이는 바위조차 확보물을 설치할 크랙이 있었다. 그리고 막다른 길에 접어들었다고 생각되는 순간에도 모퉁이를 돌아 넘어가면 해결책을 찾을 수 있었다.

경쟁은 존재하지 않았다. 사람의 손길이 닿지 않은, 다양한 난이도와 거의 완벽한 조건의 바위들이 사방에 널려 있어 경쟁을 무의미하게 만들었다. 우리는 때로는 까다롭고, 또 때로는 아찔한 등반을 하며 하루를 마음껏 즐기고 나서 호텔로 돌아오곤 했다. 물론 약간 서사시적인 모험을 하고 난 다음에는 그런 흥분이 최고조에 달했다. 그리고 사실 우리에게는 전체적인 일정 중 저녁시간이 중요했다. 호텔로 돌아와 마시는 시원한 맥주의 첫 잔, 그곳에 있는 사람들과 나누는 하루의 등반 이야기, 그러고 나서 즐기는 뜨거운 목욕, 저녁식사와 한 치의 양보도 없는 브리지 카드게임…. 조와 클로드, 피트는 나보다 꽤나 약삭빨랐지만 제법 재미있는 대결도 있었다.

우리가 그 지역의 매력에 대해 친구들에게 자랑하면서 클라이머들이 꾸준히 늘어났다. 그리고 곧 저녁식사 시간에 다함께 모여 앉기 위해서는 긴 테이블이 필요했다. 우리들의 등반 모임은 스노도니아의 페니패스에 있는 호텔이나 레이크 디스트릭트의 웨스데일헤드인Wesdale Head Inn에 기반을 두었던 제1차 세계대전 이전의 모습과 흡사했다. 우리들의 암묵적인 리더는 당연히 조 브라운이었다. 재담꾼으로서 언제나 함박웃음을 지으며 따뜻한 매너를 보여준 그는 존재감만으로도 충분히 그럴 자격이 있었다. 그런 모습을 보면, 그가 순전히 스스로의 능력으로 대단한 루트들을 개척하며 영국 산악계를 지배했다는 사실이 믿어지지 않았다. 그는 분명 우리 같은 톱 클라이머들 중 가장 많이 사랑받는 인물임에 틀림없었다. 기사작위는 내가 받았을지 모르지만, 호텔 레사만디에서 진토닉을 마시는 조는 여전히 우리의 유순한 족장patriarch '브라운 남작Baron Brown' 이었다.

나는 웨일스 북부의 '트랑고Trango'를 함께 초등한 1961년부터 조를 알고 지냈는데, 그 후에 톰 페이티와 셋이서 알프스에서도 등반했고 다양한 텔레비전 프로그램에 출연해 함께 등반도 했지만 그를 제대로 알고 지낸 것은 아니었다. 그러나 이제 정기적인 모로코에서의 등반을 통해 로프를 함께 묶으며 우리는 훨씬 더 친해졌다. 조는 매우 개방적인 매너의 소유자이다. 그가 말을 많이 하지 않는다고 해서 무언가를 감춘다고 생각하면 오산이다. 그것은 완벽한 자신감의 표현으로, 자신과 자신의 선택을 편하게 느낀다는 반증이다. 그리고 그것은 거의 방패 같은 역할을 한다. 그는 다른 사람보다 한 수 앞을 내다보는 고수였는데, 그럴 때는 예의 함박웃음을 지으며 친구들을 부드럽게 놀렸다. 그가 다른 사람의 기분을 언짢게 하는 일은 거의 없었다. 그리고 그의 자신감은 자기주장이 심하다거나 자랑을 일삼는 것과는 거리가 멀었다. 그는 어떤 사람들과도 잘 어울렸다. 아마 그래서 1955년의 칸첸중가 원정에 초청받았던 것 같고, 오늘날까지도 애정 어린 존경을 받는 것 같다.

우리의 대화는 그날의 등반, 다음 날의 계획 그리고 과거의 이야기들까지 다양했고, 어떤 때는 시사나 예술로까지 범위가 확대되었다. 등반 윤리는 문제될 것이 없었다. 비록 우리들 대부분이 실용주의자들이어서

환상적인 등반. 모로코의 타프라우트Tafraout에 있는 코르돈 루즈Cordon Rouge를 초등하는 모습
(크리스 보닝턴)

유럽이나 심지어는 토드라 협곡에서 등반을 하는 사람들이 쓰는 여러 가지 수단에 대해 아량 있게 넘어가는 편이었지만, 무엇보다도 우리는 등반에만 전념하는 전통적인 클라이머들이었다. 우리는 안티아틀라스에서 볼트를 사용하지 않았다. 만약 그랬다면 우리는 소중한 암장을 망가뜨리는 결과를 초래했을 것이다. 내가 모로코로 등반을 다닌 10년 동안, 안티아틀라스는 친구들로 이루어진 작은 집단의 독점적인 놀이터에서 인기 있는 등반 대상지로 변해갔다. 그러나 그곳에는 여전히 전통적인 등반의 기풍이 강하게 남아 있다.

그 10년 동안 내 나이는 어떤 영향을 끼쳤을까. 예순여덟 살이던 2001년에도 나는 여전히 강해, 영국의 클라이머들을 기준으로 한 'ES(극단적으로 어려운)' 등급에서 가장 낮지만 존중받을 만한 E1을 등반했다. 50대 중반에 E2나 심지어 E3을 선등했던 것을 생각해보면, 등반 능력이 조금 떨어진 것은 사실이다. 그래도 나는 나보다 열다섯 살 정도 어린 짐 포서링엄이나 그레이엄 리틀 같은 후배들과 번갈아 선등을 했다. 내가 70대로 접어든 2004년, 조 브라운은 저녁식사 전에 진을 마시면서 다음과 같이 충고했었다. "할 수 있는 건 지금 다 해야 해. 이제부터는 내리막길이거든." 나보다 네 살 많은 조가 류머티즘으로 고생하고 있다는 사실을 나는 2001년에야 알게 되었다. 그럼에도 불구하고 그는 요술을 부리듯 여전히 등반을 하고 있었다. 아마도 그래서 모로코의 규암과 따뜻하고 건조한 날씨가 그토록 매력적이었는지도 모른다. 그 등반은 우리를 조금 더 젊게 만들었다.

그러나 시간을 영원히 멈출 수는 없다. 70대 후반이 되자, 나는 그레이엄 리틀과 마이크 모티머Mike Mortimer에게 선등 자리를 더 자주 내어주게 되었고 그들이 선등한 루트에서도 어려운 곳에서는 로프에 매달려야 했다. 그래도 나는 걱정하지 않았다. 그저 그곳에 있는 것이 좋았고, 그들과 함께 어울리는 것이 좋았다. 나는 순수하고 영광스러운 산의 자유를 만끽했다. 모로코 여행의 마지막 해인 2012년, 나의 노르웨이 친구들인 오드와 랄프도 그곳으로 와서 변함없는 우정을 과시했다. 오드는 거의 25년 전에 멜룽체에서 입었던 버그하우스 윈드재킷을 여전히 애용하고 있었다. 버그하우스는 1985년의 에베레스트 원정부터 나를 후원했는데, 그 후 나는 그 회사와 좋은 관계를 유지했다. 나는 원정을 갈 때마다 그들의 장비를 썼고, 1997년에는 비상임 회장이 되어 이사회의 결정에 관여했다. 버그하우스와 나는 대단한 모험을 함께 즐겼다. 특히 버그하우스의 모기업 회장인 앤디 루빈Andy Rubin이 그룹 내의 다른 브랜드를 취급하는 수뇌부들과 킬리만자로를 오르는 행사에 나를 초청하기도 했다. 그들 중 어느 누구도 그런 등반을 해본 적이 없었지만, 그들은 모두 킬리만자로의 정상을 밟았다.

육군 아웃워드바운드학교에서 2년간 강사를 역임한 이후, 나는 종종 아웃워드바운드와 관련된 활동을 했다. 각각의 아웃워드바운드센터가 지역 이사들로 구성된 이사회를 통해 어느 정도 독립적으로 운영되던 1970년대에, 에스크데일에서 교장을 하던 로저 퍼트넘Roger Putnam이 나에게 이사회에 들어와 달라고 요청했다. 내게는 매우 즐거운 경험이었는데, 분위기도 좋고 형식적이지도 않았다. 로저는 강사들의 말에 귀를 기울이며 그들의 의견을 수렴해 명확한 결론을 내릴 줄 아는 훌륭한 지도자였다. 그러나 불행하게도 모든 아웃워드바운드 조직이 중앙 집중화되면서, 내가 속한 학교의 이사회도 해산되었다.

1997년, 아웃워드바운드의 신임 집행위원장인 마이클 홉스 경Sir Michael Hobbs이 나에게 임원으로 본부 이사회에 들어올 의향이 있는지 타진했다. 나는 아웃워드바운드가 젊은이의 성장에 결정적인 영향을 끼친 사례를 직접 목격한 적이 있어 그 제안을 흔쾌히 받아들였다. 이사회는 버킹엄 궁전의 넓은 방에서 열렸다. 중국풍으로 호화롭게 장식된 그곳의 한가운데에는 커다란 마호가니 테이블이 놓여 있었다. 이사회는 에든버러 공Duke of Edinburgh[103]이 주재했는데, 그는 핵심을 벗어나지 않는 한 누구든지 발언할 수 있도록 해주었다. 그는 토론의 내용과 결정을 간결하게 요약한 뒤 멋진 유머를 구사해 분위기를 환기시켰다. 때로는 정치적으로 색다른 발언도 하면서 분위기를 돋우었다. 그는 내가 모신 의장 중 단연 최고였다.

또한 나는 안전위원회의 위원장을 맡기도 했는데, 내가 한 첫 작업은 분과 위원회의 명칭을 위험관리위원회로 바꾼 것이었다. 아웃워드바운드는 모험을 추구해야 하고 위험이 없이는 모험도 없다는 생각에서 그렇게 결정했다. 위험을 잘 관리할 때만 만족을 얻는 법이다. 위원들은 모두 전문가들이었다. 나는 각지의 아웃워드바운드센터에서 연 2회 위험관리 회의를 열었다. 겨울철 회의가 하일랜드의 에일호Loch Eil에서 열렸기 때문에 나는 그곳의 센터장인 토니 셰퍼드Tony Shepherd와 벤네비스에서 동계등반을 할 수 있었다. 나는 최고의 강사들은 교수법도 뛰어나야 하지만 모험을 향한 열정을 가져야 한다고 언급했다.

임원들의 정년은 75세였으나, 이사회는 너그럽게도 나를 부후원자로 승급시켜 이사회에 계속 참여할 수 있도록 해주었다. 나는 또한 전혀 기대하지 않은 로열 빅토리아 훈장(CRVO)을 받아 너무나도 기뻤다. 내가 받은 마지막 훈장인 CRVO는 왕실에 공헌한 사람들에게 여왕이 하사하는 훈장으로, 내 경우에는 아웃워드바운드에 대한 헌신이 참작되었다. 그리하여 웬디뿐 아니라 케스윅에 사는 나의 가족들 모두가 수여식에 참석했다. 다음 날에는 우리만을 위한 런던타워 투어가 마련되었는데, 나의 좋은 친구이자 요먼 워더Yeoman Warder[104]인 빌 캘러핸Bill Callaghan이 일반 관람객들은 볼 수 없는 다양한 종류의 흥미진진한 장소들을 보여주었다.

투어가 끝난 다음에는 왕립국가구명선협회(RNLI)의 배를 타고 템스강을 오르내리는 즐거운 여행을 했다.

닉 배럿Nick Barrett이 집행위원장이 되자 아웃워드바운드는 한층 더 활발한 활동을 벌였다. 열정적인 힐 워커hill walker인 그는 해외자원봉사단Voluntary Service Overseas의 부이사장과 램블러연합Ramblers' Association 이사도 역임했다. 닉은 아웃워드바운드에 모험적인 요소를 다시 끌어들여야 한다는 생각을 강하게 갖고 있었다. 그때는 요크 공Duke of York이 아버지의 뒤를 이어 이사장을 맡고 있었다. 2011년에 열린 이사회에서, 우리들이 사업에 쏟아 부을 큰돈을 어떻게 마련할지 머리를 맞대고 있을 때 창문 근처에서 이리저리 거닐던 요크 공이 갑자기 무엇인가를 가리키며 이렇게 말했다. "바로 저겁니다. 샤드Shard에서 로프를 타고 내려오는 자선 행사를 해보도록 하지요."

영국에서 가장 높은 건물인 샤드가 마침 완공 단계에 있었고, 요크 공이 건물주인 쿠웨이트 왕실과 인맥이 있었기 때문에 이벤트가 성사되었다. 그리하여 우리 이사들 대부분이 300미터 높이의 건물에서 로프를 타고 내려오는 그 이벤트를 통해 10만 파운드를 모금할 수 있었다. 물론 이사들도 기꺼이 모금에 동참했다. 나는 비록 그들만큼 길게 로프를 타고 내려오지는 못했지만, 사진 촬영을 위해 건물 꼭대기의 첫 구간에서 나의 임무를 완수했다. 막상 로프를 타고 내려가려니 불안한 마음이 들었다는 사실을 고백하지 않을 수 없는데, 나는 언제나 그랬었다. 그래도 런던 전체가 발밑으로 펼쳐지는 광경은 정말 특별한 경험이었다. 결국 아웃워드바운드는 그 이벤트를 통해 큰돈을 모금할 수 있었다.

지난 몇 년 동안 내가 맡은 역할 중 가장 만족스러웠던 것은 아마도 랭캐스터대학 총장직이었을 것이다. 그동안 명예 학위는 여러 번 받았지만 내가 대학에 다닌 것은 아니었다. 그러나 총장직을 맡으면서 나는 그 세계를 어느 정도 알게 되었고, 젊은이들과 교류하면서 결코 평범하다고 할 수 없는 나의 인생 경험을 그들에게 들려줄 수 있었다. 그 일은 부총장인 폴 웰링스Paul Wellings의 전화 한 통으로 시작되었다. 2002년부터 부총장을 맡아온 그는 대학의 명성과 평가에서 급격하게 위상을 제고하고 있었다. 그는 대학의 초대 총장이 된 후 계속 그 직책을 맡아온 알렉산드라Alexandra 공주가 45년간의 헌신 끝에 물러나겠다는 결심을 했다고 전했다. 폴은 언론에도 잘 알려진 지역 출신으로 자선사업 경험과 함께 대학의 후원자들과도 직접적인 연줄이 있는 인물을 찾고 있었다. 그는 나를 방문해 허심탄회하게 그 문제를 상의하고 싶어 했다. 나는 일단 5년 동안 총장을 맡고 상황에 따라 5년을 더 하기로 합의했다.

그렇게 해서 매우 행복하고 재미있었던 총장으로서의 10년이 시작되었다. 알렉산드라 공주는 왕실의 규율로 인해 역할이 제한되어 있었기 때문에 나는 어느 정도 백지 상태에서 일을 시작해야 했다. 나는 학생들의 졸업식 축사에서, 나의 인생 중 — 특히 젊었을 때는 더욱 더 — 계획대로 되지 않은 수많은 경험을 최대한 들려주었다. 나는 그들에게 실수와 변화를 두려워하지 말라고 당부했다. 나는 하이킹 동아리 회원들과 함께 어울렸고, 산악부 회원들과는 등반을 함께 즐겼다. 또한 학생들의 현안에도 관심이 많아, 매년 학생회 임원들을 배저 힐로 초대해 점심을 같이 먹었다. 나는 그들과 하이 파이크 주변을 걸은 뒤, 헤스켓 뉴마켓Hesket Newmarket에 있는 올드 크라운Old Crown에서 이른 시간에 맥주를 사주기도 했다. 비록 경영권은 없었지만, 나는 새로운 스포츠센터 계획에 건축적으로는 아름답지만 실용적으로는 거의 무용지물이나 다름없는 인공암벽이 들어있는 것을 보고 그 사업에 개입해 제대로 된 인공암벽 업체가 일을 할 수 있도록 조치했다. 그리고 크로켓 경기장에서 내가 요크대학 총장과 벌인 유명한 시합은 또 다른 장미전쟁[105]이라고도 불렸다. 나는 총장 역할을 하면서 업무를 마음껏 즐겼고, 임기가 끝난 다음에도 대학을 위해 홍보대사를 맡았다. 그리하여 나에게 은퇴는 여전히 먼 미래의 일이 되었다.

가장 잔혹한 도전

우리는 결코 해변에 누워서 시간을 보내는 사람들이 아니었다. 아들들이 성장해 집을 나간 뒤에도 웬디는 활동적인 휴가를 보냈다. 그녀는 자전거나 카누를 이용한 프랑스 여행상품을 하나 찾아냈는데, 여행사의 역할은 매일 밤 편안한 '여인숙auberge'으로 짐을 옮겨주는 것일 뿐, 여행자들은 스스로 길을 찾아 나서도록 되어 있었다. 우리가 루아르Loire강의 잔잔한 지류 크뢰즈Creuse를 따라 카누를 타고 내려가자 햇빛이 반짝거리는 물 위로 물총새들이 스쳐지나갔고, 이따금 수달이 호기심 어린 눈으로 우리를 바라보았다. 이듬해에 우리는 프로방스Provence에서 자전거를 타기도 했다.

그런 종류의 활동적인 휴가를 마지막으로 보낸 것은 조 태스커의 애인 마리아 코피Maria Coffey가 마련해준 웬디의 일흔 살 생일기념 여행이었다. 조가 1982년 에베레스트 북동릉에서 사망한 이후 그녀는 캐나다로 건너가, 해상 카누를 열정적으로 즐기는 수의사와 사랑에 빠졌다. 그들은 윤리적인 모험을 취급하는 '비장의 명소들Hidden Places'이라는 조그만 여행사를 차려, 갈라파고스를 비롯한 세계 각지의 여행을 주선했다. 우리는 마리아와 박식한 생태학자의 안내로 매일 밤 이 섬 저 섬들을 돌아다니며 바다 여행을 했고, 낮 동안에는 야생 동식물들을 감상하거나 물개와 이국적인 물고기들과 함께 스노클링을 했다. 여행이 끝나갈 때쯤에는 키토

Quito 위쪽에 있는 에콰도르의 산에서 일주일을 보냈는데, 우리는 친환경 오두막에 묵으면서 벌새도 관찰했다. 오바마가 대통령에 당선되던 날 밤에는 택시를 타고 마을로 가서 개표 중계방송을 보았다. 그날 밤 우리는 둘 다 미래에 대해 큰 희망을 느꼈다.

알렉산더 테크닉 가르치는 일을 그만둔 웬디는 사진에 깊은 관심을 보였다. 우리들이 사진과 맺은 인연은 사뭇 흥미진진하다. 물론 나는 스냅사진을 많이 찍어야 했다. 포토저널리스트나 원정대에서 사진을 담당하는 사람은 그럴 수밖에 없다. 스토리를 만들어내기 위해서는 사진을 계속 찍어야 하기 때문이다. 그러나 사진을 예술적으로 접근한 웬디는 형태와 질감, 색채 등에 관심을 보였고 세밀한 부분과 자연의 아름다움에 매료되었다. 어떤 때는 사진 한 장을 찍는 데 1시간을 쏟아붓기도 했다. 그래서 우리가 산책을 할 때면, 나는 킨들Kindle[106]을 가지고 나가 나무그늘 밑에서 독서를 하기도 했다.

웬디는 멋진 친구들인 질Gill과 데니스 클라크Dennis Clarke가 은퇴를 한 후 카탈로니아Catalonia로 이사한 뒤에도 그들과 함께 골프를 쳤다. 우리는 1년에 두 번씩 그들을 방문하기 시작했는데, 그럴 때마다 웬디는 주로 골프 라운드를 돌았다. 우리는 이틀 정도 무엇인가를 함께하며 보내기는 했지만, 그 외에 등반 파트너를 찾는 것은 순전히 나의 몫이었다. 보던Bowdon에 살던 1970년대부터 알고 지낸 호세 앙글라다José Anglada는 소중하면서도 오랜 친구였다. 바르셀로나에서 사업을 하던 그의 아버지는 그의 영어실력을 향상시키기 위해 그를 맨체스터로 보냈다. 뛰어난 클라이머였던 호세는 바르셀로나 도심에서 겨우 20분 거리에 있는 몬세라트Montserrat라는 필라 천국에서 어려운 신루트들을 개척하기도 했다. 또한 그는 스페인에서 가장 유명한 원정대장이기도 했는데, 바르셀로나로 나를 초청해 강연을 할 수 있도록 해주었고 자신의 카탈로니아 친구들을 불러 함께 등반을 하러 가기도 했다. 질과 데니스가 레스칼라L'Escala에 거주하게 되면서, 호세와 나는 1년에 두 번 정도는 등반을 할 수 있었다.

우리는 호주에 있는 아들 가족들과 시간을 보내기 위해 시드니도 정기적으로 방문했다. 조와 주드의 아이들인 에디와 아너가 태어난 후 우리는 근처에 아파트를 하나 얻었다. 평소와 마찬가지로 나는 일과 놀이, 가족들과 함께 보내는 시간을 동시에 추구했고, 따라서 호주 전역을 돌며 강연을 하는 한편 버그하우스의 매장들도 방문하고 주말에는 블루마운틴Blue Mountains에서 친구들과 함께 등반을 하기도 했다. 2011년 내가 조의 부탄 트레킹에 합류한 사이 웬디는 주드의 주방 개조를 도와주었다. 그일은 손이 많이 갔다. 나무 바닥을 사포로 문지른 뒤 색칠을 하고, 선반과 벽장을 새로 달고, 장식도 다시 했기 때문이다. 웬디는 시드니로 향하기며칠 전에 아픈 무릎을 내시경으로 수술 받은 터라 그 일은 그녀가 얼마나 강인한 사람인지를 잘 나타내주었다.

그다음 해부터 웬디는 연석이나 돌이 깔린 길에서 넘어지기 시작했다. 우리의 의사인 케이트는 칼라일의 컴벌랜드진료소Cumberland Infirmary에서 일하는 신경과 의사에게 웬디를 보냈다. 그는 다리 아래쪽 신경이 손상되어 발에 힘이 없어진 것이라는 진단을 내리고 교정용 신발을 신어보라고 권유했다. 그러나 우리 둘 다 확신이 서지 않았다. 우리의 걱정은 점점 더 커져가기만 했는데, 단순히 웬디가 넘어져서가 아니라 확연히 눈에 띄는 기력 상실과 전체적인 불안정 때문이었다.

2012년 8월 초, 우리는 찰리 클라크가 메나이해협Menai Straits 위쪽에 아름다운 휴가용 별장을 갖고 있는 브린 멜Bryn Mel로 차를 타고 내려갔다. 과거에는 원정대 의사로 그가 필요했지만, 이제는 신경과 의사로서그의 전문적인 의술이 필요했다. 웬디의 동의를 받은 나는 그에게 진료를 부탁했다. 찰리는 혼자서 1시간 정도 그녀를 진료한 다음, 나를 불러 다른 의사의 소견도 필요할 것 같다고 말하고 나서 뉴캐슬의 왕립빅토리아진료소Royal Victoria Infirmary에서 근무하는 팀 윌리엄스Tim Williams라는 의사를 소개해주었다. 그렇게 웬디의 진료를 일단락 지은 우리는 나머지 휴가를 함께 즐겼다.

그해 여름, 나는 2012년 런던올림픽 성화를 스노든 정상까지 봉송하는 행사에 초청받았다. 그 행사는 성화 봉송 릴레이가 아니라 단지 사진을 찍기 위한 용도인 것 같았다. 어쨌든 나에게는 그렇게 보였다. 나는 컴브리아로 차를 몰고 가서 란베리스 위에 있는 큰 침례교 교회에서 포교활동을 하고 있던 나의 조카 리암Liam과 함께 지냈다. 다음 날 아침 나는 멋진 흰색 올림픽 트랙 슈트를 입고 스노든 철도역에 나가게 되었다. 나는 걸어서 성화를 봉송해야 하는 것 아니냐고 했지만, 결국 리암과 또 다른 조카 실번Sylvan과 함께 기차에 올라타야 했다. 올림픽 관련자들과 경호원들이 있는 것을 보니 보안상의 문제로 걸어가는 것을 피한 것이 분명해 보였다.

수많은 사람들이 정상을 향해 줄지어 올라가는 것을 보자 속았다는 느낌이 들었다. 심지어 그들 중 한 명이 성화를 봉송하고 있었는데, 실제로 성화 봉송 릴레이를 맡은 주자인 것 같았다. 그래도 나는 즐거운 시간을 보냈다. 더욱이 단체복을 입고 나를 경호해 준 두 명의 경관 역시 함께 있기에 즐거운 사람들이었다. 정상에 가까운 마지막 구간에서 나는 성화봉에 불을 붙인 다음 스노든 정상 주위에 몰려들어 환호하는 군중 속으로 들어갔다. 정상까지 힘껏 달리고 나서 나와 동행한 경관의 도움을 받아 삼각 지지대 위로 기어올랐다. 그리고 성화봉을 높이 치켜들었는데, 갑자기 눈물이 나려 했다. 열여섯 살 소년으로 모든 역사가 시작된 뿌리로 다시 돌아왔다는 생각이 들자 감정이 북받쳐 오른 것이다.

웬디와 케스윅의 가족들이 그 자리에 동참하지 못한 것을 못내 아쉬워한 나는 별도로 가족끼리의 축하행사를 하기로 했다. 나는 성화봉을 브린 멜로 가져가 봉송 의식을 재연했다. 찰리와 그의 애인 마르셀라Marcela, 그가 사랑하지만 조금 이상해진 티베트 테리어 세푸Sepu, 루퍼트와 앤이 페니패스에서 달려왔다. 웬디와 나는 손주들인 윌과 에밀리를 데리고 성화봉을 든 채 기차에 올랐다. 찰리와 마르셀라는 세푸를 주로 배낭 안에 집어넣은 채 오느라 루퍼트와 앤보다 한참 늦게 도착했다.

시간은 그렇게 흘러갔다. 그해 9월, 우리는 다시 한번 호주로 갔는데, 다른 때와 마찬가지로 홍콩에 들러 셰코베이Sheko Bay 위쪽에 사는 친구들의 집에 체류했다. 제임스 라일리James Riley는 자딘 그룹의 재무이사이자, 왕립지리학회의 홍콩지부 지부장이었다. 그와 그의 부인 조지Georgie는 아름다운 집에서 우리를 따뜻하게 맞아주었고, 내가 버그하우스와 랭캐스터대학 일을 하는 동안 웬디가 여독을 풀 수 있도록 평화로운 안식처를 제공했다. 시드니에서는 조의 가족들과 시간을 보냈을 뿐 아니라, 포스터Forster로 차를 몰고 가서 해상 절벽 위 높은 곳에 살고 있는 주드의 어머니 베스와도 만났다. 우리는 그녀의 집에서 고래를 구경했고, 사람의 발길이 닿지 않은 아래쪽의 해변도 거닐었다.

나는 싱가포르와 쿠알라룸푸르에서 열리는 랭캐스터대학 행사 때문에 먼저 호주를 떠나야 했다. 그렇게 되자 웬디는 혼자서 홍콩까지 온 다음 나와 다시 만나야 했다. 나는 그녀가 심히 걱정되었지만 모든 일이 다 잘 되었다. 집으로 돌아온 뒤 나는 그녀를 데리고 뉴캐슬로 가서 심전도를 포함한 검사를 했는데, 그 뒤로 큰 문제가 일어나지는 않았다. 강연 등으로 바쁜 일정을 소화한 나는 웬디와 스페인으로 날아가 질과 데니스와 함께 짧은 휴식을 가졌다.

그해 겨울의 랭캐스터대학 학위 수여식은 웬디에게 특별한 행사였다. 왜냐하면 그녀의 절친한 친구인 제럴딘Geraldine이 박사학위를 받기 때문이었다. 나는 축사를 하기로 되어 있었다. 수여식 전날, 우리는 팀 윌리엄스로부터 검사 결과를 듣기 위해 뉴캐슬로 향했다. 차를 몰고 가면서 우리 둘 다 조금 긴장했다. 우리는 그 문제를 애써 입에 담지 않았다. 아마도 서로를 걱정시키고 싶지 않은 마음이 더 컸던 것 같다. 우리를 방으로 안내한 팀은 결과가 좋지 않다고 단도직입적으로 말했다. 웬디가 운동신경질환(MND)motor neurone disease에 걸렸다는 것이다.

나는 아주 세게 한 대를 얻어맞은 기분이 들었다. 우리 둘은 눈물을 흘리며 서로의 품에 안겨 꼭 껴안았다. 이어 팀이 건네준 휴지로 눈물을 닦고 나니 점차 마음이 진정되었다. 나중에 웬디는 자신이 복합경화증에 걸린 것은 아닌가 하고 의심했었다고 털어놓았다. 친구 하나가 그 병으로 고통 받는 것을 보았기 때문이다. 우리는 MND일 것이라고는 생각지도 못했다. 팀은 우리를 위로해주면서, 원인도 모르고 치명적이며 치료법도 없다고 설명했다. 그는 웬디가 2년에서 5년 정도는 더 살 수 있겠지만 그마저도 확실치 않다고 말했다.

끔찍한 재앙의 순간이었다. 그러나 이상하게도 결정적이지는 않았다. 모든 것이 변하기 시작했고, 또 아무것도 변하지 않았다. 우리는 여전히 삶에 대한 희망이 있었다. 우리는 울버스톤Ulverston에 있는 제럴딘과 함께 시간을 보내기로 했기 때문에 컴브리아로 차를 몰고 돌아갔다. 그녀에게 소식을 전하면서 우리는 함께 울었다. 그러나 우리는 크나큰 사랑을 느꼈고, 그런 경험은 우리가 사랑하는 주변 사람들에게 소식을 전할 때마다 계속 반복되었다. 다음 날 아침, 부총장의 운전기사가 나를 태우러 왔다. 웬디는 제럴딘과 함께 나중에 따라왔다. 모든 일이 지극히 정상적으로 진행되고, 제럴딘의 학위 수여도 축하해주다 보니 조금 견딜 만도 했다.

웬디는 인격적으로 놀라운 힘을 가졌다. 그녀는 현재에 충실하면서 미래를 현실적으로 바라보아야 한다는 철학을 가지고 있었다. 그리고 언제나 자신보다 남을 먼저 생각했고, 스스로를 절제했다. 그녀는 항상 우선순위에 집중했다. 나는 점차 활동을 줄였지만 처음에는 우리들의 삶이 이전과 똑같았다. 팀 윌리엄스는 치료의 일환으로 MND 전문 간호사인 이베트Yvette를 보내주었다. 따뜻한 마음과 자신감으로 가득 찬 그녀는 우리의 질문에 일일이 대답해주면서 자신이나 자신의 동료가 언제든 전화를 받을 수 있도록 대기하고 있을 것이라고 안심시켜주었다. 우리의 의사인 케이트가 겨우 800미터 정도 떨어진 포츠 길Potts Ghyll에 사는 것도 다행스러운 일이었다. 케이트는 낮이든 밤이든 어느 때나 전화를 해도 좋다고 말했다. 우리는 우리 지역 간호사인 조이스Joyce도 알고 있었다. 그녀를 통해 우리가 활용할 수 있는 사회복지와 기타 모든 전문가들을 접촉할 수 있었다. 그녀는 일을 사무적으로 처리했지만 마음씨가 따뜻했는데, 그 후 수 개월간 우리의 소중한 협력자가 되었다.

우리는 재빨리 컴벌랜드진료소에 연락해 웬디의 전동 휠체어를 주문했다. 휠체어는 무척 커서 사실 위협적으로 보이기까지 했는데, 손가락 조종간이 있어 휠체어를 타면 그녀 스스로 집 안을 이동할 수 있었다. 휠체어 기술자는 병이 더 악화되더라도 그 휠체어가 웬디에게 잘 맞을 것이라며 자주 바꾸지 말라고 조언했다. 피할 수 없는 운명이라는 사실이 분명했지만 나는 그런 말들을 마음에 담아두고 싶지 않았다. 그냥 웬디를 위해 모든 것을 다해주고 싶었다. 그러나 웬디는 나와는 달리 병과 관련된 책은 무엇이든 다 읽었다.

2월에 우리는 에스칼라로 갔다. 그곳에서 웬디는 나를 캐디 삼아 9번 홀까지 골프를 쳤다. 웬디는 내 팔을 잡고 9번 홀의 티샷 지점까지 가다가 나무가 있는 곳에서 뿌리에 걸려 넘어졌는데, 나는 그녀가 넘어지는 것을 미처 막지 못했다. 설상가상으로 그녀는 꼬리뼈 쪽으로 땅에 떨어져 큰

말기의 웬디가 베슨스웨이트Bassenthwate 호숫가를 나와 함께 산책하고 있다. 붉은색의 작은 전동 휠체어는 우리에게 즐거움과 자유를 주었다. (크리스 보닝턴)

타박상을 입었다. 그 일을 겪고 난 우리는 가벼운 산보만 하면서, 주로 브리지 카드게임을 했다. 병은 서서히 악화되었다. 웬디는 말을 더듬기 시작했고, 계단을 오르는 것조차 점점 더 힘들어했다. 작업 치료사는 난간과 손으로 잡을 수 있는 레일을 더 설치하라고 권고했다. 그런 어려움에도 불구하고 우리는 여전히 2층을 침실로 썼다.

3월 말에는 '시드니의 보닝턴 후손들'인 조와 그의 가족이 우리와 함께 지내러 왔다. 웬디는 바퀴가 달린 작은 보행보조기를 이용해 산책을 계속할 수 있도록 노력했다. 그녀는 자신의 한계를 극복하고 싶어 했다. 어느 날, 그녀는 골프를 치는 친구들과 케스윅 뒤쪽에 있는 언덕 라트리그Latrigg를 올라가려 했다. 길에는 '휠체어 가능'이라는 표지판이 있었지만 현실은 전혀 달랐다. 그녀는 어쩔 수 없이 보행보조기를 밀고 다녔는데, 그녀가 힘들게 언덕을 오르내리는 것을 본 많은 사람들은 응원의 미소를 보냈다. 어쩔 수 없이 병이 깊어지는 동안에도 그런 도전은 즐거웠다. 우리는 소박한 승리에도 무한한 즐거움을 함께 나누며 병마와 싸웠고, 행복한 순간을 최대한 즐겼다.

이제 웬디는 계단은 말할 것도 없이 천천히 걷는 것조차 힘들어했다. 우리는 좀 더 실용적인 차를 구할 때가 되었다고 판단해, 웬디의 스바루 Subaru를 르노의 연붉은색 캉구Kangoo와 맞바꾸었다. 그 차는 뒤쪽에 문도 있었고, 손만으로도 운전이 가능해 웬디도 몰 수 있었다. 차의 트렁크에는 바퀴가 3개 달린 붉은색 스쿠터가 있었다. 그 스쿠터에 곧장 반한 웬디는 그것을 타고 도로를 달려 내려가 모퉁이를 돌아 사라진 후 만면에 미소를 띤 채 다시 나타났다. 이제 그녀는 어느 정도 스스로 움직일 수 있었다. 우리는 케스윅으로 가서 루퍼트와 앤에게 우리의 새로운 차와 스쿠터를 자랑했다. 우리는 더웬트Derwent 호숫가를 산책했는데, 웬디는 스쿠터를 타고 우리로부터 멀리 갔고, 아이들은 그런 할머니를 따라 뛰어다녔다.

2013년 여름, 우리는 웬디가 알렉산더 테크닉을 가르치던 1층 방으로 침실을 옮겼다. 그녀는 새로운 침실에서는 다람쥐 먹이통도 보인다며 좋아했다. 욕실을 그녀에게 맞추어 개조했고, 전에 그녀가 도예를 하던 작업실을 아늑한 방으로 꾸몄다. 우리는 그 방에 리모컨으로 작동되는 프랑스식 창문을 달아 그녀가 최대한 독립성을 유지할 수 있도록 했는데, 그 창문을 열면 스쿠터를 타고 정원으로 나갈 수도 있었다. 우리는 그녀가 휠체어에서 일어서거나 앉을 수 있도록 다양한 기구들을 비치했다. 다행스럽게도 공간이 아주 협소하지는 않았다. 작은 아파트에 사는 사람이라면 도대체 어떻게 대처할까?

루퍼트는 나에게 큰 힘이 되어주었는데, 웬디의 병세가 악화됨에 따라 그의 도움은 점차 필수불가결이 되었다. 케스윅에 있는 웬디의 골프

클럽을 함께 다녔던 베라Vera 역시 좋은 친구로서 도움을 주었다. 그녀는 농부의 딸로, 강인하고 실용적이었으며 스포츠우먼이었을 뿐 아니라 그림과 장식에도 재능이 있었다. 배저 힐의 우리 집 안팎을 장식해준 사람이 바로 베라였다. 웬디의 병세가 악화되면서, 그녀는 매우 다양한 방식으로 도움을 주었기 때문에 우리는 그녀를 도우미로 고용했다. 가정방문 호스피스로부터도 도움을 받았다. 그들은 일주일에 한 번씩 웬디를 목욕시켜 주어, 나는 그날 밤만은 푹 잘 수 있었다. 현재는 '간병인조합Carers Trust'으로 이름이 바뀐 '교차로Crossroads' 역시 일주일에 한 번씩 한나절 동안 방문해 나로 하여금 약간의 휴식을 취할 수 있도록 했다.

그래도 나는 여전히 버그하우스 회의에 참석하고, 짧은 강연 투어를 하고, 자원봉사 활동을 계속하는 등 다른 일도 계속하기 위해 노력했다. 단순히 수입이 필요해서가 아니라, 집에서 받는 스트레스를 풀 필요가 있었기 때문이다. 나는 간병인의 역할이 무척 힘들다는 사실을 알았다. 모든 것이 시간이 오래 걸려 나에게는 엄청난 인내심이 요구되었는데, 사실 나는 애초부터 인내심이 부족한 편이었다. 나 역시 피로를 느꼈다. 특히 웬디의 병세 악화로 더 많은 신체적 도움이 필요하게 되면서 나의 피로는 더욱 심해졌다.

이제 그녀의 말은 더욱 알아듣기 힘들었다. 나는 사람들의 말을 잘 듣는 편도 아니라서 그녀의 말을 잘 알아듣지 못하면 이따금 화를 내기도 했다. 그리고 나면 후회와 죄책감에 시달렸다. 나는 마음의 평정을 되찾고 나서 눈물을 흘리며 그녀에게 미안하다는 말을 쏟아냈고, 그녀를 안심시키려 노력했다. 그 단계에서 우리가 받는 지원은 한정적이었기 때문에 우리는 대부분의 시간을 둘이서만 보냈는데, 밤에는 더욱 그랬다. 나는 그녀를 무척 사랑했기에 마음 깊은 곳에서는 그녀를 잃는 것이 너무도 두려웠다. 하지만 그럼에도 불구하고 그런 사랑을 실질적으로 표현하는 데 있어서 나는 너무나 서툴렀다.

우리는 크리스마스를 기대했다. 왜냐하면 조와 그의 가족들이 맨체스터로 날아오기로 했기 때문이다. 베라는 위층에 있는 사무실에서 웬디의 폭넓고 다양한 관심사를 모두 기록으로 저장하는 일을 했다. 루퍼트의 가족이 도착하자 에밀리는 배저 힐을 동물병원으로 탈바꿈시키려는 듯 집 안 구석구석에 안내문을 붙였다. 나의 사진자료집은 동물병동이 되었고, 사무실은 상담실이 되었다. 조의 가족들은 크리스마스이브 늦게 배저 힐에 도착했다. 그들은 웬디가 병마에 시달려 변한 모습을 보고 충격을 받았으나, 그래도 온 가족이 모였기 때문에 우리는 즐거운 시간을 보냈다. 나는 미리 거위를 한 마리 주문해 놓았는데, 요리를 좋아하는 조가 크리스마스 날 실력을 발휘해 우리는 모두 그를 돕는 수셰프sous-chef가 되었다.

스쿠터를 탄 웬디를 앞장세워 우리는 도로를 걸었다. 그 후 그녀는 우리와 함께 앉아 저녁식사를 했지만 부드러운 음식만 겨우 목으로 넘길 수 있었다. 그렇게 식사를 간단히 마친 그녀는 우리가 계속 저녁을 먹는 동안 벽난로 앞의 안락의자로 물러났고, 우리 중 몇몇은 나머지 사람들이 식사를 하는 동안 그녀의 곁을 지켰다. '케스윅의 보닝턴 후손들'은 앤의 부모님을 비롯한 가족들과 함께 초저녁에 도착했다. 아이들은 서로를 보고 반가워했다. 특히 나이도 비슷하고 서로 유머도 통하는 에디와 윌이 잘 어울렸다. 아이들은 웬디와 나를 자신들의 게임에 끌어들였다. 조와 주드가 우리와 함께한 그 열흘은 소중한 나날이었다.

한동안 웬디는 음식을 잘 넘기지 못했다. 그리고 종종 음식이 기도로 잘못 넘어가 기침과 질식으로 고통스러운 경련을 일으켰다. 우리의 조언자인 팀 윌리엄스는 이미 그런 증상을 경고했었다. 그리고 그는 어느 시점이 되면 피부와 위벽을 뚫어 위 안으로 튜브 ― 이를 경피내시경위루술

튜브percutaneous endoscopic gastrostomy tube 또는 페그튜브peg-tube라고 부르는데 — 를 집어넣는 것이 더 나을 것이라고 했었다. 언제나 그렇듯 웬디는 그 제안을 깊이 생각한 후, 크리스마스 직전에 MND 클리닉에 가서 그렇게 해보자고 했다.

1월에 뉴캐슬로 그녀를 데려간 나는 그녀가 일주일간 입원해야 했기 때문에 조금이라도 더 많은 시간을 그녀와 함께 보내기 위해 근처 호텔에 묵었다. 그녀는 신경질환 병동에서 1인실을 썼는데 입원실 환경은 개방적이면서도 우호적이었다. 나는 낮이든 밤이든 언제나 그곳에 머무를 수 있었다. 수술이 끝난 후 나는 페그peg를 이용해 음식을 넣어주는 방법을 배워야 했다. 그 수술은 큰 변화를 가져왔다. 이제 그녀는 식사를 하면서 기침이나 질식으로 고통 받을 필요가 없었고, 음식을 집어넣는 방법도 간단했다.

그녀가 밤늦게 퇴원해 우리가 배저 힐로 돌아왔을 때는 한밤중에다 폭우까지 내렸다. 집에는 아무도 없었다. 나는 웬디를 최대한 빨리 집으로 옮기기 위해 바퀴가 달린 보행보조기를 썼지만, 보조기가 진흙투성이의 주차장에서 계속 말썽을 일으켰다. 그러는 동안 비가 내리치고 바람이 몸을 가누지 못할 정도로 강하게 불어왔다. 혼자인 나는 정말 무기력했다. 웬디는 모든 것을 조용히 참아냈지만 기력이 급격히 떨어졌다. 간신히 부엌문까지 도달한 우리는 마침내 안전하고 따뜻한 집 안으로 들어갔다. 나는 웬디를 크고 편안한 안락의자에 앉힌 다음 어느 누구의 조언이나 도움을 받을 수 없는 상황에서 페그를 통해 그녀에게 음식을 넣어주었다.

웬디를 침대로 옮긴 나는 그녀를 끌어안고 최대한 안심시키려 노력했다. 그녀는 점점 더 심각해졌다. 더 이상 말을 할 수가 없었는데, 사실 소리조차 거의 낼 수가 없었다. 그녀는 종을 울려 말하고 싶은 것을 손으로 끄적거렸다. 그녀는 글씨를 쓰면 말로 바꾸어주는 아이패드iPad 앱을 사용해보려 했지만 그마저도 쉽지 않았다. 그녀의 글씨는 명확하고 읽기 쉬우며 표현력도 풍부했다. 나는 그녀가 필요한 것과 그녀가 원한 대화 내용을 기록한 기자용 노트북을 수십 권 보관하고 있다.

그녀는 또한 하지불안증후군으로부터도 고통을 받았는데, 그것은 MND와는 큰 상관이 없는 신경계통 병이었다. 그 병은 다리 속에서 느껴지는 불편한 간지럼으로, 긁는다고 나아지는 것도 아니다. 증세가 느껴지면 반사적으로 발길질을 하게 되지만, 그렇다 해도 별 도움이 되지 않는다. 그로 인해 웬디는 잠을 많이 설쳤고, 편하게 누워 있거나 앉아 있는 것도 힘들어했다. 걷거나 약을 먹으면 어느 정도 도움이 되지만 시간이 지나야 나아지는 병이었다. 몸이 끝없이 퇴화하면서 점점 더 다른 사람들에게 의존해야 했던 그녀의 심정은 얼마나 참담했을까. 그녀는 마지막 순간까지 단 한 마디 불평도 하지 않고 항상 다른 사람들을 먼저 생각했다. 그녀는 간병인들과 방문객들에게 차와 편안한 의자를 내주라고 몸짓으로 나에게 알렸다.

우리는 사회복지센터의 도움을 많이 받았다. 간병인은 하루에 네 차례씩 왔지만, 빡빡한 일정에 쫓기는 그들이 시골까지 오는 것은 결코 쉽지 않은 일이었다. 우리 집에 처음 오는 사람은 위치를 힘들게 찾는 수고까지 해야 했다. 결국 그들이 언제 도착할지는 전혀 확신할 수 없었다. 물론 내가 다른 사람의 도움을 받지 않고도 혼자서 모든 것을 할 수 있는 단계였기 때문에 심각한 문제는 아니었다. 하지만 나도 피로가 누적되어 갔다. 특히 한밤중에 웬디가 일어나야 할 때 더 힘들었다. 침대에서 내려왔다가 다시 돌아가려면 반드시 도움이 필요했다.

2014년 4월 중순에 큰 위기가 닥쳤다. 나는 그녀가 나를 필요로 할지 몰라 평소처럼 주의를 기울였는데 깜빡 졸고 말았다. 그런데 느낌이 이상했다. 내 옆에 누워 있어야 할 웬디가 없었다. 화들짝 놀라 침대에서 내려왔지만 보행보조기를 놓친 그녀는 바닥에 쓰러져 있었다. 나는 혼자서 그녀를 침대로 다시 올릴 만한 힘이 없어 같은 마을에 사는 동생에게 전화를 해 도움을 요청했다. 다행히 그의 도움으로 상황이 잘 수습되었고, 나는 다시 그녀에게 몸을 바짝 붙이고 잠을 좀 잘 수 있었다.

다음 날 우리는 거실에 모여 회의를 했다. 지역 간호사 조이스가 소집한 그 회의에는 다른 간호사 한 명과 사회복지센터에서 나온 사람이 참가했다. 이미 많은 도움을 준 루퍼트 역시 그 자리에 있었다. 조이스는 우리가 국가의료제도(NHS)의 24시간 자택 간호 서비스를 받을 자격이 있다고 말했다. 그러나 그렇게 하기 위해서는 시간이 걸렸다. 따라서 우리는 웬디를 칼라일에 있는 지역 호스피스에 일주일 정도 보내기로 했다. 그곳의 웬디 방 역시 프랑스식 창문이 있어, 그녀는 스쿠터를 몰고 푸른 들판을 보러 나갈 수 있었다. 나도 하루 종일 그곳에 머물 수 있었고, 내가 원하면 밤늦게까지도 있을 수 있었다. 방문객들도 많이 찾아와 우리는 함께 바로 옆에 있는 공원으로 산책을 나가기도 했다.

위기는 또 한 번 닥쳤다. 어느 날 아침 웬디의 소변에서 피가 나온 것이다. 호스피스에서는 증세를 완화시키는 것뿐이어서 그녀는 병원으로 가야 했다. 우리 둘 다 병원으로 가는 것을 싫어했지만, 웬디가 자신의 생각을 손으로 적어서만 표현할 수 있었기 때문에 그와 같은 일을 상의하는 것은 결코 쉽지 않았다. 우리는 그들의 결정을 따랐는데, 처음에는 그다지 나쁘지 않았다. 웬디는 내과 병동에서 1인실을 썼지만 다음 날 아침에는 웬일인지 사람이 많은 개방 병동으로 옮겨졌다. 그곳은 침대도 서로 바짝 붙어 있는 데다 시끄럽기 짝이 없었다. 간호사들 역시 혹사당하는 듯했다. 웬디의 링거주사는 눈으로 확인할 수 있었지만 내 질문에 대답해 줄 간호사는 찾기가 힘들었다. 방문 시간도 자유롭지 못했다. 그날 오후

병원으로 돌아가 보니, 웬디를 내시경으로 검사해야 할지 몰라 결정이 내려질 때까지 식사를 일절 금지한다고 했다. 링거주사는 그에 대비한 것이었다. 할 수 없이 나는 괴로운 심정으로 집으로 돌아왔다.

다음 날에도 여전히 그대로였다. 웬디는 매우 창백했고 힘이 없어 보였다. 이틀 동안 아무것도 먹지 못한 것이다. 나는 미칠 것 같았지만 내가 호스피스에서 할 수 있는 유일한 일을 했다. 바로 뉴캐슬에 있는 우리의 MND 간호사인 이베트에게 전화를 한 것이다. 내가 그녀에게 상황을 설명하자마자 이베트는 내시경을 하면 웬디가 죽을 수도 있다고 경고했다. 웬디가 병원에 있는 것 자체가 아무 의미도 없는 일이었다. 어떤 것이든 외과적으로 손을 대면 웬디에게는 치명적이었기 때문이다.

나는 마음을 가다듬고 이베트가 해준 말을 웬디에게 전했다. 나는 담당 간호사를 찾아가 웬디를 집으로 데려가겠다고 했다. 나는 2시간 동안 퇴원 절차를 밟은 후 웬디를 데리고 캉구에 있는 집으로 돌아갔다. 우리는 이제 더 이상 집을 떠나는 일이 없기를 간절히 바랐다. NHS의 서비스 준비가 거의 다 끝났지만, 이제 웬디를 이동시키려면 두 사람이 필요했기 때문에 여전히 가족 중 한 사람이 필요해서, 나와 루퍼트가 교대로 자리를 지키기로 했다.

웬디는 1층에 마련된 병원용 침대에서 잠을 잤고, 나는 바로 옆에 1인용 침대를 가져다놓고 사용했다. 더 이상 그녀에게 몸을 가깝게 대지는 못했지만, 그래도 옆에 있으면서 손을 잡아주고 밤에 도움을 줄 수도 있었다. 그리고 루퍼트나 친구가 와서 도와주면 나는 위층으로 올라가 편하게 잠을 잤다. 그러나 나 자신의 일을 완전히 그만두지는 않았다. 내가 균형감각을 갖기 위해서도 그것은 필요했다. 지금도 나는 내가 과연 그렇게 한 것이 올바른 결정이었는지 죄책감에 시달리고 있다.

우리는 간병인들과 친하게 지내면서 그들의 삶에 대해서도 알게 되었다. 우리는 그들에게 점심과 저녁을 제공했다. 그들은 우리의 가족이나 다름없었다. 다른 전문가들, 그리고 정기적으로 방문하는 우리의 친구 베라도 있었다. 물론 그렇게 하기 위해서는 베라가 간병 계약자와 직접적인 고용관계를 맺어야 했다. 슬퍼하거나 고민할 시간이 없었다. 지금까지 기억에 가장 많이 남아 있는 것은 웬디와 함께한 산책이다. 우리는 차로 30분 정도 걸리는 거리 내에서 여러 도로와 조용한 길을 찾아다녔다. 우리는 자주 솔웨이Solway까지 올라갔다. 그곳의 자연보호구역에는 스쿠터를 몰기 좋은 도로가 있었고, 다양한 새들도 많이 서식하고 있었다. 우리는 두루미들이 갯벌에서 먹이를 찾아다니는 모습이나, 갈매기들이 하늘에서 힘들이지 않고 자유롭게 빙빙 돌다가 강어귀 너머로 날아가는 모습도 볼 수 있었다. 해안 뒤쪽에는 우리가 자주 거닐었었던 갤로웨이Galloway 언덕이 있었다.

초여름이 되자 웬디는 더욱 쇠약해졌다. 우리는 호주에 있는 조를 최대한 빨리 부르기로 했다. 6월에 영국으로 날아온 그는 비록 며칠밖에 있지 못했지만 어머니와 함께 소중한 시간을 보낼 수 있었다. 조는 어머니에 대한 애정이 강했다. 물론 지구 반대편이라는 거리 때문에 어쩔 수 없이 자주 만나지 못해 죄송스러운 마음도 있었다. 그는 페그로 음식을 집어넣는 것이나 의자에서 몸을 일으켜 세우는 등, 우리에게는 익숙한 실용적인 행동을 일일이 배워야 했다. 하지만 그가 옆에 있는 것만으로도 그의 사랑을 느낄 수 있어 무척 의미가 깊었다. 그러나 슬프게도 그는 다시 돌아가야 했다. 아마 살아 있는 어머니를 두 번 다시는 만나지 못할 터였기 때문에 이별은 그에게 무척 가혹한 일이었을 것이다.

웬디와 사후를 의논하는 것은 무척 힘들었다. 처음에는 그녀가 화장을 한 다음 하이 파이크의 정상에서 재를 바람에 날려 보내달라고 말했었다. 그러나 조가 방문한 뒤 얼마 지나지 않아, 그녀는 마을 교회에서 장례식을 치른 후 교회의 묘지에 묻어달라고 종이에 적어 건네주었다. 장인 레스 역시 1990년대 초에 돌아가셨을 때 그곳에서 장례식을 치렀었다. 그분의 교구목사인 콜린 리드Colin Reid는 친구이기도 했다. 레스와 콜린은 정기적으로 산책을 다녔고, 철학과 종교에 대해 긴 토론을 하기도 했다. 콜린과 웬디는 장인의 장례식을 준비하면서 시편과 찬송가 대신 세속적인 시와 노래를 사용했다. 이따금 고난에 처했던 긴 삶을 기린 장례식이었지만, 그래도 콜드벡에서 보낸 그분의 마지막 20년은 행복하면서도 충만했다. 아마 웬디 역시 그와 비슷한 장례식을 원하고 있었던 것 같다.

내가 우리의 교구목사인 말콤Malcolm에게 전화를 걸자, 그는 다음 날 우리를 만나러 왔다. 따뜻하면서도 활기찬 모습의 말콤은 소파에 누워 있는 웬디 옆에 앉아 그녀의 손을 잡고 말을 건넸다. 나는 우리가 장인을 위해 준비했던 장례식에 대해 그에게 말해주었다. 그는 부드럽게 응대했지만 영국국교회의 의례를 준수해야 한다고 강조했다. 그러면서도 성경에는 무척 많은 문구와 시편, 찬송가가 있기 때문에 분명 웬디가 좋아할 만한 것이 있을 것이라고 장담했다. 그는 더없이 친절했지만 고집도 강했다. 그가 웬디에게 어떻게 생각하느냐고 묻자 그녀는 "생각해볼게요."라고 적었다.

그날 우리는 그 문제에 대해서는 더 이상 말을 꺼내지 않았지만, 다음 날 아침 웬디는 나에게 할 말이 있다면서 '마리 엘사Marie-Elsa'라고 적어 보여주었다. 나는 무슨 뜻인지 즉시 알았다. 왜 그 생각을 못했을까? 마리 엘사는 멜빈 브랙Melvyn Bragg의 딸이었다. 위그톤Wigton에서 자란 멜빈은 근처에 휴가용 별장을 갖고 있었다. 마리 엘사는 자라는 동안 자신의 조부모님과 가깝게 지냈고, 웬디는 어릴 때부터 그녀와 친하게 지냈다. 그들은 2년 전쯤 특히 더 친해졌는데, 웬디의 절친한 친구 하나가 런던에서 사망한 일이 계기가 되었다. 마리 엘사는 웬디가 있던 햄스테드 가든 서

버브Hampstead Garden Suburb로 찾아왔고, 그들은 그곳에서 함께 지냈다. 그들은 철학적으로나 정신적으로나 비슷한 호기심을 가지고 있었기 때문에 자주 밤늦게까지 이야기를 나누곤 했다. 마리 엘사는 영국국교회 성직자이기도 했다. 나는 바로 그녀에게 전화를 걸어 상황을 설명하고 나서 웬디의 장례식을 주재해줄 수 있을지 물어보았다. 그녀는 즉시 긍정적으로 대답했지만, 시간이 맞아야 하고 말콤 역시 동의해야 한다는 조건을 달았다.

계절은 어느덧 무더운 여름으로 바뀌어갔다. 웬디를 편안하게 해주기 위해 자세를 이리저리 바꾸는 일 역시 점점 더 힘들어졌다. 프랑스식 창문과 침대 겸용 의자가 구비된 그녀의 작은 방은 집의 한쪽 끝에 있어서 그런지 무척 평온했다. 그러나 그녀는 끔찍할 정도로 약해져갔다. 우리가 그녀를 옮기기 위해서는 보조기구를 더 많이 써야 했고, 그만큼 그녀 역시 스스로 움직일 수 있는 능력을 상실해갔다. 손으로 글씨를 쓰는 능력도 점점 더 퇴화되어, 그녀의 메모는 읽기도 어려울뿐더러 더 짧아졌다.

웬디의 상태가 악화되면서 이제 루퍼트는 배저 힐에 상주하다시피 했다. 7월 21일에는 또 한 번의 회의가 있었다. 거실의 안락의자에 앉아 있는 웬디 주변에 지역 간호사 조이스, 웬디의 간병 회사 매니저 루이즈Louise, 그리고 다른 전문가들이 둘러섰다. 웬디는 그들이 나누는 말과 대화의 뉘앙스를 모두 이해했지만, 대화에 끼어들지는 못했다. 몇몇 사람들은 그녀를 대화에 끌어들이려 노력했지만, 대화는 곧 웬디가 따라갈 수 없는 방향으로 진행되었다. 웬디의 병원용 침대를 거실로 옮겨 카테터catheter를 끼우고, 웬디의 몸을 들어 올릴 수 있는 기구를 무조건 사용하자는 의견이 오갔다. 그러나 회의는 우리가 약간 어리둥절할 정도로 흐지부지 끝나버리고 말았다.

다음 날 아침, 웬디는 밖으로 나가 정원을 보고 싶다는 의사를 표시했다. 우리는 그녀를 큰 전동 휠체어에 앉혔다. 루퍼트가 손가락 조종간 작동을 도와주어, 우리는 조심스레 거실과 작은 방을 지나 안뜰을 건너 정원으로 갔다. 잔디밭에 들어선 웬디는 화초를 하나하나 천천히 그리고 깊이 있게 응시했다. 마치 작별인사를 하는 것처럼…. 나는 눈물을 흘렸다.

그날 오후를 우리는 조용히 보냈다. 간병인이 오가면서 페그를 통해 웬디에게 음식을 공급했고, 루퍼트와 나는 웬디를 최대한 편하게 해주었다. 그날 밤, 웬디를 안정시키는 데는 오랜 시간이 걸렸지만 그녀는 결국 선잠에 빠졌다. 그녀는 자정쯤에 다시 일어났다. 간병인과 나는 그녀를 최대한 편하게 해주었는데, 그녀는 다시 잠이 들었지만 숨소리가 매우 미약했다. 그녀의 생명이 점점 꺼져가는 듯했다. 내가 간병인에게 루퍼트를 깨워달라고 하자 그는 곧장 내려왔다. 나는 우리의 의사인 케이트에게도 전화를 걸어 웬디의 생명이 다된 것 같다고 알렸다. 그러자 그녀는 곧바로 달려오겠다고 약속했다.

그런 다음 나는 나의 1인용 침대에 몸을 숙이고 앉아 웬디의 손을 잡았다. 루퍼트는 반대쪽 손을 잡았다. 지금 그 순간은 기억이 잘 나지 않는다. 울지는 않았던 것 같다. 대신 웬디를 향한 뜨거운 사랑으로 하나가 되어, 끝까지 그녀를 보호하고 지켜주고 싶었던 마음이 컸던 것 같다. 그녀의 숨소리가 점점 약해지더니, 마침내 조용했다. 우리의 말을 들었을까? 그녀의 손을 잡고 있는 우리의 손, 그녀를 안은 우리의 팔을 느꼈을까? 그랬으면 좋으련만….

웬디가 숨을 거둔 그다음 주는 여러 가지 준비로 정신이 없었다. 시드니에 있는 조의 가족들을 영국으로 부르는 일도 만만치 않았다. 슬퍼할 시간이 없었다. 마리 엘사는 한바탕 병치레를 한 후 회복 중이었지만, 곧장 달려와 장례식 준비를 도왔다. 그녀는 동정심도 많고 사람을 진정시킬 줄도 아는, 훌륭하고 실용적인 인물이었다. 우리의 교구목사인 말콤 역시 우리를 힘껏 도와주었다. 루퍼트는 복잡한 준비사항들을 처리해냈는데, 그 과정에서 나의 훌륭한 비서인 마가렛 트린더Margaret Trinder와 수십 년간 나의 사진자료집을 관리해온 프랜시스 돌트리Frances Daltrey의 도움을 받았다. 조와 주드, 에디, 아너는 호주에서 날아와 배저 힐에 머물렀다.

장의사들이 도착해 웬디의 시신을 칼라일로 운구했지만 마리 엘사는 장례식 전날 웬디의 시신을 집으로 모시라고 부탁했다. 우리는 작은 방의 지지대 위에 관을 안치한 다음 뚜껑을 열고 주변에 그녀가 아끼던 물건들을 진열했다. 그녀가 조용하고 차분하게 누워 집에서 마지막 밤을 보낼 수 있도록 한 것은 좋은 일이었다. 병원용 침대가 이미 집에서 빠져나가 나는 우리의 커다란 2인용 침대를 다시 조립했다. 그러자니 그녀가 없는 침대 옆이 참으로 허전하겠다는 생각밖에 들지 않았다.

장례식 날 아침이 구름이 낀 채 밝아왔다. 그날은 하이 파이크가 거의 보이지 않을 정도로 하루 종일 비가 내렸다. 영구차가 도착해 우리는 관을 닫고 그 차까지 운구했다. 조와 루퍼트가 맨 앞에, 그리고 그들의 어릴 적 친구인 롭Rob과 마커스Marcus가 중간에 섰고, 동생 제럴드와 내가 맨 뒤를 맡았다. 우리는 영구차에 관을 안치한 후, 다른 가족들과 함께 도로 끝에 있는 너도밤나무까지 차를 뒤따라갔다. 그 후 친구들이 기다리고 있는 콜드벡의 오드펠로우스 암스Oddfellows Arms로 영구차를 안내한 뒤, 다함께 교회로 이동했다.

마리 엘사가 우리를 맞이하며 장례식 절차를 안내했다. 가족들이 모두 참가하는 의식이었다. 나는 송덕문을 낭독했고, 루퍼트와 조는 어머니를 추모하는 인사를 올렸다. 그리고 4명의 손주들은 함께 쓴 시를 각자가 한 구절씩 맡아 낭독했다. 웬디의 가장 오랜 친구인 로즈메리Rosemary가 추모사를 했고, 웬디가 포크송 가수 활동을 시작했을 때 '램프라이터

웬디를 떠나보낸 후 데르벤트 호Derwentwater 위의 캣 벨스Cat Bells 정상에 모인 우리 가족. (뒷줄 왼쪽에서 오른쪽으로) 앤, 루퍼트, 나, 조와 주드. (앞줄 왼쪽에서 오른쪽으로) 에디, 윌, 에밀리, 아너 (크리스 보닝턴)

Lamp Lighter'라는 커피 전문점을 운영했던 폴 로스Paul Ross, 그리고 웬디의 직장 동료였던 스티븐 볼저Stephen Bolger도 추모사를 했다. 웬디의 오랜 친구이며, 포크송 가수이자 이웃인 데이브 고울더Dave Goulder는 「더 카터 The Carter」라는 노래를 불렀고, 보던에 살았을 때 알고 지냈던 마가렛 워커 Margaret Walker는 하프를 연주했다. 모든 것이 다 끝난 뒤, 우리는 웬디의 관을 들고 교회의 벽에 가까이 있는 그녀의 무덤까지 마지막 여행을 했고 녹음이 된 그녀의 노래를 들으며 다함께 눈물을 흘렸다.

우리는 마을회관으로 손님들을 모셔 술을 대접하고 추억담을 나누었다. 그러나 충격에서 헤어 나오지 못한 나는 그토록 힘이 되어주었고 친

4 부 · 에베레스트를 넘어서

절했던 많은 사람들에게 고맙다는 말도 제대로 하지 못했다. 나는 그저 가까운 가족들과 친구들과 함께 구석에 앉아 있었다. 조와 그의 가족이 호주로 돌아가고 난 뒤 배저 힐에 혼자 남아 있자니 처음으로 슬픔이 아픈 상처로 밀려왔다. 그때 나는 눈물을 흘리며 집 주변을 이리저리 돌아다녔었다. '올드 맨 오브 호이'를 오르기로 결정한 것은 다른 무엇인가에 정신을 집중해보기 위해서였다. 오크니제도에서 돌아오자마자 내가 하던 일들을 다시 해보려 했지만 디스크 탈출로 인해 엄청난 통증을 느꼈다. 나는 케스윅에 있는 우리의 단층집으로 옮겨진 다음 루퍼트의 도움을 받았다. 그러나 증상이 심각해져 모르핀을 맞아야 했고, 허리 아래쪽에 뜨거운 물을 담은 병을 댄 채 베개를 잔뜩 깔고 왼쪽으로 누워 잘 수밖에 없었다.

보통 여름철에는 버그하우스를 위하여 '보닝턴 걷기Bonington Walk'라는 연례 걷기대회를 했는데, 재미도 있었고 직원들의 의식도 고취시킬 수 있었다. 그러나 그해 여름철에는 웬디의 병이 막바지에 달해 행사를 진행할 수 없었다. 그 행사가 10월로 연기되었는데, 이제는 내가 앓아누워 또다시 행사가 불가능하게 되었다. 검사를 해보니 디스크가 심하게 압축되어 있었다. 방사선 전문 의사는 마취제와 스테로이드가 천천히 투여되도록 척추 주사를 놓아 통증을 줄여보자고 제안했다. 루퍼트가 나를 뉴캐슬까지 태워다주었다. 나는 수술복을 입은 채 다리를 절며 수술실로 들어가 얼굴을 아래로 향하고 수술대 위에 엎드렸다. 방사선 전문 의사는 엑스레이 사진을 보면서 문제가 되는 신경에 최대한 가까운 곳을 찾아내려 했다. 그때 나는 갑자기 거의 공중으로 튀어오를 정도로 콱 찌르는 통증을 느꼈다.

그러자 방사능 전문 의사는 "됐어, 거기야!" 하고 외쳤다.

루퍼트의 차를 타고 케스윅으로 돌아온 나는 상태가 좋아져 더웬트 호수 정도까지의 짧은 거리를 걸을 수 있었다. 결국 나는 차를 직접 운전해 배저 힐로 돌아왔다. 내가 너무나 많은 사랑을 배웠던 집, 그리고 너무나 사랑했던 집, 그러나 지금은 내가 사랑한 사람이 없는 집에 돌아오니 편하다는 생각이 들면서도 쓸쓸한 마음이 들었다. 나는 집 주변의 익숙한 곳들을 돌아다니면서, 포츠 길Potts Ghyll까지 난 오솔길을 따라 작은 개울 — 콜듀Caldew와 합류한 다음 다시 에덴Eden과 합류해 솔웨이Solway강 어귀로 빠져나가는 — 로 내려갔다.

포츠 길 너머에서는 네더 로우Nether Row에서 광산 도로로 다시 이어지는 돌담을 따라 드넓게 펼쳐진 야산까지 걸어 올라갔다. 나는 이제 너무나 익숙한 길을 걸으며 눈물을 흘렸다. 과거의 기억들은 너무 고통스러웠다. 나는 숨을 헐떡이며 소리 내어 흐느꼈다. 그러나 곧 야산과 들판의 경계선에서 나를 조용히 위로해주는 아름다움을 느꼈다. 양들이 한가로이 풀을 뜯고 있었고, 네더 로우의 드문 가옥들은 그 사이의 나무들에 가려 보일락 말락 했다. 내 집이 있는 배저 힐은 아득히 먼 곳에 있었다. 나는 허전한 마음을 금할 수 없었으나 집으로 돌아오자 마음이 놓였다.

맺는 글

또 다른 사랑

웬디의 MND가 악화되기 시작한 2014년 2월, 나는 오랜 친구인 찰리 클라크의 일흔 번째 생일을 축하하기 위해 잠시 런던을 방문했다. 2년 전에 아내 루스Ruth를 암으로 잃은 찰리는 그 후 아름다운 마르셀라 콘트레라스Marcela Contreras를 만났다. 그녀는 매우 존경받는 혈액 전문 의사였다. 마르셀라는 햄스테드 가든 서버브에 있는 자신의 집에서 찰리를 위해 큰 파티를 열었고, 그 자리에는 찰리가 다채로운 인생을 통해 사귄 친구들이 참석했다. 나는 오랜 산친구들인 짐 커런과 헨리 데이Henry Day와 한 테이블에 앉았는데, 헨리 데이는 영국의 첫 안나푸르나 원정대를 이끈 인물이었다.

내 옆에는 나의 오랜 친구 이안 맥노트 데이비스의 부인 로레토 헤르만Loreto Herman이 앉아 있었다. 마르셀라와 마찬가지로 로레토 역시 칠레 사람이었기 때문에 그들은 서로 친했다. 수년 동안 알츠하이머로 고생한 맥노트가 이제 암까지 겹쳐 상황이 너무 좋지 않았기 때문에 그녀 혼자 온 것이었다. 그녀와 오랫동안 이야기를 나눈 것은 그때가 처음이었다. 이전에는 그녀의 특별한 아름다움과 자신감으로 인해 나는 가까이 다가갈 생각조차 하지 못했었다. 하지만 그날 밤 그녀와 이야기를 나누면서 나는 그녀와 함께 있는 것이 무척 즐거웠다. 그 후 얼마 지나지 않아 맥노트가 세상을 떠났지만 나는 그의 장례식에 참석하지 못했다. 웬디의 건강이 너무도 빠르게 나빠지고 있었기 때문이다.

내가 로레토를 다시 만난 것은 그해 11월 셰필드에서 열린 짐 커런의 회고전에서였다. 그때는 웬디가 세상을 떠나고 난 후였다. 로레토는 찰리, 마르셀라와 함께 런던에서 왔다. 이듬해 2월, 로레토는 나의 산친구들과 루퍼트가 기획한 '이것이 당신의 삶이다This is Your Life'라는 행사를 참관하기 위해 왕립지리학회에 왔다. 작가인 줄리 서머스Julie Summers가 산악유산재단Mountain Heritage Trust의 기금을 모으기 위해 무대에서 우리를 인터뷰했다. 다음 날 밤 그녀는 자신의 집에서 찰리의 생일을 축하하며 디너파티를 열었고, 나는 그녀 옆에 앉았다. 나는 다시 한번 그녀와 함께한 시간이 무척 즐거웠다.

우리는 서로 점점 더 자주 만나게 되었다. 혹시 친한 친구들이 꾸민 것은 아니었을까? 2015년 4월 나는 샤모니의 황금피켈상Piolet d'Or 행사장에 갔다. 황금피켈상은 고령회(GHM)Groupe de Haute Montagne에서 매년 수여하는 등산의 오스카상이다. 심사위원회는 매년 히말라야 등의 고산에서 가장 대담하면서도 윤리적으로 가장 순수한 등반을 한 사람에게 황금피켈상을 수여한다. 나는 7번째로 평생공로상을 받는 영예를 안았다. 로레토는 더그 스콧 부부와 스위스의 레장에서 스키를 타고 있었다. 그들은 맥노트가 투병하는 동안 로레토와 맥노트에게 큰 힘이 되어주었었다. 마침 더그가 그 전해의 수상자라서 그는 나에게 상을 수여하게 되어 있었다.

샤모니에 며칠 머무는 동안 다양한 모임에서 서로 부딪치게 된 나와 로레토의 마지막 만남은 결국 몽땅베르 호텔에서 이루어졌다. 마무리 파티가 열리는 그곳까지 우리를 태우고 갈 특별열차가 편성된 것이다. 나는 몽땅베르를 1958년 해미시와 등반하면서 처음 방문했었는데 그 당시 우리는 호텔 바로 위의 작은 산장에서 새우잠을 잤고, 빈털터리 신세여서 식량이 필요할 때마다 샤모니로 걸어 내려갔다가 다시 올라오곤 했다. 호텔은 전혀 변함없이 옛날 그대로의 모습이었다. 그리고 내부의 가구 역시 19세기풍 그대로였다. 로레토와 나는 오래된 객실들을 돌아다녀 보고, 음식과 와인을 더 많이 즐기면서 긴 알프스 호른의 구슬픈 소리도 들었다. 자연스럽게 나는 그달 말에 있을 영국산악회 디너에 로레토를 초대했다. 그녀는 내 초대를 받아들이면서 그날 밤에 자신이 예약한 방 하나를 나에게 양보했다.

다음 날 아침, 나는 친구와 함께 점심식사를 하기 위해 애서니엄 호텔 Athenaeum Hotel로 걸어내려 갔는데, 그가 나타나지 않아 1시간 동안이나 기다려야 했다. 그러나 그는 끝내 나타나지 않았고 대신 전화로 미안하다는 말을 전했다. 마음이 약간 상한 나는 로레토의 방으로 가서 차를 마시면서 나의 슬픈 이야기를 전했다. 그녀는 나를 가엽게 여겼는지 기운을 북돋워주겠다고 말했다. 나는 그 말을 듣는 것 자체로 이미 기분이 좋았다. 나는 이듬해에 칠레에서 강연을 초청받았다는 말을 그녀에게 한 후, 생각지도 않게 "같이 가지 않을래요?"라고 물었다. 그러자 그녀는 조금도 주저하지 않고 "좋아요."라고 대답했다.

그렇게 해서 모든 것이 시작되었다. 기쁜 감정이 폭포처럼 몰려왔다. 우리는 팔짱을 끼고 영국산악회 디너에 도착했는데, 때마침 그곳은 육해군으로 이루어진 나의 클럽이나 다름없었다. 그러자 사람들의 눈동자가 휘둥그레졌다. 우리는 파티 내내 서로에게 열중했고, 그만큼 눈동자도 더 많이 휘둥그레졌다. 우리는 손을 잡고 클럽에서 나와 리츠호텔 Ritz Hotel을 지나자마자 있는 버스정류장으로 향했다. 9번 버스를 기다리던 나는 처음으로 그녀에게 키스를 했다. 그리고 우리는 버스가 올 때까지 열정적으로 키스를 했다. 그 키스는 켄싱턴 하이 스트리트 Kensington High Street에 도착할 때까지 계속되었다. 아침에 일어나보니 우리는 서로를 안고 있었다. 나는 그녀의 아름다운 얼굴을 뚫어져라 쳐다보았다. 로레토는 눈이 유난히 반짝거렸는데 얼굴의 모양도 아름다웠지만 그런 겉모습 속에 생동감 넘치고 따뜻한 지성이 숨어 있었다. 그녀는 거의 충동적일 정도로 결단력도 좋고 불같은 성격이기도 했지만 뒤끝이 없었다. 또한 그녀는 자신이 좋아하는 일에 매우 충실해, 사랑하는 사람들을 돕고 지원하는 일을 기꺼이 할 준비가 늘 되어 있었다.

많은 면에서 우리는 매우 다르다. 로레토가 결단력이 강한 반면, 나는 확실히 마음이 좀 흔들리는 편이고 주변의 영향도 받는다. 물론 항상 제대로 된 길로 되돌아오기는 한다. 그녀는 본질적으로 사교적이지만, 나는 사교적인 면에 있어서는 한계가 있다. 그러나 우리는 중요한 부분에서 같은 가치관을 가지고 있다. 우리 둘 다 과거에 연연하지 않는다. 물론 과거로부터 배우려 하지만 후회하지는 않는다. 우리는 함께 웃는 일이 많다는 것을 알게 되었다. 그 첫날 밤부터 우리는 남은 생애를 함께 보내고 싶은 사람을 찾았다는 것을 깨닫게 되었고, 그런 생각과 사랑이 점점 커져갔다.

물론 우리는 각자 꾸려가야 할 삶이 있어 한동안 떨어져 지냈다. 그러나 우리는 하루에도 여러 번 전화로 사랑을 나누었다. 운명적인 영국산악회 디너가 끝난 지 2주일이 지난 어느 날, 나는 랭캐스터대학의 디너에 참석했다. 대학의 홍보대사라는 새로운 역할을 수행하면서, 눈코 뜰 새 없이 바쁜 신임 총장 앨런 밀번Alan Milburn을 대신해 참석한 것이다. 그 자리에 로레토를 데리고 간 것은 대성공이었다. 그녀는 사교적인 면에서도 만점이어서 모든 사람들이 그녀에게 매료되었다. 다음 날 나는 케스윅에서 강연했는데, 차를 마시면서 나의 가족들인 루퍼트와 앤 그리고 에밀리와 윌에게 로레토를 소개시켜 줄 수 있는 절호의 기회를 잡았다.

그들이 웬디가 죽은 지 겨우 8개월이 지난 시점에 어떻게 그렇게 깊은 사랑에 빠질 수 있는지 이해하기 어려웠을 것이라는 사실을 나는 너무나 잘 알고 있었다. 그러나 그들은 우리를 따뜻하게 환영해주었다. 우리가 강연이 예정된 클라이밍센터로 걸어 내려가려 할 때 윌은 자신의 엄마에게 달려가 조용히 "나, 로레토 좋아요."라고 속삭였다. 앤은 로레토에게 가서 직접 말해보면 어떻겠느냐고 화답했다. 언제나 수줍음을 많이 타는 윌이었지만 그는 미소를 지으며 그렇게 했다. 아주 좋은 출발이었다.

로레토는 프랑스에 있는 자신의 집으로 돌아가고, 나는 런던에 홀로 남아 강연을 하며 지냈는데, 어느 날 로레토의 딸인 엘비라Elvira가 나를 저녁식사에 초대했다. 내가 현관문으로 다가가자 문이 열리더니 엘비라의 네 아이들인 루카Luca, 마테오Matteo, 리비아Livia, 필리포Filippo가 갑자기 튀어나와 내 품에 안겼다. 그리고 엘비라가 따뜻하게 미소를 지으며 뒤따라 나와 나를 껴안았다. 엘비라는 자신의 어머니를 많이 닮아 외향적이면서도 아름다웠고 얼굴 모양 역시 비슷했는데, 숱이 많은 긴 금발 머리를 갖고 있었다. 그녀는 결혼 전 콩데 나스트Condé Nast[107]에서 일했으며, 그녀의 남편은 사치앤드사치Saatchi and Saatchi의 최고경영자를 역임하고 현재 자신만의 광고대행사를 운영하고 있는 닉 허렐Nick Hurrell이었다. 그는 또한 그루초 클럽Groucho Club의 회장이기도 했다. 그들과 함께 지낸 첫날 밤부터 그들은 나를 가족처럼 대해주었다.

강연이 끝난 후 나는 더그 스콧 부부와 함께 1990년대 말에 로레토와 맥노트가 공동으로 구입한 집이 있는 라 로마La Loma로 여행을 갔다. 그곳은 생 트로페Saint Tropez에서 북쪽으로 20킬로미터쯤 떨어진 숲이 무성한 야산에 있었고, 바로 위에는 라 가르드 프레이네La Garde-Freinet라는 마을이 있었다. 전통적인 형태의 그 집에서는 숲을 이룬 언덕과 포도밭 너머로 낮은 야산들이 지평선 끝까지 아득히 펼쳐져 있어 너무나도 아름다운 경치를 감상할 수 있었고, 지중해도 어렴풋이 보였다. 나는 지난 2년간 그 집과 그곳의 경치에 푹 빠졌다. 로레토와 나는 주변의 거의 모든 언덕을 걸었다.

배저 힐로 돌아온 나는 어려운 결정을 내려야 했다. 나는 6주간의 휴가 동안 조와 그의 가족들을 만나러 가기로 되어 있었다. 처음에는 로레토를 데려가고 싶었지만, 웬디가 병마와 싸우는 동안 조가 느꼈을 거리감과 단절감을 생각해보니 그들만을 위해 가야겠다는 생각이 들었다. 그래서 나는 혼자 가기로 결정했다. 그녀와 6주간을 떨어져 지내는 것은 무척 힘들었다. 우리는 서로를 많이 그리워했다. 왓츠앱WhatsApp[108]이 없었더라면 어떻게 했을까? 그러나 도리어 그렇게 떨어져 있게 되자 서로에 대한 애정이 더욱 강해졌고, 우리가 서로를 얼마나 원하는지 절실히 느끼게 되었다. 그 일을 계기로 우리는 앞으로 한 번에 며칠 이상은 떨어져 있지 말자고 다짐했다.

우리는 여름 내내 레이크 디스트릭트에서 시간을 보냈다. 나는 그곳에 있는 산에 대한 나의 사랑을 로레토와 함께 나누었다. 가을에는 로레토가 나의 강연과 자선사업 일에 될수록 많이 참석했다. 마찬가지로 나도 그녀의 중요한 일들을 함께하고 싶었다. 그녀는 독실한 로마가톨릭 신자였기 때문에 켄싱턴에 있는 '승리의 여신Our Lady of Victories' 성당에서 열리는 일요 미사에 가능하면 빠지지 않으려고 애썼다. 나는 그녀와 함께 미사를 가기 시작했고, 지금도 함께 간다. 나는 근본적으로 불가지론자이고 아마도 계속해서 불가지론자로 살아가겠지만, 성당에서는 진정한 마음의 평화와 안정을 찾을 수 있고 명상을 할 수 있는 시간도 가질 수 있다. 로레토의 신부님인 짐 커리Jim Curry 주교는 로레토와 친한 친구였는데, 나는 그의 대단한 공감 능력과 유머감각을 즉시 좋아하게 되었다.

그해 9월 나는 옥스퍼드에서 에베레스트 남서벽 원정 40주년을 기념

새 아내 로레토와 두 번째 사랑에 빠진 나는 행운아다. 레이크 디스트릭트의 래너데일Rannerdale 에 핀 히아신스 꽃밭에서 즐거운 한때를 보내고 있는 우리 (폴 로스)

하는 강연을 했고, 우리는 워덤 칼리지Wadham College에 있는 방을 함께 쓰게 되었다. 다음 날 아침에 일어난 나는 로레토를 끌어안았다. 그때 그녀와 연인 이상이 되고 싶다는 느낌이 강렬하게 들었다. 그리고 나도 모르는 사이에 이런 말이 튀어나왔다.

"우리 결혼합시다!"

로레토는 살짝 미소를 지어 보였다. "우리같이 늙은 사람들은 결혼을 귀찮게 여겨요. 생각 좀 해볼게요." 몇 분 뒤 로레토는 한참 동안 나에게 키스를 하고 나서 그녀 특유의 환한 미소를 지으며 "좋아요."라고 대답했다.

한동안 우리는 결혼 이야기를 비밀로 했다. 우리의 첫 번째 결혼은 각자 등기소에서 했지만, 로레토는 주교의 주례로 성당에서 결혼식을 올리고 싶어 했다. 그녀의 생각이 마음에 든 나는 주교에게 우리의 결심을 처음으로 알렸다. 그는 우리의 말을 듣고 매우 기뻐했는데, 내가 어머니께서 햄스테드의 홀리 플레이스Holly Place에 위치한 세인트 메리 가톨릭 성당St Mary's Catholic Church에서 나에게 세례를 내려주셨다고 언급하자, 그는 일이 쉽게 풀릴 것이라며 더욱 기뻐했다. 내가 케스윅에 있는 가족들에게 결혼 이야기를 전하자, 에밀리는 신부 들러리가 되는 것이 꿈이었다면서 매우 기뻐했다. 그러자 일이 일사천리로 진행되었다. 루퍼트와 앤, 엘비라가 사실상 결혼 준비를 도맡았고, 시드니에 있는 가족들 역시 날아오기로 했기 때문에 우리는 네 명의 손자와 네 명의 손녀가 할 일을 찾아야 했다. 결국 그들 모두가 신부 들러리가 되었고, 각각 성경을 한 구절씩 읽었다. 딸이라기보다는 자매같이 보인 엘비라는 어머니를 보내드리는 역할을 맡았다.

나의 오랜 친구인 찰리가 신랑 들러리를 섰다. 나는 결혼식 전날밤에 에인절Angel에 있는 그의 집에서 머물렀다. 그리고 나서 노팅 힐 Notting Hill로 가는 버스를 잡아탄 후, 가벼운 점심식사를 하고 켄싱턴 가든Kensington Garden을 지나 성당으로 향했다. 하얀색 바지 정장을 입은 로레토는 눈부시게 아름다웠다. 내가 본 그 어느 때보다도 더 사랑스러워 보인 그녀는 엘비라와 신부 들러리들과 함께 성당 복도를 걸어서 들어왔다. 들러리를 맡은 손자손녀들은 어느 때보다도 얌전했다. 그날은 우리의 인생 중 가장 멋진 날이었다. 하객들을 포함해 60여 명이 모여 결혼식 행사를 마치고 나서 모두가 대형버스를 타고 그루초 클럽으로 향했다. 그곳에서 우리는 다음 날 새벽까지 피로연을 가졌는데, 아이들은 방을 돌아다니며 즉흥적으로 콩가 춤을 추었다. 결혼 축하 케이크는 프로피터롤 profiterole[109]을 이용해 만든 크고 가는 피라미드 모양이었다.

그로부터 며칠 뒤, 우리는 유로스타Eurostar를 타고 파리로 가서 긴 주

2016년 4월 켄싱턴에 있는 '승리의 성모교회Our Lady of Victories Church'에서 열린 우리의 행복한 결혼식. 맨 앞줄에 나의 손주 8명이 서 있다. (데이비드 어실David Usill)

말을 함께 보내고 나서 곧바로 라 로마로 차를 몰고 갔다. 나의 믿음직스러운 스바루 자동차에는 내가 이 책을 쓰는 데 필요한 자료가 전부 실려 있었다. 그리고 우리가 쓰는 침실의 구석 하나가 나의 사무실이 되었다. 내가 하루 종일 글쓰기 매달린 뒤, 우리는 숲을 이룬 주변의 언덕을 돌아다니며 우리만의 도피를 즐겼다. 로레토가 사랑을 듬뿍 담아 나를 응원해주고, 글쓰기에 지쳐 역간 역정을 낼 때 이따금 내 엉덩이를 걷어 차준 덕분에 나는 이 책을 완성할 수 있었다.

지난 세월을 되돌아보며 이렇게 글을 쓰는 일은 기쁨과 절망의 순간들을 다시 한번 느끼는 자기성찰의 지난한 훈련이었다. 그러나 이제 모두

다 과거의 일이 되었다. 나에게는 나의 존재 전체를 가득 채워주는 깊고 열정적이며 즐거운 또 다른 사랑을 찾은 것과 나의 가족과 친구들을 향한 사랑을 확인한 것이 가장 소중했다. 나는 마지막 순간까지 최선을 다해 인생의 불꽃을 태울 것이다.

감사의 말씀

83년에 이르는 나의 삶을 다룬 이 책을 쓰면서 나는 직계 조상들이 나의 성격에 끼친 영향을 알아보기 위해 그들을 조사했고, 아들과 남편, 아버지, 동료 클라이머, 동지로서의 나의 삶에 영향을 끼친 사람들에 대해 생각해보고 그들과 대화도 나눠보았다. 따라서 감사해야 할 사람들이 무척 많다. 나는 내가 풍요로운 삶을 살 수 있게 해준 모든 분들께 감사한다.

먼저 어머니께 특별한 감사의 말씀을 드린다. 어머니께서 내게 보내주신 편지들은 내가 모두 보관하고 있고, 내가 어머니께 보낸 편지들을 어머니께서 모두 보관하고 계셨다. 또한 어머니께서는 일기를 무척 많이 쓰셨고, 미완성 자서전도 쓰셨기 때문에 나의 어린 시절에 대한 많은 부분을 그 자료들을 통해 채울 수 있었다. 52년간 나의 아내였던 웬디는 부지런히 자료를 모으는 가족의 전통을 이어받아 가족 관련 문서들을 잘 저장해두었고, 그 덕분에 그녀가 비극적으로 생을 마감한 뒤 내가 찾아서 쓸 수 있었다. 이복동생인 제럴드와 이복누이동생인 로즈메리는 할아버지와 아버지가 가지고 있던 문서들과 사진들을 사용할 수 있게 해주었다. 루이즈 복스홀Louise Boxhall은 매우 유용한 도란Doran 가계도와 기타 정보들을 내어주었다. 또한 나는 두 아들 조와 루퍼트에게도 많은 신세를 졌는데, 그들은 어린 시절과 사고 친 이야기들을 나에게 털어놓았다. 그들의 과거는 현재 그들이 사랑하는 남편이자 아버지이며, 사업가로 성공적인 삶을 살아가는 데 기반이 되었다.

'영국 사이먼 앤 슈스터Simon & Schuster UK'의 논픽션 출판 이사인 이아인 맥그레거Iain MacGregor에게 많은 감사를 보낸다. 이 책을 의뢰한 장본인인 그는 글쓰기가 진행되는 동안 매우 많은 지원을 해주었고, 참을성 있게 계속 관심을 보여주었다. 에드 더글러스Ed Douglas는 편집자로서 훌륭한 역할을 해주었는데, 나의 문장을 다듬어주기도 했고 어떤 곳은 과감하게 삭제하기도 했으며 이 책이 나올 때까지 꾸준한 지원과 조언을 아끼지 않았다. 프로젝트 편집자인 조 휘트포드Jo Whitford 역시 대단했다. 그는 특히 마지막 순간까지 교정 작업을 해주었다. 30년간 나의 사진자료집을 관리해온 프랜시스 돌트리는 나의 조사를 도와주었을 뿐 아니라, 이 책에 쓰인 사진들을 모두 골라주었고 지도와 개념도를 그린 ML 디자인의 마틴 루비코프스키Martin Lubikowski와 함께 긴밀하게 작업했다.

다음 책들은 예비지식과 짧은 인용을 하는 데 무척 유용했다.

『Extreme Eiger』 Peter and Leni Gillman (Simon & Schuster, 2015), 『A Slender Thread』 Stephen Venables (Hutchinson, 2000)

지도는 다음 책들을 참고했다.

『No Place to Fall』 Victor Saunders (Hodder & Stoughton, 1994), 『Dougal Haston: The Philosophy of Risk』 Jeff Connor (Canongate, 2002), 『High Achiever: The Life and Climbs of Chris Bonington』 Jim Curran (Constable, 1999)

또한 나는 『알파인 저널』의 온라인 과월호에서도 많은 정보를 이용했다. 그 저널들이 이제 인터넷을 통해 널리 이용될 수 있다는 사실은 참으로 대단하다.

나의 개인 비서인 주드 베버리지Jude Beveridge는 나의 전화와 이메일에 적절하게 응대하며 방어선을 잘 지켜 내가 글쓰기에 전념할 수 있도록 해주었다. 무엇보다도 나의 아내인 로레토의 사랑과 응원이 없었다면 이 책을 시작하거나 쓸 수 없었을 것이다. 그녀는 내가 글을 쓰는 내내 나와 함께했고, 산책을 같이 나갈 수 없을 때도 참고 이해해주었다. 또한 글쓰기에 매몰된 나를 끄집어내어 유쾌한 유머 감각으로 웃음을 선사해주었다.

옮긴이의 말

사이먼 톰슨의 영국 등반역사 책으로 하루재클럽 산서 번역에 발을 들인 역자는 책 번역을 마치자마자 곧바로 다음에 번역할 책을 물색했다. 그때 변기태 대표가 크리스 보닝턴의 신간을 번역해보는 것이 어떠냐고 제안했다. 보닝턴의 내한 일정에 맞춰 출간해야 하기 때문에 다른 책들에 비해 상당히 중요한 프로젝트라는 인상을 받았고, 동시에 시간이 촉박하지 않을까, 하는 불안감도 약간은 들었다. 그러나 따끈따끈한 신간을 번역한다는 설렘과 영국 등반의 현대 역사에서 가장 자주 등장하는 인물 중 하나인 보닝턴의 책을 번역할 수 있다는 기대가 합쳐져, 이 책의 번역을 맡게 되었다.

크리스 보닝턴은 여러모로 평균적인 인물이다. 기나긴 생애 동안 그가 성취한 것들은 이루 말할 수 없이 많고 대단하지만, 노년의 보닝턴이 자신의 등반하는 모습을 '거북이'라고 지칭했듯, 그의 성취들은 걸출한 능력보다는 꾸준함의 결과인 경우가 많았다. 그는 형편없는 클라이머는 절대 아니었지만, 조 브라운같이 다른 이들을 한참 능가하는 엄청난 클라이머도 아니었다. 그는 등반에 진심으로 열정을 품고 산을 대한 사람인 동시에, 후원금을 마련하고 등반을 통해 생계를 유지하기 위해 기업과 언론을 매우 잘 활용한 인물이기도 하다. 또한 학교와 사회에 제대로 적응하지 못하고 등반에 대한 열정으로 일견 무모한 결정들을 했던 도전적인 젊은 시절과는 달리, 노년의 그는 이미 기득권층으로 들어가 여러 단체와 기업의 회장을 맡았고, 친구들과도 잘 지내는 사회적으로 비교적 온건한 인물이 되었다. 좋게 말하면 균형이 매우 잘 잡힌 인물이라 할 수 있겠지만, 어떤 이들은 중간자적 입장이 마음에 들지 않을 수도 있을 것이다.

보닝턴의 문체에서 화려함을 기대하기는 힘들다. 그의 서술은 어느 정도 단조롭기까지 할 정도로 소박하며, 사실 기술에 충실하다. 또한 보닝턴의 삶과 등반의 성취에 대해 이미 잘 알고 계신 독자라면 이 자서전의 내용에 대해 어느 정도 익숙하실지도 모른다. 실제로 번역을 하다 이해가 잘 되지 않는 표현들에 관해 찾아보다 이 책의 많은 부분들이 이미 『더 가디언The Guardian』 등 영국의 수많은 주력 언론들에 짧은 글로 기고가 된 적이 있다는 사실을 알 수 있었다. 그만큼 그는 자신의 인생과 성취에 대해 대중들과 많이 공유해온 인물이다. 물론 그의 인생뿐 아니라 등반 전반에 대해 비교적 무지한 역자로서는 수없이 많은 부분에서 그가 느꼈던 아찔함과 감동 그리고 슬픔을 함께할 수 있었고, 80대의 노인이 자신의 삶을 반추하며 보이는 단순하면서도 깊은 통찰은 이따금 나 자신을 되돌아보도록 하는 계기가 되었다.

역자의 개인적인 소감으로, 이 책의 가장 훌륭하고도 감동적인 부분은 바로 서문이다. 보닝턴 스스로는 의도치 않았을지 모르고, 서문의 서술 자체도 비교적 과거의 일을 나열하는 방식이지만, 서문은 '올드 맨 오브 호이'와 그곳을 찾은 크리스 보닝턴 자신을 묘하게 병치시킨다. 첫 아내 웬디를 떠나보내 상실감에 빠져있는 보닝턴, 그리고 오랜 세월의 침식으로, 자신을 형성했던 바위들을 상실하며 남겨진 타워인 '올드 맨 오브 호이'는 각각 인간과 자연으로서 상실이라는 비극적 감정을 대변했고, 이는 보닝턴이 본 자서전에서 자신의 삶에 대해 말하고자 하는 바를 축약적으로 보여준다. 그가 등반을 사랑한 감정은 자연 속에 묻혀 그와 하나고 되고 싶은 욕망에 바탕을 두고 있지만, 때때로 자연은 눈사태와 악천후를 통해 그의 친구들을 빼앗아감으로써 그에게 참기 힘든 상실을 주기도 했다. 그 모든 것을 거치고, 결국 가장 사랑하는 아내를 상실한 그가 '올드 맨 오브 호이'에서 찾은 것은, 그렇게 깎이고 부서지고 아프더라도 자신의 삶에 대한 열정, 특히 등반에 대한 열정만은 그 타워처럼 우뚝 높이 솟아 있다는 사실이었다. 이 자서전은 노인이 된 보닝턴이 마찬가지로 '노인'이란 이름을 지닌 타워에 자신을 투사하면서, 상실과 고난을 통해 서사시적 영웅으로 빚어진 자신의 모습을 그려낸다. 그렇게 서문에서 느꼈던 감동은 책 전체에서 그가 위기를 겪고, 통렬한 삶의 비극을 겪으며, 그것을 결국 극복해나가는 모습을 통해 꾸준하게 계속 이어진다.

아울러 '올드 맨 오브 호이' 앞에 펼쳐진 극장 같은 모습의 지형 역시 산악계에서의 보닝턴의 위치와 그의 입장을 드러낸다. 그는 순수한 열정을 가지고 등반을 하지만, 그의 등반은 언론과 대중 등 관객이 필요하다. 그러한 그의 상황과 '자서전'이라는 이 책의 장르적 특성이 결합되어, 보닝턴은 인생의 중요한 여러 순간에 자신이 해야 했던 선택에 대해 변호를 한다. 적어도 그의 변호에 따르면 그는 등반의 순수성과 대중성 사이에서 좋은 균형을 찾은 것으로 보이지만, 어디까지나 우리도 독자로서 자서전이 다른 이들의 의견을 배제할 수밖에 없다는 사실을 인지하고 있어야 한다. 그가 자신의 입장에 대해 설명하는 부분에서는 비판적인 글읽기를 하면서 다른 관점과 맥락에서는 어떻게 판단할 수 있을지를 생각해보는 것도 이 자서전을 읽는 묘미가 되지 않을까 싶다.

시간에 쫓기면서 마구 써내려간 거친 문장들을 하나하나 꼼꼼히 윤문해 주신 김동수 선생님께 큰 감사의 말씀을 올린다. 등반에 대한 전문적인 지식이 없는 이유로 그냥 지나쳤던 부분까지 철저하게 사실관계를 확인해주셨기에 이 역서는 정확도와 가독성 면에서 손색이 없다고 생각한다. 또한 여러 방면으로 지원을 아끼지 않은 변기태 대표께도 다시 한번 감사하다는 말씀을 드리고 싶다.

2018년 7월 시카고에서 오세인

주석

01 영국에서 가장 높은 사암층 돌기둥이며 노인이라는 이름과는 달리 생성된 지 얼마 되지 않았다. 18세기 중반의 지도나 그림을 보면 올드 맨은 기둥이 아니라 사암 절벽의 일부였던 것을 알 수 있다. 1900년대 초 시간과 파도의 작용으로 아치가 형성되었고 아치의 두 기둥에서 올드맨이라는 이름이 연상되었을 것이다. 아치의 잔해인 이 기둥이 언제까지 서 있을지는 알 수 없지만 언젠가는 바다가 노인의 목숨을 앗아갈 것이다. 1966년 톰 패이터Tom Patey, 러스티 베일리Rusty Bailey와 크리스 보닝턴이 처음으로 등반했으며 이듬해 아찔한 등반 장면이 TV에 방송되면서 유명세를 타기 시작했다.

02 암석이 파도의 침식을 차별적으로 받아 만들어진 굴뚝 형태의 지형

03 1980~ , 미국의 엘 캐피탄을 등반한 최초의 영국 등반가

04 루게릭병으로 알려진 근육퇴화 병

05 1957년 해미시 매키네스Hamish MacInnes, G. 니콜G. Nicol과 함께 벤네비스Ben Nevis (1,343m)산의 제로 걸리Zero Gully를 올랐다. 영국 빙벽등반의 위대한 성취였다.

06 1815~1898, 독일 정치가. 1862년 국왕 빌헬름 1세가 군비 확장 문제로 의회와 충돌했을 때 프로이센 총리로 임명되었다. 취임 첫 연설에서 "현재의 큰 문제는 언론이나 다수결에 의해서가 아니라 철과 피에 의해서 결정된다."고 하여 철혈재상이라 불린다. 수차에 걸친 전쟁에서 승리함으로써 독일 통일을 이룩하고, 1871년 통일 독일제국의 초대 총리가 되어 1890년까지 역임했다.

07 풍랑이 심한 남위 40~50도 해역

08 독일의 항공기 제작회사 및 제품명. 항공기술자인 W. 메서슈미트에 의해서 설립되었다. 1938년 아우크스부르크사社에서 현재의 이름으로 변경하였다. 제2차 세계대전 동안 Bf 109(Me 109), 야간 전투기인 Me 110 등 우수한 전투기들을 제작하였다.

09 커스터드와 빵가루를 반죽해 구운 영국의 전통 디저트

10 모자가 달린 긴 재킷

11 오버행을 뜻하는 프랑스어

12 덧붙어 있는 바위

13 1936~2006, 오스트리아 수학자. 미국 일리노이대학교 어바나 샴페인Urbana-Champaign 교수직을 은퇴하고 오스트리아로 돌아와 하이킹 도중 심장마비로 사망했다.

14 스코틀랜드 남자들이 입는 스커트

15 워싱턴 어빙Washington Irving의 초기 미국 단편소설 주인공. 20년을 자고 일어났더니 영국 식민지였던 미국이 독립해 있었다는 이야기

16 1952년 조 브라운이 초등했고, 요세미티 등급으로 5.10+인 어려운 등급의 영국 암벽루트이다.

17 1898~1977, 영국의 등산가이자 탐험가. 1930년과 1935년에 에베레스트를 정찰했으며, 1938년에 에베레스트 등반대원으로 8,291m까지 무산소로 등반했다. 1977년 일흔 아홉 살에 '앙 아방(앞으로!)'이라는 작은 배를 타고 남극해로 가는 마지막 탐험에서 실종되었다.

18 히말라야의 푸른 양

19 어깨처럼 툭 튀어나온 곳

20 루트에서 가장 어려운 곳

21 예수 탄생을 기념하는 기독교 일부 지역의 파티

22 크램폰의 앞 발톱으로 오르는 등반 방식

23 1855~1905, 여행가이자 전쟁 특파원, 작가, 여권주의자. 1878년 남편과 자녀들과 귀족의 삶을 영국에 두고 파타고니아로 가서 생활한 경험이 그녀의 작품과 아이들을 위한 글쓰기, 여성 참정권 운동에 많은 영향을 주었다. 1881년 제1차 보어전쟁First Boer War(1880~1881)과 줄루전쟁Anglo-Zulu War(1879)의 여파를 다루기 위해 런던 Morning Post의 현장 특파원으로 임명되었다. 1895년 영국 레이디스축구클럽 회장을 역임했다.

24 1962년 10월 16일~10월 28일

25 뉴질랜드 남동쪽 위도 47도, 52도와 경도 165와 179도 사이를 '포효하는 40도'와 '사나운 50도furious fifties'라 부른다. 해양폭풍지대를 이르는 말로 외부와 격리된 환경에 적응한 다양한 동식물들이 고유한 생태계를 이루고 있다.

26 남미의 카우보이

27 1926~2017. 1950년대와 1960년대 체사레 마에스트리Cesare Maestri와 함께 이탈리아 최고의 등반가

28 단어 만들기 보드게임

29 1935~1966. 1966년 3월 22일 아이거 북벽 등반 중 로프 절단으로 사망했다.

30 1938년 헤크마이어 루트

31 1816~1860, 영국의 등반가이자 작가, 연예인. 1851년 몽블랑을 오르고 이에 관한 책 『몽블랑 이야기』를 저술했다. '몽블랑'이라는 엔터테인먼트를 제작한 후 산과 영국인의 등반을 설명했다. 1854년 5월 빅토리아 여왕과 오스본 하우스의 앨버트 왕자 앞에서 공연을 했고, 6년 동안 2,000번의 공연을 가졌으며 빅토리아시대 중반에 산악 등반을 대중화시키는 데 도움을 주었다. 1857년 알파인 클럽 창립 멤버 중 한 사람이다.

32 ITV의 장수 프로그램 중 하나가 '대관식 거리'였음.

33 히말라야 등반이었다면 '극지법'으로 번역하였을 것이다. 우리나라에서는 극지법을 관행적으로 polar method로 영역하였으나, 이는 'siege tactics'나 북극을 뜻하는 'Arctic method'의 오역임이 확인되었다. 알피니스트와 미국 알파인저널 한국 주재원이자 한국산악회 회원인 피터 젠슨Peter Alan Jensen이 미국 알피니스트 46호(2014년 5월)에 기고한 '한국산악사 특집' 영문 원고에서 극지법을 'polar method'라고 쓰자 알피니스트 편집장 린지 그리핀은 이 출처를 알 수 없는 영어표현에 대해 수소문하였다. 일본산악회의 회신에 의하면 1930년대 독일의 히말라야 등반을 일본어로 번역하는 과정에서 한자어로 극지법極地法으로 번역되었고, 이를 한국에서 받아들이고 다시 영역하는 과정에서 'polar method'라고 오역되었을 것으로 추정한다는 내용에 동의하는 결론을 내렸다.

34 단검처럼 손에 잡고 얼음을 찍는 장비

35 곡식이나 과일을 증류해서 만든 독한 술

36 1929년 Giovanni Quaglino가 창업한 영국 런던에 있는 레스토랑. 1950년대까지 인기 있는 레스토랑이었고, 1993년에 Conran Group으로, 2010년에는 D&D London으로 주인이 바뀌어 지금까지 영업하고 있다.

37 1975년생. 영국 탐험가. 최초로 아마존을 도보로 횡단한 기네스 기록 보유자. Discovery Channel을 진행하고 있다.

38 1974년생. 본명은 Edward Michael Grylls로 영국의 모험가이자 작가, TV 진행자이다. TV 시리즈 Man vs. Wild(2006~2011)로 유명해졌다.

39 1934년 시작된 분화가 지금도 지속되고 있고, 1983년 유네스코 세계문화유산으로 지정되었다.

40 나치 독일의 주요 인물 중 하나로 히틀러의 측근이었음.

41 1760~1849. 일본 에도 말기의 유명한 판화가인 가츠시카 호쿠사이葛飾北斎의 후지산 그림

42 나일강의 지류

43 1936년생. 1954년부터 1991년까지 군인으로 복무했다. 1969년 과학탐사학회Scientific Exploration Society를 창립하여 블루나일강 탐사 중에 급류 레프팅을 발명했다. 저서로 『Ranges Behind the Ranges』(1994)가 있다.

44 1856~1925. 아프리카에서 모험소설을 저술한 영국 작가이다.

45 1갤런의 8분의 1로 영국에서는 0.57리터, 미국에서는 0.47리터에 해당한다.

46 1897~1968. 1930년 이래 6억 권 이상의 저서를 판매한 세계 최고의 영국 동화 작가

47 1901~1972, 선구적인 영국 비행가. 1966년 집시Gipsy Moth IV호를 타고 226일 동안 최초로 세계일주를 했으며, 1967년 왕가 일원도 아니면서 생존자 최초로 집시호에 탑승한 모습의 우표가 발행되었고 기사작위를 받았다.

48 1934~2007, 영국의 극지 탐험가이자 작가, 예술가. 1909년 최초로 북극점에 도달한 미국 탐험가 로버트 피어리Robert Peary의 탐험 60주년을 맞은 1969년 북극을 탐험했다.

50년 이상 극지방을 탐험했으며, 피어리의 원정대를 지지했던 내셔널지오그래픽협회 National Geographic Society로부터 피어리의 1909년 원정에 관한 기록을 검토하고 평가하도록 위임 받았다. 피어리가 북극 가까이에 있었을지라도 몇몇 기록을 위조하고 결코 북극에 도달하지 못했다고 결론지었다. 그의 저서『월계수의 올가미Noose of Laurels: 북극에 대한 경주』(1989)가 출판되었을 때 많은 논란이 있었지만 결국 허버트의 결론이 널리 받아들여졌는데, 이는 결국 허버트가 1969년 4월 6일 북극점에 도달한 최초의 인물이라는 얘기와도 상통하는 것이다.

49 1939~ . 영국 프로 세일링 전문가

50 항구에서 물을 빼고 배를 만들거나 수리할 수 있는 곳

51 1970년 5월 11일 마쓰우라松浦輝夫와 우에무라植村, 5월 12일 히라게야시平林가 정상에 올랐다.

52 1969년 가을 일본산악회 제2차 남벽정찰대(대장 미야시타 히데키宮下秀樹)가 11월 1일 8,050m까지 올랐다. 제1차 정찰(대장 후지타 요시히로藤田佳宏)은 1969년 5월에 있었다.

53 아프리카 중북부에 있는 공화국

54 차드 북서부에 있는 산맥. 최고봉은 에미쿠시Emi Koussi(3,415m)로 사하라 사막에서 가장 높다. 에미쿠시 외에도 3,000m 이상의 높은 바위산이 많다.

55 윌런스가 한 살 위임.

56 2개의 벽면이 안쪽에서 90° 정도의 각도로 만나는 곳

57 1913~1996, William Hutchison Murray. 스코틀랜드의 등산가이자 작가

58 1875~1964, 영국의 의사이자 등반가. 1905년 트리술1봉(7,120m)을 정찰하고 1907년 6월 12일 등정했는데 당시 7,000m가 넘는 산의 최초 등정이었다. 1908년 알파인스키클럽을 창립하고, 1947년부터 1949년까지 영국산악회 회장을 지냈다.

59 남봉은 8,748미터임.

60 프랑스의 풍자시인

61 2,000m 이상의 해발고도에 수평지층으로 구성되어 연속적으로 평탄한 지형

62 1897~2001, 이탈리아의 탐험가이자 산악인, 지질학자. 1909년 이탈리아 아브루치공의 탐험대가 명명한 아브루치 능선을 통해 1954년 7월 31일 K2봉을 초등했다.

63 트랑고 타워

64 지도와 나침반만 가지고 정해진 길을 찾아가는 스포츠

65 대학입시 과정 중 하나

66 쇠고기 소스의 상표

67 다섯 과목에서 C 이상을 받았다는 의미로, 대학입학을 위한 최소 조건임.

68 한국에서는 '퀘스트', '에베레스트에서 남극까지 인류를 빛낸 7대 탐험', '도전'이라고 제목만 바뀌어 출간되었음.

69 1776~1839, 영국의 여성 모험가이자 여행가, 고고학자. 시리아의 한 수도원에서 취득

한 중세 이탈리아 문서의 600년 동안 아쉬켈론Ashkelon의 폐허가 된 사원에 보물이 묻혀 있다는 기록을 바탕으로 체계적인 발굴 작업을 하고, 그 결과 300만 개의 금화는 못 찾았으나 7피트 크기의 머리 없는 대리석 조각상을 발굴했다.

70 1868~1926. 영국의 작가이자, 여행가, 고고학자. 시리아와 메소포타미아, 아시아 및 아라비아의 지도를 제작했다. 메소포타미아 문명의 중요한 유물을 포함하는 이라크의 문화와 역사를 보존하고 원산지 국가에 보관하기 위해 노력했고, 이를 위해 발굴을 감독하고 유물을 조사함으로써 현재의 바그다드 고고학박물관이 바빌로니아 제국의 광범위한 컬렉션을 보유하게 되었다.

71 1893~1993, 영국의 탐험가이자 여행가. 미지의 서부 이란과 아프가니스탄을 탐험했다. 20여 권의 저서가 있다.

72 1951~ , 영국의 탐험가이자 여행작가. 서 아프리카 지역과 파푸아 뉴기니, 터키, 중국, 아프가니스탄, 마다가스카르, 시베리아 등 1997년까지 약 80개국을 여행하고 많은 책을 출간했다. 영국왕립지리학회 회원이다.

73 1902~1987, Edwin Garnett Hone Kempson. 1935년과 1936년의 영국 에베레스트 정찰대 대원

74 가죽이나 펠트로 만들어 가볍고 쉽게 옮길 수 있는, 몽골과 시베리아 유목민들의 전통적인 둥근 천막

75 아일랜드 서해안의 불모지

76 1944~ . 1985년 노르웨이인 최초로 에베레스트에 올랐다.

77 1940~1979, 독일 여성 산악인. 정상에 오른 후 8,300m에서 비박할 때 숭다레Sungdare 셰르파가 끝까지 같이 있었다. 1984년 네팔 경찰원정대가 그녀의 시신을 회수하려다 대원 1명과 셰르파 1명이 사망했다. 지금은 바람에 의해 캉슝 벽 아래로 사라졌다.

78 미국의 리토 테아다 플로레스Lito Teiada Flores가 《어센트Ascent》라는 등산지에 기고한 〈The games, climbers Play〉라는 기사에서 클라이밍을 볼더링, 1피치 등반, 멀티피치 등반multi pitch climbing, 거벽등반, 알파인 등반, 슈퍼알파인 등반, 원정등반으로 세분화해서 독자성을 설명하고 있다. (출처: 등산상식사전, 이용대, 해냄)

79 1943~1998. 영국 암벽등반의 난이도를 높인 등반가이며 1998년에 암으로 사망했다.

80 쇠고기와 양파, 버섯 등을 적포도주로 조리한 음식

81 1947년 스위스 원정대가 초등했으며, 동벽은 1989년 헝가리 원정대가 초등했다.

82 1865년 6월 29일 에드워드 윔퍼Edward Whymper와 크리스티안 알머Christian Almer, 프란츠 비너Franz Biner가 초등했다.

83 1789~1857, 영국의 북극 탐험가, 과학자, 성직자

84 작은 버섯 모양의 닻

85 폭발 없이 화려한 빛이나 강렬한 열을 만들어내는 일종의 조명탄

86 몸에 딱 붙는 여성용 상의

87 2017년 아시아 황금피켈상 평생공로상 수상자인 하리시 카파디아는 한국산서회 명예

회원이다.

88 1929년에 창간된 인도히말라얀클럽의 연감

89 『공허한 산—카시미르로 향한 두 번의 원정Painted Mountains: Two Expeditions to Kashmir』

90 스티븐 베너블스는 2018년 6월 초 한국을 방문해 울주와 서울에서 강연했다. 그에 맞추어 한국어로 번역·출간된 그의 책『히말라야 알파인 스타일』은 밴프 국제산악영화제에서 그랑프리를 받았다.

91 영국에서 많이 쓰는 해열진통제

92 마른 콩류에 향신료를 넣고 끓인 인도의 스튜를 총칭하는 말

93 1994년 5월 크리스 보닝턴, 무슬림 컨트랙터, 짐 포서링엄, 그레이엄 리틀, 짐 로우더, 디브예시 무니, 폴 넌, 파상 보드에 의해 북동능선으로 초등되었다.

94 영국의 정보기관

95 6,995m라는 기록도 있다.

96 날실에 양털을, 씨실에 무명을 사용하여 능직으로 조밀하게 짠 옷감

97 영국의 경마 도시

98 세계 최대 인터넷 무료전화

99 목이나 머리에 두르는 화려한 색상의 스카프

100 1960년대 뉴욕 광고업계의 뒷이야기를 다룬 최신 드라마

101 스마트폰이나 디지털카메라로 자신의 모습을 찍어 SNS에 올리는 것

102 1906~1993, 교육자이자 산악인, 방송인. 20대 후반에 뛰어난 암벽등반가였다. 1933년과 1935년 영국 에베레스트 정찰대 대원으로 참가했고, 1938년 정찰에도 초대되었으나 거절하고 가지 않았다.

103 필립 왕자로 엘리자베스 2세 여왕의 부군

104 투어 가이드를 하는 런던타워의 근위병

105 대학 이름을 빗댄 농담

106 아마존에서 나온 전자책 기기

107 다국적 미디어 그룹이다. 19개의 브랜드와 1억6천만 명이 넘는 고객을 보유하고 있다. 보그Vogue 잡지가 이 회사 소유이다.

108 무료 채팅 앱

109 아이스크림, 초콜렛 소스 등으로 속을 채운 슈크림 빵의 일종

찾아보기